普通高等教育“十一五”国家级规划教材
教育部全国普通高等学校优秀教材（一等奖）

新编21世纪法学系列教材
总主编 曾宪义 王利明

商法通论

第八版

主 编 赵中孚 邢海宝

撰稿人（以撰写章节先后为序）
马 强 齐 斌 汤 欣
查 松 姚欢庆 邢海宝

General Theories of
Commercial Law

中国人民大学出版社
·北京·

图书在版编目（CIP）数据

商法通论 / 赵中孚，邢海宝主编．-- 8 版．-- 北京：中国人民大学出版社，2024. 11. --（新编 21 世纪法学系列教材 / 曾宪义，王利明总主编）. -- ISBN 978-7-300-33418-9

Ⅰ. D923. 99

中国国家版本馆 CIP 数据核字第 2024GB2335 号

普通高等教育"十一五"国家级规划教材

教育部全国普通高等学校优秀教材（一等奖）

新编 21 世纪法学系列教材

总主编　曾宪义　王利明

商法通论（第八版）

主　编　赵中孚　邢海宝

Shangfa Tonglun

出版发行	中国人民大学出版社		
社　址	北京中关村大街 31 号	邮政编码	100080
电　话	010－62511242（总编室）		010－62511770（质管部）
	010－82501766（邮购部）		010－62514148（门市部）
	010－62515195（发行公司）		010－62515275（盗版举报）
网　址	http://www.crup.com.cn		
经　销	新华书店		
印　刷	北京昌联印刷有限公司	版　次	1999 年 11 月第 1 版
开　本	787 mm×1092 mm　1/16		2024 年 11 月第 8 版
印　张	36 插页 1	印　次	2024 年 11 月第 1 次印刷
字　数	826 000	定　价	90.00 元

内容简介

本书是关于商法学的通论性教材。全书分七编。第一编是总论，主要立足于传统商法总则的内容展开分析。后六编则对重要的商事部门法进行分析，内容包括公司法、破产法、证券法、票据法、保险法和海商法。

作者简介

赵中孚 中国人民大学荣誉一级教授。曾任中国法学会民法学经济法学研究会副总干事、北京市法学会副会长、北京市法学会民法学研究会会长、中国法学会民法学研究会顾问、北京市法学会民商法学研究会名誉会长等职。

讲授民法基础、中国民法、民法通则、民法总则等课程。培养了40多位硕士、38位博士。编写《民法概论》（主编之一兼主要撰写人）、《民法原理》（副主编之一兼主要撰写人）、《民法通则要论》等。主编《商法总论》等。发表论文《中华人民共和国民法通则的社会主义特色》《深入研究民法学理论为现代化建设服务》《编纂中华人民共和国民法典的理论探讨》（合写）等。参加多部民商事法律的起草和立法研究活动，如《中华人民共和国民法典（草案）》第二次和第三次起草工作、《中华人民共和国公司法》立法研究。

获发国务院政府特殊津贴，获得中国人民大学“优秀共产党员”、中国人民大学“教书育人先进工作者”、中国人民大学研究生院“优秀导师”、中国人民大学法学院“资深德育奖”等荣誉。主编的《商法总论》获教育部全国普通高等学校优秀教材一等奖。

邢海宝 法学博士，中国人民大学法学院教授，博士研究生导师。曾于英国剑桥大学法律系、南安普顿大学海商法研究所，美国康涅狄格大学法学院保险法研究中心访学。兼任中国人民大学法学院海商法和保险法研究所副主任、北京市法学会民商法学研究会秘书长、中国法学会保险法学研究会常务理事、中国法学会商法学研究会理事、中国海事仲裁委员会仲裁员。

主持国家社会科学基金项目、教育部人文社会科学研究项目，研究保险法修改完善问题，出版、编写商法、海商法、保险法、证券法专著、教材多部，发表民商法论文数十篇。曾获教育部中国高校人文社会科学研究优秀成果奖三等奖。

总序

曾宪義

在人类文明与文化的发展中，中华民族曾作出过伟大的贡献，不仅最早开启了世界东方文明的大门，而且对人类法治、法学及法学教育的生成与发展进行了积极的探索与光辉的实践。

在我们祖先生存繁衍的土地上，自从摆脱动物生活、开始用双手去进行创造性的劳动、用人类特有的灵性去思考以后，我们人类在不断改造客观世界、创造辉煌的物质文明的同时，也在不断地探索人类的主观世界，逐渐形成了哲学思想、伦理道德、宗教信仰、风俗习惯等一系列维系道德人心、维持一定社会秩序的精神规范，更创造了博大精深、义理精微的法律制度。应该说，在人类所创造的诸种精神文化成果中，法律制度是一种极为奇特的社会现象，因为作为一项人类的精神成果，法律制度往往集中而突出地反映了人类在认识自身、调节社会、谋求发展的各个重要进程中的思想和行动。法律是现实社会的调节器，是人民权利的保障书，是通过国家的强制力来确认人的不同社会地位的有力杠杆，它来源于现实生活，而且真实地反映现实的要求。因而透过一个国家、一个民族、一个时代的法律制度，我们可以清楚地观察到当时人们关于人、社会、人与人的关系、社会组织以及哲学、宗教等诸多方面的思想与观点。同时，法律是一种具有国家强制力、约束力的社会规范，它以一种最明确的方式，对当时社会成员的言论或行动作出规范与要求，因而也清楚地反映了人类在各个历史发展阶段中对于不同的人所作出的种种具体要求和限制。因此，从法律制度的发展变迁中，同样可以看到人类自身不断发展、不断完善的历史轨迹。人类社会几千年的国家文明发展历史已经无可争辩地证明，法律制度乃是维系社会、调整各种社会关系、保持社会稳定的重要的工具。同时，法律制度的不断完善，也是人类社会文明进步的显著体现。

由于发展路径的不同、文化背景的差异，东方社会与西方世界对于法律的意义、底蕴的理解、阐释存有很大的差异，但是，在各自的发展过程中，都曾比较注重法律的制定与完善。中国古代虽然被看成是“礼治”的社会、“人治”的世界，被认为是“只有刑，没有法”的时代，但从《法经》到《唐律疏议》、《大清律例》等数十部优秀成文法典的存在，充分说明了成文制定法在中国古代社会中的突出地位，唯这些成文法制所体现出的精神旨趣与现代法律文明有较大不同而已。时至20世纪初叶，随着西风东渐、东西文化交流加快，中国社会开始由古代的、传统的社会体制向近现代文明过渡，建立健全的、符合现代理性精神的法律文明体系方成为现代社会的共识。正因为如此，近代以来的数百年间，在西方、东方各主要国家里，伴随着社会变革的潮起潮落，法律改革运动也一直呈方兴未艾之势。

从历史上看，法律的文明、进步，取决于诸多的社会因素。东西方法律发展的历史均充分证明，推动法律文明进步的动力，是现实的社会生活，是政治、经济和社会文化的变迁；同时，法律内容、法律技术的发展，往往依赖于一大批法律专家以及更多的受过法律教育的社会成员的研究和推动。从这个角度看，法学教育、法学研究的发展，对于法律文明的发展进步，也有着异常重要的意义。正因为如此，法学教育和法学研究在现代国家的国民教育体系和科学研究体系中，开始占有越来越重要的位置。

中国近代意义上的法学教育和法学研究，肇始于19世纪末的晚清时代。清光绪二十一年(公元1895年)开办的天津中西学堂，首次开设法科并招收学生，虽然规模较小，但仍可以视为中国最早的近代法学教育机构(天津中西学堂后改名为北洋大学，又发展为天津大学)。三年后，中国近代著名的思想家、有“维新骄子”之称的梁启超先生即在湖南《湘报》上发表题为《论中国宜讲求法律之学》的文章，用他惯有的富有感染力的激情文字，呼唤国人重视法学，发明法学，讲求法学。梁先生是清代末年一位开风气之先的思想巨子，在他的辉煌的学术生涯中，法学并非其专攻，但他仍以敏锐的眼光，预见到了新世纪中国法学研究和法学教育的发展。数年以后，清廷在内外压力之下，被迫宣布实施“新政”，推动变法修律。以修订法律大臣沈家本为代表的一批有识之士，在近十年的变法修律过程中，在大量翻译西方法学著作，引进西方法律观念，有限度地改造中国传统的法律体制的同时，也开始推动中国早期的法学教育和法学研究。20世纪初，中国最早设立的三所大学——北洋大学、京师大学堂、山西大学堂均设有法科或法律学科目，以期“端正方向，培养通才”。1906年，应修订法律大臣沈家本、伍廷芳等人的奏请，清政府在京师正式设立中国第一所专门的法政教育机构——京师法律学堂。次年，另一所法政学堂——直属清政府学部的京师法政学堂也正式招生。这些大学法科及法律、法政学堂的设立，应该是中国历史上近代意义上的正规专门法学教育的滥觞。

自清末以来，中国的法学教育作为法律事业的一个重要组成部分，随着中国社会的曲折发展，经历了极不平坦的发展历程。在20世纪的大部分时间里，中国社会一直充斥着各种矛盾和斗争。在外敌入侵、民族危亡的沉重压力之下，中国人民为寻找适合中国国情的发展道路而花费了无穷的心力，付出过沉重的代价。从客观上看，长期的社会骚动和频繁的政治变迁曾给中国的法治与法学带来过极大的消极影响。直至70年代末期，以“文化大革命”宣告结束为标志，中国社会开始用理性的目光重新审视中国的过去，规划国家和社会的未来，中国由此进入长期稳定、和平发展的大好时期，以这种大的社会环境为背景，中国的法学教育也获得了前所未有的发展机遇。

从宏观上看，实行改革开放以来，经过二十多年的努力，中国的法学教育事业所取得的成就是辉煌的。首先，经过“解放思想，实事求是”思想解放运动的洗礼，在中国法学界迅速清除了极左思潮及苏联法学模式的一些消极影响，根据本国国情建设社会主义法治国家已经成为国家民族的共识，这为中国法学教育和法学研究的发展奠定了稳固的思想基础。其次，随着法学禁区的不断被打破、法学研究的逐步深入，一个较为完善的法学学科体系已经建立起来。理论法学、部门法学各学科基本形成了比较系统和成熟的理论体系和学术框架，一些随着法学研究逐渐深入而出现的法学子学科、法学边缘学科也渐次成型。1997 年，国家教育主管部门和教育部高校法学学科教学指导委员会对原有专业目录进行了又一次大幅度调整，决定自 1999 年起法学类本科只设一个单一的法学专业，按照一个专业招生，从而使法学学科的布局更加科学和合理。同时，在充分论证的基础上，确定了法学专业本科教学的 14 门核心课程，加上其他必修、选修课程的配合，由此形成了一个传统与更新并重、能够适应国家和社会发展需要的教学体系。法学硕士和博士研究生及法律硕士专业学位研究生的专业设置、课程教学和培养体系也日臻完善。再次，法学教育的规模迅速扩大，层次日趋齐全，结构日臻合理。目前中国有六百余所普通高等院校设置了法律院系或法律本科专业，在校本科学生和研究生已达二十余万人。除本科生外，在一些全国知名的法律院校，法学硕士研究生、法律硕士专业学位研究生、法学博士研究生已经逐步成为培养的重点。

众所周知，法律的进步、法治的完善，是一项综合性的社会工程。一方面，现实社会关系的发展，国家政治、经济和社会生活的变化，为法律的进步、变迁提供动力，提供社会的土壤。另一方面，法学教育、法学研究的发展，直接推动法律进步的进程。同时，全民法律意识、法律素质的提高，则是实现法治国理想的关键的、决定性的因素。在社会发展、法学教育、法学研究等几个攸关法律进步的重要环节中，法学教育无疑处于核心的、基础的地位。中国法学教育过去二十多年所走过的历程令人激动，所取得的成就也足资我们自豪。随着国家的发展、社会的进步，在 21 世纪，我们面临着更严峻的挑战和更灿烂的前景。“建设世界一流法学教育”，任重道远。

首先，法律是建立在经济基础之上的上层建筑，以法治为研究对象的法学也就成为一门实践性很强的学科。社会生活的发展变化，势必要对法学教育、法学研究不断提出新的要求。经过二十多年的奋斗，中国改革开放的前期目标已顺利实现。但随着改革开放的逐步深入，国家和社会的一些深层次问题，比如说社会主义市场经济秩序的真正建立、国有企业制度的改革、政治体制的完善、全民道德价值的重建、环境保护和自然资源的合理利用等等，也已经开始浮现出来。这些复杂问题的解决，无疑最终都会归结到法律制度的完善上来。建立一套完善、合理的法律制度，构建理想的和谐社会，乃一项持久而庞大的社会工程，需要全民族的智慧和努力。其中的基础性工作，如理论的论证、框架的设计、具体规范的拟订、法律实施中的纠偏等等，则有赖于法学研究的不断深入，以及高素质人才特别是法律人才的养成，而培养法律人才的任务，则是法学教育的直接责任。

其次，21 世纪是一个多元化的世纪。20 世纪中叶发生的信息技术革命，正在极大地改变着我们的世界。现代科学技术，特别是计算机网络信息技术的发展，使传统的生活方式、思想观念发生了根本的改变，并由此引发许多人类从未面对过的问题。就法学教育而言，在21世纪所要面临的，不仅是教学内容、研究对象的多元化问题，而且还有培养对象、培养目标的多元化、教学方式的多元化等一系列问题，这些问题都需要法学界去思考、去探索。

中国人民大学法学院建立于1950年，是新中国诞生后创办的第一所正规高等法学教育机构。在半个多世纪的岁月中，中国人民大学法学院以其雄厚的学术力量、严谨求实的学风、高水平的教学质量以及丰硕的学术研究成果，在全国法学教育领域处于领先地位，并开始跻身于世界著名法学院之林。据初步统计，中国人民大学法学院已经为国家培养法学专业本科生、硕士生、博士生一万余人，培养各类成人法科学生三十余万人。经过多年的努力，中国人民大学法学院形成了较为明显的学术优势，在现职教师中，既有一批资深望重、在国内外享有盛誉的法学前辈，更有一大批在改革开放后成长起来的优秀中青年法学家。这些老中青法学专家多年来在勤奋研究法学理论的同时，也积极投身于国家的立法、司法实践，对国家法制建设贡献良多。

有鉴于此，中国人民大学法学院与中国人民大学出版社经过研究协商，决定结合中国人民大学法学院的学术优势和中国人民大学出版社的出版力量，出版一套“21世纪法学系列教材”。自1998年开始编写、出版本科教材，包括按照教育部所确定的法学专业核心课程和其所颁布印发的《全国高等学校法学专业核心课程教学基本要求》而编写的14门核心课程教材，也包括法学各领域、各新兴学科教材及教学参考书和案例分析在内，到2000年12月3日在人民大会堂大礼堂召开举世瞩目的“21世纪世界百所著名大学法学院院长论坛暨中国人民大学法学院成立五十周年庆祝大会”之时，业已出版了50本作为50周年院庆献礼，到现在总共出版了80本。为了进一步适应高等法学教育发展的形势和教学改革的需要，最近中国人民大学法学院与中国人民大学出版社决定将这套教材扩大为四个系列，即：“本科生用书”、“法学研究生用书”、“法律硕士研究生用书”以及“司法考试用书”，总数将达二百多本。我们设想，本套教材的编写，将更加注意“高水准”与“适用性”的合理结合。首先，本套教材将由中国人民大学法学院具有全国影响的各学科的学术带头人领衔，约请全国高校优秀学者参加，形成学术实力强大的编写阵容。同时，在编写教材时，将注意吸收中国法学研究的最新的学术成果，注意国际学术发展的最新动向，力求使教材内容能够站在21世纪的学术前沿，反映各学科成熟的理论，体现中国法学的水平。其次，本套教材在编写时，将针对新时期学生特点，将思想性、学术性、新颖性、可读性有机结合起来，注意运用典型生动的案例、简明流畅的语言去阐释法律理论与法律制度。

我们期望并且相信，经过组织者、编写者、出版者的共同努力，这套法学教材将以其质量效应、规模效应，力求成为奉献给新世纪的精品教材，我们诚挚地祈望得到方家和广大读者的教正。

2006年7月1日

序言

法学教育是高等教育的重要组成部分，是建设社会主义法治国家、构建社会主义和谐社会的重要基础，并居于先导性的战略地位。在我国社会转型的新世纪、新阶段，法学教育不仅要为建设高素质的法律职业共同体服务，而且要面向全社会培养大批治理国家、管理社会、发展经济的高层次法律人才。近年来，法学教育取得了长足的进步，法科数量增长很快，教育质量稳步提高，培养层次日渐完善，目前已经形成了涵盖本科生、第二学士学位生、法学硕士研究生、法律硕士研究生、法学博士研究生的完整的法学人才培养体系，接受法科教育已经成为莘莘学子的优先选择之一。随着中国法治事业的迅速发展，我们有理由相信，中国法学教育的事业大有可为，中国法学教育的前途充满光明。

教育的基本功能在于育人，在于塑造德才兼备的高素质人才。法学教育的宗旨并非培养只会机械适用法律的“工匠”，而承载着培养追求正义、知法懂法、忠于法律、廉洁自律的法律人的任务。要完成法学教育的使命，首先必须认真抓好教材建设。我始终认为，教材是实现教育功能的重要工具和媒介，法学教材不仅仅是法学知识传承的载体，而且是规范教学内容、提高教学质量的关键，对法学教育的发展有着不可估量的作用。

第一，法学教材是传授法学基本知识的工具。初学法律，既要有好的老师，又要有好的教材。正如冯友兰先生所言：“学哲学的目的，是使人作为人能够成为人，而不是成为某种人。其他的学习(不是学哲学)是使人能够成为某种人，即有一定职业的人。”一套好的教材，能够高屋建瓴地展示法律的体系，能够准确简明地阐释法律的逻辑，能够深入浅出地叙述法律的精要，能够生动贴切地表达深奥的法理。所以，法学教材是学生学习法律的向导，是学生步入法律殿堂的阶梯。如果在入门之初教材就有偏颇之处，就可能误人子弟，学生日后还要花费大量时间与精力来修正已经形成的错误观念。

第二，法学教材是传播法律价值理念的载体。好的法学教材不仅要传授法学知识，更要传播法律的精神和法治的理念，例如对公平、正义的追求，尊重权利的观念。本科、研究生阶段的青年学子，正处在人生观、价值观形成的阶段，一套优秀的法学教材，对于他们价值观的塑造和健全人格的培养具有重要意义。

第三，法学教材是形成职业共同体的主要条件。建设社会主义法治国家，有赖于法律职业共同体的生成。一套好的法学教材，向法律研习者传授共同的知识，这对于培养一个接受共同的价值理念、共同的法律思维、共同的话语体系的法律共同体，具有重要的作用。

第四，法学教材是所有法律研习者的良师益友。没有好的教材，一个好的教师或可弥补教材的欠缺和不足，但对那些没有老师指导的自学者而言，教材就是老师，其重要作用是显而易见的。

长期以来，在我们的评价体系中，教材并没有获得应有的注重，对学术成果的形式优先考虑的往往是专著而非教材。在不少人的观念中，教材与创新、与学术精品甚至与学术无缘。其实，要真正写出一部好的教材，其难度之大、工作之艰辛、影响之深远，绝不低于一部优秀的专著，它甚至可以成为在几百年甚至更长的时间内发挥作用的传世之作。以查士丁尼的《法学阶梯》为例，所谓法学阶梯，即法学入门之义，就是一部教材。但它概括了罗马法的精髓，千百年来，一直是人们研习罗马法最基本的著述。日本著名学者我妻荣说过，大学教授有两大任务：一是写出自己熟悉的专业及学术领域的讲义乃至教科书；二是选择自己最有兴趣、最看重的题目，集中精力进行终生的研究。实际上，这两者是相辅相成的。写出一部好教材，必须要对相关领域形成一个完整的知识体系，还要能以深入浅出的语言将问题讲清楚、讲明白。没有编写教材的基本功，实际上也很难写出优秀的专著。当然，也只有对每一个专题都有一定研究，才能形成对这个学术领域的完整把握。

虽然近几年我国法学教育发展迅速，成绩显著，但是法学教育也面临许多挑战。各个学校的师资队伍和教学质量参差不齐，这就更需要推出更多的结构严谨、内容全面、角度各有侧重、能够适应不同需求的法学教材，为提高法学教学和人才培养质量、保障法学教育健康发展提供前提条件。

长期以来，中国人民大学法学院始终高度重视教材建设。作为新中国成立后建立的第一所正规的法学教育机构，中国人民大学法律系最早开设了社会主义法学教学课堂，编写了第一套社会主义法学讲义，培养了新中国第一批法学本科生和各学科的硕士生、博士生，产生了新中国最早的一批法学家和法律工作者。中国人民大学法律系因此被誉为“新中国法学教育的工作母机”。半个多世纪以来，中国人民大学法学院为社会主义法制建设培养了大批优秀的法律人才，并为法学事业的振兴和繁荣作出了卓越贡献，也因此成为引领中国法学教育的重镇、凝聚国内法律人才的平台和沟通中外法学交流的窗口，并在世界知名法学院行列中崭露头角。为了对中国法学教育事业作出更大的贡献，我们有义务也有责任出版一套体现我们最新研究成果的法学教材。

承蒙中国人民大学出版社的大力支持，我们组织编写了本套教材，其中包括本科生用书、法律硕士研究生用书、法学研究生用书和司法考试用书四大系列，分别面向不同层次法科教育需求。编写人员以中国人民大学法学院教师为主，反映了中国人民大学法学院整体的研究实力和学术视野。相信本套教材的出版，一定能够为新时期法学教育的繁荣发展发挥应有的作用。

是为序。

2006年7月10日

第八版修订说明

为了适应建设社会主义法治国家与培养高级法律人才的需要，我们于 1999 年编写了教材《商法总论》。2009 年，《商法总论》第四版出版。2013 年，根据教学的需要和出版社的要求，我们将教材书名改为《商法通论》。2017 年和 2021 年，我们对《商法通论》做了修订。今年，我们对本书再做修订。此次修订，融入了习近平法治思想和党的二十大精神，参考了最新的立法特别是 2023 年修改的《公司法》、司法解释以及新近著述，并对有关案例、思考与练习题目等做了增删。

本书分为 7 编，各编、章、节撰稿人（修订人）如下：

马强：第一编第一章第一、二、三节；

齐斌：第一编第一章第四、五节；

汤欣：第一编第二章；

查松：第一编第三章、第六章（安晨曦修订）；

姚欢庆：第一编第四章、第五章；

邢海宝：第二编至第七编。

这次修订由邢海宝统稿，不当和疏漏之处，尚请各位读者批评指正。

本书编者

2024 年 8 月

编写说明

为了适应建设社会主义法治国家与培养高级法律人才的需要，我们编写了这本《商法总论》，根据“民商合一”的指导思想，依照我国民商法律、法规，突出商法特点，结合我国司法和经济实践，按照编写教材的要求，构成商法导论、外国商事法律制度概况、商事主体、商事法律行为、商事登记、商业名称、商业账簿、商事诸法的体系，概述相关的内容。

本书分为八章，各章、节撰稿人是：

马强：第一章第一、二、三节；第二章第一、四节。

齐斌：第一章第四节；第二章第二、三、五、六节。

汤欣：第三章。

查松：第四章，第七章。

姚欢庆：第五章，第六章。

邢海宝：第八章。

全书由赵中孚、邢海宝修改定稿。在统稿过程中为照顾全书体系，删减了不同章节中的重复之处；除必要外，尊重撰稿人的观点和写法，不做变动。由于编写时间紧迫，考虑欠周之处在所难免，恳望读者批评指正。

编　者

1999 年 9 月

目录

第一编 总论

第一章 商法导论

第二章 商事主体

第三章 商事法律行为

第九章 公司设立

第十章 公司资本与股东出资

第十一章 公司股东

第十二章 公司组织结构

第十三章 一人有限责任公司、一人股份有限公司、上市公司、国家出资公司的特别规定

第十四章 公司股权与股份

第七编 海商法

第一编

总　论

第一章
商法导论

常考知识点

商事的范围　商事关系的特点　商法的调整对象　商法的基本特点
商法与民法的关系　现代商法的发展趋势

第一节　商法概述

一、商的概念

商法就其一般意义而言是关于商事的法律，基于此，商法中固有的概念、规则和制度的建立均离不开对于商事的特定的理解。然而，就商法的现状而言，诸多国家的商法均未对商事作一般性抽象定义，而另一些国家的商法则试图以列举具体商事活动的方式明确商事之外延。既然商事是商法的基石，那么，在探讨有关商法的问题前，对商事的概念加以界定显得尤为重要。

商事又称“商”。实际上，一般常识的“商”、经济学上的“商”和商法上的“商”有其不同的含义。

一般常识的“商”或“商事”是极为含混的用语，它依不同社会条件和历史条件而有不同的内容。例如：早在我国古代，人们就提出了“通财鬻货曰商”[①]，“商其远近，度其有亡，通四方之物，故谓之商也”[②]，这种理解是将“商”视为买卖。这些对“商”的最初解释，反映了当时社会对“商”的朴素认识。[③] 随着人类社会经济和文化的演进、发展，人们对“商”有了新的认识和理解，即将“商”视为以营利为目的、直接媒介财货交易之行为。换言之，商即介于农业、工业等生产者与消费者之间的，直接媒介财货交易、调剂供需，而从中获取利润之行为。[④] 这是从经济学角度理解“商”的内涵。随着现代社会中商品经济关系的长足发展，人们已将营利视为“商”的本质。这种行为不仅表

---

① 汉书·食货志·上．

② 白虎通义．

③ 王保树．中国商事法．北京：人民法院出版社，1996：4.

④ 张国键．商事法论．台北：三民书局，1980：4.

现在买卖中，也发展到商品批发、货物运送、金融业、服务业、信息产业等领域中，并且发展到与商业没有直接关系的人身保险、旅客运送、制造加工业、印刷业、出版业等领域中。显然，经济学上的“商”较有局限性，不能用它完全概括和表述商事关系，由此决定了它不是商法意义上的“商”。相反，上述广义的营利行为才是商法意义上的“商”。因此，我们所理解的法律意义上的“商”或“商事”，乃是指一切营利性营业活动和事业的总称。

按照商法学者们的通说，现代商法中商事的范围可分为以下四种。

第一，直接媒介财货交易以及传统上被纳入基本商事活动的“固有商”，如交易所交易、买卖商交易、证券交易、票据交易、海商海事活动等。学说中又将其称为“第一种商”。

第二，间接以媒介货物交易为目的的营业活动。它实际上是某种辅助“固有商”营业得以实现的“辅助商”，如货物运送、仓储、代理、行纪、居间、包装等。学说中又将其称为“第二种商”。

第三，虽不具有直接或间接媒介货物交易之行为目的，但其行为性质与“固有商”和“辅助商”有密切联系或者为其提供商业条件的营业活动，如银行、融资、信托、承揽、运送、制造、加工、出版、印刷、摄影营业。学者又将其称为“第三种商”。

第四，仅与“辅助商”或第三种商有牵连关系的营业活动，如广告宣传、人身与财产保险、旅馆营业、饭店酒楼、戏院舞厅、旅游服务、娱乐营业、信息咨询等。此种商事营业与“固有商”的联系已极为间接，学者多将其称为“第四种商”[①]。

商法中的商事范围是开放的、发展的。随着人类社会从工业化时代进入网络时代，经济活动的日益活跃必然带来商事范围的变化。党的二十大作出了加快构建新发展格局，着力推动高质量发展的战略部署。党的二十大报告指出：高质量发展是全面建设社会主义现代化国家的首要任务。发展是党执政兴国的第一要务。没有坚实的物质技术基础，就不可能全面建成社会主义现代化强国。必须完整、准确、全面贯彻新发展理念，坚持社会主义市场经济改革方向，坚持高水平对外开放，加快构建以国内大循环为主体、国内国际双循环相互促进的新发展格局。习近平总书记强调：“从根本上说，构建新发展格局是适应我国发展新阶段要求、塑造国际合作和竞争新优势的必然选择。”[②] 构建新发展格局的关键在于经济循环的畅通无阻。其重点任务包括培育完整内需体系，提高国内需求的比重；扩大居民消费，提高居民消费的比重；增加居民收入，提高居民收入的比重；加强科技自立自强，提高自主可控技术的比重；深化供给侧结构性改革，提高供给体系对国内需求的适配性；提高城市和城市群要素集聚能力，促使其集聚经济的规模与集中的人口规模相均衡；坚持扩大开放，提高内外循环的畅通性。[③] 重点任务的推进，会催生许多现代产业、新业态新模式，如5G、大数据平台、车联网等新型基础设施，数字金融、科技金融、绿色金融和普惠金融，共享经济与线上线下消费融合、文化传媒等。这

---

① 董安生，等．中国商法总论．长春：吉林人民出版社，1994：7-8.

② 习近平经济思想学习纲要．北京：人民出版社，学习出版社，2022：52.

③ 杨伟民．构建新发展格局的重点任务．北京日报，2021-02-08（9）.

些现代产业、新业态新模式的发展壮大，离不开法治化的营商环境。商法为其提供法治保障的过程，必然是商法调整的商事范围不断扩大的过程。

二、商法的概念

尽管今天商法已成为人们耳熟能详的称谓，但如何定义商法却仁者见仁、智者见智。商法的历史十分悠久，但时至今日，对于商法究竟是什么，人们还很难达成共识。

（一）英美法系的商法概念——Commercial Law，Business Law，Mercantile Law 和 Law Merchant

在英美法系中，人们同时使用“Commercial Law”和“Business Law”指代商法，但两者所指的内容有时是完全不同甚至大相径庭的，但有时又是相一致的。例如，《牛津法律指南》（the Oxford Companion to Law）认为：Business Law 是一个内涵很不确定的术语；它只是一种简单扼要的表述，并不代表一个国家中独立的法律部门或法律分支；主要用于学校为学习商业或从事商业的人开设的课程名称或教科书名称。据此看来，它更像是一种学理概念，而不是一个法律学科。同样，Commercial Law 在英美法中也是“一个相当含混的一般性术语，用来指与商业有关的各种法律……主要用来指合同法和财产法中与企业和商业惯例有关的那些内容”①。在英美法系国家，商法（Commercial Law）一般不构成一个独立的法律实体或法律部门，它不过是一个概括性的称谓。无论是商业性的交易还是朋友间的交易，合同法和财产法中与企业和商业惯例相关的那些内容的法律都是相同的。在法律上没有商人和商业行为的分类。但是，《不列颠百科全书》（国际中文版）将“Business Law”又译为“商业法”，是“指通过公约、协议、国内或国际立法规定的调整商业事务中人际关系的法规总称”；并认为商业法有两个确定的领域：一是通过公司法、合伙法、代理法和破产法调整商业实体，二是通过合同法和有关的法律调整商业交易。通过以上简单列举可见，Business Law 和 Commercial Law 尽管语义含混，但在一般情况下，二者的含义是相同的。这一点可以从美国《统一商法典》（Uniform Commercial Law）的内容得到印证。美国《统一商法典》并没有使用 Business Law，而是使用了 Commercial Law，但就其内容而言，它仅包括买卖及相应的少数合同、票据和凭证。这与 Business Law“通过合同法和有关的法律调整商业交易”的内涵是一致的。Mercantile Law 译为“商事法”。按照《牛津法律大辞典》的解释，此术语实际上是“商法”的同义词，但比其更古老。与商法一样，它是关于商事活动，如买卖、运输、保险、票据与破产等法规的通用简称。从体系的角度看，它与商法一样，在普通法系的国家中不是法律体系中独立的部门，因为其法律规则是以商业习惯为根据的。在以罗马法为基础的国家，商事法或商法通常仍是适用于特定之人或贸易制度的主要部分，与适用于不参与贸易的普通人的民法有明显的区别。② Law Merchant 确切的译法是“商

① 史际春，陈岳琴．论商法．中国法学，2001（4）．

② 戴维·M. 沃克．牛津法律大辞典．北京：光明日报出版社，1988：605.

人法”，是指产生于中世纪西欧商人中间的，调整他们彼此间关系的一系列习惯和法律。这些制度具有国际性或世界性的特点。整个欧洲并不存在单一的商人法，而是在不同的国家和城市里有不同的商人法。实际上，商人法更多的是以商业习惯法的形式存在，因为在中世纪，欧洲大陆仍然处在封建法和寺院法的支配之下，许多营利性的商业活动被明令禁止。在贸易发展和封建法制尖锐冲突的背景下，在意大利产生了商人自治组织，这些组织最初的目的是联合保护商人自身的利益，反抗封建法制的束缚，后来逐渐担负起制定编纂行业规约和习惯的职责，这些行业规约和习惯被商人行会沿用，形成了较为系统的商人习惯法。这些习惯法以商人为中心，采取属人主义立场，因此又被称为“商人法”。16世纪后，资本主义商品关系萌芽，封建关系衰落，欧洲大陆许多国家制定成文法，在成文法中确认了有关商人的习惯法，使商人法上升为成文法。商人法对欧洲大陆有的国家的成文商法典影响较大。

（二）大陆法系的商法概念

与英美法系国家（地区）不同的是，大陆法系许多国家（地区）都制定了商法典。但据不完全统计，虽然商法典众多，但给商法下定义者难寻踪迹。为此，我们只能从商法典的内容中推断出大陆法系国家（地区）商法的概念。

法国的商法是以其《法国商法典》为基础的，自《法国商法典》颁布施行以来，随着市场经济的发展，商法也发生了很大变化，得到重要的发展和完善。颁布时《法国商法典》共4卷、648条。目前，《法国商法典》的许多条款已被废止，继续有效的仅有140余条，其中有30余条保留了1807年的行文。

《法国商法典》现存的条款涉及商人，商人会计，公司，商业注册，商品交易所、证券经纪人和居间商，质押和行纪商，商行为的证据，汇票和本票，时效，海商，破产和司法清理、复权和破产的轻罪行为及其他有关破产的犯罪行为，商事法院。但是，现存条款对这些方面的规定大都很概括，有的个别条款，已远不能适应实践的需要。因此，在当今法国，大量的商事立法，包括在《法国商法典》中已涉及的立法，以及有关商事公司、商业登记、海商、破产、银行、有价证券、商市租约、营业资产等方面的法律，均以单行商事法的方式存在。从商法的内容观之，法国商法更侧重于以商行为观念为基础，因此，我们姑且可以将法国商法定义为规范商行为的法律。

《德国商法典》是调整特定营利事业企业经济活动的特别法。该法典名称中的“商”字并不能表示该法典的全部内容。它除包括原来意义上的“商”，即在生产者和消费者之间的商品流转之外，也包括工业、手工业和采掘业的法律关系。①《德国商法典》以商主体观念为基础，采取“商人法主义”，即根据商主体资格确定商事关系的范围。因此，商人既是《德国商法典》的出发点，也是其归宿。商人是德国商法中最核心、最重要的概念。商人是商事权利、义务的承受者，是商法规范的适用对象。凡商人所从事的活动，均为商行为，适用商法规范。非商人即使实施了商行为，也适用民法规范或其他法律规范，而不能适用商法规范。因此，《德国商法典》有关商人的概念和种类的规定，构成了

---

① 德国商法典．杜景林，卢谌，译．北京：中国政法大学出版社，2000：1.

德国商法最重要的实体内容。也正如此，在德国，商法历来被认为是“适用于商人的特别私法”①。

（三）我国的商法概念

在我国，对于什么是商法，学者作了不同的表述，归纳起来，主要有三种。第一种观点认为，商法是调整商事关系的法律。第二种观点认为，商法是调整商人以及商事活动的法律。第三种观点认为，商法是市场交易行为的基本准则。

不可否认，上述观点均有其合理性。第一种观点和第三种观点是以商行为为出发点考察商法而得出的结论，因为商事关系就是从事营业行为所引起的社会经济关系以及与此相联系的社会关系的总和。这种定义实际上是借鉴了《法国民法典》对商法的定义。第二种观点实际上是采商法定义的二元结构说，主张商法既规范商主体又规范商行为。在我们看来，探讨我国的商法概念，必须立足于社会主义市场经济体制这一经济运行基础。

社会主义市场经济体制是中国特色社会主义的重大理论和实践创新，是社会主义基本经济制度的重要组成部分。② 它是市场在国家宏观调控下对资源配置起决定性作用的经济体制。在市场经济条件下，企业是最基本、最重要的市场活动的主体，是市场机制运行的微观基础。构建高水平社会主义市场经济体制，关键在于重塑社会主义市场经济主体，完善中国特色现代企业制度，弘扬企业家精神，加快建设世界一流企业，支持中小微企业发展。同时要看到，经济运行的过程就是各类经济资源优化配置的过程，这种优化配置，固然离不开政府经济调节、市场监管、社会管理、公共服务、生态环境保护等职能的发挥，但更多的是靠市场主体的微观经济活动即市场行为来实现。市场主体遵循市场经济规则和法律规定，直接从事生产、流通和服务性的经营活动，追求利益最大化，自主经营、自负盈亏。我们认为，商法概念应该是一个发展的概念，在我国，市场主体制度和市场行为制度是社会主义市场经济不可或缺的两个要素。市场主体制度要解决的是市场主体的资格问题，即市场准入，也就是我们通常所说的现代企业制度——公司、合伙和独资企业。市场行为制度主要表现为交易，即各种各样的买卖。为保证买卖迅捷、安全进行，需要建立诸如合同、证券、票据、保险、海商、破产等制度。市场主体制度和市场行为制度是发展社会主义市场经济、巩固社会主义基本经济制度的必然要求。因此，我国的商法，应当是规范市场主体和市场行为的法律规范的总称，而不仅仅是规范市场主体或市场行为的法律。如果商法仅调整其一，不但其功效将大打折扣，而且难与社会主义市场经济交相辉映。

三、商法的分类

对商法可以从不同的角度作不同的分类。

---

① Vgl. Baufmbacn/Duden/Hopt，Handelsgesetzbuch，25. Auflage，München，1983，Einleitung vor & 1，I. a) /A，S. 1；Dieter Medicus，Allgemeiner Teildes BGB，7. Auflage，Heidelberg，1997，Rdnr. 13.

② 参见中共中央、国务院《关于新时代加快完善社会主义市场经济体制的意见》。

（一）古代商法、中世纪商法、近代商法和现代商法

这是按照商法的时代特征对商法进行的分类（相关内容参见本章第二节“商法的历史发展”）。

（二）英美法系商法和大陆法系商法

这是按照法系对商法进行的分类。

英美法系商法以习惯法及判例为其表现形式，但近年来，随着两大法系的互相渗透和融合，无论是英国还是美国，都颁布了一些属于成文法的商事制定法。如英国先后颁布了《商品买卖法》《合同法》《票据法》《公司法》《合伙法》《破产法》等。美国除各州的商事单行制定法外，由联邦制定的有《州际通商法》《破产法》《公司法》和美国《统一商法典》。

大陆法系商法以法国、德国商法为代表。二者制定的理念不同——法国商法系以商行为作为立法基础，德国商法系以商人作为立法基础，但共同点是两国除制定有商法典外，还颁布了大量的商事单行法如《公司法》等，以此作为商法典的补充。

（三）形式商法和实质商法

这是从表现形式上对商法进行的分类。

按照我国学者的通常看法，形式意义的商法是以“商法”为名称制定的法典，实质意义的商法是指一切调整商事关系的法律规范的总称。

形式意义的商法着眼于规范的表现形式和法律的编纂结构，它最终表现为一个成文的法律文件——商法典。基于此，我国台湾地区学者刘兴善认为，所谓形式意义的商事法，是指由一国的立法机关依法定程序制定而命名为“商法典”者。此种商法法典于民法法典之外独立存在而自成一系统。[①] 形式意义的商法的内容通常包括商法一般规则、公司、保险、破产、票据、海商等基本制度。在大陆法系国家（地区）中，德国、法国、日本、比利时、意大利、西班牙、葡萄牙等国家（地区）均制定有专门的商法典。据不完全统计，世界上有大约 40 个国家拥有商法典。

实质意义的商法着眼于规范性质、规范构成和作用理念的统一。从实质意义上考察，作为特殊法存在的商法是调整商事关系的法律规范的总和。[②] 其形式包括各种有关商事的专门法规，散见于民法、行政法和其他法律中，以及有关的判例、规则等。因此，实质意义的商法，实际上泛指以商事主体为对象，而规范其特有生活关系的全部法规，并不以冠以“商法法典”者为限。因此，在市场经济条件下，一个国家可能没有商法典，但不可能没有关于商事的法律、法规。易言之，一个国家可能没有形式意义的商法，但不可能没有实质意义的商法。

---

① 刘兴善．商事法．台北：三民书局，1984：1.

② 王保树．中国商事法．北京：人民法院出版社，1996：2.

我国民事法律制度一直秉持“民商合一”的传统，把许多商事法律规范纳入民法之中。[①] 因此，我国的商事法立法制度是采民商合一体制的，即不于民法法典之外，另行制定商法法典。就法律形式而言，我国并没有所谓的商法（形式意义的商法），但关于商事的法律仍然存在。除编入《民法典》的以外，我国采取单行商事法规的立法方式，分别制定了《公司法》《合伙企业法》《个人独资企业法》《票据法》《证券法》《海商法》《保险法》《拍卖法》《企业破产法》《电子商务法》等法律，以及有关商事登记等方面的法规。基于上述立法格局，我国实际上已经基本构建了实质意义的商法体系。

（四）广义商法和狭义商法

这是按照商法包括的范围进行的分类。

就实质意义的商法而言，它又包括广义的商法和狭义的商法。广义的商法是调整各种商事关系的商法规范的总称，学者将其再细分为国际商法、国内商法两种。国际商法，乃国际法上关于商事的法规，主要是指国家间的商事条约、公约、协定以及国家间共同遵守的商事惯例等，如有关海事、票据、商品买卖等商事的统一公约及其他国家间所遵守的商事习惯法。《联合国国际货物销售合同公约》即属此类。国际商法往往成为一国制定商法时重点借鉴和吸收的内容。国内商法则为关于国内商事的法律规范，它又分为商公法、商私法两种。所谓商公法，是指公法上关于商事的法律规范，主要是指宪法、行政法、税收法、银行法以及刑法上关于商事内容的规定（如刑法上关于妨害商号、商标的处罚规定）等；商私法则是指私法上关于商事的法律规范，如采民商分立体制国家的商法法典，英美法系国家的商事习惯法及采民商合一体制国家的民法典内的商事规定，关于商事的特别法，有关商事的民事习惯法等。狭义的商法仅指调整国内商事关系的商事私法，即国内商法中的商事私法。从现代各国商法的内容来看，随着经济全球化的发展，商法的国际化日趋明显，商法日益表现出国际性规范与国内规范相交错、公法规范与私法规范相融合的趋向，要严格区分国际商法与国内商法、商公法与商私法已极为困难，此即所谓商法的二元性。因此，近代以来的商法学者在强调狭义商法的同时，也越来越多地关注其国际性和公法性的内容。

四、商法的调整对象——商事关系

商法是调整商事关系的法律规范的总称，因此，商法的调整对象是指由商法规范（实质意义的商法）所调整的特定范围的社会关系——商事关系，即从事营业行为所引起的社会经济关系以及与此相联系的社会关系的总和。[②]

按照我国学者的观点，商事关系具有下列特点。

---

① 全国人民代表大会常务委员会副委员长王晨．关于《中华人民共和国民法典（草案）》的说明．

② 按照对不同国家商法理论的概括，此种由营利性营业行为引起的社会关系又被称为“生产经营关系”和“经济关系”等。

（一）商事关系是发生在平等商事主体之间的社会经济关系

在社会生活中，社会经济关系的主体是丰富多彩的，但总的来说，可将其划分为两类主体——私法上的主体和公法上的主体。无疑，商事主体是私法上的主体。商事关系只能发生在平等的商事主体之间。

（二）商事关系是商事主体基于营利目的而建立的

营利概念在中国民商事法律体系中毫无争议地属于基础性概念。[①] 所谓“营利”，是指为了谋取超出资本的利益并将其分配于投资者的行为，具体包含两个要素：一是以追逐利润为目的，简称“目的要素”；二是将利润分配给出资人，简称“分配要素”。商事关系只能发生在营利性活动中。根据商法理论，基于不同的标准，对商事关系可以进行不同的分类：

按照商事关系的基本性质，可以将其分为基本商事关系和辅助性商事关系。所谓基本商事关系，是指直接体现营利性营业内容而普遍具有生产经营性质的经济关系，例如，在直接社会生产过程中形成的商事关系。辅助性商事关系与基本商事关系的不同之处则在于，它不直接体现营利性营业内容，而是在特定社会条件下或特定场合中才具有生产经营的性质，例如，基于准备、服务或辅助性营业活动而形成的商事关系。这部分商事关系通常因整个社会商业化程度不同而具有不确定性，并且只有在商主体为辅助营业而从事活动时，方具有生产经营关系的属性。[②]

按照商事主体的性质，还可以将商事关系分为双方商事关系和单方商事关系。双方商事关系是指交易双方当事人均为商事主体的商事关系，它反映了社会生产过程中不同阶段和环节间的经济联系。典型的双方商事关系就是制造商与销售商之间所发生的商业关系。而单方商事关系则是指商主体与社会消费者之间的商事关系，它反映了社会生产与社会消费环节之间的经济联系，是社会经济关系中至关重要的一部分，例如，销售商与消费者之间的商事关系。

五、商法与其他部门法的关系

（一）商法与民法的关系

无论是在采取民商分立体制的国家还是在采取民商合一体制的国家，实质意义的商法较民法而言都具有其特殊性。但尽管如此，民事法和商事法仍有着共同的原理，这主要表现为两方面：一方面，商法是以营利性的营业行为为调整对象的，而营利性的营业行为仅仅是经济生活中的一部分，而民法，尤其债法中的合同制度，则是关于流通领域的商品交换活动的一般规定，因此，民法和商法有着天然的联系，这正是许多国家采取民商合一体制的原因。另一方面，商法和民法都是规定财产归属和移转的法律，商法的

① 宋亚辉．营利概念与中国法人法的体系效应．中国社会科学，2020（6）．

② 董安生，等．中国商法总论．长春：吉林人民出版社，1994：35．

总则总是蕴涵在民法之中（如民法中的法人制度与商法中的公司、企业法人制度等）。因此，即使是在采取民法和商法分立体制的国家，商法也难以完全脱离民法而独立存在。在采取民商合一体制的国家，商法法律、法规只不过是民法的补充规定而已，商法和民法的关系是特别法与基本法的关系。

我国在传统上是采民商合一体制的。在我国，商法仅是民法的一部分，或者说商法仅是民法的特别法，例如，就《民法典》与《公司法》而言，《民法典》第三章分四节专门规定了法人制度，其中有关法人制度的一般规定和营利法人的规定同样适用于公司，但《民法典》对公司董事、监事等制度未作具体规定，这些内容则由《公司法》予以补充，这充分体现了民法与商法的关系。

当然，我们主张民法与商法间存在天然联系，二者不可割裂，但这并不等于我们否认在具体制度上民法与商法还存在差别：其一，商事关系不同于民事关系。民事关系包括平等民事主体的财产关系与人身关系，民法关于人身关系的规定，一般不具有营利性，这与商事关系判然有别。因此，民法中关于人身关系的规定，对商事关系基本上不产生效力。其二，某些制度只适用于商事关系而不适用于民事关系。例如，在我国，尽管深圳等地以地方立法的形式确立了个人破产制度，但从国家立法层面上讲，破产制度目前只适用于企业，而不适用于公民个人。其三，在商事关系中，等价有偿原则得以普遍适用，而在民事关系中，有些情况并不适用等价有偿原则（如婚姻家庭关系、继承关系）。民法和商法的上述差别，产生了如下的结果：一方面，商法只是民法的特别法；另一方面，民法又逐渐"商法化"。正是因为民法和商法存在上述关系，所以二者在法律适用上，应遵守以下规则。

1. 民法的一般适用和补充适用

在商事关系的法律调整中，民法的一般适用是一个重要原则，诸如民法典规定的平等原则、自愿原则、公平原则、诚信原则、合法原则和绿色原则等，均应无一例外地适用于商事活动，贯穿于商事活动的始终。同时，如果商法对某项商事事项予以特别规定，则民法典的规定可以补充适用。

2. 商法的适用优先于民法

由于商法是特别法，依照特别法优于一般法的原则，关于商事的事项，应首先适用商法。如果商法未予规定，则依照前述的民法补充适用原则，适用民法的有关规定。例如，公司法中关于公司内部组织等的规定，应先于民法中关于法人制度的规定而适用。

3. 商法的效力优先于民法

商法和民法虽然都属于私法，但商法中所规定的事项不仅关涉私法，如公司法关于公司设立程序的规定等，还涉及行政法、刑法、诉讼法等。此类规定，其效力无疑优先于民法。

（二）商法与经济法的关系

经济法的发展与商品经济有着内在的必然联系。19 世纪末 20 世纪初，西方资本主义经济进入垄断阶段。特别是第一次世界大战以后，经济危机席卷了整个资本主义世界，各种矛盾更趋尖锐，垄断严重破坏自由竞争，从而使整个社会经济秩序面临新的考验。为了缓和各种矛盾，稳定社会经济秩序，西方各国政府从过去秉持对经济“干预最少的政府是最好的政府”的信条，转为实行积极干预经济的政策，于是出台了一系列新的、与国家干预经济相适应的法律、法规，包括解决经济危机的法律措施、反对垄断和保护弱者的法律措施等。对此，德国学者赫德曼（Hedeman）率先将其称为“经济法”，后来，这一表述得到了一些法国学者和比利时学者的支持。经济法作为一个独立的部门法出现后，商法和经济法的立法体制就成为各国学者所研究的课题，商法和经济法的关系也成为学者争论的焦点。关于商法和经济法的关系，代表性的主张有三。

第一种观点是商法和经济法分离说。持此种见解的学者认为，商法和经济法的理念、机能是不同的：前者以个别经济主体的利益为基础，调整其间的利益关系；后者以国民经济利益为基础，着眼于超个别经济主体利益的全体的调整。因而，商法和经济法应分作两个法域，商法仍应独立存在。①

第二种观点是商法和经济法合一说。持此种见解的学者认为，商法和经济法都是以企业为对象的，对两者应“合一”或总合把握。②

第三种观点为我国台湾地区学者张国键所主张。张国键先生认为，经济法为促成民商合一而代替商法的总名称的法。③

除上述三种有代表性的观点外，还有必要关注我国台湾地区另一位学者陈顾远的独特看法。在商法与经济法的关系上，陈顾远先生认为，经济法与商法自应分立，但有关经济事项的法律关系，究竟不能与财产权分开，商法对于一般社会生活的民事立法而言，可谓财产权的扩大，因此，商法具有经济立法的特点。④

客观地讲，上述各家学说，各具其理，很难对其笼统地进行肯定和否定。我们认为，商法作为民法的特别法，与经济法具有相当的差异，若认为二者可合二为一，未免抹杀了二者的差异，但是，我们也不得不注意这样一个事实：20 世纪以来，各国的商法中逐渐渗透进了公权力，致使商法呈现出“公法化”的趋势，在这种情况下，商法和经济法在某种程度上又呈现出共性。因此，我们认为，商法和经济法既有共性，又有差别。

商法和经济法的共性主要体现在以下方面。

（1）商法和经济法都是规范经济活动的法律。

（2）两者的性质有共同之处：经济法调整经济生活，包括维护市场秩序和对国民经济进行宏观调控，这些均须借助国家公权力，因而从一定意义上讲，它具有公法性质；商法虽在总体上属于私法性质，但因商事活动多关系交易安全和社会经济秩序的稳定，为了强化其对经济关系的调整，在一定程度上也融进了部分公权力，因而其也带有某种公法性质。

商法与经济法虽然具有相同之处，但二者的差异也是显而易见的，这些差异具体表现在以下方面。

---

① 户田修三，中村真澄．商法总则·商行为法．东京：青林书院，1984：23.

② 王保树．中国商事法．北京：人民法院出版社，1996：13.

③ 张国键．商事法论．台北：三民书局，1980：30.

④ 陈顾远．商事法：上．台北：复兴书局，1957：20.

首先，商法和经济法所追求的利益各异。商法着眼于商事主体的权益，侧重保护个体即商事主体的合法利益，易言之，保证商事主体以合法手段实现其营利目的，是商法的任务所在。这一特征决定了商法所调整的关系大都属于商事主体之间的利益关系。经济法着眼于整个国民经济生活的全局，侧重维护社会整体利益，旨在建立公平的竞争秩序，为所有商事主体创造平等进入市场和进行公平竞争的条件和机会。这一特征决定了经济法主要调整国家经济管理机关和各种社会组织在经济活动中的经济关系。

其次，调整范围不同。商法以商事主体（主要是企业）为对象，调整商事关系即商事主体间特有的经济关系；经济法则不同于商法，它仅调整因国家适度干预商事主体经济活动而发生的经济关系。

最后，商法和经济法的调节机制不同。商法和经济法分别运用不同的调节机制来调整经济关系：前者主要确认个体（包括自然人、法人等）自我调节机制，即强调意思自治，当事人地位平等；后者确认社会整体调节机制，即国家以全社会的名义对国民经济整体进行调节。

（三）商法与劳动法的关系

劳动法的产生具有一定历史背景。在资本主义初期，并不存在以保护劳动者为主要内容的劳动法。在这一时期调整资本家与无产者之间经济关系的规范被置于民法与商法之中，强调雇佣关系必须遵循“契约自由”原则。事实上，这种自由不过是资本家剥削工人的自由。①

18 世纪英国产业革命后，手工业者相继破产，机械大工业日益发达，于是，各种社会问题纷纷出现。资产阶级为了防范工人罢工，从长远利益考虑，开始制定一系列特别法律，对传统的雇佣契约原则加以非实质性修正，对于工人不利的内容也加以一定的限制。这样，就形成了调整企业劳动关系的法律部门——劳动法。

劳动法的调整对象是劳动关系，它和商事法的调整对象一样，也涉及企业。商法是调整商事主体（其中主要是企业）的内外关系的基本法，而劳动法与企业主、经营者之间的关系是企业内部关系的一个重要方面。因此，商法与劳动法必然产生紧密联系，具体表现在以下方面。②

第一，商法与劳动法的关系是一般法与特别法的关系。在调整工人与企业所有人之间的关系时，虽然许多国家商法中仍有关于“商业使用人”的规定，但基本上让位于劳动法的规定，即在调整上述关系时，劳动法优先于商法而适用。

第二，西方许多国家的法律把企业所有人与企业管理人的关系作为委任关系，而把企业所有人与工人的关系作为雇佣关系。前一种关系由商法调整，后一种关系由劳动法调整。商法中保留了调整雇佣关系的原则性规范，删除了调整该种关系的具体内容。③

---

① 董安生，等．中国商法总论．长春：吉林人民出版社，1994：48.

② 董安生，等．中国商法总论．长春：吉林人民出版社，1994：49－50.

③ 例如，在海商法中，保留了关于船长的规定，删除了关于船长以外的其他船员的规定，有关船员的规定移入劳动法等相关法律法规。再如，我国《公司法》对公司的董事、经理、监事等作了具体规定，而对职工的具体规定没有列于其中，这样规定就纯化了商法的内容。

第三，在北欧一些国家，由于推行“人民资本主义”，工人具有工人与股东两重身份，同时，这些国家的法律也肯定了工人参与企业管理的权利，因此形成了商法和劳动法交错适用的状况。

当然，虽然劳动法和商法的调整对象都涉及企业，企业又都以其资本、劳动力和经营为存在条件，但是，劳动法和商法均各有自己的调整对象，并且因企业的资本、劳动力和经营这三个要素的结合与相互作用所产生的社会关系相当复杂，导致了商法与劳动法的不同。

第一，对受雇人规定的范围不同。商法主要规范关于受雇人行为对外的效果，劳动法主要调整受雇人与雇佣人之间的权利义务关系。

第二，法域不同。商法在企业维持上注重企业主体间的合法利益，劳动法在社会政策上则注意保护企业辅助者的利益。德国和日本的商法均规定企业辅助者与企业主体之间的关系属于雇佣关系，事实上这已属于劳动法的调整范畴。

（四）商法与国际法的关系

国际法是指在国际关系中，通过国家间的惯例和协议形成的，以国家间关系为主要调整对象的，对国家具有法律拘束力的行为规范的总称。前文我们已谈及，商法实际上分为国内商法和国际商法，而国际商法从学科角度讲，又是国际法的一个重要分支，因此，我们在此探讨商法与国际法的关系，更准确地说，是在探讨国内商法与国际商法的关系。近年来，随着经济全球化和国家间经济合作的日益增强，商法的国际化趋势也渐趋增强，为了避免各国法律规定的不同而给当事人带来的诸多不便，国际商事交易规则、条约也日渐增多。在国际法中，有关商事的内容，除国际商事惯例外，还有有关商事的国际条约，其中国际条约包括双边商事条约和多边商事条约，如《联合国国际货物销售合同公约》等。国际商法并非“空中楼阁”，它的许多制度、规则，都源于国内商法。在商法建设过程中，国际商法会不可避免地影响国内商法，同时，国内商法也会影响国际商法，为国际商法的发展做贡献。提升国内商法与国际商法有机结合的水平，也是商法建设的重要方面。

第二节　商法的历史发展

法国学者丹尼斯·特伦曾经指出：商法的形成实际上来自实践，它们的系统化过程不是由于民法学者的传播，而是由于其推行者的努力。[①] 这应验了拉丁语中的一句格言：“哪里有贸易，哪里就有法律。”某些追溯商法发展历史的学者认为，近代商法起源于古希腊的法律甚至更早的楔形文字法，《汉谟拉比法典》和《摩奴法典》中关于买卖的规定即是古代商法的最初形式。还有些学者认为，近代商法起源于罗马法，罗马法后期万民

① 中国大百科全书·法学卷．北京：中国大百科全书出版社，1985：505.

法中关于代理、冒险借贷、海运赔偿等的规定构成了早期商法的基本内容。① 然而，现代大多数民商法学者通常认为，近代商法实际上形成于中世纪，尽管欧洲古代的法律中不乏有关商品交易的行为规则，并且其中的某些制度（如海事规则）确实对后世的商法产生了相当的影响，但严格地说，欧洲的古代法中并不存在，也不可能存在独立的商法或与之相类似的完整制度。

一、古代商法

一般认为，古代商法是指中世纪以前的商法。这时的商法从严格意义上说还不是今天我们所说的商法，既没有形成成文的商法典，也没有专门的商法规范，有关商事的规定散见于民法、刑法、行政法等法律中。在原始社会末期出现私有制和三次社会大分工以后，随着商品货币经济的形成和发展，我国的商人、商业早在先秦三代，甚至更早的黄帝及尧、舜传说时代，即已出现，并呈现初步繁荣的景象。同时，随着商事关系的日趋复杂，夏、商、西周三代都通过以“礼”为综合大法的形式，配合制定法、商事习惯法、民间法、契约法、诉讼法的涉商规范，对商事法律关系和商人行为、市场活动，进行了调整和规制，初步建立了商事主体制度、商品所有权制度、债与契约制度、市场管理制度、货币制度、商税制度、诉讼制度等基本商事制度，从而构筑了我国古代早期商事制度法律调整的大体框架。②

二、中世纪商法

通说认为，欧洲中世纪的商法是近代商法的起源。③ 一般认为，中世纪商法的历史可以追溯到约公元前 300 年的罗德海法（Lex Rhodia），以及更早的腓尼基和迦太基（布匿）人的航海贸易习惯。至罗马私法高度发达时期，有关商或贸易的法已相当完备。正如封建庄园法的情况一样，11 世纪晚期和 12 世纪也是商法变化的关键时期，正是在那时，近代西方商法——Lex Mercatoria（“商人法”，the Law Merchant）——的基本概念和制度才得以形成。更为重要的是，也正是在那时，商法在西方才第一次逐渐被人们看作一种完整的、不断发展的体系，被看作一种法律体系。④ 商法最初的形式是商人习惯法，这一制度的形成有着特定的社会根源。中世纪的欧洲（约 476—1640 年）是封建专制统治的欧洲，处于农业社会阶段。11 世纪后，欧洲的农本经济进入了发展时期，“十字军”东征的胜利使欧洲通向东方的商路相继开通，这就为欧洲大量剩余产品涌向东方市场提供了条件。此种东西方贸易的发展首先促进了地中海海上贸易的发达和地中海沿岸一些新兴城市的商业贸易的繁荣，其中被称为“通往东方门户”的威尼斯、热那亚、佛罗伦萨的商业地位尤为引人注目。随着地中海沿岸城市的发展，经济的专门化促进了

---

① 上柳克郎，等．商法总则・商行为法．东京：有斐阁，1993：16.

② 李功国．中国古代商法史稿．北京：中国社会科学出版社，2013：1.

③ 伯尔曼．法律与革命．北京：中国大百科全书出版社，1993：406.

④ 简明不列颠百科全书：9. 北京：中国大百科全书出版社，1986：486.

商品交换的发展，除本地及市镇市场以外，出现了大的定期集市，其中最著名的是香槟伯爵领地的四大集市。随着11世纪城市的成长，产生了商会，它领导了城市自治的斗争。手工业行会兴起后，为了控制城市政权而与大商人进行斗争，但行会内部也由于行当不同而存在着各种矛盾。除伦巴第联盟、汉萨同盟等城市外，多数城市受制于国王或诸侯政府，国王保护商人，并获得财政支持。由于商人已成为众多阶层中的一个独立阶层，他们迫切需要获得对其利益的法律上的保护，以实现商业发展和商事交易的自由。①然而，与地区经济发展形成鲜明对比的是，中世纪的欧洲大陆实际上仍稳定地处于封建法和寺院法的支配之下。按照许多封建公国的法律，不仅放贷收息、借本经营、商业投机和各种转手营利活动受到明令禁止，就连诸多非生产性中介商业活动、正常的债权让与交易也被认为是违法行为。不仅如此，由于部分商业城市的贸易状况与封建法制的实际状况极端不协调，有关保护商业活动的一系列条件均缺少必要的法律反映。在后世商法看来属于维护社会交易安全所必不可少的交付行为无因性规则、共同债务连带责任原则、商人资格与公示原则、担保连带责任规则乃至合同许诺不得撤销规则等，在当时的封建法制中均缺少观念基础，许多国家的法律甚至对商人还加以种种歧视。正是在贸易发展与封建法制的尖锐冲突的背景下，商会不得不另立规范。商会在自身发展中形成了自己的自治权和裁判权，因此有条件运用其商事生活习惯订立自治规约，并于本商会内实施。该种规约于11世纪至14世纪实行数百年，终于形成了中世纪商法即商人习惯法。形成于中世纪的商人习惯法就其形式和内容而言，具有下列特点。

第一，中世纪的商法是商人法。它通常采取属人主义立场，其大部分规则仅适用于商人之间，在许多情况下往往仅适用于行会内部的商人之间。但随着商人习惯法实践的发展，许多有关的规则也被适用于解决商人与非商人的纠纷。正因为如此，在《不列颠百科全书》（国际中文版）中，Law Merchant（商人法，拉丁文为 Lex Mercatioria 或 Jus Mercatorum）被解释为中世纪期间有关商人、商业事务的习惯法规和原则的总称，是商人们自己为了管理他们之间的交往而采用的。最初商人法多半由专门的准司法性质的法庭执行，如在意大利由行会法庭执行，以及随后在英国由正式成立的泥足法庭执行。商人法主要的根据是罗马法，但其中也受到一些日耳曼法的影响。中世纪的商法属于习惯法，是商人按自己的商业交易习惯形成的行业行为规范，具有自律性的形式特征。

第二，商人习惯法的内容往往涉及某些最主要的商事要素和商事活动，例如，现代商法中的商人资格及公示规则、诚实信用原则、商事合伙、商业代理、票据制度、保险制度、海商法制度、借贷结算规则、善意取得与交付取得制度等，在商人习惯法中均已具有雏形。其中的许多规则明显反映了商事活动的营利性、迅捷性和保护交易安全的要求。②

第三，商人习惯法实质上是不同地域、不同商人团体的各类不成文法的总称，而不同地域所形成和适用的商人习惯法往往又有内容差异。例如，中世纪所盛行的海商法实际上可分为流行于地中海及沿岸的康苏拉度法（Consulado），流行于大西洋沿岸的奥勒

① 简明不列颠百科全书：9. 北京：中国大百科全书出版社，1986：486.

② 董安生，等．中国商法总论．长春：吉林人民出版社，1994：11-12.

伦法（Role Doleron），以及流行于波罗的海及北海沿岸的维斯比海法（Seerech von Wisby）。由此反映了商人习惯法的非成文性和地域性特征。①

中世纪时期，我国的商法也获得了发展。以隋唐为例，隋唐是我国封建社会发展的高峰，结束了长期分裂割据的局面，农业获得了长足发展，这为手工业、商业提供了大量的原料来源和广阔的产品销售市场，进而促进了手工业、商业的发达。各大城市成了世界商业都市，繁荣景象堪称世界一流，这在古代世界特别是中古经济史上是极为少见的。② 与此相对应，商事立法虽然散见于律、令、格、式中，并没有改变重刑轻民的倾向，但唐代规定之法律，多为后世所沿用，其定律之关于商事者，亦最为详整。③ 就商事主体制度观之，唐代的商人制度包括官商和私商。官商包括国家、皇帝，官府，藩镇、公廨。私商又分为中小商人、富商大贾、胡商及外商、行商、坐贾、行头、牙人。就契约制度观之，唐代出现了买卖契约、借贷契约、合伙契约、雇佣契约、租佃契约、租赁契约、典当契约、票据。

三、近代商法

近代商法是在中世纪商法的基础上发展起来的，但是，近代商法产生、发展的社会经济背景不同于中世纪的商法。16 世纪以后，随着资本主义商品经济关系的萌芽以及欧洲一些国家封建割据势力的衰落，统一的民族国家逐步形成。近代是资本主义战胜封建专制和封建割据的时代，在统一的民族国家纷纷成立的同时，早期的自治城邦也已不复存在，商人团体逐步消亡，资本主义的商品经济关系受到保护。与此相适应，在中世纪占统治地位的寺院法开始被废弃，这就形成了民族国家制定统一法律和商人法由习惯法向成文法转变的条件。在这一形势下，欧洲的德国和法国率先开始了本国商事法律统一运动。其中，新生资产阶级首先关心的是制定统一的民法和商法，由此推动了以国家公力干预促使“商法国民化”的进程。

客观地讲，欧洲大陆各国早期的商事成文法实际上仅仅是对中世纪商人习惯法的确认，这使得这一时期的商事成文法打上了深刻的商人法或属人法的烙印。1673 年，法国国王路易十四颁布了著名的《陆上商事条例》，该条例被后世商法学者称为近代法国商事立法的起源。该条例的内容包括商人、票据、破产、商事裁判、管辖等。该条例在适用上实际上仍离不开商人习惯法的补充，并且其司法工作由商人担任法官的商事法院从事。1681 年，路易十四又颁布了《法国海事条例》，其内容共计五编，分别规定了海上裁判所、海员及船员、海事契约、港口警察、海上渔猎。拿破仑时期，拿破仑将这两个条例加以修改并编为商法法典，于 1807 年颁布实施。与法国类似，德国从 18 世纪起即以商人习惯法为依据，开始制定成文商事法。当时的成文商事法有：1727 年的《普鲁士海商法》、1751 年的《普鲁士票据法》、1776 年的《普鲁士保险法》等。在研习德国近代商法

① 董安生，等．中国商法总论．长春：吉林人民出版社，1994：11－12.

② 张中秋．法律与经济：传统中国经济的法律分析：第 1 卷．南京：南京大学出版社，1999：282.

③ 王孝通．中国商业史．北京：商务印书馆，1936：101－102.

的发展时，我们不能不提及德国1794年制定的《普鲁士普通法》。用今天的眼光来观察，这是一部集民商法规范于一体的综合性法典，该法典的商法章节不仅确认了商人习惯的基本规则，而且逐句逐段地引录了马奎德在其著作中对商法原理的概括。其内容十分丰富，包括商人、商业行为、汇票、经纪人、海商、海滩保险、承运人等。值得注意的是，德国统一后于1861年又以《普鲁士普通法》为基础制定了《德国普通商法法典》，即今天人们所称的“德国旧商法”。这表现出了商法独立的法典化倾向。

正当德国、法国纷纷制定成文商法时，同处欧洲的英国和其他欧陆国家也制定了商事法。当然，英国和其他国家最初的商事法也是通过认可商人习惯法的形式形成的，甚至有些国家的法律中有关商业的规则沿袭了德、法两国的规则。客观地讲，近代欧洲的商事立法是从商人习惯法向现代商法典转变过程中的一个具有重要作用的阶段。虽然这一时期的商事成文法实际上不过是封建国家以王权名义对商人习惯法和商人利益的确认，因而其立法内容仍带有模仿商人习惯法的局限性，并且其制定过程显然缺乏类似于民事立法那样的理论准备，但此种最初的商事成文法在当时的历史条件下是具有社会进步意义的，它们对现代商法的形成所起的作用也是毋庸置疑的。①

1840年鸦片战争以后，中国由古代社会向近现代社会演变。20世纪初，清朝走上了推行新政和变法的道路，古代商法进入转型期。在商人组织上，不但小商人和合伙继续存在，而且出现了行会、会馆和公司等商人形式，出现了新型营业——银行。在对外贸易上，清政府设立了海关并制定了外商在华经商及限制海外贸易的规则。清朝末年，清政府制定了《大清商律草案》《公司律》②，以此为标志，我国古代商法向近代商法转型。民国时期，《商人通则》《公司条例》《商业注册规则》《证券交易所法》相继颁布；1929年，商法总则相关内容被并入民法债编，不适合并入民法的内容被单行立法，如1929年以后《票据法》《保险法》《破产法》等单行商事法律相继颁布。正是在这一时期，我国最终形成了民商合一的商法体例。

四、现代商法

19世纪以后，随着欧洲资产阶级革命的成功，社会关系发生了根本性的变革。保护资本主义商品经济关系，推动商事活动，促进统一完整的商品市场形成，成为许多新兴国家的基本国策。从19世纪开始，欧洲大陆国家相继开始了大规模的法典制定活动，由此，“商法开始在大多数大陆法系国家作为一个独立的法律部门出现”③。

在大陆法系国家，1807年，法国在其《商事条例》和《海事条例》的基础上率先制定了统一的《法国商法典》，这是世界上第一部真正意义上的独立的商法典，开创了大陆法系国家民商分立体例的先河。该法典颁布时总计4编，共648条，包括通则（含公司、商行为和票据）、海商、破产、商事法院。该法典对两个条例的重大修改之处是它摒弃了

---

① 董安生，等．中国商法总论．长春：吉林人民出版社，1994：4.

② 由于辛亥革命爆发，该草案并没有颁行。

③ 梁慧星，王利明．经济法的理论问题．北京：中国政法大学出版社，1986：115.

古典商法中的商人法主义立场，而以商行为观念作为其立法基础，开创了现代商法中的商行为立法主义，以此吸收了法国资产阶级大革命中的消除等级特权、主张人权平等的思想成果。《法国商法典》的编制内容采取客观主义原则，即以商行为观念为立法基础。该法典是近代商事法的典范。

《法国商法典》开创了商事立法的先河，其所创立的“民商分立”立法例为欧洲许多国家所吸收。随后，许多国家陆续跟进，先后制定了独立的商法典，这些国家包括德国、卢森堡、葡萄牙。

在《法国商法典》制定以后，德国仿效法国，也于民法典之外制定了商法典。就在法、德等国采“民商分立”体例，纷纷制定统一商法典的同时，以判例法为特征的英美普通法系国家在商事立法上也颇有建树。众所周知，英美法国家在传统上采取判例法制度，其18世纪以后逐步发展起来的许多成文法例，实际上仅仅是对其普通法和衡平法规则的补充。因而从理论上讲，英美法国家并不存在形式意义的商法，但如果从其法律的内容来看，我们会发现，在英美法国家的普通法、衡平法和成文法中，实际上存在大量的仅仅适用于商人之间的特别法规则、仅仅适用于营利性营业活动的特别规则，以及仅仅适用于商人与社会消费者交易活动的特别法规则。可以说，大陆法系国家现代商法中的各项基本制度在英美法中几乎均有类似的法律概括，这不仅表现在英美法国家有关公司、票据、保险、破产、海商等特别法中，而且表现在普通法关于商人资格、商业组织、商事合伙、商事代理、商业活动、商业责任、商业登记、商业名称等一系列基本规定和定义概括中。①

在英美法学者看来，尽管在英美法中不存在类似于大陆法那样的统一的商法典②，但是“商法”或“商业法”的观念是深入人心的。19世纪以后，英美法国家相继制定的大量以“商事条例”“商法典”命名的法律不过是此种商法观念的部分反映。许多英美法学者甚至认为：商事法，特别是其中的票据法和海商法，并不是任何一个国家的法律，而是所有国家的一般法律。

1949年10月，中华人民共和国成立。关于如何在中国建设社会主义，在经济体制的选择上，我国最初主要学习和借鉴苏联模式。1956年底“三大改造”的基本完成，标志着高度集中的计划经济体制形成。这一时期，我国于1950年制定《私营企业暂行条例》，规定公司、合伙、独资三种企业组织形式，随着“三大改造”的基本完成，该条例及其实施办法自动失效。在以后很长的一段时间里，由于实行计划经济，国家立法的重心在于强化国家调控经济活动的能力和国家干预经济行为的行政手段，市场经济不复存在，商法也失去了存在的经济和社会基础。③ 1979年，我国实行改革开放，率先推进经济体制改革。改革开始后，我国密集制定了大量商法规范，择其要者，有《中外合资经

---

① 董安生，等．中国商法总论．长春：吉林人民出版社，1994：17－18.

② 需说明的是，美国制定有《统一商法典》，但该法典同大陆法系国家商法典相比，相去甚远。实际上，美国商法典仅是调整商品流转的法律，多为任意性规范，并且对于企业组织形态根本不予规定。因此，美国《统一商沃典》并不能反映美国商法的全貌。国内有学者认为美国《统一商法典》就是美国商法，并进而得出美国也是实行民商分立体例的结论。我们认为，这种观点并不准确。

③ 范建．商法学．北京：高等教育出版社，2019：22.

营企业法》《经济合同法》《技术合同法》《全民所有制工业企业法》等。1992年召开的党的十四大，明确提出了中国经济体制改革的目标是建立社会主义市场经济体制。由此，我国加快了商法的立法步伐，制定了《公司法》《合伙企业法》《个人独资企业法》《证券法》《票据法》《企业破产法》《保险法》《海商法》等单行商事法律，这些法律与《合同法》《物权法》等包含大量商事规范的法律一道，推动着中国社会主义市场经济的健康发展。党的十八大以来，我国更加坚持社会主义市场经济改革方向，注重正确处理政府和市场的关系，更加尊重市场经济一般规律，最大限度减少政府对市场资源的直接配置和对微观经济活动的直接干预，充分发挥市场在资源配置中的决定性作用，更好发挥政府作用，有效弥补市场失灵。为了使市场在资源配置中起决定性作用和更好发挥政府作用，我国深化了社会主义市场经济本质上是法治经济的认识，以保护产权、维护契约、统一市场、平等交换、公平竞争、有效监管为基本导向，完善了社会主义市场经济法律制度，其集大成者，就是2020年颁布的《民法典》。这是一部固根本、稳预期、利长远的基础性法律，更是社会主义市场经济的基本法，其关于民事活动平等、自愿、公平、诚信等基本原则的规定，关于私法自治和保障人格尊严等基本价值的规定，既是市场经济的基本准则，也是市场主体的基本行为准则；同时，《民法典》所确立的有关物权、合同等法律制度，旨在维护交易安全和秩序，为市场经济的发展奠定了基本的法律框架，提供了制度保障。① 可以说，在改革开放的40多年里，我国突破了传统西方国家以私权为核心的商法制度，构建了符合中国国情的新型商法制度，并在确立中国特色社会主义市场经济体制的同时，形成了具有中国特色的社会主义商法。

五、商法产生的原因及现代商法的发展趋势

（一）商法产生的原因②

商法的产生，绝非偶然，而是有其深刻的经济原因和政治原因。

1. 商法的产生是商品经济进一步发展的内在要求③

商品经济的发展促使商人形成一种势力，他们要求脱离封建领主的司法管辖及宗教势力的支配，保护和发展自由贸易。进入资本主义社会以后，随着商品经济的进一步发展，“人与人之间的一切关系（个人的或国家的），都被归结为商业关系”④。这种经济发展的内在要求，使原来作为自治规范的商人法必然发展成为国家制定的统一的商事立法。商法作为独立法律部门的历史是符合部门法产生的一般规律的，这种规律是：“在社会发展的某个很早的阶段，产生了这样一种需要：把每天重复着的产品生产、分配和交换用一个共同规则约束起来，借以使个人服从生产和交换的共同条件。这个规则首先表现为

---

① 王利明，杨立新，王轶，程啸．民法学．北京：法律出版社，2020：5.

② 我们这里所说的商法产生的原因，主要是指从经济、政治的角度研究上升为国家意志的商法的产生原因，而不是泛谈远古时代人们在日常交易中所发生的交易习惯法的产生原因。

③ 徐学鹿．商法教程．北京：中国财政经济出版社，1997：9.

④ 马克思恩格斯全集：第1卷．北京：人民出版社，1956：674.

习惯，不久便成了法律。”① 法国的、德国的，以及其他许多国家的商法典的诞生，都是“社会共同的、由一定物质生产方式所产生的利益和需要的表现，而不是单个的个人恣意横行”②。

2. 商法的产生是国家推行重商主义政策的结果

16、17世纪，由于新大陆的发现，世界市场突然扩大，各国政府为了本国的富强，大力推行重商主义政策，这一政策导致商人地位的特殊性和商业活动的特殊化，这一政策必然上升为统治阶级的意志，于是，商法作为独立的法律部门出现，各国纷纷制定商法。但商法在各国的迅速法典化，只不过是各国重商主义政策的法律化。例如，法国的柯尔培尔就是重商主义者，他主张建立商船队、海外公司，从事国家间商品交易。在这种理论指导下，法国先制定了《商事条例》和《海事条例》，后来合并为《法国商法典》。商法成为独立的法律部门，促进了资本主义国家工业的起飞，也促进了资本主义商品经济极其迅猛的发展。

（二）现代商法的发展趋势

伴随着人类进入现代历史时期，商法也进入了一个新的发展时期。毫无疑问，现代商法是在近代商法的基础上发展起来的，它使近代商事法律基本制度在结合现代商事实践的基础上延续了下来。但是，现代商法的发展向人们展现了新的趋势。

1. 动态化的趋向

商法是为适应调整商事关系的需要而存在的。人类进入20世纪以来，商事活动日益现代化和复杂化，商事法需要以不断革新的面貌适应其需要。所以，更加动态化已成为现代商事法的一个特点。所谓现代商事法的更加动态化，首先表现为各国商法典的频繁修改。以《日本商法典》为例，第一次世界人战之后，该法典已进行了30余次修改，并且有的修改带有全局性。例如该法典1950年5月10日的修改，采用授权资本制、无额面股，设立董事会并扩大权限，缩小股东大会及监察人权限，废止了股份两合公司制度。而到了2005年，日本更是将法典第二编剥离，于法典之外单独制定了公司法典。伴随着公司法单行法化，日本对商法典中总则和商行为编的规定都进行了较大幅度的修订。

现代商法动态化趋向的另一重要表现，是众多商事单行法的制定，并通过单行商事法律废除了商法典的有关条款。这一点在法国表现得尤为明显。《法国商法典》制定于1807年，自1808年1月1日起施行。但自商法典颁布施行以来，随着市场经济的发展，商法也发生了很大变化，得到重要发展和完善。颁布时的《法国商法典》共648条，而目前，原《法国商法典》绝大部分的条款已被废除或修改。商法典现存的条款涉及商人、商业会计、商品交易所、居间商等，但现存条款对这方面的规定大多很概括，已远不能适应实践的需要。于是，法国制定了大量的单行商事法律来补充、废除《法国商法典》中的有关规定。如法国通过1935年修改《法国商法典》中有关票据规定的法令，1936

① 马克思恩格斯选集：第3卷.3版.北京：人民出版社，2012：260.

② 马克思恩格斯全集：第6卷.北京：人民出版社，1961：292.

年的《海上物品运送法》，1942 年的《证券交易所法》，1966 年的《商事公司法》，1985 年的《司法重整与司法清算法》等，废除了《法国商法典》的相关条款。

2. 大陆法系和英美法系的相互渗透①

大陆法系商法和英美法系商法历来有着不同的传统。但是，随着国际贸易和国际投资的发展，市场与人们的商事活动不再存在英美和欧洲大陆的界限，因而两大法系商事法律制度的相互借鉴和吸收则成为必然。大陆法系商法和英美法系商法相互渗透的典型表现在公司法领域。

大陆法系公司法引进英美法系公司法经验的突出事例是 1937 年的《德国股份法》，它率先突破了大陆法系公司法固守的资本确定制（法定资本制），而吸收英美法系公司法授权资本制的经验，即公司章程规定公司资本总额，并规定公司设立后 5 年内，在资本总额的半数内，不经股东会决议，而由董事会发行新股增加资本。此后，大陆法系其他国家修改公司法，也先后吸收了这一经验。同时，大陆法系国家公司法还引进了英美法系国家公司法的董事会制度，并且扩大了董事会权限。值得注意的是，英美法系国家公司法也积极引进大陆法系国家公司法的经验，其突出事例是英美法系国家公司法仿效德国、法国公司法的做法，废除越权原则。该原则自英国贵族院于 1875 年的一个案例中提出以来，几乎在英美法系国家里被沿用了一个世纪。依该原则，公司行为不能超越公司章程所规定的经营目的。但是，德国、法国等一批大陆法系国家公司法没有关于严格越权原则的规定。这种差别，显然是不利于两大法系国家间的国际贸易和国际投资的。因此，美国律师协会公布的《标准公司法》于 1969 年率先修改了这一原则。继之，加拿大《联邦商事公司法》、澳大利亚《公司法》也修改了这一原则。最后，英国于 1989 年在《公司法》修改中彻底否定了越权原则。根据该法的规定，允许公司章程大纲笼统地规定公司的经营目的是作为一般的商业公司从事商业或贸易。同时，公司章程大纲对公司经营目的的任何限制都不足以影响公司具体行为的有效性。这样，两大法系国家的公司法在此问题上就取得了一致。

3. 国际化与统一的趋向

现代商事交易的实践已经向人们表明，现代市场经济是一个开放的体系，它已经打破了国家和地区的界限而日益呈现出世界化、全球化、一体化的趋势，而且这种趋势是一种历史潮流，没有什么力量可以阻挡。国际经济的一体化，既表现为国家间商品的自由流通，也表现为国家间人员、资本、劳务的自由流动。于是，人们在缔结商事关系时对法律规则有了统一的要求，迫切需要商法的国际化和统一。这种商法国际化和统一的工作是在 20 世纪初全面展开的。就商事活动的综合性调整而言，一些地区性的商事公约先后问世，诸如《关于国际私法的公约》（包括含有国际商法内容的国际私法典）、《关于陆上国际商法的条约》等。就商事主体的规范而言，不仅有承认外国公司的公约的出现，如《承认外国公司、社团和财团法律人格的公约》《关于相互承认公司和法人社团的公约》，而且有直接在欧盟国家产生约束力的规则和协调欧盟国家公司法的各种指令的问

---

① 王保树．中国商事法．北京：人民法院出版社，1996：32.

世，如《关于欧洲经济利益集团的规则》《关于企业合并控制的规则》《关于欧洲公司的第一号指令（公司的设立与无效）》《关于欧洲公司的第二号指令（股份有限公司的资本及相关规定）》《关于欧洲公司的第三号指令（公司的合并）》《关于欧洲公司的第六号指令（公司的分割）》《关于欧洲公司的第七号指令（公司的年度会计）》《关于欧洲公司的第八号指令（公司的年度会计）》《关于欧洲公司的第十一号指令（分公司设立的公开要件）》《关于欧洲公司的第十二号指令（一人公司）》等。这些指令，几乎涉及公司法的各个方面。就票据的规范而言，现今已有日内瓦公约体系、普通法体系两个体系。其中，日内瓦公约体系有《日内瓦统一汇票和本票法公约》《日内瓦解决汇票与本票若干法律冲突公约》《汇票与本票印花税公约》等，适用于批准上述公约的所有欧洲大陆国家和一些拉美国家；普通法体系中的流通票据法仍然以英国 1882 年《票据法》中的各种概念为依据。尽管流通票据法已在世界范围内统一为两大体系，但其商事交易中的不方便仍是极为明显的。因此，人们一直在探索票据法的世界范围内的统一，如国际商会制定的《跟单信用证统一惯例》《商事票据托收统一规则》。同时，联合国国际贸易法委员会自 1968 年开始，一直在试图制定《汇票和本票统一法公约》《支票统一公约》，以实现以上两大法系票据规则的统一。①

上述商事法的国际化和统一的趋势表明，"人类的进步不仅仅局限于科学领域，人类行为领域中的进展同样引人注目"②。

4. 商务电子化的趋向

随着互联网时代的到来，商法进入了一个全新的发展时期，这就是人们经常谈到的电子商务时期，甚至有的学者认为，"21 世纪的商法，就是电子商务法"③。

欧洲议会关于"电子商务欧洲动议"提出，电子商务就是"通过电子手段来进行的商务活动。基于对包括文本、声音和图像等的数据的电子化的处理和交换，电子商务包括了对货物和服务的电子交易、数字内容的网上交货、电子资金转移、电子股票交易、电子提单、商业拍卖、合作设计开发以及针对用户的直接广告和售后服务等各种各样的商业行为"。

电子商务的本质就在于它通过采用现代信息技术手段，以数字化通信网络和计算机装置替代传统交易过程中纸介质信息载体的存储、传递、统计、发布等环节，从而实现商品和服务交易，以及交易管理等活动的全过程无纸化，并达到高效率、低成本、数字化、网络化、全球化等目的。④

电子商务法本质上是 21 世纪的商人法，它具有以下两个特征：(1) 它以商人的行业惯例为其规范标准；(2) 它具有跨越任何国界、地域的，全球化的天然特性。而这两点恰恰是商人法的特征所在。⑤

电子商务对商法的影响是极大的，主要体现在以下方面。

---

① 王保树．中国商事法．北京：人民法院出版社，1996：33－34.

② 施米托夫．国际贸易法文选．北京：中国大百科全书出版社，1993：23.

③ 张楚．电子商务法初论．北京：中国政法大学出版社，2001：后记．

④ http://www.ispo.cec.be/A European Initiative In Electronic Commerce.

⑤ 施米托夫．国际贸易法文选．北京：中国大百科全书出版社，1993：5.

（1）对公司法的影响。

电子商务对公司的管理方式和股东行使权利的方式产生影响。例如，股东的授权形式、投票方式、信息披露方式、财务报表的公开都可以在网上进行，相应地，公司的管理方式和股东行使权利的方式等都要作相应的调整。由于政府网络的开通，公司注册、变更登记、缴纳税收等均可在网上进行。

（2）对票据法的影响。

现行的票据法是基于纸面形式制定的，随着电子商务手段的普遍推广，纸面票据的使用范围越来越小。票据结算已变为主要是在网上进行，如电子资金划拨、信用卡使用等。

（3）对合同法的影响。

电子商务最深刻的革命发生在合同法领域，不仅要约、承诺均可在网上进行，而且一些合同也在网上履行。不仅企业间的大宗交易，而且消费者与产品生产者或供应者之间的交易也在网上进行。在我国，网上购物合同和网上服务合同已经成为一种普遍的交易方式，线上交易和服务正在影响和改变着人们的工作和生活。

随着电子商务的推行，电子商务立法也如火如荼地进行。美洲、欧洲、亚太地区的许多发达国家纷纷制定了电子商务法。我国的《电子商务法》也已经于2019年1月1日起正式施行。不仅如此，联合国国际贸易法委员会也于1996年制定并通过了《电子商务示范法》。《电子商务示范法》是为适应当事人之间因使用计算机或其他现代技术而引起的贸易通信方式上的较大变化而起草的，它旨在为一些国家评估与更新因使用计算机或其他现代技术而设立的某些商事领域的法律与惯例时，树立一个样板，以建立一个前所未有的新的法律环境。① 可以预见，电子商务必然带来商法的深刻变革。

第三节　商法的基本特点与原则

一、商法的基本特点

商法作为调整商品交易的法，有其自身明显的特征。对商法特点的分析和研究有助于我们更好地理解商法的本质和意义，把握我国商事立法的时机和脉络，并以此促进我国社会主义市场经济的发展。

（一）商法兼具公法和私法的特性，是公、私法结合的法，但其本质仍为私法

公、私法的划分尽管一向没有统一的标准，但自罗马法以来，人们都承认对法作这样的划分。② 一般认为，私法即指民法和商法，公法则主要包括宪法、刑法、行政法以及

---

① Guide to Enactment of the Uncitral Model Law on Electronic Commerce，paras. 124.

② 查士丁尼在《法学总论》中即指出："法律学习分为两部分，即公法和私法。公法涉及罗马帝国的政体，私法则涉及个人利益。"

各种诉讼法等。商法与民法一同被视为私法，这是大陆法系国家的普遍观念。正如意大利法学家米拉格利亚指出的："私法分为民法和商法。商法为私法的一种形式……商法之需要，因为日常生活之原理和商业之特殊规则，可以予商业生活以便利性、敏捷性和巩固性，它是特殊的，但不是例外或特权的，适用于所有的商业行为和全体的商人。"① 我国学者也大都同意此观点，认为西方国家的民商法都属于私法的范畴，私法就是指民法和商法。

商法的私法性是显而易见的，因为商法的主旨在于调节和保护商行为主体的财产利益，无论是个人还是法人，当其以商行为主体身份参与商事活动时，其权利义务关系就受商法的管辖和约束。调整个人（含自然人与法人）之间的利益关系，正是私法存在的意义。②

然而众所周知的是，进入20世纪后，公、私法之分的传统日趋动摇，公、私法由明确划分走向相互渗透。产生这一现象的历史背景是西方国家经济在19世纪末20世纪初由自由竞争、自由放任的市场经济进入国家干预的垄断资本主义经济，由此出现了现代国家干预主义经济学派，其主张国家权力进入社会经济领域。国家在社会、经济领域中的活动日益扩张，带来了所谓的"法律社会化"和"私法公法化"倾向。私法公法化在很大程度上表现在商法领域，即商事立法中越来越多地出现体现政府经济职权色彩和干预意志、调节个人与政府和社会间经济关系、维护社会公共利益的内容，这些内容体现了公法的明显属性。例如商业登记制度、商业账簿制度；公司法中的公司组织形态、公司章程的法定记载事项、公司股份转让和公司合并的条件与程序等规定；海商法中的船舶登记、运输单位限额、海事赔偿责任限制、船舶抵押权等规定；保险法中的责任准备金、再保险、保险代理人与保险经纪人、保险业的监督管理等规定；破产法中的和解整顿、债权人会议、破产财产范围、债务清偿顺序等规定，均属公法性质的规定。但是，私法公法化只表明公、私法的相互渗透，而绝不意味着相互取代。法律社会化也好，私法公法化也罢，都只说明公、私法的划分仍然是可行的。按照基本的法律分类，公法就是公法，私法就是私法，不能过分强调二者之间的共同性而否定二者的本质区别。诚如美浓部达吉所言："公法和私法在其相接触的区域间极为近似，欲截然区分开来，绝非易事，但是，这和在自然科学的领域中，动物和植物于其相近的境界内，彼此的区别也不常明了一样，不能成为否定两者的区别的理由。"商法尽管兼有私法和公法的双重属性，但究其本质，仍属私法无疑。同时，商法的这一双重属性也正好反映了现代市场经济日益表现为混合型经济的发展趋势，体现了商法的进步性与灵活性。③

（二）商法以促进和保护商事交易中的利益实现为主旨，具有营利性

关于商法的营利性，有学者指出："商事法与民法（尤其是债篇），虽然同为关于国

---

① 肖金泉．世界法律思想宝库．北京：中国政法大学出版社，1992：527－533.

② 日本学者美浓部达吉指出："私法是关于个人相互间的关系的法，所以观察个人相互间享有某种特定权利和负有特定义务之私法是否适合法律的秩序，就是私法规定的立法着眼点。私法所保护之法律的秩序，主要是该关系当事人之个人利益。"

③ 刘凯湘．论民法的性质与理念．法学论坛，2002（1）.

民经济的法律，有其共同的原理，论其性质，两者颇有不同。盖商事法所规定者，乃在于维护个人或团体之营利；民法所规定者，则偏重于保护一般社会公众之利益。”① “民法不特别考虑赚钱，而商法却是彻头彻尾地追求营利。”② 商法以规定商事主体和商事行为为己任。而这些规定的本质，集中地表现为规范营利行为，因此，商法从它诞生的那天起就打上了营利、求赢、趋财的烙印，反映了“天下熙熙，皆为利来；天下攘攘，皆为利往”的经济现象，其讲求交易价值，谋求投资回报，实现利益最大化，以营利为本质特征。例如，公司设立旨在营利，股东投资也旨在营利。再如，就证券交易而言，不论是证券公司还是证券交易所及股民，其从事股票、债券之买卖，皆为一个“利”字。营利乃是“商”的本质③，营利性是商事活动的主要特性④，也是商法对商品经济的客观反映。没有商法对商事主体追求商业利润的切实保护，就不会有商品经济的发展，也就不会有人类的物质文明进步。但是，商法并不是单纯地只讲营利，商法只是鼓励和保护通过正当交易手段和合法投资途径去获取经济利益和商业利润，尤其崇尚诚实信用之交易原则。对于欺行霸市、坑蒙拐骗、巧取豪夺、尔虞我诈等不正当竞争或非法手段的营利，商法不仅是不允许的，而且是坚决禁止的。商法是利己法，但绝不是损人法；商法是营利法，但绝不是投机法。⑤

（三）商法适应商事交易现代化、科技化的要求，具有较强的技术性

商法要准确地反映商品经济的客观规律，其规范不仅要作出定性的规定，而且要作出定量的规定。特别是现代商事交易中更多地融进了先进的科学技术，这使商法的内容也极具技术性。它不仅要求人们具有诚实信用的商业道德观念，而且要求人们具有更为精确、缜密的经济、技术知识和思维。例如，票据法中关于票据的文义性、票据的独立性、票据抗辩的限制与持票人的追索权以及参加承兑等规定，保险法中有关损害赔偿的估定的规定，公司法中关于董事及监事的选举、公司机构的召集程序及议事方式、公司会计等规定，海商法中有关共同海损的理算规则等规定，无不体现了极强的技术性。

（四）商法适应商事交易国际化的要求，具有国际性

最初的中世纪商人基尔特自治法就具有国际化的特点，尽管当时国际化的区域主要限于欧陆各国。商法的国际性是由商事交易的国际性所决定的：商事交易常常没有国界，现代商事交易则更为明显地跨越了国家、地区、民族的界限，货物的买卖、技术的转让、资本的融通、海上运输及其保险、货款结算等直接反映了商事交易国际化的特点。商法在形成和制定过程中，不可能不考虑跨国交易的需要以及其他国家的商事立法和惯例，而且一国有效的商事制度往往很快就可以被其他国家吸收。商法就其法律适用效力可分为国内商法和国际商法，前者表现为各国制定的商法典和单行商事法规，而不论是国际

---

① 张国键．商事法论．台北：三民书局，1980：23.

② LEC·东京法思株式会社．怎样避开商海中的陷阱：商法活用．上海：复旦大学出版社，1995：5.

③ 王保树．商事法论文集．北京：法律出版社，1997：2.

④ 范健．商法．2版．北京：高等教育出版社，北京大学出版社，2002：6.

⑤ 刘凯湘．论商法的性质、依据与特征．现代法学，1997（5）.

商事条约还是国内商事立法，都反映了商法的国际化特点，而且随着国际范围内统一商事实体法立法步骤的加快和国内法更多地向统一的国际商事条约靠拢，这一特点将愈益明显。商法较之其他部门法更能超越国家与民族的界限，弱化各国国内政治、经济文化的差异。一国成功的商法制度往往会迅速地为他国所借鉴、效仿，一项成熟的国际商事条约也更易为各国（地区）所承认、参加。

（五）组织法与行为法相结合

商事组织是商事交易的基础，而商事交易是商事组织设立的目的。因此，商事组织和商事交易都不可避免地成为商法的规范对象，这使得商法既具有组织法的一面，又具有行为法的一面。于前者，如公司法的规定，证券法、海商法、保险法的部分规定；于后者，如票据法的规定，证券法、海商法、保险法的大部分规定。两者的结合，则构成了商法的这一特点。组织法和行为法具有不同的性质：组织法的规定原则上属于强行法规范，当事人必须无条件遵守。例如，我国《公司法》规定，股份有限公司必须有 1 人以上 200 人以下的发起人，方可设立，而且其中应当有半数以上的发起人在中国境内有住所。而行为法的规定原则上属于任意法规范，在一般情况下，当事人可以通过协议约定其交易行为，如在海商法中，海上运输合同的当事人可以约定双方的责任。但是，组织法与行为法的矛盾性并非绝对的，如作为行为法有机构成部分的保险法，其关于保险契约的大多数规定，如无特殊情况不得加以变更，就属于强行法规范。这种既矛盾又统一的状态，体现了商事交易的合理要求，使商法更能适应商事关系的调整需要。①

二、商法的原则

无论是民商分立国家的形式意义商法，还是民商合一国家的实质意义商法，都存在统辖商法具体规范的某些基本原则。商法的基本原则是制定、解释、执行和研究商法的出发点，它贯穿在整个商法制度和规范之中。从本质上讲，商法的基本原则是由社会经济生活条件决定的，而最终“只是以法的形式表现了社会的经济生活条件”②。

商法的基本原则是商法的主旨和基本准则，是对各类商事关系具有普遍性适用意义或司法指导意义，对统一的商法规则体系具有统领作用的基本法律规则。它主要包括规制商主体因素的基本原则和规制商行为因素的基本原则两类，其立法目的或者是保障各类商事法律关系基本要素的稳定和统一，或者是保障商事交易的公平、便捷、效率和安全。

作为民法的特别法，商法首先包括作为一般私法的民法的基本原则，如依法自由行使权利原则、意思自治原则、诚实信用原则、合法原则、公序良俗原则③；其次，它还包括体现商法特色的原则，即鼓励交易原则、保障交易便捷原则和维护交易安全原则。

---

① 王保树．中国商事法．北京：人民法院出版社，1996：23.

② 马克思恩格斯选集：第 4 卷．3 版．北京：人民出版社，2012：259.

③ 在我国，民法典规定民事主体从事民事活动应当遵循的基本原则包括民事权利不可侵犯、平等、自愿、公平、诚信、合法、不违背公序良俗和绿色原则，对于这些原则，商事主体在从事商事行为时，也必须遵守。

（一）依法自由行使权利原则

从本质上讲，商法是调整平等主体间发生的商事关系的私法。基于商事主体的平等地位，商事主体依法享有广泛的权利，并且在法律许可的范围内，商事主体可以自由地行使权利，任何机关、个人不得非法干预其权利的行使。

首先，商事主体享有开业权。所谓开业权，是指商事主体只要符合法律所规定的开业条件，都可以通过办理独资企业、合伙企业或公司登记取得商事主体资格。非基于法律规定，登记机关不得拒绝为其办理开业登记等手续。

其次，商事主体享有自主经营权。在市场经济条件下，只要合乎法律的规定，人人皆得从事商行为，商事主体有权基于市场变化自由地使用、处分自己的财产；同时，也有权根据市场需求组织生产经营，自主地进行内部管理。非基于法律规定，任何部门、机关不得干涉商事主体自由经营权的正当行使。

最后，商事主体有权自主选择交易对象，自主决定交易性质。当然，商法在准许商事主体自由行使权利的同时，为了防止其权利滥用而可能给社会造成的损害，也对其权利的行使予以必要的限制，即商事主体必须在法律允许的范围内行使自己的权利，超出法律允许的范围行使权利，构成权利滥用的，不仅得不到法律的保护，而且行为人要承担相应的法律后果。

（二）商事主体意思自治原则

基于商法的本质特征，商法最基本的原则为意思自治原则。因为，当事人在意志自由的情况下，才能更好地发挥主观能动性，以明智的决策去谋求利润最大化。为此，商法对某些商事交易事项，如公司法中公司章程的任意记载事项、票据法中票据的任意记载事项、保险法中保险标的价值的约定、海商法中海上保险之委托等，均允许当事人自行约定。正是商法的规定充分体现了意思自治原则，其才能赋予商事主体享有在法定范围内的广泛的行为自由，并能使商主体依据自身的意志从事各种交易和创造财富的行为。在此基础上，财富得到不断增长，市场才会繁荣。

意思自治，是指商事主体依法享有在法定范围内广泛的行为自由，其有权基于自己的意志产生、变更、消灭私法上的权利义务关系。

意思自治原则贯穿在整个私法领域之中，但在商法中，该原则主要体现在商事主体间所发生的合同关系上。不仅买卖、租赁、借款、运输、仓储、委托、合伙、知识产权和商业秘密的许可使用等商事交易适用这一原则，而且公司、海商、票据、保险等行为也同样适用这一原则。在具体的商事交易中，意思自治原则的功能主要表现在：（1）交易合同必须由交易当事人依自由意志彼此达成一致才能生效；（2）交易的方式以及交易相对人的选择等由当事人决定，任何人无权干涉；（3）交易的内容由当事人自由决定。

（三）诚实信用原则

1. 商法中诚实信用原则的概念

我国自古就有“民有私约如律令”的说法，儒学将“信”与“仁、义、礼、智”并列为“五常”，使其成为具有普遍意义的最基本的社会道德规范之一。守诚信、重允诺是中华民族优秀传统文化的重要内容。今天，诚信已经成为社会主义核心价值观的重要组成部分。我国《民法典》从维护社会主义核心价值观和市场秩序出发，将诚实信用确立为基本原则。该法第 7 条规定：民事主体从事民事活动，应当遵循诚信原则，秉持诚实，恪守承诺。

诚实信用是市场经济活动中形成的道德规则。它要求人们在市场经济活动中讲究信用，恪守诺言，诚实不欺，在不损害他人利益和社会利益的前提下追求自己的利益。“对商人而言，诚信系指忠于事实真相，遵守公平买卖之合理商业准则。”[①] 诚实信用原则为一切市场参加者树立了一个“诚实商人”的道德标准，反映了市场经济客观规律的要求。

2. 诚实信用原则对商事主体的约束功能

按照这一原则，商事主体在商事活动中行使权利、履行义务时，应恪守承诺，诚实为之，具体如下。

（1）应依照诚实信用的方式行使权利。商事主体行使财产权应尊重国家、集体和他人的利益，以善意的方式行使权利并获得利益，不得以损害他人利益为目的而滥用权利。

（2）应依照诚实信用的方式履行义务。讲诚实，就是要实事求是，自觉履行义务。例如，我国《保险法》第 17 条规定，订立保险合同，采用保险人提供的格式条款的，保险人向投保人提供的投保单应当附格式条款，保险人应当向投保人说明合同的内容。第 16 条规定：订立保险合同，保险人就保险标的或者被保险人的有关情况提出询问的，投保人应当如实告知。投保人故意或者因重大过失未履行如实告知义务，足以影响保险人决定是否同意承保或者提高保险费率的，保险人有权解除保险合同。投保人故意不履行如实告知义务的，保险人对于合同解除前发生的保险事故，不承担赔偿或者给付保险金的责任，并不退还保险费。投保人因重大过失未履行如实告知义务，对保险事故的发生有严重影响的，保险人对于合同解除前发生的保险事故，不承担赔偿或者给付保险金的责任，但应当退还保险费。

3. 诚实信用原则解释、评价、补充法律行为的功能

诚实信用原则也是解释、评价、补充法律行为的重要原则。例如，对内容模糊的商事合同条款，往往就需要运用诚实信用原则，参照商业惯例进行解释或补充，以探求当事人的真实意思表示，明确当事人的权利、义务。[②]

4. 诚实信用原则填补法律和合同漏洞的功能

诚实信用原则也是对法律规定不足的补救原则。诚实信用原则是商法中的“弹性原则”，具有较强的伸缩性。这一弹性原则赋予司法人员一定的自由裁量权，使其在法律规定模糊或合同约定不清时，从商法的宗旨出发，依据诚实信用原则，公平合理地处理商事纠纷。比如，商法中关于“合理时间”“合理履行方式”的规定即需要依据诚实信用原则在具体的案件中作出解释。

---

① 美国《统一商法典》第 2103 条。

② 李玉泉，等．中国商事法．武汉：武汉大学出版社，1996：15.

（四）合法原则

商事行为是法律行为，必须遵守法律。合法原则要求商事主体的商事活动，不得违反国家立法机关统一制定的法律。当然，这里不能对“法律”作任意扩大性解释。这里所说的不得违反法律，是指不得违反法律的强制性规定，既包括民事法律等私法，也包括刑法等公法。例如，走私、贩毒行为在刑法上是犯罪行为，商人间订立的走私、贩毒合同，也因为违反了刑法上的强制性规定而归于无效，这就使法秩序内部可以保持统一。

（五）公序良俗原则

我国《民法典》第一次以立法的形式规定了公序良俗原则。依据该法第 8 条，民事主体从事民事活动，不得违背公序良俗。这是社会主义核心价值观的体现，与《民法典》第 1 条所确立的“弘扬社会主义核心价值观”的目的是一致的，对于维护社会伦理，维护社会秩序具有重要意义。

根据我国学者的通行观点，“公序良俗”是由“公共秩序”和“善良风俗”两个概念构成的。[①]

公共秩序是指现存社会的秩序[②]，对公共秩序的维护，在法律上大多有明确的规定，因此，危害公共秩序的行为通常都是违反法律强制性规定的行为。在英语中，与公共秩序一词相对应的是“公共政策”。按照英美法学者的解释，公共政策是一项内涵不确定的道德评价准则，有时被法官作为判决的依据，并被视为适应现时社会需要的法官立法或解释法律的原则，其功能主要是禁止性的，即以违背公共政策为由否认某一行为的效力。[③]

对于善良风俗，立法上也未见具体阐述。通说认为，善良风俗是指国家之存在及发展所必要之一般道德，或某一特定社会所尊重之起码的伦理要求。因此，善良风俗是以道德为核心的概念，可将其定义为“某一特定社会所应有的道德准则”[④]。

公序良俗是现代商法的一项重要的基本原则，在现代交易中，它具有维护国家利益、社会公共利益及一般道德观念的功能。这一原则，究其实质，是要求商事行为的内容及目的不得违反公共秩序和善良风俗。该原则包含两方面的内容。

（1）商事主体所实施的商行为要尊重社会公共秩序，即社会存在和发展所必需的一般秩序。这里强调的是“秩序”而不是“利益”，例如，公司经营不得有碍经济秩序。

（2）商事主体所实施的商行为要尊重善良的民间风俗和习惯，即尊重乡村、社团、家庭、婚姻、继承等伦理习俗。

---

① 王利明，杨立新，王轶，程啸．民法学．北京：法律出版社，2020：45.

② 卡尔·拉伦茨．德国民法通论：上册．王晓晔，等译．北京：法律出版社，2003：598.

③ 李双元，温世扬．比较民法学．武汉：武汉大学出版社，1998：68.

④ 尽管公共秩序与善良风俗在渊源上存在差别，但二者都表现出社会相对于个人的至高无上的地位，即强迫个人服从社会的要求，遵守构成该社会基础的一些规则。正因为如此，在法国，善良风俗被纳入公序的概念（道德的公序）；在日本，学说上对二者不作区分，统称为“社会的妥当性”，判例也不探究公序良俗本来的意义，而将两个概念合为一体；德国则反其道而行之，将在其他一些国家属于违反公共秩序的内容（如权利滥用、过度担保、限制合同等）纳入善良风俗的范畴。李双元，温世扬．比较民法学．武汉：武汉大学出版社，1998：68.

（六）鼓励交易原则

所谓交易，是指独立的、平等的市场主体之间就其所有的财产和利益实行的交换。[①]

经济学常识告诉我们，财富在不同主体之间呈现出不均衡的分布状态，这种财富的不均衡分布状态决定了交易行为的存在。只有通过交易，才能满足不同交易主体对不同的使用价值的需求，满足不同的生产者与消费者对价值的共同追求。另外，从社会资源配置的角度考察，只有通过交易的方式，才能实现资源的优化配置，保障资源的最有效利用。按照美国经济分析法学者的观点，有效率地使用资源必须借助于交易的方式，只要通过自愿交换的方式，各种资源必然趋于向得到最有价值的使用的方向流动。当各种资源的使用达到最高的价值，就可以说它们得到了最有效的使用。因此，美国学者波斯纳认为，最初的财产分配并不影响它的最有效使用，交易自然导致财产向最有效的使用者手中转移。[②] 市场经济的特征就是交易行为的大量存在，无数的交易构成了完整的市场，而这些每时每刻发生的、纷繁复杂的交易关系，需要商法来调整。所谓商法，说到底无非是市场交易的规则。由于交易是提高效率、增进社会财富积累的手段，所以，作为市场交易规则的商法必然要把鼓励交易作为自己的首要任务。

商法虽然不能直接创造财富，但它通过鼓励交易、促成交易实现了社会财富的增加。鼓励交易是商法的目标。在市场经济条件下，商法所鼓励的交易应当具备以下条件。

首先，这种交易必须是合法、正当的交易。例如，市场主体的交易主要是通过合同来完成的，这就要求合同必须具有合法性，如果合同违反了法律的强制性规定，这种交易不仅不会受到法律的保护，相反其会被认定为无效。

其次，这种交易必须是自愿的交易。如果交易一方是采取欺诈的方式从对方处获得了财富，那么，这种交易就会因为具有不公正性而被撤销。

（七）保障交易便捷原则

商业以营利为目的。学者皮特曾指出：按照“商品—货币—商品”顺序组成的循环圈属于普通私法行为范畴。在现代商业实践中，交易速度或商品流转速度具有至关重要的意义，其重要性丝毫不亚于交易的公平法。商品交易规律告诉我们：在同一时间内，交易的次数越频繁，所获利润越高。企业资金周转率越高，利润越丰厚。商事主体在利益的驱动下力求频繁的交易活动和加速运转资金，整个社会经济也希望在高速运转的经济关系中不断快速发展和繁荣。于是，时间成为资产，速度成为效益，因而商事主体以及客观的经济活动便要求交易的简便性与敏捷性。[③] 这就要求商法确认交易便捷原则，要求商法的各项具体规则反映商事活动不同于一般民事活动的特征。[④] 商事交易，重在简便，贵在迅速。商法中的保障交易便捷原则分为两个方面，即商事主体创制的便捷和商事行为实施的便捷。前者主要体现于商业登记程序中，如商业登记准则主义、形式审查

① 王利明．合同法研究：第1卷．北京：中国人民大学出版社，2002：186.

② R. Posner. Economic Analysis of Law，1972：11.

③ 徐静文．试论商法中的交易便捷原则．企业导报，2015（21）.

④ 董安生，等．中国商法总论．长春：吉林人民出版社，1994：60-61.

制度等。但在商事交易中，商事行为实施的便捷更加重要，它主要体现为交易简便性和短期时效主义。

1. 交易简便性

按照世界各国商事法的规定，相当一部分商事法律行为采取要式行为和文义行为方式，这就使此类法律行为中的大部分内容通过强行法或推定法预先得以确定，仅将少部分特殊的内容留待交易当事人约定，由此形成法律行为文件的证券化和标准化，这对于简化交易手续、保障交易便捷所起的作用是显而易见的。例如，现代各国商法实践中广泛采用的票据、提单、保险单、流通证券等均是此种法律行为文件标准化的典型。实际上，即便是许多非证券化的商事契约，其大部分内容也已由商法中的推定条款和交易习惯所预先确定，由此形成商事契约的简便性特征。这与各国商法中对于商事买卖、租赁、借款、承揽、居间等契约内容所采取的充分意思自治原则形成鲜明的对比，由此体现了商法注重交易便捷而忽略个别约定的立法宗旨。商法保障交易便捷的另一法律体现是定型化交易规则。按照现代商法学者的认识，所谓交易定型化包括交易形态的定型化与交易客体的定型化两方面内容。[①] 交易形态的定型化，是指商法通过强行法规则预先规定若干类型的典型交易方式，使商事交易的方式定型化。它使任何个人或组织，无论何时从事交易，均可获得同样的法律效果。例如，销售商依法先行陈列各种定型货物并标明其价格，使买受人得以迅速决定承诺与否，由此促进了交易的便捷。再如，记名证券的背书转让与无记名证券的交付转让等，也是交易形态定型化的体现。所谓交易客体的定型化，则是指交易对象的商品化与证券化。交易的客体，如果是有形物品，则使之商品化，予以统一的规格或特定的商标，确保大量交易迅速成交。例如，各国商标法通过强行法或任意法规定制造商对其产品负有使用特定标识的义务，使消费者易于识别不同类型的商品，从而促进了交易之便捷。当交易客体为无形财产或权利财产时，商法则通过权利证券化规则，极大地简化了权利转让程序，形成证券的流通。例如公司法上的股票及公司债券、票据法上的各种票据、保险法上的保险单、海商法上的载货证券，均为权利证券化之典型。

2. 短期时效主义

商法为谋求交易的迅捷，采用短期时效主义颇多。所谓短期时效主义，就是将交易行为所产生的请求权的时效期间予以缩短而从速确定其行为效力的立法规定。[②]

按照这一立法主义，商法对于各类商事请求权普遍采取不同于民法上时效期间的短期时效。如我国《票据法》第 17 条规定，票据权利在下列期限内不行使而消灭：持票人对票据的出票人和承兑人的权利，自票据到期日起 2 年。见票即付的汇票、本票，自出票日起 2 年。持票人对支票出票人的权利，自出票日起 6 个月。持票人对前手的追索权，自被拒绝承兑或者被拒绝付款之日起 6 个月。持票人对前手的再追索权，自清偿日或者被提起诉讼之日起 3 个月。我国《保险法》第 26 条规定：人寿保险以外的其他保险的被

---

① 张国键．商事法论．台北：三民书局，1980：40.

② 雷兴虎．略论我国商法的基本原则．中外法学，1999（4）.

保险人或者受益人，向保险人请求赔偿或者给付保险金的诉讼时效期间为2年，自其知道或应当知道保险事故发生之日起计算。人寿保险的被保险人或者受益人向保险人请求给付保险金的诉讼时效期间为5年，自其知道或应当知道保险事故发生之日起计算。我国《海商法》则用专章（第13章）对短期时效作了规定。

商法上的短期时效主义旨在推动商业交易纠纷的迅速解决，它以牺牲债权人的时效利益为代价，换取了交易迅捷的社会效益，由此体现了现代商事法的价值取向。

（八）维护交易安全原则

商事交易固然要求便捷，但是，商事交易更需要安全，如果没有安全性，交易的便捷将变得毫无意义。有鉴于此，维护商事交易安全构成商法的又一基本原则。保障交易安全就是要减少和消除商事交易活动中的不安全因素，确保交易行为的法律效用和法律后果的可预见性。商法上对于交易安全之维护主要表现为对于商事交易条件采取强制主义、公示主义、外观主义及严格责任主义之统制，以保障交易之安全。

1. 强制主义

强制主义又称“干涉主义”“要式主义”，是指国家通过商法公法化手段对商事关系施以强行法规则。这一规则主要表现为三方面：首先，现代各国商法多通过公法性规范直接调控商事管理关系。例如各国商法中有关商业税收、商业登记、商业账簿、消费者保护、不正当竞争之禁止、商业垄断之限制等一系列规则和制度，均直接体现了国家干预和宏观管理职能。其次，现代各国的商法日益偏重于适用强行法规则，对商事活动加以控制。例如各国商法中对于公司设立条件的强制性规定，对于公司章程内容的强行性和任意性规定，对于票据、提单、保函、证券越来越广泛的文义性要求和要式性规定，对于标准合同和商事契约条款的强制法限制，等等。[①] 值得说明的是，商法中的强行性条款实质上是传统民商法中固有的内容，而现代商法的发展使此部分规范的作用日益强化，由此体现了商法偏重于保护社会交易安全的立法宗旨。最后，现代商法在传统的私法责任制度之外，逐步发展出了多种法律责任并存的法律调整机制。例如，多数国家的票据法规定，发票人出具空头支票时，依法不仅应导致票据法上的赔偿责任，而且将导致行政责任甚至刑事责任。在公司法及商业登记法中，各国商法均规定商业负责人及公司负责人违反商业登记规则者，除由商业主体承担责任外，其本人亦应负法律责任。

2. 公示主义

商事交易的公示主义，是指商事主体应当依照商法的规定，公开交易中公众所必须知道的重要事项，即交易当事人对涉及利害关系人利益的营业事实，负有公示告知义务。公示主义为保护交易安全的首要原则，这一原则的目的在于保护社会交易人或不特定第三人。就公示主义而言，商法有登记、公告等的设置，具体言之：（1）公司登记的公示，

---

① 例如，我国《公司法》第46条规定，有限责任公司章程应当载明下列事项：公司名称和住所，公司经营范围，公司注册资本，股东的姓名或者名称，股东的出资额、出资方式和出资日期，公司的机构及其产生办法、职权、议事规则，公司法定代表人的产生、变更办法，股东会认为需要规定的其他事项。股东依法还应当在公司章程上签名或者盖章。

即公司的设立、变更、注销登记公告；（2）股份有限公司的上市公司信息公开，包括招股说明书的公布，股票上市报告的公告，财务报告等的公开和备置；（3）公司债券募集办法的公布；（4）船舶登记的公告。

3. 外观主义

外观主义就是指交易行为的效果以交易当事人的外观为准。德国学者称之为外观法理，日本学者称之为外观主义，英美法上则称之为禁止反言。在法律现象中，本质和外观不一致的场合是经常出现的。依外观主义，法律行为完成之后，出于对交易安全的保护，原则上不得撤销，即公示于外表的事实，纵然与该事实的实际情形不符合，对于信赖该外观事实而有所作为之人，亦应加以保护，以维护交易的安全。[①] 尤其是在交易行为中，对当事人之间的信用关系，必须予以尊重和保护。在各国商法中，关于不实登记的责任，字号借用的责任，表见经理人、表见合伙人、表见代表董事、自称股东或类似股东者、拟制发起人的责任，票据的文义性与要式性，背书连续的证明力等规定，都体现了外观主义的要求。例如，外观主义在票据法上表现为对票据行为的解释应遵循外观解释原则，因为票据属于文义证券，一切票据行为的意思表示都是通过证券上的记载反映出来的，所以，通过票据证券解释票据行为人的意思表示的内容时，只能以票据上记载的文字解释为准。也就是说，票据行为如果具备法律要求的形式要件，就不问其记载事项是否与事实相符，即使不相符，也只能遵循票据上的文义，而不能影响票据行为的效力。再如，票据上所载的发票地和发票日，即使与真实的发票地和发票日不符，也不影响票据行为的效力。商行为外观主义原则的立法宗旨在于谋求交易的安全。[②]

4. 严格责任主义

为强化企业组织，商法对企业债务设立有限责任之规定，然而为了保护交易的安全，对于企业在对外方面另行加重责任。商事交易的严格责任主义，是指在商事交易中，债务人无论是否有过错，均应对债权人负责。商事交易的一个重要特征是它的大量性和反复性。为了保护债权人的合法权益，避免商事主体在交易中发生障碍，许多国家的商法都实行严格责任原则。此类原则在我国商法中也多有体现。

第四节　民商合一的理论基础

一、民商合一与民商分立的主要观点

所谓民商分立，是指将民事商事分别立法，于民法法典之外，再制定商法法典，民

① 刘兴善．商事法．台北：三民书局，1984：8.

② 例如，我国《票据法》第4条中规定：“票据出票人制作票据，应当按照法定条件在票据上签章，并按照所记载的事项承担票据责任。”第14条第3款又规定：“票据上其他记载事项被变造的，在变造之前签章的人，对原记载事项负责；在变造之后签章的人，对变造之后的记载事项负责；不能辨别是在票据被变造之前或者之后签章的，视同在变造之前签章。”

事法典与商事法典各自独立存在。所谓民商合一，即将民事、商事统一立法，不设民商之区别，将商事之规定，或编入民法法典之中，或将其制定为民法法典的单行特别法规，其在立法逻辑和制度体系上具有内在的适应性。一直以来，对我国民商立法应采取民商合一还是民商分立，学术界争论不休，且均有诸多理由支持。一个平等的社会里是否容许不同的社会阶层分别适用不同的法规？单一的社会是否允许有两套私法？这些问题是近代立法史上的争论焦点，并自商法典颁布后更加激烈。

民商合一论所持的主要理由是，自19世纪以来所实施的自由经济政策允许每个人有从事商业与工业等有关工作的自由，某些商法也不一定仅对具有商人身份的人才能适用，商事纠纷更非商事法庭才能解决。在法国，持这一观点的人经常以证券交易、银行开户作为实例而指出这些行为并非商人阶层才有能力完成，同时也指出在传统上虽然商人与农民泾渭分明，可是近代的法国农民就乳品收购也成立过组合，这说明组合营业的行为也非商人才有执行可能。过去的“行会”既然已被法律禁止，商事法当然要彻底地民法化，使其一并适用于各种社会阶层。商法所谓要求行为的快速、交易的安全等造成的困难，也可以在民法体系内加以克服。民商合一论者除坚持以上论点外，还揭古示今地以罗马法与瑞士法为实例，认为民商分立在历史上与现今的制度上皆无存在的必要。这项主张一直持续而未曾中断。例如，在19世纪法国政府重订民法典时，也有学者重申应将民法典与商法典合并，以贯彻私法的单一化，制定一部新的私法典。这项立论也在后来法国政府所出版的民法草案的报告书内出现。

民商分立论者所持的主张不外乎历史的与现实的理由，认为商法的形成是历史的沿革，其法则是传统性的法则，不是说要废除即能将之消灭，也不是想民法化即能将之民法化，况且这些商事法则只有特殊的商事法庭才有能力了解与解释，而非一般司法法庭所能妥善适用，尤其商人间的纠纷，一般法院更是无法解决。另外，商法有其特殊性，如讲究行为之快速、交易之安全等，这些特征与民事法之力求稳重性与保守性都不相同。

民商分立是大陆法系所独有的现象。在英美法的著作中虽有 civil law（民法）的概念，但没有完整的民法。英美法的法律形成情况不同，法律形式也不同，可以分为普通法、衡平法和制定法。学术上把私法分为合同法、侵权行为法、财产法、信托法、家庭法等部分。英美法没有叫作“民法”的书，只有叫作合同法、侵权行为法及信托、家庭法的书。因此，在英美法系，民商合一或民商分立的问题并不存在。从大陆法系国家民商法的现状来看，多数国家采取了民商分立的立法体例，在民法典之外另制定了独立的商法典。

民商分立与民商合一孰优孰劣，仅从形式上尚难加以论定。从一定意义上说，民商分立和民商合一的立法体例之别仅仅限于是否应将规制营利性主体营业行为的基本商法规则纳入独立的商法典的问题。而对于实质意义的商事特别法之存在，大陆法理论与实践中并无争议，均采取肯定态度。也就是说，民商合一体例从来不意味着要否定实质意义的商事特别法，离开了确认商事特别法的存在这一前提，也就无所谓合分问题。

从实践来看，采取民商合一体例的国家恰恰是在其民法中建立了类似于《德国商法典》的商人法立法体系，形成了不同于民法中其他内容的商主体制度、商事能力制度、商业登记制度、商业账簿制度和对商行为的特别控制制度。大陆法国家的商事立法采取了商人法立法体系、商行为立法体系和折中商法立法体系。

根据主体标准，商法是为从事商业活动的人所建立的法律，简单地说就是商人的法律。1900年生效的《德国商法典》是主体标准的典范。《德国商法典》采取主体标准有其历史根源。这部商法典是在商人基尔特的规则和商人习惯法的基础上形成的，而这些规则和习惯法仅仅适用于商人。《德国商法典》认为商法的核心问题是商人的定义。商法的主要使命是规定商人的法律地位，但是关于商人的概念是极不清楚的。该商法典第一章第1条规定："为本法所规定之目的，而从事商业经营活动的人都是商人。"第2条列举了各种被认为具有商人性质的经营活动，但同时又规定，只要在性质上和范围上属于商业类型，即使不属于第2条所列举的行为，也具有商业性质。正如有学者指出，"德国商法典与主体标准结下了不解之缘，但它对商人的定义这样一个极其简单的问题至今仍是一筹莫展"。由于《德国商法典》对主体标准作出灵活的变通，以适应社会经济的实际情况，因而不得不将一些重要规范从商法典中分离出来。人的普遍商化，使商法所规定的商人已很难与民法所规定的自然人和法人相区别，作为自然人的商人和作为法人的商人也很难与其他人相区别。人的商化促成了民事主体和商事主体的相互融合。中世纪产生的民事合伙和商事合伙、民事公司和商事公司等概念已不具有意义，随着社会经济的发展，以人为标准来确定商法规范的对象，显然是不足取的。

根据客体标准，商法主要是调整属于商行为的一定范围的法定交易，而不管从事交易的人的身份如何。这里，商法的核心问题是商行为的定义，它取决于行为的对象、目的和方式。《西班牙商法典》即采取这一标准，该法典第2条第1款将商事交易规定为：无论从事交易的人有无商人身份，无论经营活动中进行的交易是不是偶尔为之的交易，一律适用商法。可见，该法典所采用的客体标准是极为含混的，特别是法典中有关委托代理、寄存、租赁、运输、保险等规定与民法典的规定大量重复。所以，现阶段西班牙法学界几乎一致主张抛弃现行商法典，因为该法典无法证明它能够形成一种严谨的主体标准体系，并且主张商法涉及的范围仅限于商事企业的组织结构及与企业活动有关的合同关系，其他的合同关系应归民法调整。由此可见，现行采取客体标准的商法典，意图以商行为或商业交易为标准来区分商法和民法的调整范围，这同样是十分困难的。

1807年的《法国商法典》废除了人的标准而以商行为为标准制定，并禁止任何人享有商业特权。但从该法典的某些内容来看，仍比较侧重于保护由法律所规定的商人的特殊利益。然而中世纪以人为标准区分商人与非商人的做法随着经济生活的发展变化已不再适应社会的需要，商人已不再是一个特殊阶层，如果商法侧重于保护法律所规定的商人的利益，则只能依据特定的职业把人分成不同的种类，这与"在法律面前人人平等"的基本原则是矛盾的，因而商人的特殊利益的消失，使民法规范的自由、平等、独立的原则适用于一切人。普遍适用民法的原则，可以保护一切人，也可以避免在一方为商人、另一方为非商人的法律关系中，因民商分立而造成的适用法律的困难。

二、对民商合一与民商分立主要观点的评析

民法和商法的分立并不是出于科学的构思，而只是历史的产物。商法来自实践，它

的系统化过程不是由于民法学者的传播，而是由于其推行者的努力。有时候，使用“商法”或“商业法”等词，无非是为了便于把那些与商业活动相关的权利主体合并为一个整体加以调整，并非想要自命不凡地独创一种体系，在法学理论上有所建树，也不是要在私法总体范围内另辟蹊径。许多商法典与其说是调整商业法律关系的法规的渊源，不如说仅仅是一种象征而已。由于大量的单行法规构成了专门法规，商法自身的实体内容被架空。商法显然受民法基本原则的制约，但又反过来作用于这些基本原则。民法总体规范构成私法的共同基础，并继续适用于商法规则所没有涉及的那些社会关系。民法是基本法，商法是特别法，缺乏专门商法规范时适用民法，商法在民法范围内寻找它的概念、方法、技术和基本表述形式。

所以，早在19世纪，德国学者哥德施密特就注意到“私法的商化”，在他看来，商法是民法的前驱，他断言：民法与商法的分界线是不断变化的，商法推陈出新的实体内容也逐渐为民法所吸收。而在莫文看来，应该创立一种领域广大的普通民法典，与此同时，制定一系列独立于民法典之外的公司法、保险法、海商法等单行法规。1894年德国学者里查在其所著的《德国民法草案关于商法的理论及其影响》一书中，正式提出“民法的商化”观点，认为专门的商事法规在实践中影响甚微，在商法中占有重要地位的实际上仅仅是有关代理和商品瑕疵责任的条款。这一观点得到许多日本学者的赞同。同时，在民商分立国家，掀起民商合一的热潮，形成要求私法统一化的运动。1904年，法国一学者就认为民法与商法各自的独立宗旨的根本依据确定无疑地开始动摇了，对民商分立的疑义如今有增无减，法学家的立场也开始动摇和产生分歧。许多人得出结论：商法学说中如今正面临着危机的民法与商法之分，与其说取决于可靠的科学依据、现实的迫切需要，不如说取决于传统。

自成一体的部门法应有它自身固有的一般原理，这些一般原理与适用于其他部门法的一般原理有泾渭分明的区别，法的每一领域都有它自身的精神实质和基本特征。而民法和商法之间就根本不存在明确的划分，随着生产社会化的发展，它们之间的划分越来越困难。我们发现：民商分立国家商法所选定的那些标准本身就缺乏明确的定义，如何规定“商人”和“商业交易”等术语的定义，法学界对此几乎一筹莫展，所有抽象定义都是含糊其词的。由于经济生活发展迅猛，这些定义往往很快就过时，从而给社会生活造成诸多不便，繁复冗杂的标准、层出不穷的例外规定只能使定义显得毫无科学价值。重新开始有关商法自立的论战现在看来是毫无价值了。商业交易在本质上属于民法规制的范畴。

相比之下，民商合一是进步的趋势，特别是对于避免民事法院和商事法院在司法管辖上的争议，民商合一是十分必要的。我国台湾地区商法学者张国键在其所著《商事法论》一书中把民商合一的理论根据概括为8点，颇有说服力：（1）商法之与民法并列是历史原因造成的，它来源于作为商人身份法的商人法，而中国自古至今并无特殊的商人阶级，“亦何可故为歧视耶”，自然也无须给予优待。（2）法能否适应商事不断发展进步的要求与民商法是否分立无关，民法不能适应经济生活时也当改则改，商法的修订也未必跟得上形势。如《德国商法典》的修订就跟不上经济发展的要求，而英国不分民商，其制定法的修改却十分及时并贴切于形势。（3）国际化趋势要求民商法皆具国际性，而民商分立的商法中亦可有关于本国的特殊规定，因而国际性并非民商应当分立的理由。(4) 民商合一是立法趋势。意大利的商业和商法发展最早，其主张民商合一最有力；英美工商称雄世界，却不分民商。所以民商分立与否，与工商发达与否并无关系。民商分立国家主张由分而合的学者甚多，只因旧制历久，理论的力量一时尚不能改变之，而趋势是相当明朗的。(5) 人民平等，不应因人的职业或行为不同而特别立法。(6) 人或行为均难作为区分商或非商的标准。(7) 商法本无一定范围，又不能以总则一以贯之，且各国商法的内容很不一致，人为划定商法的范围乃自取烦扰。(8) 在制定有商法典的国家，商法也不过是民事特别法，最重要的商事如买卖等仍多规定在民法中。“民法商法牵合之处甚多，亦何取乎两法并立耶?”

从客观社会经济条件看，要在“商”主体或“商”行为上做文章，委实脱离实际。人的普遍商化使商事主体与一般法律主体相融合，无法将“商人”与民法规定的公民和法人相区别，要把“商行为”区别于民事行为也如同抽刀断水般困难，对此，民法学者多年以前就作了令人信服的论证。发展市场经济，客观上需要公司、票据、海商、保险、破产等法律，就一般民事主体自治的企业和交易关系而言，这当然属于民法或私法的调整范畴，它们本来就是民商合一的产物。从法的调整及自身逻辑看，民商合一和私法公法化已使“商”成为无以依归之物。经济民主和泛商化使商法回归民法，而私法公法化和公法私法化的影响主要是在商法部分。

三、民商合一与民商分立对现代民商立法的影响

由于历史原因，当代世界主要国家的民商法制度形成了两种情况：一种是民商分立，如法国、德国、日本以及以它们为模式的许多大陆法系国家；另一种是民商合一，如瑞士、泰国、土耳其、意大利（1942 年以后）。现代大陆法系国家民商分立已没有多大意义，原因就是在法国、德国这样一些国家，其商法典现已支离破碎，但民法典没有大的变化。法国 1966 年公布《公司法》，关于公司的整个规定从商法典中取消。德国也一样，其现在关于公司的规定主要在两个单行法中：一个是《股份公司法》，另一个是《有限公司法》。在《德国商法典》中，关于公司的规定现只存在无限公司和两合公司的制度。另外，其他的单行商法规定也很多，如保险、海上运输在德国、法国都有单行法。所以，在德国、法国及日本这三个典型的民商分立的国家，其商法典都已支离破碎。

现在民事与商事的划分也在逐渐合一。在资本主义社会初期，民商分立有社会上的一些需要，那时可以把社会上的人划分为两类：一类是营利的，另一类是非营利的。但随着商品经济的发展，社会上的大部分人都被卷入商品经济的洪流中。如票据，最初只有商人才使用，非商人不用支票，而现在谁都可以用支票。支票在《德国商法典》中被规定为商行为，因支票发生的纠纷由商事法院管辖。但现在人人都用支票，将这类案件划归商事法院管辖已没有意义。由于现在各种交易市场的发达，如股票市场、债券市场，人人都可以参加营利活动，要划分民事与商事的界限，已很困难。民事法院与商事法院的管辖权也很难划分。从前是商法中规定的事情由商事法院管辖，而民法中规定的事情则由民事法院管辖。现在在商品经济高度发达的资本主义社会，谁是商人或谁不是商人，

谁为营利行为或谁不为营利行为，是很难区分的。完全不从事营利行为的人已经没有，任何人都可以买股票、公司债券和使用支票。原来被认为是商事行为的行为现在都变成了普通的民事行为。民事与商事的界限已很难划分，即便是在典型的民商分立的国家，如德国、法国、日本，一方面商法典变得支离破碎，另一方面商事行为与民事行为的界限逐渐模糊，使商法典单独立法的理由失去意义。

在中国民法的发展历史中，也存在民法之外是否制定商法之争，争议中主张采纳瑞士、苏俄民法的民商合一的模式占据上风。1929 年 6 月，中华民国中央政治会议决定制定民商统一的法典。立法院遵照此项决议案，编纂民法时，将通常属于商法总则之经理人及代办商、商行为之交互计算、行纪、仓库、运送营业及承揽运送并入民法债编，对于其他商事法之不能合并者，则分别制定单行法。由此形成了单独制定民法典以及商事法作为单行法存在的民商合一的新体例，但民法典的总体体系设计，依然是继受《大清民律草案》所确立的法典编纂模式，即由总则、债权、物权、亲属、继承等五编组成。在“总则”编中，分别规定自然人、法人，不过对法人制度的设计，民法仅作了一般的规定。

中华人民共和国成立后，民商合一的体例并没有动摇和改变。我国当时在政治、经济和法律等制度方面受苏联体系的影响很大。而苏联在设计民法时，经济体制方面长期高度集中，实行计划经济，各类企业、合作社、农庄均无经济自主权。这种情形下不可能允许适用于商人的商法存在，因而也就没有在民法典之外再设计商法典的可能了。我国由此形成了继受德国民法编纂思路，却采取了民商合一体例的特殊模式。苏联的民商合一的体例，对中华人民共和国成立后数次民法的起草不无影响。这再次印证了“民商合一还是民商分立，与其说是一个立法技术和体制问题，不如说是法律的历史沿革所造成的”这一观点。

四、构建和谐的民商合一法律体系

民法与商法的分立在很大程度上是历史发展的结果，而不是人们选择使然，因此对于那些有民商分立历史的国家，要一概否认历史形成的法律制度，是不太现实的。但我国这样并没有这种传统的国家，理应置身于民商合一的法律发展趋势之中。我国已于 2020 年通过并颁布了《民法典》。《民法典》自 2021 年 1 月 1 日起生效。这奠定了民商合一的体系基础。在此背景下，我国商事立法应该走什么样的道路？我国的商法在我国法律体系中应处于何种地位？对此，民商法学者必须进行思索。

综观采民商合一的国家和地区的法律内容，在民商合一的法典中，商法规则仍然有其独立的位置和体系；民法典仍然确认商主体在特别法上的资格，并对商主体及其营业性商行为适用不同于民事主体的民事活动的特别法规则。事实上，民法规范的普遍性并不能囊括一切，总有一些无法被纳入民法的商业规则，同时，作为特别法的商法规范应当优先于民法而适用，但商事法规毕竟是依附于民法的单行法规，商法仍要适用民法的总则规定，这就是民商合一的精神所在。

在构建民商法律体系时，必须正确处理好民法典和商法法规之间的关系。民商合一只是强调民法与商法的内在关系，从立法表现形式上看，就是要用民法总则规范民商法律关系，而不是否认单独制定商事法规的必要性。因此，在民商立法和法律适用中，应处理好如下三个方面的关系。

第一，在立法文件的制定上，要采取制定民法典的同时在民法典之外另订商事法规的办法。制定一部包含过多具体商事法规的民法典容易导致民法典内容庞杂、体系紊乱。因而只有在民法典之外另制定商事法规，才能既保证民法典的相对稳定性和原则性，又保持商事法规的相对灵活性和具体性，使民事立法体系达到稳定与灵活、原则与具体的和谐统一。

第二，在立法内容上，民法典规范一般的商品经济活动，商事法规规范具体的商品经济活动。民法是基本法，商法是特别法，缺乏专门商法规范时适用民法。在这个意义上，民法又是商法补充性的法律渊源。

第三，在法律适用效力上，商事法规有优先于民法适用的效力。民法是一般法，商法是特别法，特别法优于一般法，有商事法规依商事法规，无商事法规则依民法。

总之，通过民法和商法相互补充，逐步形成私法范围内统一的、和谐的我国民商法体系。

民法与商法都是以调整交易关系为内容的法律，公民与法人参与到交易中，对于特定身份很难确定，同时难以区分出民事法律行为与商行为。民商分立的模式，很难保障统一的分类标准，这造成民法与商法内容中的矛盾与冲突，并导致司法实践中法律适用的困难和混乱。

我国事实上早已找到了解决民商区别的方法，特别是通过制定《合同法》（现已废止），使民法与商法有机地结合在一起，提供了民商合一的典范。《合同法》采取了三种方法很好地处理了民法与商法之间的矛盾：第一是在某类合同中同时规定由所谓商人参与的合同关系和没有商人参与的合同关系，由法官根据案情自由选择适用，如《合同法》第十二章“借款合同”中明确规定了公民之间的借款关系和银行参与的信贷关系。第二是只规定由所谓商人参与的合同关系，而忽略另一种。如《合同法》第二十一章“委托合同”中只规定了商事委托合同。第三是不区分民事与商事规则，用统一规则来统一调整，有例外的情形，适用例外性规定，如合同行为的形式、瑕疵通知义务。在民商分立模式中，瑕疵通知义务不仅时效不同，而且规定得极为复杂。《合同法》只规定了“合理期限”，没有作出特别规定。通过以上三种方法已经解决了民法与商法的矛盾，故没必要再单独制定商法典。《合同法》在处理民法与商法的关系上很成功，因为立法者在起草时已经注意到两者的区别，并努力协调好它们的关系。

2017 年，我国出台了《民法总则》（现已废止），使民商合一立法模式基本定型，而于 2020 年通过的《民法典》也将部分商事法律规范纳入其中，进一步显示我国民商法律体系的建设将秉持民商合一这一原则，使《民法典》总则编统一适用于所有民商事法律关系，并统辖各民商事单行法。采用民商合一体例的《民法典》，有利于推进我国民商事立法的体系化，对于我国形成完备、逻辑缜密的法律规范体系并推进中国特色社会主义法治体系的建设有重要意义，同时也意味着，在此之后的商事立法和修改需要更多地考虑与民法规则的协调，清晰地辨识需由商事法律特别规范的商事关系，避免民事规范不合理地适用于商事法律关系或者商事特别规范不合理地架空民事规范的适用。

民商合一体例，并不是像意大利民法典那样，把商事特别法都规定在民法典中，而是不要单独地制定商法典，确切地讲，是不要单独地制定商法总则。我们承认，像公司法、海商法、保险法等商事特别法是客观存在的，但没必要再规定一个总则，明确商人、商行人、商事特别诉讼时效、商事代理等。这些事项都可以统一适用《民法典》总则编，主体可以适用主体的规定，行为可以适用民事法律行为的规定，诉讼时效可以适用统一的民事诉讼时效，商事代理可以适用代理。民商合一的主要意义就在于此。如果把商事特别法都汇编到民法典中，民法典的体系就无从谈起。从民法典体系的高度来考察，《民法典》总则编统领所有的商事特别法，但这些商事法规不必汇编到民法典中，它们不是民法典的分则，而是应作为民法的特别法存在。《民法典》第 11 条规定："其他法律对民事关系有特别规定的，依照其规定"。该规定符合《立法法》第 103 条规定的"特别法优先于一般法"原则，为解决商事特别法与《民法典》之间的规范冲突问题提供了基本准则。

由于我国许多商事单行法是在没有《民法典》及《民法总则》的背景下制定的，因此其中包含了大量的一般性规定，如《公司法》包含了大量的法人制度尤其是营利法人制度的一般规定，而在《民法总则》的制定过程中，立法机关将《公司法》中的一些条文经提炼或修改后规定到《民法总则》中，但并未同时修改《公司法》相关条文以使其与《民法总则》在适用上保持一致。《民法典》总则编第三章对于法人这一民事主体作出了一般性的规定，而对于公司这一最重要市场主体的具体制度规定是由《公司法》的修订来完成的。2023 年 12 月 29 日通过、自 2024 年 7 月 1 日起实施的《公司法》充分体现了我国商事特别法在《民法典》颁布实施后通过修法以实现与《民法典》的衔接、吸收、补充和具体化，具体表现在：

第一，2018 年《公司法》第 22 条第 2 款规定了公司决议的撤销问题，"股东会或者股东大会、董事会的会议召集程序、表决方式违反法律、行政法规或者公司章程，或者决议内容违反公司章程的，股东可以自决议作出之日起六十日内，请求人民法院撤销"。而《民法典》第 85 条在该条基础上增加了"但书"内容："营利法人依据该决议与善意相对人形成的民事法律关系不受影响"。《民法典》增加了对善意相对人的保护内容，是对既有规定的补充规定，能更好地实现立法的目的和精神。为此，2023 年修订后的《公司法》第 26 条对股东提起决议撤销之诉的情形增加了除外规定，即股东会、董事会会议的召集程序或表决方式仅有轻微瑕疵，对决议未产生实质影响的，无法提起决议撤销之诉。而对于股东提起决议撤销之诉的期限限制，新法在原"自决议作出之日起六十日内"规定的基础上，增加了未被通知参加股东会的股东提起决议撤销之诉的期限规定，即"自知道或者应当知道股东会决议作出之日起六十日内"，更加符合实际需要。2023 年修订后的《公司法》还吸收了《民法典》第 152 条的规定，新增股东行使决议撤销权 1 年除斥期间的规定，实现了民商事法律规定之间的有效衔接。

第二，2018 年《公司法》第 32 条规定了公司实际情况与登记事项不一致的，不得对抗第三人。《物权法》（现已废止）第 106 条对善意取得制度的规定是"不得对抗善意第三人"。而《民法典》第 65 条规定法人的实际情况与登记事项不一致的，不得对抗善意相对人。从上述条文的先后顺序看，对第三人范围的表述变化应该是立法者有意为之，应适用《民法典》的规定更为合理。因此，2023 年修订后的《公司法》第 34 条对此进行了相应的调整，规定“公司登记事项未经登记或者未经变更登记，不得对抗善意相对人”，吸收体现了《民法典》的立法价值选择。

第三，关于有限责任公司清算义务人的规定，2018 年《公司法》第 183 条规定由股东组成，最高人民法院《关于适用〈中华人民共和国公司法〉若干问题的规定（二）》第 18 条第 2 款将有限责任公司的清算义务人规定为股东，而《民法典》第 70 条第 2 款一方面将法人的清算义务人界定为“法人的董事、理事等执行机构或者决策机构的成员”，另一方面又规定“法律、行政法规另有规定的，依照其规定”，导致清算义务人的范围不明确。本次修订后《公司法》第 232 条则明确规定了董事为公司清算义务人，对此予以明确。

第四，有关公司决议的成立和效力问题。2018 年《公司法》对公司决议是否成立的问题未作明确规定。《民法典》第 134 条第 2 款规定了法人决议的成立要件，按照《民法典》对特别法补充适用的规则，该规定可以成为认定公司决议成立与否的裁判依据，但又略显得原则性。2023 年修订后的《公司法》第 27 条对此进行了明确，规定了公司股东会、董事会的决议不成立的具体情形，对《民法典》第 134 条第 2 款进行了适当补充。

第五，2023 年修订后的《公司法》第 191 条规定了董事和高管的故意或者重大过失赔偿责任；第 192 条规定，公司控股股东、实际控制人指示董事、高管从事损害公司或股东利益行为的，与该董事、高管承担连带责任。这些规定实为《民法典》关于故意或者重大过失责任、共同侵权责任的规定在公司法上的具体化运用和体现。

第五节　商法思维与学习方法

一、什么是商法思维

商法思维是商业思维（Business Sense）和法律思维（Legal Sense）的结合，以商业思维引导法律思维，以法律思维界定、寻求实现商业思维的可行、有效、合法合规的交易路径选择。在商法思维中，商业目标、价值成本、有效可行、灵活便捷等价值考虑始终贯彻其中。商法思维在立法、司法、执法和法律教学等各个环节均有不同层次的体现和运用，比如 2023 年的《公司法》修订，就是保持现行公司法框架结构、基本制度稳定，维护法律制度的连续性、稳定性，降低制度转换成本的体现；同时，适应经济社会发展变化的新形势新要求，针对实践中的突出问题和制度短板，对现行公司法作系统的修改完善。以下所讨论的商法思维，则主要侧重于与商法教学和实务相关方面。

“美国特拉华州南方铜业股东派生诉讼案”①是美国公司在涉及股东派生诉讼、子公司收购母公司股权等法律问题的典型案例之一，起因于南方铜业公司拟通过换股的方式收

① In re Southern Peru Copper Corporation Shareholder Derivative Litigation，C. A. No. 961 - CS.

购墨西哥矿业公司[1]，并由南方铜业公司董事组成的特别委员会进行估值和作出收购决定，但南方铜业公司的中小股东认为作出收购决定的董事损害了公司利益，由此引发争讼。这个案例为我们展现出商事活动的两大特点：一方面，商事活动不仅涉及一系列法律规范，还涉及许多商业制度，同时还存在一系列规范来判断交易的公允性和适当性；另一方面，商事活动往往有众多利益主体参与其中。在前述股东派生诉讼案中，除了并购交易双方的利益冲突，还涉及公司董事、高管、公司控股股东、公司中小股东、财务与法律顾问等的利益冲突。又比如在公司上市活动中，除发行人（拟上市公司）以外，还有证监会、证券承销人（证券公司）、中介机构（律师事务所、会计师事务所）、战略投资者（如投资银行、投资公司）、公司其他债权人以及公司内部董事、高管、股东（公司发起人、大股东或小股东）、持股职工等一系列法律上相互关联的利益主体。在公司破产重组和清算活动中，可能会涉及法院、公司债权人（优先债权人和普通债权人）、股东、职工、存在交易关系（如买卖、租赁等）的当事人等利益主体。在并购活动中，如果涉及反垄断审查，与并购方在同一个相关市场内存在竞争关系的其他所有公司都可能成为法律上的利益主体。

由于商事活动涉及的主体众多，必然会在主体之间产生各类利益冲突，因而商法立法的主要目的是规范和调整商事活动主体之间的行为和利益，以平衡商事活动各方的利益并完成交易，并且在利益受到侵犯时给予救济，例如破产法为了保护债权人利益，保护职工的利益，明确规定了扣除破产费用后的破产财产清偿顺序分别是职工工资补偿、其他社保和税款、破产债权，在债务清偿完毕后再分配股权。同时，《企业破产法》还巧妙地规定了“破产企业的董事、监事和高级管理人员的工资按照该企业职工的平均工资计算”，最大限度地保护了普通职工的利益。又如《公司法》中建立了多种制度以保护中小股东的利益，如独立董事制度、累积投票制度、请求法院解散公司、限制大股东表决权制度、异议股东股份回购请求权以及股东直接诉讼、股东派生诉讼。这些制度的确立，为中小股东维护自身利益提供了明确的法律依据。

基于商事活动区别于一般民事法律行为的特殊性，在理解商事立法、从事商事实务以及学习商法时，必须形成系统的价值体系、独特的视角以及精细而严谨的逻辑方法，也就是商法的思维。

二、如何形成商法思维

（一）建立以商人为视角的法律风险思维

商法直接调整的对象是商人、商行为以及商事法律关系。由于商人的特性，其与普通民事主体存在明显的差异。从功能上来看，普通民事主体从事的民事交易是为了满足自身的需求；而商人的商事交易旨在建立一种合理利用有限资源的市场运行机制和社会

[1] 南方铜业公司和墨西哥矿业公司均由墨西哥集团公司控制。墨西哥集团持有墨西哥矿业99%的股权，并持有南方铜业近六成的股份。南方铜业集团是一家在纽约证券交易所上市的公司，墨西哥集团是一家在墨西哥证券交易所上市的公司。

经济秩序。[①] 举一个简单的例子，普通人买苹果是为了消费，而商人买苹果主要是为了交易，即通过转卖或增值加工，从中赚取差价。对于买苹果而言，商人在其中可能面临的法律问题以及涉及的法律关系往往比普通人的更加复杂。

第一，虽然在买苹果时都是形成买卖合同关系，但是一般而言，普通人在买苹果时，实际上不会订立书面合同，而商人往往会在进货之前与供应商事先协商并订立书面合同。商人在订立合同时，其核心的商业思维是保障交易安全有效地进行以便获取最大利益以及顺利完成交易，其核心的法律思维是减少自身的法律风险。普通人一般只考虑到苹果的口味、品质和价格，而商人往往更多地会考虑到商业和法律风险，比如，苹果的所有权在什么情况下转移（在交付承运人时还是交付到指定地点时），对方对苹果有没有质量保证，迟延交货的风险，货款及时结算的风险，以及如果对合同履行发生任何争议应当适用何种争议解决方式（诉讼或仲裁）等。因此，商人订立的买卖合同内容往往比较复杂，可能会涉及苹果的运输交付、所有权转移、验收付款、质量保证、违约责任、争议解决方式等内容，而这些均与商人从事交易行为的特定目的相关联。

第二，如果买卖苹果的商事主体是公司，那么订立合同时可能会考虑到各方公司是否根据《公司法》合法成立并有效存续；根据法律和行政法规，买卖双方是否允许从事经营苹果类业务，是否需要取得农业、市场监督管理等相关部门的审批；如果买方公司是一家国内公司而卖方公司是一家境外公司，并且苹果需要远洋运输，则应当考虑如何适用《联合国国际货物销售合同公约》及我国《海商法》进行运输、交付和争议解决，在通过信用证支付时是否符合我国《票据法》的相关规定，以及相关进口商品检验检疫、海关报关等问题。

第三，公司在购买苹果后在出售或增值加工环节也可能会涉及其他商事法律法规的规定。例如，一家外国公司向中国出口苹果，该公司如果通过在中国设立的子公司进行交易，则必然涉及外商投资相关法律。首先，应当明确外资在中国境内经营“一般农产品销售”在最新的《外商投资准入特别管理措施（负面清单）》中属于什么类型（鼓励类、限制类或禁止类），如果是被限制的则应如何操作；其次，不论外国公司是单独投资还是与中国境内公司合资在中国境内设立子公司，该子公司均属于外商投资公司，子公司在设立与经营过程中需要注意符合《外商投资法》[②]及其实施条例等相关法律法规的规定。

从这一简单的例子可以看出，商人和其他商业主体在从事商事活动时，特别是面临交易方主体、资质、标的物等较为复杂的商事活动时，需要承担更多的商业风险和法律风险，因此也需要有较为复杂的交易结构安排，以便在交易各方之间合理地分配商业和法律风险。正是遵循这一原则，在漫长的历史中形成了独特的商事交易习惯和原则，并通过法典化演变成了今天的商法。因此，我们构建商法思维的出发点应当是形成商人的法律思维。“商业上的需要和商人们的利益才是商法的主要根源。”[③]中世纪商法是基于商

---

① 顾功耘．商法教程．北京：北京大学出版社，2006：11－12.

② 《外商投资法》自2020年1月1日起实施，《中华人民共和国中外合资经营企业法》《中华人民共和国外资企业法》《中华人民共和国中外合作经营企业法》已经同时废止。

③ 约翰·亨利·梅利曼．大陆法系．顾培东，等译．北京：法律出版社，2004：12.

业的需要和商人的利益而产生的，其首要任务是确认商业和商人的权利和利益，并确保商人权利在受到侵犯时可以进行有效的救济。对于商人而言，其法律思维的价值取向是通过合理的交易结构安排，分配或规避风险，以达到减少或免除法律风险的目的，并通过审慎地履行注意义务以实现该目标。

商人是以营利为目的，而反复、经常、持续从事特定商事活动的民事主体。与普通人相比，其所从事的商事活动以及研发、销售的产品和服务具有一定的专业性。同时，由于商事活动对第三方利益和社会经济的影响更大，所以，商人在商事活动中往往负有更加严格的注意义务，以维护和保证交易安全。在商事交易中，履行注意义务主要是对交易对方的从事特定交易的资质、交易项目的内容的合规性等法律问题进行审查。例如在投资和并购领域，投资方或收购方往往会聘请中介机构对目标公司或被收购方的历史沿革、企业资质、资产负债、对外担保、重大合同、公司治理、关联结构、财务状况等一系列问题进行尽职调查，以解决或消除其中的法律风险或者决定是否进行最终投资或收购。商事交易对商人应当尽到的审慎义务的要求使商事主体在进行商事活动中应当承担更高标准的注意义务，并相应地对注意义务的违反承担更大的风险。

在上海日腾投资管理公司（以下简称“日腾公司”）与上海亨井联接件公司（以下简称“亨井公司”）的买卖合同纠纷案①中，担任亨井公司实习采购员的沈某私刻公章，多次向日腾公司传真其伪造的订购单、请购单，在日腾公司按要求将价值409余万元的货物交给沈某后，沈某向日腾公司出具了欠条，欠条上加盖了亨井公司的印章。之后，由于日腾公司索要货款无着，遂诉请法院依据合同法有关表见代理的规定，判定亨井公司向其支付相应的货款和违约金。然而，法院最终判定表见代理不成立，未支持日腾公司的诉讼请求。在该案中，沈某的行为属于无权代理是毫无疑问的，因此作为相对人的日腾公司是否属于“有理由相信行为人有代理权”的情形是判定是否构成表见代理的关键。

对于一般人而言，如果有人上门推销保险，该保险公司人员证件齐全，出示的合同也是盖有保险公司公章的，那的确属于“有理由相信行为人有代理权”的情形，因为对于合同一方而言，普通人已经尽到了其审查义务（一般情形下，普通人不会去找保险公司核实合同的真实性）。但如前所述，商人在商事活动中应具有更加审慎的注意义务。该案中，日腾公司面对不熟悉的客户——亨井公司和沈某，要求对方出示代理证书、介绍信、身份证明，以了解和证实其身份、代理权限和期限等，这对一个理性的商人来说显然是必要的，而且现代通讯技术已十分发达，核实身份变得容易且迅捷，并不构成相对人的额外负担，但日腾公司既未要求沈某出示授权文件，亦未向亨井公司进行任何的审查与核实即认定其是合法代理人，故二审法院认为日腾公司缺乏信任沈某的事实基础。另外，尽到合理审慎注意义务的公司应当发现，沈某作为实习采购员，其购货数量、金额与其职位明显不一致，订货所使用的单据不合常规，且多处有明显的变造痕迹，交货行为亦存在明显异常，但日腾公司未尽到这些合理的注意，最终产生了货款两空的结果。由此可知，日腾公司在接收订单、发送、交付货物等交易环节中未尽理性的商人应尽的注意义务，在审查沈某是否具有代理权方面存在明显的过失。据此，二审法院依法认定

---

① 参见上海市第一中级人民法院（2008）沪一中民四（商）终字第90号民事判决书。

沈某的行为不构成表见代理，遂改判驳回了日腾公司的诉讼请求。

由此可见，如果机械地适用合同法，而缺乏一定的商法思维和商法理念，必然对表见代理的认定大相径庭。

需要注意的是，商事主体的注意义务不仅体现在订立合同中，在商事活动中甚至是经营活动的任何环节，其均应当履行该义务，因此，注意义务也不仅仅局限在传统商法领域范围内。例如，对于某大型百货商场而言，其在经营活动中可能要承担的注意义务包括但不限于以下内容。

第一，安全保障义务。商场要在其经营地域内，做好必要的安全防护措施，包括保证建筑物建设合格、消防设施齐全、电梯使用安全，对可能有危险的区域增加警示标志等，以符合《民法典》第1198条的相关规定。

第二，开展打折抽奖等促销活动时，活动方式和促销金额必须符合《反不正当竞争法》《反垄断法》和相关行政法规的规定，例如有奖销售的最高奖金额不应高于5万元。

第三，质量保证义务。商场应严格确保产品质量，包括审查和选择有资质的供应商，清理到期商品、及时告知和下架问题产品，并对已经出售的缺陷产品及时召回，否则可能违反《产品质量法》和《消费者权益保护法》的相关规定。

第四，进行广告宣传时，商场应遵守广告内容准则和行为规范，确保符合涉及特殊种类商品、室外广告的法律规定，不存在欺骗、误导消费者的行为。在聘用主播为商场进行线上直播带货时，商场作为《广告法》规定的责任主体还应注意责任承担问题。

（二）深刻理解商法意思自治原则并灵活运用

基于商事活动的商业性以及商法的私法属性，日益强化商法中的私法自治已成为一项时代要求。

在“中国对赌协议第一案”[①]中，甘肃众星锌业有限公司（之后更名为“甘肃世恒有色资源再利用有限公司”，以下简称“世恒有色”）、苏州工业园区海富投资（以下简称“海富投资”）、香港迪亚有限公司（以下简称“香港迪亚”）、自然人陆某于2007年11月签订了包含“对赌条款”的增资协议，由于世恒有色未能达到协议约定的净利润目标，海富投资诉请执行增资协议中关于利润不达标的补偿条款。一审法院和二审法院均认为该协议中的对赌条款因违反法律、行政法规的强制性规定而无效。但是最高人民法院在提审本案时，肯定了股东之间对赌条款的效力，改判由世恒有色的股东香港迪亚向海富投资支付协议补偿款。

在该案中，世恒有色的股东“有胆量”与海富公司订立这种类似赌博性质的协议以吸引海富公司的投资，是基于世恒有色在2008年之前的良好业绩和股东对公司较高的估值。而世恒有色2008年净利润不到3万元，主要是因为当年金融危机对原材料行业的影响以及公司管理层经营不善。试问，如果这一对赌安排是双向的，即如果世恒有色2008年净利润达到并超过3 000万元，那么世恒有色有权要求海富公司按一定方式进行补偿，则在这种情况下，海富公司可否基于类似的理由要求法院判定该约定无效呢？如果对于

① 参见最高人民法院（2012）民提字第11号民事判决书。

同一个对赌条款，仅仅是由于公司当年净利润结果的不同而导致截然不同的效力判定，那么这是在利用法律手段强行干预当事人之间“愿赌服输”的商业安排。

原审法院僵化的思维模式违背了私法领域中最基本的意思自治原则，将当事人的约定解读成“损害债权人和公司利益”以及“违反法律法规强制性规定”。该案中，当事人基于对投资风险的不同认识，自愿达成了一个对投资价格进行调整的对赌协议。当事人在不违反法律强制性规定、不损害他人利益的情况下，应有完全的自由设计和规划自己的行为以及与他人的关系。商事活动的当事人有各种不同的商业需求，也有各自不同的风险判断能力和承担水平，依据意思自治原则，只要不违反法律的强制性规定，不损害公共利益和他人利益，理应赋予其自行通过合同条款保护自身利益的商业自由。①最高人民法院 2019 年印发的《全国法院民商事审判工作会议纪要》正式为对赌协议“正名”，不仅投资人与目标公司股东之间的对赌协议原则上有效，并且投资人与目标公司之间的对赌协议“在不存在法定无效事由的情况下”，也不应无效，但投资人主张履行时，法院应根据《公司法》的规定进行审查以确定是否应予支持。

需要注意的是，虽然商法强化意思自治，但这并非说明商法在立法中不重视保护交易中实际弱势一方的利益。商法基于商事主体的特殊资格，在民法规定之外对商事主体予以较之民事主体更为严格的限定，规定更多的注意义务和更加严格的责任，我们在之前也简述了破产法对普通职工的保护以及公司法对中小股东的保护，这些都是商法对法律关系弱势方的保护，彰显了商法在立法上的公平原则。

（三）明确便捷和鼓励交易为核心的商事立法原则

交易便捷和鼓励交易原则是商法的核心原则之一，这是由于商法的起源和本质是商人法，而商人设立这些习惯法的最终目的是便捷和鼓励完成交易。因此，商法就设立的目的而言应当是为了鼓励交易，其具有部分公法强制性色彩的原因也主要是保护交易安全和保护交易外第三方利益。

2023 年对《公司法》的修订充分体现了这一点，具体表现为：

第一，在股份有限公司中引入授权资本制，允许公司章程或者股东会授权董事会发行股份，同时要求发起人全额缴纳股款。这既方便了公司设立，提高了筹资灵活性，又减少了注册资本虚化等问题。

第二，为适应不同投资者的投资需求，对已有较多实践的类别股作出规定，包括优先股和劣后股、特殊表决权股、转让受限股等；允许公司根据章程择一采用面额股或者无面额股；按照反洗钱有关要求，并根据我国股票发行的实际，取消无记名股。

第三，规定简易减资制度，允许公司按照规定通过减少注册资本方式弥补亏损，但不得向股东分配，也不得免除股东缴纳出资或者股款的义务。

第四，允许公司只设董事会、不设监事会，公司只设董事会的，应当在董事会中设置审计委员会行使监事会职权。

第五，简化公司组织机构设置。对于规模较小或者股东人数较少的公司，可以不设

---

① 彭冰．“对赌协议”第一案分析．北京仲裁，2012（3）：12.

董事会，设一名董事；不设监事会，设一名监事。对于规模较小或者股东人数较少的有限责任公司，经全体股东一致同意，可以不设监事。

第六，规定公司减少注册资本，应当按照股东出资或者持有股份的比例相应减少出资额或者股份，法律另有规定、有限责任公司全体股东另有约定或者股份有限公司章程另有规定的除外。

第七，新设“公司登记”一章，明确公司设立登记、变更登记、注销登记的事项和程序；同时要求公司登记机关优化登记流程，提高登记效率和便利化水平。

第八，充分利用信息化建设成果，明确电子营业执照、通过国家企业信用信息公示系统发布公告、采用电子通信方式召开会议和表决的法律效力。

第九，扩大可用作出资的财产范围，明确股权、债权可以作价出资；放宽一人有限责任公司设立等的限制，并允许设立一人股份有限公司；增加简易注销和强制注销制度，方便公司退出。

此外，自 2023 年 12 月 5 日起实施的最高人民法院《关于适用〈中华人民共和国民法典〉合同编通则若干问题的解释》第 1 条第 3 款也规定，“对合同条款有两种以上解释，可能影响该条款效力的，人民法院应当选择有利于该条款有效的解释；属于无偿合同的，应当选择对债务人负担较轻的解释”。这些都体现了便捷和鼓励交易为核心的立法原则。

三、商法学习的基本方法

（一）扎实的民法学理论基础

我国采取了民商合一的立法体例，《民法典》承继了《民法总则》《民法通则》《合同法》《物权法》等民事法律，对法人制度、商事代理、商事合同、担保行为等商事法律核心制度均有概括性的规定。基于商法作为民法特别法的原理，我们学习商法时必须具备扎实的民法理论基础，特别是要对合同法和物权法等基础性民事法律有清晰的理解和认识。

首先，合同法中的契约自由精神是公司契约理论的基础。该理论认为公司是股东、债权人、董事、经理、雇员、供应商和客户之间一系列合同的联结。每一个公司参与者基于自身利益的追求和对公司的了解，签订了各种“契约”，成为公司众多利益主体中的一员，例如公司发起人之间的发起人协议、股东之间的公司章程、公司与经理雇员之间的劳动协议、公司与客户之间的服务或买卖协议、公司与供应商之间的供销协议等，都属于“契约”。因此，公司各种法律关系的形成都是契约选择的结果，而不是法律创设的结果，国家的强制性法律不应该对公司内部主体之间的关系进行规制，因为这些关系是各当事人自由磋商的结果。公司法所提供的更多是授权性规范和指引性规范。总之，公司私法自治的基础是合同自治。

同时，合同法也是保险法、海商法等商事法律的一般法。保险合同是投保人与保险人约定保险权利、义务关系的协议。虽然保险法对保险合同有专门的规定，但对保险合同的订立、履行等一系列问题，还应当在合同法律制度框架内适用。而保险合同对于合同诚信原则的要求往往大于其他合同的，这体现在对投保人如实告知和履行保证，以及对保险人的弃权、禁止反言和免责条款告知义务。海商法对平等主体间的国际海上货物运输合同、海上旅客运输合同、船舶租用合同、海上拖船合同、海上救助合同、海上保险合同等特殊海商事合同作出了系统的规定，在海商类合同中优先适用。

其次，物权法的基本制度也为商事法律奠定基本法的保障。《民法典》第 125 条明确规定，“民事主体依法享有股权和其他投资性权利”。对于证券法而言，这以基本法的形式确定了投资者从事证券投资所取得收益的法律保护。同时，物权法所贯彻的平等保护原则和物权确认请求权、占有保护请求权等保护方法对保护证券市场投资者的收益具有重要的作用和意义。

此外，物权法的特定原则也成为商事法律原则的溯源性原则，例如物权公示原则。所谓物权公示，是指物权在设立和变动时，必须将物权设立和变动的事实通过一定的公示方法向社会公开，从而使第三人知道物权设立和变动的情况，以避免第三人利益遭受损害，并且保护交易安全。[①] 公示原则的目的在于保护交易外善意第三人的利益，保证交易安全并在发生买卖纠纷时可以明确物权归属。而公示原则也是商法在维护交易安全目的之下坚持的重要原则，在商法部门法中有大量的相关规定，如公司法中有关公司登记的规定、证券法中有关上市公司信息公开的规定、海商法中船舶登记公告的规定等。另外，物权法也为金融创新提供了充分的制度基础。例如《民法典》第 387 条第 1 款规定，“债权人在借贷、买卖等民事活动中，为保障实现其债权，需要担保的，可以依照本法和其他法律的规定设立担保物权”。该条实际上允许依其他法律设立新的担保物权，如应收账款质押、基金份额质押等。

（二）在实践中学习商法并融会贯通

商法是实践的法律，特别是对于部门法而言具有较强的可操作性。因此，我们不能脱离实践学习商法，否则就是“不知商法真面目，只缘身在书本中”了。这要求我们从大处入手、从小处着眼，特别是在学习部门法时，一方面从操作层面理解部门法整体制度，另一方面结合实际理解琐碎的法律概念。

学习证券法时，就应当首先对证券法律制度的整体操作进行了解和梳理。我们应当了解，证券法律制度包括：(1) 发行上市制度；(2) 交易制度；(3) 证券登记结算制度；(4) 信息披露制度；(5) 证券监管制度。以发行上市制度为例，一家有限责任公司以首次公开募集股份的方式上市至少要经过以下程序：(1) 改制重组，将企业改制成股份有限公司。其间，公司会确定企业发展计划、筹备股份制公司改组，选定券商、会计师、评估师、律师等中介机构并与其实施股份制改组方案，公司寻找到合适的发起人收购公司股份、制定公司章程、进行工商变更并召开创立大会。(2) 长达至少一年的“上市辅导期”。保荐机构向所在地证监局申请上市备案和验收，向证监会提供材料，并由证监会决定是否受理，之后证监会提交发审委审核。(3) 发行。这包括刊登招股意向书、网下初步询价，报送发行申请文件，刊登发行公告，投资者网上申购、摇号中签，公司办理

---

① 王利明．民法．北京：中国人民大学出版社，2000：149.

股份登记。（4）上市。保荐机构申请上市，上市委员会进行审核、通知上市并披露上市公告书，最后公司代表参加上市仪式。尽管这些流程在《证券法》中并无详细规定，但有助于我们从操作层面理解发行上市制度，理解上市活动参与主体及其相互法律关系和地位，从而从大处入手，深刻地认识证券法的法律制度。

学习民法时我们都了解到合伙制度以及合伙人的无限责任。2006 年修订后的《合伙企业法》增加了“有限合伙企业”这一合伙形式，即由普通合伙人和有限合伙人组成的企业，普通合伙人对合伙企业债务承担无限连带责任，有限合伙人以其认缴的出资额为限对合伙企业债务承担责任。如果机械地学习相关法条而不了解在现实生活中究竟什么是“有限合伙企业”，其实很难理解法条的具体含义，如有限合伙人为什么“不得以劳务出资”？什么叫“执行事务合伙人”？为什么在没有其他约定的情况下，有限合伙人可以分得全部利润并且可以进行同业竞争？为什么不得参与企业的经营管理？现实生活中，风险投资企业大多以有限合伙的形式存在。以创业投资基金为例，这些基金往往是由具有技术、财务和投资知识经验的投资经理人与具有大量资金的个人或机构共同发起成立。其中投资经理人作为普通合伙人，负责创投基金的投资事宜，有时也提供少部分的合伙资金（往往占全部出资的 1%）；作为投资资金来源方（往往占全部出资的 99%）的个人或机构是有限合伙人，以其出资额承担风险。通俗点讲，就是 A 虽然有钱但不会投资，就找了懂投资的 B 成立一家创投基金甲。B 作为执行事务合伙人管理 A 的出资，A 为了早日收回成本于是与 B 约定，前 3 年投资的利润均归 A 所有，B 取得 A 支付的管理费用和报酬，3 年后 A 和 B 分别以 30%和 70%的比例分配利润。同时 A 还有很多资金，于是又提供一部分资金找到了 C 共同发起另一家创投基金乙。虽然基金甲和基金乙均作为创投企业，表面上符合“同业竞争”的要件，但由于需要创投基金投资的企业数目庞大，而投资方数量相对较少，因而基金甲和基金乙并不存在实质上的竞争关系。由此看来，如果死板地记忆商法条文，而不从小处着眼理解相关概念的实践和应用，是不可能真正学习到商法内涵的。

实践中学习商法还意味着我们要灵活运用商法规则，而不是死板教条式地进行法律研究和分析。例如在公司股权转让时会涉及“资本利得”的问题。以自然人为例，自然人在获得公司股权时的对价与转让股权时对价的差额，在扣除合理费用后需要征收个人所得税，因此在实践中频频出现“增资—转让”的形式以避税。例如，一有限责任公司有三个自然人股东，其注册资本为 1 000 万元，三个自然人股东将其全部股份转让给第三方，全部转让价款为 2 000 万元，因此需要对 1 000 万元的资本利得征收个人所得税。于是三股东设计了一套避税方案，以如下方式对公司进行增资：（1）三股东现金 200 万元，（2）400 万元的资本公积，以及（3）公司土地使用权 400 万元。现在三股东向甲、乙两位法律顾问咨询以上的避税安排是否符合国家相关规定。甲首先从国家税务总局卷帙浩繁的文件中搜寻“对于股权转让之前为避税目的对企业增资的方式有没有禁止性规定”，在耗费大量时间后得出结论——国家税务总局没有禁止性规定，因而是可行的。而乙从增资转让的形式本身入手，认为股东增资的形式不符合《公司法》的规定。这是因为，股东增资亦属于股东出资的范畴，而股东虽然被允许以土地使用权的方式出资，但是隐含着在出资时土地使用权必须归属于出资人本人的前提，同理，股东不能以公司资产作为出资而进行增资，因而本例中的避税方式并不合法。在回答这一问题时，《公司法》关于股东出资方式的相关规定对于正确判断问题的合法性起着指导性的作用。

在本例中，如果未首先对法律概念、法律关系进行区分和理解，而直接按照客户要求对法律问题加以盲目地研究和搜寻，就会陷入法律思维的误区和盲区。本例法律关系比较简单，但实践中错综复杂的商事交易则要求我们对所学知识加以融会贯通，并且透过现象认清法律问题的本质。

（三）广泛了解其他学科的基础知识

商法实质上是由建立在经济、金融、工商管理、会计、税务等多学科基础上的一系列法律法规组成的，因此我们在广泛学习跨学科类知识的基础上才能更深入地认识其立法目的和了解实务操作。有志于从事商事法律服务业的同学，更应当对各类知识广猎博采，丰富思维，尤其是税务、资产评估、会计、金融方面的实务知识。

了解、学习其他学科的基础知识，一方面，便于深刻理解商法整体制度以及具体规定。例如，《证券法》第 10 条规定，“发行人申请公开发行股票、可转换为股票的公司债券，依法采取承销方式的，或者公开发行法律、行政法规规定实行保荐制度的其他证券的，应当聘请证券公司担任保荐人”。在理解该规定之前，我们至少要有必要的知识储备，了解“可转换为股票的公司债券”以及“保荐制度”的含义。《证券法》第 62 条规定，“投资者可以采取要约收购、协议收购及其他合法方式收购上市公司”，对此，我们需要了解什么是“要约收购”和“协议收购”。又如《企业破产法》第 78 条规定，在重整期间，当债务人的经营状况和财产状况继续恶化，缺乏挽救的可能性时，经管理人或者利害关系人请求，人民法院应当裁定终止重整程序，并宣告债务人破产。如何认定债务人“经营状况和财务状况继续恶化”，这需要运用财务分析方法对企业经营状况进行分析，即确定分析目标，然后对企业报表的实际数据采用比率法计算其数值，并与过去的业绩或同行业的标准统计数值进行比较，最终判断其结论。

另一方面，了解、学习其他学科的基础知识，也是为以后从事商事法律实践奠定基础。例如，某银行贷款 1 000 万元给 A 公司，半年后贷款到期，A 返还 100 万元，其余部分形成逾期贷款。由 B 公司向银行提出代 A 公司按月支付利息，时间为 3 年，其间 B 公司再向银行支付 100 万本金，3 年后由 A 公司支付剩余全部逾期贷款。银行同意并与 B 公司订立返还利息协议，3 年间银行对 A 公司的逾期贷款未有异议。3 年后 A 公司拒绝付款，主张 B 公司的偿还行为未经 A 公司授权，A 公司并不知情。由于银行在 3 年间未要求 A 公司还款，因而超过了诉讼时效。作为银行方的律师，其核心在于找到 A 公司认可 B 公司还款的证据，以证明 A 公司未中断还款，诉讼时效并未届满，因此必须从银行的结算记录中寻找证据，如客户结算单、利息清单等。如果不了解证明三方法律关系联系的具体证据，也就无法在实践中解决相关问题。

另外，在我国致力于不断完善要素市场化配置、加快发展现代产业体系的背景下①，

① 详见中共中央、国务院《关于构建更加完善的要素市场化配置体制机制的意见》（2020 年 3 月 30 日）、《中国共产党第十九届中央委员会第五次全体会议公报》。

随着技术要素、数据要素等市场的逐步发展和演变，以及现代化新产业的不断兴起，商事法律服务必然会与更多的学科相碰撞，在面临更多机遇的同时也面临更多的前沿问题。因此，如果想要从事商事法律服务行业，对其他学科知识的学习是很有必要的。

（四）了解国际商事立法条约以及国际商事规则和惯例①

国际条约和惯例，一方面可以作为法律渊源直接适用于涉外案件，另一方面对我国的商事立法以及商事司法活动提供了蓝本和借鉴。例如，我国海商法大量借鉴和吸收了《海牙规则》《汉堡规则》《维斯比规则》三大国际海商事规则。对于集装箱货物，海商法采用《汉堡规则》的规定，即承运人的责任从装货港接收货物时起至卸货港交付货物时止；对于非集装箱货物，海商法借鉴了《海牙规则》，即承运人的责任从货物装上船时起至卸下船时止，货物处于承运人控制之下的全部期间；关于承运人对单件货物灭失和损害赔偿的限额，海商法采用了《维斯比规则》的规定等。

国际商事规则和惯例，亦称“商人习惯法”。在国际上影响力较大的习惯法主要存在于国际贸易和国际投融资领域，涉及贸易术语、运输、保险、托收、信用证、担保、银行保函等。除在法律没有规定的情况下可以直接适用以外，国际商事规则和惯例还在一定程度上为商事司法活动，甚至是国内的商事司法活动提供参考和借鉴。

随着“一带一路”建设工作的推进，营造更加稳定、公平、透明、可预期的国际化、法治化、便利化营商环境的重要性愈发凸显。最高人民法院《关于人民法院进一步为“一带一路”建设提供司法服务和保障的意见》中特别提到要积极适用对我国生效的国际条约，尊重国际惯例和国际商事规则，推动形成和完善区域性及全球性商事法律规则。2020年11月，我国签订加入《区域全面经济伙伴关系协定》（RCEP），其中涉及对货物与服务贸易、投资、电子商务等商事活动更全面、更现代化的规则。这标志着我国完善区域性及全球性商事法律规则工作进入了新阶段，也要求我们在商法的学习中更加重视对国际商事立法的关注，对国际条约、国际商事规则和惯例的了解与学习。

深度阅读

范健，王建文．商法的价值、源流及本体．北京：中国人民大学出版社，2007：上篇“商法价值论”．

范健，王建文．商法基础理论专题研究．北京：高等教育出版社，2005：第四章“商法的独立性”．

赵万一．论民商法价值取向的异同及其对我国民商立法的影响．法学论坛，2003（6）．

雷兴虎．略论我国商法的基本原则．中外法学，1999（4）．

刘凯湘．论商法的性质、依据与特征．现代法学，1997（5）．

---

① 有些学者认为，国际商法亦属于商法范畴。本书对国内商法和国际商法作了区分，但可以看出国内商法与国际商法存在紧密的联系。

思考与练习

1. 商法的基本概念与特征是什么？
2. 什么是商事关系？它有哪些特点？
3. 简述保障交易便捷原则。
4. 评述维护交易安全原则。
5. 试述诚实信用原则在商法中的功能。
6. 结合我国的《民法典》和《公司法》立法实践，简述商法与民法的关系。
7. 现代商法有哪些发展趋势？
8. 结合我国商法的具体实践，评析商事立法所体现出的独特的商法思维。

第二章
商事主体

常考知识点

经营　企业　个体工商户　个人独资企业　商事合伙　有限合伙　特殊的普通合伙　商事公司

第一节　概　述

一、商事主体的概念

商事主体，是指具有商事权利能力，依法独立享有商事权利和承担商事义务的个人和组织。在传统商法上，商事主体被称为“商人”。商法的起源与商人的特别身份和利益密切相关，但随着商品经济的发展，行为主体的商业职能与生产职能密切结合，商人企业化，生产者也成为商人；与此同时，民法所规范的主体范围不断扩大，出现了民法和民事主体商化的趋势，商人的特殊利益和特殊地位已逐步消失。[①] 采取民商合一的立法体例是我国民法学者的通说，已由第十三届全国人大第三次会议于 2020 年 5 月 28 日通过、自 2021 年 1 月 1 日起正式施行的我国《民法典》也采纳此种立法模式[②]，故本书不采用“商人”概念，而把商事权利、义务的归属者统称为“商事主体”[③]。关注商事主体的法律规制，对我国经济社会具有重大意义，2022 年 10 月 22 日，中国共产党第二十次全国代表大会通过了关于十九届中央委员会报告的决议。党的二十大报告指出，要深化国资国企改革，加快国有经济布局优化和结构调整，推动国有资本和国有企业做强做优做大，提升企业核心竞争力。优化民营企业发展环境，依法保护民营企业产权和企业家权益，促进民营经济发展壮大。完善中国特色现代企业制度，弘扬企业家精神，加快建设世界

---

① “实际上，只有大陆法国家作民法与商法的区别，而且这种区别不是大陆法系的常数”（沈达明．法国商法引论．北京：对外经济贸易大学出版社，2001：1－12）。

② 王晨．关于《中华人民共和国民法典（草案）》的说明：2020 年 5 月 22 日在第十三届全国人民代表大会第三次会议上．中国政府网．http：//www. gov. cn/xinwen/2020－05/22/content _ 5513931. htm＃1.

③ 涉及大陆法系国家传统商事立法时，由于习惯，本书仍然沿用“商人”术语。

一流企业。支持中小微企业发展。[①]

关于如何确定商事主体的概念，理论上有三种体例，即主观主义（商人主义、形式主义）、客观主义（商行为主义、实质主义）与折中主义。但事实上，现代各国商法在对商事主体概念作法律概括时，往往并不注重商事主体在形式上的特征，而强调构成商事主体的实质性概念，也就是说，商事主体以持续地从事某种商事经营行为为基本条件，凡是以特定的商行为作为其经常性营业的个人或组织，均可经法定程序注册成为商事主体。[②] 上述立法对于商事主体的定义反映了各国商法从早期的商人法立场向现代商行为法立场的转变。

商事与经营是商事主体概念的基础和核心，是把握商事主体概念的关键。商事，是指以商业或营利为目的的事业或行为，即商行为或商务经营活动。在实行民商分立立法体例的大陆法国家，商行为的概念经历了一个不断发展的过程。早期的“商行为”，大都被解释为“媒介货物交换而从中获利的行为”，即在生产者与消费者之间建立供需渠道并从中谋利的行为，其外延极其有限。自近代以来，商事营业的种类大大扩充，目前采民商合一制的大陆法国家和英美法国家的立法都有某种共同之处，即取“商事”最广义的概念，包括一切营利性质的法律行为。

“经营”是一个与商事联系密切的概念。一般认为，经营是以营利为目的的、独立的、持续的、不间断的职业性经济活动。[③] 这种活动的特点包括营利性、持续性、独立性、公开性和正当性等，其中营利性是商事主体的主要特征[④]，但从事商事经营活动的人仍然并不一定就是商事主体，成为商事主体还必须具备两项要件：（1）商事主体应当是以商事主体的身份自身进行经营的人。所谓“自身进行经营”，是指在商事经营活动中，经营者经营的业务对他本人直接发生效果，经营者以自己的名义进行结算，经营者对与企业经营相关的业务拥有最终的决定权，并直接对自己的经营行为享有权利、承担义务，履行法律上的责任，成为经营活动的直接权利和义务主体。这一点是商事主体和商务活动中具体事务经办人之间最本质的区别。（2）商事主体应当具有权利能力或独立人格。由于商事交易本身必须以商事主体的名义进行，并直接对商事主体发生经济上和法律上的后果，所以，作为一种法律行为的行为主体，商事主体必须同时具有民事权利能力，这一点对于社团来说尤其重要。但法律并不要求商事主体有完全的行为能力，对于无行为能力人或限制行为能力人来说，虽然不能直接参加商事交易，但可以通过代理人来处理商事事务，代理人在法定或约定范围内从事的商事活动，其结果由被代理人承担。[⑤] 同时，对于未成年人而言，法定代理人还可以对他从事商事经营活动进行概括的授权，一

① 高举中国特色社会主义伟大旗帜　为全面建设社会主义现代化国家而团结奋斗：在中国共产党第二十次全国代表大会上的报告．

② 董安生，等．中国商事法总论．长春：吉林人民出版社，1994：85；王保树．商法．2 版．北京：北京大学出版社，2011：46.

③ 托马斯·莱塞尔．德国商法典的最新变革．法学家，1998（4）．也有学者认为，“营利目的性”和“公法上是否允许”不是营业概念的重要特征，但“对外公示”很重要。C. W. 卡纳里斯．德国商法．杨继，译．北京：法律出版社，2006：30-36.

④ 施天涛．商人概念的继受与商主体的二元结构．政法论坛，2018（3）．

⑤ 范健．德国商法．北京：中国大百科全书出版社，1993：51-54.

旦授权，未成年人对于直接、间接经营所需的一切行为都有权独立处理。

总之，根据大陆法系商事立法的一般立场，谁从事商事经营，谁就是商事主体。

二、商事主体的分类

对于商事主体，大陆法系诸国（地区）商法规定了各种不同的类别。例如，德国旧商法典对商人概念进行复杂的划分，按是否需要商业登记及有无登记的强制性义务，分为法定商人、注册商人、自由登记商人及小商人；按被认定为商人的原因，分为完全商人、拟制商人及表见商人；并将公司商人进一步分为形式商人和其他商人性公司等。在旧商法颁布100周年之际，德国于1998年6月22日颁布了《商法改革法》，创造了统一的商人概念，规定德国每一个经营性的企业，只要它在方法和范围上满足以商人的方式进行经营的要求，就应视为商事经营企业并受商法的管辖，而不再按照企业的经营范围来划分为生产、商业和服务企业。换言之，新商法典就商人身份的确定只提供了两个独立的界限标准：第一，必须存在一个经营性的企业；第二，这个企业在方法和范围上满足以商人方式进行经营的需要。① 相对于德国商法上的主观主义（形式主义）、法国商法上的客观主义（实质主义）而言，日本商法采取所谓的“折中主义”，即商法上的制度同时以商人和商行为作为基础。商人和商行为的概念是相互联系的：一方面，商人的概念以商行为为标准；另一方面，商人营业上的行为则被称为商行为。在日本法上，商事主体分为固有商人、拟制商人和小商人。②

从德国商法、日本商法中的商事主体概念和分类中，我们可以看出以下几点。

1. 因为商事主体概念是确定商法典适用范围的基石或基石之一，所以有必要对它进行清晰的界定。

2. 商法是民法的特别法，具有营利性、技术性、国际性、时代性、强行规制与自由交易的二元性等特征，其强调企业的维持和交易的顺利与安全，有关商事主体（及商行为）的事项必须优先适用商法，因此对于商事主体的描述应该严密，没有遗漏。折中主义的商事立法回避了客观主义立法与主观主义立法的固有缺点，将确定商事主体时立法技术上的概括主义与限制列举主义有机结合，从而较好地确定了商事主体的特征和范围。正是基于这一原因，多数国家的商法采用折中主义原则规定商事主体。③

3. 使商事主体的定义标准简明而又有可操作性是商事立法的趋势，德国《商法改革法》正体现了这样的精神。但修订希望用“一刀切”的办法把适用商法的商事主体与适用民法的民事主体截然分开，进而“在民法和商法之间找到一个新的确切的界限”④，似

---

① 由于这些标准的不确定性而造成的“法律非安全性”，被新商法典第1条第2款的举证责任倒置和第5条的接应条款所缓和，这一问题未来也可能因条款宗旨的明确和长年司法判例的有益经验得到解决。C. W. 卡纳里斯．德国商法．杨继，译．北京：法律出版社，2006：41；托马斯·莱塞尔．德国商法典的最新变革．法学家，1998（4）．

② 近藤光男．日本商法总则·商行为法．梁爽，译．北京：法律出版社，2016：13-17.

③ 户田修三，等．商法总则·商行为法．东京：青林书院，1993；王保树．中国商事法．北京：人民法院出版社，1996：39.

④ 托马斯·莱塞尔．德国商法典的最新变革．法学家，1998（4）．

乎又有过于简单化的倾向。其实，民法和商法之间的“楚河汉界”固然应当清楚明白，但试图以一两个条文的增删来达到上述目的，显然是不切实际的。相反，商法在适用上也应该有相当的灵活性。而在确定商法的适用范围方面，长年的司法判例和法官的自由裁量应该可以提供有益的帮助。

4. 民事主体即便不以营利性的经营为业，也可以选择通过商事登记而成为受商法约束的商事主体。这进一步冲击了传统上商事主体的特殊地位，显示了商法体系的开放性，促成民事主体的商化。

三、企业与商事主体

企业是现代市场经济中最重要的商事主体。

“企业”原本是经济学、经营学上的概念，并且是富有争议的概念。传统的经济学理论强调企业的营利动机①，制度经济学学者认为企业是市场“价格机制的替代物”②，产权经济学学者则把企业定义为“生产要素间的一组契约”③。一般认为，企业是人力和物力相组合的、有组织的经济实体，它包含企业主和雇员的实际活动，包含土地、厂房、设备、机器、商品、资金等有形资产，也包含专利权、商标权、债权、债务以及客户网络、商业秘密和商誉等无形资产。在成熟的市场经济环境中，企业自主、自治、自我管理、自我约束、自己承担风险和经营结果，是社会最重要的和最基本的经济组织，更是社会财富的创造者和直接来源。

商法上的企业概念是在经济学、经营管理学的企业概念基础上形成和发展起来的，把“企业”引入法律是希望弥补传统“商人”概念的不足——商事个人的概念显然不同于作为团体的商业组织，而商事法人的概念也无法涵盖非法人形态的商事组织。在这种背景之下，法律上的“企业”概念应运而生。“商人是商法主体这一观念实际上已被企业是商法主体的新观念所代替，现代社会的企业和中世纪的商人并不完全相同。”④ 此即在当代一些国家或地区的立法中，企业一词已经部分或完全取代了商人的概念。⑤ 具体而言，英美法律中的“企业”（enterprise/business/venture），是指与财产行为有关、具有风险、目的在于营利的商法主体。日本学者田中诚二认为，企业“是为获得不定量的利润，有计划地并且是连续地投入资本和劳动力，并支付报酬，以及为从事此种活动而设有特殊的设施和组织独立的经济单位”。德国商法学家施密特则提出，法律上所谓“企业”，应具备三个特征或标志，即独立性、营利性、经营的计划性和目的性。我国法律学者大致同意这样的概括。

---

① 凡勃仑．企业论．北京：商务印书馆，1959：11.

② 科斯．企业、市场与法律．上海：上海三联书店，1990：3－4.

③ A. A. 阿尔钦，H. 德姆塞茨．生产、信息费用与经济组织//财产权利与制度变迁：产权学派与新制度学派译文集．上海：上海三联书店，上海人民出版社，1994：86.

④ 王书江．外国商法．北京：中国政法大学出版社，1987：8. 在德国，将商法由商人特别私法转而定义为企业的对外私法的尝试很流行，如今的立法者更多地在法条中使用企业这一概念。C. W. 卡纳里斯．德国商法．杨继，译．北京：法律出版社，2006：11，14.

⑤ 范健．商法．北京：高等教育出版社，北京大学出版社，2011：39.

由于以投资者人数、投资方式、财产归属、责任基础和形式作为界定和划分企业形态的主要标准，因而形成中国式的以个体工商户、独资企业等商事个人、商事合伙、商事公司为主的市场主体模式，已经是我国市场经济主体立法的既定格局；虽然实践中也存在商事辅助人、商事代理人等商事主体，但是商事个人、商事合伙以及商事公司等企业形式在我国市场经济中发挥了主要作用。截至2022年，我国第二和第三产业中企业法人数量分别为761.2万个和2737.3万个。[①] 2023年7月发布的中共中央、国务院《关于促进民营经济发展壮大的意见》指出，民营经济是推进中国式现代化的生力军，是高质量发展的重要基础，是推动我国全面建成社会主义现代化强国、实现第二个百年奋斗目标的重要力量。2023年12月，中央经济工作会议指出，要深化重点领域改革，不断完善落实“两个毫不动摇”的体制机制，充分激发各类经营主体的内生动力和创新活力。深入实施国有企业改革深化提升行动，增强核心功能、提高核心竞争力。促进民营企业发展壮大，在市场准入、要素获取、公平执法、权益保护等方面落实一批举措。促进中小企业专精特新发展。[②] 本章将着重分析商事个人、商事合伙这两类商事主体，商事公司仅作简要介绍，具体将于第二编进行分析。

第二节　商事个人

商事个人，又称商个人、商自然人、个人营业，是指具有商事权利能力和商事行为能力，独立从事商行为，依法承担商法上的权利和义务的自然人。在我国，商事个人主要表现为个体工商户、农村承包经营户和个人独资企业。我国《宪法》明确规定，在法律规定范围内的个体经济、私营经济等非公有制经济，是社会主义市场经济的重要组成部分。国家保护个体经济、私营经济等非公有制经济的合法的权利和利益。国家鼓励、支持和引导非公有制经济的发展，并对非公有制经济依法实行监督和管理。[③] 改革开放以来，我国个体、私营等非公有制经济不断发展壮大，已经成为促进社会生产力发展的重要力量。积极发展个体、私营等非公有制经济，有利于繁荣城乡经济、增加财政收入，有利于扩大社会就业、改善人民生活，有利于优化经济结构、促进经济发展。[④]

一、个体工商户

个体工商户是依法经工商行政管理部门登记，从事工商业经营的有经营能力的公

---

① 资料来源：国家统计局，2022年年度数据，“综合-法人单位数-三次产业法人单位数”，http://data.stats.gov.cn/easyquery.htm? cn=C01。

② 中央经济工作会议在北京举行 习近平发表重要讲话．中国政府网．http://www.gov.cn/yaowen/liebiao/202312/content_6919834.htm.

③ 参见《宪法》（2018年修正）第11条。

④ 参见国务院《关于鼓励支持和引导个体私营等非公有制经济发展的若干意见》（国发〔2005〕3号，2005年2月19日实施）。

民。[1] 根据标准时点为 2018 年 12 月 31 日的第四次全国经济普查结果，全国范围内当时共有从事第二或第三产业的有证照的个体工商户 6 295.9 万个，从业人员达 14 931.2 万人。[2]

（一）设立和登记

根据国务院《促进个体工商户发展条例》（自 2022 年 11 月 1 日起施行），国家对个体工商户实行市场平等准入、公平待遇的原则。县级以上地方市场监督管理部门主管本辖区市场主体登记管理工作；县级市场监督管理部门的派出机构可以依法承担个体工商户等市场主体的登记管理职责。[3] 申请办理个体工商户设立登记的，应当提交申请书、自然人身份证明以及住所（经营场所）相关文件等材料。法律、行政法规或者国务院决定规定个体工商户申请登记、备案事项前需要审批的，在办理登记、备案时，申请人应当在有效期内提交有关批准文件或者许可证书。申请材料齐全、符合法定形式的，登记机关予以确认，并当场登记，出具登记通知书，及时制发营业执照；不予当场登记的，登记机关应当向申请人出具接收申请材料凭证，并在 3 个工作日内对申请材料进行审查；情形复杂的，经登记机关负责人批准，可以延长 3 个工作日，并书面告知申请人；申请材料不齐全或者不符合法定形式的，登记机关应当将申请材料退还申请人，并一次性告知申请人需要补正的材料。申请人补正后，应当重新提交申请材料。个体工商户登记事项变更的，应当自作出变更决定或者法定变更事项发生之日起 30 日内申请办理变更登记。个体工商户可以自愿变更经营者或者转型为企业。变更经营者的，可以直接向市场主体登记机关申请办理变更登记。涉及有关行政许可的，行政许可部门应当简化手续，依法为个体工商户提供便利。个体工商户不再从事经营活动的，应当依法向登记机关申请注销登记。市场主体登记机关应当为个体工商户提供依法合规、规范统一、公开透明、便捷高效的登记服务。[4]

（二）商事权利和商事义务

1. 商事权利

商事权利，是指商事主体依据商法或商事特别法能够为一定行为或不为一定行为的可能性，以及能够要求他人为一定行为或不为一定行为的可能性。个体工商户除依照我国民法享有物权、债权、知识产权等各种民事权利之外，还根据有关法规和规章享有权利和国家的扶助性政策。例如，国务院发展改革、财政、人力资源社会保障、住房城乡建设、商

---

① 参见《民法典》第 54 条第一句，国务院 2022 年《促进个体工商户发展条例》第 2 条。

② 参见发布于 2019 年 11 月 20 日的《第四次全国经济普查公报》（第二号），第二点“从业人员”。

③ 个体工商户的登记事项包括组成形式、经营范围、经营场所，经营者姓名、住所。个体工商户使用名称的，登记事项还应当包括名称。参见国家市场监督管理总局《市场主体登记管理条例实施细则》（自 2022 年 3 月 1 日起施行）第 3 条。该实施细则详细规定了包括个体工商户在内的各类商事主体的登记事项、登记规范、设立登记、变更登记、歇业、注销登记、撤销登记、档案管理、监督管理、法律责任等内容。

④ 参见《促进个体工商户发展条例》第 11 条、第 13 条第 1 款；《市场主体登记管理条例实施细则》第 18 条、第 22 条、第 25 条、第 31 条、第 44 条。

务、金融、税务、市场监督管理等有关部门在各自职责范围内研究制定税费支持、创业扶持、职业技能培训、社会保障、金融服务、登记注册、权益保护等方面的政策措施，做好促进个体工商户发展工作。国家应加强个体工商户公共服务平台体系建设，为个体工商户提供法律政策、市场供求、招聘用工、创业培训、金融支持等信息服务；鼓励和引导创业投资机构和社会资金支持个体工商户发展；实行有利于个体工商户发展的财税政策，确保精准、及时惠及个体工商户；推动建立和完善个体工商户信用评价体系，鼓励金融机构开发和提供适合个体工商户发展特点的金融产品和服务，扩大个体工商户贷款规模和覆盖面，提高贷款精准性和便利度；国家引导和支持个体工商户加快数字化发展、实现线上线下一体化经营；加大对个体工商户的字号、商标、专利、商业秘密等权利的保护力度。县级以上地方人民政府应当支持个体工商户参加社会保险；完善创业扶持政策，支持个体工商户参加职业技能培训，鼓励各类公共就业服务机构为个体工商户提供招聘用工服务；制定实施城乡建设规划及城市和交通管理、市容环境治理、产业升级等相关政策措施，应当充分考虑个体工商户经营需要和实际困难，实施引导帮扶。各级人民政府对因自然灾害、事故灾难、公共卫生事件、社会安全事件等遭受经营困难的个体工商户，结合实际情况及时采取纾困帮扶措施。任何单位和个人不得违反法律法规和国家有关规定向个体工商户收费或者变相收费，不得擅自扩大收费范围或者提高收费标准，不得向个体工商户集资、摊派，不得强行要求个体工商户提供赞助或者接受有偿服务。①

2. 商事义务

商事义务指商事主体依法为实现他人的利益而为一定行为或不为一定行为的必要性。个体工商户除应履行一般民事主体依法承担的义务，如恪守诚信、不违反公序良俗等外，依照有关规定还要履行其他的义务。这些义务包括：个体工商户应当依法与招用的从业人员订立劳动合同，履行法律、行政法规规定和合同约定的义务，不得侵害从业人员的合法权益。个体工商户不得提交虚假材料骗取注册登记，或者伪造、涂改、出租、出借、转让营业执照，或者利用市场主体登记，牟取非法利益，扰乱市场秩序，危害国家安全，社会公共利益；登记事项变更，应办理变更登记；应在规定期限内向登记机关报送上一年度年度报告，并对其年度报告的真实性、合法性负责等。②

鉴于个体工商户经营规模小、经营期限随意性大，经营目的主要是满足经营者的生活需要，法律应当为他们提供一个宽松而富有弹性的经营环境，而不是增加额外的不必要的负担。国外商法理论认为，基于小商人（类似我国的个体工商户和小型合伙企业）经营的种类和范围，不需要一套完整的商事机构，其经营活动可以不按照商法和其他单行法规对一般商人的一整套严格规定来执行，对其在经营中的权利与义务也不需要加以特别的约束和保护，所以，若干国家的商事立法都规定小商人不需要商号，不必在商事登记簿上登记注册，也不必制作商事簿记③，以此作为对一般商人进行规定的例外。我国

---

① 参见《促进个体工商户发展条例》第7～9、14～32条。另见原国家工商行政管理总局《关于进一步促进个体私营经济发展的若干意见》（工商个字〔2009〕208号）。

② 参见《市场主体登记管理条例实施细则》第17、71、72、76、77条。

③ 如《德国商法典》第4条、《日本商法典》第8条。

现行法规近年来对个体工商户的管理规定已经有所放松，如不再强调对于个体工商户的经营范围的限制[①]，对个体工商户的名称、税务、开业、变更和注销在登记方面的要求也更加简易便捷[②]。为促进个体私营经济快速、良性发展，立法的方向应是本着私法自治与放松管制的根本原则，进一步简化程序，减轻个体工商户在登记注册方面的负担。

（三）债务承担

个体工商户属于个人营业，经营者应对营业债务承担无限责任。个体工商户的债务，个人经营的，以个人财产承担；家庭经营的，以家庭财产承担；无法区分的，以家庭财产承担。[③]

二、农村承包经营户

农村集体经济组织的成员，依法取得农村土地承包经营权，从事家庭承包经营的，为农村承包经营户。[④] 农村承包经营户在商事能力、注册登记、商事权利与义务等方面类似于个体工商户。在责任承担方面，农村承包经营户的债务，以从事农村土地承包经营的农户财产承担；事实上由农户部分成员经营的，以该部分成员的财产承担。[⑤]

三、独资企业

独资企业（独资私营企业）是商事个人进行经营的企业形式。改革开放以来，随着非公有制经济的发展，我国私人投资企业迅速增加，这类企业中的很大一部分采用独资企业的形式。

为鼓励、引导私营企业健康发展，保障私营企业的合法权益，加强监督管理，我国《个人独资企业法》于 1999 年 8 月 30 日经第九届全国人民代表大会常务委员会第十一次会议通过，自 2000 年 1 月 1 日起实施。《个人独资企业法》将独资企业定义为：依照该法在中国境内设立，由一个自然人投资，财产为投资人个人所有，投资人以其个人财产对企业债务承担无限责任的经营实体。独资企业应当具备以下 5 项条件，即：（1）投资人为一个自然人；（2）有合法的企业名称；（3）有投资人申报的出资；（4）有固定的生产经营场所和必要的生产经营条件；（5）有必要的从业人员。符合这些条件的经济组织为个人独资企业，不符合这些条件的，如没有固定经营场所的商贩和某些季节性经营户等属于个体工商户，受其他法规约束。

在《个人独资企业法》的制定过程中，最初曾经设想将所有由一名股东单独投资设

---

① 参见《市场主体登记管理条例实施细则》第 12 条。

② 参见国家市场监督管理总局《企业名称登记管理规定实施办法》（自 2023 年 10 月 1 日起施行）及《促进个体工商户发展条例》《市场主体登记管理条例实施细则》中的相关条文。

③ 参见《民法典》第 56 条第 1 款。

④ 参见《民法典》第 55 条。

⑤ 参见《民法典》第 56 条第 2 款。

立的企业都纳入其调整范围，这些企业包括自然人、企业法人、机关法人、事业单位法人单独投资设立的企业以及公司法调整范围以外的国有独资企业，以达到立法上逻辑的周延，避免新旧法律在适用上发生冲突。但由于我国国有独资企业、集体所有制独资企业情况复杂，已经先后制定的《全民所有制工业企业法》《城镇集体所有制企业条例》《乡村集体所有制企业条例》中都有条文对它们进行调整，因而《个人独资企业法》最后把调整范围限定在原《私营企业暂行条例》中规定的独资企业和有一定经营规模并满足其他一些条件的个体工商户。①

《个人独资企业法》及相关规章对独资企业的设立、投资人及事务管理、解散和清算、法律责任等进行了规定。

（一）个人独资企业的设立与变更

在我国，农村村民、城镇待业人员、个体工商户经营者、辞职退职人员、法律法规允许的离退休人员和其他法律、法规不禁止从事营利性活动的人员，可以申请开办个人独资企业。申请设立个人独资企业，应当由投资人或者其委托的代理人向个人独资企业所在地的登记机关提交设立申请书、投资人身份证明、生产经营场所使用证明等文件。委托代理人申请设立登记时，应当出具投资人的委托书和代理人的合法证明。个人独资企业设立申请书应当载明以下事项：(1) 企业的名称和住所；(2) 投资人的姓名和居所；(3) 投资人的出资额和出资方式；(4) 经营范围。登记机关应当自收到设立申请书之日起 15 日内作出是否登记的决定。对符合法律规定条件的，予以登记，发给营业执照；对不予登记的，给予书面答复，并说明理由。营业执照的签发日期即独资企业的成立日期。② 个人独资企业存续期间登记事项发生变更的，应当在作出变更决定之日起的 15 日内依法向登记机关申请办理变更登记。③ 个人独资企业应当按照国家有关规定公示年度报告和登记相关信息，并于每年 1 月 1 日至 6 月 30 日，通过企业信用信息公示系统向登记机关报送上一年度年度报告，向社会公示。④

（二）商事权利和义务

个人独资企业在生产经营中享有以下权利：(1) 对其财产享有所有权，其财产可以依

---

① 国家工商局个体私营经济监督管理司．《独资企业法》立法思路//全国人大财经委．合伙企业法、独资企业法热点问题研究．北京：人民法院出版社，1996：36.

② 参见《个人独资企业法》第 9、10、12、16 条。是否需要规定设立个人独资企业的最低注册资本金，是个人独资企业立法中的重大问题。我们认为，独资企业为典型的人合企业，其偿债基础是投资人的个人信用而不是企业注册资本金。由于个人独资企业没有内部制约的法人治理机制或外部制约的信息披露机制，从技术上也难以保证企业资本的维持，故规定企业的最低资本金并不具备现实意义。此外，2013 年《公司法》的修改引入了公司注册资本的登记制度改革，对于主要体现为资合性质的公司型企业从注册资本实缴登记改为认缴登记，且已不要求最低注册资本金。2023 年修改的《公司法》对此予以维持并作进一步完善，要求公司在登记注册资本的同时，有限责任公司通过国家企业信用信息公示系统公示股东认缴和实缴的出资额，股份有限公司公示发起人认购的股份数。参见 2023 年修改的《公司法》第 32、40 条。

③ 参见《个人独资企业法》第 15 条。

④ 参见国家市场监督管理总局《市场主体登记管理条例》（自 2022 年 3 月 1 日起施行）第 35 条，《市场主体登记管理条例实施细则》第 63 条。

法转让或继承；(2) 对经核准登记的名称在规定范围内享有专用权；(3) 在核准登记范围内有自主经营的权利；(4) 可以自由决定企业的机构设置，招用或者辞退职工；(5) 决定企业的工资制度和利润分配形式；(6) 制定企业的商品价格和收费标准；(7) 订立合同；(8) 申请专利，注册商标；(9) 依法同外国公司、企业和其他经济组织或者个人举办中外合资经营企业、中外合作经营企业；(10) 承揽来料加工、来样加工、来件装配，从事补偿贸易；(11) 符合规定条件的，可以申请贷款；(12) 法律、行政法规规定的其他权利。

个人独资企业在经营活动中必须履行下列义务：(1) 遵守法律、行政法规，遵守诚实信用原则，不损害社会公共利益；(2) 在名称中不使用“有限”或“有限责任”字样；(3) 依法纳税。① 关于以上第 3 方面，2000 年 6 月 20 日，国务院发布《关于个人独资企业和合伙企业征收所得税问题的通知》(国发 [2000] 16 号)，指出：“为公平税负，支持和鼓励个人投资兴办企业，促进国民经济持续、快速、健康发展，国务院决定，自 2000 年 1 月 1 日起，对个人独资企业和合伙企业停止征收企业所得税，其投资者的生产经营所得，比照个体工商户的生产、经营所得征收个人所得税。具体税收政策和征税办法由国家财税主管部门另行制定。”② 《企业所得税法》第 1 条第 2 款也明确规定：“个人独资企业、合伙企业不适用本法。”此外，国家税务总局规定，个体工商户、个人独资企业和合伙企业因在纳税年度中间开业、合并、注销及其他原因，导致该纳税年度的实际经营期不足 1 年的，对个体工商户业主、个人独资企业投资者和合伙企业自然人合伙人的生产经营所得计算个人所得税时，以其实际经营期为 1 个纳税年度。投资者本人的费用扣除标准，应按照其实际经营月份数，以每月 3 500 元的减除标准确定。③ 另外，个人独资企业投资人、合伙企业的个人合伙人来源于境内注册的个人经营所得属于个人所得税法规定的个人所得④，因此应当参照《个人所得税法》缴纳个人所得税。

(三) 个人独资企业事务的管理

个人独资企业投资人可以自行管理企业事务，也可以委托或者聘用其他具有民事行为能力的人负责企业的事务管理。投资人委托或者聘用他人管理个人独资企业事务，应当与受托人或者被聘用的人签订书面合同，明确委托的具体内容和授予的权利范围。受托人或者被聘用的人员应当履行诚信、勤勉义务，按照与投资人签订的合同负责个人独资企业的事务管理，不得从事损害独资企业利益或法律禁止的行为。但是，投资人对受托人或者被聘用的人员职权的限制，不得对抗善意第三人。⑤

(四) 债务清偿责任

投资人应当对个人独资企业的对外负债承担无限清偿责任。个人独资企业投资人在

① 参见《个人独资企业法》第 4 条。

② 依据该通知，财政部、国家税务总局联合公布了多项具体税收规定。

③ 参见国家税务总局《关于个体工商户、个人独资企业和合伙企业个人所得税问题的公告》(国家税务总局公告 2014 年第 25 号，自 2014 年 4 月 23 日起实施)。

④ 参见《个人所得税法实施条例》第 6 条。

⑤ 参见《个人独资企业法》第 19、20 条。

申请企业设立登记时明确以其家庭共有财产作为个人出资的，则应当依法以家庭共有财产对企业债务承担无限责任。①

既然投资人与个人独资企业为同一人格，则投资人以企业名义对外所负的债务，不能只以企业财产清偿，债权人有权要求投资人以其全部财产承担责任。同时，在个人独资企业不能清偿到期债务，并且资产不足以清偿全部债务或者明显缺乏清偿能力的情况下，可以参照适用《企业破产法》规定的破产清算程序进行清算。但在人民法院参照适用破产清算程序裁定终结个人独资企业的清算程序后，个人独资企业的债权人仍然可以就其未获清偿的部分向投资人主张权利。②

（五）解散和清算③

个人独资企业因下列情形之一而解散：（1）投资人决定解散；（2）投资人死亡或者被宣告死亡，无继承人或者继承人决定放弃继承；（3）被依法吊销营业执照；（4）法律、行政法规规定的其他情形。个人独资企业解散的，由投资人自行清算或者由债权人申请人民法院指定清算人进行清算。投资人自行清算的，应当自清算前15日内书面通知债权人，无法通知的，应当予以公告。债权人应当自接到通知之日起30日内，未接到通知的应当自公告之日起60日内，向投资人申报其债权。个人独资企业解散后，原投资人对个人独资企业存续期间的债务仍应承担偿还责任，但债权人在5年内未向债务人提出偿债请求的，该责任消灭。个人独资企业财产应当按照下列顺序清偿：（1）所欠职工工资和劳动保险费用；（2）所欠税款；（3）其他债务。

清算期间，个人独资企业不得开展与清算目的无关的经营活动。在按前述规定清偿债务前，投资人不得转移、隐匿财产。个人独资企业财产不足以清偿债务的，投资人应当以其个人的其他财产予以清偿。个人独资企业清算结束后，投资人或者人民法院指定的清算人应当编制清算报告，并于30日内到登记机关办理注销登记。

第三节　商事合伙

一、概述

（一）合伙的历史与现状

出于募集资金、分担经营负担和分散风险的需要，商事主体的经营方式由“独资经营”进化到了“合伙经营”。一位西方法学家曾经指出：“合伙也许是人类群体本能最古

---

① 参见《个人独资企业法》第18条。

② 参见最高人民法院《关于个人独资企业清算是否可以参照适用企业破产法规定的破产清算程序的批复》（自2012年12月18日起施行）。

③ 参见《个人独资企业法》第26～32条。

老的表现形式。”[①] 罗马法中对合伙就有详尽规定：“合伙（societa）是一种合意契约，根据它，两人以上相互承担义务将物品或劳作集中在一起，以实现某一合法的且具有共同功利的目的。”从罗马法到法国、德国的民法典和商法典，其中都能看到对于合伙的具体规定。[②]

我国传统上“重义轻利”的伦理观为合伙这种人际关系色彩极为浓厚的组织提供了孕育、生长的土壤。《史记·管晏列传》中记载的“管鲍之交”就是典型的合伙经营。旧中国民族资本中首屈一指的荣氏集团从19世纪末到20世纪20年代创立的20家企业几乎都是合伙企业。荣氏兄弟认为：合伙人之间的信任关系、企业的集中经营是集团成功的重要原因。中华人民共和国成立前，“全国计130多万工商业户，除公司万余家外，均为独资或合伙组织”[③]。从20世纪50年代后期开始，我国经济体制集权化、单一化的趋势日趋显著，合伙企业一度销声匿迹。而自20世纪80年代以来，随着改革开放的快速推进，我国的合伙企业有了很大发展。随着创业投资、私募股权和各类中介组织在国内不断发展，风险投资企业、私募投资基金和律师事务所、会计师事务所、评估师事务所等越来越多地采取合伙企业形式。合伙未来会成为更加重要的企业形式。

“作为一种客观的不可逆转的实践，商事合伙因商事日趋活跃而在形式上和调整上日益需要朝新的方向发展，以至于和民事合伙愈来愈相区别”[④]，而且这种区别会越来越明显。我国合伙制度分别以民事基本法和商事主体法为渊源，以前者规范民事合伙，再以后者规范商事合伙，客观上适应了合伙制度发展的趋势。

（二）合伙的法律地位

传统上，大陆法系立法将合伙视为契约，英美法系则倾向于视合伙为“关系”，但近年来两大法系民法上的主体制度经历了大的发展，如法国1978年第9号法令修订民法典第1842条，规定除隐名合伙外的合伙“自登记之日起具有法人资格”。美国《统一合伙法》和各州立法则基本使合伙具有类同于法人的权利能力和行为能力。鉴于合伙可以独立地为法律行为，可享有独立的财产，并可独立地承担责任，已经具备了成为独立的法律主体的充分依据，我们认为，当原有的民事主体制度已不能适应现实经济生活的需要时，必须对它加以改革。如果说责任性质的界碑使合伙永远不能进入法人的疆域的话，至少应当承认合伙作为民商事主体的独立地位。[⑤] 在此方面，《民法典》已经规定个人独资企业、合伙企业、不具有法人资格的专业服务机构等非法人组织是不具有法人资格，但是能够依法以自己的名义从事民事活动的组织，其除适用《民法典》总则编第四章

---

① 王利明，等．民法新论（上）．北京：中国政法大学出版社，1997：307.

② 彭梵得．罗马法教科书．黄风，译．北京：中国政法大学出版社，2017：310；霍恩，等．德国民商法导论．楚建，译．北京：中国大百科全书出版社，1996：263－276；范健．德国商法．北京：中国大百科全书出版社，1993：85－90.

③ 薛暮桥．私营企业暂行条例起草经过及其说明//民法资料汇编．北京：北京政法学院，1956：208，209.

④ 江平，龙卫球．合伙的多种形式和合伙立法//全国人大财经委编．合伙企业法、独资企业法热点问题研究．北京：人民法院出版社，1996：49；李永军．民事合伙的组织性质疑．法商研究，2019（2）.

⑤ 其实，“把合伙作为‘法人’或‘聚合’处理，通常出于实用目的的考虑”（美国合伙法和独资企业法理论//全国人大财经委编．合伙企业法、独资企业法热点问题研究．北京：人民法院出版社，1996：151）。

“非法人组织”的专章规定外，参照适用该法总则编第三章第一节有关法人制度的一般规定。[①]

（三）我国合伙法的渊源

对于合伙法律制度，我国形成了《民法典》总则编、《民法典》合同编、《合伙企业法》分别调整的模式。《民法典》第102条第2款赋予合伙企业民事主体地位，不再采取《民法通则》区分个人合伙与联营的二元立法思路。同时，民法典吸收《民法通则》相关规定，将合伙的一般规定从自然人部分移出，在合同编将“合伙合同”规定为有名合同。[②]《合伙企业法》第2条规定：本法所称合伙企业，是指自然人、法人和其他组织依照本法在中国境内设立的普通合伙企业和有限合伙企业。[③] 对照《民法典》的有关章节和《合伙企业法》中的相应规定可以看出：前者在合伙合同中主要调整民事合伙法律关系，侧重合伙内部关系；后者则强调“营利”性质，应理解为商事合伙立法。[④] 同时，《民法典》上的民事合伙具有明显的“契约”色彩，不具有组织性[⑤]；而《合伙企业法》上的合伙则已经超越“契约”关系，体现出浓厚的商事主体特征。上述性质上的具体差别包括：（1）设立行为的性质不同。合伙企业设立行为属于共同行为，必须订立类似章程的合伙协议；而《民法典》未明确规定合伙协议为设立行为生效要件。（2）有无主体性质的不同。合伙企业依照特别立法设立，为营利性经济组织，可以作为实体法及诉讼法上权利、义务的主体；未起字号的个人合伙，则没有相对独立的主体性质，其权利、义务的主体，应为全体合伙人，在诉讼法上合伙人是共同诉讼人。（3）登记上的不同。合伙企业必须按照法律规定进行设立登记，申领营业执照，营业执照的签发日期即为企业的成立日期；《民法典》未明确规定合伙成立需经登记。（4）财产归属不同。合伙企业中合伙人的出资、以企业名义取得的收益和依法取得的其他财产，均为合伙企业所有；而按照《民法典》的规定，合伙人的出资、因合伙事务依法取得的财产属于合伙财产，合伙合同终止之前合伙人不得请求分割。（5）建立财会制度的不同。合伙企业应当依照法律、行政法规的规定建立企业财务、会计制度；《民法典》上的合伙则没有类似的要求。（6）有无破产机制的不同。《合伙企业法》规定合伙企业不能清偿到期债务的，债权人可以依法向人民法院提出破产清算申请，也可以要求普通合伙人清偿；《民法典》仅规定债权人可以代位行使合伙人享有的利益分配请求权。（7）有无财产维持和充实方面的要求不同。合伙人在合伙企业清算前私自转移或者处分合伙企业财产的，合伙企业不得以此对抗善意第

---

① 《民法典》第102、108条。

② 最高人民法院民法典贯彻实施工作领导小组．中华人民共和国民法典合同编理解与适用：四．北京：人民法院出版社，2020：2732-2733.

③ 虽然修订后于2007年6月1日起实施的现行《合伙企业法》不再使用“营利性组织”字样，但对该法名称及第1条、第7条等条文进行观察，可以发现，其仍然在事实上维持了原法对合伙企业商事主体性质的认定。

④ “制定合伙企业法，正是适应了生产经营中以营利为目的的合伙的需要，以合同关系为基础，采用企业的形式，或者也可以说是适应了商事合伙的需要。至于民事合伙，则由有关的民事法律进行调整。”（规范市场主体 完善企业立法：访全国人大常委会法工委副主任、中国法学会副会长卞耀武．中国律师报，1997-03-05.）

⑤ 李永军．民事合伙的组织性质疑：兼评《民法总则》及《民法典各分编（草案）》相关规定．法商研究，2019（2）．

三人，对于有限合伙人，另有有关足额缴纳出资的义务和责任的要求；《民法典》则并不强调合伙财产的独立性，仅规定合伙人应按照约定履行出资义务。《民法典》在总则编第四章“非法人组织”中，对包含合伙企业在内的非法人组织的定义、登记或批准、出资人的无限责任、民事活动代表、解散情形、解散应予清算、准用法人制度的一般原理进行了概略的规定。[①]《民法典》的制定标志着我国延续了由民法规范民事合伙，《合伙企业法》规范商事合伙的合伙法律体系。

二、商事合伙的设立

（一）合伙人责任的性质

根据我国《合伙企业法》，自然人、法人和其他组织可以依照该法在中国境内设立普通合伙企业和有限合伙企业。这意味着在我国，商事合伙的合伙人已有普通合伙人与有限合伙人之分。有限合伙是为了在某一商号的名义下经营商事而建立的一种商事合伙，这种合伙包含两种合伙人，即有限责任合伙人和无限责任合伙人：前者只在其认缴的合伙出资的限度内，对合伙的债权人承担个人责任；后者则需要对合伙债务承担无限连带清偿责任。[②] 有限合伙是普通合伙发展到一定阶段的产物，是商事合伙的高级形态。部分合伙人的责任与合伙企业债务相分离，使有限合伙企业有更强的稳定性和持久性，适应了市场经济中商事主体多元化的要求。为鼓励只愿承担有限责任的投资人投资合伙企业，发展风险投资，我国《合伙企业法》规定了有限合伙制度。目前有限合伙制已经成为私募股权投资基金的重要组织形式。同时，根据会计师事务所等专业服务机构发展的需要，在立法中引入了有限责任合伙制度，称其为“特殊的普通合伙”，此种合伙中一个合伙人或者数个合伙人在执业活动中因故意或者重大过失造成合伙企业债务的，应当承担无限责任或者无限连带责任，其他合伙人以其在合伙企业中的财产份额为限承担责任。当然，合伙人在执业活动中非因故意或者重大过失造成的合伙企业债务以及合伙企业的其他债务，由全体合伙人承担无限连带责任。目前，国内不少大中型会计师事务所、评估师事务所采取了特殊普通合伙的组织形式。[③]

（二）合伙协议的性质

在传统民商法上，商事合伙是二人或二人以上互约出资、以共同经营营利性事业为目的的契约，合伙人均负有对合伙出资的债务，该债务在合伙人相互之间构成对价关系，故合伙协议为双务及有偿契约。同时，合伙因合伙人意思表示平行一致而成立，不需要

---

① 参见《民法典》第 102～108 条。

② 参见我国《合伙企业法》第 2 条第 1 款。另见《德国商法典》第 171、172 条。

③ 如国内资产评估机构则应当采用合伙或者公司形式设立，参见财政部《资产评估行业财政监督管理办法》（2019 年修改）第 13 条。国内会计师行业要积极探索适应大型会计师事务所发展需要的组织形式，大力推进特殊普通合伙制。会计师事务所可以采用普通合伙、特殊普通合伙或者有限责任公司形式。参见国务院办公厅转发财政部《关于加快发展我国注册会计师行业若干意见的通知》（国办发〔2009〕56 号）第三、（一）条，财政部《会计师事务所执业许可和监督管理办法》（自 2019 年 1 月 2 日起施行）第 6 条。

以现实的给付为要件，而且意思表示无须任何特别的方式，故合伙为诺成性及不要式契约。[①] 我国《合伙企业法》要求合伙人就合伙事项达成书面协议。《合伙企业法》还规定书面协议是合伙企业向工商行政管理部门申请注册登记的必备文件。对于依据《民法典》成立的民事合伙，则需基于合伙协议成立[②]，然而《民法典》第 967 条并未明确合伙协议是否应为书面协议以及具体的必须约定的事项。

（三）出资

我国《合伙企业法》规定，普通合伙企业的合伙人可以用货币、实物、土地使用权、知识产权或者其他财产权利以及劳务出资。此类合伙企业属于典型的人合企业，其信用基础在于合伙人的资信。尤其在我国，普通合伙中的每一个合伙人原则上都对合伙债务承担无限连带责任，法律既没有必要规定合伙人出资的种类，也没有必要规定此类合伙的最低资本金。对合伙人可供出资的范围可作扩大化的解释，出资的内容可为金钱、物的所有权及使用权、劳务乃至信用，顾客名单的交付、商业项目的转移也可以被合伙人约定为出资。债权属于财产性权利，可由合伙人作为出资，但债权到期未受完全清偿者，应由以债权出资的合伙人补缴，如合伙因此受到损害，该合伙人还应该负赔偿责任。对于有限合伙而言，仅以其认缴的出资额为限对合伙企业债务承担责任的合伙人不得以劳务出资。

（四）商业登记

在我国，合伙企业必须依法经核准登记，领取营业执照，在此之前不得以合伙企业名义从事合伙业务；合伙企业设立分支机构，也应当向分支机构所在地的企业登记机关申请登记，领取营业执照。同时，合伙企业登记事项发生变更的，执行合伙事务的合伙人应当自作出变更决定或者发生变更事由之日起 15 日内，向企业登记机关申请办理变更登记。合伙企业解散的，在清算以后还要依法办理注销登记。合伙企业登记，对于明确《合伙企业法》的规制范围、保障社会交易安全以及方便市场监督管理部门实施监督管理具有重要意义。但合伙企业规模迥异，业务繁简程度各不相同，若强令一些营业资金微薄、人数寥寥的个体工商户或小型合伙企业进行各种商业登记，可能会给它们造成不必要的负担。为此，应当仿照国外商法中的小商人制度，对于营业资金在一定范围以下的合伙企业，规定不适用商业登记。[③]

（五）合伙成立的效力

在我国，合伙企业一旦成立，在合伙人之间产生出资给付、利益分配及在合伙解散后分配剩余财产等债权债务关系。除此之外，合伙成立还有物权的效力，它会产生与合伙人财产相分离的财产，即合伙财产，此种财产属于合伙企业所有，各合伙人没有征得

---

① 史尚宽．债法各论．台北：自版，1960：648.

② 王利明．论民法典对合伙协议与合伙组织体的规范．甘肃社会科学，2019（3）.

③ 参见《德国商法典》第 4 条，《日本商法典》第 8 条。

其他合伙人的一致同意，不得处分与自己的份额“对应的财产”，合伙存续期间也不得请求分割合伙财产。对于共同财产的强制执行，必须以合伙企业为被执行人。各合伙人的债权人只能就该合伙人的利益、财产份额或剩余财产的分配求得满足，不得以对合伙人的债权与对合伙的债务相互抵销。[①]

三、商事合伙的财产

我国《合伙企业法》规定，合伙企业的财产包括合伙人的出资、以合伙企业名义取得的收益和依法取得的其他财产。所谓“以合伙企业名义取得的收益”，应该理解为合伙经营中积累的合伙财产，尤其是合伙业务执行所得。所谓“依法取得的其他财产”，则是基于合伙财产而取得的财产，又可分为合伙财产的天然孳息、法定孳息及因财产的毁损、灭失而获得的损害赔偿债权等。

各合伙人对于合伙财产享有何种权利是合伙法上的重要问题。《民法典》并未对合伙财产的归属作出明确规定，有学者认为应由所有合伙人共有。[②]《合伙企业法》并未明确指出合伙财产的归属。有学者认为，《合伙企业法》没有明确合伙财产所有权的归属，是一种灵活性的体现，合伙人可以商定财产归合伙人个人所有，也可以商定财产归合伙人共有。但实际上，立法不规定合伙财产的归属关系，一方面，在立法的重大问题上留下不应有的空白；另一方面，可能为现实生活增加不必要的复杂性，如合伙财产可能会因其属于合伙人出资或经营所得、因其性质属于财产所有权或他物权、因其所有人属于合伙人抑或合伙企业而有不同的归属。从大陆法系民事立法的历史上看，罗马法规定合伙财产属于各合伙人共有，但合伙人得独立地任意处分其应有部分；日本民法也规定合伙财产属于全体合伙人共有，同时限制合伙人对于应有部分的处分及对合伙财产的分割；德国民法、瑞士债法则规定合伙财产由合伙人共同共有。应该说，共有乃至共同共有的规定已是各国民法上合伙财产立法的主流。

商事合伙在合伙人对于合伙份额的处分上以及合伙人的对外负债问题上有一些特点，例如，合伙人向合伙人以外的人转让其在合伙企业中的全部或部分财产份额，或者合伙人以其在合伙企业中的财产份额出质时，原则上须经其他合伙人一致同意；合伙人个人负有债务时，其债权人不得代位行使该合伙人在合伙企业中的权利；某一合伙人的债权人可以依法请求人民法院执行该合伙人在合伙企业中的财产份额用于清偿，此时对于该合伙人的财产份额，其他合伙人有优先受让的权利；合伙企业进行清算以前，除法律另有规定外，合伙人不得请求分割合伙企业的财产；合伙企业中某一合伙人的债权人，不得以该债权抵销其对于合伙企业的债务。这些特点接近共同共有财产制的基本特征，而立法上更宜明确商事合伙的财产为合伙企业所有，以进一步突出商事合伙的主体性与团体性，明确限制合伙人对于合伙财产的处分权，界定合伙人对于合伙企业债务的无限连带责任为“补充”性而非“并列”性，并据以确定在合伙人退伙或合伙解散时方能分割

---

① 史尚宽．债法各论．台北：自版，1960：653.

② 王轶，等．中国民法典释评・合同编・典型合同：下卷．北京：中国人民大学出版社，2020：611.

企业财产的基本原则。

四、合伙事务的执行

我国《民法典》规定，除合伙合同另有约定外，合伙事务的决定需由全体合伙人一致同意，合伙人有执行和监督的权利。《合伙企业法》考虑到合伙企业业务扩张和科学管理的需要，在规定各合伙人对执行合伙企业事务享有同等权利的同时，又指明可以由合伙协议约定或者全体合伙人决定，委托一名或者数名合伙人执行合伙企业事务。委托一名或者数名合伙人执行合伙企业事务的，其他合伙人不再执行合伙企业事务，但有权监督执行事务的合伙人，检查其执行合伙企业事务的情况。

商事合伙中事务的执行，包括合伙事务的决定与具体执行。

决定商事合伙的重大事务必须经全体合伙人一致同意，重大事务包括：改变合伙企业的名称；改变合伙企业的经营范围、主要经营场所的地点；处分合伙企业的不动产；转让或者处分合伙企业的知识产权和其他财产权利；以合伙企业名义为他人提供担保；聘任合伙人以外的人担任合伙企业的经营管理人员。商事合伙的其他事务，由合伙人按照合伙协议约定的表决办法作出决议，合伙协议未约定或者约定不明确的，实行合伙人一人一票并经全体合伙人过半数通过的表决办法。

商事合伙事务的具体执行，可由全体合伙人共同执行，实践中更多的却是由部分合伙人执行。执行合伙企业事务的合伙人对外代表合伙企业，并对不执行事务的合伙人负有以下义务：（1）报告义务。执行合伙企业事务的合伙人，应当依照约定向其他不参加执行事务的合伙人报告事务执行情况以及合伙企业的经营状况和财务状况。（2）注意义务。执行业务的合伙人处理合伙事务，应和处理自己的事务有同一的注意；因处理事务而受领报酬时，更应负善意管理人的注意义务。（3）忠实义务。同其他合伙人一样，执行事务的合伙人不得自营或者同他人合作经营与本合伙企业相竞争的业务；除合伙协议另有约定或者经全体合伙人同意外，不得同本合伙企业进行交易；合伙人不得从事损害本合伙企业利益的活动。（4）自己执行事务的义务。合伙人必须自己执行事务，除其他合伙人同意或有不得已的事由外，不得委托他人代为执行。（5）利益转移的义务。合伙人应当将执行合伙企业事务所收取的金钱、物品和孳息及取得的权利交付或移转给合伙企业。执行事务的合伙人有权要求合伙企业预付事务执行必需的费用，就因执行事务而垫付的费用及其利息、代企业负担的必要债务和因执行事务而受到的损害有清偿或赔偿的请求权。

为保护不执行事务的合伙人的合法利益，我国《合伙企业法》规定这些合伙人有各种监督、检查和制约的权利：（1）了解权。合伙人为了解合伙企业的经营状况和财务状况，有权查阅会计账簿等财务资料。（2）异议权。合伙人可以对其他合伙人执行的事务提出异议；提出异议时，执行事务的合伙人应暂停该项事务的执行；如果发生争议，可按照合伙协议约定的表决办法办理或实行经全体合伙人过半数通过的表决办法。（3）撤销委托权。被委托执行合伙企业事务的合伙人不按照合伙协议或者全体合伙人的决定执行事务的，其他合伙人可以决定撤销该委托。

就有限合伙而言，有限合伙人不执行合伙事务，不得对外代表有限合伙企业。[①] 第三人有理由相信有限合伙人为普通合伙人并与其交易的，该有限合伙人对该笔交易承担与普通合伙人同样的责任；同时，不具有事务执行权的合伙人擅自执行合伙事务，给合伙企业或者其他合伙人造成损失的，还应依法承担赔偿责任。除非合伙协议另有约定，有限合伙人可以同本有限合伙企业进行交易，也可以自营或者同他人合作经营与本有限合伙企业相竞争的业务。

五、损益分配

根据我国《合伙企业法》的规定，合伙企业的利润分配、亏损分担，按照合伙协议的约定办理；合伙协议未约定或者约定不明确的，由合伙人协商决定；协商不成的，由合伙人按照实缴出资比例分配、分担；无法确定出资比例的，由合伙人平均分配、分担。鉴于合伙企业的人合性质，合伙人的出资多少与他在合伙企业的权利份额没有直接的关系，因此，在合伙协议未作明确规定时采取损益分配的平均主义是妥当的。当然，合伙人有权在合伙协议中规定损益的分担办法，此项约定优先适用。

六、合伙债务的承担

普通合伙人对于合伙债务的责任，从合伙债务的相对独立性角度观察，有并存主义与补充主义两种立法例；从合伙人的相互关系上观察，有连带主义与分担主义两种立法例，后者又可分为一般分担主义与联合分担主义。[②] 我国《民法典》规定，合伙人对合伙债务承担连带责任。合伙的利润分配和亏损分担，依合伙合同约定；无约定或约定不明的，由合伙人协商决定；协商不成的，依实缴出资比例分配、分担；无法确定出资比例的，由合伙人平均分配、分担。《合伙企业法》进一步规定，合伙企业对其债务，应先以其全部财产进行清偿；合伙企业财产不足清偿到期债务的，各普通合伙人应当承担无限连带清偿责任。据此规定，我国法对合伙人对于合伙债务的责任的规定，同时采取补充主义与连带主义，一方面突出了商事合伙的团体性和独立地位，另一方面又注意保护合伙债权人的利益，显示合伙的非法人性质，因而是较为成功的立法。

七、入伙、退伙

如果将合伙视为纯粹的契约，则原合伙人的退伙或新合伙人的加入，都会导致原契

---

① 但有限合伙人的下列行为，不视为执行合伙事务：参与决定普通合伙人入伙、退伙；对企业的经营管理提出建议；参与选择承办有限合伙企业审计业务的会计师事务所；获取经审计的有限合伙企业财务会计报告；对涉及自身利益的情况，查阅有限合伙企业财务会计账簿等财务资料；在有限合伙企业中的利益受到侵害时，向有责任的合伙人主张权利或者提起诉讼；执行事务合伙人怠于行使权利时，督促其行使权利或者为了本企业的利益以自己的名义提起诉讼；依法为本企业提供担保。如有限合伙人以直接或间接方式参与或变相参与投资企业管理与投资决策的，可能对其产生潜在的民事责任，但不应解释为可能导致合伙协议或合伙企业章程无效的独立事由。

② 史尚宽．债法各论．台北：自版，1960：666－668.

约的消灭和新契约的产生，从而使合伙企业经营受到影响，使合伙关系产生动荡。为此，现代合伙立法强调合伙的团体性，不认为合伙人的变更会影响合伙关系的存续。

（一）入伙

合伙人以外的其他人以法律行为取得合伙人地位，不能仅凭该其他人的单方意思表示。我国《合伙企业法》规定，新合伙人加入合伙企业，除合伙协议另有约定外，应当经全体合伙人一致同意，并依法订立书面入伙协议。

订立入伙协议时，原合伙人应当向新合伙人如实告知合伙企业的经营状况和财务状况。除非入伙协议另有规定，新合伙人与原合伙人享有同等权利，承担同等责任。我国《合伙企业法》还规定，新合伙人对入伙前合伙企业的债务承担无限连带责任。由新合伙人与旧合伙人对原合伙企业债务共同承担连带责任的规定，有利于保护合伙债权人利益，但对新合伙人则较为苛刻。考虑到新合伙人入伙并不同于合伙人地位的转移，不发生合伙人债权、债务概括移转的问题，宜规定新合伙人对加入合伙前的合伙债务，只以其在合伙中的财产份额为限负有限责任，以免影响新合伙人申请入伙的积极性。

（二）退伙

《合伙企业法》规定了不同的退伙情形：意定退伙，指依合伙人一方的意思表示终止该合伙人与其他合伙人之间的合伙契约及合伙法律关系；当然退伙，指合伙人出现法定情形的，无须一方的意思表示，当然发生退伙的效力；此外，合伙人另有法定情形之一的，其他合伙人一致同意，可以决议将其除名。

合伙人因退伙而丧失合伙人资格，同时，退伙人应与合伙企业进行财产关系的整理：(1) 财务结算。其他合伙人应当与该退伙人按照退伙时合伙企业的财产状况进行结算，退还退伙人的财产份额；退伙人对给合伙企业造成的损失负有赔偿责任的，相应扣减其应当赔偿的数额；退伙时有未了结的合伙企业事务的，待了结后进行结算。(2) 退还财产份额。退伙人在合伙企业中财产份额的退还办法，由合伙协议约定或者由全体合伙人决定，可以退还货币，也可以退还实物。(3) 对原有合伙债务的责任。退伙人就退伙后合伙企业发生的债务不负责任，但对其退伙前已发生的合伙企业债务，应与其他合伙人承担连带责任。(4) 亏损承担。合伙人退伙时合伙企业财产少于企业债务的，退伙人应和其他合伙人依照合伙协议约定的比例分担亏损，合伙协议未约定亏损分担比例的，由合伙人协商决定；协商不成的，由合伙人按照实缴出资比例分配、分担；无法确定出资比例的，由合伙人平均分配、分担。

就有限合伙人而言，其个人丧失偿债能力的，并不发生当然退伙的结果。作为有限合伙人的自然人在有限合伙企业存续期间丧失民事行为能力的，其他合伙人不得因此要求其退伙。作为有限合伙人的自然人死亡、被依法宣告死亡或者作为有限合伙人的法人及其他组织终止时，其继承人或者权利承受人可以依法取得该有限合伙人在有限合伙企业中的资格。有限合伙人退伙后，对基于其退伙前的原因发生的有限合伙企业的债务，以其退伙时从有限合伙企业中取回的财产承担责任。

八、商事合伙的解散、清算和破产

（一）解散

合伙企业解散使全体合伙人之间的合伙关系归于消灭，但在解释上，至清算终结为止，在清算的必要范围内，合伙企业仍应视为存续。我国《合伙企业法》规定，合伙企业有下列情形之一时，应当解散：（1）合伙协议约定的经营期限届满，合伙人不愿继续经营的；（2）合伙协议约定的解散事由出现；（3）全体合伙人决定解散；（4）合伙人已不具备法定人数满 30 天；（5）合伙协议约定的合伙目的已经实现或者无法实现；（6）被依法吊销营业执照、责令关闭或者撤销；（7）出现法律、行政法规规定的合伙企业解散的其他原因。

（二）清算和破产

合伙企业解散后，必须经过清算程序，合伙关系才完全消灭。清算的目的在于清理合伙财产、了结合伙业务、收取合伙债权及清偿合伙债务、返还合伙人出资，以及将剩余财产分配给合伙人。合伙企业不能清偿到期债务的，债权人可以依法向人民法院提出破产清算申请，也可以要求普通合伙人清偿。合伙企业依法被宣告破产的，普通合伙人对合伙企业债务仍应承担无限连带责任。允许合伙企业破产，一是可以使其所有债权人按比例受偿，有利于兼顾各债权人的利益；二是可以对合伙企业宣告破产前一年内违法转移财产的行为予以撤销，追回所转移的财产，增加破产财产，这有利于保护债权人利益。

第四节　商事公司

20 世纪 80 年代以来，我国的公司立法方案几经变化：1983 年由国家经委、国家体改委开始起草公司法，1986 年改为分别起草有限责任公司条例和股份有限公司条例，1992 年由国家体改委制定了《有限责任公司规范意见》和《股份有限公司规范意见》，1992 年 8 月国务院提请全国人大常委会审议《有限责任公司法（草案）》。在经 10 个月的精心起草、反复修改并广泛征求意见之后，第八届全国人大常委会第五次会议于 1993 年 12 月 29 日通过了《公司法》，自 1994 年 7 月 1 日起实施。1999 年 12 月 25 日，第九届全国人大常委会第十三次会议通过了《关于修改〈中华人民共和国公司法〉的决定》，旨在进一步规范国有独资公司和促进高新技术股份公司的发展。2004 年 8 月 28 日，第十届全国人大常委会第十一次会议通过决定修改公司法，删去《公司法》第 131 条第 2 款“以超过票面金额为股票发行价格的，须经国务院证券管理部门批准”。2005 年 10 月 27 日，第十届全国人大常委会第十八次会议对《公司法》进行了重大修订，此次修订尤其突出了对于公司治理结构的要求，健全了公司董事会制度，强化了监事会的职权，并专节设立“上市公司组织机构的特别规定”，就上市公司购买、出售重大资产或者提供重大担保，独立董事、董事会秘书、关联董事回避等制度作出了原则性规定，完善了信息披露制度，细化了相关的法律责任机制。2013 年 12 月 28 日，第十二届全国人大常委会第六次会议对《公司法》进行了修正，引入了公司注册资本的登记制度改革，改公司注册资本的实缴登记制为认缴登记制，并且原则上删除了公司设立时对于最低注册资本金的要求。2018 年 10 月 26 日，第十三届全国人大常委会第六次会议对《公司法》进行了修正，健全了公司股份回购制度，适当增加了允许公司股份回购情形，完善了便利公司回购股份的程序性规定，并建立了库存股制度。2023 年 12 月 29 日，第十四届全国人大常委会第七次会议对《公司法》作出了重大修订，修订内容涵盖：(1) 明确党对国有企业的领导，保证党组织把方向、管大局、保落实的领导作用。(2) 完善国家出资公司特别规定，将《公司法》适用范围由国有独资有限责任公司，扩大到国有独资、国有控股的有限责任公司、股份有限公司，规定国家出资公司中中国共产党的组织领导作用，加强国有独资公司董事会建设。(3) 完善公司设立、退出制度，新设“公司登记”一章，明确公司设立登记、变更登记、注销登记的事项和程序，扩大可用作出资的财产范围，明确股权、债权可以作价出资，完善公司清算制度，强化清算义务人和清算组成员的义务和责任。(4) 优化公司组织机构设置，突出董事会在公司治理中的地位，允许公司选择单层制治理模式。(5) 完善公司资本制度，考虑到资本认缴制下，实践中出现股东认缴期限过长，影响交易安全、损害债权人利益的情形，为进一步完善认缴登记制度，维护资本充实和交易安全，增加有限责任公司股东认缴期限的规定，明确全体股东认缴的出资额应当按照公司章程的规定自公司成立之日起 5 年内缴足；同时，在股份有限公司中引入授权资本制，对已有较多实践的类别股作出规定，允许公司根据章程择一采用面额股或者无面额股，取消无记名股；增加简易减资制度，在股东出资和股权交易方面完善股东失权制度、加速到期制度、瑕疵股权转让时的转让方与受让方责任。(6) 强化控股股东和经营管理人员的责任，完善董事、监事、高级管理人员忠实义务和勤勉义务的具体内容，强化董事、监事、高级管理人员维护公司资本充实的责任，新增董事、高级管理人员执行职务，因故意或者重大过失致使第三人受损的责任，强化控股股东、实际控制人滥用控制地位损害公司及中小股东权益时的法律责任。(7) 加强公司社会责任，规定公司从事经营活动，应当在遵守法律法规规定义务的基础上，充分考虑公司职工、消费者等利益相关者的利益以及生态环境保护等社会公共利益。2023 年《公司法》的系统性修订贯彻党的二十大精神，对实现深化国有企业改革、优化营商环境、加强产权保护、促进资本市场健康发展的立法目标具有重大意义。

2023 年《公司法》维持了先前《公司法》、原有公司条例（草案）与规范意见的立法格局，只规定了有限责任公司和股份有限公司两种公司形式。[①] 在我国《公司法》立法之初，立法起草机关即认为：国外无限责任公司与两合公司存在的数量越来越少，代之而起的是大量的有限责任公司和股份有限公司，我国也是后两种公司数量较大，并且已

---

① 参见 2023 年《公司法》第 2 条。

有相当的实践经验，因此，"对所有公司形式都加以规定，当前并无必要"[①]。本来，商事主体立法应当尽其可能，为商事活动的参加者提供更多成熟的商事组织形式，供他们在实践中自行选择，但我国在公司立法之后又制定并修改了《合伙企业法》，普通合伙企业在法律性质上已接近于大陆法系公司分类中的无限责任公司，而与《民法典》中规定的合伙有诸多不同之处；有限合伙企业则与两合公司相类似，故《公司法》中暂不需要补充规定上述两种公司形式。根据国家统计局 2022 年年度数据，全国范围内共有有限责任公司 206 万家、股份有限公司 11.7 万家。[②]

鉴于我国早在 1979 年、1986 年和 1988 年就分别制定、颁布了《中外合资经营企业法》《外资企业法》《中外合作经营企业法》（"外资三法"），其中规定，外商投资企业均可采取有限责任公司的组织形式。原对外贸易与经济合作部则于 1995 年 1 月 10 日颁布《关于设立外商投资股份有限公司若干问题的暂行规定》（现已废止），允许外国的公司、企业和其他经济组织或个人，按照平等互利的原则，与中国的公司、企业或其他经济组织在中国境内，共同举办外商投资股份有限公司。为解决外商投资企业法律法规与公司法的衔接问题，2005 年《公司法》规定：外商投资的有限责任公司和股份有限公司适用本法；有关外商投资的法律另有规定的，适用其规定。全国人大 2019 年 3 月 15 日通过、自 2020 年 1 月 1 日起施行的《外商投资法》，规定外商投资的促进政策、投资保护和管理等方面的内容，同时规定，外商投资企业的组织形式、组织机构及其活动准则，适用《公司法》《合伙企业法》等法律的规定。《外商投资法》实施以后，"外资三法"随之废止，但原来依据"外资三法"设立的外商投资企业，在该法施行后 5 年内可以继续保留原企业组织形式等，具体实施办法由国务院规定。

深度阅读

叶林．企业的商法意义及"企业进入商法"的新趋势．中国法学，2012（4）.

李建伟．民法总则设置商法规范的限度及其理论解释．中国法学，2016（4）.

汪青松．主体制度民商合一的中国路径．法学研究，2016（2）.

李友根．论个体工商户制度的存与废：兼及中国特色制度的理论解读．法律科学，2010（4）.

李建伟．个人独资企业法律制度的完善与商个人体系的重构．政法论坛，2012（5）.

官欣荣．不可承受的制度之轻：基于优化资本市场生态之立场对《合伙企业法》的再考量．法学评论，2008（6）.

郭富青．特殊普通合伙企业：游走于无限与有限责任之间．当代法学，2009（1）.

李永军．民事合伙的组织性质疑：兼评《民法总则》及《民法典各分编（草案）》相关规定．法商研究，2019（2）.

---

① 1993 年 6 月 22 日全国人大常委会法制工作委员会副主任卞耀武所作的《关于对〈中华人民共和国公司法（草案）〉的意见的汇报》。

② 国家统计局 2022 年年度数据．"综合-企业法人单位数-按登记注册类型分企业法人数"．http：//data. stats. gov. cn/easyquery. htm？cn=C01.

思考与练习

1. 如何理解构成商事主体的实质性概念?
2. “企业”与“商事主体”的相互关系是怎样的?
3. 我国商事个人的法律体系如何构成?
4. 个人独资企业和合伙企业的企业所得税制度及其意义是什么?
5. 有限合伙制度何以成为创业投资和私募股权的重要组织形态?
6. 《外商投资法》如何规定外商投资企业的组织及活动准则?

第三章
商事法律行为

常考知识点

不正当竞争　出资

第一节　商事法律行为的概念和特征

一、商事法律行为制度概述

商事法律行为制度是商法制度最基本的组成部分之一。在实行民商分立的国家，商事法律行为、商事合同与民事法律行为、民事合同分别由商法典、民法典加以规范。但是，即便合同法关于合同定义、成立、生效、履行、担保、转让、变更和解除以及违约责任等一般性规定存在于民法典的债与合同部分，它们的效力也及于民事合同与商事合同的全部。在采用民商合一主义的国家，商法是民事特别法，属于民法的一部分，商事法律行为、商事合同只是民事法律行为、民事合同的一部分，其法律适用由民法典来规范。

我国立法不区分商事主体、商事法律行为与民事主体、民事法律行为。《民法典》第464条第1款规定："合同是民事主体之间设立、变更、终止民事法律关系的协议。"

二、商事法律行为的概念

大陆法学者一般认为，商事法律行为指以营利性营业为目的而从事的行为，又称商业行为。董安生等编著的《中国商法总论》认为："它是大陆法民商法中特有的概念。"各大陆法国家（地区）对这一概念的理解不尽相同。

（一）主观主义原则

主观主义原则以德国、意大利和瑞士等国为代表。《德国商法典》第343条在界定商行为的概念时，以商人的身份为基础。[①] 依据《德国商法典》的规定，商人从事的商事营

---

① C. W. 卡纳里斯．德国商法．杨继，译．北京：法律出版社，2006：534.

业行为是商事行为。意大利商法理论以商人概念为前提，推导出商事法律行为。意大利法律规定，商事法律行为是由商主体从事的，任何以产品生产、加工、流通、管理和妥善保管为目的或以提供服务为目的的经济活动。

采用这一原则的国家，往往强调商人的经营方法在确定商事行为时的意义。如《德国商法典》将商人作为商事法律行为的核心，商人经营的不同形式成为区分商事法律行为类型的标准。瑞士债法同样注重商人经营方法在确立商事法律行为时的作用。

（二）客观主义原则

《法国商法典》基于商行为法的立场，认为商事法律行为是“任何主体（即使非商人）从事的以‘获取利润’（营利）为目的的行为”[①]。这一原则的着眼点在于依行为的客观性质确定商事法律行为。采用这一原则的结果是，商事法依据行为的客观性质确认一定的行为为商事行为，而商人概念在确认商事行为中的作用并不重要。西班牙商法也持这一观点。

（三）折中主义原则

折中主义原则将主观主义原则与客观主义原则并用：一方面，一些商事法律行为仅在营业场合根据商人的经营方法加以确定；另一方面，一些商事法律行为根据一定行为的客观性质确定。日本立法采用此原则。《日本商法》第 501 条至第 503 条规定，商事法律行为是一系列交易性活动的总称，其中不仅包括任何主体基于任何目的而从事的“绝对的商行为”，如为获利而转让的行为，有偿取得动产、不动产、有价证券的行为，于交易所进行的交易行为，与票据或其他商业证券相关的行为等，还包括商主体专为营利性营业目的而从事的“营业的商行为”，如商业租赁、商业承揽、商业性的电力煤气服务、商业运送、银行业务、商事代理与居间、寄托、商事保险等，还包括商人为其营业而进行的“附属性商行为”，其范围包含主体为从事营业而进行的一切附属性活动。

客观主义原则以列举的方式揭示商事法律行为的范围，具有明确性这一优点。但实践中存在的商事法律行为种类繁多，法律难以全部列举。主观主义原则以主体的身份揭示商事法律行为的范围，具有概括性强的优点，但缺乏明确性。因此，结合两者优点的折中主义原则的产生成为必然。

总之，商事法律行为是以营利性营业为目的和内容的行为，是商事主体旨在产生、变更、消灭商事法律关系的各种具体的法律行为的统称。商事法律行为在不同的法律规范及法学理论中又被称为“商业活动”“经济行为”“公业行为”等。

三、商事法律行为的特征

商事法律行为作为营利性营业活动，是民事法律行为的特例。其本质特征在于营利的性质。按照商法理论的一般观点，商事法律行为的法律特征主要表现为以下三点。

---

① 法国商法典：上册．罗结珍，译．北京：北京大学出版社，2015：3.

第一，商行为是主体以营利为目的而从事的行为。商事法律行为普遍含有的营利性目的或经济性目的，不是指某一特定的商事法律行为事实上能否营利，而是指该类行为主体一般活动的目的。对于商人，可根据其作为商主体的特征，在不能举出反证时，推定其行为为商事法律行为。如《日本商法》第 503 条第 2 款规定：“商人的行为推定为，为其营业实施的行为。”对于非商人，则要以行为的性质、目的或者一般的商业习惯为根据加以推定。如果主体行为以店铺为场所、持续从事该类销售并以相关收入作为生活的基本来源，就可以认为这是以营利为目的的商事法律行为。

第二，商事法律行为是一种经营行为。商法以规制企业的经营活动为其规则和制度的中心，非企业的经营行为只具有辅助性作用。偶然的营利行为，如因大学毕业而一次性出售旧书籍、旧物品，不能被视为经营活动。

案　例

20××年春节，上海某公司武汉分公司委派公司技术员彭某驾车，无偿送 6 位农民工返乡，途中被湖北省黄冈市团风县运管所工作人员查扣车辆。工作人员以“涉嫌非法营运”为由，要求彭某缴纳 3 000 元罚款后才放行。事后，该县运管所承认执法不当，向彭某表示歉意并退还了罚款。

第三，商事法律行为是连续性的行为。商行为的营业性，要求主体在特定的期间内连续从事性质相同的营利活动，从而才能认为行为具有营业性或者职业性，这也是偶然的营利行为不被视为商事法律行为的原因。具有经营性的主体企业是商特别法规范的重点，其受到商主体登记规则、商业账簿规则、商业税收规则、商行为编制规则和商人责任规则的制约。

案　例

美国新罕布什尔州某计算机从业人员，从 2015 年 3 月起，利用业余时间给亚马逊网站上的商品做点评，逐渐积累了一定的口碑，每月都有商家免费寄给他商品请他试用后予以评价。2017 年 1 月，美国税务部门关注到他这个行为，认为其接受“试用商品”的行为因符合持续性构成“经营行为”，要求其交纳“经营收入”的税款。

综上所述，就商事法律行为特征而言，其是具有特定商行为能力的主体从事的以营业为目的的营业性行为。

四、商事法律行为制度的特征

调整商事法律行为的法律制度具有四个特征。

第一，商事法律行为法律制度具有以契约自由为前提的私法自治的特征。商事法律行为是民事法律行为的延伸，商事法律行为制度是民事法律行为制度的一部分，民法“契约自由”的基本原则自然适用于商事法律行为。

第二，商事法律行为法律制度规范具有宽松、任意的特征。这一特征是法律规范对其私法本质的合理反映。

第三，商事法律行为法律制度的形成具有交易习惯法律化的特征。这与商事特别法在形成中对传统商业习惯的采纳是一脉相承的。《德国商法典》第346条规定："在商人之间，在行为和不行为的意义和效力方面，应注意在商业往来中适用的习惯和惯例。"①海商法领域中，CIF（装运港交货，运费保险费在内）和FOB（装运港船上交货）等国际贸易术语的标准化和法律化的过程是交易习惯法律化的典型例证。

第四，商事法律行为法律制度的体系具有实体与程序相结合的特点。某种商人行业协会，例如海商协会、证券商协会、银行公会等机构，往往会对该领域普遍适用的惯例加以总结，以形成行业交易行为规范。甚至在早期这些规范会与相关行业协会享有的一定的仲裁权力相结合，参与者自愿承认并接受该协会的交易规范，接受该协会根据交易规范对纠纷的裁决。在统一的商事仲裁普遍适用后，关于商事行为的仲裁规则在商事行为、时效期间、履约地点、法院管辖等一系列问题上仍具有实体与程序相结合的特点。

案　例

海富投资诉世恒有色、香港迪亚公司案

海富投资诉世恒有色、香港迪亚公司案在司法界和实务界均引起了巨大争论。在直接股权投资（PE投资）领域，被投资公司作出业绩承诺并由母公司或实际控制人予以担保，投资者的股权类似优先股，享受固定回报，并有权在一定条件下要求被投资公司或其母公司回购，这是全球通行的做法，是商主体间契约自由的典型例子。在没有其他债权人主张权利的情况下，法院宣称商主体间的约定无效，这种处理思路有待商榷。同时，在商主体间契约自由的背后，还有两项基本原则：一是禁止反言，世恒有色及其母公司自己作出的承诺，事后予以反悔，显属不当；二是商主体不得从主张无效中获益，世恒有色及其母公司希望通过主张无效逃脱补偿义务，这不应得到法律支持。最高人民法院最终通过让迪亚公司承担责任的方式维护了实质公平，但围绕本案的争议并未结束。

第二节　商事法律行为的分类与主要内容

一、商事法律行为的分类

商法为使商事法律行为的概念准确、完整，从而准确适用相关规则，往往采用列举具体行为的立法方式，以弥补概括性定义的不足，但这种列举需要以商法理论中对商事法律行为的合理分类为基础。依据不同的分类标准，商事法律行为主要可分为四类。

① 德国商法典．杜景林，卢谌，译．北京：中国政法大学出版社，2000：169.

（一）绝对商事法律行为与相对商事法律行为

绝对商事法律行为，又被称为客观商事法律行为，是指依照法律规定，无论行为主体、目的如何，当然属于商事法律行为的行为。其判断标准是客观的，无须其他辅助条件。绝对商事法律行为基本上属于传统的商事经营领域，按照大陆法国家的商法规定，票据行为、证券上市交易行为、保险行为和海商行为等均属于绝对商事法律行为。各国立法规定的范围有时还要更广泛一些，其取决于一国的立法政策。这种规定的客观性和确定性，给司法实践带来了方便。

相对商事法律行为，又被称为主观商事法律行为、营业商事法律行为，是指在法律列举的范围内，由商事主体实施或由非商事主体为营业性营利目的实施的行为。在法律列举的范围内，相对商事法律行为既可以是只能由商人实施才构成商事法律行为的行为，即主观商事法律行为，又可以是基于营业目的实施方可构成商事法律行为的行为，包括保管运送、出版印刷、娱乐服务、居间代理、财产出租、加工制造等。与绝对商事法律行为相比，它是相对的，其只有在行为目的或行为主体符合法定条件时，才适用商事法的特别规定。换言之，它不是当然的商事法律行为，在行为主体或目的不合要求时，只能适用民法关于民事法律行为的有关规定。这样的规定有利于解决民法与商特别法的适用顺序问题。例如《日本商法》第502条所列的营业性商行为包括：（1）为进行出租而有偿取得动产或不动产，或者以出租其取得或承租的动产或不动产为目的的行为；（2）为他人制造或加工的行为；（3）与电或气供给相关的行为；（4）运输行为；（5）作业或劳务的承揽；（6）与出版、印刷或摄影有关的行为；（7）以招徕顾客为目的所实施的场所交易；（8）货币兑换及其他银行交易；（9）保险；（10）接受保管；（11）居间或行纪行为；（12）承担商业交易代理人；（13）信托行为。这一规定明确地将同类行为中的营利性商行为与非营利性民事活动区分开来，体现了商事法的特别调整政策。

（二）双方商事法律行为与单方商事法律行为

双方商事法律行为与单方商事法律行为的分类依据是行为人双方是否具有商事主体资格。

双方商事法律行为是指都具有商事主体资格的双方当事人从事的商事法律行为。例如卖方与买方分别是批发商和零售商的销售行为、制造企业与销售企业之间的销售行为、代理行为、商业居间，都属于双方商事法律行为。

单方商事法律行为是指行为人中一方是商事主体，而另一方为非商事主体时二者间的交易行为，又被称为混合交易行为。例如，商业银行与普通市民之间的存、贷款行为，零售商向消费者出售日用品的交易行为，服务性企业为顾客提供服务的行为。德国、日本的商法认为当事人一方所为行为属商事法律行为的，双方当事人均适用商法；当事人一方不止一人时，其中一人的行为是商事法律行为的，对全体都适用商法。法国、英美法系国家的规定是：单方商事法律行为是商事法律行为与一般民事法律行为的结合，商法中针对商事法律行为的有关规定仅能适用于商主体一方，而对相对方只适用民法的相应规定。

解决单方商事法律行为的法律性质和法律适用问题时，成文法规范适用的顺序是：商法特别规则优先于商事基本法，商事基本法不能调整时，设置商事特别规则约束商事主体。无商事特别法的规定时，商事法律关系适用民事法律规则的基础性原则。

（三）基本商事法律行为与附属商事法律行为

基本商事法律行为是指在同一商事营业内直接以营利性交易为内容的商事法律行为。基本商事法律行为，具有直接媒介商品交易的属性，因此这种商事法律行为限于基本商事营业领域，又被称为买卖商行为、固有商行为。在日本商法中，基本商事法律行为由两部分——绝对商事法律行为与相对商事法律行为中的“营业的商行为”——构成，这主要是因为二者具有非常直接的营利性目的，并且范围会随社会经济生活的发展而不断变化。

附属商事法律行为是指在同一商事营业内虽不具有直接营利性的内容，但能起到协助基本商事法律行为实现作用的辅助行为，因此又被称为辅助商事法律行为。与基本商事法律行为相对，附属商事法律行为具有间接媒介商品交易的性质，传统上包括仓储、运送、广告、服务等营业行为。但是，现代商法理论则认为，任何商事营业范围内都存在基本商事法律行为和附属商事法律行为。例如买卖活动中的销售行为是基本商事法律行为，其运送和仓储等辅助性活动则是附属商事法律行为。对于服务性企业，提供服务是基本商事法律行为，为此购进原材料的行为则是附属商事法律行为。

（四）纯然商事法律行为与推定商事法律行为

纯然商事法律行为是指依据法律规定或法律列举可以直接被认定的商事法律行为，包括绝对商事法律行为和固有商人的营业上的商事法律行为。纯然商事法律行为是当然适用商事法律行为原则的行为。依据商法的基本规定，许多商事法律行为处于纯然商事法律行为明确的范围之中，不需要通过司法推定或事实推定来确认。

推定商事法律行为是指不能直接根据法律规定或法律列举加以认定，而必须通过事实推定或法律推定才可确认其商事法律行为性质的行为，即准用商事法律行为原则的行为，例如，非商事主体对商主体的间接代理、提供信息的服务等。推定商事法律行为包括商人通过非商人所为的行为，商人在商行为能力范围之外从事的与营业关系重大的行为，或法律没有列举，但具有营利性的营业行为等。

二、商事法律行为的主要内容——商事合同

商事法律行为是商事主体设立、变更、终止商事上的权利义务关系的法律行为。这种法律行为是双方或多方的法律行为，实质上就是合同行为。

（一）商事合同概述

商事合同是确定商事主体之间、商事主体与非商事主体之间发生的商品货币关系的法律形式，它是平等的商事主体之间、商事主体与非商事主体之间，为实现一定经济目

的，明确相互权利义务关系而订立的协议。商事合同是合同的一部分，因此其首先具有合同的一般性质，即商事合同是法律行为，是在当事人之间形成以权利、义务为内容的法律关系，要求订立合法，并建立在两个或两个以上当事人意思表示一致的基础之上。此外，商事合同还有自己的特征。

第一，商事合同的当事人中至少有一方是商事主体。商事合同是发生在经济领域的交易行为，作为商事法律行为，要表现出主体营业行为的连续性，因此，商事合同的主体一般都是企业法人或其他经济组织等商事主体。

第二，订立商事合同是为了获取经济权利或利益。商事合同区别于一般民事合同，有营利性的要求。这与商事法律行为应是营利性营业行为的要求一致。

第三，商事合同是双务、有偿合同。商事合同双方当事人在法律地位上是平等的，在权利、义务上是对等的。

（二）具体商事合同

各国商法典中均规定了一些典型的商事合同和商事活动。《德国商法典》规定了商事买卖、行纪营业、货物运输、运输代理和仓储营业等内容。《日本商法》除在第502条列举了租赁、运输、保险等营业的商行为外，又专设章节规定了买卖、隐名合伙、居间营业、行纪营业、承揽运输、运输、寄托保险等商事行为的特别规则。

商事合同通则部分的内容，在我国《民法典》颁布之后，应结合《民法典》总则编的有关规定，适用其中合同编的一般规定。但是，各类商事合同有自己特别的规则，因此在这里对几种较典型的商事合同做简要的介绍。

1. 货物运输合同

货物运输合同（以下简称“货运合同”）是承运人将货物从起运地点运输到约定地点，托运人或者收货人支付运输费用的合同。

货运合同一般涉及承运人、托运人及收货人。收货人在多数情况下是托运人以外的人，在少数情况下，收货人就是托运人本身。货运合同涉及的收货人与托运人并非同一人时，尽管收货人不参加货运合同的签订，但是收货人、托运人与承运人之间发生一定的权利义务关系，例如，当出现货损、货差时，收货人对承运人有索赔权；当因托运人的责任造成运费增加时，收货人有向承运人补交运费的义务。

货运合同属提供劳务的合同，合同标的不是被运送的货物，而是运送行为本身。货运合同是双务、有偿、诺成合同。

2. 租赁合同

租赁是一项历史悠久的交易活动，在古代巴比伦、古代腓尼基和古代中国都有租赁的存在。古代租赁的基本特点是将土地、房屋等不动产或牲畜、船只等动产交给他人使用，收取一定的报酬，在约定的期限结束后收回物品，满足承租人对物本身的短期临时需求。现代租赁业中，以房屋、土地、船只、车辆等为标的的租赁业务尤其发达。我国《民法典》第703条将租赁合同定义为出租人将租赁物交付承租人使用、收益，承租人支付租金的合同。

与买卖合同不同的是，租赁物的所有权并没有移转，仍属于所有权人所有。大陆法系认为租赁具有临时性的特点，租赁合同不适用于财产的永久使用，因此许多国家的法律规定了租赁合同的最长存续期间。例如《日本民法》规定租赁的存续期限不得超过20年；长于20年的租赁者，其期限缩短为20年。我国《民法典》第705条第1款规定，租赁期限不得超过20年；超过20年的，超过部分无效。

3. 融资租赁合同

融资租赁最初发源于英国和美国。现代大陆法系国家通过单行法对其作出规定。在《德国商法典》等成文法典中，没有融资租赁的规定。

英国1882年的《动产抵押证券法》禁止个人之间的动产抵押。融资租赁成为规避这一法规的创新方法。进入现代社会后，融资租赁作为分期付款的替代方式，能解决金额巨大的机器设备的采购资金需求的问题，租金相当于全部货款加上一定的利息，分若干期支付，全部的货款和利息均能计入成本，有利于合理减税，因此，这种做法很快发展起来。

融资租赁与普通的租赁相比，有五个特点：第一，租赁期限覆盖了租赁物使用周期的实质部分；第二，一旦签订融资租赁合同，出租人就有权从承租人处取得全部的成本和利润的补偿，而无论承租人是否继续使用租赁物；第三，承租人自行选定货物；第四，出租人对合同标的物不负有瑕疵担保责任，由承租人自行承担修理、维护及投保租赁物的责任；第五，租赁物的所有权属于出租人，但与所有权相关的风险由承租人承担。

4. 技术合同

技术合同是当事人就技术开发、转让、咨询或者服务订立的确立相互之间权利和义务的合同。

技术合同制度是知识产权法律领域的重要制度，无论是专利技术，还是非专利的技术秘密，都是技术合同保护的重要对象。

5. 建设工程合同

建设工程合同是承包人进行工程建设，发包人支付价款的合同。建设工程合同广义上属于承揽合同这一大类，但它区别于其他承揽合同，其标的为工程建设，法律要求更加严格。建设工程合同包括工程勘察、设计、施工合同。

6. 财产保险合同

财产保险合同是以物质财富或利益为保险标的而达成的协议。依财产保险合同，投保人应当向保险人交纳约定的保险费，保险人于保险事故发生时在保险责任范围内，对被保险人遭受的损失承担赔偿责任。

7. 行纪合同

行纪合同是行纪人以自己的名义为委托人从事贸易活动，委托人支付报酬的合同。行纪合同与委托合同的区别有三点。第一，行纪人只能以自己的名义活动，行纪人与第三人订立合同的，行纪人对该合同直接享有权利、承担义务；委托合同的受托人多是以委托人的名义进行活动。第二，行纪合同处理的事务，限于购销、寄售等活动；委托合同中委托处理的事务的范围，要比这一范围广。第三，行纪合同是有偿合同，委托人要支付报酬；委托合同可以有偿，也可以无偿。

8. 中介合同

中介合同又称居间合同，是中介人向委托人报告订立合同的机会或者提供订立合同的媒介服务，委托人支付报酬的合同。中介与委托、行纪的不同之处主要是：中介人仅提供媒介服务，受托人、行纪人按委托人的意志行事。

第三节 商法对于商事法律行为的主要法律控制

一、对商事法律行为的法律控制概述

为了促进交易、保证交易迅速方便和安全，在商事行为“法无禁止即可为”的指导思想下[①]，商法对商事法律行为的规范采法律严格主义，具体有两种方式：强行法的法律控制和推定法的法律控制。

（一）强行法的法律控制

强行法是指无条件适用的法律规范，这种规范的适用不依当事人的意志变化而变化。法律规定了商事法律行为的成立要件，其与推定法结合共同作为商事法律行为效力的评价标准。其中，强行法的规定对商事法律行为的成立起基本的约束，而推定法对商事法律行为是否有效作补充判断。例如，法律推定在票据上签名的票据行为人意思表示真实，其票据行为有效，至于该行为人的真实目的则在所不问。

（二）推定法的法律控制

推定法由意思推定和事实推定两种规范构成。意思推定是指通过行为人表现于外的行为以及行为时的各种有关情况推定意思表示，当事人只能以相反的意思表示推翻这种推定。事实推定是指强行法规范对无法查明的具有法律意义的事实直接加以认定。

商法对于商事法律行为的法律控制包括三个方面。第一，商法对商主体的设立行为及存续期间的商事法律行为的静态控制。这在民商合一的立法体例下非常重要，主要包括商事主体登记制度、商事能力制度、商业账簿制度、商业税收制度、商业使用人制度等内容。第二，商法对于商人与非商人之间的单方商事法律行为的特殊控制。商法对单方商事法律行为的法律控制是一种特殊控制，其方法是仅对商事主体一方设定了多重义务和严格责任。该类控制的立法意图是保护非商事主体（多是处于经济弱势的消费者）一方的利益。第三，商法对于经营主体之间从事的各类商事法律行为的特殊控制，即商法对双方商事法律行为的法律控制。这种控制维护了商人交易的平等、公平和商业秩序，体现了商法的基本意旨，因此其是商法对商事法律行为控制最主要的部分。

---

① 十八大以来治国理政新成就：下册．北京：人民出版社，2017：694.

二、商法对双方商事法律行为的主要法律控制

传统商法规则主要控制双方商事法律行为，内容上大致包括商事买卖规则、交互计算、商事合同规则、商事代理规则、居间营业规则、票据结算规则、证券交易规则、海商法规则等。从现代商法的发展来看，最受重视的控制双方商事法律行为的法律是反垄断法和反不正当竞争法。现代社会中，单个的商事法律行为不再仅事关双方的利益，它已成为经济网络中的一环，从而影响着社会公共利益，出现了“私法公法化”的发展趋势。垄断行为、限制竞争行为和不正当竞争行为都是对公平竞争的破坏，如不加以限制，将破坏竞争机制，不利于市场发展。

（一）对于垄断和限制性贸易行为的法律控制

商法上所称的垄断是指特定种类的商品生产/销售、特定种类服务的提供或其他特定种类的商事营业被控制掌握在一个或少数几个大企业手中，由此形成的该类商品或服务在一定市场范围内的自由流转受到限制的情况。限制性贸易行为则是指少数几个大企业，为实现其垄断利益而进行的关于生产销售一体化或联合控制市场的不正当约定和贸易活动。这类限制性贸易行为包括限制生产、限制供应、限制销售和最低限价等内容，又被称为限制性贸易惯例或限制性贸易协议。

商法对垄断和限制性贸易行为的法律控制主要表现在四个方面。

第一，通过单行法禁止或严格限制商业垄断的产生及因企业合并导致垄断的可能性。

第二，以行政法规中的严格规定禁止大型企业不正当地使用其支配能力，或从事不正当的限制贸易的行为。各国商法中的一般标准是，任何商事主体从事的影响公平竞争或社会利益的限制性贸易协议均在限制之列。

第三，通过商法典或商事特别法对处于劣势的小商人、中小企业予以扶植的政策性保护。

第四，通过公法的干预形式对非法的商业垄断和限制性贸易行为科以多重法律责任。

（二）对于不正当竞争行为的法律控制

不正当竞争行为是指商事主体以法律、政策或商业道德不允许的手段竞争，侵犯竞争对手或消费者合法权益，损害国家利益和社会公共利益的行为。

1883 年《保护工业产权巴黎公约》第 10 条之二规定：“……凡在工商业事务中违反诚实的习惯做法的竞争行为构成不正当竞争的行为……”德国 1943 年有关不正当竞争的联邦法律规定：“凡以欺诈或其他违反善意原则的方式，滥用经济竞争者，即构成本法所称之不正当竞争。”[①] 德国《反不正当竞争法》第 1 条为一般性规定：“本法旨在保护竞争者、消费者以及其他市场参与人免遭不正当竞争之害。本法同时保护公众对不受扭曲的竞争所享有的利益。”

---

① 曾陈明汝．专利商标法选论．台北：自版，1977：162.

不正当竞争行为的危害性从范围上看，主要及于有竞争关系的各种商事主体、用户和消费者；从危害程度上看，主要是对企业商业信誉的严重损害和使其经济利益遭受重大损失。属于不正当竞争的侵害行为的主要有：第一，假冒商品生产者的行为，即以虚假商品或服务标志诱导消费者，引起其误认，从而缩小被假冒企业应有的市场份额；第二，以诽谤的方法破坏企业商业信誉的行为，这同样会造成消费者的误认；第三，通过传播手段，谎报商品生产地及产品质量，损害消费者和用户的利益。

各国对不正当竞争行为的法律控制，主要有三种立法类型。第一，通过法律一般规则禁止不正当竞争。在法国，不正当竞争向来被认为构成民法上的侵权行为，受害人依《法国民法典》第1382条、第1383条等有关侵权行为的概括规定可提起侵权之诉。[①] 美国对不正当竞争行为往往以商业侵权行为予以制裁。第二，基于反不正当竞争特别法制止不正当竞争。德国1909年《反不正当竞争法》和日本1934年《不正当竞争防止法》，对不正当竞争行为的含义、具体表现、构成要件及制裁措施作了明确具体的规定。我国1993年《反不正当竞争法》也属于这种方式。第三，折中主义，即反不正当竞争的单行法规与民事责任一般规则并用。

（三）商事法律行为控制中的严格主义

各国商法对商事法律行为的法律控制往往采用严格主义，又称强制主义、公示主义、外观主义。

按照各国商事法律的内容，商事法律控制的严格主义主要体现在四个方面。第一，通过强行性法律条文对某些商事法律行为予以严格规范，任何交易当事人都不得任意加以变更，例如，公司法关于公司章程绝对记载事项的规定，票据法关于汇票、本票及支票绝对记载事项的规定，保险法关于保险合同应记载事项的规定。第二，把公示作为商事主体为某些商事法律行为的必经程序。第三，在认定商事法律行为的法律效力方面，当事人行为的外部特征是法律关注的重点，而真实的意思不在考虑之列。第四，对交易行为当事人规定特别严格的责任。如根据美国《统一商法典》，若被告是买卖商，则要保证所卖商品的商销性；若不是，则对此不负责任。

第四节　商法对交易公平的特殊规制

现代各国商法形成了以保护消费者基本权益为目的的商事特别法，通过科以商事主体更重的责任，让商事主体负有特别义务，以达到实现公平的效果。

一、商法对于标准合同条款的特别控制

标准合同条款是指未经合同双方当事人个别磋商而事先拟定且普遍适用的合同条款。

---

① 拿破仑法典（法国民法典）．李浩培，等译．北京：商务印书馆，1997：189.

标准合同简化缔约和履约过程，降低了交易的成本和复杂性，增加了企业生产经营的活力，有利于维护社会公众的利益。企业在订立标准合同条款时，往往不考虑消费者的利益，片面制定有利于己方的标准合同条款，把交易过程中的所有风险和不利条件归于消费者一方承担，制定不合理的免责条款为自己谋利。

在“私法公法化”的法律思想影响下，各国修订合同法中传统的放任主义，通过立法、司法、行政多方面，建立起保护消费者合法权益的商事法律制度。规范商人在单方商事法律行为中不正当使用标准合同条款的措施，主要包括五个方面。

1. 对标准合同形式的控制

各国法律普遍认为，标准合同条款能构成商主体与消费者的合同内容，前提是商主体必须尽到合理的提醒消费者注意的义务，判断是否合理主要从两个方面入手。第一，标准合同条款存在的文件形式。英国法中规定标准合同条款存在的文件必须使一般正常消费者在适当注意的情况下，就可相信这些内容是合同的内容或合同的免责事由。第二，提请消费者注意的方式。英国判例法认为，“如果某项标准合同免责条款在合同文件中的印刷方式和位置不合理，并足以导致对方在正常注意程度下发生误解，则其不视为纳入契约中。法律还要求标准合同的使用人对于某些与消费者关系重大的合同条款必须以极其特别的方式标明，以引起消费者特别的注意”①。

2. 通过标准合同条款解释加以控制

司法机构在解释合同时，采用客观、共同解释原则，即追求合同解释内容与一般消费者主观意志的契合，且以大多数消费者的共同认识为基础，个别消费者的内心意思不在考虑之列。在理解存在分歧时，选择不利于合同条款制定人或利用人一方的解释，从而使他们承担一切条款不明确带来的风险。

3. 对标准合同条款内容的其他立法控制

（1）合同法扩展了合同行为有效成立的一般规则，相继确认或重新解释了诚实信用原则、公序良俗原则。这些弹性条款赋予法官充分的自由裁量权，以求纠正具体案件中的不公平现象。

（2）强化《民法典》中的强行性规定，以商事特别法再次确认，凡与之违背的标准化合同条款一律无效。如我国《消费者权益保护法》第 26 条第 2 款规定：“经营者不得以格式条款、通知、声明、店堂告示等方式，作出排除或者限制消费者权利、减轻或者免除经营者责任、加重消费者责任等对消费者不公平、不合理的规定，不得利用格式条款并借助技术手段强制交易。”

4. 对标准合同条款的行政控制

行政控制指主管机关对标准合同条款在公开使用前的监督和事先核准，只有经过事先核准的标准合同条款才有效。

5. 对标准合同条款的社会控制

这主要是指社会团体及行会组织制定或审查企业厂商的标准合同条款。该社会团体

---

① 董安生，等．英国商法．北京：法律出版社，1991：68.

主要是消费者协会。行会组织在行业内自律地审查标准合同条款的公正性，这有利于控制不公正的标准合同条款的使用。

二、商法关于产品责任的特别规定

20 世纪以来，产品责任问题随着社会化大生产的发展而日益复杂，随着广泛的社会分工不断凸显出来。在原料、生产、物流、批发、零售、服务等复杂的产业链中，消费者处于最末端，一旦发生事故，不仅难以明确具体责任人，还要面临冗长、烦琐、成本昂贵的诉讼过程。产品责任首先出现于英美判例法，经过一百多年的历史发展，产品责任领域的判例规则逐渐完善起来。在英美法中，产品责任经历了过失责任、担保原则和严格责任三个阶段。

第二次世界大战以后，大陆法中产品责任相关的法律规范有了长足的进步，对于产品责任案件的审理，在区分是因契约发生还是因侵权发生的基础上，适用不同的责任规则。在当前大陆法中的产品责任领域，侵权行为的概念正在取代合同的概念。

狭义上的产品责任是指商品的缺陷给消费者造成人身或财产上的不合理损害而产生的责任。产品责任日趋严格，提高了消费者的安全保障，同时为单方商事法律行为的商主体一方科加了更重的义务。

产品责任的严格性表现在三个方面。

1. 归责原则严格是产品责任严格的最根本表现

在法国，主要通过两种方式解决产品责任归责原则严格化的问题。一是从《法国民法典》第 1384 条中抽象出过错推定的一般归责原则①，并将它适用于产品责任中，适用举证责任倒置，以加重侵权人责任。二是法国上诉法院用判例形式打破合同的相对性，用“直接诉权”的方式补足侵权法适用在产品责任中的局限性。受害人可以直接对制造商起诉，这显然采用了侵权行为的理论，只要受害人在合理期限内证明产品有潜在缺陷，他就可以得到赔偿。美国《统一商法典》中的担保责任原则较好地体现了归责原则从宽到严的过程。相关责任原则表明，因商品有缺陷，卖方违反了对货物明示或暗示的担保，以致给使用者造成了损害的，应承担法律责任。

2. 产品责任严格化表现在产品责任人的范围及承担责任的方式上

为使消费者在权利损害发生后能迅速而有效地得到救济，法律扩大了产品责任人的范围。欧洲共同体在《海牙公约》《斯特拉斯堡公约》中规定产品责任人应包括制造人，零件或原料的制造人，标注其姓名、商标或其他区别性特征标志于具有缺陷的商品之上的人，商品输入人。我国《民法典》规定的产品责任人包括生产者、销售者、运输者、仓储者，其中并未明确包含进口商。同时，法律规定这些责任人应承担连带责任。

3. 产品责任严格化还表现在责任人免责事由上

免责事由的多少将决定企业抗辩事由的多少和消费者救济机会的多少，因此，其事

---

① 拿破仑法典（法国民法典）. 李浩培，等译. 北京：商务印书馆，1997：189.

关产品责任的严格程度。一般情况下，免责事由主要涉及三个方面。

第一，不能发现的潜在危险，即由于当时科学技术水平有限不能发现产品的缺陷。某些适用特别严格产品责任的国家否认了这种免责事由。德国于1978年将药品中的医学发展性危险事由排除在免责理由以外，医药事故责任人不得以此作为抗辩。1976年欧洲共同体《关于产品责任的指令草案》规定，即便按照生产该产品时的科学技术水平来看，不能认为该产品有缺陷时，生产者仍应负责。

第二，因果关系。无论是否适用严格责任原则，在一般情况下，受害人必须证明损害事实与被告人的行为有关，否则被告将不承担责任，但产品责任的日趋严格化动摇了这种传统观念。其中，最著名的是美国"辛德尔案"，法院在受害人不能说明引起损害的消费品来源时，根据该消费品生产厂家在市场上的份额责令各生产厂家承担了损失赔偿责任。

第三，受害人的过错。一般侵权法观念认为，如果受害人或者有权索赔的人因为他自己的过失造成了损害，那么可以减少或免除侵权人的赔偿。美国判例法也认为，只要原告证明其伤害与产品缺陷有因果关系，他这方面有任何应受谴责的行为，都不足以构成对方的绝对辩护理由，原告的这种行为只能减少而不能免除对方的赔偿额。

三、商法对消费商品的特殊规制

大量消费品的出现是生产力高度发展的标志，但消费品的品质问题也接踵而来，主要包括三个问题：第一，消费品技术含量的日益增加和产品包装严密程度的提高，使一般消费者无法获知消费品的真实品质；第二，消费品的质量有所下降，难以满足消费者的需要，使消费者的生活质量无法得到保证；第三，消费者因消费品质量下降而遭受经济损失时，难以及时得到必要的赔偿。为保护消费者利益，商法主要规定两方面的制度，以控制单方商事法律行为中的消费品生产者和经销商。

1. 对消费品品质的说明义务

如果消费品的说明语言不详细，就会剥夺消费者在商品选择上的权利，在损害发生时也难以找到责任人。这是因为，商品的包装和说明书不仅可以使消费者了解商品，了解欲购买商品的质量和性能，并将之作为决定购买与否的依据，还可以公示商品的生产者和其他应负责的主体，这有利于实现受损害的消费者的救济。为此，商事立法一般规定企业厂商有义务对消费品进行更合理完善的说明，以便消费者能够较完全地了解有关商品，并在商品出现问题时能得到及时的救济。美国法律对适用于单方商事法律行为的内包装作出了严格的规制。美国《公平包装和标签法》第500—1条规定，凡是在市场上出售的消费品均需要标示商品名称、包装者及总经销者的名称和地址、包装消费品的数量、成分、用量用法及用途等，不具有以上包装和说明的消费品不能上市销售。同时，该规定还要求上述说明必须真实、准确，以虚假说明进行诈欺的厂商将受到严厉的制裁。英国1968年和1972年《交易说明书法》对于所有提供、使用与商品不符的虚假说明书的行为直接科以刑事责任。我国法律对于使用虚假产品合格证、说明书、优质标志、认证标志进行欺诈的行为科以民事责任、行政责任直至刑事责任。

2. 对消费品质量的规制

对消费品质量的规制分为一般和特殊两类。前者主要是指民商一般法对消费品的基本规制，后者是指商特别法对某类消费品的质量和生产过程及流通过程的特殊规制。民商法对消费品的质量规制主要有大陆法系中的瑕疵担保制度和英美法系中的担保制度。我国民法理论肯定出卖人负有瑕疵担保责任，即出卖人应保证标的物符合国家规定的质量标准或者合同中约定的质量标准。标的物不符合规定或约定的质量标准的，即为有瑕疵：买受人用通常方法检查即可发现的瑕疵，属于表面瑕疵；需要经过技术鉴定或者在使用过程中才能发现的瑕疵，属于隐蔽瑕疵。出卖人对于表面瑕疵和隐蔽瑕疵都应承担责任，但买受人必须在规定期限内提出请求。不过，关于瑕疵担保责任，至今未有深入的专题研究。对于瑕疵担保责任的性质、特征、要件及责任形式等概念，尚未形成系统的见解。

英国普通法将“买者当心”的格言作为一般原则。如果卖主无明示担保，且不构成诈欺，则卖主对于标的物瑕疵不承担责任。但作为一般原则的例外，英美普通法也在一定条件下承认卖主对标的物瑕疵负默示担保责任。“特殊的消费品质量规制，是在民商法一般规定的基础上对某些消费品的品质及生产、流通过程作特殊规定，凡与特别规定不符的消费品，无论其是否与民商一般规定相符，均不得在市场销售。”[①] 例如美国《食品、药品和化妆品法》规定药品上市时，厂商必须取得食品药品管理局的批准，否则药品被视为不符合质量标准，不得销售。

深度阅读

张国键．商事法论．修订19版．台北：三民书局，1980.

范健．德国商法的历史命运．南京大学法律评论，2002（2）.

徐学鹿，吕来明．商法研究．北京：法律出版社，2015.

日本商法．王书江，殷建平，译．北京：煤炭工业出版社，1994：6－7，121－148.

美国统一商法典．潘琪，译．北京：中国对外经济贸易出版社，1990：1－18.

思考与练习

1. 请举出三个例子说明商事惯例如何影响商事法律行为规则。

2. 在海富投资诉世恒有色、香港迪亚公司案中，以损害公司利益和债权人利益宣告当事人间的约定无效，这是否妥当？

① 董安生，等．中国商法总论．长春：吉林人民出版社，1994：150.

第四章
商事登记

常考知识点

商事登记程序　商事登记效力　商事登记种类

第一节　商事登记制度概述

一、商事登记的概念及法律特征

商事登记是指商事筹办人或者商事主体为设立、变更或终止商事主体资格，而依法律规定的内容和程序向登记主管机关申请登记，并被登记主管机关核准登记公告的法律行为。商事登记，就其法律性质而言，具有三个特征。

1. 商事登记是一种创设、变更或终止商事主体资格的民事法律行为

商事登记的基本目的和意义在于创设、变更或终止商事主体从事民事活动的资格和能力。按照多数国家的法律规定，特定商事主体的资格及商事能力的取得，实质上是具体商事登记行为发生的法律效果，因而特定商事能力的起始取决于商事登记行为生效的时间。

2. 商事登记是要式民事法律行为

商事登记须依法定程序向法定的登记主管机关履行，其登记注册的事项和内容也由法律特别规定，属于强行法的内容。按照我国和多数国家的法律规定，商事登记必须包括一些必要条款，如企业名称、营业所、注册资金、经营范围等。

3. 商事登记本质上是公法行为

虽然商事登记有一定的私法性质，但多数国家总是将商事登记制度纳入行政法范畴。在我国，商事登记属于“依申请”发生的行政行为，它由行政相对人的申请登记行为和行政主管机关的审核登记注册行为组成。其中商事主体的申请登记行为具有私法属性，是以当事人意思表示为核心的私法行为，但行政机关的审核登记注册行为应该理解为一种行政行为。所以，商事登记行为依切入点的不同，会产生不同的法律判断。

二、商事登记的目的

商事登记，在于公示商事主体的营业状态。就其目的而言，可以分为三个方面。

1. 公示商事主体信息，保护社会公众利益

商事登记将商事主体的营业状况一一登记于登记主管机关的档案中，公告给公众，使公众与商事主体进行交易时，可以有所取舍，从而实现保护交易安全的目的。

2. 保障商事主体的权益，昭示其营业信用

凡是已登记事项，除有虚假陈述以外，均属确定事项，商事主体得以依此对抗善意第三人，保护自己的合法权益。而且通过登记公告取得主体资格后，商事主体可以通过自己的经营获取商业信誉。

3. 便于登记主管部门监管

商事登记可以使主管部门了解商事主体的基本情况，便于政府进行宏观调控，这实际上实现了通过商事登记对营利性主体的营业行为进行公法控制。

三、商事登记制度的历史沿革

早在古罗马时代，法律就规定商店必须悬挂招牌，以公示其营业的状态。这就是商事登记的起源。中古时代，随着商业在意大利及地中海沿岸一些城市的繁荣，表现为商人行会自律的行规形式的商事登记规则逐步健全。当时，如果要取得商事主体资格，除其在身份上取得商人行会事实上的承认和接纳以外，还必须把商人名称、营业牌照、商业使用人及学徒等事项登记于行会成员的簿册中。进入资本主义社会以后，随着商业活动的进一步发展，源自商人习惯法中的商人登记规则相继为各国商法成文法所采纳。

而现代意义上的商事登记始于 1861 年《德国商法典》，该法典在第一编中对商人资格和能力的取得、商事登记机关、事项、程序等内容均设有详细规定。这些规定除了适用于一般的商事主体，也适用于公司登记。该法典后又经系统修改，形成所谓的“新商人法主义”，此法所创制的商事登记制度成为后世各国商事登记法的典范。

我国最早的商事登记制度始于清末，当时的所谓登记规则实质上只是官商解禁时期的特许制度，其目的仅在于征收销售货物税，而不是监督和保护商业。1937 年，国民政府才正式制定了类似于德国和日本立法的《商业登记法》。这是中国具有实质意义的商事登记法的开始。

中华人民共和国成立后，我国对于企业的登记管理制度十分重视。从 1950 年开始，我国颁布了《私营企业暂行条例》《关于公营企业和公私合营企业应进行登记的指示》《工商企业登记管理试行办法》等一系列法规、通知，对各种类型的企业进行清理整顿，重新登记发证，调整生产经营布局，取缔无证经营。1979 年以后，随着我国经济体制改革和对外开放政策的实行，法律制度的建设也日益完善，我国颁布了三个工商企业登记法规，即《中外合资经营企业登记管理办法》《工商企业登记管理条例》《公司登记管理暂行规定》；1988年，颁布了《企业法人登记管理条例》及其施行细则，将上述三个法规全部废止，从而以企业法人登记制度取代了工商企业登记制度。后《公司登记管理条例》（1994年公布，历经2005年、2014年、2016年三次修改）对公司的登记管理专门作了规定。此外，原国家工商行政管理局又发布《企业名称登记管理规定》（1991年发布，2012年、2020年修订）等对工商登记进行更具体的规定。

自2012年党的十八大以来，我国在商事登记制度方面进行了一系列的改革：2013年党的十八届二中全会决定改革工商登记制度，放宽工商登记条件，加强对市场主体、市场活动监督管理。2013年，《公司法》修改，明确将公司注册资本实缴登记制改为认缴登记制，取消公司注册资本最低限额制度。2014年，国务院审议通过了《注册资本登记制度改革方案》，确立了商事制度改革总体设计。这些改革减少了企业登记环节，降低了市场准入门槛，并对企业的理性投资、诚信经营提出了更高的要求，为商事主体提供了公平竞争的营商环境。2020年9月，国务院办公厅印发《关于深化商事制度改革进一步为企业松绑减负激发企业活力的通知》，明确提出四个方面共12项改革举措，进一步优化营商环境：一是推进企业开办全程网上办理。二是推进注册登记制度改革取得新突破。三是简化相关涉企生产经营和审批条件。四是加强事中事后监管。该通知提出，要加强企业信息公示，健全失信惩戒机制。

第二节　商事登记的主管机关

一、商事登记的主管机关概述

商事登记是法律赋予或废止商事主体经营资格的行为。因此，商事登记对于商事主体来说，是至关重要的。各国大都明确规定了商事登记的主管机关，有的国家规定为法院，如德国、法国、日本；有的国家规定为专门的行政机关，如我国。根据我国法律规定，商事登记主管机关是工商行政管理机关。我国的工商行政管理机关属于政府的直属机关，是宏观的管理部门，与商品的生产者、经营者不发生直接的行政隶属关系，也不发生直接的经济利益关系。我国的工商行政管理机关由三级组成，分别是国家市场监督管理总局，各省、自治区、直辖市市场监督管理局，市、县市场监督管理局。

二、登记主管机关的权限

作为市场主体登记主管机关的各级工商行政管理机关，在具体登记管理事项上，秉承依法合规、规范统一、公开透明、便捷高效的原则，根据各自权限，履行登记管理职责。

国家市场监督管理总局主管全国市场主体统一登记管理工作，制定市场主体登记管理的制度措施，推进登记全程电子化，规范登记行为，指导地方登记机关依法有序开展登记管理工作，归集全国市场主体登记管理信息。

省级以上人民政府或者其授权的国有资产监督管理机构履行出资人职责的公司，以及该公司投资设立并持有50%以上股权或者股份的公司的登记管理由省级登记机关负责；股份有限公司的登记管理由地市级以上地方登记机关负责。除此以外，省级市场监督管理部门依法对本辖区登记管辖作出统一规定；上级登记机关在特定情形下，可以依法将部分市场主体登记管理工作交由下级登记机关承担，或者承担下级登记机关的部分登记管理工作。

县级以上地方市场监督管理部门主管本辖区市场主体登记管理工作，其派出机构可以依法承担个体工商户等市场主体的登记管理职责。

外商投资企业登记管理由国家市场监督管理总局或者其授权的地方市场监督管理部门负责。

第三节　商事登记的程序

一、商事登记的范围

商事登记的对象为商事主体，商事登记的范围即哪些商事主体应当登记。虽然商事主体区别于其他主体的一个显著特征是营利性，但并非所有从事营利性商业活动的商事主体都要进行商事登记。对此，各国（地区）的规定不尽一致。在有些情况下，即使商业种类本身存在营利性，也特意将其主体排除在商事登记的范围之外。

在我国，依据《市场主体登记管理条例》，所有的市场主体除根据法律、行政法规规定无须办理登记的以外，都应当依照规定办理登记。未经登记，不得以市场主体名义从事经营活动。该条例所称的市场主体是指中华人民共和国境内以营利为目的从事经营活动的下列自然人、法人及非法人组织：（1）公司、非公司企业法人及其分支机构；（2）个人独资企业、合伙企业及其分支机构；（3）农民专业合作社（联合社）及其分支机构；（4）个体工商户；（5）外国公司分支机构；（6）法律、行政法规规定的其他市场主体。

二、商事登记的事项

依据我国《市场主体登记管理条例》第8条的规定，商事主体登记注册的一般事项包括：名称；主体类型；经营范围；住所或者主要经营场所；注册资本或者出资额；法定代表人、执行事务合伙人或者负责人姓名。除前款规定外，还应当根据市场主体类型登记下列事项：（1）有限责任公司股东、股份有限公司发起人、非公司企业法人出资人的姓名或者名称；（2）个人独资企业的投资人姓名及居所；（3）合伙企业的合伙人名称或者姓名、住所、承担责任方式；（4）个体工商户的经营者姓名、住所、经营场所；（5）法律、行政法规规定的其他事项。

现就各项登记事项说明如下。

（一）企业名称（具体内容参见“企业名称”一章）

（二）住所

商事主体，与自然人一样，必须有自己的住所。根据法律规定，商事主体的住所以其主要办事机构所在地为准。住所作为登记事项予以登记，具有重要的法律意义。

1. 可以确定商事主体的诉讼管辖地

《民事诉讼法》规定，对法人或者其他组织提起的民事诉讼，由被告住所地人民法院管辖。同时，《民事诉讼法》规定，因合同纠纷、票据纠纷或者侵权纠纷等提起的民事诉讼，可以由被告住所地人民法院管辖。商事主体作为民事活动的主要主体，在经营活动中经常与其他经济组织发生经济法律关系，难免发生各种纠纷。因此，确定商事主体的住所地，对于解决纠纷，维护社会经济秩序，保障当事人的合法权益，具有重要意义。

2. 可以确定商事主体的受送达地点

在各种法律纠纷中，无论商事主体为原告还是被告，有了明确的住所地，人民法院就能及时、迅速地送达各种法律文书，这为商事主体或者其他当事人依法维护自己的合法权益提供了保障。

3. 有利于确定债务的履行地

《民法典》第 511 条第 3 项规定，在合同双方就履行地点约定不明确或者没有达成协议的情况下，以所在地为准来确定履行地点。对商事主体来说，此时的履行地就是其住所地。因此，商事主体住所的确定有利于确定债务的履行地。

4. 有利于确定商事主体的登记机关

商事主体的成立必须经过登记，按照法律规定，除全国性商事主体以外，其他一般商事主体的登记，都在其所在地工商行政管理部门进行登记。因此，确定了商事主体的住所地，也就等于确定了该商事主体的登记管理机关。

（三）法定代表人

法定代表人是指依照法律或者法人组织章程规定，代表法人或非法人组织行使职权的负责人。商事主体虽然在法律上具有自己的独立人格，但它自己不能亲自从事各种活动，而必须由自然人代表或代理其从事各项活动。法定代表人就是代表商事主体从事各项经营活动的一种法人机关。

法定代表人是法人机关的一种，其权利来自法律或章程的规定，而非法人的授权。因此，法定代表人代表商事主体进行活动时，不需要商事主体另行授权。法定代表人对外以商事主体名义从事经营活动，可以代表商事主体签订合同，在法院应诉、起诉，并由商事主体承担法律责任，即法定代表人的行为是商事主体的行为。法定代表人经市场主体登记机关核准登记，才能取得法定代表人资格。法定代表人是代表商事主体行使职权的签字人，法定代表人的签字应当在登记主管机关备案。依据《民法典》第 504 条的规定，法人的法定代表人或者非法人组织的负责人超越权限订立的合同，除相对人知道或者应当知道其超越权限外，该代表行为有效，订立的合同对法人或者非法人组织发生效力。

（四）注册资本

注册资本是指商事主体的各位股东缴纳并在登记机关登记的财产总额。注册资本以货币单位表示。商事主体有多少资本，不仅是它从事经营活动所必须具备的条件，也是商事主体清偿债务的担保。因此，注册资本也是商事登记中的一项重要内容。当然，如果是合伙企业，由于其对外承担无限责任，因而在登记时无须确定其注册资本。另外，对于成立公司性质的商事主体，法律对其注册资本有许多强行性要求。

（五）主体类型

主体类型主要是指商事主体的法律性质，可以是公司，也可以是合伙企业等。如果是公司，还可以是有限责任公司或股份有限公司。

（六）经营范围

为了保障社会公共利益和商事主体的合法权益，法律对商事主体的经营范围有一定要求。经营范围直接决定并反映着商事主体的权利能力与行为能力的广度和深度。依据我国现有的法律规定，对于商事主体经营范围的理解应当把握如下几点：（1）公司的经营范围由公司章程规定。（2）经营范围必须依法进行登记。（3）商事主体的经营范围中有属于限制项目的，必须依法经过批准。所谓限制项目，并非指绝对禁止经营的项目，而是指需要特别条件方可经营的项目。（4）商事主体必须在登记的经营范围内从事经营活动。

商事主体经营范围经过登记后，即成为其开展经营活动的合法根据。但是，对于企业经营范围在商事登记上的效力，立法没有定论。根据各国的商法理论，有两种观点，即绝对无效说与相对无效说。绝对无效说认为，超出经营范围的活动是无效的。绝对无效的理论根据又可以分为违法说和非法人行为说两种。违法说认为超出经营范围的活动违反了法人目的，而于法人目的以外的行为，法人没有权利能力，因此无效。非法人行为说则认为超出经营范围的行为都不是法人的行为，而只是行为人自己的行为，对法人不发生效力。

从目前各国的做法来看，各国大都采用相对无效说。因为如果超出经营范围的活动绝对无效，将使相对人根据合同所产生的利益没有保障，不利于保障善意第三人的权利；在实践中这也往往被商事主体自己援引作为抗辩事由。

在我国，1999 年以前的法律大都采用绝对无效说，如《民法通则》第 42 条、第 49 条第 1 项的规定，以及修改前的《公司登记管理条例》第 71 条的规定。1999 年以后我国的立法和司法实践开始采纳相对无效说。《合同法》第 50 条规定，法人或者其他组织的法定代表人、负责人超越权限订立的合同，除相对人知道或者应当知道其超越权限的以外，该代表行为有效。《民法典》第 505 条也明确规定，当事人超越经营范围订立的合同的效力，应当依照本法第一编第六章第三节和本编的有关规定确定，不得仅以超越经营范围确认合同无效。因此，我国商事主体的经营范围的登记不具有决定商事主体权利能力的效力。

（七）经营期限

经营期限是商事主体进行经营活动的时间限制，即商事主体可以从事多长时间的经营活动。随着登记制度的改革，经营期限不再是登记事项，只需要向登记机关备案即可。

三、商事登记的流程

商事登记是商事登记人申请登记与主管机关核准注册登记行为的结合。依据我国《市场主体登记管理条例》及其实施细则，从登记主管机关的角度出发，将登记审批流程概括为申请和受理、审查、核准发照、公告四个阶段。

（一）申请和受理

商事登记人的申请是与登记主管机关的受理紧密结合在一起的，商事登记人的申请是登记主管机关受理的前提。依据我国法律的规定，只有申请人将需要提交的各项申请文件备齐，登记主管机关才予以受理。在德国，商事登记注册的申请对掌管商事登记的法官有必须作出接受或驳回的决定的约束。

商事登记一般由商事主体的法定代表人、组建负责人负责申请，且须作成书面申请书。市场主体实行实名登记，申请人需要配合登记机关核验身份信息，并对提交材料的真实性、合法性和有效性负责。申请人可以委托其他自然人或者中介机构代为办理登记事项。

（二）审查

商事登记事项必须真实、合法，登记主管机关在决定受理登记申请后，就需要对登记申请书及有关文件进行审查。但登记机关应在何种程度上进行审查，对此，各国立法与学说存在三种主张。

1. 形式审查主义

此即登记机关对于登记申请书及有关文件，仅于形式上审查其是否合法，至于其登记事项的内容实际上是否真实，在所不问。因此，即使商事主体已经登记注册，也很难证明其为真实可信的。但法律要求登记申请人保证登记事项是真实的，并对虚假登记承担相应的法律责任。采此立法主义的国家有瑞士、比利时等。

2. 实质审查主义

此即登记机关不仅要从形式上审查登记申请书是否合法，还必须对申请登记事项的真实性、合法性加以审查。依据此种立法主张，凡是已经登记的事项，就有证明其真实性的效力。但进行实质审查的登记机关责任较重，工作量较大，一般国家不采用这种制度。

3. 折中审查主义

此即主张登记主管机关有实质审查的职权，但没有必须进行实质审查的义务。登记不能作为推定已登记事项为真实的基础，其证据力如何，仍须由法院的裁判来决定。

我国采用形式审查制度，在申请材料齐全、符合法定形式的情况下，依法确认并当场登记。不能当场登记的，在3个工作日内予以登记。

（三）核准发照

由于商事主体在申请登记时已经提交了填报的登记注册书，因而主管机关对这些登记注册的事项内容进行审查核实后，直接作出是否核准登记的决定，并对核准登记的企业颁发有关证明。国外立法例在这方面的规定与我国的不同，往往要求商事主体在申请时只提交商事登记申请书，经登记主管机关审查核准后，方依规定格式将应登记事项登记于商业登记簿中。根据法律规定，对登记申请的核准有一定的时间要求，即登记主管机关必须在规定的期限内对登记申请作出核准或不予核准的决定。按照我国《市场主体登记管理条例》的规定，公司登记机关对决定予以受理的登记申请，应当当场登记。

商事主体取得法人营业执照，执照的签发日期就是公司成立的日期。经过登记主管机关依法核准登记并发给企业法人营业执照，商事主体的设立才算得到法律的确认，商事主体的设立程序才正式完成，商事主体正式拥有民事权利能力和民事行为能力，并依法享有权利和承担义务。

（四）公告

商事登记经审查批准后，应当及时予以公告。所谓公告，就是将登记的有关事项通过国家企业信用信息公示系统公告。公告不仅使一般社会公众了解登记商事主体的相关信息，便于交易，而且有利于社会监督和保障市场主体的合法权益。

依据我国法律规定，商事登记公告只能由登记主管机关公告，其他任何单位未经登记主管机关的批准，无权公告。公告形式由登记主管机关决定，公告的内容因为设立登记和注销登记而有不同。登记的事项必须采取适当的方式公告于众，登记和公告的事项须一致、真实，否则法律推定为没有公告或者不能对抗善意第三人。我国的商事登记采用实质审查制度，不仅要求严格而且手续烦琐，已然不能适应市场经济条件下商事登记的需要。因此，为了适应社会主义市场经济的需要，我国的商事登记制度也逐步开始改革，如北京市的商事登记由审批登记改为备案登记，而海南省则采用直接登记制。

第四节　商事登记的种类

关于商事登记的种类，各国法律规定不一。我国对商事登记的种类的规定主要集中在《市场主体登记管理条例》及其实施细则。依据这些法规、规章的规定，可以将商事主体的登记分为设立登记、变更登记、注销登记、分支机构的登记等。

一、设立登记

《市场主体登记管理条例》具体规定了申请商事主体设立登记所需的文件和证件。如果是有限责任公司或股份有限公司，根据《公司法》及《市场主体登记管理条例》的规定，在设立登记时，须先进行公司名称预先核准登记，这主要是为了保障公司名称质量，加快公司登记进程。外商投资企业，由于其有一定的特殊性，所以在申请设立时，需要提交不同的文件，主要包括登记申请书、批准文件和证书、项目建议书等。另外，不具备法人条件的企业或经营单位申请营业登记，外商投资企业申请设立分支机构或办事机构，都应依法提交相应的文件。登记主管机关受理登记申请后，对申请单位提交的有关文件进行审查，包括形式审查和实质审查，具体核实商事主体的设立条件。对不具备设立条件的，应当依法作出不予核准登记的决定。对符合设立条件的，应作出核准登记的决定，并核发相应的执照。

二、变更登记

商事主体的变更登记是指已登记的商事主体因名称、住所、经营场所、法定代表人/执行事务合伙人/负责人、注册资本/出资额、经营范围等的变更而进行的登记。商事主体变更登记事项的，应当向原登记主管机关申请变更登记，未经核准变更登记的，商事主体不得擅自变更登记事项，否则应当承担相应的法律责任。申请变更登记应当提交法律要求提交的有关文件、证明。市场主体变更登记涉及营业执照记载事项的，应当换发营业执照。《市场主体登记管理条例》对商事主体变更登记时应当具备的条件进行了具体规定。

三、注销登记

商事主体注销登记是指商事主体因解散、被宣告破产或者其他法定事由需要终止的，向登记主管机关办理的消灭商事主体资格的登记。商事主体依法需要清算的，应当自清算结束之日起 30 日内申请注销登记。依法不需要清算的，应当自决定作出之日起 30 日内申请注销登记。市场主体申请注销后，不得从事与注销无关的生产经营活动。自登记机关予以注销登记之日起，市场主体终止。

商事主体注销登记的条件根据商事主体类型的不同而不同，原则上商事主体在被依法宣告破产、存在章程或协议规定的营业期限届满等情形下，可以向原登记主管机关申请注销登记。

四、分支机构的登记

分支机构是指具备法人资格的商事主体在其住所以外设立的从事经营活动的不具备

法人资格的经济组织。分支机构的特点是没有独立法律地位，不具备法人资格，它只是法人的一个附属机构，因而没有自己独立的名称、章程、财产，法人对分支机构的经营活动承担全部责任。分支机构的登记同样包括设立登记、变更登记、注销登记三种，其基本内容也与前面所述的登记内容基本一致。特殊一些的内容则包括，凡是分支机构的登记，其经营范围不得超过其法人的经营范围，如果是限制经营的项目，即使法人可以经营，也并不表明分支机构可以经营。分支机构的登记必须有法人要求成立分支机构的申请。

第五节　商事登记的效力

关于商事主体经注册登记后的法律效力，以及已登记事项与未登记事项对第三人的法律效力，各国立法不尽相同。但下述法律效力在各国立法中大都一致。

一、创设法律关系的效力

登记注册是商事主体取得经营资格的前提条件，凡未经登记者，不得以商事主体的身份从事经营活动。各国大多规定商事登记是商事主体取得经营资格的前提。如《瑞士债法典》规定，登记注册是公司取得法人资格的必经手续，而且通过登记注册，商事主体取得对于某一特定商号的独一无二的使用权。在法国，登记注册构成一种推断，表明某个主体成为商事主体（除非有相反的证据可以推翻），未经登记注册而从事商事活动的，不享有商事主体的权利，但仍须履行商事主体应尽的义务。在我国，严禁商事主体无照经营，因此，登记注册是商事主体取得经营资格的前提条件。

二、免责效力

创设法律关系的效力基于创设登记。免责效力则主要基于变更登记或注销登记，即根据商事主体变更、注销登记的记载，商事主体将部分或全部免除责任。另外，以登记的时间为基准的禁止一旦解除，也能产生免责的效果。

三、公示效力

公示效力，即凡经登记的内容，应当推定其具有相应的法律效力，善意第三人根据登记事项所为的行为，应当有效。商事登记的公示效力表现在登记在主管机关簿册上的有关商事主体的事项，除非有虚假表示者，得与第三人对抗。我国企业登记采用强制登记主义以及实质审查主义。所以，凡是登记注册的事项，当然具有对抗第三人的法律效力。对于应登记而未登记的事项，注册人不得援引对抗善意第三人；如果注册人有充分证据证明第三人知道未登记事项，则第三人具有恶意，应允许注册人援引此未登记事项对抗第三人。

实际上，各国均将公示作为商事主体的一个重要义务，即交易当事人对于涉及利害关系人利益的营业事实，负有公示告知的法律义务。这一规定的目的在于保护交易相对人或不特定第三人的利益。因此，商事主体应登记事项而未登记者，对于善意第三人不发生法律效力。而且法律对于应登记而未为登记者，除要求商事主体承担相应的法律责任外，对于商事主体的法定代表人，也要追究其民事责任、行政责任甚至刑事责任。

第六节　商事登记监管

对商事登记的监管，包括社会公众监管和主管部门监管两种。社会公众监管主要包括要求登记主管部门公告商事主体的登记内容，以及社会公众有权查询商事主体的登记事项。我国对主管部门监管相对比较重视，而对社会公众监管的重视程度还有必要进一步提高。

一、监管内容

根据我国法律的规定，主管部门监管包括如下内容。

1. 建立企业档案

依据我国《市场主体登记管理条例》及其实施细则的规定，各级登记主管部门应当建立档案，掌握有关市场主体登记的基础信息，根据其信用风险状况实施分级分类监管。

2. 年检

年检指的是年度检查，是登记主管机关对商事主体进行监管的重要手段。商事主体应当按照主管部门的要求，在规定的时间内提交年检报告书、资金平衡表或者资产负债表。登记主管机关应对商事主体登记的主要事项进行审查。

3. 证照管理

登记主管机关核发的“企业法人营业执照”“营业执照”分为正本和副本，具有同等法律效力。商事主体的执照的正、副本，不得伪造、涂改、出租、出借、转让。

4. 对商业活动的监管

各级登记主管机关均有权对管辖区域内的商事主体进行监督检查，各商事主体应当接受检查，提供检查所需的有关资料。

二、违反商事登记管理法规的处罚

《市场主体登记管理条例》及其实施细则都规定了对违反商事登记管理法规的具体处罚，主要的处罚方式包括：责令改正，责令终止经营活动，责令停业整顿或者扣缴营业执照，撤销登记，吊销营业执照，没收非法所得并处以罚款等。情节严重构成犯罪的，依法追究刑事责任。

深度阅读

林嘉．商法案例分析．北京：中国人民大学出版社，2009：第一章第三节．

樊涛．中国商法总论．北京：法律出版社，2019：第五章．

范健．论商事登记之公示对第三人的法律效力．南京大学法律评论，1995（1）：57-61．

思考与练习

1. 商事登记的主要程序包括哪些？
2. 商事登记会产生哪些法律效力？
3. 商事登记的监管包括哪些内容？
4. 试述我国现行商事登记立法存在的问题及对策。

第五章
企业名称

常考知识点

企业名称登记种类　企业名称登记效力　企业名称登记程序

第一节　企业名称概述

一、企业名称的概念

企业名称是商事主体用来在营业活动中表彰主体身份的名称，又称字号、商号、厂商名称、商业名称等。我国立法则认为企业名称与商号、字号略有差别。如企业名称一般由“行政区划＋字号＋行业＋组织形式”组成，而“商号”或“字号”只是其中的一个组成部分。如“同仁堂药店”，这一企业名称中只有“同仁堂”才属于商号。因此，我国立法认为，企业名称是商业主体于营业上为法律行为时，用以署名、委托授权或与他人交易的名称，一般要求由两个以上的字组成。

二、企业名称的法律特征

（一）使用企业名称的主体是商事主体

凡自然人或公司，均可以为商事主体。商事主体使用其企业名称来表示其营业的统一性、独立性和继续性。

（二）商事主体在营业活动中使用企业名称，并以此享有权利、承担义务

企业名称是商事主体进行商业登记和在营业时为法律行为，用以署名、标示其商事主体本身的名称。商人以自己的姓名作为企业名称的，应当添加字样以示区别，实践中往往是使用表明其营业性质的字样，如“李云时装店”“王麻子刀剪铺”等。既然企业名称是商事主体在营业上所使用的名称，那么商事主体在法律上应当以此名义享有权利、承担义务。所以，如果商事主体出借企业名称，或者明知他人使用自己的名称而不加以制止或提出异议，根据诚实信用原则，商事主体应当承担相应的法律责任。

（三）企业名称是商事主体为区别与他人的营业活动，表彰自己的形象而设立

在商业活动中，尤其当商事主体在经营中已经树立良好信誉时，商事主体需要使自己区别于他人。从这个角度讲，企业名称在商事流转和竞争中表明一定的商业信誉和资产额，具有一定价值，因此可以转让。

三、企业名称的历史发展

中世纪时期，意大利及地中海沿岸各个城市共和国商业繁荣，出现了各种商业组织，公司便是其中的一种。为了区别，公司多采股东之姓名作为“商号”，这就是现代企业名称的起源。从1794年的《普鲁士普通法》和1807年的《法国商法典》正式承认公司组织的商号有排他的权利，到1883年的《保护工业产权巴黎公约》正式将企业名称权作为一种工业产权进行保护，国际社会对于企业名称的保护越来越重视。

我国企业名称的使用不是始于公司组织这种商事主体，而是始于独资或合伙组织的商事主体，公司组织诞生以后，企业名称的使用才延伸到公司组织这种商事主体。我国以前一般采用“字号”这种用法。但最近学者们论述时，为与公司名称保持一致，逐渐改用“企业名称”。我国法律明确规定对企业名称给予保护，始于1904年清政府颁布的《商部奏定公司注册试办章程》与《商部奏定商律》，它们对“公司名号”的设立、用词的限制、何种场合应注明字号等作了较为详细的规定。1914年，中华民国政府颁布《商业注册规则》与《商人通例》及其实施细则，同时，颁布修正的《公司条例》，对企业名称也作了更为详细的规定。此后，国民党政府制定了一系列的法律。至此，旧中国对企业名称的保护已相当完备。

中华人民共和国成立后，为适应当时经济的需要，我国先后颁布了《私营企业暂行条例》《工商企业登记管理试行办法》《工商企业登记管理条例》《工商企业名称登记管理暂行规定》等相关法律法规。1985年，为进一步明确外国企业、外商投资企业名称登记的法律规范，国家工商行政管理局发布了《关于外国企业、外商投资企业名称登记问题的通知》，专门规范了名称登记的保留期限的问题。

1986年《民法通则》颁布，其第26条规定：“个体工商户可以起字号。”第33条规定：“个人合伙可以起字号，依法经核准登记，在核准登记的经营范围内从事经营。”所谓“字号”，在立法中就是指个体工商户和个人合伙的商业登记，是经营者的一个标记，在“字号”名义下进行的一切商事行为，都是个体工商户或个人合伙的行为。对于法人，《民法通则》使用“名称”一词，该法第99条规定，法人有权使用、依法转让自己的名称。1988年6月，国务院颁布《企业法人登记管理条例》，明确规定企业法人只准使用一个名称。1991年，《企业名称登记管理规定》颁布，该规定分别在2012年与2020年经历了两次修订，企业名称的登记与管理不断简化，优化了营商环境。

四、与相关概念之间的区别

（一）企业名称与姓名

姓名与企业名称最大的区别在于，姓名是表示自然人身份的符号，属于人格权且不得转让。而企业名称是表示商事主体的符号，属于财产权，因而可以转让。

（二）企业名称与商标

商标是指市场主体在商品或者服务上所使用的，由文字、图形、颜色组合、声音或者其他组合构成的，具有显著特征，便于识别商品或服务来源的标志。在职能上，商标主要为识别功能，且必须与特定的商品或服务相联系；而企业名称最重要的职能即在营业交易上明确表示其作为经营者主体的身份。在形式上，企业名称必须由文字组成；而商标作为一种标志，可以由文字、图形、字母、线条甚至声音等组成。在注册上，企业名称强调强制注册，且一个企业只能有一个企业名称；商标则采用自愿注册原则且没有数量限制，一个企业可以同时拥有许多个注册商标，也可以一个注册商标都没有。

（三）企业名称与商业招牌

商业招牌是指商事主体挂在其营业所前作为标志的牌子。商业招牌往往具有表示商事主体住所和宣示商事主体的广告作用。企业名称可以被采用作为商业招牌。但很多情况下，商事主体会采用与企业名称具有一定联系的字、词、符号、图案等作为商业招牌，最常见的就是选用字号以及商标。

第二节　企业名称的选用

为保证企业名称和交易主体的一致性，维护交易安全和交易秩序，维护社会公共利益，应尽量控制企业名称误解、混同及出借等情况。各国在企业名称的选用上无论是采用企业名称真实主义还是企业名称自由主义，都强调要避免以上情形。

一、企业名称真实主义

企业名称真实主义是指选用的企业名称必须与经营者的名称或与营业内容相一致，否则不被承认且无法被转让或继承。法国、瑞士及拉丁美洲的许多国家采用此种立法，德国基本上采纳此原则。采用企业名称真实主义的国家，对于非法人的商事主体的企业名称的选用更为严格，要求商事主体的企业名称与营业主的姓名以及营业种类必须相符。在这些国家，往往还采“商号连续原则”，以保证商誉的传承性，即一个人如果购买或继承了某个商事主体的业务，或者根据租赁契约经营他人的业务，他可以在原来业主或其继承人同意的情况下，继续保留和沿用原来的企业名称。通过这种方式，新的业主可以从原来的企业名称所具有的商业信誉中获利。此时，企业名称真实主义让位于企业名称连续原则。

二、企业名称自由主义

企业名称自由主义是指商事主体选用何种名称作为企业名称，以及企业名称与营业主的姓名及营业种类是否相同，法律原则上不予限制。英美法国家往往采用此种主义。日本也采企业名称自由主义。不过此原则同样要受一定程度的限制。对于我国企业名称的选用采用什么主义，学者有不同的意见。既有学者主张我国原则上采取真实主义，也有学者主张我国原则上采取自由主义。我们倾向于认为，我国企业名称选用原则上采用自由主义。但需要指出的一点是，企业名称选用的上述两种立法主义在实践中的差距是相当小的。企业名称真实主义其实有很大的自由，而企业名称自由主义也受到很多的限制。所以，我国原则上采取企业名称自由主义，但仍然存在很多的限制，如《企业名称登记管理规定》规定的相关限制。2017 年，国务院出台“十三五”市场监管规划，在企业名称的选用上，改革企业名称核准制度，赋予企业名称自主选择权。该规划强调，除涉及前置审批事项或企业名称核准与企业设立登记不在同一机关以外，逐步实现企业名称不再实行预先核准。向社会开放企业名称数据库，增强企业变更名称的便捷性，建立企业名称争议处理机制，加快推进企业全程电子化登记。

第三节　企业名称的登记

一、概述

英美法系国家非公司的企业名称并不要求必须登记，而且企业名称既可以作为企业名称登记，也可以作为商标登记。但大陆法系国家大都采用强制登记制度，其理由为防止他人滥用企业名称，影响商业信誉。

二、企业名称登记的种类与条件

企业名称登记，依其登记原因和目的不同，可以分为：企业名称创设登记、变更登记、转让登记、废止登记和撤销登记。其中，创设登记即商事主体创立时企业名称的登记；变更登记即商事主体在营业继续中，变更原登记企业名称的全部或一部分；转让登记即进行企业名称的转让时的登记；废止登记即商事主体终止营业而废止企业名称的使用的登记；撤销登记即主管机关依职权撤销商事主体在营业登记中发生的登记。

我国实行强制登记制度，企业名称的登记程序因商事主体种类的不同而不同。但依据中共中央、国务院《关于新时代加快完善社会主义市场经济体制的意见》的要求，深入推进“放管服”改革，深化行政审批制度改革，企业名称的登记管理也发生了巨大的变化，原来的企业名称登记采用的核准制度转化为自主申报登记制度。在规范企业名称登记的前提下，不断简化企业名称登记程序并建立企业名称自主申报系统、企业名称争议处理机制，加强企业名称事后监管。

依据2020年修订的《企业名称登记管理规定》的要求，企业名称不再采用审核制，而是由申请人自主申报。企业名称的选用在该规定中有一定的要求。

1. 企业只能登记一个企业名称，企业名称应当使用规范汉字。民族自治地方的企业名称可以同时使用本民族自治地方通用的民族文字。

2. 企业名称中的字号应当由两个以上汉字组成。

3. 企业名称需要冠以“中国”“中华”“中央”“全国”“国家”等字词的，需要按照有关规定从严审核，并报国务院批准。企业名称中间含有“中国”“中华”“全国”“国家”等字词的，该字词应当是行业限定语。使用外国投资者字号的外商独资或者控股的外商投资企业，企业名称中可以含有“（中国)”字样。

4. 企业分支机构名称应当冠以其所从属企业的名称，并缀以“分公司”“分厂”“分店”等字词。境外企业分支机构还应当在名称中标明该企业的国籍及责任形式。

5. 企业集团名称应当与控股企业名称的行政区划名称、字号、行业或者经营特点一致。控股企业可以在其名称的组织形式之前使用“集团”或者“（集团)”字样。

在企业名称登记采用自行申报方式的情况下，容易发生侵犯他人企业名称的情形。针对这种情况，法律规定，企业认为其他企业名称侵犯本企业名称合法权益的，可以向人民法院起诉或者请求为涉嫌侵权企业办理登记的企业登记机关处理。人民法院或者企业登记机关依法认定企业名称应当停止使用的，企业应当自收到人民法院生效的法律文书或者企业登记机关的处理决定之日起30日内办理企业名称变更登记。名称变更前，由企业登记机关以统一社会信用代码代替其名称。企业逾期未办理变更登记的，企业登记机关将其列入经营异常名录；完成变更登记后，企业登记机关将其移出经营异常名录。

三、企业名称登记的效力

企业名称一经登记，商事主体就取得该企业名称的专用权，即名称权，并发生排他效力和救济效力。但需要注意的是，企业名称的专用权是仅就整体而言的，因为辖区的不同，不同的企业即使选用同一个字号，在整体上也是不同的企业名称。

（一）排他效力

排他效力是指企业名称一经登记即发生排斥他人为相同或类似的企业名称登记或使用该企业名称的效力。不同企业向同一或不同工商行政管理部门申请相同的企业名称的，应当采用与商标申请相同的处理方式，根据申请在先原则处理。按照我国实践，排他效力的产生，应当满足以下条件：第一，必须是名称相同或近似。判断企业名称近似时，应当按照社会一般见解认为会在具体的商业交易中致他人误解为标准。第二，必须是同一行业。对于连锁经营，其经营应当看作一个集团，因而应允许连锁经营采用同一企业名称，而不管其是否在同一市、县。

（二）救济效力

救济效力是指商事主体可以就他人非法使用相同或类似企业名称在同一营业，侵犯其企业名称专有使用权，请求停止使用、赔偿损失等救济的效力。《企业名称登记管理规定》第 23 条第 2 款的规定就是企业名称登记救济效力的体现。

第四节　企业名称的法律保护

企业名称作为商事主体经营活动及其产品或服务的代表、商事主体信誉的标志，有必要通过法律加以保护，以维护良好的工商业秩序。而法律对企业名称的保护，主要通过赋予其专有使用权的方式实现。

一、企业名称权的性质

将企业名称权作为一种绝对权对待，自无疑问，但对于其作为绝对权的性质，学理上一向存有争议，主要分歧在于企业名称权究竟为人格权、财产权，抑或人格权与财产权的结合。

1. 人格权说

人格权说认为，企业名称权为人格权的一种。其主要理由是，企业名称是商事主体在营业中表彰自己的名称，在实质上与自然人的姓名无异，商事主体与自然人均有权决定、使用和依照规定改变自己的姓名或名称，有权禁止他人干涉、盗用和假冒。商事主体与自然人一样，有意志和人格，因而企业名称权也应属于人格权的一种。

2. 财产权说

财产权说认为，企业名称在登记之后由商事主体取得专有使用权。企业名称权可以转让、继承，而作为人格权的姓名权，是不能作为转让或继承的标的的。

3. 折中说

折中说是目前的通说。该说认为，企业名称权兼具人格权与财产权的特性。其主要理由是：一方面，企业名称权是商事主体表示自己的名称所生之权，是商事主体具有独立人格所必需的权利，因而具有人格权的特征。另一方面，企业名称权是与商事主体的商誉结合在一起的，而商誉是具有财产价值的，所以企业名称权可以成为转让或继承的对象，具有财产权的性质。

二、企业名称权的限制

（一）地域限制

企业名称权具有严格的地域性。企业名称一经登记，即具有排他效力和救济效力。

而这种排他效力和救济效力，除全国性企业以外，其效力或被限制在特定的县、市范围，或被限定于特定的省、自治区、直辖市范围。

（二）转让限制

各国立法对企业名称的转让均有一定的限制，主要是为了保障企业名称的公开性，避免企业名称的混同或误解，以致影响交易安全及当事人的合法权益。这其实与企业名称的人格权性质是分不开的。对企业名称权转让的限制又可分为两个不同的立法主义。

1. 不得单独转让

这种立法主义认为，企业名称主要是营业区别的一种手段，其转让应当受到严格限制，一般只能与营业本身一同转让，不得单独转让。这种立法主义的代表国家有瑞士、德国和日本。我国采用的也是不得单独转让主义。

2. 可单独转让

这种立法主义认为，企业名称可以单独转让。该立法主义的代表国家为法国，其认为企业名称作为商业资产的一部分，可以自由转让。然而即使在可单独转让的国家，对于企业名称的转让也是有限制的，如不允许许可使用等。

三、企业名称权的保护模式

侵犯企业名称权的主要方式是擅自使用他人的企业名称，欺骗公众，使公众产生误认。一般而言，对于侵犯企业名称权的行为，在立法模式上，各国多采取多管齐下的方式进行，如采用民法、商事法、反不正当竞争法及专门立法等手段。我国也是以民法、反不正当竞争法、专门立法等多种手段对企业名称予以保护。

（一）适用民法

在大陆法系国家，采用民法对企业名称权进行保护是其重要手段之一，这也与许多国家采用民商合一的立法体例是分不开的。我国《民法典》第 1013 条规定，法人、非法人组织享有名称权，有权依法决定、使用、变更、转让或者许可他人使用自己的名称。

（二）适用反不正当竞争法

企业名称是表彰商事主体身份的符号，属于商事主体的无形资产，在知识产权法领域，属于工业产权的一种。《反不正当竞争法》对企业名称提供专门保护。依据《反不正当竞争法》第 6 条的规定，“经营者不得实施下列混淆行为，引人误认为是他人商品或者与他人存在特定联系：……（二）擅自使用他人有一定影响的企业名称（包括简称、字号等）、社会组织名称（包括简称等）、姓名（包括笔名、艺名、译名等）……”可见，擅自使用他人有一定影响的企业名称构成不正当竞争行为。当然，《反不正当竞争法》对于企业名称的保护是以该企业名称有一定影响为前提的。

（三）适用专门的立法

一般而言，仅仅适用民法条款对企业名称权进行保护是不够的，因此在具体实践中，大量适用专门的企业立法，如公司法、商业登记法等进行规范。我国专门制定了保护企业名称的专项法规——《企业名称登记管理规定》，其对企业名称的争议与保护作了详细规定。对权利人的救济手段一般包括民事救济和行政救济两种。前者主要包括停止侵害、恢复名誉、消除影响、赔礼道歉、赔偿损失；后者主要包括罚款、警告、责令停止侵害行为等。

四、企业名称的国际保护

人类进入现代社会以后，国际贸易进一步发展，世界范围的统一市场逐步形成。商誉已经逐渐不受国家或地区边界所限而具有国际性。同时，驰名的企业名称所有人可能遭受的损害也不再限于一国或一个地区的边界之内。因此，对于企业名称的法律保护的范围，也需要从一国或一地区扩大到国际。

最早适应这种变化的公约是《保护工业产权巴黎公约》。该公约从一开始就提供了对厂商名称的保护，也即对企业名称的保护。该公约第 2 条规定的国民待遇原则包括企业名称，而第 2 条的宗旨就在于，使有权享受公约利益的厂商能够得到相同于联盟各国国民所享有的权利和救济手段。同时，为了确保外国厂商名称在联盟各国受到保护，《保护工业产权巴黎公约》专门拟定了第 8 条以保护厂商名称。此外，该公约第 9 条和第 10 条也都规定了对厂商名称的保护。

由于我国对企业名称的保护以注册为要件，所以，依据《保护工业产权巴黎公约》的规定，我国对外国厂商名称的保护免除了注册登记的义务。

深度阅读

林嘉．商法案例分析．北京：中国人民大学出版社，2009：第一章第四节．
樊涛．中国商法总论．北京：法律出版社，2019：第四章．
范健．德国商号法律制度评析．法律科学，1994（1）：90－97．

思考与练习

1. 试述企业名称的概念及法律特征。
2. 企业名称的登记效力有哪些？
3. 如何保护企业名称权？
4. 试述商标权与企业名称权的权利冲突与解决。

第六章 商业账簿

常考知识点

公司财务会计制度　会计师事务所　审计财务报告　公司财务报告的披露

第一节　商业账簿制度概述

一、商业账簿的概念及历史发展

商业账簿，指商主体用以表示其营业状况及财产状况的会计账簿。

会计账簿，指以会计凭证为依据，由有专门格式并相互连接的账页组成，按照时间顺序或特定的分类，全面、系统、连续记载商主体经济业务的簿册。现代信息技术的发展，使以电子数据方式记录、保存、报送会计信息成为可能，纯纸质账簿的定义得到相当程度的突破。

法律对商业账簿的专门规定，不仅是为了通过敦促商主体记录经济业务来实现完善的自我业务管理，更重要的是为了规范商主体对其营业状况及财产状况等会计信息的记载和披露，维护交易安全，提高交易效率。

古代埃及的“散页账簿记”和中国古代的“流水账”，是早期商业活动简单的书面记载。商品经济发展到资本主义阶段，经济生活日趋复杂，市场主体之间的联系日渐紧密，商主体的经营状况、财产状况会在很大程度上影响其他主体的利益，进而影响整个市场秩序。尤其是随着证券市场的出现，上市公司不仅有人数众多的股东，还有众多的债券持有人、银行、保险公司、交易对手、税收征管部门、证券监管部门等利益相关主体，这些主体均不直接参与公司的经营管理，但都需要了解公司的财务状况或经营成果。这一趋势在立法上的体现则是强制要求各类商主体编制商业账簿，展示其经营状况及财务状况，以维护商主体的自身利益、公众利益以及社会交易安全。

二、商业账簿法的立法例

有关商业账簿的规范，法国、德国、日本等大陆法系国家主要规定在商法典中。如德国旧商法典第一编第四章是“商业簿记”，1986 年德国修订《德国商法典》时，将商业簿记规定在第三编第 238 条到第 342 条。《日本商法》则将其规定在第一编“总则”的第五章“商业账簿”。英美法系国家则以若干单行法和判例法作出相关规定。

各国商业账簿的立法例大致有三种类型。第一，干涉主义。法国法及其继受国多采用此种立法例。这些国家的法律不仅规定经营商业者必须设置账簿，而且详细规定了账簿种类以及账簿的记载方法，政府对商业账簿要随时派员检查。第二，放任主义。关于是否设置商业账簿，是商人的自由，法律不予干涉。但如果商主体不设置商业账簿，破产时商主体会处于不利地位。因此，事实上，没有不设置商业账簿的商主体。此种立法主义为早期英美法系国家所坚持，目前维尔京群岛等自由港仍采用此种立法例。第三，折中主义。法律仅规定商主体有置备商业账簿的义务，但并不规定商业账簿的记载方法。德国法及其继受国采此种主义。

我国借鉴了干涉主义立法例，不仅严格规定商业账簿的种类及记载方法，还规定了情节严重的违法行为的刑事责任。2017 年修正的《会计法》第 3 条规定：“各单位必须依法设置会计账簿，并保证其真实、完整。”第 42 条第 1 款规定：“违反本法规定，有下列行为之一的，由县级以上人民政府财政部门责令限期改正，可以对单位并处三千元以上五万元以下的罚款；对其直接负责的主管人员和其他直接责任人员，可以处二千元以上二万元以下的罚款；属于国家工作人员的，还应当由其所在单位或者有关单位依法给予行政处分：（一）不依法设置会计帐簿的；（二）私设会计帐簿的；（三）未按照规定填制、取得原始凭证或者填制、取得的原始凭证不符合规定的；（四）以未经审核的会计凭证为依据登记会计帐簿或者登记会计帐簿不符合规定的；（五）随意变更会计处理方法的；（六）向不同的会计资料使用者提供的财务会计报告编制依据不一致的；（七）未按照规定使用会计记录文字或者记帐本位币的；（八）未按照规定保管会计资料，致使会计资料毁损、灭失的；（九）未按照规定建立并实施单位内部会计监督制度或者拒绝依法实施的监督或者不如实提供有关会计资料及有关情况的；（十）任用会计人员不符合本法规定的。”

各国也根据营业规模的大小、征税的便利及保障等因素，对不同商主体建立商业账簿作区别规定。《日本商法》规定，小商人可以不适用商号、商业账簿及商业登记的规定。

各国通过颁布会计准则，对商业账簿内容进行规范化和标准化。会计准则是会计实务中关于如何进行会计处理的技术性规范。美国的会计准则由独立的非政府下属的机构——财务会计准则委员会制定，国会证券交易委员会保留最后的监督权和否决权；日本、德国等国家由国家或政府颁布会计准则；我国由财政部发布《企业会计准则——基本准则》。

第二次世界大战后，会计准则出现了国际化的趋势，尤其是 20 世纪 70 年代以来，随着全球资本市场一体化的进程，会计准则的国际化进程大大加快。成立于 1973 年的国际会计准则委员会由澳大利亚、加拿大、法国、德国、日本、墨西哥、荷兰、英国和美国的会计职业团体发起，秘书处设于伦敦。国际会计准则委员会致力于发展和选用适当、公平并且具有国际可比性的会计准则，同时要求各国在编制财务报告时加以遵守。各国在编制本国的会计准则时，越来越多地参考并融合国际会计准则及别国的会计准则。

三、商业账簿的意义

第一，商业账簿的基本意义在于，向各财务会计信息的使用人提供相关可靠、清晰可比的财务会计信息，作为决策依据。

经营管理者可以借此了解其自身营业状况和财务状况，作为计算盈利、分配利润的依据；也可以通过分析商业账簿，了解经营管理中的问题，调整企业发展战略规划，改进经营管理，提高竞争力。

公司股东可以通过商业账簿了解营业状况、资信能力和发展前景，对经营管理者的业绩作出合理评价，并作出投资决定。

银行、债券持有人、融资租赁的提供人、商业信用的提供人等商事主体的债权人，可以根据商业账簿了解商事主体的偿债能力及资信状况，以便有效地进行债权管理。

第二，商业账簿是相关国家机关审核商事主体的营业状况或实施行政行为的依据。我国《税收征收管理法》第 20 条第 1 款规定："从事生产、经营的纳税人的财务、会计制度或者财务、会计处理办法和会计核算软件，应当报送税务机关备案。"第 25 条规定，纳税人必须依法办理纳税申报，报送纳税申报表。第 54 条规定，税收机关有权检查纳税人账簿。同时，国家宏观管理部门也可以通过对各类商业账簿的汇总统计、分析，获取相关的经济信息，作为宏观决策的依据。

第三，商业账簿可成为民事诉讼中的重要证据。英国、美国等国家长期不承认商业账簿的效力，虽然现在承认账簿可以具有法律效力，但其必须具备三个条件：由专门负有此项义务的人记载，须按企业通常的方式记载，及时记载。法国、德国、日本等国家的法律规定，商业账簿必须保存 10 年，仅在这 10 年内具有法律规定的证据效力。按照我国《民事诉讼法》，企业账簿如果内容属实，可具备证据能力。

四、商业账簿的保存

各国法律均要求商事主体保存商业账簿，并规定了保存年限。有些国家规定了确定期间的保存年限，如德国、意大利、比利时、法国、日本规定为至少 10 年，西班牙规定为 5 年，荷兰规定为 30 年；有些国家采取不确定期间，如智利以营业继续时间为准，巴西以债权时效消灭为限。

我国法律规定商业组织应当保留商业账簿，但未在《会计法》中统一规定保存期间。《税收征收管理法实施细则》第 29 条第 2 款规定，账簿、记账凭证、报表、完税凭证、发票、出口凭证以及其他有关涉税资料应该保存 10 年。一般来说，普通商业账簿至少要保存 10 年，部分重要账簿的保存时间应更长。我国《刑法》第 162 条之一规定："隐匿或者故意销毁依法应当保存的会计凭证、会计帐簿、财务会计报告，情节严重的，处五年以下有期徒刑或者拘役，并处或者单处二万元以上二十万元以下罚金。单位犯前款罪的，对单位判处罚金，并对其直接负责的主管人员和其他直接责任人员，依照前款的规定处罚。"

第二节 商业账簿的种类

在我国，商业账簿分为会计凭证、会计账簿、会计报表三类。

一、会计凭证

会计凭证是记录经济业务的发生和完成情况，明确经济责任的书面凭证，是登记账簿的依据。只有经审核无误的会计凭证，才能作为登记会计账簿的依据。

按填制程序和用途分类，会计凭证分为原始凭证和记账凭证两类。

1. 原始凭证

原始凭证又被称为单据，是证明经济业务的实际发生、完成的最初的书面文件。原始凭证包括单位购货时取得的发票和结算凭证，付款时由收款人提供的收据以及商业主体自己制作的收货单、收料单及发货单等。

2. 记账凭证

记账凭证是根据审核无误的原始凭证或原始凭证汇总表编制，用来记载经济业务的简要内容，并确定会计分录，直接作为记账依据的一种凭证。

二、会计账簿

1. 会计账簿的概念

会计账簿，是以会计凭证为依据，连续地、系统地、全面综合地记录和反映各项经济业务的内容，并由相互联系的专门格式的账页组成的簿籍。

2. 会计账簿的种类

按照会计账簿的用途可分为：第一，序时账簿，又叫日记账，即按照业务发生时间的先后顺序逐日逐笔登记经济业务的账簿，常见的序时账簿有现金日记账和银行存款日记账；第二，分类账，它是按照会计科目分类登记全部经济业务的账簿；第三，备查账簿，又称辅助账簿，是补充登记某些在日记账和分类账等主要账簿不能记载或记载不全的项目的账簿。会计账簿根据其外表形式还可被分为订本式账簿、活页式账簿、卡片式账簿。

三、会计报表

（一）会计报表的概念与作用

会计报表，也叫会计表册，是一种用货币形式综合反映商业主体在一定时期内（会计期间内）生产经营活动和财务状况的书面报告文件。它根据会计账簿的记录，按照规定的格式、内容和方法编制而成，作用在于系统又有重点、简明扼要地反映商主体的财务状况和经营成果，并向商主体的经营管理机关、投资者、债权人、政府有关部门等会计报表使用人，提供必要的财务资料和会计信息。

（二）会计报表的内容

按照国际会计准则，会计报表应包括五个内容。

第一，为使会计报表清晰易懂所需要的资料。

第二，商主体的名称、国籍、报表日期、业务性质、法律形式及使用的货币。

第三，为说明有关报表项目的金额和分类方法所必需的补充资料，重要项目应在报表内单独列示。

第四，会计报表应反映各个项目的前期相应数字。

第五，规定的资产负债表、利润表、现金流量表中必须列示和说明的具体项目。

（三）会计报表的种类

根据会计报表所反映的经济内容，可分为：第一，反映企业财务状况及其变动情况的会计报表，如资产负债表、现金流量表；第二，反映企业经营成果及其分配情况的会计报表，如利润表、利润分配表；第三，反映企业业务收支情况的会计报表，如主营业务收支明细表。

根据会计报表的编制时期，可将其分为定期报表和不定期报表。定期报表是按固定日期编制的，包括年度会计报表、季度会计报表和月份会计报表。不定期报表是不定期编制和反映企业日常或特殊情况的会计报表。

（四）编制会计报表的要求

编制会计报表的基本目的是为决策提供有用的会计信息，其要求会计报表反映的会计信息具有相关性和可靠性。编制会计报表有五个具体要求。

1. 数字真实

会计报表必须根据核对无误的账簿记录，在账证、账账、账实相符的基础上编制，做到数字正确真实。

2. 计算准确

编制会计报表时，数字必须计算准确。各项数额应按规定的方法计算填列，各种报表之间有关联的数字必须相互衔接一致，保持应有的钩稽关系。

3. 内容完整

编制会计报表时，要按规定的报表种类、格式和内容填列，各种报表规定的指标项目、补充资料都要填列齐全，不能遗漏。

4. 处理恰当

会计人员在编制会计报表时，无论是会计方法的选择，还是会计信息的加工，都应依据公认的会计准则，根据稳健性或审慎性的原则处理。

5. 报送及时

为保证会计报表的及时性，企业编制会计报表必须遵守各种会计报表编制期限的规定，做到报送及时，以便有关方面及时掌握企业的财务状况和经营状况，来作出正确的经营决策。

（五）会计报表的对外报送

会计报表编制以后，除内部使用以外，根据法律、行政法规的要求，还需要对外提供会计报表。商主体需要对外提供会计报表的原因有五个。

第一，商主体需要根据章程和法规的要求，向其投资人提供财务会计报表。对于公众公司而言，报表的提供是商主体的法定义务。

第二，国务院派出监事会的国有重点大型企业、国有重点金融机构和省、自治区、直辖市人民政府派出监事会的国有企业，应该依法定期向监事会提供财务会计报表。

第三，国有企业、国有控股或者占主导地位的企业，至少每年一次向本企业的职工代表大会公布财务会计报表。

第四，商主体需要按月向工商、税务部门报送会计报表。

第五，银行等债权人通常会在借款合同中要求作为债务人的商主体按月提供财务会计报表。

第三节　商业账簿的编制

一、商业账簿的编制原则

1. 客观性原则

商主体编制商业账簿、进行会计核算应以实际发生的交易或事项为依据，如实反映商主体的财务状况、经营成果。

2. 相关性原则

相关性原则，即商业账簿提供的会计信息与该商业账簿的使用者的经济决策应相关，这有助于使用者对商主体的过去、现在或者未来的情况作出评价或者预测。

3. 及时性原则

商主体必须按照有关法律和规章制度，及时地编制商业账簿，对于已发生的交易或事项，及时予以会计确认、计量和报告，不得提前或者延后。

4. 可比性原则

商主体编制商业账簿、进行会计核算，必须按照规定的会计处理方法进行，会计指标应该口径一致、相互可比。

5. 一致性原则

同一商主体在不同时期使用的会计处理方法应当一致，不得随意变更，如确有变更必要，应当将变更的情况、变更的原因及变更对企业财务状况和经营成果的影响在财务报告中说明。

6. 明晰性原则

商主体在会计记录、会计报表中提供的会计信息应当清晰明了，便于理解和使用。

二、商业账簿的记载方法

已经失效的《企业会计准则》曾对商业账簿的记载做了四方面的要求，值得借鉴。

第一，商主体的会计确认、计量和报告应以商主体持续经营为前提。

第二，以权责发生制为基础进行会计确认、计量和报告。所谓权责发生制，是指凡是当期已经实现的收入和已经发生或应该负担的费用，无论款项是否实际收付，都应该作为当期的收入和费用；凡不属于当期的收入和费用，即便款项在当期已经收付，也不作为当期的收入和费用。

第三，以货币计量。商业账簿记载的会计信息应是以货币计量的信息。记账本位币是指会计核算中采用的基本货币单位。在我国，会计核算均应以人民币为记账本位币，但收支业务以外币为主的企业，也可以选定某种外币作为记账本位币，但编制的会计报表应当折算为人民币予以反映。

第四，统一适用借贷记账法，即以“资产＝负债＋所有者权益”这一会计恒等式为理论依据，以“借”和“贷”为记账符号，用以反映商主体资金增减变化的复式记账法。

三、会计科目

所谓会计科目，即将商主体各项营业事项，依其性质，分别归类的项目。当营业事项发生，分录记入日记簿时，各项营业事项的特定名称即为会计科目。已经失效的《企业会计准则》以会计要素为依据，将会计科目划分为资产类科目、负债类科目、所有者权益类科目、成本类科目、利润类科目五大类，每一大类项目之下又分诸多子类项目。

第四节　商业账簿的审计

一、商业账簿审计的必要性

对商业账簿的审计，主要是指对商业账簿中会计报表的审计。为保证会计报表的正确性、合理性，维护企业各方利害关系人的权益，由公正的、独立于商事主体的专业人员验证企业的会计报表，是防止会计报表不够严谨、高估资产、虚列负债、虚计收益，或报表编制者为了其他目的伪造会计报表、粉饰财务状况等瑕疵的有效手段。

二、会计报表审计的目的

审计工作的目的，是就企业对外公布的会计报表是否公允和正确地反映了企业的财务状况和经营成果，表明自己的意见，以便企业的利害关系人作出正确的决策。概括来讲，对会计报表进行审计的目的有三个方面。

第一，判明会计报表是否公允地反映了被审计单位在会计核算期末的财务状况及整个会计核算期间的经营成果和资金变动情况。这是审计人员发表审计意见的首要内容，具体为判断会计报表是否真实、公允地反映企业状况，有无夸大业绩和资产、隐瞒亏损和债务等情况。

第二，判明被审计单位的会计报表的编制及财务会计处理，是否遵循了会计准则及国家其他有关财务会计法规的规定。只有企业会计报表的编制及财务会计处理合理、合法，才能保证企业资产的安全性和完整性，才能保证会计报表反映的经营业绩及财务状况的真实性，从而避免误导会计报表的使用者。

第三，判明被审计单位会计处理方法是否符合一贯性原则的要求。

三、会计报表审计的内容

正常生产经营情况下，对企业会计报表的审计，多采用逆查法，即从会计报表中重点项目开始，追查有关的账簿直到会计凭证。通过逆查，审计人员可以检查出账簿内有无捏造的记录，进而评价整个审查结果，包括财务状况及其变动情况、经营成果等各种数据是否真实、正确。

当企业根据其自身实际情况决定解散，或因违反法律、法规被责令撤销，或被依法宣告破产时，企业应清理债权债务，编制自年初至解散日的会计报表，经审计人员审计，并经董事会议定后，将其作为清算的依据。在清算完成后，清算组还应编制清算会计报表（包括清算结束日的资产负债表及清算期的利润表），经审计人员审计后，作为企业拨付清算费用、清偿职工工资和劳动保险费用、补缴税款、偿还债务以及分配剩余财产的法律依据。

第五节　商业账簿的披露

法律规定了商主体向不同使用者提交商业账簿的义务，其中最重要的是商业账簿的披露。

上市公司向公众提供商业账簿及其他重要信息的行为被称为披露。上市公司披露商业账簿及其他重要信息，可以使社会公众了解其财务状况和经营状况，从而有利于维护投资者的利益和社会经济秩序，[①] 因此各国法律多将其规定为上市公司的义务。

---

① 汪习根，等．中国特色社会主义法治道路的理论创新与实践探索：第二卷．北京：人民出版社，2021：1041.

一、公司定期披露财务报告的必要性

上市公司拥有向社会公众融资的特权，这是上市公司区别于其他非上市公司的根本特征。作为代价，上市公司的董事和高级管理层有义务使公司经营透明化，定期向社会公众公开公司的经营业绩、财务状况，并保证不弄虚作假，误导投资者。及时向公众披露财务信息，将自身置于公众的监督下，有利于上市公司加强自我约束、内部监督，更加自觉地规范自己的行为。

二、上市公司披露财务报告所应遵循的原则

1. 强制性原则

所有申请公开发行股票、债券、可转换公司债券或者其他证券类金融工具的企业，必须依法披露其财务报告，经审核后才可能获准发行；已经获准发行的企业，也必须依法提交定期报告和临时报告。目前，规范公司信息披露的法律法规分为三个层次。

第一，全国人民代表大会颁布的法律，主要包括《公司法》《证券法》。这两部法律均规定公开发行证券的企业必须依法报送并披露相关文件。

第二，国务院或其授权机构颁布的行政法规，例如《企业债券管理条例》《首次公开发行股票注册管理办法》等。

第三，中国证监会或交易所制定的信息披露方面的部门规章。中国证监会从 1993 年起，先后制定和发布了多项规定，详细规定了拟公开发行证券的公司需要披露的财务信息和管理信息的编制办法、内容和格式要求等。《上海证券交易所股票上市规则》和《深圳证券交易所股票上市规则》也对财务信息披露等信息披露作了非常详尽的规定。

2. 真实性和准确性原则

上市公司提供的财务报告应真实、客观、准确，不能弄虚作假、欺骗公众。公司的全体发起人、董事会成员必须保证信息披露的内容真实、准确、完整，保证没有虚假、严重误导性陈述，并就其保证承担个别和连带担保责任。财务报告必须由具有从事证券业务资格的会计师事务所审计，并出具书面报告。对未履行披露财务报告义务或披露内容不符合要求的上市公司，证券交易所保留给予停牌或处罚公司及有关负责人的权力。

3. 及时性原则

各上市公司必须根据法律的要求及时披露其财务报告等商业账簿。对于定期报告，我国法律规定，中期报告应在公司每一会计年度的上半年结束之日起 2 个月内报送；年度报告在每一会计年度结束之日起 4 个月内报送；第一季度及第三季度的报告，应分别在会计年度前 3 个月结束后 30 日内及会计年度前 9 个月结束后 30 日内编制，并刊登于中国证监会指定的报纸等媒体。

4. 公平、公开、公正原则

上市公司的财务报告必须根据法定的程序，向社会公众公开、公正地披露，不得在

披露前向任何第三人单独地、私下地披露，也不得利用未披露的财务会计信息进行内幕交易，谋求不正当利益。

案　例

亚星化学虚假披露处罚案

上市公司亚星化学在2009年、2010年及2011年的定期报告中均未披露关联方上海廊桥公司及相应的关联交易，同时，隐瞒了财务费用合计1 476.06万元，其2011年半年度报告为虚假记载。

2013年2月，中国证监会出具“行政处罚决定书”，责令亚星化学改正，并给予警告，处以40万元罚款；对涉案人亚星化学原董事长陈某森等16人给予警告并处以3万元至30万元不等的罚款；认定上述人员为市场禁入人员，在一定期间内不得担任上市公司高级管理人员。

案　例

瑞华会计师事务所行政处罚案

2017年3月，中国证监会下发“行政处罚决定书”，认定瑞华会计师事务所和注册会计师侯某、肖某，作为振隆特产公司首次公开发行股票并上市时的审计机构和签字注册会计师，对振隆特产公司2012年、2013年及2014年财务报表进行审计并出具了标准无保留意见的审计报告，审计收费130万元。前述主体在审计过程中未勤勉尽责，出具的审计报告存在虚假记载、虚增利润、存货不实等情况，依据《证券法》第213条的规定，责令瑞华会计师事务所改正违法行为，没收其业务收入130万元，并处以260万元罚款；对侯某、肖某给予警告，分别处以10万元罚款。

深度阅读

曲晓辉．中国会计国际化研究．北京：经济科学出版社，2010.

《美国证券法》《美国证券交易法》《美国萨班斯-奥克斯利法案》.

思考与练习

1. 为什么会出现会计准则国际化的趋势？
2. 各国法律要求上市公司强制披露商业账簿的立法考虑是什么？

第二编

公司法

第七章

公司与公司法

常考知识点

公司的概念和类型

第一节　公司概述

一、公司的概念

公司是指具有法人资格的营利性社团。我国《公司法》第 2 条规定："本法所称公司，是指依照本法在中华人民共和国境内设立的有限责任公司和股份有限公司。"第 3 条第 1 款规定："公司是企业法人，有独立的法人财产，享有法人财产权。公司以其全部财产对公司的债务承担责任。"第 4 条第 1 款规定："有限责任公司的股东以其认缴的出资额为限对公司承担责任；股份有限公司的股东以其认购的股份为限对公司承担责任。"

由此可见，公司是指股东依照公司法投资设立的一种企业法人。股东以其认缴的出资额或认购的股份为限对公司承担责任，公司以其全部独立法人财产对公司债务承担责任。股东有限责任是股东人格与公司人格分离、股东所有权与对公司的经营管理权分离的结果。

二、公司的特征

（一）依法设立

公司的设立必须符合法定的条件，遵守法定的程序。按照我国《公司法》第 2 条的规定，公司应当依照公司法而设立。《公司法》第 29 条则规定："设立公司，应当依法向公司登记机关申请设立登记。法律、行政法规规定设立公司必须报经批准的，应当在公司登记前依法办理批准手续。"

（二）以股东及其投资为基础设立

公司是人和财产的组合。公司以一人以上的股东作为其成员。同时，各股东应向公司出资。公司是一个社团，而非财团。财团以财产集合为成立基础，而社团除财产集合以外，还有人的集合。股东可以自由转让其股权，但股东的变更不影响公司的存续。公司不同于自然人。自然人的人格与其财产没有必然联系，但公司没有独立的财产就不能取得独立的法人地位。公司人格的基础是一定的股东和资本。

（三）具有独立的法人地位

依据《公司法》第3条的规定，公司具有独立法人地位。因此，公司具有民事权利能力和民事行为能力，依法独立享有民事权利、承担民事义务。

公司之所以成为独立法人，是因为它具备了《民法典》规定的法人条件。其一，公司拥有独立的财产。按照我国《公司法》第3条第1款的规定，公司拥有独立的法人财产，享有法人财产权。所谓法人财产权，包括公司对物的所有权，以及对其他财产享有的财产权，例如知识产权、债权等。公司享有独立的财产权，这排斥他人包括股东对公司财产的直接支配。股东因投资于公司而享有股权，但对其已经投资的财产没有直接支配权。其二，公司能够独立承担民事责任。这意味着公司以其全部独立法人财产对公司债务承担责任，而公司股东、公司的工作人员以及法人的机关通常不对公司债务承担责任。公司独立承担民事责任是其拥有独立法律地位的集中体现。其三，公司有自己的名称、组织机构和场所，能够以自己的名义，正常地开展经营活动。特别地，公司拥有自己的组织机构，意味着公司需要集中管理，而且股东只能通过选择专门的管理者来对公司进行管理。股东对公司的管理权逐渐旁落到专门的管理层手中。

公司具有独立法人地位，可以使公司与独资企业、合伙企业区分开来。独资企业与合伙企业都不完全具备法人的条件，都不具备独立的法律人格。

（四）以营利为目的

公司是企业法人，它以营利为目的，要使股东利益最大化。所谓以营利为目的，不仅要求公司本身为营利而活动，而且要求公司有盈利时将盈利分配给股东。公司不营利就不能生存和发展。公司不将盈利分配给股东，就要挫伤股东投资的积极性，就会削弱公司吸收资本的能力。公司的营利性质决定了公司不同于财团法人，也不同于公益社团法人。当然，公司也应遵守法律、法规等，并承担一定的社会责任。

三、公司的类型

（一）我国公司的法律分类

1. 有限责任公司

它是指由1个以上50个以下的股东共同投资设立，每个股东以其认缴的出资额为限对公司承担责任，公司以其全部财产对其债务承担责任的公司。有限责任公司只能以发起方式设立，不得向社会募集资本，设立程序简便。有限责任公司的资本一般不分为等额的股份。有限责任公司的组织机构也比较简单。

2. 股份有限公司

它是指全部资本分成等额股份，股东以其认购的股份为限对公司承担责任，公司以其全部财产对公司债务承担责任的公司。股份有限公司既可以发起方式设立，也可以募集方式设立。如果募集设立，则可向特定对象或社会公众募集资本。

（二）大陆法系公司的法律分类

1. 无限责任公司

无限责任公司是由两个以上的股东组成，全体股东对公司的债务承担无限连带责任的公司。无限责任公司具有合伙的性质，但在有的国家它可以具有法人资格。无限责任公司的股东责任过重，风险过大，不利于吸引投资。它已经被普通合伙替代。

2. 两合公司

两合公司由两种股东组成，一种是对公司债务承担无限连带责任的股东（无限责任股东），另一种是仅以其认缴的出资额为限对公司承担责任的股东（有限责任股东）。无限责任股东代表公司执行业务，而有限责任股东仅拥有一定的监察权。两合公司与无限责任公司并无太大差异，因此基本准用无限责任公司的规定。两合公司相当于英美国家的有限合伙。

3. 有限责任公司

有限责任公司是公司以其全部财产对公司的债务承担责任，而所有股东仅以其认缴的出资额为限对公司承担责任的公司。

4. 股份有限公司

股份有限公司是由一定人数以上的股东组成，并可以通过发行股票筹集资本，全部资本被分为等额股份，股东以其认购的股份为限对公司承担责任，而公司以其全部财产对公司承担责任的公司。

5. 股份两合公司

股份两合公司对外发行股票筹集资本，全部资本被分为等额股份，无限责任股东对公司债务承担无限连带责任，有限责任股东仅以其认购的股份为限对公司承担责任。股份两合公司的组织结构比股份有限公司的灵活自由得多。

（三）英美法系公司的法律分类

1. 注册公司与非注册公司

注册公司是指依照公司法注册设立的公司。注册公司未必就是商事公司，慈善性、非营利性公司也可成为注册公司。非注册公司是指非依公司法，而依照特许制度或各种特别法令设立的公司。非注册公司是非商事公司，但它们未必不受公司法调整，因为公司法并不限于商事公司法。

2. 有限公司与无限公司

注册公司分为有限公司与无限公司。有限公司分为股份公司和担保有限公司。股份公司的股东以其认缴的股份为限对公司承担责任。担保有限公司的股东在公司歇业时应以其保证的金额为限向公司出资，以清偿公司债务。无限公司的股东则对公司债务承担无限连带责任。

3. 开放公司与封闭公司

开放公司，又称公众公司，是指股东人数没有上限，可以公开招股，其股票可以在证券市场公开交易的公司。封闭公司，又称私人公司，是指股份全部由不超过一定人数的股东持有，不能对外公开发行股份，股份可以有条件转让，但不能在证券市场自由转让的公司。

4. 美国公司法中的特殊公司："有限责任公司"

它是指依照各州《有限责任公司法》或美国《统一有限责任公司法》设立的公司，与大陆法系的有限责任公司差异很大。这种公司是合伙与公司的有机结合，兼具普通合伙、有限合伙的管理模式以及封闭公司的有限责任。另外，它还避免了公司的双重纳税。

（四）公司的学理分类

1. 人合公司、资合公司与人资兼合公司

人合公司是指以股东个人的财力、能力和信誉作为对外关系基础的公司。人合公司的财产及责任与股东的财产及责任没有完全分离，股东对公司债务承担无限连带责任。人合公司的所有权和经营权通常也没有分离，股东均可以股东的身份参与公司经营管理。股东设立或加入公司以相互信任为前提。人合公司的典型是无限公司。

资合公司是指以公司的资本而非股东个人的信用作为对外关系基础的公司。资合公司的股东只对公司有出资责任，而不对公司的对外债务承担责任。资合公司的设立必须符合法律规定的严格条件，应当具备比较健全的治理结构，应当对外公布公司的财产以及经营情况。股份有限公司是典型的资合公司。

人资兼合公司是指同时以公司资本和股东个人信用作为公司对外关系基础的公司。其典型是两合公司和股份两合公司。有限责任公司本质上属于资合公司，但在管理等方面也具有一定的人合性质。

2. 本公司与分公司

本公司即公司本身。分公司则是本公司的分支机构或附属机构。分公司没有独立的法人地位。它虽然可以有自己的名称，但它反映的是其与本公司之间的隶属关系。分公司应当以本公司的名义从事经营活动，且其法律后果由本公司承担。我国《公司法》第13条第2款规定："公司可以设立分公司。分公司不具有法人资格，其民事责任由公司承担。"

3. 母公司与子公司

母公司是指通过持有另一公司一定比例以上的股份，能够实际控制另一公司的董事会以及经营管理的公司。子公司就是与母公司相对应的另一公司。母公司与子公司各自为独立的法人。《公司法》第13条第1款规定："公司可以设立子公司。子公司具有法人资格，依法独立承担民事责任。”母子公司的关系涵盖控股公司与被控股公司之间的关系。但是，母子公司的关系不能统摄控制公司与附属公司的关系。控制公司与附属公司之间的关系包括由于表决权控制、协议、人事、债务、婚姻、亲属等因素而形成的关系。

4. 关联公司与公司集团

关联公司是指两个以上相互独立存在而又具有稳定、密切的投资关系或业务联系的公司。关联公司各自都是独立的法人，但彼此之间又存在可能影响公司正常经营决策与活动的控制与依附关系。母公司与子公司之间是典型的关联公司关系。

公司集团是指由法律上独立的若干公司联合组成的团体。公司集团内各公司之间存在一种特殊的联系。其中母公司或集团公司处于主导地位，其他公司属于关联公司或从属公司。公司集团实行统一的管理，在集团会计与结算等方面具有一定的整体性，但其本身不是一个独立的法人。

关联关系或集团关系改变了公司的独立状态，可能威胁个别公司、公司少数股东以及公司债权人的利益，也可能危及其他关联公司的利益。因此，必须对关联关系以及关联交易进行规制。应当注意，关联公司或公司集团只是关联关系的特定表现形式。事实上，关联关系的表现形形色色。

5. 本国公司、外国公司与跨国公司

本国公司是指具有本国国籍的公司。关于公司国籍的确定，大多数国家兼采设立准据法主义和设立行为地主义。我国也是如此。依照中国法律组成并在中华人民共和国境内设立的公司属于中国公司并受中国公司法调整。

外国公司是指非依所在国法律并且非经所在国登记而成立的，但经所在国政府许可在所在国从事业务活动的机构，主要是外国本公司在他国设立的分公司，我国称之为“外国公司的分支机构”。我国《公司法》第243条规定：“本法所称外国公司，是指依照外国法律在中华人民共和国境外设立的公司。”第244条第1款规定：“外国公司在中华人民共和国境内设立分支机构，应当向中国主管机关提出申请，并提交其公司章程、所属国的公司登记证书等有关文件，经批准后，向公司登记机关依法办理登记，领取营业执照。”第247条规定，外国公司在中华人民共和国境内设立的分支机构不具有中国法人资格。外国公司对其分支机构在中华人民共和国境内进行经营活动承担民事责任。

跨国公司实质上是以一国为基地，通过对外直接投资，在其他国家或地区设立分支机构、子公司或其他企业，从事业务活动的公司。跨国公司实际上是跨越国界的公司集团。

第二节　公司法概述

一、公司法的概念

公司法是调整公司的设立、组织、活动、解散以及其他内外关系的法律规范的总称。

对内关系主要表现为发起人与设立中公司之间、发起人与认股人之间、股东之间、股东与职工之间、股东和职工与公司之间、公司内部各组织机构之间的关系。对外关系主要包括公司与交易相对人之间以及与其他第三人之间的法律关系。公司法有狭义与广义之分。狭义的公司法仅指公司法典。广义的公司法，除专门的公司法典以外，还包括其他有关公司的法律、法规、行政规章等。

二、公司法的性质

（一）公司法是私法

公司法规范公司的组织和行为，保护公司、股东和债权人的合法权益。尽管公司法也包含了一定的公法性质的规定，但它主要调整公司内部以及公司与其他法人或自然人之间关系，而非主要调整国家与公司之间的关系，因此公司法本质上属于私法。

（二）公司法是商事主体法

公司法确认公司的法律人格，调整公司的产生、变更和消灭，规范其组织机构，同时也规定其活动范围与活动规则，比如公司股份或债券的发行和转让等，但是公司法重在调整公司的内部关系而非其外部关系，这表明公司法本质上属于主体法或组织法。

（三）公司法是强制性规范与任意性规范的结合

公司法本质上是私法，因此大量的规范属于任意性规范，例如调整公司内部关系的规范、仅涉及股东和公司利益的规范等。对于任意性规范，当事人可以通过自愿协商不予适用或者予以变通。此外，公司法中强制性规范也占有较高的比例。这种规范涉及公司设立，公司章程条款，股票、债券的发行，表决权规则，异议股东的评估权，高级管理人员的受信义务，利益分配，公司的合并、分立、解散，以及法律责任等。另外，调整公司外部关系的规范也属于强制性规范。强制性规范旨在维护社会公众利益，当事人必须严格遵循，不得替代或者变更。总体而言，自由是企业的天性。我国《公司法》较大程度上体现了自由主义，它废除了有关政府直接干预企业的条款，减少了公司法中的强制性条款，提升了公司法中赋权性条款的地位，强化了公司章程在公司治理中的作用。自由主义是公司法的精髓和灵魂。人们必须准确把握公司的本质，并尽量放任公司和股东意思自治。

三、公司法的作用

公司所有权和控制权的分离是当代公司法面临的主要问题和出发点，问题的症结在于“代理成本”。公司所有权和控制权的分离、代理成本、社会成本等问题的解决，都以公司管控的注意义务和忠实义务为共同基础。

公司法确立和维护了公司法律制度，使公司这一商事主体得到了全面的法律调整。公司法维护了公司的法律人格与合法权益，构造了明晰的产权关系，建立了科学的治理结构，协调了各方利益关系，推动了集中资本兴办企业，适应了现代经济社会发展的要求，促进了市场经济的繁荣发展。

从我国《公司法》第 1 条看，公司法的宗旨在于规范公司的组织和行为，保护公司、股东、职工和债权人的合法权益，完善中国特色现代企业制度，弘扬企业家精神，维护社会经济秩序，促进社会主义市场经济的发展。公司法为公司的组织与行为提供了明确的标准与依据，对于确立和推进我国现代企业制度建设曾经发挥了特殊作用，而且仍将发挥重要作用。公司法确立公司的独立法律主体地位，并防止他人对公司利益的侵害。公司法设置了一系列制度，特别是赋予股东诸多权利，对股东进行严密保护。公司法通过一系列措施确立和维护公司的履约能力，避免公司债权人受到公司、股东以及管理者的侵害。另外，公司法还追求社会公平正义，对公司职工以及社会公众的利益提供必要保障。公司是市场经济的重要活动主体，在社会经济生活中具有举足轻重的地位。公司法将公司的设立和运行纳入法律轨道，维护了交易的安全与经济的秩序。

四、我国公司法及其司法解释

我国《公司法》于 1993 年 12 月 29 日由第八届全国人民代表大会常务委员会第五次会议通过，并于 1999 年、2004 年、2005 年、2013 年、2018 年、2023 年多次修正、修订。2023 年修改《公司法》是贯彻落实党中央关于深化国有企业改革、优化营商环境、加强产权保护、促进资本市场健康发展等重大决策部署的需要，也是适应实践发展，不断完善公司法律制度的需要，对于完善中国特色现代企业制度、推动经济高质量发展具有重要意义。这次《公司法》修改，坚持问题导向，总结实践经验和理论成果，为便利公司投融资、优化治理机制提供更为丰富的制度选择，规范公司的组织和行为，强化各方主体责任，切实维护公司、股东、职工和债权人的合法权益，有许多制度创新和解决实际问题的举措，主要包括完善公司资本制度，优化公司治理，加强股东权利保护，强化公司高管责任，完善公司设立、退出制度，完善国家出资公司相关规定，完善公司债券相关规定等。①

为了正确适用公司法，最高人民法院从 2006 年至 2019 年陆续出台了《关于适用〈中华人民共和国公司法〉若干问题的规定（一）》《关于适用〈中华人民共和国公司法〉若干问题的规定（二）》《关于适用〈中华人民共和国公司法〉若干问题的规定（三）》《关于适用〈中华人民共和国公司法〉若干问题的规定（四）》《关于适用〈中华人民共和国公司法〉若干问题的规定（五）》，并在 2014 年、2020 年对部分内容进行了修正。

---

① 完善中国特色现代企业制度推动经济高质量发展：全国人大常委会法工委负责人解读新修订的公司法. http：//www.npc.gov.cn/c2/c30834/202401/t20240104_434091.html.

第三节　公司章程

一、公司章程概述

公司章程是指设立公司的股东制定的调整公司内部组织关系和经营行为并对公司、股东和公司管理人员具有约束力的自治规则。在大陆法系国家和地区，公司章程是由一份单一的法律文件构成的。在英美法系国家和地区，公司章程则由章程大纲和章程细则组成。章程大纲通常记载公司名称、注册资本及股份的划分、股东责任、公司营业期限等。章程大纲必须在公司登记机关登记，供公众查阅。章程细则是对章程大纲的补充，用来调整公司内部事务，不涉及公司债权人和社会公众的利益。章程细则一般不是公司注册的文件，但也要公示。章程细则与章程大纲发生冲突的，以章程大纲为准。章程大纲和章程细则分别由股东会与董事会负责修改。公司章程是公司治理的重要依据。

公司章程具有法定性。公司章程是设立公司不可缺少的法律文件。章程的内容多由法律直接加以规定。章程的制定和修改必须依法进行。公司章程具有相应的法律效力，即对公司股东及有关内部人员具有约束力，而对第三人则具有提示作用。

公司章程具有自治性。公司章程虽然具有公开性和涉他性，但本质上属于公司内部文件，只要公司章程符合公司法的法定要求，其具体内容完全由发起人和股东确定。依据我国《公司法》，公司尤其是有限责任公司拥有较大的章程自治权，章程的许多内容可以由股东自主决定。在适用上，公司章程的规定优先于公司法的任意性规定。但是，公司章程的条款不得违背法律的强制性规定，否则无效。而且，公司章程不是具有普遍约束力的法律，不能直接约束第三人。

二、公司章程的内容

（一）绝对必要记载事项

绝对必要记载事项是指公司法规定公司章程必须记载的事项，缺少其中任何一项或任何一项记载不合法，整个章程就无效。绝对必要记载事项一般是基于公司的性质所必须记载的事项。我国《公司法》第 46 条规定，有限责任公司章程应当载明下列事项：(1) 公司名称和住所；(2) 公司经营范围；(3) 公司注册资本；(4) 股东的姓名或者名称；(5) 股东的出资额、出资方式和出资日期；(6) 公司的机构及其产生办法、职权、议事规则；(7) 公司法定代表人的产生、变更办法；(8) 股东会认为需要规定的其他事项。其中前 7 项属于绝对必要记载事项。第 95 条规定，股份有限公司章程应当载明下列事项：(1) 公司名称和住所；(2) 公司经营范围；(3) 公司设立方式；(4) 公司注册资本、已发行的股份数和设立时发行的股份数，面额股的每股金额；(5) 发行类别股的，每一类别股的股份数及其权利和义务；(6) 发起人的姓名或者名称、认购的股份数、出资方式；（7）董事会的组成、职权和议事规则；（8）公司法定代表人的产生、变更办法；（9）监事会的组成、职权和议事规则；（10）公司利润分配办法；（11）公司的解散事由与清算办法；（12）公司的通知和公告办法；（13）股东会认为需要规定的其他事项。其中前 12 项属于绝对必要记载事项。与一些国家公司法的规定相比，我国《公司法》关于公司章程绝对必要记载事项的规定比较繁杂，需要简化。

（二）相对必要记载事项

相对必要记载事项是指公司法予以列举，但是公司章程可以选择是否记载于公司章程的事项。如予记载，则发生效力；如不记载，则不发生效力，但不影响整个章程的效力。公司章程的相对必要记载事项通常包括设立费用、发起人的报酬以及特别利益、公司的期限、分公司的设立等。我国《公司法》缺少相对必要记载事项的规定。

（三）任意记载事项

任意记载事项是指在公司法规定的记载事项之外，在不违反法律、行政法规和社会公共利益的前提下，由章程制定者自由记载于公司章程的事项。如予记载，则发生约束力；如果记载不合法，仅该事项无效，不影响整个章程的效力。任意记载事项纯粹调整公司内部关系，与社会公众基本没有实质关联。我国《公司法》第 46 条规定的第 8 项以及第 95 条规定的第 13 项属于任意性规定。《公司法》大大增加了赋权性规定，包括规定许多事项可以由公司章程自行规定，这就在很大程度上提升了公司章程在公司治理中的作用。

三、公司章程的效力

（一）时间效力

1. 公司章程的生效时间

我国《公司法》没有明确规定公司章程生效的时间。理论上，公司章程应自正式制定后生效。至于正式制定的时间，在有限责任公司，应当是全体股东在公司章程上签名或者盖章之时；在发起设立的股份有限公司，应是全体发起人在公司章程上签名或者盖章之时；在募集设立的股份有限公司，则是成立大会通过章程之时。

2. 公司章程的失效时间

我国《公司法》也没有明确规定公司章程失效的时间。通常认为，如果公司未能依法成立，则公司章程于公司设立失败时失效。如果公司依法成立，则其在公司终止时自动失效。此外，公司章程的部分条款或内容可因股东会议作出修改或废除决议而失去效力。

（二）对人效力

我国《公司法》第 5 条规定："设立公司应当依法制定公司章程。公司章程对公司、股东、董事、监事、高级管理人员具有约束力。”按照《公司法》第 265 条第 1 项的规定，高级管理人员，是指公司的经理、副经理、财务负责人，上市公司董事会秘书和公司章程规定的其他人员。

1. 公司章程对公司的效力

公司章程是公司组织与行为的基本准则，公司的一切内部组织安排与活动都要受到公司章程的约束。公司应当按照章程维护股东利益，建立公司组织机构，承担社会义务。公司的解散和清算等必须根据章程规定进行。

2. 公司章程对股东的效力

公司章程是股东共同意志的体现，是股东之间的契约，对股东具有约束力。公司章程对股东的效力，主要表现为股东依据章程享有权利和承担义务。公司章程对股东的约束力不仅及于制定或修改章程时的股东，而且还及于其后加入公司的股东。股东加入公司意味着承认公司章程。

3. 公司章程对董事、监事、高级管理人员的效力

公司章程对公司的组织机构及其职权作出了规定，对此，公司董事、监事和高级管理人员必须严格遵循，否则应当承担相应的法律责任。

四、公司章程的制定和修改

（一）公司章程的制定

我国《公司法》第 45 条规定，有限责任公司章程由全体股东共同制定。第 94 条规定，设立股份有限公司，公司章程由发起人共同制定。

（二）公司章程的修改

公司章程的修改是指于公司章程登记后，增加、删减或改变其内容的行为。公司的经营环境或者公司自身的情况发生的变化，客观上要求公司章程作出相应的调整。但是，为了保持公司章程的稳定性，修改章程必须遵循一定的原则和程序。

1. 章程修改程序

章程修改程序主要包括：（1）由公司董事会拟定并提出修改章程的方案。（2）董事会在股东会召开前将该方案通知各股东。（3）股东会对修改章程事项进行审议通过。我国《公司法》第 66 条第 3 款规定，有限责任公司修改章程的决议，应当经代表 2/3 以上表决权的股东通过。第 116 条第 3 款规定，股份有限公司修改章程应当经出席会议的股东所持表决权 2/3 以上通过。（4）通过的章程修改事项应经主管机关审批的，须报原审批机关审批。（5）办理相应的变更登记。（6）按规定进行公告。

2. 对修改内容的限制

公司章程的修改不得删除绝对必要记载事项；非经股东同意不得变更股东的既得权，也不得为股东设定新的义务；非经全体股东一致同意，不得为部分股东设定新的权利。

案　例

宋某国与山东龙兴化工机械集团有限公司等纠纷案

争议焦点：(1) 公司章程是否违反了法律的强制性规定；(2) 宋某国是否实施了章程规定的行为；(3) 莱州市化工机械厂取消宋某国股东资格的问题。①

深度阅读

陈甦．我国公司立法的理念变迁与建构面向．中国法律评论，2022 (3).

王保树．公司法律形态结构改革的走向．中国法学，2012 (1).

周游．公司法的功能嬗变：从填空到选择．北京：法律出版社，2022.

神田秀树．公司法的精神．朱大明，译．北京：法律出版社，2016.

佛兰克·伊斯布鲁克，丹尼尔·费希尔．公司法的经济结构：中译本第二版．张建伟，罗培新，译．北京：北京大学出版社，2014.

李建伟．公司法学．5 版．北京：中国人民大学出版社，2022.

甘培忠，周淳，周游．企业与公司法学．10 版．北京：北京大学出版社，2020.

刘俊海．公司法学．3 版．北京：北京大学出版社，2020.

王军．中国公司法．2 版．北京：高等教育出版社，2017.

最高人民法院《关于破产企业国有划拨土地使用权应否列入破产财产等问题的批复》等 29 件商事类司法解释的决定 (2020 年修正).

思考与练习

1. 什么是公司？公司有什么特征？
2. 有限责任公司与股份有限公司各有什么价值？
3. 如何看待我国公司法的修改？
4. 公司法有什么作用？
5. 如何理解公司章程的地位和效力？

① 丁俊峰，闫志旻．股东请求法院审查公司章程的效力．人民司法，2010 (6).

第八章

公司登记、 公司人格否认

常考知识点

公司登记　公司人格否认

第一节　公司登记

公司登记是指为了设立、变更或终止公司，依照法定内容和程序，由当事人将登记事项向登记主管机关提出申请，经登记机关审查，将登记事项记载于登记簿的法律行为。关于公司登记，相关法律、法规主要有《市场主体登记管理条例》《公司法》等。

一、公司设立登记

依据我国《公司法》第 29 条的规定，设立公司，应当依法向公司登记机关申请设立登记。法律、行政法规规定设立公司必须报经批准的，应当在公司登记前依法办理批准手续。登记机关审查拟设立的公司是否具备公司法规定的设立条件。符合设立条件的，登记机关依法给予设立登记，并发给“企业法人营业执照”。营业执照签发之日，公司成立，取得法人资格。

二、公司变更登记

公司登记事项发生变更的，应当依法办理变更登记。公司登记事项未经登记或者未经变更登记，不得对抗善意相对人（《公司法》第 34 条）。公司变更法定代表人的，变更登记申请书由变更后的法定代表人签署（《公司法》第 35 条第 3 款）。公司营业执照记载的事项发生变更的，公司办理变更登记后，由公司登记机关换发营业执照。

三、公司注销登记和撤销登记

公司因解散、被宣告破产或者其他法定事由需要终止的，应当依法向公司登记机关申请注销登记，由公司登记机关公告公司终止。《公司法》规定了一般注销登记、简易注销登记。关于一般注销登记，《公司法》第 239 条规定：公司清算结束后，清算组应当制作清算报告，报股东会或者人民法院确认，并报送公司登记机关，申请注销公司登记。关于简易注销，《公司法》第 240 条规定，公司在存续期间未产生债务，或者已清偿全部债务的，经全体股东承诺，可以按照规定通过简易程序注销公司登记。通过简易程序注销公司登记，应当通过国家企业信用信息公示系统予以公告，公告期限不少于 20 日。公告期限届满后，未有异议的，公司可以在 20 日内向公司登记机关申请注销公司登记。公司通过简易程序注销公司登记，股东对《公司法》第 240 条第 1 款规定的内容承诺不实的，应当对注销登记前的债务承担连带责任。与一般注销比较，简易注销无须通知债权人，公告期限较短，也无须进行清算。简易注销有利于提高公司退出市场的效率，降低退出成本。利用简易注销逃避债务，损害债权人利益的要承担相应责任。

《公司法》还规定了强制注销登记。该法第 241 条规定："公司被吊销营业执照、责令关闭或者被撤销，满三年未向公司登记机关申请注销公司登记的，公司登记机关可以通过国家企业信用信息公示系统予以公告，公告期限不少于六十日。公告期限届满后，未有异议的，公司登记机关可以注销公司登记。依照前款规定注销公司登记的，原公司股东、清算义务人的责任不受影响。"

关于撤销登记，《公司法》规定，虚报注册资本、提交虚假材料或者采取其他欺诈手段隐瞒重要事实取得公司设立登记的，公司登记机关应当依照法律、行政法规的规定予以撤销。

案　例

韦某兵、新疆宝塔房地产开发有限公司等请求变更公司登记纠纷案

争议问题：宝塔房地产公司应否为韦某兵办理公司法定代表人工商变更登记？①

案　例

赵某利诉北京蓝资凝石科技有限公司公司变更登记纠纷案

争议焦点：赵某利以蓝资凝石公司已通过股东会决议、第二届董事会第五次董事会决议、第三届董事会第一次董事会决议免去其法定代表人及董事长职务并选举崔某娣为蓝资凝石公司新法定代表人为由，要求蓝资凝石公司办理法定代表人的工商变更登记手续。②

案　例

上海一中院判决张某诉某咨询公司请求变更公司登记纠纷案

争议焦点：在无人继任的情况下原法定代表人诉请涤除登记的，应如何处理？③

---

① 参见最高人民法院（2022）最高法民再 94 号民事判决书。

② 参见北京市海淀区人民法院（2008）海民初字第 18315 号民事判决书。

③ 参见上海市第一中级人民法院（2021）沪 01 民终 7923 号民事判决书；杜晓淳．无人继任时原法定代表人诉请涤除登记的处理．人民法院报，2023－08－10.

案　例

美国新都兴业有限公司诉景德镇市商务局、景德镇市市场和质量监督管理局、杨某股权转让许可和股权、法定代表人变更登记案

争议焦点：景德镇市商务局作出的同意股权转让批复和景德镇市监局作出的股权和法定代表人变更登记之合法性。[①]

第二节　公司能力

一、公司权利能力

公司的权利能力是指公司具有的享有权利和承担义务的资格。首先，公司权利能力受到公司性质的限制。公司不能享有或承担专属于自然人的即以自然人的身体或身份为基础的权利或义务，例如，生命权、身体权、健康权、亲权、继承权等。其次，公司权利能力受到法律规定的限制。这主要表现在公司的权利能力仅存在于其存续期间、有的公司依照法律规定不得成为对所投资企业的债务承担连带责任的出资人、公司对外担保要受到程序上的限制、公司董事或高级管理人员不得私自对外贷款。传统上，公司权利能力还要受公司目的或经营范围的限制。不过，现代公司法允许公司从事任何合法经营，公司的经营范围已经无限宽泛。我国《民法典》第 505 条规定："当事人超越经营范围订立的合同的效力，应当依照本法第一编第六章第三节和本编的有关规定确定，不得仅以超越经营范围确认合同无效。"1993 年《公司法》明确规定"公司应当在登记的经营范围内从事经营活动"，而 2005 年之后的《公司法》取消了此条规定。可见，我国也基本抛弃了公司经营范围限制公司权利能力的观念。当然，公司章程还是可以对公司的目的或经营范围作出限制，例如，我国《公司法》第 15 条规定，公司章程对投资或者担保总额及单项投资或者担保的数额有限额规定的，不得超过规定的限额。但是，现代公司法已经废除了"越权原则"，即使公司超越目的或经营范围进行活动，也不能否认其效力，以保护善意第三人的利益和交易安全。

二、公司行为能力

公司的行为能力是指公司基于自己的意思，以自己的名义从事活动，为自己设定权利，承担义务的资格。法人拟制说承认公司有权利能力，但否认公司有行为能力。法人实在说承认公司具有两种能力。我国立法与理论均采法人实在说，故公司行为能力得到肯定。公司的行为能力与权利能力在取得时间、范围上是一致的。公司在其行为能力范围内的行为由股东会、董事会、监事会等公司机关来实施，而行为的后果由公司承担。

① 参见最高人民法院（2017）最高法行申 4779 号行政裁定书。

三、公司民事责任能力

公司民事责任能力是指公司承担违约责任、侵权责任和不履行法定义务而产生的民事责任的能力。我国民法采法人实在说，肯定公司的民事责任能力。公司应当对其违约行为和不履行法定义务的行为承担相应责任。另外，公司机关的行为就是公司的行为，公司机关在履行职务过程中产生的侵权责任由公司承担。

案　例

招商银行股份有限公司大连东港支行与大连振邦氟涂料股份有限公司、大连振邦集团有限公司借款合同纠纷案

争议焦点：对担保人振邦股份公司承担的责任如何界定？[①]

第三节　公司人格否认制度

一、公司人格否认的含义

公司人格否认，是指公司在依法成立后，股东在特定事件中滥用公司法人人格，法院暂时否认在该特定事件中公司的独立人格以及股东的有限责任，责令该股东对公司的债权人或公共利益直接负责。公司人格否认不同于公司终止。前者具有相对性、暂时性，并不影响公司实体的继续存在。后者是公司人格彻底、永久地消灭，公司不复存在。公司人格否认是在特定情形下对特定股东有限责任的修正，旨在谋求公司利益和股东利益与债权人利益和社会公共利益之间的平衡，实现公平正义。公司人格否认制度是普通法系国家公司法上的重要制度，它也为一些大陆法系国家所接受。对于公司人格否认，法院通常持谨慎态度，以免整个公司法人制度处于不稳定状态。另外，在我国，这一制度只能适用于审判程序中，不能扩展至诸如执行程序甚或行政执法程序，亦不适用于商事仲裁程序。

二、公司人格否认的法律适用

我国《公司法》规定了纵向人格否认、横向人格否认以及公司人格否认制度在一人公司的适用。《公司法》第 23 条规定：“公司股东滥用公司法人独立地位和股东有限责任，逃避债务，严重损害公司债权人利益的，应当对公司债务承担连带责任。股东利用其控制的两个以上公司实施前款规定行为的，各公司应当对任一公司的债务承担连带责任。只有一个股东的公司，股东不能证明公司财产独立于股东自己的财产的，应当对公司债务承担连带责任。”公司人格否认应当具备如下条件。

---

① 参见最高人民法院（2012）民提字第 156 号民事判决书。

（一）公司人格否认的主体

主张公司人格否认的应当是受到损害的公司债权人，这种债权人包括合同之债的债权人和侵权之债的债权人。承受公司人格否认后果的则是公司和有责股东。需要注意的是：其一，公司人格否认多适用于非开放公司，如有限公司和一人公司，而很少适用于开放公司，如股份公司。其二，在某些情况下，公司人格否认可能仅适用于影响了公司决策的积极股东，消极股东则不被要求对公司债务承担责任。其三，在否认子公司的人格时，法院更乐意追索作为子公司股东的母公司的资产，而非子公司个人股东的资产。其四，公司人格否认也可能是将同一股东名下的若干独立的公司视为一体，使其对其中某一公司的债务负责。这时各姐妹公司的共同股东并不对这一债务负责。

（二）股东滥用公司法人独立地位和股东有限责任

对股东滥用公司法人独立地位和股东有限责任，主要从以下几个方面进行考察：（1）公司资本显著不足。从各国实践来看，只有公司资本与其经营的事业和隐含的风险相比明显不足时，才会引发公司人格否认。我国实践中，如果公司未能满足最低注册资本的法定要求，可能引起公司人格否认。另外，股东虚假出资或者抽逃资金，导致公司无力偿还债务的，也可能引起公司人格否认。在侵权案件中，公司资本显著不足可以单独引发公司人格否认。（2）公司与股东人格混同。人格混同的基本表现，一是财产混同。例如，公司账簿形同虚设，公司财产与股东财产界限不清。又如，通过运作，将公司利润转移给股东，而损失由公司承担。二是业务混同，使第三人无法分清交易是公司的还是股东的。三是组织机构混同，公司不召开股东会或董事会，以股东的意思替代公司的意思，导致公司无法形成独立的意思，从而丧失公司独立人格所必需的本质要素。（3）逃避合同义务或法律义务。例如，股东为逃避公司债务，抽逃该公司资金，另设一家新的公司；股东为避免公司财产被强制执行，转移该公司的资产，另设一家新的公司。

（三）严重损害债权人利益

这里的债权包括合同之债和侵权之债。股东人格否认制度的适用以公司债权人受到严重损害为前提。相反，即使股东滥用公司人格以及有限责任，如果并未妨碍其债务清偿，公司债权人也不得主张否认公司人格。另外，即使债权人的利益受到严重损害，但是能够通过其他法律机制（比如债权人撤销权）得以实现，也不得径行要求否认公司人格。

案　例

中国信达资产管理公司成都办事处与四川泰来装饰工程有限公司、四川泰来房屋开发有限公司、四川泰来娱乐有限责任公司借款担保合同纠纷案

争议焦点：（1）涉案“债务重组协议”“最高额抵押合同”“借款合同”“保函”等相关协议是否合法有效？（2）装饰公司、房屋公司、娱乐公司是否存在人格混同？（3）信达成都办对设备是否享有抵押权？（4）房屋公司应否承担保证责任？[①]

① 参见最高人民法院（2008）民二终字第55号民事判决书。

案　例

SMC 株式会社与乐清市中气气动科技有限公司、倪某才纠纷案

争议焦点：（1）倪某才应否与中气公司承担连带责任？（2）一审判决确定的赔偿金额是否合理？①

案　例

海南碧桂园房地产开发有限公司与三亚凯利投资有限公司、张某男等确认合同效力纠纷案

争议问题：（1）股东仅有一次转移公司资金的行为的，是否会因此导致公司独立人格被否认？（2）张某男应否以及如何承担责任？②

三、反向否认公司人格

反向否认公司人格不同于公司债权人否认公司独立人格，要求公司股东对公司债务承担连带责任。它可分为内部反向与外部反向。内部反向是指公司控股股东寻求否认公司人格，使自己有资格对第三人提起诉讼或者使公司的财产免于对第三人承担责任。外部反向是指由公司股东的债权人提起，要求法院否认公司人格，进而为股东债务承担连带责任。目前，法院对反向否认公司人格持慎重态度，对外部反向尤其如此，以免动摇传统的公司法理念和制度。

案　例

华夏银行股份有限公司武汉洪山支行、北京长富投资基金股权转让纠纷再审审查与审判监督案

争议问题：债权人能否请求公司连带承担其股东债务？③

《深度阅读》

王利明．论越权代表中相对人的合理审查义务 以《合同编解释》第 20 条为中心．中外法学，2024（1）．

李建伟．关联公司法人人格否认的实证研究．法商研究，2021（6）．

邹海林．公司代表越权担保的制度逻辑解析：以公司法第 16 条第 1 款为中心．法学

① 参见最高人民法院（2018）最高法民再 200 号民事判决书。

② 参见最高人民法院（2019）最高法民终 960 号民事判决书；最高人民法院公报，2021（2）．

③ 参见最高人民法院（2020）最高法民申 2158 号民事裁定书。

研究，2019 (5).

高圣平．公司担保相关法律问题研究．中国法学，2013 (2).

李克武．公司登记法律制度研究．北京：中国社会科学出版社，2006.

朱慈蕴．公司法人格否认法理研究．北京：法律出版社，2005.

王欣新．公司法．4 版．北京：中国人民大学出版社，2020.

赵旭东．公司法学．北京：高等教育出版社，2020.

思考与练习

1. 公司登记有什么意义？

2. 试比较简易注销登记与一般注销登记。

3. 如何认识公司的经营范围？

4. 试述公司人格否认的类型、构成与意义。

5. 零盛公司的两个股东是甲公司和乙公司。甲公司持股 70%并派员担任董事长，乙公司持股 30%。后甲公司将零盛公司的资产全部用于甲公司的一个大型投资项目，待债权人丙公司要求零盛公司偿还货款时，发现零盛公司的资产不足以清偿。如何处理？

第九章
公司设立

常考知识点

公司设立原则　设立方式　设立条件　发起人协议　公司章程的概念和效力　设立中公司　发起人和股东的出资责任

第一节　公司设立概述

一、公司设立的概念

公司设立是指设立人依照法律规定的条件和程序，为创建公司并取得法律主体资格而进行的活动。公司设立行为可能产生三种法律后果：其一，公司设立完成，符合法律规定条件和程序，获得法律人格；其二，公司设立没有完成，设立失败；其三，公司设立完成，但存在瑕疵，被责令采取补救措施，或者被宣告无效或被撤销。

公司设立不同于设立登记。公司的设立行为包含了从发起人订立发起协议到公司最终获准设立登记的整个过程。公司设立可以导致公司登记。但是，公司只要未经登记，就只能被称为“设立中公司”，在法律上就不具备法人资格。

公司设立有别于公司成立。公司成立是指公司经过设立程序，具备了法律规定的条件，由主管机关签发营业执照，取得法人资格的法律状态。签发营业执照前，公司处于设立状态，之后，公司处于成立状态。

二、公司设立的原则

公司设立的原则是公司设立的基本依据和准则，是国家对公司设立所采取的基本态度。公司的设立原则主要有如下几种。

（一）自由设立主义

根据这一原则，是否设立公司、设立什么样的公司，完全由设立人自由决定，政府对公司的设立不作任何限制，不加任何干预。这种做法有害交易安全，也不利于公司本身的发展，现已被废弃。值得一提的是，自由设立主义主要是针对合伙与无限责任性质的公司而言的。

（二）特许设立主义

它是指公司的设立须经国家元首批准，或经立法机关、行政机关特别法令许可。例如，英国 1600 年设立东印度公司。特许设立主义是对自由设立主义的纠正，但它走向了另一极端，即对公司管制过度。如今特许设立主义仅适用于一些性质或行业特殊的公司。

（三）核准设立主义

它是指公司除须符合公司法规定以外，还须经过国家授权的行政机关审查批准才能设立。这种制度首现于法国《商事条例》。由于行政机关对公司设立要进行实质性审查，往往旷费时日，也易滋生腐败，因而核准设立主义现在也只适用于一些特殊的公司。

（四）准则设立主义

根据准则设立主义，只要公司的设立满足法律规定的条件，就可直接向登记机关申请登记设立，无须报请行政机关审查批准。英国 1862 年公司法首先采用了这种制度。进入 20 世纪后，这一原则被各国和地区广泛采用。起初法律规定的设立准则过于宽松，容易发生滥设公司的现象。因此不少国家转而实行严格准则主义，严格公司设立条件，并加重设立人的责任。

（五）我国公司的设立原则

依我国《公司法》第 29 条的规定，公司设立一般采用准则设立主义，但法律、行政法规对设立公司规定必须报经批准的，则采用核准设立主义。适用准则设立主义的公司包括从事一般行业的有限责任公司，以及从事一般行业且发起设立的股份有限公司。适用核准设立主义的公司则有募集设立的股份有限公司，以及从事特定行业的有限责任公司和股份有限公司。另外，特许设立主义在个别情况下也有适用余地。核准设立主义和特许设立主义适用的情况往往关涉国家安全、公共利益和国计民生。

第二节 公司设立方式

一、发起设立

发起设立是指发起人认购设立公司时应发行的全部股份而设立公司。依据我国《公司法》的规定，有限责任公司和股份有限公司都可以采取发起设立方式。按照最高人民法院《关于适用〈中华人民共和国公司法〉若干问题的规定（三）》第 1 条的规定，为设立公司而签署公司章程、向公司认购出资或者股份并履行公司设立职责的人，应当认定为公司的发起人，包括有限责任公司设立时的股东。发起人是设立中公司的机关，负责公司筹办事务。

二、募集设立

募集设立是指发起人认购设立公司时应发行股份的一部分，其余股份向社会公开募集或者向特定对象募集而设立公司。在我国，募集设立仅适用于股份有限公司。

英美法系国家不存在发起设立与募集设立之分。在英美法系国家，履行注册手续即可成立公司，筹集资本不是公司成立的前提。公司成立前发起人无须认购股份，也不得公开发行股份，公司只有在成立后才能以公司名义公开发行股票，筹集资本。

第三节　公司设立的条件

一、有限责任公司设立的条件

（一）股东符合法定人数

依据我国《公司法》第 42 条，有限责任公司由 1 个以上 50 个以下股东出资设立。有限责任公司具有一定的人合性质，因此股东人数不宜过多。自然人和法人都可以成为公司股东，但自然人应当具备完全行为能力，法人应当没有受到法律特别限制。进入清算阶段的公司不能充当其他公司的股东。

（二）股东出资符合要求

最低注册资本主要用来启动和维持公司运营，同时兼顾对债权人的保障。我国《公司法》取消了有关最低注册资本的要求。股东应当依照《公司法》第 48 条和第 49 条规定的期限、方式缴足认缴的出资额。

（三）股东共同制定公司章程

设立公司应当依法制定章程。有限责任公司的章程由出资的股东共同制定。章程制定完毕后，股东应在公司章程上签名或者盖章。

（四）有公司名称，建立符合有限责任公司要求的组织机构

有限责任公司必须有自己的名称。公司名称是公司区别于其他公司或企业的标志。我国《企业名称登记管理规定实施办法》第 8 条规定："企业名称一般应当由行政区划名称、字号、行业或者经营特点、组织形式组成，并依次排列。法律、行政法规和本办法另有规定的除外。"而我国《公司法》第 7 条第 1 款规定："依照本法设立的有限责任公司，应当在公司名称中标明有限责任公司或者有限公司字样。"

有限责任公司必须建立符合法律规定的组织机构，对内执行公司事务，对外代表公

司。公司组织机构一般由股东会、董事会和监事会组成。

（五）有公司住所

住所是有限责任公司设立的必备条件，它是指公司主要办事机构所在地。一个公司只有一个住所，但可以有多个经营场所。

二、股份有限公司设立的条件

（一）发起人符合法定人数

依据我国《公司法》第92条的规定，股份公司应有1个以上200个以下的发起人。该条还规定，半数以上的发起人应在中华人民共和国境内有住所。在我国，自然人可以充当发起人，但须具备完全民事行为能力。法人也可充当发起人，但应当没有受到法律的特别限制。

（二）发起人认缴和募集的股本达到要求

在我国，有关最低注册资本的要求已被取消。根据《公司法》第97条的规定，以发起设立方式设立股份有限公司的，发起人应当认足公司章程规定的公司设立时应发行的股份。以募集设立方式设立股份有限公司的，发起人认购的股份不得少于公司章程规定的公司设立时应发行股份总数的35%；但是，法律、行政法规另有规定的，从其规定。该条规定的“35%”的限额是指全体发起人认购的股份总数。至于单个发起人的认购数可由章程特别规定。《公司法》第98条规定，发起人应当在公司成立前按照其认购的股份全额缴纳股款。发起人的出资，适用《公司法》第48条、第49条第2款关于有限责任公司股东出资的规定。发起人不得分期出资。

（三）股份发行、筹办事项符合法律规定

股份有限公司股份发行、筹办事项一般包括订立发起人协议、订立公司章程、履行必要的注册手续、出资、募集股份、认股、缴纳股款、召开成立大会、申请公司设立登记，以及公司设立期间与第三人进行必要的交易等。

（四）制定和通过公司章程

发起设立公司的，公司章程由发起人共同制定，全体发起人一致同意通过。募集设立公司的，公司章程由发起人制定，经成立大会通过。

（五）有公司名称，建立符合股份有限公司要求的组织机构

股份有限公司应当有自己的名称。依据我国《公司法》第7条第2款和《企业名称登记管理规定实施办法》第8条，股份有限公司的名称由以下四个部分组成：行政区划、字号、行业或者经营特点、“股份有限公司”或“股份公司”字样。股份有限公司一般设

立股东会、董事会和监事会。

（六）有公司住所

公司应当有住所。公司以其主要办事机构所在地为住所。

第四节　公司设立程序

一、有限责任公司的设立程序

（一）设立时的股东发起

有限责任公司只能由设立时的股东（发起人）发起设立。有限责任公司设立时的股东可以签订设立协议或者做成发起人会议决议，明确各自在公司设立过程中的权利和义务。

（二）订立公司章程

设立有限责任公司应当订立公司章程。有限责任公司设立时的股东没有签订设立协议或者做成发起人会议决议的，公司章程起到相应的作用。

（三）设立审批

对于法律、行政法规规定必须报经审批的，在公司登记前要依法办理审批手续。

（四）缴纳出资

发起人应当按照发起人协议或者公司章程履行出资义务。

（五）验资

验资就是对股东出资的价值和真实性进行检验。我国《公司法》取消了公司登记提交验资证明的要求。

（六）签发出资证明书

按照《公司法》第 55 条的规定，有限责任公司成立后，应当向股东签发出资证明书。另据《公司法》第 56 条的规定，有限责任公司应当置备股东名册。

（七）确立公司组织机构

设立有限责任公司应当建立符合法律要求的组织机构。

（八）申请设立登记并获发执照

设立有限责任公司应当向公司登记机关申请设立登记。登记机关予以登记并发放企业法人营业执照的，公司成立。

二、股份有限公司的设立程序

（一）签订发起人协议

按照《公司法》第 93 条第 2 款，设立股份有限公司，发起人应当签订发起人协议，明确各自在公司设立过程中的权利和义务。发起人协议只调整订立协议的各发起人的权利义务，对其他人没有约束力。协议的修改必须经全体发起人协商一致。发起人协议自订立时起生效，于公司成立过程终止时失效，但是发起人协议被公司章程明确并入章程的除外。

（二）订立公司章程

设立股份有限公司，应当由发起人共同制定公司章程。章程应当载明《公司法》规定的事项。

（三）办理审批手续

法律、行政法规规定股份有限公司的设立需要审批的，应当办理审批手续。

（四）股份的认购

1. 发起人认购规定数额的股份。我国《公司法》第 97 条和第 98 条对此作了规定。

2. 制作招股说明书。招股说明书是供社会公众了解发起人和将要设立公司的情况，说明公司股份发行的有关事宜，指导公众购买公司股份的规范性文件。

3. 签订股票承销协议。向社会公开募集股份，应当由依法设立的证券经营机构承销，签订承销协议。

4. 签订代收股款协议。向社会公开募集股份，应当同银行签订代收股款协议。

5. 经国务院证券监督管理机构注册。公司向社会公开募集股份，应当经国务院证券监督管理机构注册。

6. 公告招股说明书。为履行披露义务，发起人向社会公开募集股份，应当公告招股说明书。

7. 制作认股书。发起人向社会公开募集股份的，应当制作认股书。认股书相当于发起人发出的书面要约。

8. 缴纳股款。认股人在填写认股书、作出承诺后，应向代收股款的银行缴纳股款。

（五）召开成立大会

募集设立股份有限公司的发起人应当自公司设立时应发行股份的股款缴足之日起 30 日内召开公司成立大会。以发起设立方式设立股份有限公司成立大会的召开由公司章程或者发起人协议规定。成立大会行使选举董事、监事等职权。

（六）申请设立登记，获发执照

董事会应当授权代表，于公司成立大会结束后 30 日内向公司登记机关申请设立登记。经审查，由登记机关颁发营业执照。

案 例

海南金凯汽车工业有限公司与海南融元实业有限公司设立纠纷案

争议焦点：(1)“项目合作协议”是否为公司设立合同？(2)“项目合作协议”是否符合解除的条件？[①]

第五节 公司设立失败时发起人和股东的责任

公司设立因为不符合公司法规定的条件，由于发生不可抗力或经营条件发生重大变化，或者因为设立程序发生问题而未能完成的，被称作设立失败。公司设立失败时，因公司设立而产生的法律责任由设立时的股东或发起人承担。

一、有限责任公司设立失败时的责任

我国《公司法》第 44 条第 2 款规定：公司未成立的，其法律后果由公司设立时的股东承受；设立时的股东为二人以上的，享有连带债权，承担连带债务。

二、股份有限公司设立失败时的责任

依据我国《公司法》第 105 条第 1 款的规定，公司设立时应发行的股份未募足，或者发行股份的股款缴足后，发起人在 30 日内未召开成立大会的，认股人可以按照所缴股款并加算银行同期存款利息，要求发起人返还。另外，《公司法》第 44 条的规定也适用于股份有限公司。

案 例

江苏科特涂饰有限公司与温某挺发起人责任纠纷案

争议焦点：(1)温某挺应否承担设立公司发起人的民事责任？(2)金桥公司有无实际歇业？(3)温某挺是否应对金桥公司的债权债务承担清算义务？[②]

---

① 参见海南省高级人民法院（2011）琼民一终字第 30 号民事裁定书、最高人民法院（2013）民申字第 1521 号民事裁定书。

② 参见江苏省无锡市中级人民法院（2011）锡商终字第 0215 号民事判决书。

第六节　公司设立因瑕疵而无效或被撤销的后果

一、公司设立瑕疵概述

公司设立瑕疵是指经公司登记机关登记并获得营业执照的公司，在设立过程中存在不符合公司法规定的情况。此处所谓设立瑕疵不包括设立失败。设立瑕疵发生于公司成立之后，而设立失败发生于公司设立过程之中。设立瑕疵也不包括公司登记机关错误登记。

公司设立瑕疵多种多样，例如，发起人行为能力欠缺；发起人或股东的意思表示不真实；发起人或股东不足法定人数；股东未共同制定公司章程；公司未建立符合要求的组织机构；公司没有固定的生产经营场所和必要的生产经营条件；公司股东提供的实物出资低于公司章程规定的认缴出资额；公司注册资本虚假；章程记载事项违反强行性法律规范和社会公共利益；采取欺诈手段取得公司登记等。

二、公司设立瑕疵的法律后果

公司设立存在瑕疵可能导致公司设立的无效或被撤销、被吊销营业执照。公司设立无效是指经股东、董事、监事或公司债权人提起诉讼，公司设立被法院宣告无效，使已经成立的公司进入清算解散程序。公司设立无效的裁判不影响公司此前交易活动的效力。我国《公司法》对公司设立的无效未作规定。但是，欧盟、德国、日本和韩国等规定了这种制度。

公司设立被撤销是指公司登记被登记机关采取纠正措施予以撤销，但公司采取补救措施一定时间之后，公司设立登记不得被撤销。对公司设立的撤销，《公司法》第 39 条规定，虚报注册资本、提交虚假材料或者采取其他欺诈手段隐瞒重要事实取得公司设立登记的，公司登记机关应当依照法律、行政法规的规定予以撤销。

关于吊销营业执照，依照《公司法》第 250 条的规定，违反《公司法》规定，虚报注册资本、提交虚假材料或者采取其他欺诈手段隐瞒重要事实取得公司登记情节严重的，吊销营业执照。依照我国相关行政法规及实践，公司被吊销营业执照之后即应进入解散、清算程序。

值得注意的是，在英美国家，即使公司设立中存在瑕疵，设立的公司也是有效的。这种制度有利于维护既有的交易关系，增进交易安全。采用这种制度的原因在于英美国家公司法的自由化程度比较高，设立公司的条件比较宽松，程序比较简单。

案　例

招某枝诉招某泉等股东请求解散及清算公司纠纷案

争议焦点：(1) 金利达公司的设立登记是否存在违法情形，应予撤销？(2) 金利达公司应否解散并组织清算？①

① 参见广东省广州市中级人民法院（2004）穗中法民三初字第 270 号民事判决书，广东省高级人民法院（2006）粤高法民四终字第 359 号民事判决书。

第七节　公司设立成功时设立中公司行为后果归属

一、设立中公司的概念和性质

设立中公司是指从发起人或出资人订立协议或发起人订立公司章程时起到公司登记机关最终登记时止尚未取得法人资格的“公司”。确认设立中公司的目的在于确认由发起人以设立公司为目的而取得的权利义务的归属。设立中公司始于发起人或出资人订立协议或发起人订立公司章程，终于设立失败而且清算结束，或者设立成功取得营业执照。设立中公司具有团体性，拥有自己的财产，具有和已成立公司相似或相同的组织机构，但它尚不具有法人资格。不过，设立中公司可以自己的名义从事设立公司所必要的活动，享有权利并在一定范围内承担义务和责任。

二、设立中公司行为后果的归属

（一）设立时的股东以自己的名义为设立中公司从事活动

依照《公司法》第44条第3款和第4款，设立时的股东为设立公司以自己的名义从事民事活动产生的民事责任，第三人有权选择请求公司或者公司设立时的股东承担。设立时的股东因履行公司设立职责造成他人损害的，公司或者无过错的股东承担赔偿责任后，可以向有过错的股东追偿。

（二）以设立中公司名义从事活动

以设立中公司名义包括以“设立中公司”名义与以“拟成立公司”名义。依照《公司法》第44条第1款的规定，有限责任公司设立时的股东为设立公司从事的民事活动，其法律后果由公司承受。

（三）以“公司”名义签订合同

按照大陆法系国家公司法，公司未经登记而以公司名义经营或者从事其他活动的，应由行为人负责。欧盟公司法原则上认为应当由行为人负责，但其例外承认第三人可以另行约定。根据美国公司法律，公司发起人明知公司尚未成立而以公司名义与他人签订合同的，由发起人承担责任。否则，通常应当免除发起人的责任。

第八节　公司设立成功时发起人、股东及认股人的责任

一、股东或发起人缴纳股款义务

我国《公司法》第 49 条第 1 款规定，股东应当按期足额缴纳公司章程中规定的各自所认缴的出资额。该条第 2 款规定，股东以货币出资的，应当将货币出资足额存入有限责任公司在银行开设的账户；以非货币财产出资的，应当依法办理其财产权的转移手续。《公司法》第 98 条第 1 款规定，发起人应当在公司成立前按照其认购的股份全额缴纳股款。《公司法》第 98 条第 2 款规定，《公司法》第 49 条第 2 款的规定适用于股份有限公司。

二、股东或发起人足额缴纳出资的责任和对公司的赔偿责任

公司设立时的股东或发起人不履行出资义务，影响公司经营发展，给公司造成损失的，应对公司承担民事责任。我国《公司法》第 49 条第 3 款规定：股东未按期足额缴纳出资的，除应当向公司足额缴纳外，还应当对给公司造成的损失承担赔偿责任。依照《公司法》第 107 条的规定，《公司法》第 49 条第 3 款的规定适用于股份有限公司。公司成立时股东实际出资不足的要承担相应责任。《公司法》第 50 条规定："有限责任公司设立时，股东未按照公司章程规定实际缴纳出资，或者实际出资的非货币财产的实际价额显著低于所认缴的出资额的，设立时的其他股东与该股东在出资不足的范围内承担连带责任。"发起人实际出资不足的也要承担相应责任。《公司法》第 99 条规定："发起人不按照其认购的股份缴纳股款，或者作为出资的非货币财产的实际价额显著低于所认购的股份的，其他发起人与该发起人在出资不足的范围内承担连带责任。"

三、怠于出资的股东承担权利受限或丧失的后果

《公司法》司法解释规定了股东权利受限规则。最高人民法院《关于适用〈中华人民共和国公司法〉若干问题的规定（三）》第 16 条规定："股东未履行或者未全面履行出资义务或者抽逃出资，公司根据公司章程或者股东会决议对其利润分配请求权、新股优先认购权、剩余财产分配请求权等股东权利作出相应的合理限制，该股东请求认定该限制无效的，人民法院不予支持。"

《公司法》确立了股东失权制度。《公司法》第 52 条规定："股东未按照公司章程规定的出资日期缴纳出资，公司依照前条第一款规定发出书面催缴书催缴出资的，可以载明缴纳出资的宽限期；宽限期自公司发出催缴书之日起，不得少于六十日。宽限期届满，股东仍未履行出资义务的，公司经董事会决议可以向该股东发出失权通知，通知应当以书面形式发出。自通知发出之日起，该股东丧失其未缴纳出资的股权。依照前款规定丧

失的股权应当依法转让，或者相应减少注册资本并注销该股权；六个月内未转让或者注销的，由公司其他股东按照其出资比例足额缴纳相应出资。股东对失权有异议的，应当自接到失权通知之日起三十日内，向人民法院提起诉讼。”按照《公司法》第107条的规定，《公司法》第52条适用于股份有限公司。

四、认股人的责任

《公司法》第100条规定，认股人应当按照所认购股份足额缴纳股款。最高人民法院《关于适用〈中华人民共和国公司法〉若干问题的规定（三）》第6条规定：股份有限公司的认股人未按期缴纳所认股份的股款，经公司发起人催缴后在合理期间内仍未缴纳，公司发起人对该股份另行募集的，人民法院应当认定该募集行为有效。认股人延期缴纳股款给公司造成损失，公司请求该认股人承担赔偿责任的，人民法院应予支持。

深度阅读

许中缘．论发起人对公司设立中债务的承担．法学，2021（12）．

肖海军．论公司设立登记撤销制度：以《公司法》第199条的适用展开．中国法学，2011（2）．

赵旭东．公司法学．北京：高等教育出版社，2020．

王欣新．公司法．4版．北京：中国人民大学出版社，2020．

范健，王建文．公司法．5版．北京：法律出版社，2018．

施天涛．公司法论．4版．北京：法律出版社，2018．

思考与练习

1. 试述公司设立的概念和方式。
2. 试述公司设立瑕疵及其后果。
3. 发起人与设立中公司的关系如何处理？
4. 股东违反出资义务如何补救？
5. 如何解读股东失权规则？
6. 甲、乙、丙、丁拟设立一家商贸公司，就设立事宜分工负责，其中丙负责租赁公司运营所需仓库。因公司尚未成立，丙为方便签订合同，遂以自己名义与戊签订仓库租赁合同。关于该租金债务及其责任如何处理？

第十章

公司资本与股东出资

常考知识点

资本形成制度　股东出资形式

第一节　公司资本概述

一、公司资本概念

公司资本是由公司成立时的章程规定并由股东出资构成的财产总额。公司资本不同于公司资产，后者是公司实际拥有或支配的全部财产，主要包括公司资本、公司对外负债、公司的资产收益和经营收益。公司的信用基础已从公司资本转为公司资产。公司以全部资产对外承担责任。公司资产减去负债后的部分被称为公司净资产。

二、公司资本的类型

（一）注册资本

注册资本主要是指公司成立时注册登记的资本。公司成立后可以根据需要经过法定程序增加或者减少注册资本。

（二）授权资本

授权资本是指股份公司董事会根据章程或股东会授权可以发行的全部资本。

（三）认缴资本

认缴资本是股东承诺缴纳的股本。

（四）实缴资本

实缴资本是股东已向公司缴纳的资本。

（五）待缴资本

待缴资本是公司已经发行、股东虽已认缴但未缴纳的资本。

三、公司资本原则

为了避免债权人利益受到股东有限责任的损害，大陆法系公司法形成了一些资本原则。这些原则体现了公司资本在公司设立和存续中的重要作用。不过，资本三原则所体现的价值理念已经受到不小的冲击，债权人越来越多地将公司的净资产而非公司资本视为自己债权的真正保障。

（一）资本确定原则

资本确定原则是指公司在设立时必须在章程中明确规定公司注册资本总额，并须全部认足或募足，否则公司不能成立。

（二）资本维持原则

资本维持原则是指公司在其存续期间应当保持与其资本额相当的财产，以维持公司的资信。其在公司法中主要体现为禁止折价发行股份、限制非货币出资、禁止股东抽回出资、限制公司转投资、限制公司回购股份、要求提取公积金、限制盈余分配等。

（三）资本不变原则

资本不变原则是指公司资本一经确定，非因法定原因并经法定程序，不得改变。其重点主要是规范公司的减资行为。

四、资本形成制度

（一）确定资本制

确定资本制通常是指公司设立时，章程必须明确规定公司资本总额，公司必须一次性发行全部资本或股份，发起人或股东必须一次性全部认足并实缴，否则公司不能成立。在确定资本制下，公司资本不得分期发行，被认募的资本也不得分期缴纳。确定资本制一方面有碍公司的尽快成立，另一方面可能导致公司资本的积压和闲置。此外，它也不利于公司资本的变更。

（二）授权资本制

授权资本制是指公司设立时，无须将资本总额全部发行，也即发起人或股东只需认足或募足公司章程规定的注册资本总额的一部分，其余部分由董事会在公司成立后随时一次或分次发行。在授权资本制下，被认募的资本应由认股人一次性缴纳。授权资本制简化了发行程序，有利于降低发行成本，但授权资本制没有规定首次发行的数额或比例，不利于维护交易安全。为此，有的国家规定首次发行的数额不得低于法律规定的最低注册资本额，将公司设定的授权资本限制在一定范围内。另外，法律还通过资本充实原则与公司人格否认制度实现相关目的。

（三）折中资本制

折中资本制分为折中授权资本制和许可资本制。折中授权资本制是指公司采确定资本制成立，同时，由公司章程授权董事会根据公司的资金需要情况，随时募集公司资本中尚未认足的部分。许可资本制是指公司章程载明资本总额，并由股东全部认足或募足，公司方可成立。同时，公司章程授权董事会在公司成立后的一定期间内，在公司资本一定比例的范围内，发行新股，增加资本。在许可资本制下，股东认募的资本可以分期缴纳。折中资本制克服了确定资本制和授权资本制的弊端，得到许多国家和地区的肯定。

（四）我国的公司资本制

有限责任公司资本原则上实行认缴制。我国《公司法》第 47 条规定，有限责任公司的注册资本为在公司登记机关登记的全体股东认缴的出资额。全体股东认缴的出资额由股东按照公司章程的规定自公司成立之日起 5 年内缴足。法律、行政法规以及国务院决定对有限责任公司注册资本实缴、注册资本最低限额、股东出资期限另有规定的，从其规定。第 54 条规定，公司不能清偿到期债务的，公司或者已到期债权的债权人有权要求已认缴出资但未届出资期限的股东提前缴纳出资。按照此条规定，加速到期的出资归于公司而非用于对公司不能清偿的债务承担补充赔偿责任。

不同的是，股份有限公司的资本实行实缴制。《公司法》第 96 条规定，股份有限公司的注册资本为在公司登记机关登记的已发行股份的股本总额。在发起人认购的股份缴足前，不得向他人募集股份。法律、行政法规以及国务院决定对股份有限公司注册资本最低限额另有规定的，从其规定。此条没有区分发起设立、募集设立而分别规定注册资本。第 97 条规定，以发起设立方式设立股份有限公司的，发起人应当认足公司章程规定的公司设立时应发行的股份。以募集设立方式设立股份有限公司的，发起人认购的股份不得少于公司章程规定的公司设立时应发行股份总数的 35%；但是，法律、行政法规另有规定的，从其规定。根据《公司法》第 98 条第 1 款的规定，发起人应当在公司成立前按照其认购的股份全额缴纳股款。

《公司法》还对股份有限公司资本规定了授权资本制。《公司法》第 152 条规定："公司章程或者股东会可以授权董事会在三年内决定发行不超过已发行股份百分之五十的股份。但以非货币财产作价出资的应当经股东会决议。董事会依照前款规定决定发行股份导致公司注册资本、已发行股份数发生变化的，对公司章程该项记载事项的修改不需再由股东会表决。"第 153 条规定：公司章程或者股东会授权董事会决定发行新股的，董事会决议应当经全体董事 2/3 以上通过。

案 例

崔某照、潘某胜加工合同纠纷案

争议焦点：崔某照、潘某胜是否应当承担补充赔偿责任？①

案 例

重庆五中院判决某贸易公司诉陈某等公司减资纠纷案

争议焦点：公司股东因瑕疵减资对公司未能清偿的债务应否承担补充赔偿责任？②

案 例

北京三中院判决李某诉甲公司等公司决议纠纷案

争议焦点：公司通过资本多数决规则表决通过的要求股东出资期限提前届满的决议应否被认定无效？③

第二节 股东出资

一、股东出资概述

股东出资是指发起人和认股人在公司设立或增加资本时，根据协议以及章程和法律的规定向公司交付货币等财产。股东出资形式必须符合法律法规的规定。我国《公司法》第 48 条第 1 款规定："股东可以用货币出资，也可以用实物、知识产权、土地使用权、股权、债权等可以用货币估价并可以依法转让的非货币财产作价出资；但是，法律、行政法规规定不得作为出资的财产除外。"

二、公司法列举的出资形式

（一）货币

股东以货币出资，方便快捷，既可准确计算出资额，也可直接使用。依据我国《公司法》第 49 条第 2 款的规定，股东以货币出资的，应当将货币出资足额存入公司在银行

---

① 参见山东省德州市中级人民法院（2016）鲁 14 民终 2475 号民事判决书。

② 参见重庆市第五中级人民法院（2022）渝 05 民终 7252 号民事判决书；郑兴隆，王倩．注册资本认缴制下公司瑕疵减资股东的责任承担．人民法院报，2023－07－13.

③ 参见北京市第三中级人民法院（2022）京 03 民终 17496 号民事判决书；禹海波，黄蕾．滥用资本多数决损害其他股东利益的公司决议的效力认定．人民法院报，2023－08－10.

开设的账户。实务中，票据被视为货币，可以用来出资。股东借贷资金被视为股东的资金，可以用来出资。

（二）实物

实物主要是指建筑物、厂房、机器设备等有形财产。股东对其用以出资的实物必须拥有所有权。按照我国《公司法》第 49 条第 2 款和第 98 条，股东以实物出资的，应当办理财产权转移手续。最高人民法院《关于适用〈中华人民共和国公司法〉若干问题的规定（三）》第 10 条规定，出资人以房屋、土地使用权或者需要办理权属登记的知识产权等财产出资，已经交付公司使用但未办理权属变更手续，公司、其他股东或者公司债权人主张认定出资人未履行出资义务的，人民法院应当责令当事人在指定的合理期间内办理权属变更手续；在前述期间内办理了权属变更手续的，人民法院应当认定其已经履行了出资义务；出资人主张自其实际交付财产给公司使用时享有相应股东权利的，人民法院应予支持。出资人以前述规定的财产出资，已经办理权属变更手续但未交付给公司使用，公司或者其他股东主张其向公司交付、并在实际交付之前不享有相应股东权利的，人民法院应予支持。这一解释坚持了权属变更与财产实际交付并重的标准。

（三）知识产权

知识产权包括专利权、商标权、著作权和非专利技术。从我国《公司法》的规定来看，知识产权出资可以占公司注册资本的 100%。股东以知识产权出资时应当提供有关证明。

（四）土地使用权

土地使用权出资是指以从国家有偿取得的土地使用权进行出资。用于出资的土地使用权应当没有设定权利负担。

（五）股权

股权出资是指投资者将其对另一公司拥有的股权转让给公司，公司成为另一公司的股东，投资人成为公司的股东。股权出资可能存在价值难以评估、出资不到位以及资本信用虚增等问题。不过，最高人民法院《关于适用〈中华人民共和国公司法〉若干问题的规定（三）》第 11 条规定，出资人以其他公司股权出资，符合下列条件的，人民法院应当认定出资人已履行出资义务：（1）出资的股权由出资人合法持有并依法可以转让；（2）出资的股权无权利瑕疵或者权利负担；（3）出资人已履行关于股权转让的法定手续；（4）出资的股权已依法进行了价值评估。股权出资不符合前述第（1）（2）（3）项的规定，公司、其他股东或者公司债权人请求认定出资人未履行出资义务的，人民法院应当责令该出资人在指定的合理期间内采取补正措施，以符合上述条件；逾期未补正的，人民法院应当认定其未依法全面履行出资义务。股权出资不符合本条第 1 款第（4）项的规定，公司、其他股东或者公司债权人请求认定出资人未履行出资义务的，人民法院应当按照本规定第 9 条的规定处理。我国《公司法》第 48 条第 1 款已将股权列为出资形式，而且该规定列举的股权并未限于“其他公司股权”。

（六）债权

债权出资是投资者将对第三人的债权转让给公司，公司成为第三人的债权人，投资者成为公司股东。我国公司实践中，债权出资的情况比较多见，理论界大多认为应当允许或有限制地允许以债权出资。我国《公司法》已经明确规定债权可以作为出资形式。

案　例

谢某某诉上海某某家具有限公司、戴某某股东出资纠纷案

争议焦点：股东以未办理权证的房屋建筑物及设备等增资是否违反出资义务？①

三、其他出资形式

（一）商誉

商誉是指从社会公众那里赢得的关于商事经营的美好声誉。在资产负债表中，商誉不是所有者权益，而只被认作资本溢出。由于商誉处于变动之中，对商誉进行价值评估非常困难，因而我国《公司法》等尚不认可商誉出资。

（二）劳务

劳务是指以智力和体力的消耗满足他人需要的活动。劳务具有人身依附性以及在适用范围上的专用性，无法由公司占有，也难以用来向债权人清偿。劳务的价值具有不确定性和不稳定性，难以估值且易于贬值。因此，劳务一般不能用来出资。

四、出资的价值评估和确认

除货币出资以外，其他形式的出资都需要进行价值评估。依据我国《公司法》第 48 条第 2 款和第 98 条第 2 款的规定，对作为出资的非货币财产应当评估作价，核实财产，不得高估或者低估作价。法律、行政法规对评估作价有规定的，从其规定。

在股份公司，非货币出资经过评估后，还应按照法律程序对评估结果进行确认。我国《公司法》第 101 条规定，向社会公开募集股份的股款缴足后，应当经依法设立的验资机构验资并出具证明。

五、出资义务的履行

股东应将用于出资的财产交付公司或向公司履行其他手续。出资人以不享有处分权

① 参见上海市崇明县人民法院（2011）崇民二（商）初字第 110 号民事判决书。

的财产出资，当事人之间对于出资行为效力产生争议的，人民法院可以参照《民法典》第 311 条的规定予以认定。我国最高人民法院《关于适用〈中华人民共和国公司法〉若干问题的规定（三）》第 7 条第 2 款规定：以贪污、受贿、侵占、挪用等违法犯罪所得的货币出资后取得股权的，对违法犯罪行为予以追究、处罚时，应当采取拍卖或者变卖的方式处置其股权。第 8 条规定：出资人以划拨土地使用权出资，或者以设定权利负担的土地使用权出资，公司、其他股东或者公司债权人主张认定出资人未履行出资义务的，人民法院应当责令当事人在指定的合理期间内办理土地变更手续或者解除权利负担；逾期未办理或者未解除的，人民法院应当认定出资人未依法全面履行出资义务。根据《公司法》和上述司法解释第 9 条的规定，出资人以非货币财产出资，未依法评估作价，公司、其他股东或者公司债权人请求认定出资人未履行出资义务的，人民法院应当委托具有合法资格的评估机构对该财产评估作价。评估确定的价额显著低于公司章程所定价额的，人民法院应当认定出资人未依法全面履行出资义务。

《深度阅读》

邹海林．以公司自治为本源的认缴资本制的发展．环球法律评论，2024（1）.

冯果．论授权资本制下认缴制的去与留．社会科学文摘，2023（2）.

邢海宝．公司债权人保护：以不当交易的规制为中心．比较法研究，2023（1）.

朱慈蕴，皮正德．公司资本制度的后端改革与偿债能力测试的借鉴．法学研究，2021（1）.

徐强胜．我国公司人格的基本制度再造：以公司资本制度与董事会地位为核心．环球法律评论，2020（3）.

黄辉．公司资本制度改革的正当性：基于债权人保护功能的法经济学分析．中国法学，2015（6）.

刘燕．公司法资本制度改革的逻辑与路径：基于商业实践视角的观察．法学研究，2014（5）.

袁碧华．我国公司资本制度改革研究．北京：中国政法大学出版社，2016.

蒋大兴．公司法的观念与解释：Ⅱ．北京：法律出版社，2009.

赵旭东．公司法学．北京：高等教育出版社，2020.

范健，王建文．公司法．5 版．北京：法律出版社，2018.

《思考与练习》

1. 试述授权资本制的优缺点。
2. 如何理解我国的资本形成制度？
3. 如何理解公司法没有列举的出资形式？

第十一章
公司股东

常考知识点

股东资格　股东利润分配权　累积投票　打破公司僵局　股东派生诉讼　股东出资义务　抽逃出资

第一节　股东及资格认定

一、股东概述

股东是指向公司出资或通过其他合法途径取得公司股权的人。公司股东名册是股东身份的重要证明。

股东享有股权，并承担一定的义务。股东享有股权揭示了股东和公司之间的法律关系。股东之间的权利义务原则上应当平等。股东通常按其持有股权的性质和比例享有权利，承担义务。股东平等原则有助于防止大股东的专横与独断。

发起设立的公司，发起人在公司成立后转为公司股东。募集设立的公司，在公司设立时认购公司股份的人为公司股东。公司成立后，因公司增资而取得股权的人是公司股东。此外，因受让、股份交换、企业合并、赠与、继承或强制执行等取得股权的人也属公司股东。

股东资格可因股东被除名，公司减资、股份注销，股票经公示催告程序被宣告失效，公司人格消灭等而绝对丧失。股东资格也可因买卖、交换、赠与、被继承等而相对丧失。

二、股东资格认定

股份公司的股东资格根据是否持有股票予以认定，对此通常不存在疑问。股东资格认定问题主要发生在有限责任公司。有限责任公司股东资格认定是我国公司法案件审理中经常涉及的问题。

（一）公司章程的记载

股东签署章程是其成为公司股东的意思表示行为，因此章程是公司内部确定股东资格的主要依据。但是，首先，公司章程只记载有限公司的股东和股份公司的发起人，认定股份公司的公众股东无法借助公司章程。其次，公司章程的记载不能对抗实际出资的事实，实际出资者被依法确认为股东后，章程的记载应当失去相应的效力。最后，章程不能约束第三人，章程记载与公司在登记机关登记的不一致的，在对外关系上应以登记为准。

（二）实际出资或依法继受

实际出资的功能是使公司资本真实、确定。未实际出资、出资存在瑕疵以及抽逃出资等都不影响股东取得股东资格。在公司内部，公司可以相应调整股权结构，对该股东行使抗辩权，或者依法取消该股东的股东资格。在继受取得股东资格的情况下，继受者的股东资格取决于被继受者的股东资格。

针对实践中经常发生的股权纠纷，我国最高人民法院《关于适用〈中华人民共和国公司法〉若干问题的规定（三）》第 22 条规定，当事人之间对股权归属发生争议，一方请求人民法院确认其享有股权的，应当证明以下事实之一：（1）已经依法向公司出资或者认缴出资，且不违反法律法规强制性规定；（2）已经受让或者以其他形式继受公司股权，且不违反法律法规强制性规定。

针对实际出资人与名义出资人之间的纠纷，上述司法解释在第 24 条作了规定。

（三）出资证明和股票

出资证明书是有限责任公司在成立后签发给股东的、证明其已出资的文件。我国《公司法》第 55 条第 1 款规定：有限责任公司成立后，应当向股东签发出资证明书。股东依法继受股权后，公司也应签发出资证明书。出资证明书是投资人已经依法履行缴付出资义务的证明，是其成为公司股东，享有股东权利、承担股东义务的依据。但是，出资证明书不是证明持有人股东资格的绝对证据，未持有出资证明书的人也有可能被认定为股东。股份公司的股票以及股东股票交易记录的证明效力与出资证明相似。根据《公司法》第 147 条第 1 款的规定，股票是公司签发的证明股东所持股份的凭证。

（四）股东名册

1. 股东名册概述

股东名册是由公司依法置备的，记载股东姓名（或名称）、住所及其持股数额、出资证明书编号情况的簿册。公司股东随时可能因股权转让而发生变动，不便于在公司章程中进行记载，因此公司法要求公司必须依法置备股东名册，以便确定股东的身份或资格。根据《公司法》第 56 条和第 102 条的规定，有限责任公司、股份有限公司应当置备股东名册。

为了确定股东，公司需要在一定时期内停止股东名册的记载。我国《公司法》第 159 条第 2 款规定："股东会会议召开前二十日内或者公司决定分配股利的基准日前五日内，不得变更股东名册。法律、行政法规或者国务院证券监督管理机构对上市公司股东名册变更另有规定的，从其规定。"据此，封闭在当时股东名册上的股东就被确定为可以行使股东权的股东。在股东权封闭期间取得股权的股东，既不能要求变更股东名册，也不能行使其股东权利。这里不能行使的权利不包括特定股东的权利，如少数股东权，也不包括特定形态的权利，如各种提起诉讼的权利。这一规定的目的在于确认有权参加股东会或参与股利分配的股东，同时，避免集中操纵以及因派发股息而引起股票价格剧烈波动。

2. 股东名册与股东资格的认定

《公司法》第 56 条第 2 款规定，记载于股东名册的股东，可以依股东名册主张行使股东权利。第 86 条第 2 款规定，股权转让的，受让人自记载于股东名册时起可以向公司主张行使股东权利。据此，股东名册具有如下效力：股东只有被登记于股东名册，才能对公司主张股东权利；只要股东被登记于股东名册，公司即可推定其为公司股东，给予股东待遇，但公司明知股东名册记载有误的除外。但是，股东名册只是证权文件，不能创设权利。因此，在公司未及时登记、拒不登记或者登记错误的情形下，未记载于股东名册的股东未必没有股东资格。未被记载的股东可以提供证明，并要求公司更正股东名册。换言之，股东名册中的记名是名义股东（记名人）用来向公司主张权利或向公司提出抗辩的身份依据，而不是名义股东对抗实际出资人的依据，所以名义股东不能据此抗辩实际出资人。

（五）登记机关的登记

公司登记机关对股东的登记，在公司内部来说，它并无决定性效力，不能以未经登记而否定股东的资格，因为其作用仅在于将已有的事实向第三人进行公示。但是，就公司外部关系而言，善意第三人可以认为登记是真实的。我国《公司法》第 34 条规定："公司登记事项发生变更的，应当依法办理变更登记。公司登记事项未经登记或者未经变更登记，不得对抗善意相对人。"可见，未经登记的实际股东虽不能对抗公司外部的善意第三人，但在公司内部，其股东资格不受影响。此外，第三人凭借对登记内容的信赖，一般可以合理地相信登记的股东就是真实的股权人。

总的来看，股东资格的认定非常复杂。但是，一般而言，在公司内部，股东名册应当优先于公司章程，出资证明则仅具参考作用，而最根本的还是要看实际出资的情况，但是股东名册封闭期间除外。另外，在公司外部，第三人对股东资格的认定通常以公司在登记机关登记的为准。

案　例

余某平等诉厉某公司股东资格确认、侵权纠纷案

争议焦点：赔偿依据是以工商登记的出资还是股东实际出资来确定？[1]

三、实际出资人与名义股东问题

商事实践中，由于各种原因，公司相关文件中记名的人（名义股东）与真正投资人

① 参见最高人民法院（2014）民申字第 597 号民事裁定书。

（实际出资人）相分离的情形并不鲜见，双方有时就股权投资收益的归属发生争议。为此，最高人民法院《关于适用〈中华人民共和国公司法〉若干问题的规定（三）》作了专门规定。

隐名出资合同会导致实际出资人与名义股东的分离。上述规定第 24 条第 1 款规定，有限责任公司的实际出资人与名义出资人订立合同，约定由实际出资人出资并享有投资权益，以名义出资人为名义股东，实际出资人与名义股东对该合同效力发生争议的，如无法律规定的无效情形，人民法院应当认定该合同有效。

实际出资人享有投资权益。上述规定第 24 条第 2 款规定，前款规定的实际出资人与名义股东因投资权益的归属发生争议，实际出资人以其实际履行了出资义务为由向名义股东主张权利的，人民法院应予支持。名义股东以公司股东名册记载、公司登记机关登记为由否认实际出资人权利的，人民法院不予支持。

登记于公司登记机关的名义股东需要对公司债权人承担一定责任。公司债权人以登记于公司登记机关的股东未履行出资义务为由，请求其对公司债务不能清偿的部分在未出资本息范围内承担补充赔偿责任，股东以其仅为名义股东而非实际出资人为由进行抗辩的，人民法院不予支持。名义股东根据前述规定承担赔偿责任后，向实际出资人追偿的，人民法院应予支持。

实际出资人与名义股东分离会引发股权转让纠纷。名义股东将登记于其名下的股权转让、质押或者以其他方式处分，实际出资人以其对于股权享有实际权利为由，请求认定处分股权行为无效的，人民法院可以参照《民法典》第 311 条的规定处理。名义股东处分股权造成实际出资人损失，实际出资人请求名义股东承担赔偿责任的，人民法院应予支持。实际出资人的损失表现为其基于股权形成的利益不复存在。

实际出资人成为名义股东需要经过一定的程序。实际出资人未经公司其他股东半数以上同意，请求公司变更股东、签发出资证明书、记载于股东名册、记载于公司章程并向公司登记机关办理登记的，人民法院不予支持。因为，实际出资人要求从公司外部进入公司内部成为公司的成员，已经突破了双方隐名出资合同的范围。

股权转让后尚未向公司登记机关办理变更登记也会导致股东身份的分离，进而引起无权处分的矛盾。对此，最高人民法院《关于适用〈中华人民共和国公司法〉若干问题的规定（三）》第 27 条规定，股权转让后尚未向公司登记机关办理变更登记，原股东将仍登记于其名下的股权转让、质押或者以其他方式处分，受让股东以其对于股权享有实际权利为由，请求认定处分股权行为无效的，人民法院可以参照《民法典》第 311 条的规定处理。原股东处分股权造成受让股东损失，受让股东请求原股东承担赔偿责任、对于未及时办理变更登记有过错的董事、高级管理人员或者实际控制人承担相应责任的，人民法院应予支持；受让股东对于未及时办理变更登记也有过错的，可以适当减轻上述董事、高级管理人员或者实际控制人的责任。

冒用他人名义出资并将该他人作为股东在公司登记机关登记的，冒名登记行为人应当承担相应责任；公司、其他股东或者公司债权人以未履行出资义务为由，请求被冒名登记为股东的人承担补足出资责任或者对公司债务不能清偿部分的赔偿责任的，人民法院不予支持。

案　例

南京中院判决苗某诉吴某合同纠纷案

争议焦点：如何判定股权代持协议的效力及其法律后果？①

案　例

程某平诉上海纽鑫达进出口有限公司等股东资格确认纠纷案

争议焦点：(1) 第三人张某是否代持了原告程某平所有的26%被告纽鑫达公司股权？(2) 程某平能否要求纽鑫达公司办理相应的股权变更手续，变更是否存在法律或政策上的障碍？②

案　例

尚某秀与吕某定及上海浦建联合发展有限公司纠纷案

争议焦点：隐名股东确认其股东地位应受何种限制？③

案　例

昆明哦客商贸有限公司、熊某民与李某友等股东资格确认纠纷案

争议焦点：(1) 案涉"股权转让协议"的性质应如何认定？(2) 上诉人熊某民、哦客公司关于确认其股权并办理工商变更登记的请求是否成立？④

案　例

刘某芳诉常州凯瑞化学科技有限公司等公司决议效力确认纠纷案

争议焦点：案涉股东除名决议的效力应如何认定？⑤

案　例

北京神通文化俱乐部有限公司与周某堦、致富集团（香港）有限公司股权转让纠纷案

争议焦点：(1) 案涉"股权质押协议书"的性质如何？(2) 是否存在违约行为以及违约责任的承担？⑥

---

① 参见江苏省南京市中级人民法院（2021）苏01民终9144号民事判决书；徐岩岩，张凌．上市公司股权代持协议的效力及法律后果．人民法院报，2023-08-10.

② 最高人民法院公报，2023（11）.

③ 参见上海市第一中级人民法院（2005）沪一中民三（商）终字第236号民事判决书。

④ 最高人民法院公报，2022（6）.

⑤ 参见江苏省常州市中级人民法院（2018）苏04民终1874号民事判决书；最高人民法院公报，2023（2）.

⑥ 参见最高人民法院（2022）最高法民终207号民事判决书。

第二节　股东的权利与义务

一、股东的权利

（一）概念

股东权是指股东基于其股东资格而享有的、从公司获得收益并参与公司经营管理的权利。我国《公司法》第 4 条第 2 款规定：“公司股东对公司依法享有资产收益、参与重大决策和选择管理者等权利。”股东权反映着股东与公司之间的关系，它以股东资格为前提，其多少要受到出资数额的影响。股东权利独立于公司法人财产权。

（二）分类

1. 自益权和共益权

自益权是指股东为了自身的利益而行使的权利，它主要是财产权，如股利分配请求权、剩余财产分配请求权、新股认购权等。共益权是指股东为了自己的利益兼公司的利益而行使的权利，其主要内容是参与公司的经营、管理和控制，如请求召集股东会的权利、表决权、请求判决股东会议决议无效的权利等。应当注意，有的股东权利兼有自益权和共益权的性质，例如，知情权、新股发行停止请求权等。

2. 固有权与非固有权

固有权是指公司法赋予的、不得以公司章程或股东会决议予以剥夺或限制的权利。非固有权则是得以公司章程或股东会决议予以剥夺或限制的权利。股东权是固有权还是非固有权，取决于规定股东权利的规范是否具有强行性。

3. 单独股东权与少数股东权

单独股东权是指即使股东仅持有一股也可行使的权利。所有自益权和部分共益权属于单独股东权。少数股东权是指持有股份占公司已发行股份总数一定比例的股东才能行使的权利。少数股东既可以是一人，也可以是数人。公司法关于少数股东权的规则主要是为了防止股东滥用权利。

4. 一般股东权与特别股东权

一般股东权是指普通股东即可行使的权利。特别股东权是指专属于发起人和特定类型股东的权利，如优先股股东权。

案　例

西藏信托有限公司等与胡某奇股东资格确认纠纷案

争议焦点：胡某奇与西藏信托公司之间的股权转让是否为让与担保？若是让与担保，对股权的影响如何？①

① 参见北京市第一中级人民法院（2019）京 01 民终 2736 号民事判决书。

案 例

某投资公司诉某投资控股集团、第三人某化工公司等股权转让纠纷案

争议问题：签订股权转让协议的双方的真实意思表示是让与担保还是股权转让?①

（三）内容

1. 知情权

为了保证股东有效行使资产收益、参与重大决策和选择管理者等权利，公司法赋予股东以知情权。我国《公司法》第 57 条规定："股东有权查阅、复制公司章程、股东名册、股东会会议记录、董事会会议决议、监事会会议决议和财务会计报告。股东可以要求查阅公司会计账簿、会计凭证。股东要求查阅公司会计账簿、会计凭证的，应当向公司提出书面请求，说明目的。公司有合理根据认为股东查阅会计账簿、会计凭证有不正当目的，可能损害公司合法利益的，可以拒绝提供查阅，并应当自股东提出书面请求之日起十五日内书面答复股东并说明理由。公司拒绝提供查阅的，股东可以向人民法院提起诉讼。股东查阅前款规定的材料，可以委托会计师事务所、律师事务所等中介机构进行。股东及其委托的会计师事务所、律师事务所等中介机构查阅、复制有关材料，应当遵守有关保护国家秘密、商业秘密、个人隐私、个人信息等法律、行政法规的规定。股东要求查阅、复制公司全资子公司相关材料的，适用前四款的规定。"会计凭证包括原始凭证和记账凭证。所谓"有不正当目的"，应当是指有与保护股东利益没有直接关系的目的，例如，为了满足好奇心，甚至为了获取公司的商业秘密而意图与公司进行竞争，或者将其提供给公司竞争者。但是，公司怀疑股东查阅会计账簿的目的是为公司涉及的其他案件的对方当事人收集证据等，不能据以认定其"有不正当目的"。

《公司法》第 110 条规定："股东有权查阅、复制公司章程、股东名册、股东会会议记录、董事会会议决议、监事会会议决议、财务会计报告，对公司的经营提出建议或者质询。连续一百八十日以上单独或者合计持有公司百分之三以上股份的股东要求查阅公司的会计账簿、会计凭证的，适用本法第五十七条第二款、第三款、第四款的规定。公司章程对持股比例有较低规定的，从其规定。股东要求查阅、复制公司全资子公司相关材料的，适用前两款的规定。上市公司股东查阅、复制相关材料的，应当遵守《中华人民共和国证券法》等法律、行政法规的规定。"

此外，根据《公司法》第 129 条的规定，股份有限公司应当定期向股东披露董事、监事、高级管理人员从公司获得报酬的情况。《公司法》第 166 条规定："上市公司应当依照法律、行政法规的规定披露相关信息。"

---

① 青岛市中级人民法院公司类纠纷审判典型案例（2022 年）. [2024-02-04]. http://qdsbqfy.sdcourt.gov.cn/qdzy/spgk66/sszy16/spzdyj/dxxal/8611329/index.html.

案　例

杨某其与深圳市龙岗医药有限公司股东知情权纠纷案

争议焦点：(1) 杨某其是否具备股东资格？(2) 杨某其若具备股东资格，其行使股东知情权的范围和方式应否得到支持？①

案　例

宁波中缝精机缝纫机有限公司、张某生股东知情权纠纷案

争议焦点：股东是否有权查阅董事会会议决议、财务会计报告、会计账簿（包括总账、明细账、日记账、其他辅助性账）以及会计凭证？②

案　例

长沙蓄能工贸有限责任公司与黄某股东知情权纠纷案

争议焦点：黄某提出的复制会计账簿及原始凭证的诉讼请求是否符合法律规定？③

案　例

王某诉某电子科技公司股东知情权纠纷案

争议问题：股东查阅会计账簿是否存在不正当目的？④

2. 建议权、质询权和提案权

股份公司的股东不能充分介入公司的经营管理，为此我国《公司法》特设了建议权、质询权和提案权。按照《公司法》第 110 条的规定，股份公司的股东有权对公司的经营提出建议或者质询。《公司法》第 187 条规定："股东会要求董事、监事、高级管理人员列席会议的，董事、监事、高级管理人员应当列席并接受股东的质询。"第 115 条第 2 款规定，股份公司"单独或者合计持有公司百分之一以上股份的股东，可以在股东会会议召开十日前提出临时提案并书面提交董事会。临时提案应当有明确议题和具体决议事项。董事会应当在收到提案后二日内通知其他股东，并将该临时提案提交股东会审议；但临时提案违反法律、行政法规或者公司章程的规定，或者不属于股东会职权范围的除外。公司不得提高提出临时提案股东的持股比例"。

3. 提议召开临时股东会的权利

我国《公司法》第 62 条第 2 款规定，代表 1/10 以上表决权的股东、1/3 以上的董事

---

① 参见广东省深圳市龙岗区人民法院（2019）粤 0307 民初 12476 号民事判决书。

② 参见浙江省宁波市中级人民法院（2017）浙 02 民终 1995 号民事判决书。

③ 参见湖南省高级人民法院（2016）湘民再 2 号民事判决书。

④ 青岛市中级人民法院公司类纠纷审判典型案例（2022 年）.［2024－02－04］. http：//qdsbqfy. sdcourt. gov. cn/qdzy/spgk66/sszy16/spzdyj/dxxal/8611329/index. html.

或者监事会提议召开临时会议的，应当召开临时会议。第 113 条规定，单独或者合计持有公司 10%以上股份的股东请求时，应当在 2 个月内召开临时股东会会议。

4. 股东会召集权和主持权

依据《公司法》第 63 条第 2 款的规定，有限公司董事会或者监事会不召集和主持股东会的，代表 1/10 以上表决权的股东可以自行召集和主持。依据《公司法》第 114 条第 2 款和第 3 款的规定，股份公司监事会不召集和主持股东会会议的，连续 90 日以上单独或者合计持有公司 10%以上股份的股东可以自行召集和主持。单独或者合计持有公司 10%以上股份的股东请求召开临时股东会会议的，董事会、监事会应当在收到请求之日起 10 日内作出是否召开临时股东会会议的决定，并书面答复股东。

5. 表决权

股东有权参加股东会，并依章程规定行使表决权，但持有无表决权股的股东除外。有限公司的股东按照出资比例行使表决权，但章程可以另作规定。股份公司的股东依照“一股一权”的原则行使表决权，类别股股东除外。

为了保证股东公正行使表决权，许多立法设置了表决权排除制度。我国《公司法》第 15 条规定：“公司向其他企业投资或者为他人提供担保，按照公司章程的规定，由董事会或者股东会决议；公司章程对投资或者担保的总额及单项投资或者担保的数额有限额规定的，不得超过规定的限额。公司为公司股东或者实际控制人提供担保的，应当经股东会决议。前款规定的股东或者受前款规定的实际控制人支配的股东，不得参加前款规定事项的表决。该项表决由出席会议的其他股东所持表决权的过半数通过。”依据第 116 条的规定，股东出席股东会会议，所持每一股份有一表决权，类别股股东除外。公司持有的本公司股份没有表决权。

为了保护中小股东的利益，我国《公司法》在股份公司的董事、监事选举中引入了累积投票制。《公司法》第 117 条规定：“股东会选举董事、监事，可以按照公司章程的规定或者股东会的决议，实行累积投票制。本法所称累积投票制，是指股东会选举董事或者监事时，每一股份拥有与应选董事或者监事人数相同的表决权，股东拥有的表决权可以集中使用。”按照传统的投票制度，每一股份只拥有一个表决权，例如，一个股东拥有 30 股，如需选出 5 名董事，股东的表决权也只是 30 票。而按累积投票制，上述股东的表决权是 150 票。累积投票制比较适合股东人数较少的股份公司。

我国《公司法》规定了表决权代理制度。《公司法》第 118 条规定：“股东委托代理人出席股东会会议的，应当明确代理人代理的事项、权限和期限；代理人应当向公司提交股东授权委托书，并在授权范围内行使表决权。”我国《公司法》没有规定有限公司的表决权代理。有的国家公司法还规定了表决权征集制度。所谓表决权征集是指代理人主动请求股东授予表决代理权。这里的代理人主要是公司的管理层或者公司的反对股东。表决权征集往往被用来争夺公司控制权，也可能被用来架空公司股东会。表决代理权的征集不仅受公司法规范，还要受证券法（特别是其中信息披露规则）的调整。

6. 转让出资或股份的权利

股东可以将自己所持有的出资份额或股份转让给他人，以实现投资收益或转移投资风险。我国《公司法》第 84 条规定，有限责任公司的股东之间可以相互转让其全部或者部分股权；股权也可以转让给股东以外的人。第 157 条规定："股份有限公司的股东持有的股份可以向其他股东转让，也可以向股东以外的人转让；公司章程对股份转让有限制的，其转让按照公司章程的规定进行。"

7. 股权优先受让权和新股优先认购权

基于一定的人合性，有限公司的股东享有股权优先受让权。我国《公司法》第 84 条第 2 款及第 3 款规定，股东向股东以外的人转让股权的，其他股东在同等条件下有优先购买权。公司章程对股权转让另有规定的，从其规定。

有限公司股东还享有新股优先认购权。《公司法》第 227 条规定，有限责任公司增加注册资本时，股东在同等条件下有权优先按照实缴的出资比例认缴出资。但是，全体股东约定不按照出资比例优先认缴出资的除外。股份有限公司为增加注册资本发行新股时，股东不享有优先认购权，公司章程另有规定或者股东会决议决定股东享有优先认购权的除外。优先认购权属于形成权。《公司法》并未明确规定该项权利的行使期限，但法院会限定合理期间，以维护交易安全和稳定经济秩序。

8. 异议股东股权或股份收购请求权

这种权利又被称为"异议股东评估权"。对于有限公司异议股东的评估权，我国《公司法》第 89 条第 1 款规定："有下列情形之一的，对股东会该项决议投反对票的股东可以请求公司按照合理的价格收购其股权：（一）公司连续五年不向股东分配利润，而公司该五年连续盈利，并且符合本法规定的分配利润条件；（二）公司合并、分立、转让主要财产；（三）公司章程规定的营业期限届满或者章程规定的其他解散事由出现，股东会通过决议修改章程使公司存续。"其第 3 款规定："公司的控股股东滥用股东权利，严重损害公司或者其他股东利益的，其他股东有权请求公司按照合理的价格收购其股权。"

对于股份公司异议股东的评估权，《公司法》第 161 条第 1 款规定："有下列情形之一的，对股东会该项决议投反对票的股东可以请求公司按照合理的价格收购其股份，公开发行股份的公司除外：（一）公司连续五年不向股东分配利润，而公司该五年连续盈利，并且符合本法规定的分配利润条件；（二）公司转让主要财产；（三）公司章程规定的营业期限届满或者章程规定的其他解散事由出现，股东会通过决议修改章程使公司存续。"《公司法》第 162 条第 1 款第 4 项规定，股东因对股东会作出的公司合并、分立决议持异议，要求公司收购其股份的，公司应当收购。这些规定适用于非公开发行股份的股份有限公司，也适用于公开发行股份的股份有限公司。

公司简易合并规则也涉及此种请求权。《公司法》第 219 条第 1 款规定，公司与其持股 90%以上的公司合并，被合并的公司不需经股东会决议，但应当通知其他股东，其他股东有权请求公司按照合理的价格收购其股权或者股份。

9. 利润分配权

股东投资于公司的主要目的是通过公司盈余分配获得股利。在公司有盈利而且股东会决定分配利润的情况下，股东有权请求分配股利。但是，如果公司没有宣布分配利润，股东不得提出请求。公司股利分配原则上属于公司自治和股东自治的范围。有关部门和法院对股利分配行为的审查应当落脚在股东会、董事会的程序性瑕疵上。鉴于上市公司现金分红是实现投资者投资回报的重要形式，对于培育资本市场长期投资理念，增强资本市场的吸引力和活力，具有十分重要的作用，因而中共中央、国务院《关于构建更加完善的要素市场化配置体制机制的意见》提出，鼓励和引导上市公司现金分红。司法实践中，公司管理层或者控制股东滥用资本多数决原则，故意过分提取公积金，而不分配股利或者很少分配股利，并用以压榨小股东的，受害股东有权向法院提出强制公司分配股利之诉。根据《公司法》第 212 条的规定，股东会作出分配利润的决议的，董事会应当在股东会决议作出之日起 6 个月内进行分配。这些措施有助于减少大股东通过担任公司董事、高管等取得高额报酬，或通过关联交易从公司获取利益等方式变相分取公司利润，而小股东分享不到公司发展的任何好处，投资目的无法实现的情况。

案　例

甘肃居立门业有限责任公司与庆阳市太一热力有限公司、李某军公司盈余分配纠纷案

争议焦点：(1) 太一热力公司应否向居立门业公司进行盈余分配？(2) 如何确定居立门业公司应分得的盈余数额？(3) 太一热力公司应否向居立门业公司支付盈余分配款的利息？(4) 李某军应否对太一热力公司的盈余分配给付不能承担赔偿责任？[①]

案　例

舟山中院判决某建材公司诉某电子公司等执行异议之诉案

争议焦点：股权拍卖成交后确定的上年度分红归属问题，以及质权人对该部分分红是否有权优先受偿。[②]

10. 剩余财产分配请求权

依据我国《公司法》第 236 条第 2 款的规定，公司清算时，公司财产在分别支付清算费用、职工的工资、社会保险费用和法定补偿金，缴纳所欠税款，清偿公司债务后的剩余财产，有限责任公司按照股东的出资比例分配，股份有限公司按照股东持有的股份比例分配。

11. 诉讼权

为了切实保障股东的合法权利，各国公司法普遍确立了股东诉权。股东诉讼可以分为直接诉讼和代表诉讼。直接诉讼是股东权利受到侵害时对侵害人提起的诉讼。代表诉讼是指当公司的董事、监事、高级管理人员或者其他人侵害公司权益，而公司怠于追究其责任时，符合法定条件的股东为了公司的利益，可以自己的名义向法院提起诉讼。代

① 参见最高人民法院（2016）民终 528 号民事判决书。

② 参见浙江省舟山市中级人民法院（2022）浙 09 民终 230 号民事判决书；陆朦璐．股权拍卖成交后确定的上年度股权分红的权属认定．人民法院报，2023－06－08.

表诉讼起源于19世纪的英国和美国，有利于保护公司和小股东的利益，因此被许多国家所采用。我国《公司法》也引进了这一制度。

关于直接诉讼，我国《公司法》规定了以下几种：（1）股东会、董事会决议撤销之诉。《公司法》第26条规定：公司股东会、董事会的会议召集程序、表决方式违反法律、行政法规或者公司章程，或者决议内容违反公司章程的，股东自决议作出之日起60日内，可以请求人民法院撤销。但是，股东会、董事会的会议召集程序或者表决方式仅有轻微瑕疵，对决议未产生实质影响的除外。未被通知参加股东会会议的股东自知道或者应当知道股东会决议作出之日起60日内，可以请求人民法院撤销；自决议作出之日起1年内没有行使撤销权的，撤销权消灭。（2）股东知情权之诉。《公司法》第57条第2款规定，股东可以要求查阅公司会计账簿、会计凭证。公司拒绝提供查阅的，股东可以向人民法院提起诉讼。（3）股权转让变更之诉。《公司法》第86条第1款规定：股东转让股权的，应当书面通知公司，请求变更股东名册；需要办理变更登记的，并请求公司向公司登记机关办理变更登记。公司拒绝或者在合理期限内不予答复的，转让人、受让人可以依法向人民法院提起诉讼。（4）异议股东股份收购请求权之诉。《公司法》第89条和第161条规定了异议股东股份回购请求权以及相应的诉权。《公司法》第89条第2款规定，自股东会决议作出之日起60日内，股东与公司不能达成股权收购协议的，股东可以自股东会会议决议作出之日起90日内向人民法院提起诉讼。《公司法》第161条第2款规定：自股东会决议作出之日起60日内，股东与公司不能达成股份收购协议的，股东可以自股东会决议作出之日起90日内向人民法院提起诉讼。（5）损害赔偿之诉。《公司法》第190条规定："董事、高级管理人员违反法律、行政法规或者公司章程的规定，损害股东利益的，股东可以向人民法院提起诉讼。"（6）请求解散公司之诉。在公司陷入僵局的情况下，为了避免公司和股东遭受严重损失，需要打破僵局。我国《公司法》第231条规定："公司经营管理发生严重困难，继续存续会使股东利益受到重大损失，通过其他途径不能解决的，持有公司百分之十以上表决权的股东，可以请求人民法院解散公司。"我国最高人民法院《关于适用〈中华人民共和国公司法〉若干问题的规定（二）》第1条规定："单独或者合计持有公司全部股东表决权百分之十以上的股东，以下列事由之一提起解散公司诉讼，并符合公司法第一百八十二条规定的，人民法院应予受理：（一）公司持续两年以上无法召开股东会或者股东大会，公司经营管理发生严重困难的；（二）股东表决时无法达到法定或者公司章程规定的比例，持续两年以上不能做出有效的股东会或者股东大会决议，公司经营管理发生严重困难的；（三）公司董事长期冲突，且无法通过股东会或者股东大会解决，公司经营管理发生严重困难的；（四）经营管理发生其他严重困难，公司继续存续会使股东利益受到重大损失的情形。股东以知情权、利润分配请求权等权益受到损害，或者公司亏损、财产不足以偿还全部债务，以及公司被吊销企业法人营业执照未进行清算等为由，提起解散公司诉讼的，人民法院不予受理。"可见，公司的经营管理发生严重困难不包括公司对外经营发生严重困难，它指的是股东僵局和董事僵局所造成的公司经营管理上的严重困难，即公司处于事实上的瘫痪状态，体现公司自治的公司治理结构完全失灵，不能正常进行经营活动，如果任其继续存续下去，将会造成公司实质利益者即股东利益的损失。公司经营发生困难而管理未发生严重困难的，完全可以由公司机关通过内部机制解决，无须通过司法程序。公司陷入僵局时，人民法院关于解散公司诉讼作出的判决，对公司全体股东具有法律约束力。

案 例

状园公司与翰星公司解散纠纷案

争议焦点：如何理解“公司经营管理发生严重困难”①？

案 例

唐某诉某贸易集团公司解散纠纷案

争议问题：股东请求司法解散公司是否符合《公司法》规定的条件？②

案 例

董某琴、长春东北亚物流有限公司与吉林荟冠投资有限公司及东证融成资本管理有限公司公司解散纠纷案

争议焦点：东北亚公司是否符合公司解散的法定条件？③

案 例

林某清诉常熟市凯莱实业有限公司、戴某明公司解散纠纷案

争议焦点：凯莱公司是否符合司法解散条件？④

股东代表诉讼制度的主要内容如下：（1）当事人。股东代表诉讼的原告是公司股东，但侵害公司利益的股东除外。为了防止滥用诉权，妨碍公司的正常经营，原告必须符合一定条件。按照我国《公司法》第 189 条的规定，有权提起代表诉讼的股东，在代表公司或全资子公司提起诉讼的情形，包括有限公司的任何股东、股份公司连续 180 日以上单独或者合计持有公司 1%以上股份的股东。股东代表诉讼的被告，在代表公司提起诉讼的情形，包括执行公司职务时违反法律、行政法规或者公司章程的规定，给公司造成损失的董事、监事、高级管理人员，以及侵犯公司合法权益，给公司造成损失的其他人；在代表全资子公司提起诉讼的情形，包括执行子公司职务时违反法律、行政法规或者子公司章程的规定，给子公司造成损失的董事、监事、高级管理人员，以及侵犯子公司合法权益，给子公司造成损失的其他人。至于公司或全资子公司，在两种情形下应当作为第三人参加诉讼，具有类似于原告的地位。须知，股东的诉权是由公司或子公司的诉权

① 参见最高人民法院（2016）民申 379 号民事裁定书。

② 参见青岛市中级人民法院公司类纠纷审判典型案例（2022 年）.［2024-02-04］. http：//qdsbqfy.sdcourt.gov.cn/qdzy/spgk66/sszy16/spzdyj/dxxal/8611329/index.html.

③ 参见最高人民法院（2017）民申 2148 号民事裁定书。

④ 参见最高人民法院（2012）民申字第 336 号民事裁定书。

派生出来的，公司股东本身并无这样的权利。（2）前置程序。公司或全资子公司受到侵害，诉权本属公司或子公司，因此公司股东应当首先提请公司或子公司行使诉权，只有在公司或子公司拒绝股东的请求后，公司股东才能发动代表诉讼。依据我国《公司法》第189条的规定，公司或全资子公司的监事会或者董事会收到规定的股东书面请求后拒绝提起诉讼，或者自收到请求之日起30日内未提起诉讼，或者情况紧急、不立即提起诉讼将会使公司或子公司利益受到难以弥补的损害的，规定的股东有权为公司或子公司利益以自己的名义直接向人民法院提起诉讼。（3）法律后果。代表诉讼的目的是保护公司或全资子公司的利益，因此诉讼结果就应归于公司或子公司及全体股东。具体来说，法院对股东代表诉讼案件审理终结后，判决对原告股东、公司或子公司以及其他股东产生约束力。原告胜诉的，利益归公司、子公司，诉讼费用由被告承担。原告败诉的，由原告承担诉讼费用。

案　例

新佰益（香港）投资有限公司与公司有关的纠纷案

争议问题：股东的股东能否提起股东代表诉讼？①

案　例

喻某、袁某生等股权转让纠纷案

争议焦点：喻某是否有权主张公司权益受损的股东救济和股东权益受损的诉讼救济？②

案　例

林某诉某科技有限公司股东损害公司利益纠纷案

争议焦点：在公司进入清算程序而清算组尚未组建或不能组建时，股东是否有资格提起股东代表诉讼以维护公司利益？③

案　例

周某春与庄士中国投资有限公司、李某慰、彭某傑及第三人湖南汉业房地产开发有限公司损害公司利益责任纠纷案

争议问题：应否以原告未履行前置程序为由驳回起诉？④

---

① 参见最高人民法院（2018）最高法民终113号民事判决书。

② 参见最高人民法院（2023）最高法民再7号民事裁定书。

③ 参见北京市海淀区人民法院（2006）海民初字第08927号民事判决书。

④ 参见最高人民法院（2019）最高法民终1679号民事裁定书。

二、股东的义务

（一）股东的基本义务

1. 遵守法律、法规和公司章程

我国《公司法》第5条规定，公司章程对公司、股东、董事、监事、高级管理人员具有约束力。第21条规定，公司股东应当遵守法律、行政法规和公司章程，依法行使股东权利，不得滥用股东权利损害公司或者其他股东的利益。公司股东滥用股东权利给公司或者其他股东造成损失的，应当依法承担赔偿责任。因此，股东应当根据法律、法规和章程的规定行使权利，并承担义务和责任。关于滥用权利的认定标准，可以适用《民法典》及其司法解释的相关规定。《民法典》第132条规定：民事主体不得滥用民事权利损害国家利益、社会公共利益或者他人合法权益。按照最高人民法院《关于适用〈中华人民共和国民法典〉总则编若干问题的解释》第3条第1款和第2款的规定，对于滥用民事权利，人民法院可以根据权利行使的对象、目的、时间、方式、造成当事人之间利益失衡的程度等因素作出认定。行为人以损害国家利益、社会公共利益、他人合法权益为主要目的行使民事权利的，人民法院应当认定构成滥用民事权利。

案　例

董某与顺达公司及泰富公司纠纷案

争议焦点：顺达公司是否滥用股东权利以及违反大股东对小股东的信义义务？[①]

案　例

海南海钢集团有限公司与中国冶金矿业总公司、三亚度假村有限公司损害股东利益责任纠纷案

争议焦点：中冶公司是否滥用股东权利损害海钢集团利益？[②]

2. 缴纳出资

出资义务是股东对公司最基本的义务，股东未尽出资义务既损害公司利益，也损害公司债权人的利益。因此，股东认购出资或者股份，取得股东资格后，应当按照所认购出资额或股份缴纳股款。股东实际出资的价额以公司成立时所交付的为准。股东不出资、未足额出资、未适当出资的，应承担相应的法律责任。

3. 不得抽回出资

我国《公司法》第53条规定：“公司成立后，股东不得抽逃出资。违反前款规

---

① 参见上海市静安区人民法院（2006）静民二（商）初字第755号民事判决书。

② 参见最高人民法院（2013）民二终字第43号民事判决书。

定的，股东应当返还抽逃的出资；给公司造成损失的，负有责任的董事、监事、高级管理人员应当与该股东承担连带赔偿责任。”第 105 条第 2 款规定：“发起人、认股人缴纳股款或者交付非货币财产出资后，除未按期募足股份、发起人未按期召开成立大会或者成立大会决议不设立公司的情形外，不得抽回其股本。”最高人民法院《关于适用〈中华人民共和国公司法〉若干问题的规定（三）》第 12 条规定，公司成立后，公司、股东或者公司债权人以相关股东的行为符合下列情形之一且损害公司权益为由，请求认定该股东抽逃出资的，人民法院应予支持：（1）制作虚假财务会计报表虚增利润进行分配；（2）通过虚构债权债务关系将其出资转出；（3）利用关联交易将出资转出；（4）其他未经法定程序将出资抽回的行为。公司有权起诉抽逃出资股东，可以要求其归还所抽逃的出资。在公司怠于行使其追偿权时，已足额出资股东可依据《公司法》第 189 条之规定，代表公司提起股东代表诉讼，要求将抽逃的出资退还公司。另外，《公司法》第 253 条规定：“公司的发起人、股东在公司成立后，抽逃其出资的，由公司登记机关责令改正，处以所抽逃出资金额百分之五以上百分之十五以下的罚款；对直接负责的主管人员和其他直接责任人员处以三万元以上三十万元以下的罚款。”

案 例

莫某与甲装饰公司、隋某某股东出资纠纷案

争议焦点：莫某是否虚假出资且应对公司承担侵权责任？[①]

案 例

净雅食品集团有限公司诉临沂海诺置业有限公司、王某等股权转让合同纠纷案

争议问题：案涉行为是否属于抽逃出资？[②]

4. 未履行出资义务股东对债权人的责任

没有履行出资义务的股东要对债权人承担民事责任。最高人民法院《关于适用〈中华人民共和国公司法〉若干问题的规定（三）》第 13 条第 2 款规定，公司债权人请求未履行或者未全面履行出资义务的股东在未出资本息范围内对公司债务不能清偿的部分承担补充赔偿责任的，人民法院应予支持；未履行或者未全面履行出资义务的股东已经承担上述责任，其他债权人提出相同请求的，人民法院不予支持。其第 3 款规定，对此补充赔偿责任，公司发起人需要承担连带责任。最高人民法院《关于适用〈中华人民共和国公司法〉若干问题的规定（二）》第 22 条规定，公司解散时，股东尚未缴纳的出资均应作为清算财产。公司财产不足以清偿债务时，债权人主张未缴出资股东，以及公司设立时的其他股东或者发起人在未缴出资范围内对公司债务承担连带清偿责任的，人民法

① 参见上海市第一中级人民法院（2010）沪一中民四（商）终字第 1725 号民事判决书。

② 参见最高人民法院（2021）最高法民申 2177 号民事裁定书。

院应依法予以支持。

（二）控股股东的义务

控股股东是指其出资额占有限公司资本总额超过50%或者其持有的股份占股份公司股本总额超过50%的股东；或者出资额或持有股份的比例虽不足50%，但依其出资额或者持有的股份所享有的表决权足以对股东会的决议产生重大影响的股东。控股股东可能滥用其控股地位，为谋取自己的利益而损害公司和中小股东的利益。

控股股东不得利用关联关系损害公司利益。我国《公司法》第22条规定："公司的控股股东、实际控制人、董事、监事、高级管理人员不得利用关联关系损害公司利益。违反前款规定，给公司造成损失的，应当承担赔偿责任。"关联关系，是指公司控股股东、实际控制人、董事、监事、高级管理人员与其直接或者间接控制的企业之间的关系，以及可能导致公司利益转移的其他关系。但是，国家控股的企业之间不因为同受国家控股而具有关联关系。关联交易一方面可以保障交易安全，降低交易成本，提高经营效率，另一方面则可能侵犯交易对方或与交易对方有利益关系的其他非关联人（如少数股东、债权人等）的利益，同时也会给投资者带来虚假信息，扰乱证券市场秩序。对于有害关联交易，主要从两个方面认定：一是程序是否合法，即关联交易是否与公司章程相符；关联交易是否经过公司相应机关批准；关联交易是否满足了信息披露的要求。二是实质是否合法，即关联交易能否充分利用集团内部的市场资源，确实达到降低成本的目的。关联交易的核心是公平。依据最高人民法院《关于适用〈中华人民共和国公司法〉若干问题的规定（五）》第1条的规定，关联交易损害公司利益的，履行法定程序不能豁免关联交易赔偿责任。因此，符合程序要求，且经济合理的，属于公平关联交易。反之，则属非公平关联交易。

在一定情形，控股股东对公司负有忠实和勤勉义务。《公司法》第180条规定："董事、监事、高级管理人员对公司负有忠实义务，应当采取措施避免自身利益与公司利益冲突，不得利用职权牟取不正当利益。董事、监事、高级管理人员对公司负有勤勉义务，执行职务应当为公司的最大利益尽到管理者通常应有的合理注意。公司的控股股东、实际控制人不担任公司董事但实际执行公司事务的，适用前两款规定。"

控股股东须对共同侵权行为承担责任。《公司法》第192条规定：公司的控股股东、实际控制人指示董事、高级管理人员从事损害公司或者股东利益的行为的，与该董事、高级管理人员承担连带责任。这一规定有利于保护公司以及中小股东利益。

另外，根据上述规定，实际控制人也有相应义务和责任。实际控制人是指通过投资关系、协议或者其他安排，能够实际支配公司行为的人。符合条件的公司股东也可以构成实际控制人。

案　例

瓮安县磷化有限责任公司、孙某怡金融借款合同纠纷案

争议问题：如何认定实际控制人？[①]

① 参见最高人民法院（2019）最高法民终887号民事判决书。

案　例

杜某1、杜某2买卖合同纠纷案

争议问题：实际控制人的认定。[①]

案　例

宁波市东望智能系统工程有限公司诉顾某某、蒋某某等公司证照返还纠纷案

争议焦点：(1) 三被告是否负有返还目标公司相关资料的义务？(2) 如应返还，则返还的具体资料为哪些？[②]

深度阅读

林一英．新《公司法》对股东权利保护的完善．法律适用，2024 (2).

李建伟．股东双重派生诉讼的制度构成与规范表达．社会科学研究，2023 (2).

李建伟．“实质性剥夺”股东知情权的公司意思效力研究：《公司法解释四》第9条的法教义学分析及展开．中外法学，2018 (5).

朱慈蕴，沈朝晖．类别股与中国公司法的演进．中国社会科学，2013 (9).

克里斯多夫·M. 布鲁纳．普通法世界的公司治理：股东权力的政治基础．林少伟，译．北京：法律出版社，2016.

袁碧华．我国公司资本制度改革研究．北京：中国政法大学出版社，2016.

梁上上．论股东表决权：以公司控制权争夺为中心展开．北京：法律出版社，2005.

范健，王建文．公司法．5版．北京：法律出版社，2018.

思考与练习

1. 如何认定股东资格？
2. 如何处理实际出资人和名义股东之间的关系？
3. 股东享有哪些权利？
4. 如何理解异议股东评估权？
5. 如何打破公司僵局？
6. 试述股东代表诉讼。
7. 如何理解控股股东的义务？
8. 源圣公司有甲、乙、丙三位股东。某年10月，源圣公司考察发现某环保项目发展前景可观，为解决资金不足问题，经人推荐，霓美公司出资1亿元现金入股源圣公司，

---

① 参见最高人民法院（2019）最高法民申6232号民事裁定书。

② 参见浙江省宁波市中级人民法院（2020）浙02民终4119号民事判决书。

并办理了股权登记。增资后，霓美公司持股 60%，甲持股 25%，乙持股 8%，丙持股 7%，霓美公司总经理陈某兼任源圣公司董事长。当年 12 月，霓美公司在陈某授意下将当时出资的 1 亿元现金全部转入霓美旗下的天富公司账户用于投资房地产。后因源圣公司现金不足，最终未能获得该环保项目，前期投入的 500 万元也无法收回。陈某忙于天富公司的房地产投资事宜，对此事并不关心。请回答下列三题。

(1) 针对公司现状，甲、乙、丙认为应当召开源圣公司股东会，但陈某拒绝召开，而公司监事会对此事保持沉默。如何处理?

(2) 若源圣公司的股东会得以召开，该次股东会就霓美公司将资金转入天富公司之事进行决议。关于该次股东会决议能否决定陈某连带承担返还 1 亿元的出资义务、霓美公司承担 1 亿元的利息损失、限制霓美公司的利润分配请求权、解除霓美公司的股东资格?

(3) 就源圣公司前期投入环保项目 500 万元的损失问题，甲、乙、丙认为应当向霓美公司索赔，多次书面请求监事会无果。下列说法是否正确?

A. 甲可以起诉霓美公司

B. 乙、丙不能起诉霓美公司

C. 若甲起诉并胜诉获赔，则赔偿款归甲

D. 若甲起诉并胜诉获赔，则赔偿款归源圣公司

第十二章

公司组织结构

常考知识点

股东会决议　董事会的组成　董事会的职权　董事和高级管理人员的义务

第一节　公司治理及其模式

一、公司治理

狭义的公司治理是指通过一种制度合理配置所有者（主要是股东）与经营者之间的权利义务。股东投资于公司，股东享有股权，而公司享有法人财产权。随着公司的发展和规模的扩大，公司通常交由专门的经营者管理，发生所谓所有权与控制权的分离。经营者虽不享有股权，也不享有法人财产权，但直接控制着公司。公司治理的目标就是要合理配置控制权，并对受托经营者实行必要的监督和激励，降低股东与经营者之间的委托代理成本，防止经营者背离所有者的利益，保证所有者利益最大化。广义的公司治理则还要协调大股东与中小股东的关系，协调公司与雇员、债权人、社区等利害相关者的关系。其目标在于保证公司科学决策，实现相关者的利益最大化。公司治理的制度被称为公司治理结构，它主要由公司股东会、董事会、监事会等机关构成。

二、公司治理模式

（一）单层制模式

在此模式下，公司只设股东会与董事会，不设监事会或监察人。股东会是公司的权力机关，行使公司法与公司章程明确列举的职权。董事会由股东会产生，行使公司重大事项决策权，并对股东会负责。董事会内部设立各种委员会，其中审计委员会行使监督权。另外，董事会任命、监督公司高级管理人员执行公司业务。此种模式以美国的与英国的为代表。

（二）双层制模式

所谓双层委员会制，是指股东会下设监事会，监事会下设董事会。监事会由股东会选举并向股东会负责，有权任免董事并决定其报酬，有权决定公司重大业务。董事会由监事会设立，负责公司的具体经营管理，向监事会负责并报告工作。这种模式强调职工参加监事会，对公司实行民主管理。此种模式以德国的为代表。

（三）单层二元制模式

日本采单层二元制模式，即监事会和董事会同由股东会选举产生，二者相互并列。董事会是公司的执行机关并享有业务监督权。监事会是监督机关，对公司董事和经理进行监督。

（四）限定范围任选制

在法国和意大利，有限公司只能实行单一的治理模式，由经理管理人行使董事会职权，由会计监察人行使监事会的职权。股份公司则可选择单层制模式或双层制模式。

我国公司治理模式与日本的类似，但在具体规定上又有自己的特点，例如，规定人数较少、规模较小的有限公司可以不设董事会，只设一名董事；可以不设监事会，而设一名监事，也可以不设监事；有限公司、股份公司可以不设监事会或者监事，设置由董事组成的审计委员会；在上市公司中则引入了美国的独立董事制度。

第二节　公司的权力机构

一、股份有限公司的权力机构

股份有限公司的股东会由全体股东组成，是公司的权力机构，依照公司法的规定行使职权，形成公司的意思。

尽管同多数国家和地区的公司法一样，我国《公司法》也奉行董事会中心主义，股东会的职权有所削弱，但股东会仍然可以对涉及股东利益或公司生存与发展的重大问题作出决定。

股东会是股份公司的非常设机构，它一般通过定期和临时会议行使职权。股份公司股东会由董事会负责召集，由董事长、副董事长或者董事主持。董事会不能履行或不履行召集职责的，监事会应当及时召集和主持。监事会不召集和主持的，符合条件的股东可以自行召集和主持。股东会会议召开之前，应将会议的日期、地点、议程和提请审议表决的议案等通告全体股东。董事不得别有用心地操纵会议日期。

股东会的决议分为普通决议和特别决议。前者以出席会议的股东所持表决权的过半数通过。《公司法》第 116 条第 2 款规定，股东会作出决议，应当经出席会议的股东所持表决权过半数通过。后者以出席会议的股东所持表决权的 2/3 以上通过。需要特别决议的事项包括修改公司章程、增加或减少注册资本，以及公司合并、分立、解散或变更公司形式。对此，《公司法》第116条第3款作了规定。此外，《公司法》第146条第1款规定："发行类别股的公司，有本法第一百一十六条第三款规定的事项等可能影响类别股股东权利的，除应当依照第一百一十六条第三款的规定经股东会决议外，还应当经出席类别股股东会议的股东所持表决权的三分之二以上通过。"

股东会决议可能由于存在瑕疵而无效、被撤销或者不成立。《公司法》第25条规定，公司股东会、董事会的决议内容违反法律、行政法规的无效。此外，根据最高人民法院《关于适用〈中华人民共和国民法典〉总则编若干问题的解释》第3条第3款中的规定，构成滥用民事权利的，人民法院应当认定该滥用行为不发生相应的法律效力。据此，决议被认定存在滥用权利的情况，决议应当无效。《公司法》第26条对公司决议撤销作了规定。关于决议不成立，《公司法》第27条规定："有下列情形之一的，公司股东会、董事会的决议不成立：（一）未召开股东会、董事会会议作出决议；（二）股东会、董事会会议未对决议事项进行表决；（三）出席会议的人数或者所持表决权数未达到本法或者公司章程规定的人数或者所持表决权数；（四）同意决议事项的人数或者所持表决权数未达到本法或者公司章程规定的人数或者所持表决权数。"第28条规定，公司股东会、董事会决议被人民法院宣告无效、撤销或者确认不成立的，公司应当向公司登记机关申请撤销根据该决议已办理的登记。股东会、董事会决议被人民法院宣告无效、撤销或者确认不成立的，公司根据该决议与善意相对人形成的民事法律关系不受影响。

二、有限责任公司的权力机构

有限责任公司的股东会制度与股份有限公司的股东会制度基本相同，不同的是，有限责任公司的股东往往直接兼任董事或者经理，直接执行公司业务，并对外代表或代理公司。另外，二者的具体制度也有一些差异。依据《公司法》第59条第3款的规定，对股东会职权范围内的事项，股东以书面形式一致表示同意的，可以不召开股东会会议，直接作出决定，并由全体股东在决定文件上签名或者盖章。按照《公司法》第66条第2款规定，股东会作出决议，应当经代表过半数表决权的股东通过。另外，依据《公司法》第65条，有限责任公司股东会会议由股东按照出资比例行使表决权，但公司章程另有规定的除外。

案例

张某敏与昆明西山土地房屋开发经营（集团）有限公司、
昆明西山土地房屋开发经营有限公司工会委员会、邱某股东会决议效力确认纠纷案

争议焦点：（1）张某敏是否为开发集团的股东？（2）股东会决议的效力如何？[①]

① 参见云南省高级人民法院（2008）云高民二终字第200号民事判决书。

案　例

姚某城与鸿大（上海）投资管理有限公司、章某等公司决议纠纷案

争议焦点：(1) 上诉人鸿大公司 2017 年 7 月 17 日章程是否系对“合作协议书”约定的股东出资作出了变更？(2) 本案修改股东出资期限是否适用资本多数决规则？(3) 鸿大公司是否存在亟须股东提前出资的正当理由？①

案　例

三亚保力房地产投资开发有限公司、宝恒投资有限公司公司决议撤销纠纷案

争议焦点：公司决议是否成立？②

案　例

王某蓉、奇台县众嘉气体有限公司等公司决议效力确认纠纷案

争议问题：未通知全体股东参加的股东会会议决议是否成立？③

第三节　公司的执行机构

一、董事会的性质和法律地位

董事会是公司必设和常设的、由股东会选举的董事以及由公司职工民主选举的董事组成的公司业务执行机关与经营意思决定机关。董事会的地位具有法定性，其权力来自法律的直接规定而非股东会的授权。

按照我国《公司法》的规定，股份公司必须设立董事会。有限公司一般也须设立董事会。但是，股东人数较少或规模较小的有限公司、股份公司可以不设董事会，但须设立一名董事，行使董事会的职权。董事会是公司常设机关，以召开会议的方式行使职权。董事会通常由股东会选举产生，对股东会负责。董事会是公司的业务执行机关，它对外代表公司，对内负责贯彻股东会的决议。董事会也是公司的经营决策机关，它不仅决定公司的经营计划和投资方案，还决定公司内部管理机构、管理制度以及高级管理人员的任免等。董事会由若干符合法定条件的自然人董事组成。任何董事都不得以个人名义行使董事会的职权。依照公司章程的规定，代表公司执行事务的董事可以担任公司法定代表人。董事与公司之间是民法上的委任关系，对公司负有勤勉义务和忠实义务。但是，

① 参见上海市第二中级人民法院（2019）沪 02 民终 8024 号民事判决书；最高人民法院公报，2021（3）。

② 参见最高人民法院（2016）民申 300 号民事裁定书。

③ 参见新疆维吾尔自治区高级人民法院（2023）新民再 107 号民事判决书。

董事并不需要成为公司的全职雇员，也未被要求将全部精力投入公司。此外，根据《公司法》第 71 条第 2 款的规定，无正当理由，在任期届满前解任董事的，该董事可以要求公司予以赔偿。这一规定有利于维护董事职位，促进公司治理。

二、董事会的职权

现代各国和地区公司法都赋予董事会十分广泛的权力。但与其他国家的尤其是英美国家的相比，我国《公司法》规定的董事会的职权范围较小。依据《公司法》第 67 条和第 120 条的规定，董事会行使下列职权：（1）召集股东会会议，并向股东会报告工作；（2）执行股东会的决议；（3）决定公司的经营计划和投资方案；（4）制订公司的利润分配方案和弥补亏损方案；（5）制订公司增加或者减少注册资本以及发行公司债券的方案；（6）制订公司合并、分立、解散或者变更公司形式的方案；（7）决定公司内部管理机构的设置；（8）决定聘任或者解聘公司经理及其报酬事项，并根据经理的提名决定聘任或者解聘公司副经理、财务负责人及其报酬事项；（9）制定公司的基本管理制度；（10）公司章程规定或者股东会授予的其他职权。公司章程对董事会职权的限制不得对抗善意相对人。

三、董事会会议和决议

董事会会议分定期会议和临时会议。董事会会议由董事长、副董事长召集和主持。公司成立后的第一届董事会会议一般由当选董事中得票最多者召集和主持。董事会会议开始前应当向全体董事发出通知，载明会议召开的时间、地点以及简要事由。我国《公司法》没有对有限公司的董事会会议形式及其通知作出具体规定。这可以由公司章程、股东会会议决议或者董事会会议决议自行决定。

董事会作出决议采取一人一票的原则和少数服从多数的原则。根据《公司法》第 73 条第 2 款规定，董事会会议应当有过半数的董事出席方可举行。董事会作出决议，应当经全体董事的过半数通过。

四、经理

经理是公司常设的、由公司董事会聘任的、组织公司日常经营管理活动的业务机关，是董事会的执行机构。传统上，公司法将对公司的管理权赋予公司的董事会。但是，在现代公司尤其是大型公众公司中，企业的日常经营管理实际上由经理人掌握。经理层与董事会分享公司的经营管理权。但是，经理只是公司的代理人，它隶属于董事会，本身不是独立的公司机构。

依据我国《公司法》第 74 条的规定，有限责任公司可以设经理，由董事会决定聘任或者解聘。经理对董事会负责，根据公司章程的规定或者董事会的授权行使职权。经理列席董事会会议。依据《公司法》第 126 条，股份有限公司设经理，由董事会决定聘任或者解聘。经理对董事会负责，根据公司章程的规定或者董事会的授权行使职权。经理列席董事会会议。担任经理者必须符合法律规定的条件。经理是公司的代理人，享有公司章程规定或者董事会授予的委托代理权。根据《公司法》第 10 条第 1 款的规定，经公司章程规定，代表公司执行事务的经理还可以成为公司的法定代表人。

第四节　监督机构

一、监事会的法律地位

监事会是公司法定常设的，由股东会选举的监事以及由公司职工民主选举的监事组成的，对公司的业务活动和财务情况进行监督和检查的机构。

监事会通常是公司必设机构，但是，股东人数较少或规模较小的有限公司可以不设监事会，设一名监事甚至不设监事；股份公司可以不设监事会或者监事，而在董事会中设置由董事组成的审计委员会，行使监事会的职权；规模较小或者股东人数较少的股份公司可以不设监事会，设一名监事，行使监事会的职权。监事会也是公司常设机构，它主要以例会或临时会议的形式履行职责。监事会由股东会和公司职工选举产生，并对股东会负责，对公司财务以及公司董事、经理和其他高级管理人员履行职责的行为进行监督，防止其滥用职权，维护公司及股东的合法权益。

二、监事会的职权

我国《公司法》第 78 条、第 79 条和第 80 条规定了有限公司监事会的职权。依据《公司法》第 131 条的规定，关于有限责任公司监事会职权的规定，适用于股份有限公司监事会。

第五节　公司董事、监事和高级管理人员的义务和责任

一、概述

大陆法系一般认为董事、监事和高级管理人员与公司之间是民法上的委任关系，并据以确认了董事、监事、高级管理人员善管义务或勤勉义务。英美法系则视之为类似信托的关系，并通过立法、判例等确立了系统的信义义务。信义义务包括注意义务、忠实义务和其他法定义务。美国法还发展出经营判断原则作为判断注意义务履行的重要标准。这些制度影响到了大陆法系的公司立法。我国《公司法》第 179 条规定："董事、监事、高级管理人员应当遵守法律、行政法规和公司章程。"第 180 条第 1 款和第 2 款规定：董事、监事、高级管理人员对公司负有忠实义务，应当采取措施避免自身利益与公司利益

冲突，不得利用职权牟取不正当利益。董事、监事、高级管理人员对公司负有勤勉义务，执行职务应当为公司的最大利益尽到管理者通常应有的合理注意。此外，《公司法》还规定了董事会核查、催缴出资义务，对抽逃出资的责任，董事、高管损害股东及其他人的责任。

二、董事、监事、高级管理人员的忠实义务

忠实义务是指董事、监事、高级管理人员应当为公司利益最大化而履行职责，当自己的利益与公司利益发生冲突时，应将公司利益置于个人利益之上。违反忠实义务应承担相应法律责任。

除了《公司法》第 180 条的规定，我国《公司法》第 181 条规定："董事、监事、高级管理人员不得有下列行为：（一）侵占公司财产、挪用公司资金；（二）将公司资金以其个人名义或者以其他个人名义开立账户存储；（三）利用职权贿赂或者收受其他非法收入；（四）接受他人与公司交易的佣金归为己有；（五）擅自披露公司秘密；（六）违反对公司忠实义务的其他行为。"《公司法》第 22 条规定："公司的控股股东、实际控制人、董事、监事、高级管理人员不得利用关联关系损害公司利益。违反前款规定，给公司造成损失的，应当承担赔偿责任。"关于归责，公司法将违法行为的认定与主观过错的认定合二为一，行为违反法定义务的也构成过错。《公司法》第 182 条规定："董事、监事、高级管理人员，直接或者间接与本公司订立合同或者进行交易，应当就与订立合同或者进行交易有关的事项向董事会或者股东会报告，并按照公司章程的规定经董事会或者股东会决议通过。董事、监事、高级管理人员的近亲属，董事、监事、高级管理人员或者其近亲属直接或者间接控制的企业，以及与董事、监事、高级管理人员有其他关联关系的关联人，与公司订立合同或者进行交易，适用前款规定。"对于自我交易，如果程序合法，比如已经股东会同意，董事、监事、高级管理人员就无须将相关收入交回公司。但是《公司法》排除了自我交易人通过证明交易公平而免责的可能。即使董事、监事、高级管理人员能够证明该自我交易中"公司所失与公司所得相等"，他们也要承担相应责任。《公司法》第 183 条规定："董事、监事、高级管理人员，不得利用职务便利为自己或者他人谋取属于公司的商业机会。但是，有下列情形之一的除外：（一）向董事会或者股东会报告，并按照公司章程的规定经董事会或者股东会决议通过；（二）根据法律、行政法规或者公司章程的规定，公司不能利用该商业机会。"所谓公司的商业机会，可以参考如下原则进行确定：公司在经济上是否有能力开发该机会；该种机会是否属于公司的经营范围；公司对该机会是否具有利益或者期待利益；公司受托人如果将该机会据为己有是否违背其对公司的义务。《公司法》第 184 条规定："董事、监事、高级管理人员未向董事会或者股东会报告，并按照公司章程的规定经董事会或者股东会决议通过，不得自营或者为他人经营与其任职公司同类的业务。"董事、监事、高级管理人员不得与公司进行同业竞争。第 185 条规定："董事会对本法第一百八十二条至第一百八十四条规定的事项决议时，关联董事不得参与表决，其表决权不计入表决权总数。出席董事会会议的无关联关系董事人数不足三人的，应当将该事项提交股东会审议。"第 186 条规定："董

事、监事、高级管理人员违反本法第一百八十一条至第一百八十四条规定所得的收入应当归公司所有。”《公司法》第188条规定：“董事、监事、高级管理人员执行职务违反法律、行政法规或者公司章程的规定，给公司造成损失的，应当承担赔偿责任。”

案 例

实业开发顾问公司诉库雷案

被告库雷曾任原告实业开发顾问公司的首席执行官。原告提供过顾问服务的东方煤气局要建造四座补给站，原告非常想获得该合同。被告代表原告与东方煤气局接洽，但被告知东方煤气局高管不愿聘请原告。被告于是装病而终止了与原告之间的雇佣合同。不久，被告为自己获得了东方煤气局这四座补给站的合同。原告起诉被告，要求其返还建造这四座补给站所获利润。

法院判决被告违反了其忠实义务，须向公司返还所获利润，并认为原告自身可能得不到该合同的事实无关紧要。审理该案的罗斯吉尔法官认为：“不能肯定地说，原告就能获得该合同……但是，原告总是有机会说服东方煤气局改变主意。具有讽刺意味的是，被告正好有义务设法说服对方改变主意。被告现在说，原告没有遭受任何损失，这显得很奇怪，因为他根本就没有成功地说服对方改变主意。”①

三、董事、监事和高级管理人员的勤勉义务

勤勉义务是指董事等须以一个合理的谨慎的人在相似情况下所应表现的谨慎、勤勉和技能，积极地履行其职责，防止公司利益遭受损失，实现公司利益最大化。未能勤勉履行职责的，应承担相应责任。

我国《公司法》第180条规定了董事等勤勉义务。此外，《公司法》第188条也适用于董事等未能尽到勤勉义务的情形。该条没有明确规定违反勤勉义务或者说过错的认定标准。通说认为，应当实行主客观相结合的原则，以普通谨慎的董事在同类公司、同类职务、同类相关情形中所应具有的注意、知识和技能作为衡量标准。此外，应当兼顾特定董事自身的能力。如果特定董事的知识、能力超出这一标准，则应当考察该董事是否发挥了其实有的水平。

实际上，法律越来越倾向于运用客观的甚至程序的标准。《公司法》第125条规定：“董事会会议，应当由董事本人出席；董事因故不能出席，可以书面委托其他董事代为出席，委托书应当载明授权范围。董事应当对董事会的决议承担责任。董事会的决议违反法律、行政法规或者公司章程、股东会决议，给公司造成严重损失的，参与决议的董事对公司负赔偿责任；经证明在表决时曾表明异议并记载于会议记录的，该董事可以免除责任。”该条规定采用的就是客观、程序标准，它并未关注行为时的心理状态。

认定勤勉义务的履行可以借鉴美国法上的经营判断原则。根据该原则，如果善意作

① 丹尼斯·吉南．公司法．12版．朱羿锟，等译．北京：法律出版社，2005：297.

出商业判断的董事等与商业判断事项没有利害关系，对有关商业判断的事项的了解达到董事等在相同情况下会合理地相信为适当的程度，而且合理地相信此项商业判断符合公司的最佳利益，则可被认定为履行了其职责。经营判断原则符合公司经营业务的复杂性和商业决策自身的特点，很大程度上使董事等勇于开拓经营，而免于承担责任。

董事违反勤勉义务而产生的金钱责任可以通过公司章程的规定予以免除或者限制。但是，董事故意或恶意违反法律规定进行股利分配、接受无权接受的经济利益等除外。

四、董事会核查、催缴出资义务；对抽逃出资的责任；董事、高管损害股东及其他人的责任

《公司法》规定了董事会对股东出资的核查和催缴义务及责任。第 51 条规定：有限责任公司成立后，董事会应当对股东的出资情况进行核查，发现股东未按期足额缴纳公司章程规定的出资的，应当由公司向该股东发出书面催缴书，催缴出资。未及时履行前款规定的义务，给公司造成损失的，负有责任的董事应当承担赔偿责任。按照《公司法》第 107 条的规定，《公司法》第 51 条适用于股份公司。对于董事承担责任后可否向未履行出资义务的股东追偿，《公司法》没有规定。不过，按照最高人民法院《关于适用〈中华人民共和国公司法〉若干问题的规定（三）》第 13 条第 4 款的规定，董事享有这种追偿权。

关于对抽逃出资的责任。《公司法》第 53 条规定：公司成立后，股东不得抽逃出资。违反前款规定给公司造成损失的，负有责任的董事、监事、高级管理人员应当与该股东承担连带赔偿责任。按照《公司法》第 107 条的规定，《公司法》第 53 条适用于股份公司。

关于损害股东利益责任。《公司法》第 190 条规定："董事、高级管理人员违反法律、行政法规或者公司章程的规定，损害股东利益的，股东可以向人民法院提起诉讼。"

《公司法》规定了董事等职务侵权责任。《公司法》第 191 条规定：董事、高级管理人员执行职务，给他人造成损害的，公司应当承担赔偿责任；董事、高级管理人员存在故意或者重大过失的，也应当承担赔偿责任。这一规定强化了董事、高管责任，旨在保护公司债权人利益。

案　例

北京国际艺苑有限公司诉薛某董事、监事、经理损害公司利益纠纷案

争议焦点：被告是否违反忠实、勤勉义务？①

案　例

斯曼特微显示科技（深圳）有限公司、胡某生损害公司利益责任纠纷案

争议焦点：胡某生等六名董事是否应对深圳斯曼特公司股东所欠出资承担赔偿责任？②

---

① 参见北京市第二中级人民法院（2008）二中民终字第 3331 号民事判决书。

② 参见最高人民法院（2018）民再 366 号民事判决书。

案　例

李某、深圳市华佗在线网络有限公司损害公司利益责任纠纷再审审查与审判监督案

争议焦点：(1) 李某是否对美谷佳公司和华佗在线公司负有忠实义务、竞业禁止义务？李某是否违反这些义务？(2) 如何认定李某对美谷佳公司和华佗在线公司的赔偿责任，以及省二医对李某的赔偿责任是否应当承担连带赔偿责任？①

深度阅读

邹海林．公司法上的董事义务及其责任配置．法律适用，2024 (2).

郭富青．控股股东、实际控制人公司法规制范式研究：我国《公司法》双控人规制范式的变革与完善．学术论坛，2024 (1).

李东阳．论董事对第三人责任：以《公司法（修订草案）》第 190 条为中心．北京理工大学学报（社会科学版），2023 (12).

周游．实际控制人识别标准的差异化实践与制度表达．政法论坛，2024 (1).

邢海宝，李东阳．董事谨慎义务：从信义法回归．河北法学，2024 (1).

王建文．我国董事信义义务制度的扩张适用：一般规定的确立．当代法学，2023 (1).

蒋大兴．公司董事会的职权再造：基于“夹层代理”及现实主义的逻辑．现代法学，2020 (4).

陈鸣．董事信义义务转化的法律构造：以美国判例法为研究中心．比较法研究，2017 (5).

徐化耿．信义义务研究．北京：清华大学出版社，2021.

斯蒂芬·M. 班布里奇．金融危机后的公司治理．罗培新，李诗鸿，卢颖，译．上海：上海人民出版社，2021.

安德鲁·S. 戈尔德，保罗·B. 米勒．信义法的法理基础．林少伟，赵吟，译．北京：法律出版社，2020.

斯蒂芬·M. 贝恩布里奇．理论与实践中的新公司治理模式．赵渊，译．北京：法律出版社，2012.

蒋大兴．公司法的观念与解释 I. 北京：法律出版社，2009.

施天涛．公司法论．4 版．北京：法律出版社，2018.

范健，王建文．公司法．5 版．北京：法律出版社，2018.

王军．中国公司法．2 版．北京：高等教育出版社，2017.

① 参见最高人民法院（2021）最高法民申 1686 号民事判决书。

思考与练习

1. 请比较几种不同的公司治理模式。

2. 请比较股东会与董事会的职权。

3. 试述股东会决议不成立、无效、被撤销。

4. 试述董事、高级管理人员的义务。

5. 如何看待董事会核查、催缴出资义务?

6. 科鼎有限公司设立时，股东们围绕公司章程的制定进行讨论，并按公司的实际需求拟定条款规则。公司章程能否规定公司解散需全体股东同意、董事表决权按所代表股东的出资比例行使?

7. 紫云有限公司设有股东会、董事会和监事会。近期公司的几次投标均失败，董事会对此的解释是市场竞争激烈，对手强大。但监事会认为是因为董事狄某将紫云公司的标底暗中透露给其好友的公司。对此，监事会有权采取哪些处理措施?

第十三章

一人有限责任公司、一人股份有限公司、上市公司、国家出资公司的特别规定

常考知识点

一人公司规则　上市公司独立董事制度　关联交易规制

第一节　一人有限责任公司和一人股份有限公司

一、一人有限责任公司

一人有限责任公司是指只有一个自然人股东或者一个法人股东的有限责任公司。一人有限责任公司包括设立时的一人公司，也包括设立后的一人公司，因为《公司法》没有将公司经营过程中股东只剩一人作为公司解散的事由。

一人有限责任公司不同于个人独资企业。个人独资企业是指依照《个人独资企业法》，在中国境内设立，由一个自然人投资，财产为投资人个人所有，投资人以其个人财产对企业债务承担无限连带责任的经营实体。个人独资企业的投资人只能是自然人。一人有限责任公司的股东可以是自然人，也可以是法人。个人独资企业不具有法人资格。一人有限责任公司是独立的法人。

一人公司是有限责任公司的特殊形态，因此，我国《公司法》规定了特别的条款，对其进行调整。《公司法》第 60 条规定："只有一个股东的有限责任公司不设股东会。股东作出前条第一款所列事项的决定时，应当采用书面形式，并由股东签名或者盖章后置备于公司。"第 23 条第 3 款规定：只有一个股东的公司，股东不能证明公司财产独立于股东自己的财产的，应当对公司债务承担连带责任。

二、一人股份有限公司

一人股份有限公司是指只有一个自然人股东或者一个法人股东的股份有限公司。《公司法》规定：设立股份有限公司，应当有 1 人以上 200 人以下为发起人。据此，我国《公司法》允许设立只有一个股东的股份有限公司。第 112 条第 2 款规定：只有一个股东

的有限责任公司不设股东会的规定，适用于只有一个股东的股份有限公司。

案　例

安宁市海辰经贸有限公司与云南宏智矿业有限公司、傅某松纠纷案

争议焦点：(1) 海辰公司是否应承担还款责任？(2) 傅某松是否应当承担连带偿还责任？[①]

案　例

冲电气金融设备（深圳）有限公司诉深圳怡化电脑股份有限公司、深圳怡化金融设备制造有限公司股东损害公司债权人利益责任纠纷案

争议问题：深圳怡化金融设备制造有限公司应否对深圳怡化电脑股份有限公司案涉债务承担连带清偿责任？[②]

第二节　上市公司

一、上市公司概述

上市公司是指其股票在证券交易所上市交易的股份有限公司。由于上市公司涉及社会公众的利益，各国法律均对其进行特别调整。在我国，上市公司不但受《公司法》的调整，而且受《证券法》等法律、行政法规和部门规章的调整。上市公司不同于一般的股份公司，《公司法》为此作了特别规定。《公司法》第 140 条规定："上市公司应当依法披露股东、实际控制人的信息，相关信息应当真实、准确、完整。禁止违反法律、行政法规的规定代持上市公司股票。"违反该规定的，代持行为无效。《公司法》第 141 条规定："上市公司控股子公司不得取得该上市公司的股份。上市公司控股子公司因公司合并、质权行使等原因持有上市公司股份的，不得行使所持股份对应的表决权，并应当及时处分相关上市公司股份。"禁止交叉持股可以完善公司治理，保护公司债权人利益。《公司法》第 135 条规定，上市公司在 1 年内购买、出售重大资产或者向他人提供担保的金额超过公司资产总额 30%的，应当由股东会作出决议，并经出席会议的股东所持表决权的 2/3 以上通过。《公司法》第 138 条规定，上市公司设立董事会秘书，负责公司股东会和董事会会议的筹备、文件保管以及公司股东资料的管理，办理信息披露事务等事宜。

---

① 参见云南省昆明市中级人民法院（2008）昆民四终字第 112 号民事判决书。

② 参见最高人民法院（2022）最高法民终 69 号民事判决书。

二、上市公司独立董事和审计委员会

上市公司独立董事是指来自外部的与公司没有关联关系的非执行董事。换言之，独立董事是指不在公司担任除董事外的其他职务，并与其所受聘的公司及其主要股东不存在可能妨碍其进行独立客观判断的关系的董事。独立董事除履行董事职责外，不承担其他管理职责，不参与公司日常经营管理。独立董事来自公司外部，不是公司的大股东，而且与其所受聘的上市公司及其主要股东之间应当不存在可能妨碍其进行独立客观判断的关系。公司的规范化、民主化经营需要监督制衡机制，独立董事是其重要组成部分。独立董事制度为美国法所创设。独立董事相当于一些国家公司法上的监事或监事会，其可以有效制约董事会内部其他董事的行为，也可防止控制股东滥用权利，由此维护公司与中小股东的利益。这一制度受到许多国家的重视和采用。我国《公司法》第 136 条规定："上市公司设独立董事，具体管理办法由国务院证券监督管理机构规定。上市公司的公司章程除载明本法第九十五条规定的事项外，还应当依照法律、行政法规的规定载明董事会专门委员会的组成、职权以及董事、监事、高级管理人员薪酬考核机制等事项。"建立独立董事制度，目的在于排除与董事有关的利害关系对董事会决策的不当影响，完善上市公司治理结构，促进上市公司规范运作，维护股民利益。但是，目前我国的独立董事制度装饰性过强，尚无法代表公众投资者对管理层进行制衡。

《公司法》规定了审计委员会制度。上市公司在董事会中设置审计委员会的，董事会对下列事项作出决议前应当经审计委员会全体成员过半数通过：(1) 聘用、解聘承办公司审计业务的会计师事务所；(2) 聘任、解聘财务负责人；(3) 披露财务会计报告；(4) 国务院证券监督管理机构规定的其他事项。

三、上市公司关联交易规制

《公司法》专门规范了上市公司关联交易。其第 139 条规定：上市公司董事与董事会会议决议事项所涉及的企业或者个人有关联关系的，该董事应当及时向董事会书面报告。有关联关系的董事不得对该项决议行使表决权，也不得代理其他董事行使表决权。该董事会会议由过半数的无关联关系董事出席即可举行，董事会会议所作决议须经无关联关系董事过半数通过。出席董事会会议的无关联关系董事人数不足 3 人的，应当将该事项提交上市公司股东会审议。

第三节　国家出资公司

一、国家出资公司概述

国家出资公司，是指国家出资的国有独资公司、国有资本控股公司，包括国家出资的有限责任公司、股份有限公司。它是《公司法》基于我国国情而规定的一种特殊公司。国家出资公司在组织机构方面与普通公司存在较大差异。

二、关于国家出资公司的特别规定

国家出资公司，由国务院或者地方人民政府分别代表国家依法履行出资人职责，享有出资人权益。国务院或者地方人民政府可以授权国有资产监督管理机构或者其他部门、机构代表本级人民政府对国家出资公司履行出资人职责。

国家出资公司中中国共产党的组织，按照《中国共产党章程》的规定发挥领导作用，研究讨论公司重大经营管理事项，支持公司的组织机构依法行使职权。

国有独资公司章程由履行出资人职责的机构制定。国有独资公司不设股东会，由履行出资人职责的机构行使股东会职权。履行出资人职责的机构可以授权公司董事会行使股东会的部分职权，但公司章程的制定和修改，公司的合并、分立、解散、申请破产，增加或者减少注册资本，分配利润，应当由履行出资人职责的机构决定。国有独资公司的董事会依照《公司法》规定行使职权。国有独资公司的董事会成员中，应当过半数为外部董事，并应当有公司职工代表。董事会成员由履行出资人职责的机构委派；但是，董事会成员中的职工代表由公司职工代表大会选举产生。董事会设董事长一人，可以设副董事长。董事长、副董事长由履行出资人职责的机构从董事会成员中指定。国有独资公司的经理由董事会聘任或者解聘。经履行出资人职责的机构同意，董事会成员可以兼任经理。国有独资公司的董事、高级管理人员，未经履行出资人职责的机构同意，不得在其他有限责任公司、股份有限公司或者其他经济组织兼职。国有独资公司在董事会中设置由董事组成的审计委员会行使《公司法》规定的监事会职权的，不设监事会或者监事。

国家出资公司应当依法建立健全内部监督管理和风险控制制度，加强内部合规管理。

案　例

无锡微研有限公司诉徐某洪、无锡德森精密模具有限公司买卖合同损害公司利益纠纷案

徐某洪、德森公司与微研公司订立的“机器买卖合同”“才能书”“协议书”是否违反《公司法》的强制性规定？①

深度阅读

汪青松．国家出资公司治理模式选择与法律制度保障．政治与法律，2023（9）．

徐小松．国有独资公司治理法律制度研究．北京：中国政法大学出版社，2010．

① 参见江苏省无锡市滨湖区人民法院（2006）锡滨民二初字第 0810 号民事判决书。

阿道夫·A. 伯利，加纳德·C. 米恩斯．现代公司与私有财产．甘华鸣，等译．北京：商务印书馆，2005.

王保树．实践中的公司法．北京：社会科学文献出版社，2008.

王天鸿．一人公司制度比较研究．北京：法律出版社，2003.

范健，王建文．公司法．5版．北京：法律出版社，2018.

思考与练习

1. 公司法对一人公司有什么特别规定？
2. 如何理解国家出资公司？
3. 试述上市公司独立董事的作用。
4. 如何规制上市公司的关联交易？

第十四章
公司股权与股份

常考知识点

股权的概念　股东对外转让股权　股权回购请求权　股份发行方式

第一节　有限责任公司的股权转让

有限公司股东对公司直接投资形成资本份额。有限公司股东只能认购一份出资，但每份出资的数额可以不同。股东所拥有的出资数额被称为出资额。股东按照其出资额享有股权。股东可以将自己持有的股权依照法律以及公司章程的规定转让给他人。股权转让权是股东的基本权利和固有权利。股权转让是股东实现财产权益的重要方式，也是股东对公司管理表达不满的一种方式。

一、股权转让的主要方式

（一）在股东之间转让股权

股权可在股东之间进行转让。我国《公司法》第 84 条第 1 款规定："有限责任公司的股东之间可以相互转让其全部或者部分股权。"同条第 3 款规定："公司章程对股权转让另有规定的，从其规定。"因此，公司章程可对股东相互转让股权作出限制。

案　例

刘某某与章某某请求变更公司登记纠纷案

争议焦点：章某某是否支付了全部股权转让款？[①]

（二）向股东以外的人转让股权

股东也可以向股东以外的人转让股权。由于有限公司具有一定的人合性，因而《公

① 参见上海市第一中级人民法院（2011）沪一中民四（商）终字第 942 号民事判决书。

司法》对这种转让作了一定的限制。《公司法》第 84 条第 2 款规定："股东向股东以外的人转让股权的，应当将股权转让的数量、价格、支付方式和期限等事项书面通知其他股东，其他股东在同等条件下有优先购买权。股东自接到书面通知之日起三十日内未答复的，视为放弃优先购买权。两个以上股东行使优先购买权的，协商确定各自的购买比例；协商不成的，按照转让时各自的出资比例行使优先购买权。"根据这一规定，向股东以外的人转让股权无须其他股东同意。按照同条第 3 款，公司章程可以就对外转让提高或增加限制条件，但是章程不得禁止股东对外转让股权，否则有违公共政策。

（三）转让出资期限未届或瑕疵出资股权的责任承担

《公司法》明确了未缴纳出资即转让股权情形责任如何承担。《公司法》第 88 条规定，股东转让已认缴出资但未届出资期限的股权的，由受让人承担缴纳该出资的义务；受让人未按期足额缴纳出资的，转让人对受让人未按期缴纳的出资承担补充责任。未按照公司章程规定的出资日期缴纳出资或者作为出资的非货币财产的实际价额显著低于所认缴的出资额的股东转让股权的，转让人与受让人在出资不足的范围内承担连带责任；受让人不知道且不应当知道存在上述情形的，由转让人承担责任。

案　例

北银集团诉华融实业股权转让合同纠纷案

争议焦点：北银公司与华融公司所签订的股权转让合同是否无效？①

案　例

李某民、张某归与张某、张某、郭某伟股权转让纠纷案

争议问题：若受让方在知道或者应当知道瑕疵出资的情况下仍受让股权，则在转让方履行了出资缴付义务后，转让方是否有进一步的救济路径？②

二、股权转让的特殊方式

（一）因强制执行而发生的股权转让

对股权的强制执行也可导致股权的转让。我国《公司法》第 85 条规定："人民法院依照法律规定的强制执行程序转让股东的股权时，应当通知公司及全体股东，其他股东在同等条件下有优先购买权。其他股东自人民法院通知之日起满二十日不行使优先购买权的，视为放弃优先购买权。"

① 参见北京市西城区人民法院（2000）西经初字第 1132 号民事判决书。

② 参见安徽省高级人民法院（2021）皖民终 893 号民事判决书。

（二）因继承而发生的股权转让

股权转让也可能因继承而发生。我国《公司法》第 90 条规定：“自然人股东死亡后，其合法继承人可以继承股东资格；但是，公司章程另有规定的除外。”一方面，《公司法》确认可对股权进行继承。另一方面，公司章程可以禁止或限制股权的继承。如果公司章程没有明确规定，则可参照股东对外转让股权处理。这一规定旨在维护有限公司的人合性质。

（三）异议股东股权回购请求权

当股东会作出对股东利益有重大不利影响的决议时，股东可以表明异议，并要求公司回购其股权，退出公司。此即异议股东股权回购请求权。《公司法》第 89 条第 1 款规定了股东可以退出公司的情形。

案　例

袁某晖与长江置业（湖南）发展有限公司请求公司收购股份纠纷案

争议焦点：(1) 袁某晖是否有权请求长江置业公司回购股权？(2) 股权回购价格如何确定？①

案　例

宋某军诉西安市大华餐饮有限公司股东资格确认纠纷案

争议焦点：(1) 大华公司的公司章程中关于“人走股留”的规定，是否违反了《公司法》的禁止性规定，该章程是否有效？(2) 大华公司回购宋某军股权是否违反《公司法》的相关规定，大华公司是否构成抽逃出资？②

第二节　股份有限公司的股份

一、股份概述

股份是指股份公司资本的最小构成单位。股份的总和就是公司的注册资本。股份也是股东权的基础和计量单位。我国《公司法》第 142 条第 1 款规定：“公司的资本划分为股份。公司的全部股份，根据公司章程的规定择一采用面额股或者无面额股。采用面额股的，每一股的金额相等。”

依据《公司法》第 150 条的规定，股份有限公司成立后，即向股东正式交付股票。

① 参见最高人民法院（2014）民申字第 2154 号民事裁定书。

② 参见陕西省西安市中级人民法院（2014）西中民四终字第 00277 号民事判决书。

股票是证权证券，其本身并不创设股东权利，而仅仅是股东所持股份的凭证。股东的权利基于其投资，而股票的价值在于股份的价值。股份可以转让，因此股票可以转让。

股份不同于有限公司中的出资。出资既不是有限公司资本的最小构成单位，也不具有等额性。出资的外在表现是出资证明书。法律对出资或股权转让限制比较严格，而且出资证明书不得转让。如果有限公司股东转让其股权，公司应当注销原股东的出资证明书，向新股东签发出资证明书。

二、股份分类

（一）普通股与特别股

普通股是股份公司发行的标准股份。普通股股东享有全面的股东权，主要的是受益权和表决权。但是，普通股的股息一般不固定，视公司的盈利情况而定。特别地，只有在公司支付了债息并满足了优先股股东权益后，普通股才可参加分配。另外，破产清算分配剩余财产时，普通股也在优先股之后。

特别股是指在股利分配、剩余财产分配和表决权等方面区别于普通股的股份。特别股分为优先股与劣后股。优先股是指在公司分配股息和剩余财产时权利优先于普通股股东权利的股份。优先股的股息一般是固定的，具有债权的性质。另外，优先股股东一般在股东会会议上没有表决权。劣后股是指股东在股息和剩余财产分配上劣后于普通股股东的股份。发起人股有时被设为劣后股，以增加发起人对公司设立和经营的责任感。根据《公司法》第 144 条第 1 款第 1 项的规定，公司可以按照公司章程的规定发行优先或者劣后分配利润或者剩余财产的股份。

（二）表决权股与无表决权股

表决权股是指享有表决权的股份。普通股都是表决权股。表决权股可以分为普通表决权股、多数表决权股和限制表决权股。普通表决权股是指每股享有一票表决权的股份。多数表决权股是指一股享有两票以上表决权的股份。限制表决权股是指表决权受到公司章程限制的股份。根据《公司法》第 144 条第 1 款第 2 项的规定，公司可以按照公司章程的规定发行每一股的表决权数多于或者少于普通股的股份。不过，《公司法》第 144 条第 2 款规定，公开发行股份的公司不得发行每一股的表决权数多于或者少于普通股的股份；公开发行前已发行的除外。《公司法》第 116 条第 1 款规定："股东出席股东会会议，所持每一股份有一表决权，类别股股东除外。公司持有的本公司股份没有表决权。"按照《公司法》第 144 条第 3 款规定：对于监事或者审计委员会成员的选举和更换，类别股与普通股每一股的表决权数相同。

无表决权股是指不享有表决权的股份。从《公司法》第 116 条第 1 款的规定看，公司自有股份属于无表决权股。

（三）自由转让股与转让受限股

股份公司股份通常可以自由转让，但是，根据《公司法》第 144 条第 1 款第 3 项的规定，公司可以按照公司章程的规定发行转让须经公司同意等转让受限的股份。不过，根据《公司法》第 144 条第 2 款的规定，公开发行股份的公司不得发行转让须经公司同意等转让受限的股份；公开发行前已发行的除外。

（四）记名股与无记名股

记名股是指在股票票面上记载股东姓名或名称的股份。我国《公司法》只规定了记名股。《公司法》第 147 条第 2 款规定："公司发行的股票，应当为记名股票。"另外，根据国务院的有关规定，境外上市的外资股应当采取记名股票的形式。

无记名股是指在股票票面上无须记载股东姓名或名称的股份。

（五）有面额股与无面额股

有面额股是指股票表面记载一定金额的股份。《公司法》第 148 条规定："面额股股票的发行价格可以按票面金额，也可以超过票面金额，但不得低于票面金额。"第 213 条规定："公司以超过股票票面金额的发行价格发行股份所得的溢价款、发行无面额股所得股款未计入注册资本的金额以及国务院财政部门规定列入资本公积金的其他项目，应当列为公司资本公积金。"

无面额股是指股票表面没有记载一定金额，而只记载其占公司资本总额一定比例的股份。《公司法》第 149 条第 2 款第 3 项规定，发行无面额股的，纸质股票应当记载股票代表的股份数。《公司法》第 142 条第 3 款规定：采用无面额股的，应当将发行股份所得股款的 1/2 以上计入注册资本。《公司法》第 151 条规定，公司发行新股时发行无面额股的，应当对新股发行所得股款计入注册资本的金额作出决议。无面额股制度增加了公司融资和治理的灵活性，也有利于资本市场健康发展。

三、股份发行

（一）概述

股份发行是指股份公司依法向投资者以同一条件招募和出售股份的一系列行为。

发行股份应当遵守法律规定的原则。我国《公司法》第 143 条规定："股份的发行，实行公平、公正的原则，同类别的每一股份应当具有同等权利。同次发行的同类别股份，每股的发行条件和价格应当相同；认购人所认购的股份，每股应当支付相同价额。"《证券法》第 3 条规定："证券的发行、交易活动，必须遵循公开、公平、公正的原则。"

（二）发行种类

1. 公募发行与私募发行

公募发行是指面向社会公众，向不特定的人发行股份。由于公募发行涉及社会公众的利益，因此必须符合法律规定的严格的条件和程序。

私募发行是指面向少数特定的投资者发行股份。近年来，私募发行的数量呈日益增长的趋势。

2. 设立发行与增资发行

设立发行是指股份公司在设立时向发起人，或者向特定或不特定投资者发行股份。

增资发行是指股份公司在成立后，为了增加资本再次发行股份，不包括因公司合并、股份合作以及公司重整等而发行新股。

3. 直接发行与间接发行

直接发行是指发行人不通过中介机构，而是由公司自己直接向投资者发行股份。

间接发行是指发行人委托中介机构发行股份。公募发行只能采用间接发行的方式。我国《公司法》第155条规定："公司向社会公开募集股份，应当由依法设立的证券公司承销，签订承销协议。"

4. 平价发行、溢价发行与折价发行

平价发行是指股票发行价格等于股票面额的发行。发达证券市场已经很少使用平价发行。

溢价发行是指股票发行价格高于股票面额的发行。目前证券市场广泛使用溢价发行。

折价发行是指股票发行价格低于股票面额的发行。

（三）发行条件

股份发行应当符合《证券法》第13条、第15条等规定的条件。

（四）发行程序

股份设立发行的程序与股份公司设立的程序是交叉的。

为增资而公开发行股份的程序如下：（1）发行决议。在法定资本制下，由董事会制定增加注册资本的方案，并由股东会会议对增加资本作出决议。在授权资本制或折中资本制下，在授权资本内增资，由董事会作出增资决议；但在授权资本外增加资本，则应由股东会会议作出决议。（2）经国务院证券监督管理机构注册。（3）公告招股说明书、财务会计报告等文件。（4）签订承销协议。（5）登记和公告。我国《公司法》第154条第1款规定，公司向社会公开募集股份，应当经国务院证券监督管理机构注册，并公告招股说明书。第156条第3款规定：公司发行股份募足股款后，应予公告。

四、股份转让

（一）概念

股份转让是指所有人依法律行为将其持有的股份转移给他人。股东可以通过股份转让收回投资，实现收益，转移风险。我国《公司法》第157条规定："股份有限公司的股东持有的股份可以向其他股东转让，也可以向股东以外的人转让；公司章程对股份转让有限制的，其转让按照公司章程的规定进行。"股份转让后，股东资格、权利义务也发生转移。

（二）转让方式

1. 记名股票的转让。记名股票须以背书方式或者按照电子化股票交易规则转让。《公司法》第 159 条第 1 款规定：“股票的转让，由股东以背书方式或者法律、行政法规规定的其他方式进行；转让后由公司将受让人的姓名或者名称及住所记载于股东名册。”

2. 无记名股票的转让。无记名股票的转让由股东在依法设立的证券交易场所将股票交予受让人即可完成。

3. 上市公司股票的转让。《公司法》第 165 条规定：“上市公司的股票，依照有关法律、行政法规及证券交易所交易规则上市交易。”

4. 股份质押。依据《民法典》第 440 条，债务人或者第三人有权处分的股权可以出质。

5. 股份回购。股份回购是指公司依照法律规定从股东手中买回本公司的股份。公司回购发行在外的股份，使公司在形式上成为自己的股东，导致权利义务的混乱；股份回购事实上减少了公司资本，可能损害债权人利益；公司回购股份时可能利用信息优势，操纵股价。因此，公司原则上不得购买自己发行的股份，但有例外。我国《公司法》第 161 条规定：对股东会该项决议投反对票的股东可以请求公司按照合理的价格收购其股份。《公司法》第 162 条第 1 款规定：“公司不得收购本公司股份。但是，有下列情形之一的除外：（一）减少公司注册资本；（二）与持有本公司股份的其他公司合并；（三）将股份用于员工持股计划或者股权激励；（四）股东因对股东会作出的公司合并、分立决议持异议，要求公司收购其股份；（五）将股份用于转换公司发行的可转换为股票的公司债券；（六）上市公司为维护公司价值及股东权益所必需。”

（三）转让限制

一方面，《公司法》确认了股份转让自由原则；另一方面，法律也对股份转让作了一定限制，以防止股份转让影响公司的稳定、损害股东利益或者危及证券市场秩序。

1. 转让场所的限制。《公司法》第 158 条规定：“股东转让其股份，应当在依法设立的证券交易场所进行或者按照国务院规定的其他方式进行。”

2. 对公司公开发行股份前的股东转让行为作出限制。《公司法》第 160 条第 1 款规定，公司公开发行股份前已发行的股份，自公司股票在证券交易所上市交易之日起 1 年内不得转让。法律、行政法规或者国务院证券监督管理机构对上市公司的股东、实际控制人转让其所持有的本公司股份另有规定的，从其规定。其目的在于增强原股东对社会投资者的责任，同时稳定股票交易。

3. 对公司董事、监事、高级管理人员持有本公司股份的转让限制。《公司法》第 160 条第 2 款规定：“公司董事、监事、高级管理人员应当向公司申报所持有的本公司的股份及其变动情况，在就任时确定的任职期间每年转让的股份不得超过其所持有本公司股份总数的百分之二十五；所持本公司股份自公司股票上市交易之日起一年内不得转让。上述人员离职后半年内，不得转让其所持有的本公司股份。公司章程可以对公司董事、监事、高级管理人员转让其所持有的本公司股份作出其他限制性规定。”这一限制性规定一方面旨在将公司经营与这些人员的利益联系起来，促使其更好地履行职责，另一方面旨在防止这些人员利用内幕信息，炒作本公司股票，非法牟利。

4. 对行使质权的限制。《公司法》第 160 条第 3 款规定：股份在法律、行政法规规定的限制转让期限内出质的，质权人不得在限制转让期限内行使质权。

5. 对公司回购股份的限制。《公司法》第 162 条第 2 款和第 3 款规定：“公司因前款第一项、第二项规定的情形收购本公司股份的，应当经股东会决议；公司因前款第三项、第五项、第六项规定的情形收购本公司股份的，可以按照公司章程或者股东会的授权，经三分之二以上董事出席的董事会会议决议。公司依照本条第一款规定收购本公司股份后，属于第一项情形的，应当自收购之日起十日内注销；属于第二项、第四项情形的，应当在六个月内转让或者注销；属于第三项、第五项、第六项情形的，公司合计持有的本公司股份数不得超过本公司已发行股份总数的百分之十，并应当在三年内转让或者注销。”第 4 款规定：“上市公司收购本公司股份的，应当依照《中华人民共和国证券法》的规定履行信息披露义务。上市公司因本条第一款第三项、第五项、第六项规定的情形收购本公司股份的，应当通过公开的集中交易方式进行。”

6. 股份质押限制。《公司法》第 162 条第 5 款规定：“公司不得接受本公司的股份作为质权的标的。”如果公司接受这种质押，无异于用自己的财产担保自己的债权，显然有损公司和股东利益。

7. 财务资助规则。《公司法》第 163 条规定：“公司不得为他人取得本公司或者其母公司的股份提供赠与、借款、担保以及其他财务资助，公司实施员工持股计划的除外。为公司利益，经股东会决议，或者董事会按照公司章程或者股东会的授权作出决议，公司可以为他人取得本公司或者其母公司的股份提供财务资助，但财务资助的累计总额不得超过已发行股本总额的百分之十。董事会作出决议应当经全体董事的三分之二以上通过。违反前两款规定，给公司造成损失的，负有责任的董事、监事、高级管理人员应当承担赔偿责任。”

案　例

张某莉、天风证券股份有限公司等金融借款合同纠纷案

争议问题：天风证券是否善意取得案涉股票质权？①

案　例

崔某龙与廖某杰等股权转让纠纷案

争议问题：股份回购权是否必须在合理的除斥期间内行使？②

---

① 参见最高人民法院（2021）最高法民申 3045 号民事裁定书。

② 参见上海市第一中级人民法院（2023）沪 01 民终 5708 号民事判决书。

深度阅读

叶林，张冉．无面额股时代公司资本制度的体系性调适．国家检察官学院学报，2023（6）．

皮正德．禁止财务资助规则的公司法建构．法学研究，2023（1）．

罗培新．抑制股权转让代理成本的法律构造．中国社会科学，2013（7）．

赵旭东．公司法学．北京：高等教育出版社，2020．

范健，王建文．公司法．5版．北京：法律出版社，2018．

思考与练习

1. 试述有限公司股权转让规则。
2. 股份分为哪几种类型？
3. 股份转让应当遵循什么规则？
4. 公司法如何规范公司收购本公司的股份？
5. 如何解读公司法对财务资助的规范？
6. 甲、乙、丙是某有限公司的股东，各占52%、22%和26%的股份。乙欲对外转让其所拥有的股份，丙表示同意，甲表示反对，但又不愿意购买该股份。乙便与丁签订了一份股份转让协议，约定丁一次性将股权转让款支付给乙。此时甲表示愿以同等价格购买，只是要求分期付款。对此各方发生了争议。如何处理？

第十五章
公司债券

常考知识点

公司债券的概念　公司债与股份的差异　可转换公司债券

第一节　公司债券概述

一、公司债券的概念

《公司法》所称公司债券，是指公司发行的约定按期还本付息的有价证券。公司债券证明发债公司和投资者之间的债权债务关系。公司债券持有人有权按照约定收回本金、获得利息，但无权参与公司的经营管理。

公司债不同于公司借款。公司债是公司通过发行公司债券而产生的，公司借款是公司对外订立借款合同而产生的；公司债的债权人范围具有广泛性、分散性和流动性，公司借款的债权人只能是银行或非银行金融机构；同次发行的同类公司债，其权利义务内容是相同的，公司借款合同的内容往往各不相同；公司债流通性较强，公司借款合同较少发生转让。

公司债不同于公司股份。公司债的发行人可以是股份公司或有限公司，而股份的发行人只能是股份公司；公司债的债权人享有对公司的债权，但不能参与公司的经营管理，而股份持有人作为股东享有股权，包括经营管理权；公司债的利率是预先确定，而且通常不变的，不论公司经营如何，债权人都有权要求支付利息，而股份的股利分配通常依公司经营状况而定；债权人有权按照约定请求还本付息，且在公司破产或解散时，其获得清偿的权利也优先于股东，而股东不得抽回出资，且在公司破产或解散时，如有剩余财产，股东才能获得分配。

二、公司债券的种类

（一）公募公司债券与私募公司债券

根据《公司法》的规定，公司债券可以公开发行，也可以非公开发行。公开发行的为公募公司债券，非公开发行的为私募公司债券。

公募公司债券是指向不特定对象或者向累计超过 200 人的特定对象发行的公司债券。

私募公司债券是指向 200 人以下的特定对象发行的公司债券。发行私募公司债券不得采用广告、公开劝诱和变相公开方式。

（二）记名公司债券与无记名公司债券

记名公司债券是指债券表面记载了持有人姓名或名称的公司债券。我国《公司法》第 197 条规定："公司债券应当为记名债券。"公司发行公司债券应当置备公司债券持有人名册，并应在公司债券持有人名册上载明规定事项。记名公司债券的转让，除了交付债券，还须将受让人的有关事项记载于公司债券持有人名册上，才能发生效力。

无记名公司债券是指债券表面没有记载持有人姓名或名称的公司债券。无记名公司债券只需交付债券即可发生转让效力。

（三）可提前赎回公司债券与不可提前赎回公司债券

可提前赎回公司债券是指发行公司在债券到期前有权定期或随时购回部分或全部的债券。

不可提前赎回公司债券是在公司在债券到期前不得赎回的债券。

（四）可转换公司债券与不可转换公司债券

可转换公司债券是指在一定期间内依据约定的条件可以转换成股票的公司债券。我国《公司法》第 202 条第 1 款规定，股份有限公司经股东会决议，或者经公司章程、股东会授权由董事会决议，可以发行可转换为股票的公司债券，并规定具体的转换办法。

不可转换公司债券是指不能转换为公司股票的公司债券。

（五）上市公司债券与非上市公司债券

上市公司债券是指债券发行后在依法设立的证券交易所挂牌交易的公司债券。

非上市公司债券是指不能在证券交易所挂牌交易的债券。

第二节　公司债券的发行、转让

一、公司债券的发行

公司发行公司债券应当遵守法律、行政法规规定的条件和程序。根据我国《公司法》第 59 条第 1 款的规定，有限责任公司发行公司债券由股东会作出决议。《公司法》第 59 条第 2 款规定：股东会可以授权董事会对发行公司债券作出决议。这两款规定也适用于股份公司。《公司法》第 194 条第 3 款规定："公司债券的发行和交易应当符合《中华人民共和国证券法》等法律、行政法规的规定。"第 195 条规定，公开发行公司债券，应当经国务院证券监督管理机构或国务院授权的部门注册并公告公司债券募集办法。

二、公司债券的转让

公司债券可以转让，转让价格由转让人与受让人约定。公司债券的转让应当符合法律、行政法规的规定。

公司债券由债券持有人以背书方式或者法律、行政法规规定的其他方式转让；转让后由公司将受让人的姓名或者名称及住所记载于公司债券持有人名册。

第三节　可转换公司债券

一、可转换公司债券概述

可转换公司债券是指可按约定条件转换为公司股票的公司债券。可转换公司债券的发行主体是股份公司。可转换公司债券持有人享有是否将其持有的债券转换为公司股票的选择权。公司发行可转换公司债券的，除应当具备公司债券的发行条件外，还应当符合股票发行的条件。发行可转换公司债券需经股东会决议，或者经公司章程、股东会授权由董事会决议，可转换公司债券的具体转换办法也需经过上述决议。发行此种债券应当经国务院证券监督管理机构注册。债券上应当标明可转换公司债券字样，并在公司债券持有人名册上载明可转换公司债券的数额。

二、可转换公司债券的转换

发行可转换为股票的公司债券的，公司应当按照其转换办法向债券持有人换发股票，但债券持有人享有对转换股票或者不转换股票的选择权。法律、行政法规另有规定的除外。

第四节　公司债券管理机制

为加强债券持有人利益保护，《公司法》完善了债券持有人保护机制。

一、债券持有人会议

《公司法》规定了债券持有人会议制度。公开发行公司债券的，应当为同期债券持有人设立债券持有人会议，并在债券募集办法中对债券持有人会议的召集程序、会议规则和其他重要事项作出规定。债券持有人会议可以对与债券持有人有利害关系的事项作出决议。除公司债券募集办法另有约定外，债券持有人会议决议对同期全体债券持有人发生效力。

二、债券受托管理人

《公司法》规定了债券受托管理人制度。公开发行公司债券的，发行人应当为债券持有人聘请债券受托管理人，由其为债券持有人办理受领清偿、债权保全、与债券相关的诉讼以及参与债务人破产程序等事项。

债券受托管理人应当勤勉尽责，公正履行受托管理职责，不得损害债券持有人利益。受托管理人与债券持有人存在利益冲突可能损害债券持有人利益的，债券持有人会议可以决议变更债券受托管理人。债券受托管理人违反法律、行政法规或者债券持有人会议决议，损害债券持有人利益的，应当承担赔偿责任。

《深度阅读》

周沅帆．公司债券．北京：中信出版社，2011.

何媛媛．可转换公司债券融资问题研究．北京：经济管理出版社，2008.

赵旭东．公司法学．北京：高等教育出版社，2020.

范健，王建文．公司法．5版．北京：法律出版社，2018.

《思考与练习》

1. 什么是公司债券？
2. 股份和债券有什么差异？
3. 试比较公司债与可转换公司债。
4. 公司法是如何加强对债券持有人保护的？

第十六章
公司财务会计

常考知识点

公司利润分配　公积金制度

第一节　公司财务会计概述

一、财务会计的概念

公司财务是指公司生产经营活动中有关资金筹集、使用、管理和收益分配的活动。公司会计是指以货币为计量单位，以记账、算账和报账等方式，对公司的整个财务活动和经营状况进行核算和监督的活动。公司财务与会计密不可分。

调整公司财务与会计活动的各项法律规则被称为公司财务会计制度。我国《公司法》第 207 条规定："公司应当依照法律、行政法规和国务院财政部门的规定建立本公司的财务、会计制度。"建立财务会计制度有利于保护股东利益、债权人利益和社会公众利益，有利于提升公司经营管理水平，也有利于实施政府监督。

二、财务会计制度的法律调整

在我国，调整公司财务会计的法律除《公司法》之外，还有《证券法》《会计法》《注册会计师法》《企业财务会计报告条例》，以及财政部发布的企业会计准则、证监会发布的有关规章等。

第二节　公司财务会计报告

一、公司财务会计报告的概念

公司财务会计报告是指企业对外提供的反映企业某一特定日期财务状况和某一会计

期间经营成果、现金流量等会计信息的文件。我国《公司法》第 208 条规定：“公司应当在每一会计年度终了时编制财务会计报告，并依法经会计师事务所审计。财务会计报告应当依照法律、行政法规和国务院财政部门的规定制作。”

二、公司财务会计报告的构成

公司财务会计报告包括财务报表和其他相关信息。财务报表至少应当包括资产负债表、利润表、现金流量表等报表及其附注。公司对外编制的财务会计报告分为年度、半年度、季度和月度财务会计报告。

三、财务会计报告的编制、审查及披露

公司的财务会计报告应在公司董事会的领导下，在财务经理的直接主持下完成。

监事会可对公司财务进行检查。监事会发现公司经营情况异常，可以进行调查；必要时，可以聘请会计师事务所等协助其工作，费用由公司承担。公司的年度财务会计报告应当依法经会计师事务所审计。

有限责任公司应当按照公司章程规定的期限将财务会计报告送交各股东。股份有限公司的财务会计报告应当在召开股东会年会的 20 日前置备于本公司，供股东查阅；公开发行股份的股份有限公司应当公告其财务会计报告。

第三节 公司税后利润分配

一、分配原则和顺序

公司可对当年税后利润进行分配。我国《公司法》第 210 条第 4 款规定：“公司弥补亏损和提取公积金后所余税后利润，有限责任公司按照股东实缴的出资比例分配利润，全体股东约定不按照出资比例分配利润的除外；股份有限公司按照股东所持有的股份比例分配利润，公司章程另有规定的除外。”第 210 条第 2 款规定：“公司的法定公积金不足以弥补以前年度亏损的，在依照前款规定提取法定公积金之前，应当先用当年利润弥补亏损。”据此，利润分配应当按照如下顺序进行：弥补以前年度的亏损；提取 10%的法定公积金；提取任意公积金；向投资者分配利润。公司进行利润分配时，相同类别的每一股份所分得的利润应该相同。但是，依据《公司法》第 210 条第 5 款的规定，公司持有的本公司股份不得分配利润。有限公司股东按照实缴的出资比例分取红利，全体股东另有约定的除外；股份公司股东按照持有的股份比例分得红利，公司章程另有规定的除外。违法分配利润要承担法律责任。《公司法》第 211 条规定：“公司违反本法规定向股东分配利润的，股东应当将违反规定分配的利润退还公司；给公司造成损失的，股东及负有责任的董事、监事、高级管理人员应当承担赔偿责任。”

二、公积金制度

公积金是依照法律和公司章程的规定以及股东会决议而积累的资金。公积金有助于弥补意外亏损，增强公司财力，扩大公司业务。我国《公司法》第 214 条规定："公司的公积金用于弥补公司的亏损、扩大公司生产经营或者转为增加公司注册资本。公积金弥补公司亏损，应当先使用任意公积金和法定公积金；仍不能弥补的，可以按照规定使用资本公积金。法定公积金转为增加注册资本时，所留存的该项公积金不得少于转增前公司注册资本的百分之二十五。"

（一）资本公积金

资本公积金是指公司非营业活动所产生的收益。关于资本公积金的构成，我国《公司法》第 213 条规定："公司以超过股票票面金额的发行价格发行股份所得的溢价款、发行无面额股所得股款未计入注册资本的金额以及国务院财政部门规定列入资本公积金的其他项目，应当列为公司资本公积金。"除了溢价款，资本公积金的来源还有国务院财政主管部门规定列入资本公积金的其他收入，例如，处置公司资产所得收入、资产重估价值与账面净值的差额、接受捐赠等。资本公积金可以按照国务院财政部门的规定用于弥补公司亏损。

（二）盈余公积金

盈余公积金是指公司按照规定从净利润中提取的累计资金。它包括：（1）法定公积金。法定公积金是指公司法规定应当从税后利润中提取的公积金。我国《公司法》第 210 条第 1 款规定："公司分配当年税后利润时，应当提取利润的百分之十列入公司法定公积金。公司法定公积金累计额为公司注册资本的百分之五十以上的，可以不再提取。"（2）任意公积金。《公司法》第 210 条第 3 款规定："公司从税后利润中提取法定公积金后，经股东会决议，还可以从税后利润中提取任意公积金。"

案　例

甘肃乾金达矿业开发集团有限公司、万城商务东升庙有限责任公司纠纷案

争议问题：股东将持有的公司股权转让后，是否享有利润分配请求权？[①]

深度阅读

刘燕．公司财务的法律规制路径探寻．北京：北京大学出版社，2021.

孔令政．公司分配法律制度研究．北京：法律出版社，2021.

---

① 参见最高人民法院（2021）最高法民再 23 号民事判决书。

曹越．财产权利与会计制度研究．北京：中国人民大学出版社，2017.
艾利斯·费伦．公司金融法律原理．罗培新，译．北京：北京大学出版社，2012.
甘培忠，周淳，周游．企业与公司法学．10版．北京：北京大学出版社，2020.
刘俊海．公司法学．3版．北京：北京大学出版社，2020.
赵旭东．公司法学．北京：高等教育出版社，2020.
王欣新．公司法．4版．北京：中国人民大学出版社，2020.
范健，王建文．公司法．5版．北京：法律出版社，2018.

思考与练习

1. 公司财务、会计制度有什么作用？
2. 公司法如何规范利润分配？
3. 试述公司公积金制度。

第十七章
公司的变更

常考知识点

公司分立规则　减资

第一节　公司组织形式变更

一、概述

公司组织形式变更是指在不改变公司法人资格的前提下，将一种公司变更为另一种公司。在我国，公司形式的变更就是指有限责任公司转变为股份有限公司和股份有限公司转变为有限责任公司。

公司形式变更要遵守法律规定的条件并对债权债务进行处理。我国《公司法》第12条规定："有限责任公司变更为股份有限公司，应当符合本法规定的股份有限公司的条件。股份有限公司变更为有限责任公司，应当符合本法规定的有限责任公司的条件。有限责任公司变更为股份有限公司的，或者股份有限公司变更为有限责任公司的，公司变更前的债权、债务由变更后的公司承继。"第108条规定："有限责任公司变更为股份有限公司时，折合的实收股本总额不得高于公司净资产额。有限责任公司变更为股份有限公司，为增加注册资本公开发行股份时，应当依法办理。"

另外，公司形式变更要遵守规定程序。依据《公司法》第66条第3款和第116条第3款的规定，有限责任公司股东会会议作出变更公司形式的决议，应当经代表2/3以上表决权的股东通过。股份有限公司股东会作出变更公司形式的决议，应当经出席会议的股东所持表决权的2/3以上通过。

二、具体内容

（一）有限责任公司变更为股份有限公司

有限责任公司变更为股份有限公司，就是按照一定的程序，根据股份有限公司的法定条件将有限责任公司改变为股份有限公司。变更的有关事项包括：(1) 由股东会作出将公司变更为股份有限公司的决定。该决定应当确定变更后公司的名称，确定新的注册资本数额。如果向原股东以外的投资者私募资金，则股东会还应作出相关决定。如果通过公开发行股份的方式变更为股份有限公司，则需进行证券发行注册。(2) 进行资产评估。(3) 进行验资。(4) 修改公司章程。(5) 成立股东会，选举董事和监事等。(6) 向公司登记机关申请变更登记。

（二）股份有限公司变更为有限责任公司

股份有限公司变更为有限责任公司主要是出于以下原因：(1) 公司资本减少到不符合法律对股份有限公司的要求。(2) 发生其他情况导致公司不再符合股份有限公司的条件但仍合乎有限责任公司的条件。

股份有限公司变更为有限责任公司，首先应由股东会作出决议。如果该公司是上市公司，其变更还需报证监会和证券交易所，并进行公告。公司因减资而变更的，应当经过减资程序。其后，公司应当进行资产评估、修改公司章程以及申请公司名称预先登记，最后申请变更登记。

第二节　公司合并与分立

一、公司合并

公司合并是指两个或两个以上的公司依法达成合意，不经过清算程序，归并为一个公司。公司合并是适应市场变化，实现规模经营的手段。公司合并分为：(1) 吸收合并。它是指公司合并后，原有公司中一个公司存续，而其他公司解散。吸收合并可以采取由存续公司以现金或股份购买其他公司资产或股份的方式。(2) 新设合并。它是指公司合并后，创设一个新的公司，原来的公司全部消灭。

公司合并不同于兼并。兼并是指一个企业通过购买等有偿方式取得其他企业的产权，使其失去法人资格或虽然保留法人资格但使投资主体变更的一种行为。其中只有使被兼并方失去法人资格的，才属于合并。

公司合并不同于公司收购。公司收购是指收购人通过一定的方式，购买目标公司的资产或者股份，以实现对该公司的控股或将其合并的目的。被收购的公司有可能被解散，也可能不被解散。后者不属于公司合并。

公司合并也不同于公司的资产收购。公司资产收购是一个公司购买另一个公司的部分或全部资产。公司资产收购并不当然影响收购公司与被收购公司各自的法人资格，而且，除非收购合同明确约定，收购方不承担被收购方的债务。

《公司法》规定了公司简易合并制度。《公司法》第 219 条规定："公司与其持股百分之九十以上的公司合并，被合并的公司不需经股东会决议，但应当通知其他股东，其他股东有权请求公司按照合理的价格收购其股权或者股份。公司合并支付的价款不超过本公司净资产百分之十的，可以不经股东会决议；但是，公司章程另有规定的除外。公司依照前两款规定合并不经股东会决议的，应当经董事会决议。”该条第 1 款规定的是母公司吸收合并子公司的简易合并，第 2 款规定的是小规模合并。

《公司法》规定了公司普通合并制度。《公司法》第 220 条规定：“公司合并，应当由合并各方签订合并协议，并编制资产负债表及财产清单。公司应当自作出合并决议之日起十日内通知债权人，并于三十日内在报纸上或者国家企业信用信息公示系统公告。债权人自接到通知之日起三十日内，未接到通知的自公告之日起四十五日内，可以要求公司清偿债务或者提供相应的担保。”如果公司合并没有履行通知与公告义务，或者未按债权人要求清偿债务或者提供相应担保，并不影响公司合并的效力，但是此种合并不能对抗合并前各公司的债权人。此外，《公司法》第 255 条规定：公司在合并、分立、减少注册资本或者进行清算时，不依照本法规定通知或者公告债权人的，由公司登记机构责令改正，对公司处以 1 万元以上 10 万元以下的罚款。

公司合并导致公司发生如下变化：一是公司设立。在新设合并的情形中，因合并形成了新的公司。二是公司变更。在吸收合并的情形中，存续公司承受被合并公司的权利和义务，因而发生注册资本、公司章程、股东等方面的变化。三是公司消灭。公司合并中必有公司消灭。

公司合并时，合并各方的债权、债务，应当由合并后存续的公司或者新设的公司承继。

二、公司分立

公司分立是指一个公司依照法律规定和合同约定，不经过清算程序，分立为两个或两个以上公司的行为。公司分立有利于实现专门经营，提高经营效率。公司分立有两种形式：(1) 新设分立。它是指一个公司分解为两个以上的公司，原公司消灭。(2) 派生分立。它是指一个公司以其部分资产设立一个以上新公司。原公司继续存在，但发生变更。

公司分立与资产转让不同。其一，在公司分立中，原公司分离一部分资产后，不会获得对价。相反，在资产转让中，转让方会获得转让对价。其二，公司分立会影响股东的地位。在新设分立中，原公司的股东对原公司的股权因原公司的消灭而消灭，但相应获得分立出来的公司的股权。在派生分立中，原公司的股东对原公司的股权将减少，但相应获得分立出来的公司的股权。资产转让不会影响股东地位。

公司分立，其财产作相应的分割。公司分立，应当编制资产负债表及财产清单。公司应当自作出分立决议之日起 10 日内通知债权人，并于 30 日内在报纸上或者国家企业信用信息公示系统公告。

公司分立会导致公司发生三种变化：新公司的设立、分立后继续存在的原公司的变更、分立后不能继续存在的原公司的消灭。

公司分立前的债务由分立后的公司承担连带责任。但是，公司在分立前与债权人就债务清偿达成的书面协议另有约定的除外。

第三节 公司的增资和减资

一、增加资本

增加资本是指公司成立后增加注册资本。有限责任公司增加注册资本时，股东在同等条件下有权优先按照实缴的出资比例认缴出资。但是，全体股东约定不按照出资比例优先认缴出资的除外。股份有限公司为增加注册资本发行新股时，股东不享有优先认购权，公司章程另有规定或者股东会决议决定股东享有优先认购权的除外。

有限责任公司增加注册资本时，股东认缴新增资本的出资，依照公司法设立有限责任公司缴纳出资的有关规定执行。股份有限公司为增加注册资本发行新股时，股东认购新股，依照公司法设立股份有限公司缴纳股款的有关规定执行。

案 例

黄某诉陈某等股东资格确认纠纷案

争议焦点：(1) 宏冠公司是否进行了合法有效的增资？(2) 增资对原告黄某持股比例有何影响？①

二、减少资本

公司减资是指公司成立后减少注册资本。公司减少注册资本，应当编制资产负债表及财产清单。公司减资不得损害公司和债权人利益。

《公司法》规定了普通减资制度。《公司法》第 224 条第 2 款和第 3 款规定：公司应当自股东会作出减少注册资本决议之日起 10 日内通知债权人，并于 30 日内在报纸上或者国家企业信用信息公示系统公告。债权人自接到通知之日起 30 日内，未接到通知的自公告之日起 45 日内，有权要求公司清偿债务或者提供相应的担保。公司减少注册资本，应当按照股东出资或者持有股份的比例相应减少出资额或者股份，法律另有规定、有限责任公司全体股东另有约定或者股份有限公司章程另有规定的除外。

《公司法》规定了简易减资制度。《公司法》第 225 条规定："公司依照本法第二百一十四条第二款的规定弥补亏损后，仍有亏损的，可以减少注册资本弥补亏损。减少注册资本弥补亏损的，公司不得向股东分配，也不得免除股东缴纳出资或者股款的义务。依照前款规定减少注册资本的，不适用前条第二款的规定，但应当自股东会作出减少注册资本决议之日起三十日内在报纸上或者国家企业信用信息公示系统公告。公司依照前两款的规定减少注册资本后，在法定公积金和任意公积金累计额达到公司注册资本百分之

① 参见上海市第二中级人民法院（2013）沪二中民四（商）终字第 188 号民事判决书。

五十前，不得分配利润。”简易减资无须通知债权人，债权人无权要求公司清偿或者提供相应担保。简易减资要符合规定条件并受到一定限制。

违法减资要承担法律后果。《公司法》第226条规定：违反《公司法》规定减少注册资本的，股东应当退还其收到的资金，减免股东出资的应当恢复原状；给公司造成损失的，股东及负有责任的董事、监事、高级管理人员应当承担赔偿责任。

案 例

陈某华诉上海孝诚健康信息咨询有限公司等服务合同纠纷案

争议焦点：公司减资未履行通知已知债权人义务的后果。①

案 例

北京一中院判决利亚德公司诉王某等股东损害公司债权人利益责任纠纷案

争议焦点：华致公司减资是否损害了利亚德公司的利益？②

案 例

上海博达数据通信有限公司诉梅斯信息科技（苏州）有限公司、杨某、陈某等买卖合同纠纷案

争议焦点：公司对于减资决议作出后产生的债权人，或者在减资基准日债权尚未到期或债权数额尚未确定的债权人是否负有《公司法》规定的通知义务？③

案 例

青岛某公司诉王某等股东损害公司债权人利益责任纠纷案

争议问题：涉案公司的减资属于实质减资还是名义减资？④

深度阅读

皮正德．公司减资制度的缺陷与重构．商业研究，2022（6）．

朱大明．上市公司分立中的法律问题研究．湖北社会科学，2015（9）．

薛波．公司减资违反通知义务时股东的赔偿责任：《最高人民法院公报》载“德力西

① 参见上海市第一中级人民法院（2011）沪一中民一（民）终字第1488号民事判决书。

② 参见北京市第一中级人民法院（2021）京01民终5525号民事判决书；王达．在不当减资范围内股东缴付出资请求权不适用诉讼时效抗辩．人民法院报，2023-07-13.

③ 参见上海市高级人民法院（2020）沪民再28号民事判决书。

④ 参见青岛市中级人民法院公司类纠纷审判典型案例（2022年）．[2024-02-04]．http：//qdsbqfy.sdcourt.gov.cn/qdzy/spgk66/sszy16/spzdyj/dxxal/8611329/index.html.

案”评释．北方法学，2019（3）．
甘培忠，周淳，周游．企业与公司法学．10版．北京：北京大学出版社，2020.
赵旭东．公司法学．北京：高等教育出版社，2020.
王欣新．公司法．4版．北京：中国人民大学出版社，2020.
范健，王建文．公司法．5版．北京：法律出版社，2018.

《思考与练习》

1. 请比较公司简易合并与普通合并。
2. 公司法是如何规范公司合并的？
3. 如何理解公司分立的法律效力？
4. 简易减资与普通减资有何区别？
5. 公司如何减资？

第十八章

公司解散和清算

常考知识点

公司解散后果　公司清算原因

第一节　公司解散

一、公司解散的概念

公司解散，是指公司出现法律规定的或章程约定的原因，停止营业活动，开始处理未了事务，逐步终止法人资格。公司除因合并、分立而解散外，必须伴随着清算而走向终止。

对于公司解散，我国《公司法》同大多数国家和地区的一样，实行“先散后算”制度，即先宣布解散公司，同时将公司能力限制在清算范围内，公司清算完毕，其法人资格最终消灭。这不同于英国公司法上的“先算后散”制度。按此制度，公司只有在清算后才能宣布解散，宣布解散的同时消灭公司人格。

二、公司解散的原因

对于公司解散原因，我国《公司法》第 229 条第 1 款规定：“公司因下列原因解散：（一）公司章程规定的营业期限届满或者公司章程规定的其他解散事由出现；（二）股东会决议解散；（三）因公司合并或者分立需要解散；（四）依法被吊销营业执照、责令关闭或者被撤销；（五）人民法院依照本法第二百三十一条的规定予以解散。”公司产生严重困难时也可能导致公司解散。《公司法》第 231 条规定：“公司经营管理发生严重困难，继续存续会使股东利益受到重大损失，通过其他途径不能解决的，持有公司百分之十以上表决权的股东，可以请求人民法院解散公司。”另外，公司被人民法院宣告破产也是公司终止的原因。《公司法》第 230 条第 1 款规定：“公司有前条第一款第一项、第二项情形，且尚未向股东分配财产的，可以通过修改公司章程或者经股东会决议而存续。”

三、公司解散的法律后果

公司解散并不立即导致公司人格的消灭，公司在清算目的范围内视为依然存续，清算中的公司与解散事由出现前的公司在法律人格上是同一民事主体。公司进入解散程序后，发生如下法律后果：限制权利能力，停止营业活动；进入清算程序，成立清算组织。《公司法》第 236 条第 3 款规定："清算期间，公司存续，但不得开展与清算无关的经营活动。公司财产在未依照前款规定清偿前，不得分配给股东。"因此，公司应当停止积极活动，进入清算程序了结公司既有的法律关系，进入以公司消灭为最终目标的事实状态和法律状态。

案　例

王某云等 54 人诉陕西千里税务师事务（所）有限责任公司公司解散纠纷案

争议焦点：公司被吊销营业执照与公司解散诉讼的关系是什么？①

案　例

吉林省金融控股集团股份有限公司与吉林省金融资产管理有限公司、宏运集团有限公司公司解散纠纷案

焦点问题：(1) 金融管理公司经营管理是否发生严重困难，继续存续是否会使股东利益受到重大损失？(2) 公司困境是否能够通过其他途径解决？②

案　例

陈某与陕西博鑫体育文化传播有限公司、任某成公司解散纠纷案

争议焦点：未履行或者未全面履行出资义务的股东能否提起解散公司之诉？③

第二节　公司清算

一、公司清算的概念

公司清算是指公司由于合并或分立以外的原因而解散后，依照法定程序了结公司事务，收回债权，清偿债务，处理剩余财产的活动，并最终使公司归于消灭。《公司法》第 232 条第 1 款中规定："公司因本法第二百二十九条第一款第一项、第二项、第四项、第五项规定

① 参见陕西省高级人民法院（2006）陕民二终字第 41 号民事判决书。
② 参见最高人民法院（2019）最高法民申 1474 号民事裁定书；最高人民法院公报，2021（1）。
③ 参见最高人民法院（2021）最高法民申 6453 号民事裁定书。

而解散的，应当清算。”公司因合并或分立而解散的，被消灭的公司的权利义务由新设或存续的公司承担，因此无须清算。其他原因引起的公司解散，都要经过清算程序。

公司清算制度对于清算活动的有序进行、维护债权人的利益、保护投资人的利益和其他利害关系人的利益等有重要意义。

二、公司清算的形式

公司清算分为破产清算和非破产清算。公司破产清算适用《企业破产法》。根据《公司法》第 237 条的规定，清算组在清理公司财产、编制资产负债表和财产清单后，发现公司财产不足清偿债务的，应当依法向人民法院申请破产清算。人民法院受理破产申请后，清算组应当将清算事务移交给人民法院指定的破产管理人。公司非破产清算适用《公司法》。破产与清算的重要区别在于，破产的直接目的是清结债权债务，而清算的直接目的是消灭法人资格。此外，破产是在法院主导下进行的，而清算多由债权人和债务人自行实施。

公司非破产清算分为任意清算与法定清算。任意清算是指仅依全体股东的意见或章程的规定进行的清算。法定清算是指依照法律规定的程序进行的清算。我国《公司法》只规定了法定清算。

法定清算可分为普通清算和特别清算。普通清算是指由公司依照法定程序自行组织清算机构进行清算。特别清算是指不能由公司自身组织清算，或者在普通清算发生显著障碍时，由法院介入的清算。我国《公司法》第 233 条规定：“公司依照前条第一款的规定应当清算，逾期不成立清算组进行清算或者成立清算组后不清算的，利害关系人可以申请人民法院指定有关人员组成清算组进行清算。人民法院应当受理该申请，并及时组织清算组进行清算。公司因本法第二百二十九条第一款第四项的规定而解散的，作出吊销营业执照、责令关闭或者撤销决定的部门或者公司登记机关，可以申请人民法院指定有关人员组成清算组进行清算。”其中的利害关系不限于债权人。由于特别清算的前提是公司资产足以偿还全部债务，因而人民法院介入的程度相对于破产清算而言非常有限。人民法院在强制清算中的主要职责包括指定和更换清算组成员、确认清算方案和清算报告、决定是否延长清算期限、裁定终结强制清算程序。

三、清算义务人和清算组

（一）清算义务人

清算义务人是指公司董事。清算义务人在公司解散时，应当依法组织公司清算，不得在公司应当清算的情况下不进行清算，甚至故意借解散之机逃避债务，严重损害债权人利益并危害社会经济秩序。

《公司法》规定了清算义务人的责任。第 232 条第 3 款规定：“清算义务人未及时履行清算义务，给公司或者债权人造成损失的，应当承担赔偿责任。”这里的赔偿责任不同于连带清偿责任。我国最高人民法院《关于适用〈中华人民共和国公司法〉若干问题的规定（二）》第18条规定："有限责任公司的股东、股份有限公司的董事和控股股东未在法定期限内成立清算组开始清算，导致公司财产贬值、流失、毁损或者灭失，债权人主张其在造成损失范围内对公司债务承担赔偿责任的，人民法院应依法予以支持。有限责任公司的股东、股份有限公司的董事和控股股东因怠于履行义务，导致公司主要财产、账册、重要文件等灭失，无法进行清算，债权人主张其对公司债务承担连带清偿责任的，人民法院应依法予以支持。上述情形系实际控制人原因造成，债权人主张实际控制人对公司债务承担相应民事责任的，人民法院应依法予以支持。"第19条规定："有限责任公司的股东、股份有限公司的董事和控股股东，以及公司的实际控制人在公司解散后，恶意处置公司财产给债权人造成损失，或者未经依法清算，以虚假的清算报告骗取公司登记机关办理法人注销登记，债权人主张其对公司债务承担相应赔偿责任的，人民法院应依法予以支持。"第21条规定："按照本规定第十八条和第二十条第一款的规定应当承担责任的有限责任公司的股东、股份有限公司的董事和控股股东，以及公司的实际控制人为二人以上的，其中一人或者数人依法承担民事责任后，主张其他人员按照过错大小分担责任的，人民法院应依法予以支持。"这些规定有助于督促清算义务人依法组织清算，保护债权人的应有利益。

（二）清算组

清算组是指由清算义务人选任或由法院依法指定的人组成的、负责清理公司财产、清算债权债务的机构。在公司清算期间，清算组取代公司原机关，对内执行清算事务，对外代表公司了结债权债务，在清算目的范围内，与解散事由出现前公司的机关具有同等的法律地位。

清算组的组成分为自愿组成和指定组成两种方式。我国《公司法》第232条第2款规定："清算组由董事组成，但是公司章程另有规定或者股东会决议另选他人的除外。"我国最高人民法院《关于适用〈中华人民共和国公司法〉若干问题的规定（二）》第8条规定："人民法院受理公司清算案件，应当及时指定有关人员组成清算组。"

关于清算组成员的解任，我国法律法规没有规定，原则上可以参照产生程序。对于法院指定组成的清算组成员的解任，我国最高人民法院《关于适用〈中华人民共和国公司法〉若干问题的规定（二）》第9条规定："人民法院指定的清算组成员有下列情形之一的，人民法院可以根据债权人、公司股东、董事或其他利害关系人的申请，或者依职权更换清算组成员：（一）有违反法律或者行政法规的行为；（二）丧失执业能力或者民事行为能力；（三）有严重损害公司或者债权人利益的行为。"

清算组负有特殊职责，以保证清算工作的顺利进行。《公司法》第234条规定："清算组在清算期间行使下列职权：（一）清理公司财产，分别编制资产负债表和财产清单；（二）通知、公告债权人；（三）处理与清算有关的公司未了结的业务；（四）清缴所欠税款以及清算过程中产生的税款；（五）清理债权、债务；（六）分配公司清偿债务后的剩余财产；（七）代表公司参与民事诉讼活动。"

《公司法》规定了清算组申请破产义务。根据《公司法》第237条第1款的规定，清算组在清理公司财产、编制资产负债表和财产清单后，发现公司财产不足清偿债务的，应当依法向人民法院申请破产清算。《公司法》还规定了清算组违反清算职责的责任。《公司法》第238条规定：清算组成员履行清算职责，负有忠实义务和勤勉义务。清算组成员怠于履行清算职责，给公司造成损失的，应当承担赔偿责任；因故意或者重大过失给债权人造成损失的，应当承担赔偿责任。对此，我国最高人民法院《关于适用〈中华人民共和国公司法〉若干问题的规定（二）》第11条规定："公司清算时，清算组应当按照公司法第一百八十五条的规定，将公司解散清算事宜书面通知全体已知债权人，并根据公司规模和营业地域范围在全国或者公司注册登记地省级有影响的报纸上进行公告。清算组未按照前款规定履行通知和公告义务，导致债权人未及时申报债权而未获清偿，债权人主张清算组成员对因此造成的损失承担赔偿责任的，人民法院应依法予以支持。"第23条规定："清算组成员从事清算事务时，违反法律、行政法规或者公司章程给公司或者债权人造成损失，公司或者债权人主张其承担赔偿责任的，人民法院应依法予以支持。有限责任公司的股东、股份有限公司连续一百八十日以上单独或者合计持有公司百分之一以上股份的股东，依据公司法第一百五十一条第三款的规定，以清算组成员有前款所述行为为由向人民法院提起诉讼的，人民法院应予受理。公司已经清算完毕注销，上述股东参照公司法第一百五十一条第三款的规定，直接以清算组成员为被告、其他股东为第三人向人民法院提起诉讼的，人民法院应予受理。"

四、清算程序

公司清算主要包括以下几个步骤：成立清算组；通知、公告债权人并进行债权登记；清理公司财产，编制资产负债表和财产清单；特殊情况下，向人民法院申请破产；制定清算方案，并经公司股东会或者人民法院确认；分配财产（《公司法》第236条第2款规定："公司财产在分别支付清算费用、职工的工资、社会保险费用和法定补偿金，缴纳所欠税款，清偿公司债务后的剩余财产，有限责任公司按照股东的出资比例分配，股份有限公司按照股东持有的股份比例分配"）；制作清算文件；报告确认；注销登记。

依据最高人民法院《关于适用〈中华人民共和国公司法〉若干问题的规定（二）》第20条的规定，公司解散应当在依法清算完毕后，申请办理注销登记。公司未经清算即办理注销登记，导致公司无法进行清算，债权人主张有限责任公司的股东、股份有限公司的董事和控股股东，以及公司的实际控制人对公司债务承担清偿责任的，人民法院应依法予以支持。公司未经依法清算即办理注销登记，股东或者第三人在公司登记机关办理注销登记时承诺对公司债务承担责任，债权人主张其对公司债务承担相应民事责任的，人民法院应依法予以支持。

案　例

林某洋、林某因与烟台银行股份有限公司清算责任纠纷案

争议焦点：违法清算的法律后果是什么？[①]

① 参见最高人民法院（2015）民申字第916号民事裁定书。

深度阅读

叶林，徐佩菱．关于我国公司清算制度的评述．法律适用，2015（1）.
刘敏．公司解散清算制度．北京：北京大学出版社，2010.
王保树．实践中的公司法．北京：社会科学文献出版社，2008.
赵旭东．公司法学．北京：高等教育出版社，2020.
范健，王建文．公司法．5版．北京：法律出版社，2018.

思考与练习

1. 公司解散的原因与后果是什么？
2. 清算组有哪些义务？
3. 公司如何清算？

第十九章

公司的社会责任

常考知识点

公司社会责任的概念

第一节　公司社会责任概述

一、公司社会责任的概念

公司社会责任是指公司存在的目的不仅仅是股东利益最大化，还应增进其他利益相关者的利益。这些相关利益包括职工利益、债权人利益、消费者利益、中小竞争者利益、当地地区利益、整个社会利益。公司社会责任是对“股东至上”原则的突破，其核心是在公司营利性之外，强调资本的社会性和伦理性。强化公司社会责任有助于提升公司的竞争力，也有助于推动和谐社会的建设。公司承担社会责任以其具有相应能力为前提，目的是实现公司利益、股东利益与非股东利益的多赢。如果公司经营困难甚至陷于破产，则不能要求公司承担社会责任。

二、公司社会责任的分类

（一）法律意义上的社会责任与伦理意义上的社会责任

法律意义上的社会责任是指由劳动法、消费者权益保护法、产品质量法、税法以及环境保护法等法律体系构建的公司社会责任。这种社会责任具有强制性。伦理意义上的社会责任是指商业道德和资本伦理为公司设定的社会责任。这种社会责任的内容远比法律意义上的社会责任的内容丰富而广泛，但它属于柔性义务，主要依靠良心、奖励、舆论和市场加以落实。

（二）程序意义上的社会责任与实质意义上的社会责任

程序意义上的社会责任是指公司在决策过程中应当考虑和反映社会利益，例如，允许职工代表担任监事参与公司的活动。实质意义上的社会责任是指公司决策的结果应当符合乃至增进社会利益，例如，以是否增进相关者利益来评估公司反收购措施。

第二节 公司社会责任的理论和实践

一、公司社会责任的理论

在公司法领域，为了应对城市化、全球化所造成的问题，产生了公司社会责任理论。倡导和赞成公司社会责任的人认为，首先，现代公司对社会生活产生越来越大的影响，许多社会问题本身就是公司带来的。公司既然从社会汲取营养、赚取利润，就应承担起解决社会问题、尊重与推动社会法与社会政策的重大责任。强化公司社会责任是公司巨大经济力量的题中应有之义。公司经济实力越强，就应承担越重、越广泛的社会义务。其次，股东、雇员、债权人、供应商、客户、社区等对公司财富的增长都有贡献，股东并不高人一等，公司及其董事、高级管理人员应当平等对待这些人员。再次，公司法以外的法律包括合同法、劳动法、环境保护法等存在缺陷，不能充分保护利益相关者的利益。例如，合同不能预知长期合作关系存续期间可能存在什么样的障碍，这就需要公司董事、高级管理人员对利益相关者承担受信义务。最后，公司已经发生所有权和控制权的分离，这恰好为公司承担社会责任提供了契机。在此背景下，公司管理者能对股东承担新的义务，那么管理者也应对社会其他利益相关者承担义务。然而，现行法律已经足以保护股东利益了，但是无法适应公司管理者的社会责任的承担。因此，法律应当使管理者成为公司的受托人，而不是股东的受托人，从而可以承担公司的社会责任，而不发生违背对股东的受托责任的情况。不过，必须承认，目前的主流意见是拒绝承认董事、高级管理人员对股东之外的其他利益相关者承担受信义务。其中美国经济学家米尔顿·弗里德曼（Milton Friedman）的反对声音最为响亮。他认为企业的天职就是为股东谋求利润。公司社会责任将导致由政治机制而非市场机制进行资源配置，从而导致没有效率的经济。他还认为，要求公司管理者承担社会责任，由他们以自己认为最佳的方式决定如何利用股东的财产，意味着雇员对主人的背叛。另有反对者认为，利益相关者的利益应当通过合同法、劳动法和环境保护法等“外部法律”予以保护。

二、公司社会责任的实践

公司社会责任不仅是理论，而且是行动。从国际组织、非政府组织到跨国公司、广大投资者、消费者以及其他利益相关者都应行动起来，要求公司遵循有关人权、劳动者保护和环境保护等方面的原则，开展新的雇员培训计划，重视环境污染问题，不投资于违背社会公益的产业等。公司社会责任的支持者还试图推动法律改革，以法律制度迫使公司在进行商业决策时考虑股东以外的其他人的利益。其中比较突出的是股东可以提出事关公众利益的提案和设立公众利益董事。

公司社会责任理论和实践导致了“利益相关者法律”的产生。根据这种法律，董事会在考虑公司最佳利益时，还应考虑任何行为对公司雇员、供应商和客户、公司或其他机构所在的社区的影响。但这些立法通常并不具有强制性，它们只是鼓励和提倡公司承担社会责任。“利益相关者法律”在司法实践中也有所反映，但仅在公司破产等特殊情况下，法院才会承认董事、高级管理人员对股东以外的利益相关者承担受信义务。

第三节　我国关于公司社会责任的规定

一、《公司法》关于社会责任的规定

我国《公司法》在追求股东价值最大化的同时，强化了公司的社会责任。《公司法》第 20 条规定：“公司从事经营活动，应当充分考虑公司职工、消费者等利益相关者的利益以及生态环境保护等社会公共利益，承担社会责任。国家鼓励公司参与社会公益活动，公布社会责任报告。”因此，公司在追求利润最大化，坚持“股东至上”原则的同时，必须兼顾其他“利益相关者”的利益，承担一定的社会责任。

《公司法》还规定了具体制度，主要是强化保护职工的劳动权益、参与公司管理的权利，并注重提高劳动者素质。首先，《公司法》保护职工的劳动权益和经济利益。《公司法》第 16 条第 1 款规定：“公司应当保护职工的合法权益，依法与职工签订劳动合同，参加社会保险，加强劳动保护，实现安全生产。”第 17 条第 1 款规定：“公司职工依照《中华人民共和国工会法》组织工会，开展工会活动，维护职工合法权益。公司应当为本公司工会提供必要的活动条件。公司工会代表职工就职工的劳动报酬、工作时间、休息休假、劳动安全卫生和保险福利等事项依法与公司签订集体合同。”《公司法》第 162 条允许公司为了将股份奖励给本公司职工而回购本公司已经发行在外的股份。其次，《公司法》促进职工参与公司治理。《公司法》第 17 条第 2 款和第 3 款规定：“公司依照宪法和有关法律的规定，建立健全以职工代表大会为基本形式的民主管理制度，通过职工代表大会或者其他形式，实行民主管理。公司研究决定改制、解散、申请破产以及经营方面的重大问题、制定重要的规章制度时，应当听取公司工会的意见，并通过职工代表大会或者其他形式听取职工的意见和建议。”第 68 条第 1 款规定：“有限责任公司董事会成员为三人以上，其成员中可以有公司职工代表。职工人数三百人以上的有限责任公司，除依法设监事会并有公司职工代表的外，其董事会成员中应当有公司职工代表。董事会中的职工代表由公司职工通过职工代表大会、职工大会或者其他形式民主选举产生。”第 76 条第 2 款中规定：“监事会成员应当包括股东代表和适当比例的公司职工代表，其中职工代表的比例不得低于三分之一，具体比例由公司章程规定。监事会中的职工代表由公司职工通过职工代表大会、职工大会或者其他形式民主选举产生。”最后，《公司法》第 16 条第 2 款规定：“公司应当采用多种形式，加强公司职工的职业教育和岗位培训，提高职工素质。”

二、《上市公司治理准则》和《关于新时代中央企业高标准履行社会责任的指导意见》

我国证监会发布的《上市公司治理准则》专章规定了“利益相关者、环境保护与社会责任”。它规定：上市公司应当尊重银行及其他债权人、员工、客户、供应商、社区等利益相关者的合法权利，与利益相关者进行有效的交流与合作，共同推动公司持续健康发展。上市公司应当为维护利益相关者的权益提供必要的条件，当其合法权益受到侵害时，利益相关者应当有机会和途径依法获得救济。上市公司应当积极践行绿色发展理念，将生态环保要求融入发展战略和公司治理过程，主动参与生态文明建设，在污染防治、资源节约、生态保护等方面发挥示范引领作用。上市公司在保持公司持续发展、提升经营业绩、保障股东利益的同时，应当在社区福利、救灾助困、公益事业等方面，积极履行社会责任。

此外，为推动中央企业在新时代高标准履行社会责任，国务院国资委于 2024 年 4 月出台了《关于新时代中央企业高标准履行社会责任的指导意见》，提出了总体要求以及若干具体要求，包括夯实企业高质量发展根基、增强服务经济社会发展能力、提升服务人民美好生活水平、培育国际竞争合作新优势、组织保障等。

三、其他法律规定

我国劳动法、安全生产法、职业病防治法、未成年人保护法、环境保护法等也有涉及公司社会责任的规定。实际上，公司利益相关者主要是通过这些法律得到保护的。

深度阅读

冯果，贾海东．我国公司法社会责任愿景的可能及其限度．河南社会科学，2023(9).

李建伟，李亚超．论公司社会责任强制性的规范体系建构．交大法学，2023 (5).

王保树．公司社会责任对公司法理论的影响．法学研究，2010 (3).

陈夏红．中国公司法：中国公司法的问题与出路．北京：中国大百科全书出版社，2018.

弗兰克 • H. 伊斯特布鲁克．公司法的逻辑．黄辉，编译．北京：法律出版社，2016.

沈洪涛，沈艺峰．公司社会责任思想起源与演变．上海：上海人民出版社，2007.

Kent. Greenfield. The Failure of Corporate Law. The University of Chicago Press, 2006.

施天涛．公司法论．4 版．北京：法律出版社，2018.

思考与练习

1. 如何认识公司的社会责任？
2. 我国公司法关于公司社会责任有什么规定？

第三编

破产法

第二十章

破产和破产法概述

常考知识点

破产以及破产法的概念和作用

第一节　破产和破产法的概念和作用

一、破产的概念和作用

破产，是指债务人不能清偿到期债务时所适用的偿还债务的程序，以及该程序终结后债务人身份地位受限制的法律状态。破产还债程序，是指当债务人不能以其财产清偿债务时，法院对债务人的全部财产进行概括地强制执行，以使全体债权人获得公平清偿的程序。破产是对债务人现存的全部法律关系的彻底清算，在破产人为法人的情况下，还直接导致债务人民事主体资格的消灭。

破产程序具有民事执行程序的属性，但又不同于民事执行程序。一方面，破产程序是以实现债权为目的的执行程序，它必须在法院的支配下进行。但是，破产程序不能解决当事人的民事实体争议，该民事实体争议需要通过诉讼程序解决。另一方面，破产程序与执行程序存在诸多差异。其一，在破产程序中，债务人已经不能对债权人履行全部义务；而执行程序中，债务人通常具有清偿能力，但拒不履行义务。其二，破产程序是一种概括的执行程序，它为两个以上债权人的利益而对债务人的全部财产进行执行。而执行程序为个别债权人的利益而进行执行。破产程序应当优先于执行程序。此外，破产程序中，未到期债权和未取得生效裁判的债权人也可获得公平清偿。而执行程序中，只有取得生效裁判的债权才能获得强制执行的保障。其三，破产程序的对象仅限于财产，但包括债务人既存的全部财产；而执行程序的对象既包括财产，也包括行为，但被执行的财产的价值应以特定债权的数额为限。其四，二者在具体程序上也有许多不同。

企业破产制度是企业在市场竞争中，因各种原因不能清偿到期债务，通过重整、和解或清算等法定程序，使债务得以延缓或公平清偿的制度。破产制度的目的，是适应市场经济的要求，一方面以国家公权力保证具有相同地位的债权人得以公平地分割债务人的财产；另一方面以适当的方式使债务人解脱债务困境，以便重新开始民事活动。归根到底是要实现对社会整体利益的维护。

二、破产法的概念和作用

破产法，是关于债务人不能清偿债务而适用破产程序、和解程序或重整程序处理债务关系的法律及其他规范性文件的总称。从实质意义上看，狭义的破产法仅指对债务人进行破产清算的法律。广义的破产法还包括以避免债务人破产为主要目的的和解与重整制度的法律。从形式意义上看，狭义的破产法专指破产法典。广义的破产法还包括破产法典以外的调整破产关系的法律规范。

破产法中既有程序性规范，也有实体性规范。程序性规范主要涉及破产案件管辖、破产的申请与受理，和解程序、重整程序，破产宣告，债权登记和确认，债权人会议，破产管理人，破产财产的管理、变价与分配，破产程序的终结等。实体性规范主要涉及破产原因、破产当事人、破产财产、破产债权、破产费用、共益债务、取回权、别除权、抵销权、追回权和否认权等。此外，有的国家的破产法中还有破产的自然人免责、复权的规定。我国破产法中还有破产法律责任等规定。

企业破产法是旨在规范企业破产行为，公正审理破产案件，全面保护各方当事人利益，维护社会主义市场经济秩序的法律。破产法要实现对全体债权人公平和有序的清偿，同时一体解决债务人债务的清偿，以免其遭受多重诉讼请求。此外，破产程序还提供和解与重整程序，避免某些债务人破产，使其能重振事业。而且，它豁免某些债务人在破产程序终结后未能偿还的债务。为此，破产法必须对当事人的权利、义务做必要的扩张或限制，例如，在破产程序启动后停止债权人、债务人的个别清偿行为；为债权人的利益设定破产撤销权；调整破产债权人行使抵销权的条件；扩张债权人对债务人的保证人和连带债务人的权利；设立债权人会议和债权人委员会，协调多数债权人的法律行为；规定破产程序终结后，免除破产人未偿还的余债；规定重整程序与和解程序。此外，破产法还设置管理人，保障破产程序的顺利展开。

利用破产的机制，可以淘汰管理不善、经营亏损的企业，促进企业改善经营管理，提高经济效益。通过破产与重整程序，可以优化社会资源的配置与使用，调整社会的产业与产品结构等。总之，破产法可以进一步完善市场经济优胜劣汰的竞争机制，维护社会主义市场经济秩序，促进社会经济的发展。

第二节　我国的破产法律制度

一、2006 年之前的破产法律制度

我国原有破产法规主要包括《企业破产法（试行）》（1986 年通过）和《民事诉讼法》。前者仅适用于全民所有制企业，后者将适用范围扩大到一切企业法人。

这两部法律及其他法律、行政法规的相关规定，对规范我国企业破产行为，审理企

业破产案件发挥了重要作用。但是，原有破产法律、法规受制定时经济体制改革与法律研究状况的局限，存在立法思想陈旧、体系杂乱、范围过窄、制度缺失、行政干预、规范粗略、法律冲突、操作性差等诸多问题，已经越来越不能适应社会关系调整的需要，影响了破产制度的正确实施，波及了我国真正融入世界贸易组织的进程。具体讲，我国原有破产法律、法规存在以下缺陷：适用范围较窄，不能适应社会发展的需要；破产原因较笼统，缺乏可操作性；行政干预较浓，违背市场经济发展规律；国有企业政策性破产规定与立法宗旨相矛盾等。而随着社会主义市场经济体制的逐步确立和国有企业改革的深化，我国企业破产出现了一些新情况。一方面，随着公司法、合伙企业法、个人独资企业法的颁布实施，原有企业破产法已不适应当前企业组织破产的实际情况；另一方面，原有企业破产法对破产程序的规定比较原则，难于操作，并缺少重整等企业挽救程序，以及切实保护债务人财产，维护职工合法权益，保证程序正常进行的其他相关制度。此外，人民法院在审理破产案件中积累了许多实践经验，有的需要上升为法律。这些客观情况都要求我们尽快出台一部统一适用于所有企业的破产法。

二、2006 年《企业破产法》

2006 年 8 月，第十届全国人民代表大会常务委员会第二十三次会议通过了《企业破产法》，该法于 2007 年 6 月 1 日起施行。该破产法制定过程中涉及如下一些问题：立法宗旨；适用范围；破产原因；管理人；不当破产行为；债权人自治；重整；破产责任；国有企业破产；商业银行、保险公司等金融机构的破产；职工权益保护；承认破产的域外效力等。

由于企业破产法已经对破产还债程序作出统一规定，而且适用于全部企业，因而，2007 年 10 月，第十届全国人大常委会第三十次会议通过了《关于修改〈中华人民共和国民事诉讼法〉的决定》。根据这一修改决定，《民事诉讼法》中删去了“企业法人破产还债程序”一章。

新破产法实施后，最高人民法院陆续发布了一系列有关破产的司法解释等，包括最高人民法院《关于〈中华人民共和国企业破产法〉施行时尚未审结的企业破产案件适用法律若干问题的规定》《关于审理企业破产案件指定管理人的规定》《关于债权人对人员下落不明或者财产状况不清的债务人申请破产清算案件如何处理的批复》《关于正确审理企业破产案件为维护市场经济秩序提供司法保障若干问题的意见》《关于适用〈中华人民共和国企业破产法〉若干问题的规定（一）》《关于适用〈中华人民共和国企业破产法〉若干问题的规定（二）》《关于适用〈中华人民共和国企业破产法〉若干问题的规定（三）》等。

上述法律、法规和规范性文件与《商业银行法》《保险法》《公司法》《证券公司风险处置条例》等一起，构成了我国比较完整的破产法律制度。随着市场经济的发展，我国的破产法律制度还将得到不断完善。中共中央、国务院《关于新时代加快完善社会主义市场经济体制的意见》提出，要健全破产制度，改革完善企业破产法律制度，推动个人破产立法，建立健全金融机构市场化退出法规，实现市场主体有序退出。

深度阅读

王卫国．破产法精义．北京：法律出版社，2020.

贝尔德．美国破产法精要．徐阳光，武诗敏，译．北京：法律出版社，2020.

陈科杰．个人破产法的中国构建：基于比较法研究的探索．北京：中国法制出版社，2020.

王欣新．破产法．4版．北京：中国人民大学出版社，2019.

王欣新．破产法前沿问题思辨．北京：法律出版社，2017.

费奥娜·托米．英国公司和个人破产法．汤维建，刘静，译．北京：北京大学出版社，2010.

张钦昱．我国破产法的系统性反思与重构：以世界银行《营商环境报告》之“办理破产”指标为视角．法商研究，2020（6）．

国家发展改革委等《加快完善市场主体退出制度改革方案》（2019年6月22日）．

思考与练习

1. 如何理解破产？

2. 试述破产法的概念和特征。

第二十一章 破产的开始

常考知识点

破产原因　破产开始的效力

破产的开始，是指破产程序的开始，实际上也是债务人和债权人的清偿与受偿行为按破产程序进行的状态。对于破产开始，我国《企业破产法》采取和解程序内含于破产程序之中的立法体例，这既不同于和解前置，也不同于和解分离。

第一节　破产主体和原因

《企业破产法》第 2 条第 1 款规定：企业法人不能清偿到期债务，并且资产不足以清偿全部债务或者明显缺乏清偿能力的，依照本法规定清理债务。

一、破产主体

关于破产主体，企业破产法将其限定为企业法人。这是考虑到合伙企业与个人独资企业破产要牵涉到合伙人与个人投资者破产，而个人破产需要一定的财产登记制度与个人信用及相关的制度配套，加之依法设立的营利性组织没有形成固定的含义，且难以划定明确的范围。

另外，《企业破产法》第 135 条规定，其他法律规定企业法人以外的组织的清算，属于破产清算的，参照适用该法规定的程序。因此，合伙企业、农民专业合作社、民办学校等破产清算的，参照适用《企业破产法》规定的程序。

二、破产原因

关于破产原因，其必须是不能清偿到期债务，并且资产不足以清偿全部债务或者明显缺乏清偿能力。仅仅不能清偿到期债务的，不得申请清理债务。这样可以避免大量企业特别是国有企业破产，也可以防止恶意申请破产。另外，最高人民法院《关于适用

〈中华人民共和国企业破产法〉若干问题的规定（一）》第 1 条规定，债务人不能清偿到期债务并且具有下列情形之一的，人民法院应当认定其具备破产原因：（1）资产不足以清偿全部债务；（2）明显缺乏清偿能力。相关当事人以对债务人的债务负有连带责任的人未丧失清偿能力为由，主张债务人不具备破产原因的，人民法院应不予支持。第 2 条规定，下列情形同时存在的，人民法院应当认定债务人不能清偿到期债务：（1）债权债务关系依法成立；（2）债务履行期限已经届满；（3）债务人未完全清偿债务。第 4 条规定，债务人账面资产虽大于负债，但存在下列情形之一的，人民法院应当认定其明显缺乏清偿能力：（1）因资金严重不足或者财产不能变现等原因，无法清偿债务；（2）法定代表人下落不明且无其他人员负责管理财产，无法清偿债务；（3）经人民法院强制执行，无法清偿债务；（4）长期亏损且经营扭亏困难，无法清偿债务；（5）导致债务人丧失清偿能力的其他情形。第 5 条规定，企业法人已解散但未清算或者未在合理期限内清算完毕，债权人申请债务人破产清算的，除债务人在法定异议期限内举证证明其未出现破产原因外，人民法院应当受理。

第二节　破产案件的管辖、申请和受理

一、破产案件的管辖

《企业破产法》第 3 条规定，破产案件由债务人住所地人民法院管辖。最高人民法院《关于适用〈中华人民共和国企业破产法〉若干问题的规定（一）》第 9 条规定：申请人向人民法院提出破产申请，人民法院未接收其申请，或者未按本规定第 7 条执行的，申请人可以向上一级人民法院提出破产申请。上一级人民法院接到破产申请后，应当责令下级法院依法审查并及时作出是否受理的裁定；下级法院仍不作出是否受理裁定的，上一级人民法院可以径行作出裁定。上一级人民法院裁定受理破产申请的，可以同时指令下级人民法院审理该案件。

二、破产案件的申请

（一）申请人

我国破产法在破产程序启动上采取申请主义原则。人民法院应当依据当事人等的申请启动破产程序。无人申请时，人民法院不得自行启动破产程序。

债务人提出破产申请。《企业破产法》第 7 条规定，债务人有本法第 2 条规定的情形，可以向人民法院提出重整、和解或者破产清算申请。

债权人提出破产申请。《企业破产法》第 7 条规定，债务人不能清偿到期债务，债权人可以向人民法院提出对债务人进行重整或者破产清算的申请。

负有清算责任的人申请。《企业破产法》第 7 条规定，企业法人已解散但未清算或者

未清算完毕，资产不足以清偿债务的，依法负有清算责任的人应当向人民法院申请破产清算。

（二）提交申请书和有关证据

《企业破产法》第 8 条规定，向人民法院提出破产申请，应当提交破产申请书和有关证据。破产申请书应当载明下列事项：（1）申请人、被申请人的基本情况；（2）申请目的；（3）申请的事实和理由；（4）人民法院认为应当载明的其他事项。债务人提出申请的，还应当向人民法院提交财产状况说明、债务清册、债权清册、有关财务会计报告、职工安置预案以及职工工资的支付和社会保险费用的缴纳情况。

（三）破产申请的撤回

《企业破产法》第 9 条规定，人民法院受理破产申请前，申请人可以请求撤回申请。

三、法院对破产申请的审查和受理

破产申请只有经人民法院审查认可并受理后，破产程序才真正开始。

1. 审查申请。人民法院应对申请进行必要的审查。一方面，人民法院审查申请人的申请权、法院的管辖权和申请书内容。另一方面，人民法院审查债务人是否具有破产能力和破产原因。

2. 通知债务人、债务人异议。债权人提出破产申请的，人民法院应当自收到申请之日起 5 日内通知债务人。债务人对申请有异议的，应当自收到人民法院的通知之日起 7 日内向人民法院提出。

3. 受理期限。人民法院应当自异议期满之日起 10 日内裁定是否受理。除前述情形外，人民法院应当自收到破产申请之日起 15 日内裁定是否受理。有特殊情况需要延长前述裁定受理期限的，经上一级人民法院批准，可以延长 15 日。

4. 送达裁定。人民法院受理破产申请的，应当自裁定作出之日起 5 日内送达申请人。债权人提出申请的，人民法院应当自裁定作出之日起 5 日内送达债务人。

5. 债务人提交有关材料。债务人应当自裁定送达之日起 15 日内，向人民法院提交财产状况说明、债务清册、债权清册、有关财务会计报告以及职工工资的支付和社会保险费用的缴纳情况。

6. 不受理、申请人上诉。人民法院裁定不受理破产申请的，应当自裁定作出之日起 5 日内送达申请人并说明理由。申请人对裁定不服的，可以自裁定送达之日起 10 日内向上一级人民法院提起上诉。

7. 驳回申请、申请人上诉。人民法院受理破产申请后至破产宣告前，经审查发现债务人不符合《企业破产法》第 2 条规定情形的，可以裁定驳回申请。申请人对裁定不服的，可以自裁定送达之日起 10 日内向上一级人民法院提起上诉。

8. 指定管理人。人民法院裁定受理破产申请的，应当同时指定管理人。据此，破产企业的财产管理权转移至管理人。

9. 通知债权人、公告。人民法院应当自裁定受理破产申请之日起25日内通知已知债权人，并予以公告。

四、破产开始的效力

1. 债务人的义务。自人民法院受理破产申请的裁定送达债务人之日至破产程序终结之日，债务人的有关人员承担下列义务：（1）妥善保管其占有和管理的财产、印章和账簿、文书等资料；（2）根据人民法院、管理人的要求进行工作，并如实回答询问；（3）列席债权人会议并如实回答债权人的询问；（4）未经人民法院许可，不得离开住所地；（5）不得新任其他企业的董事、监事、高级管理人员。上述所称有关人员，是指企业的法定代表人；经人民法院决定，可以包括企业的财务管理人员和其他经营管理人员。

2. 禁止个别清偿。人民法院受理破产申请后，债务人对个别债权人的债务清偿无效。

3. 债务人的债务人或者财产持有人的义务。人民法院受理破产申请后，债务人的债务人或者财产持有人应当向管理人清偿债务或者交付财产。债务人的债务人或者财产持有人故意违反前述规定向债务人清偿债务或者交付财产，使债权人受到损失的，不免除其清偿债务或者交付财产的义务。

4. 关于破产申请受理前成立而债务人和对方当事人均未履行完毕的合同。人民法院受理破产申请后，管理人对破产申请受理前成立而债务人和对方当事人均未履行完毕的合同有权决定解除或者继续履行，并通知对方当事人。管理人自破产申请受理之日起2个月内未通知对方当事人，或者自收到对方当事人催告之日起30日内未答复的，视为解除合同。管理人决定继续履行合同的，对方当事人应当履行；但是，对方当事人有权要求管理人提供担保。管理人不提供担保的，视为解除合同。

5. 解除保全、中止执行。人民法院受理破产申请后，有关债务人财产的保全措施应当解除，执行程序应当中止。破产程序是对债务人全部财产进行的概括执行，注重对所有债权的公平受偿，具有对一般债务清偿程序的排他性。因此，人民法院受理破产申请后，对债务人财产所采取的所有保全措施和执行程序都应解除和中止，相关债务在破产清算程序中一并公平清偿。

6. 关于已经开始而尚未终结的有关债务人的民事诉讼或者仲裁。人民法院受理破产申请后，已经开始而尚未终结的有关债务人的民事诉讼或者仲裁应当中止；在管理人接管债务人的财产后，该诉讼或者仲裁继续进行。

7. 有关债务人的民事诉讼的管辖。人民法院受理破产申请后，有关债务人的民事诉讼，只能向受理破产申请的人民法院提起。

深度阅读

王欣新．破产法．4版．北京：中国人民大学出版社，2019.
李曙光．破产法的转型：李曙光破产法文选．北京：法律出版社，2013.

费奥娜·托米．英国公司和个人破产法．汤维建，刘静，译．北京：北京大学出版社，2010.

大卫·爱泼斯坦．美国破产法．韩长印，等译．北京：中国政法大学出版社，2003.

吴京辉．认缴资本制下资不抵债规则的功能转向：从破产原因到破产预防．现代法学，2020（6）．

思考与练习

1. 我国破产法上的破产主体有哪些?

2. 试析破产原因。

3. 破产开始会产生什么法律后果?

4. 中南公司不能清偿到期债务，债权人天一公司向法院提出对其进行破产清算的申请，但中南公司以其账面资产大于负债为由表示异议。天一公司遂提出各种事由，以证明中南公司属于明显缺乏清偿能力的情形。下列哪些选项符合法律规定的关于债务人明显缺乏清偿能力、无法清偿债务的情形?（　　）

A. 因房地产市场萎缩，构成中南公司核心资产的房地产无法变现

B. 中南公司陷入管理混乱，法定代表人已潜至海外

C. 天一公司已申请法院强制执行中南公司财产，仍无法获得清偿

D. 中南公司已出售房屋质量纠纷多，市场信誉差

5. 法院受理了利捷公司的破产申请。管理人甲发现，利捷公司与翰扬公司之间的债权债务关系较为复杂。下列哪些说法是正确的?（　　）

A. 翰扬公司的某一项债权有房产抵押，可在破产受理后行使抵押权

B. 翰扬公司与利捷公司有一合同未履行完毕，甲可解除该合同

C. 翰扬公司曾租给利捷公司的一套设备被损毁，侵权人之前向利捷公司支付了赔偿金，翰扬公司不能主张取回该笔赔偿金

D. 茹洁公司对利捷公司负有债务，在破产受理后茹洁公司受让了翰扬公司的一项债权，因此茹洁公司无须再向利捷公司履行等额的债务

第二十二章

破产管理人

常考知识点

破产管理人的选任、更换、职责、报酬

第一节　破产管理人及其选任

一、管理人概念

破产管理人，是接管破产企业并负责对破产企业的财产进行清理、保管、支配、估价以及处理的专门机构。管理人是独立于债权人和债务人且与破产财产没有任何利害关系的机构。设立管理人可以维护债权人和债务人的利益，有效地对破产财产进行管理，并公正地进行破产清算。

原破产法主要是由政府组成的清算组来承担各种破产事宜，这种机制不市场化，也不专业化，还带有政府干预的色彩。现行破产法引入了国际通行的破产管理人制度，将整个破产运作交由专业人士来处理，使破产程序更符合我国市场经济的发展要求。为公平、公正审理企业破产案件，保证破产审判工作依法顺利进行，促进管理人制度的完善和发展，最高人民法院公布实施了《关于审理企业破产案件指定管理人的规定》。

二、管理人的选任

（一）管理人的指定和更换

人民法院审理企业破产案件应当指定管理人。债权人会议认为管理人不能依法、公正执行职务或者有其他不能胜任职务情形的，可以申请人民法院予以更换。债权人会议申请更换管理人的，应由债权人会议作出决议并向人民法院提出书面申请。

（二）管理人的组成

管理人可以由有关部门、机构的人员组成的清算组或者依法设立的律师事务所、会计师事务所、破产清算事务所等社会中介机构担任。人民法院根据债务人的实际情况，可以在征询有关社会中介机构的意见后，指定该机构具备相关专业知识并取得执业资格的人员担任管理人。有下列情形之一的，不得担任管理人：（1）因故意犯罪受过刑事处罚；（2）曾被吊销相关专业执业证书；（3）与本案有利害关系；（4）人民法院认为不宜担任管理人的其他情形。除《企业破产法》和最高人民法院《关于审理企业破产案件指定管理人的规定》另有规定外，管理人应当从管理人名册中指定。清算组为管理人的，人民法院可以从政府有关部门、编入管理人名册的社会中介机构、金融资产管理公司中指定清算组成员，人民银行及金融监督管理机构可以按照有关法律和行政法规的规定派人参加清算组。

第二节 破产管理人的职责和报酬

一、管理人的职责和义务

《企业破产法》第 25 条规定，管理人履行下列职责：（1）接管债务人的财产、印章和账簿、文书等资料；（2）调查债务人财产状况，制作财产状况报告；（3）决定债务人的内部管理事务；（4）决定债务人的日常开支和其他必要开支；（5）在第一次债权人会议召开之前，决定继续或者停止债务人的营业；（6）管理和处分债务人的财产；（7）代表债务人参加诉讼、仲裁或者其他法律程序；（8）提议召开债权人会议；（9）人民法院认为管理人应当履行的其他职责。企业破产法对管理人的职责另有规定的，适用其规定。

管理人依照企业破产法规定执行职务，向人民法院报告工作，并接受债权人会议和债权人委员会的监督。管理人应当列席债权人会议，向债权人会议报告职务执行情况，并回答询问。

管理人实施下列行为，应当及时报告债权人委员会：（1）涉及土地、房屋等不动产权益的转让；（2）探矿权、采矿权、知识产权等财产权的转让；（3）全部库存或者营业的转让；（4）借款；（5）设定财产担保；（6）债权和有价证券的转让；（7）履行债务人和对方当事人均未履行完毕的合同；（8）放弃权利；（9）担保物的取回；（10）对债权人利益有重大影响的其他财产处分行为。未设立债权人委员会的，管理人实施前述行为应当及时报告人民法院（《企业破产法》第 69 条）。需要注意的是，最高人民法院《关于适用〈中华人民共和国企业破产法〉若干问题的规定（三）》第 2 条、第 15 条的规定与《企业破产法》第 69 条的规定有所不同。

在第一次债权人会议召开之前，管理人决定继续或者停止债务人的营业或者有《企业破产法》第 69 条规定行为之一的，应当经人民法院许可。

管理人应当勤勉尽责，忠实执行职务。管理人未依照《企业破产法》规定勤勉尽责，忠实执行职务的，人民法院可以依法处以罚款；给债权人、债务人或者第三人造成损失的，依法承担赔偿责任。

二、管理人的报酬

管理人履行《企业破产法》第25条规定的职责的，有权获得相应报酬。管理人报酬由审理企业破产案件的人民法院依据最高人民法院《关于审理企业破产案件确定管理人报酬的规定》的规定确定。管理人的报酬按可供分配的财产价值总额按比例收取，而非按时计酬。人民法院在受理破产案件后，应当对管理人的工作量和可分配财产数额作出初步预测并决定管理人报酬方案，确定管理人报酬的计算标准和收取时间。债权人会议应有权对管理人报酬进行审查并与管理人进行协商。其对管理人报酬有异议的，有权向人民法院提出。管理人报酬应当有基本的上限。管理人报酬从债务人财产中优先支付。债务人财产不足以支付管理人报酬和管理人执行职务费用的，管理人应当提请人民法院终结破产程序。但债权人、管理人、债务人的出资人或者其他利害关系人愿意垫付上述报酬和费用的，破产程序可以继续进行。上述垫付款项作为破产费用从债务人财产中向垫付人随时清偿。

《深度阅读》

王欣新．破产法．4版．北京：中国人民大学出版社，2019.

吴长波．变革中的破产法：理论与实证．北京：知识产权出版社，2012.

刘伟光．中国破产管理人制度设计研究．大连：大连出版社，2009.

齐树洁．破产法．厦门：厦门大学出版社，2007.

杨悦．破产管理人制度的完善．人民司法（应用），2016（16）.

《思考与练习》

1. 什么是破产管理人？其法律地位如何？

2. 破产管理人有哪些职责？

3. 祺航公司向法院申请破产，法院受理并指定甲为管理人。债权人会议决定设立债权人委员会。现昊泰公司提出要受让祺航公司的全部业务与资产。甲的下列哪一做法是正确的？（　　）

A. 代表祺航公司决定是否向昊泰公司转让业务与资产

B. 将该转让事宜交由法院决定

C. 提议召开债权人会议决议该转让事宜

D. 作出是否转让的决定并将该转让事宜报告债权人委员会

4. 2012年5月，东湖有限公司股东申请法院对公司进行司法清算，法院为其指定相关人员组成清算组。关于该清算组成员，下列哪一选项是错误的？（　　）

A. 公司债权人唐某　　B. 公司董事长程某

C. 公司财务总监钱某　　D. 公司聘请的某律师事务所

第二十三章
破产财产与破产债权

常考知识点

破产财产　破产费用　共益债务　破产债权　撤销权　取回权　别除权

第一节　破产财产

一、破产财产的概念和特征

破产财产，是指由法律规定的破产宣告后，依照破产程序用于对债权人的债权进行清偿的破产企业的财产总和。

破产财产必须是破产企业所有的财产或破产企业可以独立支配的财产，必须是在破产程序终结前属于破产企业的财产。破产财产必须可被扣押并强制执行。

破产财产以清偿破产债权为目的，它由管理人直接掌控，具有独立的法律地位。

二、破产财产的范围

1. 破产财产的一般范围。《企业破产法》第 30 条规定，破产申请受理时属于债务人的全部财产，以及破产申请受理后至破产程序终结前债务人取得的财产，为债务人财产。可见，我国破产法采纳的是膨胀主义立法。这种做法有利于增加破产债权人的受偿分配额，可以防止破产人对破产程序进行中所取得财产的任意浪费，也可避免第二次破产现象的发生。

2. 对不当行为行使否认权而追回的财产。破产程序的一个重要功能是检验债务人是否存在欺诈，并通过撤销等手段追索债务人隐匿转移的财产。因此，对于人民法院受理破产申请前 1 年内，涉及债务人财产的下列行为，管理人有权请求人民法院予以撤销：(1) 无偿转让财产的；(2) 以明显不合理的价格进行交易的；(3) 对没有财产担保的债务提供财产担保的；(4) 对未到期的债务提前清偿的；(5) 放弃债权的（《企业破产法》第 31 条）。

人民法院受理破产申请前 6 个月内，债务人有《企业破产法》第 2 条第 1 款规定的情形，仍对个别债权人进行清偿的，管理人有权请求人民法院予以撤销。但是，个别清偿使债务人财产受益的除外（《企业破产法》第 32 条）。

涉及债务人财产的下列行为无效：（1）为逃避债务而隐匿、转移财产的；（2）虚构债务或者承认不真实的债务的（《企业破产法》第 33 条）。

因《企业破产法》第 31 条、第 32 条或者第 33 条规定的行为而取得的债务人的财产，管理人有权追回。

破产欺诈是各国破产法严厉打击的对象。在我国，破产案件中的欺诈逃债行为尤为严重。一些债务人利用破产程序策划各种欺诈逃债行为，侵害债权人利益，损害职工利益，破坏经济秩序。为此，2006 年《企业破产法》修订时设置了较以前立法更为完善的撤销权与无效行为制度。这就在一定程度上对实践中出现的“虚假破产”“恶意破产”等行为进行了规制，从而更好地保护了债权人利益，维护了市场经济秩序，也为整个社会商业信用体制的建立和完善提供了重要的制度保证。

3. 他人应对债务人的出资。人民法院受理破产申请后，债务人的出资人尚未完全履行出资义务的，管理人应当要求该出资人缴纳所认缴的出资，而不受出资期限的限制。

4. 债务人的董事、监事和高级管理人员利用职权从企业获取的非正常收入和侵占的企业财产，管理人应当追回（《企业破产法》第 36 条）。

5. 取回质物、留置物。人民法院受理破产申请后，管理人可以通过清偿债务或者提供为债权人接受的担保，取回质物、留置物。前述债务清偿或者替代担保，在质物或者留置物的价值低于被担保的债权额时，以该质物或者留置物当时的市场价值为限。

案　例

广东粤财资产管理有限公司、衡山中控国际纸业有限公司
破产管理人破产撤销权纠纷案

争议焦点：（1）在生效调解书未被撤销的情况下，中控纸业管理人行使破产撤销权是否具有法律依据？（2）中控纸业为他人提供抵押担保是否属于无偿转让行为？①

三、债务人财产的除外

1. 取回权。（1）一般取回权：按照企业破产法的规定，人民法院受理破产申请后，债务人占有的不属于债务人的财产，该财产的权利人可以通过管理人取回。但是，企业破产法另有规定的除外。（2）特殊取回权：人民法院受理破产申请时，出卖人已将买卖标的物向作为买受人的债务人发运，债务人尚未收到且未付清全部价款的，出卖人可以取回在运途中的标的物。但是，管理人可以支付全部价款，请求出卖人交付标的物。

2. 别除权。对破产人的特定财产享有担保权的权利人，对该特定财产享有优先受偿的权利。

3. 抵销权。债权人在破产申请受理前对债务人负有债务的，可以向管理人主张抵

① 参见湖南省高级人民法院（2019）湘民申 3130 号民事裁定书。

销。但是，有下列情形之一的，不得抵销：（1）债务人的债务人在破产申请受理后取得他人对债务人的债权的。（2）债权人已知债务人有不能清偿到期债务或者破产申请的事实，对债务人负担债务的；但是，债权人因为法律规定或者有破产申请1年前所发生的原因而负担债务的除外。（3）债务人的债务人已知债务人有不能清偿到期债务或者破产申请的事实，对债务人取得债权的；但是，债务人的债务人因为法律规定或者有破产申请一年前所发生的原因而取得债权的除外。

案　例

四川嘉信贸易有限责任公司与闽发证券有限责任公司、上海瀚特企业发展有限公司及上海飞阁实业有限公司合同纠纷案

争议焦点：（1）嘉信公司对闽发证券享有的债权可否抵销？（2）仓单增值税应否扣除？[①]

第二节　破产费用和共益债务

一、破产费用

人民法院受理破产申请后发生的下列费用，为破产费用：（1）破产案件的诉讼费用；（2）管理、变价和分配债务人财产的费用；（3）管理人执行职务的费用、报酬和聘用工作人员的费用。

二、共益债务

人民法院受理破产申请后发生的下列债务，为共益债务：（1）因管理人或者债务人请求对方当事人履行双方均未履行完毕的合同所产生的债务；（2）债务人财产受无因管理所产生的债务；（3）因债务人不当得利所产生的债务；（4）为债务人继续营业而应支付的劳动报酬和社会保险费用以及由此产生的其他债务；（5）管理人或者相关人员执行职务致人损害所产生的债务；（6）债务人财产致人损害所产生的债务。

三、破产费用和共益债务的清偿

破产费用和共益债务由债务人财产随时清偿。债务人财产不足以清偿所有破产费用和共益债务的，先行清偿破产费用。债务人财产不足以清偿所有破产费用或者共益债务的，按照比例清偿。债务人财产不足以清偿破产费用的，管理人应当提请人民法院终结

① 参见最高人民法院（2016）最高法民再404号民事判决书。

破产程序。人民法院应当自收到请求之日起 15 日内裁定终结破产程序，并予以公告（《企业破产法》第 43 条）。最高人民法院《关于适用〈中华人民共和国企业破产法〉若干问题的规定（一）》第 8 条规定：破产案件的诉讼费用，应根据《企业破产法》第 43 条的规定，从债务人财产中拨付。相关当事人以申请人未预先交纳诉讼费用为由，对破产申请提出异议的，人民法院不予支持。

第三节　破产债权及其申报

一、破产债权的概念和特征

破产债权，是指在破产宣告前对破产人所成立的，于破产宣告后应通过破产程序从破产财产中获得公平清偿的债权。破产债权限于可用金钱衡量的请求权，它必须成立于破产宣告之前。破产债权必须可以强制执行。破产债权必须不是享有优先受偿权的债权。破产债权必须是针对破产人的总财产的请求权。如果债权人只对破产人的特定财产有请求权，其债权不能转变为破产债权。破产债权须是非依破产程序不得行使的债权。

二、破产债权的申报及确认

（一）破产债权申报的一般规则

人民法院受理破产申请时对债务人享有债权的债权人，依照企业破产法规定的程序行使权利。

人民法院受理破产申请后，应当确定债权人申报债权的期限。债权申报期限自人民法院发布受理破产申请公告之日起计算，最短不得少于 30 日，最长不得超过 3 个月。

债权人应当在人民法院确定的债权申报期限内向管理人申报债权。在人民法院确定的债权申报期限内，债权人未申报债权的，可以在破产财产最后分配前补充申报；但是，此前已进行的分配，不再对其补充分配。为审查和确认补充申报债权的费用，由补充申报人承担。债权人未依照企业破产法规定申报债权的，不得依照企业破产法规定的程序行使权利。

（二）破产债权申报的范围

一般债权自然应当申报。对于某些特殊性质的债权，破产法规定了专门的规则。

未到期的债权，在破产申请受理时视为到期。附利息的债权自破产申请受理时起停止计息。

附条件、附期限的债权和诉讼、仲裁未决的债权，债权人可以申报。

债务人所欠职工的工资和医疗、伤残补助、抚恤费用，所欠的应当划入职工个人账户的基本养老保险、基本医疗保险费用，以及法律、行政法规规定应当支付给职工的补偿金，不必申报，由管理人调查后列出清单并予以公示。职工对清单记载有异议的，可以要求管理人更正；管理人不予更正的，职工可以向人民法院提起诉讼。

债权人申报债权时，应当书面说明债权的数额和有无财产担保，并提交有关证据。申报的债权是连带债权的，应当说明。

连带债权人可以由其中一人代表全体连带债权人申报债权，也可以共同申报债权。

债务人的保证人或者其他连带债务人已经代替债务人清偿债务的，以其对债务人的求偿权申报债权。债务人的保证人或者其他连带债务人尚未代替债务人清偿债务的，以其对债务人的将来求偿权申报债权。但是，债权人已经向管理人申报全部债权的除外。

连带债务人数人被裁定适用企业破产法规定的程序的，其债权人有权就全部债权分别在各破产案件中申报债权。

管理人或者债务人依照企业破产法规定解除合同的，对方当事人以因合同解除所产生的损害赔偿请求权申报债权。

债务人是委托合同的委托人，被裁定适用企业破产法规定的程序，受托人不知该事实，继续处理委托事务的，受托人以由此产生的请求权申报债权。

债务人是票据的出票人，被裁定适用企业破产法规定的程序，该票据的付款人继续付款或者承兑的，付款人以由此产生的请求权申报债权。

（三）破产债权的确认

依法编制的债权表应当提交第一次债权人会议核查。债务人、债权人对债权表记载的债权无异议的，由人民法院裁定确认。债务人、债权人对债权表记载的债权有异议的，可以向受理破产申请的人民法院提起诉讼。

（四）不属于破产债权的债权

下列债权不属于破产债权：（1）行政、司法机关对破产企业的罚款、罚金以及其他有关费用；（2）人民法院受理破产案件后债务人未支付应付款项的滞纳金，包括债务人未执行生效法律文书应当加倍支付的迟延利息和劳动保险金的滞纳金；（3）破产宣告后的债务利息；（4）债权人参加破产程序所支出的费用；（5）破产企业的股权、股票持有人在股权、股票上的权利；（6）破产财产分配开始后向清算组申报的债权；（7）超过诉讼时效的债权；（8）债务人开办单位对债务人未收取的管理费、承包费。上述不属于破产债权的权利，人民法院或者清算组也应当对当事人的申报进行登记。这些债权不得在破产程序中受偿，或者应在普通破产债权之后最后获得清偿。

深度阅读

许德风．破产法论：解释与功能比较的视角．北京：北京大学出版社，2015.

费奥娜·托米．英国公司和个人破产法．汤维建，刘静，译．北京：北京大学出版社，2010.

李永军，等．破产法．北京：中国政法大学出版社，2009.

大卫·爱泼斯坦．美国破产法．韩长印，等译．北京：中国政法大学出版社，2003.

赵晓利，杨达，石磊．《通州建总集团有限公司诉安徽天宇化工有限公司别除权纠纷案》的理解与参照：破产程序中建设工程价款别除权的认定．人民司法（案例），2018（23）．

思考与练习

1. 如何理解债务人财产的概念与特征？

2. 试析破产撤销权的构成以及可以适用的行为。

3. 试述破产法上的取回权。

4. 什么是破产法上的抵销权？

5. 试析破产债权的概念、特征和范围。

6. 如何理解破产程序中的保证责任？

7. 破产债权如何确认？

8. 什么是破产费用与共益债务？

9. 如何理解别除权与破产债权和债务人财产的关系？

10. 绿杨公司因严重资不抵债向法院申请破产，法院已经受理其申请。根据《企业破产法》的规定，在法院已经受理破产申请、尚未宣告绿杨公司破产之时，下列哪一项财产不构成债务人财产？（　　）

A. 绿杨公司享有的未到期债权

B. 管理人撤销绿杨公司 6 个月前以明显不合理价格进行交易涉及的财产

C. 绿杨公司所有但已设定抵押的财产

D. 绿杨公司购买的正在运输途中的但尚未付清货款的货物

11. 2020 年 8 月 1 日，某公司申请破产。8 月 10 日，法院受理并指定了管理人。该公司出现的下列哪一行为属于《企业破产法》中的欺诈破产行为，管理人有权请求法院予以撤销？（　　）

A. 2019 年 7 月 5 日，将市场价格 100 万元的仓库以 30 万元出售给母公司

B. 2019 年 10 月 15 日，将公司一辆价值 30 万元的汽车赠与甲

C. 2020 年 5 月 5 日，向乙银行偿还欠款 50 万元及利息 4 万元

D. 2020 年 6 月 10 日，以协议方式与债务人丙相互抵销 20 万元债务

12. 某公司经营不善，现进行破产清算。关于本案的诉讼费用，下列哪一说法是错误的？（　　）

A. 在破产申请人未预先交纳诉讼费用时，法院应裁定不予受理破产申请

B. 该诉讼费用可由债务人财产随时清偿

C. 债务人财产不足时，诉讼费用应先于共益费用受清偿

D. 债务人财产不足以清偿诉讼费用等破产费用的，破产管理人应提请法院终结破产程序

13. 2021 年 9 月 1 日，某法院受理了湘江服装公司的破产申请并指定了管理人，管

理人开始受理债权申报。下列哪些请求权属于可以申报的债权？（　　）

A. 甲公司的设备余款给付请求权，但根据约定该余款的支付时间为2021年10月30日

B. 乙公司请求湘江公司加工一批服装的合同履行请求权

C. 丙银行的借款偿还请求权，但该借款已经设定财产抵押担保

D. 当地税务机关对湘江公司作出的8万元行政处罚决定

第二十四章

债权人会议

常考知识点

债权人会议的概念和职权

第一节　一般规定

一、债权人会议的概念及组成

债权人会议，是由全体债权人组成并代表全体债权人的公平利益，对债务人的破产事项进行决议的机构。债权人会议既能使所有破产债权人充分发表自己的意见，又能保证作出统一的意思表示，保证破产财产的分配能够充分考虑大多数破产债权人的利益。

依法申报债权的债权人为债权人会议的成员，有权参加债权人会议，享有表决权。债权尚未确定的债权人，除人民法院能够为其行使表决权而临时确定债权额的外，不得行使表决权。对债务人的特定财产享有担保权的债权人，未放弃优先受偿权利的，对于《企业破产法》第61条第1款第7项、第10项规定的事项不享有表决权。债权人可以委托代理人出席债权人会议，行使表决权。代理人出席债权人会议，应当向人民法院或者债权人会议主席提交债权人的授权委托书。债权人会议应当有债务人的职工和工会的代表参加，对有关事项发表意见。

二、债权人会议的召集

第一次债权人会议由人民法院召集，自债权申报期限届满之日起15日内召开。以后的债权人会议，在人民法院认为必要时，或者管理人、债权人委员会、占债权总额1/4以上的债权人向债权人会议主席提议时召开。

三、债权人会议的职权

债权人会议行使下列职权：（1）核查债权；（2）申请人民法院更换管理人，审查管理人的费用和报酬；（3）监督管理人；（4）选任和更换债权人委员会成员；（5）决定继续或者停止债务人的营业；（6）通过重整计划；（7）通过和解协议；（8）通过债务人财产的管理方案；（9）通过破产财产的变价方案；（10）通过破产财产的分配方案；（11）人民法院认为应当由债权人会议行使的其他职权（《企业破产法》第 61 条）。

四、决议及其效力

依据《企业破产法》第 64 条的规定，债权人会议的决议，由出席会议的有表决权的债权人过半数通过，并且其所代表的债权额占无财产担保债权总额的 1/2 以上。但是，企业破产法另有规定的除外。债权人认为债权人会议的决议违反法律规定，损害其利益的，可以自债权人会议作出决议之日起 15 日内，请求人民法院裁定撤销该决议，责令债权人会议依法重新作出决议。债权人会议的决议，对于全体债权人均有约束力。

五、特定事项的裁定

《企业破产法》第 61 条第 1 款第 8 项、第 9 项所列事项，经债权人会议表决未通过的，由人民法院裁定。《企业破产法》第 61 条第 1 款第 10 项所列事项，经债权人会议二次表决仍未通过的，由人民法院裁定。对前述裁定，人民法院可以在债权人会议上宣布或者另行通知债权人。债权人对人民法院依照《企业破产法》第 65 条第 1 款作出的裁定不服的，债权额占无财产担保债权总额 1/2 以上的债权人对人民法院依照《企业破产法》第 65 条第 2 款作出的裁定不服的，可以自裁定宣布之日或者收到通知之日起 15 日内向该人民法院申请复议。复议期间不停止裁定的执行。

第二节　债权人委员会

一、债权人委员会的概念及组成

债权人委员会是债权人会议授权成立的常设机构，代为行使债权人会议的某些职权，并对破产财产和破产管理人的活动进行有效监督。我国《企业破产法》第 67 条规定，债权人会议可以决定设立债权人委员会，依法行使职权。债权人会议是以会议形式活动的机构，在闭会期间无法行使其职权。设置债权人委员会，可以有效保障债权人会议职能的实现。

依据我国《企业破产法》第 67 条，债权人委员会由债权人会议选任的债权人代表和一名债务人的职工代表或者工会代表组成。债权人委员会成员不得超过 9 人。债权人委员会成员应当经人民法院书面决定认可。

二、债权人委员会的职责

债权人委员会行使下列职权：（1）监督债务人财产的管理和处分；（2）监督破产财产分配；（3）提议召开债权人会议；（4）债权人会议委托的其他职权。债权人委员会执行职务时，有权要求管理人、债务人的有关人员对其职权范围内的事务作出说明或者提供有关文件。管理人、债务人的有关人员违反企业破产法规定拒绝接受监督的，债权人委员会有权就监督事项请求人民法院作出决定；人民法院应当在5日内作出决定。

深度阅读

王欣新．破产法．4版．北京：中国人民大学出版社，2019.
吴长波．变革中的破产法：理论与实证．北京：知识产权出版社，2012.
李永军，等．破产法．北京：中国政法大学出版社，2009.
罗培新．破产法．上海：格致出版社，2009.

思考与练习

1. 如何理解债权人会议在破产程序中的地位和作用？
2. 债权人委员会有哪些职责？

第二十五章
重整程序与和解程序

常考知识点

破产重整、和解的前提、条件　申请人　和解协议

第一节　重整程序

一、破产重整概述

破产法中的重整，是指经由利害关系人申请，在审判机关主持和利害关系人参与下，对具有重整原因和重整能力的债务人进行生产经营上的重整和债权债务关系上的清理，以期摆脱财产困境，重获经营能力的特殊法律程序。重整历时较长，程序比较复杂，主要适用于公司等企业。它本质上是破产预防程序体系的组成部分。重整制度使破产法不仅是一个市场退出法、死亡法、淘汰法，还是一个企业更生法、恢复生机法、拯救法。重整制度是一种再建型的债务清偿程序。在“促进债务人复兴”的立法目的指导下构建重整制度是一个国际化的潮流。

我国《企业破产法》第 2 条第 2 款规定：企业法人不能清偿到期债务，并且资产不足以清偿全部债务或者明显缺乏清偿能力，或者有明显丧失清偿能力可能的，可以依照本法规定进行重整。我国的重整制度具有对象的特定化、原因的宽松化、程序启动的多元化、重整措施的多样化、重整程序的优先化、担保物权的非优先化和参与主体的广泛化等特点。重整程序是整个破产法的核心。

二、重整申请和重整期间

（一）重整申请

债务人或者债权人可以依照企业破产法的规定，直接向人民法院申请对债务人进行重整。债权人申请对债务人进行破产清算的，在人民法院受理破产申请后、宣告债务人破产前，债务人或者出资额占债务人注册资本 1/10 以上的出资人，可以向人民法院申请重整。

人民法院经审查认为重整申请符合企业破产法规定的，应当裁定债务人重整，并予以公告。

（二）重整期间

自人民法院裁定债务人重整之日起至重整程序终止，为重整期间。

在重整期间，经债务人申请，人民法院批准，债务人可以在管理人的监督下自行管理财产和营业事务。有前述情形的，依照企业破产法规定已接管债务人财产和营业事务的管理人应当向债务人移交财产和营业事务，企业破产法规定的管理人的职权由债务人行使。管理人负责管理财产和营业事务的，可以聘任债务人的经营管理人员负责营业事务。

在重整期间，对债务人的特定财产享有的担保权暂停行使。但是，担保物有损坏或者价值明显减少的可能，足以危害担保权人权利的，担保权人可以向人民法院请求恢复行使担保权。

在重整期间，债务人或者管理人为继续营业而借款的，可以为该借款设定担保。

债务人合法占有的他人财产，该财产的权利人在重整期间要求取回的，应当符合事先约定的条件。

在重整期间，债务人的出资人不得请求投资收益分配。在重整期间，债务人的董事、监事、高级管理人员不得向第三人转让其持有的债务人的股权。但是，经人民法院同意的除外。

在重整期间，有下列情形之一的，经管理人或者利害关系人请求，人民法院应当裁定终止重整程序，并宣告债务人破产：（1）债务人的经营状况和财产状况继续恶化，缺乏挽救的可能性；（2）债务人有欺诈、恶意减少债务人财产或者其他显著不利于债权人的行为；（3）由于债务人的行为致使管理人无法执行职务。

三、重整计划

（一）制订重整计划

债务人自行管理财产和营业事务的，由债务人制作重整计划草案。管理人负责管理财产和营业事务的，由管理人制作重整计划草案。

债务人或者管理人应当自人民法院裁定债务人重整之日起 6 个月内，同时向人民法院和债权人会议提交重整计划草案。前述期限届满，经债务人或者管理人请求，有正当理由的，人民法院可以裁定延期 3 个月。债务人或者管理人未按期提出重整计划草案的，人民法院应当裁定终止重整程序，并宣告债务人破产。

（二）批准重整计划

1. 重整计划的表决

《企业破产法》第 82 条规定，下列各类债权的债权人参加讨论重整计划草案的债权人会议，依照下列债权分类，分组对重整计划草案进行表决：（1）对债务人的特定财产享有担保权的债权；（2）债务人所欠职工的工资和医疗、伤残补助、抚恤费用，所欠的应当划入职工个人账户的基本养老保险、基本医疗保险费用，以及法律、行政法规规定应当支付给职工的补偿金；（3）债务人所欠税款；（4）普通债权。人民法院在必要时可以决定在普通债权组中设小额债权组对重整计划草案进行表决。

重整计划不得规定减免债务人欠缴的《企业破产法》第 82 条第 1 款第 2 项规定以外的社会保险费用；该项费用的债权人不参加重整计划草案的表决。

人民法院应当自收到重整计划草案之日起 30 日内召开债权人会议，对重整计划草案进行表决。出席会议的同一表决组的债权人过半数同意重整计划草案，并且其所代表的债权额占该组债权总额的 2/3 以上的，即为该组通过重整计划草案。债务人或者管理人应当向债权人会议就重整计划草案作出说明，并回答询问。

债务人的出资人代表可以列席讨论重整计划草案的债权人会议。重整计划草案涉及出资人权益调整事项的，应当设出资人组，对该事项进行表决。该规定意在保护出资人的权益。

各表决组均通过重整计划草案时，重整计划即为通过。部分表决组未通过重整计划草案的，债务人或者管理人可以同未通过重整计划草案的表决组协商。该表决组可以在协商后再表决一次。双方协商的结果不得损害其他表决组的利益。

2. 重整计划草案的批准

自重整计划通过之日起 10 日内，债务人或者管理人应当向人民法院提出批准重整计划的申请。人民法院经审查认为符合《企业破产法》规定的，应当自收到申请之日起 30 日内裁定批准，终止重整程序，并予以公告。

依据《企业破产法》的规定，未通过重整计划草案的表决组拒绝再次表决或者再次表决仍未通过重整计划草案，但重整计划草案符合下列条件的，债务人或者管理人可以申请人民法院批准重整计划草案：（1）按照重整计划草案，本法第 82 条第 1 款第 1 项所列债权就该特定财产将获得全额清偿，其因延期清偿所受的损失将得到公平补偿，并且其担保权未受到实质性损害，或者该表决组已经通过重整计划草案；（2）按照重整计划草案，本法第 82 条第 1 款第 2 项、第 3 项所列债权将获得全额清偿，或者相应表决组已经通过重整计划草案；（3）按照重整计划草案，普通债权所获得的清偿比例，不低于其在重整计划草案被提请批准时依照破产清算程序所能获得的清偿比例，或者该表决组已经通过重整计划草案；（4）重整计划草案对出资人权益的调整公平、公正，或者出资人组已经通过重整计划草案；（5）重整计划草案公平对待同一表决组的成员，并且所规定的债权清偿顺序不违反本法第 113 条的规定；（6）债务人的经营方案具有可行性。人民法院经审查认为重整计划草案符合前款规定的，应当自收到申请之日起 30 日内裁定批准，终止重整程序，并予以公告。

重整计划草案未获得通过且未依照《企业破产法》第 87 条的规定获得批准，或者已通过的重整计划未获得批准的，人民法院应当裁定终止重整程序，并宣告债务人破产。

（三）重整计划的执行、监督、效力和终止

重整计划由债务人负责执行。人民法院裁定批准重整计划后，已接管财产和营业事务的管理人应当向债务人移交财产和营业事务。

自人民法院裁定批准重整计划之日起，在重整计划规定的监督期内，由管理人监督重整计划的执行。在监督期内，债务人应当向管理人报告重整计划执行情况和债务人财务状况。监督期届满时，管理人应当向人民法院提交监督报告。自监督报告提交之日起，管理人的监督职责终止。管理人向人民法院提交的监督报告，重整计划的利害关系人有权查阅。经管理人申请，人民法院可以裁定延长重整计划执行的监督期限。

经人民法院裁定批准的重整计划，对债务人和全体债权人均有约束力。债权人未依照企业破产法规定申报债权的，在重整计划执行期间不得行使权利；在重整计划执行完毕后，可以按照重整计划规定的同类债权的清偿条件行使权利。债权人对债务人的保证人和其他连带债务人所享有的权利，不受重整计划的影响。

债务人不能执行或者不执行重整计划的，人民法院经管理人或者利害关系人请求，应当裁定终止重整计划的执行，并宣告债务人破产。人民法院裁定终止重整计划执行的，债权人在重整计划中作出的债权调整的承诺失去效力。债权人因执行重整计划所受的清偿仍然有效，债权未受清偿的部分作为破产债权。前述债权人，只有在其他同顺位债权人同自己所受的清偿达到同一比例时，才能继续接受分配。有《企业破产法》第93条第1款规定情形的，为重整计划的执行提供的担保继续有效。

按照重整计划减免的债务，自重整计划执行完毕时起，债务人不再承担清偿责任。

案　例

科弘系企业启动重整案

意义：被司法界称为2006年《企业破产法》实施后“国内最大的企业重整案之一”①。

第二节　和解程序

一、和解的概念

破产法上的和解，是指丧失偿债能力的债务人与其债权人之间就延期、分期清偿债务，或者免除或部分免除债务人的债务达成协议，以中止破产程序，防止债务人破产的制度。和解可以挽救濒临破产的债务人，也可以保护债权人利益，对于防止经济衰退与危机，促进社会稳定和发展，具有不可低估的积极意义。和解协议须经法院认可方能生

---

① [2013-02-07]. http://xh.xhby.net/mp2/html/2009-09/11/content_52052.htm.

效。和解具有强制性。和解制度已经成为各国破产法的基本内容。我国的和解制度内含于破产程序之中，并且只能在破产程序开始后、宣告破产前进行。

二、和解的程序

1. 申请。债务人可以依照《企业破产法》的规定，直接向人民法院申请和解；也可以在人民法院受理破产申请后、宣告债务人破产前，向人民法院申请和解。债务人申请和解，应当提出和解协议草案。

2. 裁定。人民法院经审查认为和解申请符合企业破产法规定的，应当裁定和解，予以公告，并召集债权人会议讨论和解协议草案。对债务人的特定财产享有担保权的权利人，自人民法院裁定和解之日起可以行使权利。

3. 通过、认可和解协议。债权人会议通过和解协议的决议，由出席会议的有表决权的债权人过半数同意，并且其所代表的债权额占无财产担保债权总额的 2/3 以上。

债权人会议通过和解协议的，由人民法院裁定认可，终止和解程序，并予以公告。管理人应当向债务人移交财产和营业事务，并向人民法院提交执行职务的报告。

4. 和解协议未获通过或认可。和解协议草案经债权人会议表决未获得通过，或者已经债权人会议通过的和解协议未获得人民法院认可的，人民法院应当裁定终止和解程序，并宣告债务人破产。

5. 和解协议的效力。经人民法院裁定认可的和解协议，对债务人和全体和解债权人均有约束力。和解债权人是指人民法院受理破产申请时对债务人享有无财产担保债权的人。和解债权人未依照《企业破产法》规定申报债权的，在和解协议执行期间不得行使权利；在和解协议执行完毕后，可以按照和解协议规定的清偿条件行使权利。

和解债权人对债务人的保证人和其他连带债务人所享有的权利，不受和解协议的影响。

6. 和解协议的执行。债务人应当按照和解协议规定的条件清偿债务。

7. 和解协议的无效。因债务人的欺诈或者其他违法行为而成立的和解协议，人民法院应当裁定无效，并宣告债务人破产。有前述情形的，和解债权人因执行和解协议所受的清偿，在其他债权人所受清偿同等比例的范围内，不予返还。

8. 不能执行或不执行和解协议。债务人不能执行或者不执行和解协议的，人民法院经和解债权人请求，应当裁定终止和解协议的执行，并宣告债务人破产。人民法院裁定终止和解协议执行的，和解债权人在和解协议中作出的债权调整的承诺失去效力。和解债权人因执行和解协议所受的清偿仍然有效，和解债权未受清偿的部分作为破产债权。前述债权人，只有在其他债权人同自己所受的清偿达到同一比例时，才能继续接受分配。有《企业破产法》第 104 条第 1 款规定情形的，为和解协议的执行提供的担保继续有效。

9. 执行完毕。按照和解协议减免的债务，自和解协议执行完毕时起，债务人不再承担清偿责任。

案　例

苏州某电器公司破产和解案

由于取得担保债权人的理解与支持，苏州某电器公司于2019年4月4日向法院申请破产和解并提交了和解协议草案，内容主要是以政府回购该公司土地等资产的补偿款用于清偿该公司的各项债务。审查中，法院考虑了以下因素：(1) 该公司名下有数十项专利、CCC认证等无形资产，对该公司进行重整或者清算将在很大程度上影响无形资产的价值；(2) 作为改制企业，和解成功将解决数十名转制老员工再就业难题；(3) 和解程序不涉及处置该公司名下资产，可节约税费；(4) 该公司存在600万元的停产停业损失，和解后该部分损失可以用于抵扣企业所得税；(5) 大部分债权人均为该公司供应商，与该公司存在长期合作关系，进行和解具有便利条件；(6) 无投资人愿意参与重整。2019年6月26日，法院受理该公司和解申请。2019年6月28日，该公司召开第二次债权人会议，债权人会议以高通过率表决通过和解协议。根据和解协议，担保债权、税收债权、破产费用及共益债务均得到100%清偿；普通债权以12万元为区分，分别获得全额和部分清偿。2019年7月25日，法院依法裁定认可该和解协议并终止和解程序。目前，该公司经营状况良好。①

深度阅读

申林平．上市公司破产重整原理与实务．北京：法律出版社，2020.

王欣新．破产法．4版．北京：中国人民大学出版社，2019.

韩长印．破产法学．2版．北京：中国政法大学出版社，2016.

费奥娜·托米．英国公司和个人破产法．汤维建，刘静，译．北京：北京大学出版社，2010.

大卫·爱泼斯坦．美国破产法．韩长印，等译．北京：中国政法大学出版社，2003.

张艳丽，陈俊清．预重整：法庭外重组与法庭内重整的衔接．河北法学，2021 (2)．

程海宁．反思九发股份破产重整案：制度探索过程中的监管协调．金融法苑，2020 (3)．

池伟宏．论重整计划的制定．交大法学，2017 (3)．

张艳丽．破产重整制度有效运行的问题与出路．法学杂志，2016 (6)．

金春．中国重整程序与和解程序的功能及构造．政法论坛，2008 (1)．

思考与练习

1. 重整制度有什么特征和作用？

① 参见苏州市中级人民法院．破产审判工作报告及典型案例（2019）．［2020－01－26］．https：//www.sohu.com/a/394754108_689962.

2. 在重整期间，债务人的财产与营业如何管理与执行？
3. 如何理解重整计划的效力？
4. 破产和解的法律性质是什么？
5. 和解协议有什么法律效力？
6. 关于破产清算、重整与和解的表述，下列哪些选项是正确的？（　　）
A. 债务人一旦被宣告破产，则不可能再进入重整或者和解程序
B. 破产案件受理后，只有债务人才能提出和解申请
C. 即使债务人未出现现实的资不抵债情形，也可申请重整程序
D. 重整是破产案件的必经程序

第二十六章
破产清算

常考知识点

破产宣告　破产财产分配

第一节　破产宣告

一、破产宣告概述

破产宣告，是指受理破产案件的法院经依法审理，裁定、宣布债务人破产并予以公告的审判行为。

破产宣告一经作出，债务人即成为破产人，企业法人即成为清算中的法人，其行为能力受到限制，除非为了清算的目的，不得开展业务活动；企业对其财产的经营管理权也告丧失。破产宣告后，管理人即可清理、分配财产。破产宣告也是企业解散的法定事由。破产宣告还是确定破产财产的主要依据。债务人企业在宣告前发生的一些法律关系也将按破产法的有关规定重新确定。

二、具体规定

破产宣告必须具备法定条件：其一，债务人具有破产能力和破产原因。其二，破产程序已经进行至宣告破产阶段且仍在继续进行之中，未予中止，或虽经中止但应予恢复。

在作出破产宣告前，人民法院应对破产宣告的条件进行审查。

人民法院依照《企业破产法》规定宣告债务人破产的，应当自裁定作出之日起 5 日内送达债务人和管理人，自裁定作出之日起 10 日内通知已知债权人，并予以公告。

债务人被宣告破产后，债务人被称为破产人；债务人财产被称为破产财产；人民法院受理破产申请时对债务人享有的债权被称为破产债权。不太明确的是，破产企业经历了重整阶段后，破产债权是否需要重新登记。

第二节 破产财产变价和分配

破产财产分配，是指清算组织经过对破产财产的清理和变价后，将属于破产人的财产按一定程序和清偿顺序分配给参加登记的破产债权人，以满足全体债权人公平受偿。

一、破产财产变价

管理人应当及时拟订破产财产变价方案，提交债权人会议讨论。管理人应当按照债权人会议通过的或者人民法院依照《企业破产法》第 65 条第 1 款规定裁定的破产财产变价方案，适时变价出售破产财产。

变价出售破产财产应当通过拍卖进行。但是，债权人会议另有决议的除外。破产企业可以全部或者部分变价出售。企业变价出售时，可以将其中的无形资产和其他财产单独变价出售。按照国家规定不能拍卖或者限制转让的财产，应当按照国家规定的方式处理。

二、破产财产分配

1. 分配顺序。对破产人的特定财产享有担保权的权利人，对该特定财产享有优先受偿的权利（《企业破产法》第 109 条）。享有《企业破产法》第 109 条规定权利的债权人行使优先受偿权利未能完全受偿的，其未受偿的债权作为普通债权；放弃优先受偿权利的，其债权作为普通债权。

破产财产在优先清偿破产费用和共益债务后，依照下列顺序清偿：（1）破产人所欠职工的工资和医疗、伤残补助、抚恤费用，所欠的应当划入职工个人账户的基本养老保险、基本医疗保险费用，以及法律、行政法规规定应当支付给职工的补偿金；（2）破产人欠缴的除前项规定以外的社会保险费用和破产人所欠税款；（3）普通破产债权。破产财产不足以清偿同一顺序的清偿要求的，按照比例分配。破产企业的董事、监事和高级管理人员的工资按照该企业职工的平均工资计算（《企业破产法》第 113 条）。

《企业破产法》第 132 条规定：本法施行后，破产人在本法公布之日前所欠职工的工资和医疗、伤残补助、抚恤费用，所欠的应当划入职工个人账户的基本养老保险、基本医疗保险费用，以及法律、行政法规规定应当支付给职工的补偿金，依照本法第 113 条的规定清偿后不足以清偿的部分，以本法第 109 条规定的特定财产优先于对该特定财产享有担保权的权利人受偿。反面观之，《企业破产法》公布后所欠职工的工资等不足受偿的部分，劣后于享有物的担保的债权人。2006 年《企业破产法》的规定既考虑了我国历史遗留问题的解决，又考虑了与国际惯例接轨。第一，市场经济转型过程中，法律制度安排，既要考虑我国的现实情况，又要把它纳入市场经济法律的整体框架中考虑。第二，职工的社会保障问题在今后应更多地靠完善社会保障制度来解决。第三，金融机构与债权人风险的考虑，如果担保债权不能依法实现的话，对金融机构等债权人将是一个巨大的打击，金融机构与债权人自身也有可能破产，那涉及的人群范围会更大。第四，破产法与担保法的关系，按照我们国家担保法的规定，担保抵押资产并不纳入破产清偿顺位当中，而是独立于破产财产的资产。

按照最高人民法院《关于适用〈中华人民共和国企业破产法〉若干问题的规定（三）》第 2 条的规定，破产申请受理后，管理人或者自行管理的债务人为债务人继续营业而借款，符合法定程序的，该借款可优先于普通破产债权清偿。

2. 分配方式。破产财产的分配应当以货币分配方式进行。但是，债权人会议另有决议的除外。

3. 分配方案。管理人应当及时拟订破产财产分配方案，提交债权人会议讨论。债权人会议通过破产财产分配方案后，由管理人将该方案提请人民法院裁定认可。

4. 执行。破产财产分配方案经人民法院裁定认可后，由管理人执行。管理人按照破产财产分配方案实施多次分配的，应当公告本次分配的财产额和债权额。管理人实施最后分配的，应当在公告中指明，并载明《企业破产法》第 117 条第 2 款规定的事项。

对于附生效条件或者解除条件的债权，管理人应当将其分配额提存。管理人依照前述规定提存的分配额，在最后分配公告日，生效条件未成就或者解除条件成就的，应当分配给其他债权人；在最后分配公告日，生效条件成就或者解除条件未成就的，应当交付给债权人。

债权人未受领的破产财产分配额，管理人应当提存。债权人自最后分配公告之日起满 2 个月仍不领取的，视为放弃受领分配的权利，管理人或者人民法院应当将提存的分配额分配给其他债权人。

破产财产分配时，对于诉讼或者仲裁未决的债权，管理人应当将其分配额提存。自破产程序终结之日起满 2 年仍不能受领分配的，人民法院应当将提存的分配额分配给其他债权人。

第三节　破产终结

一、破产终结概述

破产终结，包括正常终结和非正常终结。前者指破产程序在所有的债权人均依该程序获得了全额清偿，或者虽未获全额清偿但破产财产已经全部分配完毕的情况下发生的终结。后者指破产程序在其进行中因出现法定事由致使继续进行已无必要而发生的终结，例如达成和解。破产终结后不得恢复，故其不同于破产中止。

二、具体规则

破产宣告前，有下列情形之一的，人民法院应当裁定终结破产程序，并予以公告：

(1) 第三人为债务人提供足额担保或者为债务人清偿全部到期债务的；(2) 债务人已清偿全部到期债务的。另外，人民法院受理破产申请后，债务人与全体债权人就债权债务的处理自行达成协议的，可以请求人民法院裁定认可，并终结破产程序。

破产宣告后，破产人无财产可供分配的，管理人应当请求人民法院裁定终结破产程序。管理人在最后分配完结后，应当及时向人民法院提交破产财产分配报告，并提请人民法院裁定终结破产程序。人民法院应当自收到管理人终结破产程序的请求之日起 15 日内作出是否终结破产程序的裁定。裁定终结的，应当予以公告（《企业破产法》第 120 条)。

管理人应当自破产程序终结之日起 10 日内，持人民法院终结破产程序的裁定，向破产人的原登记机关办理注销登记。

管理人于办理注销登记完毕的次日终止执行职务。但是，存在诉讼或者仲裁未决情况的除外。

自破产程序依照《企业破产法》第 43 条第 4 款或者第 120 条的规定终结之日起 2 年内，有下列情形之一的，债权人可以请求人民法院按照破产财产分配方案进行追加分配：(1) 发现有依照《企业破产法》第 31 条、第 32 条、第 33 条、第 36 条的规定应当追回的财产的；(2) 发现破产人有应当供分配的其他财产的。有前述规定情形，但财产数量不足以支付分配费用的，不再进行追加分配，由人民法院将其上缴国库。

破产人的保证人和其他连带债务人，在破产程序终结后，对债权人依照破产清算程序未受清偿的债权，依法继续承担清偿责任。

深度阅读

王欣新．破产法．4 版．北京：中国人民大学出版社，2019.

冯颖仪，梁承雍，刘晓军．企业破产清算重整疑难问题与案例精解．北京：中国法制出版社，2019.

费奥娜·托米．英国公司和个人破产法．汤维建，刘静，译．北京：北京大学出版社，2010.

李永军，等．破产法．北京：中国政法大学出版社，2009.

齐树洁．破产法．厦门：厦门大学出版社，2007.

董璐，杨遂全．我国《破产法》偏颇性清偿制度的疏漏与完善：基于比较分析的视角．河南师范大学学报（哲学社会科学版），2018 (3)．

思考与练习

1. 试述破产宣告及其效力。
2. 试析破产财产的分配原则。
3. 什么是破产程序终结?
4. 某建筑公司因严重资不抵债向法院申请破产救济。关于该案破产财产范围和清偿

顺序等，下列哪些选项是错误的？（　　）

A. 该公司所欠民工工资应当列入破产费用先行清偿

B. 该公司租用甲公司的一套建筑设备不能列入破产财产

C. 该公司的一批脚手架已抵押给某银行，该批脚手架不能列入破产财产

D. 该公司员工对该公司的投资款只能作为普通债权受偿

第四编

证券法

第二十七章
证券法导论

常考知识点

证券法调整的证券　信息公开的含义和要求

第一节　证券法概述

一、证券法的概念和特点

（一）证券法的概念

证券法是以规范证券发行和交易等活动为主要内容，以保护投资者的合法权益为主要宗旨的法律。

证券法可分为形式上的证券法和实质上的证券法。形式上的证券法，专指系统编纂的证券立法，即证券法典，例如自 2020 年 3 月 1 日起实施的《证券法》。实质上的证券法，是指所有规范证券发行和交易等活动的证券法律规范的总称，包括证券法典和其他证券法律、法规。在中国，除了《证券法》，还存在大量其他证券法律、法规等。它们表现为全国人大及其常委会、国务院、国务院证券监督管理机构、国务院授权的部门、最高人民法院制定的法律、法规、部门规章和司法解释。此外，证券交易所和证券业协会还制定了不少自律规则。当然，《民法典》《公司法》《证券投资基金法》等作为一般法律，也调整证券关系。

（二）证券法的特点

1. 证券法是私法和公法的结合

证券法不是纯粹的私法。证券法既包括民事法律规范，也包括行政法律规范；既规范平等主体之间的民事关系，也规范国家证券监管机构与相对人之间非平等的监管关系。其责任形式既有以损害赔偿为基本形式的民事责任，也有罚款、没收非法所得、责令关闭、撤销业务许可等行政处罚。因此，证券法是私法和公法的结合。

2. 证券法主要是行为法，但兼有组织法的内容

证券法主要调整企业证券、政府证券和其他流通证券的发行和交易行为，因此证券法属于行为法。当然，证券法也规范证券交易所、证券公司等的设立和组织，因此它含有组织法的内容。但是，组织法仅是证券法的附属内容，这与公司法不同。公司法是以组织法为主，兼有行为法的内容。另外，两法在立法宗旨、调整的证券范围、调整手段、法律后果、规范强制性程度、法律渊源等方面也多有不同。

3. 证券法律规范多具强制性

证券法为强行性规范。证券法中的公法规范其强制性自不待言，其中的私法规范通常也非任意性规范，行为人不得利用协议等方式限制或排斥其适用。这是因为证券发行和交易的安全、有序和高效攸关广大投资者和社会公众的利益，攸关社会经济秩序的稳定，必须通过强制的规则加以规范。

二、证券法的历史发展

（一）国外证券立法

证券市场的规范运作与健康发展需要证券法律的保障。国外证券法律一般被分为三个体系，即美国体系、英国体系和欧陆体系。

在美国，证券市场管理起初依靠各州立法。1929 年经济危机发生后，美国于 1933 年颁布了《联邦证券法》，重点规范证券发行市场，开启了各国现代证券管理的先河。1934 年，美国又颁布《联邦证券交易法》。其后两法随着社会情况的变化经历了相应修正。21 世纪初，安然、世通公司等一系列丑闻发生后，美国于 2002 年通过了《公众公司会计改革和投资者保护法》（《萨班斯-奥克斯利法案》），于 2010 年通过了《多德-弗兰克华尔街改革与消费者保护法案》，对两法作了重要补充。另外，美国联邦证券法律还有 1935 年《公用事业控股公司法》、1939 年《信托契约法》、1940 年《投资公司法》、1940 年《投资顾问法》、1970 年《证券投资者保护法》、1984 年《内幕交易制裁法》、1988 年《内幕交易与证券欺诈施行法》、1990 年《证券实施补充与股票改革法》、1990 年《市场改革法》、1990 年《证券实施救济法和垃圾股票改革法案》、2012 年《促进创业企业融资法》、2018 年《经济增长、监管放松与消费者保护法案》等。

英国没有专门的《证券法》或《证券交易法》，有关规定散见于《公司法》《防止欺诈条例》《资本发行管理法》等。英国 1844 年《合股公司法》构成其近代公司法的基础，开创了信息公开制度的先河。英国制定的与证券业相关的法案主要还有 1958 年《反欺诈（投资）法》、1973 年《公平交易法》、1984 年《证券交易所上市管理法》、1988 年《财务服务法》。另外，自律机构制定的规则在证券市场中发挥着重要作用。这些规则包括《证券交易所监管条例和规则》《伦敦城收购与合并守则》等。1986 年，为了适应国际金融改革，英国通过了《金融服务法》，对金融管理体制进行重大改革，引发了所谓的“金融大爆炸”。2000 年，为适应金融业混业经营的发展趋势，英国通过了《金融服务和市场法》，该法取代了此前制定的包括《金融服务法》等一些法律法规，为英国金融业设计了崭新的改革框架，成为英国历史上最重要的金融立法。

欧洲大陆国家一般没有专门的《证券交易法》，仅在《公司法》中规定一些相关条款。例如，德国没有集中统一的《证券法》，其证券法律体现在《股份公司法》《证券发行说明书法》《有价证券交易法》《财务报表公布法》《证券交易所法》《投资公司法》《证券保管和收购法》《银行法》《保险法》等当中。

除上述三个体系以外，日本证券立法也有相当的代表性。日本《证券交易法》制定于 1948 年，它以美国《证券法》和《证券交易法》为蓝本。随着经济的发展，该法历经 40 多次修订。1998 年，日本通过制定《关于金融体系改革相关法律的调整等事宜的法律》，引发日本版的“金融大爆炸”。进入 21 世纪，为了适应金融商品多元化的发展趋势，也为了防范金融欺诈的发生，日本于 2006 年颁布了以英国《金融服务法》为蓝本的《金融商品交易法》（2014 年作了修订），取代《证券交易法》。此外，日本有关证券的法律还有《商法典》《公司法》《证券投资信托法》《外国证券公司法》《信托法》等。

（二）中国《证券法》的产生和发展

1998 年，中国制定了《证券法》，自 1999 年 7 月 1 日起施行。1998 年《证券法》是新中国成立以来第一部由国家最高立法机构而非政府部门组织、按照国际惯例起草的证券法典，是中国证券市场法制建设的里程碑。2004 年、2005 年、2013 年、2014 年《证券法》经历了四次修订。

2019 年 12 月，为贯彻落实党中央关于资本市场改革发展的决策部署，进一步规范证券的发行和交易行为，保护投资者合法权益，第十三届全国人民代表大会常务委员会第十五次会议审议通过了修订后的《证券法》。修订后的《证券法》自 2020 年 3 月 1 日起施行。本次修订的指导思想是体现市场化、法治化和国际化方向，为证券市场全面深化改革落实落地，有效防控市场发行，提高上市公司质量，切实维护投资者合法权益，促进证券市场服务实体经济功能发挥，打造一个规范、透明、开放、有活力、有韧性的资本市场提供坚强的法治保障。本次修订增加了“信息披露”和“投资者保护”两章，改动条款所占比例近 80%，修改内容包括全面推行证券发行注册制度、显著提高证券违法违规成本、完善投资者保护制度、进一步强化信息披露要求、完善证券交易制度、为落实“放管服”要求而取消相关行政许可、压实中介机构“看门人”法律职责、建立健全多层次资本市场体系、强化监管执法和风险防控、扩大证券法的适用范围、完善上市公司收购制度、完善证券公司业务管理制度、修改证券登记结算制度、健全跨境监管协作制度等。①

《证券法》制定和修改后，为配合证券法的实施，国务院和中国证监会等修改、制定了一系列相关法规和规章。证券法律、法规的颁行在很大程度上完善了中国证券法治，必将促进证券市场的良性发展。

---

① 中国证券监督管理委员会网站．http：//www.csrc.gov.cn/pub/newsite/zjhxwfb/xwdd/201912/t20191228_368688.html；周友苏．证券法新论．北京：法律出版社，2020：36-38.

第二节　证券法调整的对象和适用的证券

一、证券法律关系

法律的调整对象就是它所规范的一定主体之间的社会关系。《证券法》调整两种社会关系：一是民事法律关系，二是行政法律关系。前者是内在于证券市场的法律关系，而后者是国家干预证券市场的结果。

（一）民事法律关系

证券市场中的民事法律关系，是平等的证券市场主体之间因证券的发行、交易等活动而产生的财产关系。《证券法》主要针对证券侵权责任关系设计了专门规则，而合同关系以及其他民事关系多依《民法典》或其他民事法律处理。

（二）行政法律关系

证券市场中的行政法律关系，是指证券监督管理机构与相对人之间的监管与被监管关系。《证券法》除了规定微观管制，即证券监管机构的职能、措施及处罚，还涉及证券市场的宏观监管，例如，分业经营、分业监管，政府监管为主、自律监管为辅，多层次市场的构建，非集中交易方式的许可，期货交易的认可等。

二、证券法适用的证券

证券就是财产权利凭证。证券可以分为有价证券和无价证券。有价证券和无价证券最大的区别是有价证券具有流通性，而且在流通中会产生权益的增减。有价证券分为货物证券（例如提单）、货币证券（例如票据）、资本证券（例如股票、期限较长的债券、资产支持证券、资产管理产品）等，其中纳入证券法调整范围的是资本证券。

（一）国外证券法适用的证券

各国家、地区证券法律关于证券的规定存在较大差距。英国 2000 年通过了《金融服务与市场法》。其中的“投资商品”包含“存款、保险合同、集合投资计划份额、期权、期货以及预付款合同等”。欧盟 2004 年 4 月通过的《金融工具市场指令》（MIFID）引入了“金融工具”概念，涵盖了可转让证券、短期金融市场工具、集合投资计划份额和衍生品交易。

日本 2006 年制定《金融商品交易法》，“吸收合并”了《金融期货交易法》《投资顾问业法》等法律，彻底修改《证券交易法》，将“证券”的定义扩展为“金融商品”的概念，最大限度地将具有投资性的金融商品、投资服务作为法的规制对象。该法在《证券交易法》“有价证券”的基础上增加了抵押证券（原由《抵押证券法》规制）、信托受益权（原由《信托法》规制）、集合投资计划份额等，而且信托受益权不限于投资信托、贷款信托、资产证券化法中特定目的信托的受益证券等。日本在制定《金融商品交易法》的同时，对《银行法》《保险业法》也作了修改，在其中设置了准用该法的规定，即外币存款、金融衍生商品存款、变额保险、年金等具有一定投资性但又不属于存款保险以及保险合同保护范围的商品，应当适用《金融商品交易法》。[①]

美国 1933 年《证券法》第 2 条第 1 款和 1934 年《证券交易法》第 3 节第 10 款规定的证券范围极其广泛，而且其外延具有开放性，随判例解释和立法补充不断发展。1933 年《证券法》第 2 条规定，证券是指任何票据，股票，库存股票，债券，公司信用债券，债务凭证，盈利分享协议下的权益证书或参与证书，以证券作抵押的信用证书，组建前证书或认购书，可转让股票，投资契约，股权信托凭证，证券存款单，石油、煤气或其他矿产小额利息滚存权，或一般来说，被普遍认为是“证券”的任何权益和票据，或上述任何一种证券的权益或参与证书、暂时或临时证书、收据、担保证书，或认股证书或订购权或购买权。按照 1946 年 SEC v. W. J. Howey Co. 案（以下简称“Howey 案”）确立的规则，如果一种产品属于“投资合同”，那么它就是证券。投资合同需具备四个要件，即用金钱投资、投资于共同的事业、想要得到预期利润、该利润仅仅依赖他人的努力。不过，1990 年 Reves v. Ernst & Young 案判定，Howey 案的标准只能用于界定投资合同，而投资合同分析不适合证券法的证券定义中专门列举的项目。这些项目或工具并非当然属于证券。它们是否属于证券，要考虑四个因素：促使借款人（卖方）和债权人（卖方）进行交易的动机、要约和销售这一工具时使用的分销计划、投资大众的合理期待、有无平行的规制体系那样的因素显著降低相关风险从而使联邦证券法律的保护没有必要。概言之，如果专门列举的项目用于商业活动（commercial venture）而非用作投资工具（investment vehicle），那它就不受证券法律调整。的确，从立法目的看，只有那些落入通常的证券范畴的工具才受到这些法律的规范。在美国，证券的性质、归类、法律上的形式等均不重要，立法注重的是其对投资者利益的影响。然而，由于《证券法》和《证券交易法》是在证券经营理念和模式从混业转向分业过程中订立的，因而二法确定证券的范围，其目的是在证券业和银行业、保险业之间划出界线，使证券管理范围明晰化。1999 年美国通过《金融服务业现代化法》，准许银行业、证券业与保险业及其他金融服务跨业经营，同时将金融管制的措施集中在有关金融产品方面，使这些产品不论由哪个金融机构持有或者出售，或者不论在何种金融市场交易，都不至于严重危及金融稳定。由此看来，美国在金融商品的横向统一规制方面已经迈出相当大的步伐。遗憾的是，美国仍然维持分业监管的模式，各监管机构纵向割据。混业经营与分业监管的背离，使对不断创新的金融产品难以实行有效监管，这也成为次贷危机爆发的重要原因。有鉴于此，2008 年 3 月，美国财政部公布了《现代化金融监管架构蓝皮书》，主旨就是将多头分业监管格局收缩为混业综合监管格局。

---

① 杨东．论金融法制的横向规制趋势．www. civillaw. com. cn/article/default. asp? id=44674.

（二）中国《证券法》适用的证券

中国《证券法》调整的证券历经演变。1998 年 12 月 29 日通过的《证券法》第 2 条规定：在中国境内，股票、公司债券和国务院依法认定的其他证券的发行和交易，适用该法。该法未规定的，适用《公司法》和其他法律、行政法规的规定。政府债券的发行和交易，由法律、行政法规另行规定。实践表明，1998 年《证券法》关于证券范围的规定存在诸多不足。

2005 年修订后的《证券法》第 2 条规定：在中华人民共和国境内，股票、公司债券和国务院依法认定的其他证券的发行和交易，适用该法；该法未规定的，适用《公司法》和其他法律、行政法规的规定。政府债券、证券投资基金份额的上市交易，适用该法；其他法律、行政法规有特别规定的，适用其规定。证券衍生品种发行、交易的管理办法，由国务院依照该法的原则规定。

根据上述规定：首先，《证券法》适用于股票、公司债券和国务院依法认定的其他证券的发行和交易。股票是公司签发的证明股东所持股份的凭证。公司债券，是指公司依照法定程序发行、约定在一定期限还本付息的有价证券。公司债券不同于企业债券，主要表现在：（1）适用的法律法规不同。公司债券由《公司法》和《证券法》规范，企业债券由《企业债券管理条例》规范。（2）发行主体不同。公司债券的发行主体只能是公司，企业债券的发行人可以是公司以外的企业。（3）发行条件不同。《证券法》及《公司债券发行与交易管理办法》比较严格和具体地规定了公司债券公开发行的条件，此外还规范了非公开发行；《企业债券管理条例》没有区分公开发行和非公开发行，关于企业债券发行条件的规定比较粗略。（4）发行和交易场所不同。公司债券在证券交易所和区域性股权交易市场发行和交易，企业债券发行和交易的场所还包括银行间债券市场。（5）监管机构不同。公司债券的发行和交易由中国证监会监管，企业债券的监管机构是国家发改委和中国人民银行。① 至于国务院认定的其他证券，2018 年之前并不存在。其次，《证券法》也适用于政府债券、证券投资基金份额的上市交易，但不适用于它们的发行和非上市交易。政府债券是指政府依照法定条件和程序发行的、承诺到期还本付息的债券。政府债券的发行受国家宏观调控，无须经过一般证券发行的审核程序，而由《国库券条例》等专门规范。但政府债券往往也在交易所转让，故应受《证券法》调整。不过，政府债券上市交易可以免于交易所的审查。《证券法》第 46 条第 2 款规定，证券交易所根据国务院授权的部门的决定安排政府债券上市交易。证券投资基金份额，又称基金券，是指由发行人依照《证券投资基金法》发行、投资者出资认购的书面凭证。持有人按其上记载的基金份额数就基金分享资产所有权、收益分配权和其他相关权利。证券投资基金属于信托法律关系，其设立和管理由《证券投资基金法》调整，而基金券具有证券的特点，其上市交易更与其他证券无异，自当适用《证券法》。最后，证券衍生品仅适用《证券法》的原则，而不适用其具体规则。证券衍生品是金融衍生品的一种。金融衍生品是一种基于协议或合同的创造，其价值取决于一种或多种标的资产或指数的价值。而证券衍

---

① 周友苏．证券法新论．北京：法律出版社，2020：59.

生品则是由基础证券（例如股票、股指、债券等）派生出来的证券。证券衍生品分为证券型（如认股权证等）和契约型（如股指期货、期权等）两大类，具体品种随着证券市场发展将会不断增加。证券衍生品中的股权类衍生品、利率类衍生品和汇率类衍生品构成三大类金融衍生品。发展证券衍生品乃是大势所趋。但是，证券衍生品的风险较基础证券的要大得多，在发行、交易及信息公开等方面有其特殊性，因此需要授权国务院为其制定具体管理办法。

2019 年《证券法》对所调整的证券种类做了修改、补充。第一，增加了一种新的证券即存托凭证。按照中国证监会《存托凭证发行与交易管理办法（试行）》的规定，存托凭证是指由存托人签发、以境外证券为基础在中国境内发行、代表境外基础证券权益的证券。存托凭证的发行和交易适用《证券法》。第二，将“证券衍生品种”修改为“资产支持证券、资产管理产品”。种类虽更加具体，但范围大大缩小。资产支持证券是指发起人（主要是原始权益人）将基础资产出售给信托机构或者其他特殊目的机构，将这种资产与通常跟发起人有关的风险分离，利用这些资产从资本市场筹集资金而发行的证券。资产支持证券发行后，特殊目的机构用证券发行收入偿付发起人的资产价款，用基础资产产生的现金流支付证券投资者的权益。资产管理产品包括但不限于人民币或外币形式的银行非保本理财产品，资金信托，证券公司、证券公司子公司、基金管理公司、基金管理子公司、期货公司、期货公司子公司、保险资产管理机构、金融资产投资公司发行的资产管理产品等。资产支持证券、资产管理产品的发行、交易需要国务院依照《证券法》的原则制定管理办法进行规范。资产管理产品可以采取公募或私募的方式，但只有发行人属于证监会监管的资产管理产品才能挂牌交易。证券公司、基金管理公司子公司等相关主体资产证券化业务中的资产支持证券可以按照规定在证券交易所、全国中小企业股份转让系统、机构间私募产品报价与服务系统、证券公司柜台市场以及中国证监会认可的其他证券交易场所进行挂牌、转让。

第三节　证券法的宗旨和基本原则

一、证券法的宗旨

（一）证券法的宗旨及其确立

证券法的宗旨，是证券法以一定的手段调整特定社会关系所要达到的直接目标或所要完成的实质任务，是建立证券法律体系的指导思想。尽管证券市场由诸多利益主体共同构成，法律必须平衡和维护各方利益，但是证券法必须突出或者强调对于投资者的保护。保护投资者利益是维护社会经济秩序和社会公共利益，促进社会主义市场经济发展的基础。

证券法必须以保护投资者利益为出发点和首要目标。一方面，投资者是证券市场存续和发展的基础元素。投资者进入证券市场投资或买卖证券，其目的是获取经济或财产利益。只有保护投资者利益，才能维持投资者对于市场的信心，投资者才会进行投资，企业才能吸取到社会资金促进自身发展，证券发行市场才能存在，交易市场才有基础，证券市场才能发挥筹集资金和配置资源的作用。相反，证券欺诈、操纵等损害投资者的行为若得不到阻遏，将严重挫伤其投资热情，投资者就会选择退出市场。唇亡齿寒，企业就无法募集到经营所需的资金，证券市场也就难以为继。另一方面，投资者多属个体投资者，他们在经济实力和信息获取方面均处于弱势地位。投资大众作为股东难以在上市公司内部形成自己的意志，很难阻止控股股东掏空上市公司的行为；作为交易方难与证券投资基金、保险投资基金等机构投资者对抗；作为客户很难从外部形成对证券公司的制约，难以防范其非法挪用客户资金或证券等行为。而且，与证券发行人、机构投资者和专业服务机构等相比，投资大众并不产生或掌控信息，获取和解读专业的证券信息的能力也不强。投资者处于如此脆弱的地位，极易受到侵害。证券立法必须纠正市场的不平等关系，使对市场不太熟悉的人免受对市场非常熟悉者的欺压。

（二）国际上的做法

各国证券法都将保护投资者利益列为其基本宗旨。1998 年 9 月，国际证监会组织提出了证券监管的三个目标。

1. 保护投资者

投资者应受到保护，免受因误导、操纵或欺诈造成的损失。要保护投资者，最重要的是需要上市公司完全披露影响投资者投资抉择的重要信息。这样，投资者才能更好地保护自己的利益。作为披露要求的重要组成部分，会计和审计的标准应当具备，而且，它们应当具有很高的、国际认可的质量。只有正式获得执照或得到授权的人员才被准许公开地提供投资服务。对于这些执照持有人和获得授权者提出的有关起始和持续资本的要求应当营造一个环境，其中，证券企业能够满足其交易对手的需要，而且，如果必要，应逐步减少业务而不给客户造成损失。要通过为市场参与者设立最低标准来监督市场中介机构，以保护投资人。中介机构应根据商业准则规定的标准以公正和平等的方式对待投资者。这就需要一套全面的关于检查、监督及相关项目的制度。证券投资者尤其容易受到中介机构及其他机构行为不当的影响，而个人投资者所能采取行动的能力可能有限。此外，由于证券交易和损害行为的复杂特性，需要坚决地执行证券法。当出现违反法律的行为时，要严格执法来保护投资者。投资者应有权与中立机构（如法院或其他解决争议机构）取得联系或对其遭受不当行为的损害要求补救和赔偿。有效的监督和执法有赖于国内和国际层次的监管机构之间的密切合作。

2. 确保公正、有效和透明的市场

有关交易所、交易系统运营者和交易规则的建立应征得监管机构的同意，这有助于确保市场的公正。市场的公正与对投资者的保护，特别是防止不正当交易紧紧联系在一起。市场的机制不应过分地向一些市场使用者倾斜。监管应包括对市场操纵及其他不公平交易的发觉、阻止和惩罚。监管应确保投资者拥有平等的机会使用市场设施和了解市场及价格信息。监管还应促进市场运作以确保对客户订单的公平处理和可靠的定价程序。

在一个有效的市场内，相关信息的传播应是及时的和广泛的，并可以反映在定价程序中。监管应提高市场的效率。透明度可以被定义为有关交易的信息（包括交易前和交易后的信息）在实时的基础上公之于众的程度。交易前的信息包括确定的买价和卖价，以便于投资者较为确定地了解他们是否能按此价格以及在什么价格下可以交易。交易后的信息应是关于所有实际完成的交易额和交易量。监管应确保最高的透明度。

3. 系统风险

尽管不能期待监管机构防止市场中介机构出现倒闭，但监管应旨在降低倒闭的风险（包括通过资金和内部控制要求）。尽管财务倒闭会出现，但监管应降低该倒闭所造成的影响。因此，市场中介机构须有充足和持续的资金并满足其他审慎性要求。必要的话，中介机构应做到逐渐停止业务，不让客户或交易对方有丝毫损失，或造成任何系统性破坏。对一个积极的市场来说，存在投机套利是必要的。所以，监管不必抑制合法投机套利的存在。反之，监管机构应促进和允许对风险的有效管理，确保有足够的资金和其他审慎要求以允许适度的投机套利，可以消化一些损失和阻止过度投机。因此，有必要建立一套有效和精确的清算、结算程序，这套程序应得到正确的监督，并运用有效的风险管理工具。对违约的处理必须有有效且法律上安全的安排。

国际证监会组织指出，这三项目标是紧密相连的，而且在某些方面还是相互重叠的。许多确保公平、有效和透明的市场的要求也会促进对投资者的保护并帮助降低系统风险。同样，许多降低系统风险的方法也会为投资者提供保护。实质上，国际证监会组织的这三项目标包含了公开、公平和公正的原则以及效率、安全原则，提出了调整证券关系的若干基本方法，更突出了证券法保护投资者的根本宗旨。

（三）中国证券立法的宗旨

在中国，证券立法的宗旨有一个转变的过程。20 世纪 80 年代，证券法规倾向于保护证券发行人利益而非证券投资者利益。至 1998 年，《证券法》将保护投资者利益作为立法宗旨。2005 年和现行《证券法》也确认了这一宗旨。《证券法》切实保护投资者利益：一方面，建立以诚信与资质为标准的市场准入制度，以信息真实、透明为目标的信息公开披露制度，以净资本为核心的经营风险控制制度，以第三方存（托）管为基础的客户资产保护制度，以“依法清偿、适当收购”为原则的投资者补偿制度，努力保证发行、上市证券的质量，降低投资风险；另一方面，大力防范和打击欺诈、操纵等违法行为。同时，《证券法》要服务于建设一个规范、透明、开放、有活力、有韧性的资本市场，完善资本市场基础性制度，把好市场入口和市场出口两道关，加强对交易的全程监管[①]，还要着力于维护金融安全，守住不发生系统性风险底线。[②]

---

① 习近平．深化金融供给侧结构性改革 增强金融服务实体经济能力．［2021－01－28］．http：//cpc. people. com. cn/n1/2019/0223/c64094－30898520. html.

② 参见中共中央《关于制定国民经济和社会发展第十四个五年规划和二〇三五年远景目标的建议》。

二、公开、公平、公正原则

证券法的基本原则，是根据证券市场的特殊规律并结合证券制度的本质特征，经抽象而形成的基本准则。它指导证券立法，反映证券法的基本价值和精神，在证券法中具有最高效力，并贯穿于证券法具体制度和规则的始终。它是从事证券发行、交易、管理等活动的指南，也是证券执法和司法的指针。证券法的基本原则是证券法宗旨与具体规则之间的桥梁。

（一）公开原则

信息公开是证券法律体系的基石和精髓，是证券监管的核心理念，是实现证券立法宗旨和证券监管目标的重要手段。公开原则体现在证券法律制度上，就是强制公开信息，包括发行公开、上市公开、上市后持续公开、收购信息公开等。

在充分竞争和信息透明的证券市场，市场信息及其公开程度与市场价格变动密切相关，而投资者的判断决策有赖于相关的信息，信息公开可以引导投资者作出正确的投资选择。如果投资者能够均等地获得信息，则任何投资者都不可能通过信息处理获取超额收益。提前得到信息的，就可以利用信息优势获取较高投资收益。因此，《证券法》必须订立规则、采取措施，强制披露可能影响证券市场的一切信息。这样才能杜绝操纵证券价格等不当行为，才能维护广大投资者的合法权益，确保形成合理的证券市场价格，保障证券市场的健康运行。信息公开还可约束发行人、上市公司和有关人员的行为，并可提高证券监管效率。

公开原则始于英国。英国于 1844 年制定《合股公司法》，首次引入公开原则，规定公司募股筹资时必须向公司注册官提交一份招股章程。这奠定了信息披露制度发展的基础。英国 1900 年《公司法》则全面贯彻了公开原则，为英国在证券信息披露制度领域的后续立法确定了基本模型。英国 1986 年《金融服务法》及其后的有关法律也都规定了具体的公开制度，尤其是发行信息公开制度。美国证券立法借鉴了英国的经验。1911 年美国得克萨斯州的《蓝天法》就规定了较为完善的信息公开制度。美国 1933 年《证券法》和 1934 年《证券交易法》共同确立了完整的信息披露制度与信息披露体系。此后的其他证券立法无不贯彻了信息公开的原则。中国证券市场起步较晚，但立法者和监管者一开始就高度重视信息披露制度。从 1993 年国务院发布的《股票发行与交易管理暂行条例》直到现行《证券法》，都对信息披露作了严格而具体的规定。

时至今日，公开原则和信息披露在各国证券法律制度中占据了重要的地位，成为现代证券市场监管的核心内容。公开原则及强制性的信息披露制度减少了整个市场的信息获取成本，有利于信息的广泛传播以及证券价格对信息的迅速反映，有利于投资者根据价格信息作出投资决策。

（二）公平原则

公平原则是平等原则在《证券法》中的体现。公平原则要求给予各方平等进入市场的机会，各方可以根据公平的交易规则参与证券市场。公平原则更要赋予投资者同等的机会以获取证券信息。

《证券法》应当为各方提供参与证券市场的同等机会。市场机会不能只提供给部分投资者、发行人或证券经营机构，更不能无理限制或者排斥投资者进入证券市场。证券市场各方应当适用公平的规则。《证券法》不能为市场参与者设置不同的规则，例如，对个人投资者和机构投资者应当适用不同的上市公司收购规则，否则就会导致不公平的结果。但是，如果适用同样的规则不利于保护个人投资者，那么这种规则就应纠正。《证券法》应当为各类投资者提供接触信息的同等机会。中国《证券法》要求信息披露义务人同时向所有投资者公开披露信息，禁止有选择地向少数投资者披露信息，要求控制内部信息的扩散与传播，禁止任何机构和个人利用内幕信息从事证券交易。

（三）公正原则

公正原则要求立法者、证券监管机构和司法机关不偏不倚，平等对待证券市场各方，公正适用相同的法律；要求合法权益受到同等保护，违法行为受到同样制裁。

公正就是立场公正。首先，公正原则要求立法公正。立法者必须公正对待证券市场主体，合理确定各种行为评价制度，例如，鉴于证券发行人、证券公司和证券服务机构屡屡采取欺诈方式损害投资者利益，立法就应强化违法者的责任，为投资者提供足够的保护。同理，证券监管机构也要根据实际情况制定出兼顾各方利益的规则。其次，公正原则要求证券监管机构公正对待被监管对象，依法公正处理证券法违法行为和证券纠纷或争议，避免畸轻畸重。同样，自律监管组织也要公正约束成员的行为，公正评判成员的经营。最后，司法机关必须中立，公正对待参与市场的各方，不得徇私枉法、恣意裁判。

三、分业经营、分业监管

（一）混业经营与分业经营的概念

混业经营，是指证券、银行、信托、保险等金融机构都可以进入证券业、银行业、信托业、保险业的任何一个领域，业务交叉、多元。混业经营能够整合金融资产，发挥金融资源的协同效应，可以降低交易成本，满足客户综合服务的需求，而且可以更大程度上容纳金融创新。20 世纪 30 年代大危机之前，西方国家普遍实行银行业与证券业相互混业经营。而德国则至今一直坚持混业经营。

分业经营，是指证券、银行、信托、保险等金融机构各自经营相应的业务，不得同时经营他种金融业务。商业银行的经营方针是“稳健”，证券机构和保险机构等则侧重于创新与风险投资。分业经营可以有效避免混业经营、风险联动可能引发的金融风险。比如，限制银行从事信托投资和股票业务，有助于防止银行资金大量涌入证券市场，直接影响证券市场的稳定，有利于保证银行经营的稳健和安全，有利于保障储户的利益。又如，限制资金通过银行大量涌入股市，可以避免引发股市的过度投机。鉴于混业经营是导致1929年金融危机的重要原因，美国1933年出台《银行法》，要求银行业和证券业分离。美国1934年《证券交易法》规定：商业银行不得直接进入证券市场，也不得利用银行资金进行证券投资。

（二）国际、国内证券经营模式的变化

在金融模式的选择上，金融机构基于逐利本性都倾向于混业经营。自20世纪90年代以来，混业经营成为全球金融业的发展趋势。1999年，美国宣布取消《格拉斯-斯蒂格尔法案》，并通过了《金融服务现代化法案》，以法律形式确认了混业经营，提出了全新的“金融控股公司模式”。从此，其他国家纷纷由分业经营向混业经营转变。

中国改革开放初期，曾经出现银行兼营信托投资业和证券业的现象，这种做法产生了很多弊病。于是，1995年《商业银行法》开始确立分别设立、分业经营、分业管理原则。1995年《保险法》、1998年《证券法》和2001年《信托法》也都贯彻了这一原则。基于这一原则，中国的银行、保险公司、证券公司等分别设立，银行业、保险业、证券业和信托业各自经营，中国证监会监管证券业、银监会监管银行业和信托业、保监会监管保险业。此外，财政部和中国人民银行也承担着部分金融监管职能。

2005年《证券法》则在坚持分业经营原则的同时，为混业经营留有一定的空间。一方面，法律坚持分别设立、分业经营、分业监管，毕竟中国金融机构的内控机制和监管机构的监管经验等还不能适应混业经营的需要，若不切实际地实行混业经营，难免造成风险在行业间交叉、传导和扩大，破坏市场的安全和稳定。另一方面，《证券法》也为混业经营留有余地。原因在于，证券市场、货币市场和保险市场等联系密切，混业经营十分必要。国际上混业经营已经成为趋势。在中国，随着金融改革不断深化，过去实行严格分业经营的做法在实践中已被突破，已经出现在集团控股下分设银行、证券、保险机构的模式。

现行《证券法》第6条承袭了2005年《证券法》的规定，但其内涵已不相同。

鉴于国际、国内金融品种的不断创新以及混业经营的趋势，2018年《国务院机构改革方案》决定整合银监会和保监会的职责，组建中国银行保险监督管理委员会。由此，形成银保监会和证监会“两会”对金融业的监管模式。证监会统一监督管理全国证券期货市场。中国还应不断积累经验，创造条件，在形势需要和条件具备的情况下，建立横跨证监会、银保监会之上的、具有综合监管职能的金融监管局或者金融监管委员会。目前承担相应职能的是中国人民银行以及统筹协调金融稳定和改革发展重大问题的国务院金融稳定发展委员会。

四、政府监管为主、自律监管为辅

（一）自律监管与政府监管

自律监管，是指由证券行业协会、证券交易所及场外市场等市场机构，会计师事务所、律师事务所、资信评级机构甚至新闻媒体等中介服务组织，实施证券监管。自律监

管最主要的法律依据是自律组织成员签署的章程或类似合意。自律监管不是行政监管，因此自律组织不能采取罚款等行政手段，其最严厉的处分只能是取消成员资格、摘牌或停牌。

政府监管，是指由政府机构对证券市场进行监管。政府监管的根据在于法律或法规的授权。政府监管属于行政执法，它有权依法采取罚款、限制营业等行政措施。

1. 国外模式

（1）自律型。

自律型监管，是指证券市场主要由证券交易所、证券业协会等自律组织进行管理。国家（地区）很少制定专门和严密的证券市场管理法律。证券法律散见于公司法、反欺诈法、公平交易法等，被称为“补丁被”。

英国在 1986 年通过《金融服务法》之前一直被视为这种模式的代表。另外，荷兰、新加坡等也采自律模式。随着金融创新的迅速发展，各国和地区已将自律监管和政府监管相结合作为共识。

（2）集中型。

集中型监管，是指政府通过制定和实施专门而系统的证券市场管理法规，并设立全国统一的证券监管机构对证券市场实行管理。在此体制下，自律监管只起辅助作用。

美国、日本等采取这种模式。然而，实行集中统一监管的国家越来越注重自律监管、自我约束。

（3）中间型。

中间型监管兼采集中型监管和自律型监管的成分或因素。在 1994 年《第二部金融市场促进法案》出台之前，德国是中间型监管的代表。法国、意大利等也采这一模式。但是，中间型体制也开始强化政府监管。

2. 中国模式

我国对证券市场监管实行政府监管为主、自律监管为辅的原则。政府监管主要是国务院证券监管机构对证券发行、证券交易秩序的监督管理、对证券违法行为的查处等。自律监管则是证券交易所以及证券业协会、证券投资基金协会等对其会员资格和行为的监督管理。

实际情况决定中国对证券市场应当采取集中统一监管模式，但绝不能放弃或者轻视自律监管。《证券法》在总结国内外经验的基础上，承认了证券交易所和证券业协会的自律监管，还明确了证券交易所承担审核上市、决定上市交易股票的停牌或者复牌、采取技术性停牌及临时停市等措施等职责，提升了自律监管的地位。

（二）中央专门监管与其他政府机构参管

1. 国外模式

在国外，地方政府一般没有证券监管权力。至于中央证券监管，则分为专门监管和兼管。（1）专门监管。专门监管，是指设立专门的机构对证券市场进行管理。它以美国为代表。美国设立证券交易委员会作为管理全国证券活动的统一和最高的机构。（2）兼管。兼管，是指不设专门机构，而由政府的财经、金融管理部门兼管证券事务。例如，德国在设立专门证券监管机构之前，由联邦银行监督局兼管证券事务。

2. 中国模式

1998年《证券法》确认了国务院证券监督管理机构是对证券市场进行统一监管的机构。不过，应当注意，中国的证券监管体制虽然属于集中型，但仍未具备高度的统一性。从横向看，中国证监会以外的部门仍然可以对证券市场进行监管。从纵向看，地方政府有时也可参与证券市场管理。因此，必须确认各有关政府机构的职责，完善中国证监会的监管，真正确立统一、权威、高效的监管体制。①

五、效率原则和安全原则

效率是指通过市场竞争而实现资源的有效配置，达到社会效用最大化。安全是指维护市场主体的合理信赖，维持市场交易秩序。在证券市场中，效率是核心，安全是保障。不求效率，只求安全，必将导致市场的僵化，证券市场功能的消亡。相反，只讲效率，忽视安全，势必引发市场的无序，个体利益将无法实现，社会公共利益也将遭到重创。因此，必须认清效率和安全的对立统一关系，最大限度地达成二者的平衡协调。《证券法》没有明确规定效率原则和安全原则，但实际上，效率原则和安全原则已经成为证券立法和司法的指导原则，并贯穿于证券发行、上市、交易、收购及证券监管等各个方面。

（一）效率原则

证券市场主体从事证券活动，就是为了方便、快捷地以较低的成本获取较大的收益，因此，效率是证券市场的生命，没有效率，证券市场也就失去了存在的价值。《证券法》的效率原则主要体现在两个方面：一是平等主体之间的证券发行和交易等行为顺畅、便捷。这就要求证券市场足够公开，保证投资者可以根据充分的信息作出投资决断；要求增加证券的品种，交易的类型、场所和方式；要求制定严密而不失简约、明确而与时俱进的交易规则，并不断改进交易手段，为证券交易的快速完成提供条件。二是证券监管活动应当高效。它要求减少不必要的政府干预，充分调动市场因素；要求建立多层、统一、开放的证券市场，满足不同主体的需要，克服资本流转中的障碍；要求监管机构对证券市场主体的审批、对其行为的查处，都应当低成本、高效率。

（二）安全原则

证券市场收益高，风险也高。证券市场风险包括系统性风险和非系统性风险②，而且证券市场可能发生过度的投机甚至证券违法犯罪行为，这些都可能导致投资者遭受巨大

---

① 吴志攀．市场转型与规则嬗变：WTO条件下中国证券市场法制环境面临的挑战与完善建议．北京：北京大学出版社，2004：47.

② 系统性风险是指由外部不确定性因素引发整个市场波动。它是与非系统性风险相对的概念。非系统性风险是指某种原因导致个别证券价格波动。

损失，证券市场严重失序，乃至社会陷于动荡。而安全稳定是市场运行的基础，是市场高效配置资源的前提。因此，防范风险、维护秩序，给市场主体提供稳定的交易环境也是《证券法》的重要目标。首先，应当保持证券法律的权威性、稳定性和可操作性，使各市场主体严格依法行事，树立市场规则的严肃性和可预期性。其次，有关市场主体应当建立科学的内部风险监控制度和登记清算制度，降低中介机构倒闭的风险，补偿风险造成的损失；监管机构应当实行合理、有效的监管制度，通过准入、禁入等监管方式有力地维护证券市场秩序和社会经济秩序。再次，要消化投机风险，并阻止过度投机。最后，应当建立和完善风险证券民事责任制度和证券纠纷仲裁、诉讼机制，使遭受损失的投资者能够得到及时、公正的救济。

第四节　证券市场信息公开制度

一、信息公开制度概述

（一）信息公开制度的概念

信息公开制度是《证券法》公开原则的具体要求和反映，是规定信息公开的主体、标准、内容、时间、方式、程序和责任等事项的法律规范。信息披露使投资者可据此对有关证券的价值作出合理判断，也可在一定程度上保护自己免于交易欺诈或操纵等行为损害。一个强大证券市场的法律和制度必须为中小投资者提供评估公司价值所需的信息，以及确信不会被公司内部人欺骗的信心。

中国实行信息的强制披露制度，并已通过国家的法律和行政法规、中国证监会的规章和披露格式、证券交易所等自律机构的披露规则建立了比较完备的信息披露制度。强制披露制度，辅之以市场准入监管以及提高机构投资者的比例，基本解决了证券市场信息不对称带来的问题，为证券市场的发展奠定了坚实的基础。

（二）信息公开的主体

中国《证券法》第 19 条规定：发行人报送的证券发行申请文件，应当充分披露投资者作出价值判断和投资决策所必需的信息，内容应当真实、准确、完整。为证券发行出具有关文件的证券服务机构和人员，必须严格履行法定职责，保证其所出具文件的真实性、准确性和完整性。第 78 条规定：发行人及法律、行政法规和国务院证券监督管理机构规定的其他信息披露义务人，应当及时依法履行信息披露义务。信息披露义务人披露的信息，应当真实、准确、完整，简明清晰，通俗易懂，不得有虚假记载、误导性陈述或者重大遗漏。证券同时在境内境外公开发行、交易的，其信息披露义务人在境外披露的信息，应当在境内同时披露。第 79 条到第 81 条规定了定期报告、临时报告的披露义务人。第 82 条第 3 款规定：发行人的董事、监事和高级管理人员应当保证发行人及时、公平地披露信息，所披露的信息真实、准确、完整。第 56 条规定：禁止任何单位和个人编造、传播虚假信息或者误导性信息，扰乱证券市场。禁止证券交易场所、证券公司、证券登记结算机构、证券服务机构及其从业人员，证券业协会、证券监督管理机构及其工作人员，在证券交易活动中作出虚假陈述或者信息误导。各种传播媒介传播证券市场信息必须真实、客观，禁止误导。传播媒介及其从事证券市场信息报道的工作人员不得从事与其工作职责发生利益冲突的证券买卖。此外，《证券法》第 63 条、第 64 条、第 65 条、第 66 条、第 68 条、第 71 条定了上市公司收购活动中收购人的信息披露义务。

可见，承担信息公开义务或责任的主体相当广泛。当然，这些主体有关信息披露的义务和责任不尽相同，需要根据具体的规定和情形作出判定。

二、信息公开的基本要求

按照证券法律的规定，只有重大的信息才需要公开，否则，若事无巨细都要公开，不但会加重信息披露成本，也会增加投资者判别信息的难度。何谓重大？对此，美国学者倾向于只要符合“影响谨慎投资者作出明智决策”标准或者“影响上市公司证券市场价格”标准，就构成重大信息。中国法规也是如此。对招股说明书以及定期报告采取“影响谨慎投资者作出明智决策”标准（《证券法》第 19 条、《上市公司证券发行注册管理办法》第 38 条、《上市公司信息披露管理办法》第 12 条），而对临时报告则采“影响上市公司证券市场价格”标准（《证券法》第 80 条、第 81 条和《上市公司信息披露管理办法》第 22 条）。

披露的信息应当真实、准确、完整，简明清晰、通俗易懂，还应及时、公平、易得。

（一）真实、准确、完整

真实是指公开的信息必须具有客观性、一致性，不得作虚假陈述。客观性是指信息所反映的情况必须是客观的，是已经实际发生或者确定要发生的，而不是无中生有、随意捏造的。一致性是指信息所反映的情况与实际发生的事实必须相符，不能夸大或缩小；而且，信息所依据的标准应当保持历史的一贯，如有变动，则应作出说明。

准确是指公开的信息必须准确无误，不得有误导性陈述。准确性强调信息发布者与信息接受者以及各个信息接受者之间对同一信息在理解上的一致性。为了满足准确性要求，应当按照明确的法律标准、会计准则公开信息。

完整是指必须依照法律、法规和有关规则公开全部信息，不得有重大遗漏或隐瞒。披露义务人应对公开的信息作全面、充分的描述，能使投资者足以作出综合的投资判断。披露义务人不能仅仅披露对公司股价有利的信息，而不披露相反的信息。

（二）简明清晰、通俗易懂

信息披露义务人应当依照语言文字的通常含义公开信息，还须依照一般投资者的正常理解能力使用相关概念、术语、字句、表述方式。如果使用模糊不清的语言或者复杂的格式发布信息，引发歧义或多种理解，就会背离真实、准确、完整的披露要求。

（三）及时、公平、易得

及时性要求披露义务人按照法律、法规、规章规定的时间公开信息。披露义务人迟延披露信息应当承担相应法律后果。及时性原则主要适用于持续性信息公开。

公平披露是指信息披露义务人应当同时向所有投资者公开披露信息，以使所有投资者平等获悉同一信息。公平性禁止选择性披露信息。选择性披露信息，是指仅向证券分析师或选定的机构投资者披露信息，而不向市场上所有的投资者披露信息。选择性信息披露类似于信息泄密，容易引发内幕交易和市场操纵，违背了公平原则。我国《证券法》第 83 条遵循披露的公平性，要求信息披露义务人同时向所有投资者披露信息，不得提前向任何单位和个人泄露。

公开信息应当以法定方式在指定的地点进行，方便投资者获取信息。根据《证券法》第 86 条的规定，依法披露的信息，应当在证券交易场所的网站和符合国务院证券监督管理机构规定条件的媒体发布，同时将其置备于公司住所、证券交易场所，供社会公众查阅。

三、信息公开的内容

（一）证券发行文件

1. 股票发行的信息披露

（1）设立股份公司公开发行股票的信息披露。

《证券法》第 11 条规定，设立股份有限公司公开发行股票，应当符合《公司法》规定的条件和经国务院批准的国务院证券监督管理机构规定的其他条件，向国务院证券监督管理机构报送募股申请和下列文件：1）公司章程；2）发起人协议；3）发起人姓名或者名称，发起人认购的股份数、出资种类及验资证明；4）招股说明书；5）代收股款银行的名称及地址；6）承销机构名称及有关的协议。依照本法规定聘请保荐人的，还应当报送保荐人出具的发行保荐书。法律、行政法规规定设立公司必须报经批准的，还应当提交相应的批准文件。

（2）首次公开发行股票的信息披露。

在所有需要披露的文件中，最重要的是招股说明书。关于招股说明书的内容，《公司法》第 154 条第 2 款规定，招股说明书应当附有公司章程，并载明下列事项：1）发行的股份总数；2）面额股的票面金额和发行价格或者无面额股的发行价格；3）募集资金的用途；4）认股人的权利和义务；5）股份种类及其权利和义务；6）本次募股的起止日期及逾期未募足时认股人可以撤回所认股份的说明。证监会于 2023 年发布修订的《公开发行证券的公司信息披露内容与格式准则第 57 号——招股说明书》，对招股说明书的内容做了更加详细的规定。披露招股说明书的同时还须披露招股说明书摘要。

（3）公开发行新股的信息披露。

《证券法》第 13 条规定，公司公开发行新股，应当报送募股申请和下列文件：1）公司营业执照；2）公司章程；3）股东大会决议；4）招股说明书或者其他公开发行募集文件；5）财务会计报告；6）代收股款银行的名称及地址。依照本法规定聘请保荐人的，还应当报送保荐人出具的发行保荐书。依照本法规定实行承销的，还应当报送承销机构名称及有关的协议。证监会《上市公司证券发行注册管理办法》也对信息披露做了规定。

2. 公司债券发行的信息披露

《证券法》第16条规定，申请公开发行公司债券，应当向国务院授权的部门或者国务院证券监督管理机构报送下列文件：（1）公司营业执照；（2）公司章程；（3）公司债券募集办法；（4）国务院授权的部门或者国务院证券监督管理机构规定的其他文件。依照本法规定聘请保荐人的，还应当报送保荐人出具的发行保荐书。

（二）证券上市及挂牌文件

上市公司、公司债券上市交易的公司、股票在国务院批准的其他全国性证券交易场所交易的公司，其信息披露应当遵守《证券法》的规定，同时，前两类公司还要遵守证监会《上市公司信息披露管理办法》，第三类公司的定期报告、临时报告等持续信息披露行为还要遵守证监会《非上市公众公司信息披露管理办法》。

按照现行《证券法》，证券上市需要提交及披露的文件该由证券交易所规则确定。

（三）定期报告

发行人应当披露的定期报告包括年度报告、中期报告和季度报告。

1. 年度报告

年度报告，是指在每个会计年度结束时，由信息公开义务人依法制作并提交的、反映信息公开义务人整个会计年度基本经营情况、财务情况等重大信息的法律文件。

《证券法》第79条规定，上市公司、公司债券上市交易的公司、股票在国务院批准的其他全国性证券交易场所交易的公司，应当在每一会计年度结束之日起4个月内，报送并公告年度报告。

2. 中期报告

中期报告，是指在每个会计年度的上半年结束之时，由信息披露义务人依法制作并提交的反映信息披露义务人上半年基本经营情况、财务状况等重大信息的法律文件。

《证券法》第79条规定，上市公司、公司债券上市交易的公司、股票在国务院批准的其他全国性证券交易场所交易的公司，应当在每一会计年度的上半年结束之日起2个月内，报送并公告中期报告。

3. 季度报告

季度报告，是指由信息披露义务人依法制作并提交的反映信息披露义务人在会计年度前3个月、9个月的基本经营情况、财务状况等重大信息的法律文件。

《证券法》没有关于季度报告的规定。季度报告的披露要求可由证券交易所在其业务规则中明确。与中期报告相比，季度报告一般不重复已经披露过的信息，而注重披露公司新发生的重大事项。

（四）临时报告

临时报告是定期报告以外的其他报告。临时报告主要是为了弥补定期报告信息滞后的缺陷，及时向投资者提供有关信息。临时报告主要包括重大事件临时报告和收购报告。本书在这里主要分析重大事件临时报告，而将收购报告的内容纳入“上市公司或挂牌公司收购制度”一节。

《证券法》第 80 条第 1 款规定：发生可能对上市公司、股票在国务院批准的其他全国性证券交易场所交易的公司的股票交易价格产生较大影响的重大事件，投资者尚未得知时，公司应当立即将有关该重大事件的情况向国务院证券监督管理机构和证券交易场所报送临时报告，并予公告，说明事件的起因、目前的状态和可能产生的法律后果。第 3 款规定：公司的控股股东或者实际控制人对重大事件的发生、进展产生较大影响的，应当及时将其知悉的有关情况书面告知公司，并配合公司履行信息披露义务。

《证券法》第 80 条第 2 款和《上市公司信息披露管理办法》第 22 条对重大事件作了列举。

现行《证券法》新增第 81 条，要求临时披露对上市交易公司债券的交易价格产生较大影响的重大事件。

上海证券交易所《公司债券上市规则》（2023 年修订）、深圳证券交易所《公司债券上市规则》（2023 年修订）对临时报告做了具体规定。

四、软信息的披露、自愿披露的信息、信息披露的暂缓与豁免

（一）软信息的披露

1. 软信息概念

信息披露制度的重点是硬信息，即数量信息或经济信息，它是指反映公司经营状况的信息，包括公司资产、负债、利润等。它是客观发生或存在的事实，与投资者回报直接相关。

与硬信息相对的是软信息，即质量信息或非经济信息，它们与股东收益没有直接关联，反映的是公司管理部门的业务素质和管理质量，包括管理部门的利益冲突、自我交易、董事和管理人员的报酬以及预测性信息等。预测性信息，是根据当下的事实对未来情况的估计和推测。它可分为评价性信息和盈利性预测。前者又称管理层的讨论及陈述，是指目前已经知晓的发展趋势或可以合理预见将对未来产生重大影响的不确定因素，例如，“经营情况的回顾与展望”以及业绩预告等。后者是指基于对上市公司的生产经营条件和财务状况等所作的合理假设，本着审慎的原则对会计年度净利润总额、每股盈利等财务事项所作的预测。

2. 软信息披露规范

中国证券法律并未明确将信息分为软信息和硬信息，只要符合“重大性”标准的信息都要依法公开。不过，一般认为，盈利预测（股票发行盈利预测、重大资产重组盈利预测、持续披露盈利预测）和前景性信息属于软信息。这些信息有的可自愿披露，有的依然强制披露。

（二）自愿披露的信息

除依法需要披露的信息之外，信息披露义务人可以自愿披露与投资者作出价值判断和投资决策有关的信息。

自愿性信息披露可能触发后续的强制披露义务，信息披露义务人应当确保信息披露的真实、准确、完整，不得与依法披露的信息相冲突，不得误导投资者。

自愿性信息披露时也应遵循公平原则，避免进行选择性信息披露。

（三）信息披露的暂缓与豁免

关于发行信息暂缓与豁免，证监会《公开发行证券的公司信息披露内容与格式准则第 57 号——招股说明书》第 7 条规定：发行人有充分依据证明本准则要求披露的某些信息涉及国家秘密、商业秘密及其他因披露可能导致违反国家有关保密法律法规规定或严重损害公司利益的，可按程序申请豁免披露。

关于上市信息暂缓与豁免，深圳证券交易所《股票上市规则》做了规定。上海证券交易所《股票上市规则》和《上海证券交易所上市公司自律监管指引第 2 号——信息披露事务管理》也有类似规定。此外，证监会《科创板上市公司持续监管办法（试行）》和上海证券交易所《科创板股票上市规则》针对科创板上市信息披露豁免做了专门规定。

五、全国股份转让系统挂牌公司公开发行、转让股票与信息披露

（一）概述

非上市公众公司（有下列情形之一且其股票未在证券交易所上市交易的股份公司：股票向特定对象发行或者转让导致股东累计超过 200 人；股票公开转让）可在全国股份转让系统挂牌进行公开转让或发行股票。从信息披露角度看，全国股份转让系统挂牌公司与证券交易所上市公司并无本质的差异，但披露的文件有所不同。非上市公众公司股票在全国股份转让系统进行公开转让的，以及股票公开转让的非上市公众公司向全国股份转让系统不特定合格投资者公开发行股票的，应当按照《非上市公众公司监督管理办法》（2023 年修订）、《非上市公众公司监管指引第 1 号——信息披露》（2020 年修正）、《全国中小企业股份转让系统业务规则（试行）》（2013 年修改）、《全国中小企业股份转让系统挂牌公司信息披露规则》（2021 年修订）披露有关信息。

（二）具体规则

证监会《非上市公众公司监督管理办法》规定，公司及其他信息披露义务人应当

按照法律、行政法规和中国证监会的规定履行信息披露义务，所披露的信息应当真实、准确、完整，不得有虚假记载、误导性陈述或者重大遗漏。公司及其他信息披露义务人应当及时、公平地向所有投资者披露信息。公司的董事、监事、高级管理人员应当忠实、勤勉地履行职责，保证公司披露信息的真实、准确、完整。信息披露文件主要包括公开转让说明书、定向转让说明书、定向发行说明书、发行情况报告书、定期报告和临时报告等。具体的内容与格式、编制规则及披露要求，由中国证监会另行制定。股票公开转让与定向发行的公众公司应当报送年度报告、中期报告，并予公告。年度报告中的财务会计报告应当经符合《证券法》规定的会计师事务所审计。股票向特定对象转让导致股东累计超过 200 人的公众公司，应当报送年度报告，并予公告。年度报告中的财务会计报告应当经会计师事务所审计。发生可能对股票价格产生较大影响的重大事件，投资者尚未得知时，公众公司应当立即将有关该重大事件的情况向中国证监会和全国股份转让系统报送临时报告，并予以公告，说明事件的起因、目前的状态和可能产生的后果。中国证监会对公众公司实行差异化信息披露管理，具体规定由中国证监会另行制定。

按照《全国中小企业股份转让系统业务规则（试行）》规定，申请挂牌公司应当在其股票挂牌前依照全国股份转让系统公司的规定披露公开转让说明书等文件。申请挂牌公司、挂牌公司及其他信息披露义务人、主办券商应当真实、准确、完整、及时地披露信息，不得有虚假记载、误导性陈述或者重大遗漏。申请挂牌公司、挂牌公司的董事、监事、高级管理人员应当忠实、勤勉地履行职责，保证公司披露信息的真实、准确、完整、及时、公平。申请挂牌公司、挂牌公司及其他信息披露义务人、主办券商依法披露的信息，应当第一时间在全国股份转让系统指定信息披露平台（www. neeq. com. cn 或 www. neeq. cc）公布。

六、非公开发行与信息披露

向特定投资者非公开发行证券，法律一般不要求经过核准以及披露信息，因为特定投资者本身不需要发行强制披露制度的保护，或者向这些投资者提供这种保护，投资者承担的成本可能远远大于收益。但是，我国法律法规对此仍作了一定的规制。

（一）上市公司非公开发行与信息披露

中国证监会 2023 年发布《上市公司证券发行注册管理办法》，其第 50 条第 1 款规定，向特定对象发行证券申请经注册后，上市公司应当在证券发行前将公司募集文件刊登在交易所网站和符合中国证监会规定条件的报刊依法开办的网站，供公众查阅。

（二）全国股份转让系统挂牌公司非公开发行与信息披露

全国股份转让系统挂牌公司向特定对象发行挂牌后股东累计不超过 200 人的发行属于“非公开发行”，但关于该发行也要做相应的信息披露。

深度阅读

邢会强．证券法学．2版．北京：中国人民大学出版社，2020.

周友苏．证券法新论．北京：法律出版社，2020.

中共中央办公厅、国务院办公厅《建设高标准市场体系行动方案》（2021年1月）.

中共中央、国务院《关于新时代加快完善社会主义市场经济体制的意见》（2020年5月11日）.

中共中央、国务院《关于构建更加完善的要素市场化配置体制机制的意见》（2020年3月30日）.

刘燕．大资管法制建设二十年：待从头收拾旧山河．中国证券投资基金业协会．声音，2020（10）.

完善证券市场基础制度 保障资本市场改革发展：中国证监会祝贺《中华人民共和国证券法》修订通过．http：//www.gov.cn/xinwen/2019－12/29/content_5464918.htm.

陈峥嵘．习近平总书记关于资本市场建设的重要论述研究．证券市场导报，2019（4）.

邢会强．我国《证券法》上证券概念的扩大及其边界．中国法学，2019（1）.

谢贵春，吴瑕．存托凭证持有人保护机制比较研究．证券市场导报，2018（7）.

邢会强．金融法上信息披露制度的缺陷及其改革：行为经济学视角的反思．证券市场导报，2018（3）.

甘培忠，夏爽．信息披露制度构建中的矛盾与平衡：基于监管机构、上市公司与投资者的视角．法律适用，2017（17）.

安德烈斯·弗莱克纳，克劳斯·霍普特．证券交易法：概念、历史与挑战．林蔚然，曾斌，译//黄红元，卢文道．证券法苑：第18卷．北京：法律出版社，2016.

思考与练习

1. 试述证券法的定位。
2. 如何评价中国现行《证券法》?
3. 界定证券内涵和外延的目的与标准何在?
4. 如何认识证券法的立法宗旨?
5. 证券法的原则应当有哪些?
6. 如何看待混业经营和分业经营?
7. 证券监管体制的建立和完善应当贯彻什么原则?
8. 信息公开的意义何在?它有无弊端?
9. 信息公开的基本要求是什么?

第二十八章

证券法律行为

常考知识点

多层次资本市场　证券公开发行的条件　证券承销的概念和分类　证券上市的概念和种类　证券交易的概念和类型　上市公司收购的概念、种类　反收购措施

第一节　证券发行制度

一、证券发行概述

（一）证券发行的概念

证券发行，是指发行人依照法定条件和程序，向投资者募集资金并交付证券的行为。证券发行所形成的市场通常被称为一级市场，但证券发行通常并无专门固定的场所。

证券发行制度应当在保护投资者与便利企业融资之间达成某种平衡，当然，其侧重点还是维护投资者利益。

（二）证券发行的分类

1. 按发行对象范围分

证券发行的基本方式是公开发行和不公开发行。股票大多采用公开方式发行，但境内上市外资股（B股）除外。债券发行有的是公开的，有的则是不公开的。而中国国债发行主要采用公开招标方式和承购包销方式。

（1）公开发行。

关于公开发行，《证券法》第9条第2款规定，有下列情形之一的，为公开发行：1）向不特定对象发行证券；2）向特定对象发行证券累计超过200人，但依法实施员工持股计划的员工人数不计算在内；3）法律、行政法规规定的其他发行行为。第9条第3款规定，非公开发行证券，不得采用广告、公开劝诱和变相公开方式。变相公开发行股票，是指未依法报经中国证监会注册，公司股东自行或委托他人以公开方式向社会公众转让

股票的行为。只有公开发行的，才能采用广告、公开劝诱等公开方式。而且，公开发行涉及投资者人数众多，其中多是不成熟的投资者，他们往往没有能力获得所需的信息，也没有能力对有关信息作出分析，需要专业人士的帮助。为了保护广大投资者的合法权益，法律必须对其进行严格规制，比如适用注册程序和强制信息披露制度。因此，《证券法》必须对公开发行作出界定。

第一，向不特定对象发行证券：所谓不特定对象，不论人数多寡，也不论机构或个人，只要与发行人不存在稳定的业务关系或任职关系者即属此。

第二，向特定对象发行证券累计超过 200 人：特定对象就是所谓的成熟投资者，包括获许投资者和其他成熟投资者。美国对于获许投资者采客观标准，即投资经验、与发行人的关系、财富。在美国，无论向多少获许投资者发行都属私募。除了获许投资者，发行人也可以将符合条件的其他人认定为成熟投资者，条件是发行人应当在销售前合理地相信该投资者具备应有的商业知识和经验，能够评估投资价值和风险。向不超过 35 个成熟投资者发行也构成私募。我国《证券法》借鉴了这些做法，但有所不同。《证券法》规定：向特定对象发行证券累计超过 200 人构成公开发行。其中“累计”是指发行人所有次发行的发行对象人数，而非仅仅某次发行的发行对象人数。这一规定有助于防止发行人在短期内多次向不超过 200 人的特定对象发行证券，或者将公开发行拆分为几个非公开发行，规避核准和监管。根据这一规定，如果公司股东超过 200 人，向这些股东发行证券就构成公开发行。需要指出的是，2019 年《证券法》修订时新增规定：“但依法实施员工持股计划的员工人数不计算在内”。

第三，法律、行政法规规定的其他发行行为：这是为了堵住《证券法》列举不全造成的漏洞，以应付随时出现的金融创新。2006 年国务院办公厅发布的《关于严厉打击非法发行股票和非法经营证券业务有关问题的通知》规定，严禁任何公司股东自行或委托他人以公开方式向社会公众转让股票。向特定对象转让股票，未依法报经证监会核准的，转让后，公司股东累计不得超过 200 人。据此，以公开方式向不特定对象转让股票、向特定对象转让（包括因遗产继承、分家析产而发生转让）股票导致股东累计超过 200 人的，也都属于公开发行。

第四，公开发行的推定：从《证券法》第 9 条第 3 款反面而言，如果发行人采用广告等方式，即可构成公开发行。广告或公开劝诱是为了吸引潜在投资者对发行证券的兴趣，内容多涉发行证券的情况、发行人的盈利前景等。使用此等方式，其影响的范围往往涵盖不特定对象，因而构成向不特定对象的公开发行证券。

（2）非公开发行。

非公开发行，又称私募发行，即不公开发行或内部发行，是指采用非公开方式，向特定对象发行证券的行为。非公开发行由发行人和投资者直接洽谈订立合同，而且非公开发行人在取得特定对象认购承诺后再进行后续的发行，其效果类似于包销。根据我国《证券法》的规定，非公开发行是指公开发行以外的证券发行。

除了从发行对象及其人数方面限定非公开发行，许多国家还对小额发行予以核准及信息披露豁免。美国 1933 年《证券法》明确授权联邦证券交易委员会对总额不超过 500 万元的证券发行给予豁免。这种豁免制度目的在于降低融资成本，缓解中小企业的融资困难。中国也应建立小额豁免制度，减轻中小企业的融资负担，促进经济发展。

2006 年国务院办公厅发布《关于严厉打击非法发行股票和非法经营证券业务有关问题的通知》，通知指出：1）严禁擅自公开发行股票。向不特定对象发行股票或向特定对象发行股票后股东累计超过 200 人的，为公开发行，应依法报经证监会核准。未经核准擅自发行的，属于非法发行股票。2）严禁变相公开发行股票。向特定对象发行股票后股东累计不超过 200 人的，为非公开发行。非公开发行股票及其股权转让，不得采用广告、公告、广播、电话、传真、信函、推介会、说明会、网络、短信、公开劝诱等公开方式或变相公开方式向社会公众发行。严禁任何公司股东自行或委托他人以公开方式向社会公众转让股票。向特定对象转让股票，未依法报经证监会核准的，转让后，公司股东累计不得超过 200 人。违反规定的，应坚决予以取缔，并依法追究法律责任。

该通知还要求中国证监会根据《公司法》和《证券法》的有关规定，尽快研究制定有关公开发行股票但不在证券交易所上市的股份有限公司管理规定，明确非上市公众公司设立和发行股票的条件、发行审核程序、登记托管及转让规则等，将非上市公众公司监管纳入法制轨道。目前，非上市公众公司的制度体系基本形成。这一体系有别于上市公司的监管体系，初步满足了多层次资本市场建设的需要。

2. 按股票发行时间分

（1）设立股份公司公开发行股票。

股份公司设立可以分为发起设立和募集设立。前者公司资本由发起人全部认购。后者除发起人认购外，还要私下或者公开向其他人募集资金。

（2）股份公司首次公开发行股票。

股份公司首次公开发行股票，是指股份公司经发起或者募集设立后初次公开发行股票。公司首次公开发行股票，符合条件和程序的可以成为证券交易所上市公司。

（3）上市公司发行新股。

上市公司发行新股，是指上市公司公开发行新股，包括配股和增发以及非公开发行新股。

3. 按发行证券类别分

按发行证券类别，可将证券发行分为股票发行、存托凭证发行、公司债券发行、可转换公司债发行、政府债券发行、基金份额发行、衍生品种发行、金融债券发行、企业债券发行。

4. 按是否承销分

（1）直接发行。

直接发行，是指证券发行人不通过证券承销机构，而由自己发行。直接发行一般很少采用，一方面，由于没有专业机构参与，其操作效率低而且风险大；另一方面，对于公开发行，法律往往要求通过承销机构来发行。非公开发行可以采用直接发行。

（2）间接发行。

间接发行，又称证券承销，是指发行人委托证券承销机构发行证券的方式。承销又可分为代销和包销。按照《证券法》，发行人向不特定对象发行的证券，法律、行政法规规定应当由证券公司承销的，发行人应当同证券公司签订承销协议。证券承销业务采取代销或者包销方式。

二、证券公开发行的条件

根据各国家和地区的法律，证券发行应当符合规定条件，这些条件体现在两个方面：一是业绩和业务，包括经营年限、盈利能力、发展潜力。二是公司治理。另外，发行证券必须履行信息披露义务。中国证券法律也对证券发行条件作了明确而具体的规定。

（一）股票发行的条件

1. 设立股份公司公开发行股票

关于设立股份公司公开发行股票，依据《证券法》第 11 条，设立股份有限公司公开发行股票，应当符合《公司法》规定的条件和经国务院批准的国务院证券监督管理机构规定的其他条件。《公司法》第 97 条第 2 款规定，以募集设立方式设立股份有限公司的，发起人认购的股份不得少于公司章程规定的公司设立时应发行股份总数的 35%；但是，法律、行政法规另有规定的，从其规定。

2. 公司首次公开发行股票

关于公司首次公开发行股票，《证券法》第 12 条规定，公司首次公开发行新股，应当符合下列条件：(1) 具备健全且运行良好的组织机构；(2) 具有持续经营能力；(3) 最近 3 年财务会计报告被出具无保留意见审计报告；(4) 发行人及其控股股东、实际控制人最近 3 年不存在贪污、贿赂、侵占财产、挪用财产或者破坏社会主义市场经济秩序的刑事犯罪；(5) 经国务院批准的国务院证券监督管理机构规定的其他条件。颇值留意的是，其中“具有持续经营能力”是从 2005 年《证券法》第 13 条规定的“具有持续盈利能力，财务状况良好”修改而来的。

上述规定适用于公司在所有板块首次发行股票并上市。此外，针对不同板块，证监会规定了具体的发行条件。

3. 上市公司发行新股

上市公司发行新股，依据《证券法》第 12 条第 2 款的规定，应当符合经国务院批准的国务院证券监督管理机构规定的条件，具体管理办法由国务院证券监督管理机构规定。

（二）存托凭证发行的条件

《证券法》第 12 条第 3 款规定，公开发行存托凭证的，应当符合首次公开发行新股的条件以及国务院证券监督管理机构规定的其他条件。

依据证监会《存托凭证发行与交易管理办法（试行）》第 5 条的规定，公开发行以股票为基础证券的存托凭证的，境外基础证券发行人应当符合下列条件：(1)《证券法》第 12 条第 1 款第 1 项至第 4 项关于股票公开发行的基本条件；(2) 为依法设立且持续经营 3 年以上的公司，公司的主要资产不存在重大权属纠纷；(3) 最近 3 年内实际控制人未发生变更，且控股股东和受控股股东、实际控制人支配的股东持有的境外基础证券发行人股份不存在重大权属纠纷；（4）境外基础证券发行人及其控股股东、实际控制人最近3年内不存在损害投资者合法权益和社会公共利益的重大违法行为；（5）会计基础工作规范、内部控制制度健全；（6）董事、监事和高级管理人员应当信誉良好，符合公司注册地法律规定的任职要求，近期无重大违法失信记录；（7）中国证监会规定的其他条件。

此外，证监会《关于开展创新企业境内发行股票或存托凭证试点的若干意见》规定了试点红筹企业发行存托凭证的条件。

（三）债券发行的条件

对于企业债券发行条件，国务院《企业债券管理条例》规定，企业发行企业债券必须符合下列条件：（1）企业规模达到国家规定的要求；（2）企业财务会计制度符合国家规定；（3）具有偿债能力；（4）企业经济效益良好，发行企业债券前连续3年盈利；（5）所筹资金用途符合国家产业政策。

关于公司债券发行条件，《证券法》第15条规定，公开发行公司债券，应当符合下列条件：（1）具备健全且运行良好的组织机构；（2）最近3年平均可分配利润足以支付公司债券一年的利息；（3）国务院规定的其他条件。第17条规定，有下列情形之一的，不得再次公开发行公司债券：（1）对已公开发行的公司债券或者其他债务有违约或者延迟支付本息的事实，仍处于继续状态；（2）违反本法规定，改变公开发行公司债券所募资金的用途。此外，证监会《公司债券发行与交易管理办法》第14条和第15条规定了公开发行公司债券条件。

上市公司发行公司债券除了应当符合前述债券发行条件，还要符合《上市公司证券发行注册管理办法》的要求。

上市公司发行可转换为股票的公司债券，《证券法》第15条第3款规定，除应当符合第1款规定的条件以外，还应当遵守《证券法》第12条第2款的规定。但是，按照公司债券募集办法，上市公司通过收购本公司股份的方式进行公司债券转换的除外。此外，《上市公司证券发行注册管理办法》第13条和第14条分别规定了上市公司发行可转债的积极条件和消极条件。

三、证券公开发行的程序

（一）股票发行的程序

1. 首次发行股票的程序

（1）首次公开发行股票并在主板上市的，依据《首次公开发行股票注册管理办法》的规定，需要经过如下程序：

发行人董事会应当依法就本次发行股票的具体方案、本次募集资金使用的可行性及其他必须明确的事项作出决议，并提请股东大会批准。

发行人股东大会应当就本次发行股票作出决议。

发行人申请首次公开发行股票并上市，应当按照中国证监会有关规定制作注册申请文件，依法由保荐人保荐并向交易所申报。

注册申请文件受理后，未经中国证监会或者交易所同意，不得改动。发生重大事项的，发行人、保荐人、证券服务机构应当及时向交易所报告，并按要求更新注册申请文件和信息披露资料。

交易所设立独立的审核部门，负责审核发行人公开发行并上市申请；设立科技创新咨询委员会或行业咨询专家库，负责为板块建设和发行上市审核提供专业咨询和政策建议；设立上市委员会，负责对审核部门出具的审核报告和发行人的申请文件提出审议意见。

交易所按照规定的条件和程序，形成发行人是否符合发行条件和信息披露要求的审核意见。认为发行人符合发行条件和信息披露要求的，将审核意见、发行人注册申请文件及相关审核资料报中国证监会注册；认为发行人不符合发行条件或者信息披露要求的，作出终止发行上市审核决定。交易所审核过程中，发现重大敏感事项、重大无先例情况、重大舆情、重大违法线索的，应当及时向中国证监会请示报告，中国证监会及时明确意见。

交易所应当自受理注册申请文件之日起在规定的时限内形成审核意见。发行人根据要求补充、修改注册申请文件，或者交易所按照规定对发行人实施现场检查，要求保荐人、证券服务机构对有关事项进行专项核查，并要求发行人补充、修改申请文件的时间不计算在内。

交易所应当提高审核工作透明度，接受社会监督，公开规定事项。

中国证监会在交易所收到注册申请文件之日起，同步关注发行人是否符合国家产业政策和板块定位。

中国证监会收到交易所审核意见及相关资料后，基于交易所审核意见，依法履行发行注册程序。在20个工作日内对发行人的注册申请作出予以注册或者不予注册的决定。前述注册期限内，中国证监会发现存在影响发行条件的新增事项的，可以要求交易所进一步问询并就新增事项形成审核意见。发行人根据要求补充、修改注册申请文件，或者中国证监会要求交易所进一步问询，要求保荐人、证券服务机构等对有关事项进行核查，对发行人现场检查，并要求发行人补充、修改申请文件的时间不计算在内。中国证监会认为交易所对新增事项的审核意见依据明显不充分，可以退回交易所补充审核。交易所补充审核后，认为发行人符合发行条件和信息披露要求的，重新向中国证监会报送审核意见及相关资料，前述注册期限重新计算。

中国证监会的予以注册决定，自作出之日起一年内有效，发行人应当在注册决定有效期内发行股票，发行时点由发行人自主选择。

中国证监会作出予以注册决定后、发行人股票上市交易前，发行人应当及时更新信息披露文件内容，财务报表已过有效期的，发行人应当补充财务会计报告等文件；保荐人以及证券服务机构应当持续履行尽职调查职责；发生重大事项的，发行人、保荐人应当及时向交易所报告。交易所应当对上述事项及时处理，发现发行人存在重大事项影响发行条件、上市条件的，应当出具明确意见并及时向中国证监会报告。

中国证监会作出予以注册决定后、发行人股票上市交易前，发行人应当持续符合发行条件，发现可能影响本次发行的重大事项的，中国证监会可以要求发行人暂缓发行、上市；相关重大事项导致发行人不符合发行条件的，应当撤销注册。中国证监会撤销注册后，股票尚未发行的，发行人应当停止发行；股票已经发行尚未上市的，发行人应当按照发行价并加算银行同期存款利息返还股票持有人。

交易所认为发行人不符合发行条件或者信息披露要求，作出终止发行上市审核决定，或者中国证监会作出不予注册决定的，自决定作出之日起 6 个月后，发行人可以再次提出公开发行股票并上市申请。

中国证监会应当按规定公开股票发行注册行政许可事项相关的监管信息。

存在《首次公开发行股票注册管理办法》规定情形的，发行人、保荐人应当及时书面报告交易所或者中国证监会，交易所或者中国证监会应当中止相应发行上市审核程序或者发行注册程序。规定情形消失后，发行人可以提交恢复申请。交易所或者中国证监会按照规定恢复发行上市审核程序或者发行注册程序。

存在《首次公开发行股票注册管理办法》规定情形的，交易所或者中国证监会应当终止相应发行上市审核程序或者发行注册程序，并向发行人说明理由。

中国证监会和交易所可以对发行人进行现场检查，可以要求保荐人、证券服务机构对有关事项进行专项核查并出具意见。

2. 发行新股的程序

《上市公司证券发行注册管理办法》对发行程序做了如下规定：

上市公司申请发行证券，董事会应当依法作出决议，并提请股东大会批准。

上市公司股东大会就发行证券作出的决定。

上市公司申请发行证券，应当按照中国证监会有关规定制作注册申请文件，依法由保荐人保荐并向交易所申报。

申请文件受理后，未经中国证监会或者交易所同意，不得改动。发生重大事项的，上市公司、保荐人、证券服务机构应当及时向交易所报告，并按要求更新申请文件和信息披露资料。

交易所审核部门负责审核上市公司证券发行上市申请；交易所上市委员会负责对上市公司向不特定对象发行证券的申请文件和审核部门出具的审核报告提出审议意见。

上市公司应当向交易所报送审核问询回复的相关文件，并以临时公告的形式披露交易所审核问询回复意见。

交易所按照规定的条件和程序，形成上市公司是否符合发行条件和信息披露要求的审核意见，认为上市公司符合发行条件和信息披露要求的，将审核意见、上市公司注册申请文件及相关审核资料报中国证监会注册；认为上市公司不符合发行条件或者信息披露要求的，作出终止发行上市审核决定。

符合相关规定的上市公司按照《上市公司证券发行注册管理办法》第 21 条规定申请向特定对象发行股票的，适用简易程序。

中国证监会在交易所收到上市公司注册申请文件之日起，同步关注其是否符合国家产业政策和板块定位。

中国证监会收到交易所审核意见及相关资料后，基于交易所审核意见，依法履行发行注册程序。

中国证监会的予以注册决定，自作出之日起一年内有效，上市公司应当在注册决定有效期内发行证券，发行时点由上市公司自主选择。适用简易程序的，应当在中国证监会作出予以注册决定后 10 个工作日内完成发行缴款，未完成的，本次发行批文失效。

中国证监会作出予以注册决定后、上市公司证券上市交易前，上市公司应当及时更新信息披露文件；保荐人以及证券服务机构应当持续履行尽职调查职责；发生重大事项的，上市公司、保荐人应当及时向交易所报告。交易所应当对上述事项及时处理，发现上市公司存在重大事项影响发行条件的，应当出具明确意见并及时向中国证监会报告。

中国证监会作出予以注册决定后、上市公司证券上市交易前，上市公司应当持续符合发行条件，发现可能影响本次发行的重大事项的，中国证监会可以要求上市公司暂缓发行、上市；相关重大事项导致上市公司不符合发行条件的，应当撤销注册。中国证监会撤销注册后，证券尚未发行的，上市公司应当停止发行；证券已经发行尚未上市的，上市公司应当按照发行价并加算银行同期存款利息返还证券持有人。

交易所认为上市公司不符合发行条件或者信息披露要求，作出终止发行上市审核决定，或者中国证监会作出不予注册决定的，自决定作出之日起 6 个月后，上市公司可以再次提出证券发行申请。

上市公司证券发行上市审核或者注册程序的中止、终止等情形参照适用《首次公开发行股票注册管理办法》的相关规定。上市公司证券发行上市审核或者注册程序过程中，存在重大资产重组、实际控制人变更等事项，应当及时申请中止相应发行上市审核程序或者发行注册程序，相关股份登记或资产权属登记完成后，上市公司可以提交恢复申请，因本次发行导致实际控制人变更的情形除外。

（二）存托凭证发行的程序

存托凭证发行程序与股票发行程序大体相同。按照《存托凭证发行与交易管理办法（试行）》的规定，公开发行以股票为基础证券的存托凭证的，境外基础证券发行人应当按照中国证监会规定的格式和内容，向中国证监会报送发行申请文件。申请公开发行存托凭证的，境外基础证券发行人应当依照《证券法》、证监会《关于开展创新企业境内发行股票或存托凭证试点的若干意见》以及证监会规定，报请证监会核准。证监会依照《证券法》以及证监会规定，审核存托凭证发行申请。仅面向符合适当性管理要求的合格投资者公开发行存托凭证的，可以简化核准程序，具体程序由证监会另行规定。申请存托凭证公开发行并上市的，境外基础证券发行人应当依照《证券法》的规定，聘请具有保荐业务资格的机构担任保荐人。保荐人应当依照法律、行政法规以及证监会规定尽职履行存托凭证发行上市推荐和持续督导职责。公开发行存托凭证的，应当依照《证券法》的规定，由证券公司承销，但投资者购买以非新增证券为基础证券的存托凭证以及证监会规定无须由证券公司承销的其他情形除外。

（三）债券发行的程序

关于企业债券发行，《企业债券管理条例》规定了发行程序，主要内容包括：企业发行企业债券应当制定发行章程。企业申请发行企业债券，应当向审批机关报送规定文件。[①] 企业发行企业债券应当公布经审批机关批准的发行章程。企业发行企业债券，可以向经认可的债券评信机构申请信用评级。企业发行企业债券，应当由证券经营机构承销。证券经营机构承销企业债券，应当对发行债券的企业的发行章程和其他有关文件的真实性、准确性、完整性进行核查。

关于公司债券包括可转换公司债券的发行程序，《证券法》《公司债券发行与交易管理办法》《上市公司证券发行注册管理办法》作了规定。

四、证券发行的保荐

（一）含义

保荐，是指保荐人推荐证券发行、上市，对发行人所披露的信息和所作的承诺提供持续辅导、训示、督促和担保。保荐制度的目标在于保证发行、上市证券的品质，其核心在于将发行人发行、上市的符合法定条件的行为及其后的持续诚信表现与保荐中介机构的执业质量考核紧密挂钩。

2005 年《证券法》正式确立了保荐制度。现行《证券法》承继了这一制度，其第 10 条第 1 款规定：发行人申请公开发行股票、可转换为股票的公司债券，依法采取承销方式的，或者公开发行法律、行政法规规定实行保荐制度的其他证券的，应当聘请证券公司担任保荐人。2023 年证监会发布了修订后的《证券发行上市保荐业务管理办法》。

（二）职责

保荐人的职责是保荐制度的核心内容，而保荐人的法定担保责任是其特色。《证券法》第 10 条第 2 款规定：保荐人应当遵守业务规则和行业规范，诚实守信，勤勉尽责，对发行人的申请文件和信息披露资料进行审慎核查，督导发行人规范运作。

按照《证券发行上市保荐业务管理办法》的规定，保荐人应在证券发行、上市以及上市后的一定期间内承担如下责任。

（1）辅导职责。保荐机构在推荐发行人首次公开发行股票并上市前，应当对发行人进行辅导，对发行人的董事、监事和高级管理人员、持有 5%以上股份的股东和实际控制人（或者其法定代表人）进行系统的法规知识、证券市场知识培训，使其全面掌握发行上市、规范运作等方面的有关法律法规和规则，知悉信息披露和履行承诺等方面的责任和义务，树立进入证券市场的诚信意识、自律意识和法制意识。

（2）尽职推荐职责。保荐机构应当尽职推荐发行人证券发行上市。

（3）尽职调查、审慎核查职责。保荐机构推荐发行人证券发行上市，应当遵循诚实守信、勤勉尽责的原则，按照中国证监会对保荐机构尽职调查工作的要求，对发行人进行全面调查，充分了解发行人的经营状况及面临的风险和问题。对发行人申请文件、证

---

① 按照 2020 年国务院《关于贯彻实施修订后的证券法有关工作的通知》的规定，依法由国家发展改革委负责作出注册决定的公开发行公司债券申请，由国家发展改革委指定的机构负责受理、审核。

券发行募集文件中有证券服务机构及其签字人员出具专业意见的内容，保荐机构可以合理信赖，对相关内容应当保持职业怀疑、运用职业判断进行分析，存在重大异常、前后重大矛盾，或者与保荐机构获得的信息存在重大差异的，保荐机构应当对有关事项进行调查、复核，并可聘请其他证券服务机构提供专业服务。对发行人申请文件、证券发行募集文件中无证券服务机构及其签字人员专业意见支持的内容，保荐机构应当获得充分的尽职调查证据，在对各种证据进行综合分析的基础上对发行人提供的资料和披露的内容进行独立判断，并有充分理由确信所作的判断与发行人申请文件、证券发行募集文件的内容不存在实质性差异。

（4）确信职责。保荐机构应当确信发行人符合法律、行政法规和中国证监会、证券交易所的有关规定，方可推荐其证券发行上市。在发行保荐书和上市保荐书中，保荐机构应当就规定事项作出承诺。

（5）协力配合职责。保荐机构推荐发行人发行证券，应当向证券交易所提交发行保荐书、保荐代表人专项授权书以及中国证监会要求的其他与保荐业务有关的文件。保荐机构推荐发行人证券上市，应当按照证券交易所的规定提交上市保荐书以及其他与保荐业务有关的文件。

（6）持续督导职责。保荐机构提交发行保荐书、上市保荐书后，应当配合证券交易所、中国证监会的审核，并承担规定工作。保荐机构应当针对发行人的具体情况，确定证券发行上市后持续督导的内容，督导发行人履行有关上市公司规范运作、信守承诺和信息披露等义务，审阅信息披露文件及向中国证监会、证券交易所提交的其他文件，并承担规定工作。

按照《证券法》第24条的规定，已经发行尚未上市的，撤销发行注册决定，发行人应当按照发行价并加算银行同期存款利息返还证券持有人；保荐人应当与发行人承担连带责任，但是能够证明自己没有过错的除外。按照《证券法》第85条的规定，发行人、上市公司公告的信息披露资料，有虚假记载、误导性陈述或者重大遗漏，致使投资者在证券交易中遭受损失的，保荐人应当与发行人、上市公司承担连带赔偿责任，但是能够证明自己没有过错的除外。

（三）管理

鉴于保荐人的重要地位，各国对保荐人资质的要求比对一般证券公司的要求更严格，大多为此规定了特定的认证程序，并且进行定期审核。中国也是如此。《证券法》第10条第3款规定，保荐人资格下放给中国证券业协会规定，而管理办法仍由证监会规定。

五、证券发行的承销

（一）概念

证券发行的承销，又称证券承销，是指证券公司受证券发行人的委托，为发行人代销或包销其证券的行为。在中国，证券承销除了受《证券法》调整，还受中国证监会发布的《证券发行与承销管理办法》等规范。

（二）方式

1. 证券代销和证券包销

证券代销，是指证券公司代发行人发售证券，在承销期结束时，将未售出的证券全部退还给发行人的承销方式。在证券代销中，发行人与代销商之间属于代理关系。信誉好、知名度高、较易被社会公众接受的大公司可以采用证券代销方式发行证券。非公开发行的更可适用代销方式。在中国，证券代销主要用于发行公司债券。

证券包销，是指证券公司将发行人的证券按照协议全部购入或者在承销期结束时将售后剩余证券全部自行购入的承销方式。发行风险由包销商承担。证券市场多采用包销方式。

证券包销分为余额包销和全额包销。余额包销，是指包销商按照与发行人约定的条件和总额向社会公众推销证券，如果约定期限届满后，未能售完全部证券，则剩余部分由包销商全部买进。在余额包销的情况下，包销商与发行人之间总体上是代理关系，但在约定期限届满后，则转为买卖关系，包销商主要赚取手续费。全额包销，是指包销商与发行人约定，由包销商认购发行人拟发行的全部证券，然后由包销商向公众投资者发售。在全额包销的情况下，发行人和包销商之间构成买卖关系，包销商赚取差价。实践中的包销大多是全额包销。

2. 独立承销和承销团承销

独立承销，是指由一家证券公司单独代销或包销拟发行的证券。独立承销的不足在于，它可能受制于证券公司的资金实力、销售网点，也难以实现对证券公司的有效约束。

承销团承销，是指两个以上的证券公司组成承销团接受发行人的委托向社会公开发售证券。承销团应当由主承销商和分销商组成。主承销商和分销商的关系通过合同确定。承销团承销可以采用共同承销或分销的方式。采用共同承销方式的，以承销团全体的名义与发行人签订承销合同。采用分销方式的，由主承销商与发行人订立承销合同，然后由主承销商与其他承销商签订分销合同，分销合同生效以承销合同生效为前提。承销团有着单个证券商不具备的优势，它发行效率高，承担风险的能力强，能够承销发行量大的证券。对于发行巨额证券，各国多要求组成承销团承销。

（三）承销协议

承销协议，是指证券发行人与证券承销商之间签订的确立各自权利义务的合同。《证券法》第 28 条规定：证券公司承销证券，应当同发行人签订代销或者包销协议。承销协议应当依法履行。

（四）承销商的法定义务

1. 相关方案实施后才可承销

《证券发行与承销管理办法》第 30 条规定：证券公司实施承销前，应当向证券交易所报送发行与承销方案。第 33 条规定：上市公司发行证券，存在利润分配方案、公积金转增股本方案尚未提交股东大会表决或者虽经股东大会表决通过但未实施的，应当在方案实施后发行。相关方案实施前，主承销商不得承销上市公司发行的证券。

2. 核查发行文件

《证券法》第 29 条第 1 款规定：证券公司承销证券，应当对公开发行募集文件的真实性、准确性、完整性进行核查；发现有虚假记载、误导性陈述或者重大遗漏的，不得进行销售活动；已经销售的，必须立即停止销售活动，并采取纠正措施。

3. 不得虚假承销及诱使申购

根据《证券法》第 29 条第 2 款的规定，证券公司承销证券，不得进行虚假的或者误导投资者的广告宣传或者其他宣传推介活动。证券公司有此行为，给其他证券承销机构或者投资者造成损失的，应当依法承担赔偿责任。《证券发行与承销管理办法》第 28 条第 3 款规定：承销团成员应当按照承销团协议及承销协议的规定进行承销活动，不得进行虚假承销。第 27 条中规定：发行人和承销商及相关人员，不得以提供透支、回扣或者中国证监会认定的其他不正当手段诱使他人申购证券。

4. 禁止事先预留

《证券法》第 31 条规定：证券的代销、包销期限最长不得超过 90 日。证券公司在代销、包销期内，对所代销、包销的证券应当保证先行出售给认购人，证券公司不得为本公司预留所代销的证券和预先购入并留存所包销的证券。

5. 不得进行不正当竞争

《证券法》第 27 条规定：公开发行证券的发行人有权依法自主选择承销的证券公司。证券公司不得以不正当竞争手段招揽证券承销业务。根据《证券法》第 29 条第 2 款的规定，证券公司承销证券，不得以不正当竞争手段招揽承销业务。证券公司有此行为，给其他证券承销机构或者投资者造成损失的，应当依法承担赔偿责任。

六、股票发行机制

新股发行机制是指首次公开发行股票时的新股定价、承销和发售的一系列制度及相关安排。它有两方面基本内容：一是确定新股发行价格，即价格发现；二是采用一定的方式将新股出售给投资者。这两个方面相互制约和依赖，构成价格形成的核心内容。新股发行的核心是定价机制。

（一）发行定价

股票的发行价格直接关系到发行人、承销商和投资者的利益，攸关发行的风险。在成熟的资本市场，新股发行价格常常是通过向机构投资者询价形成的。在中国，新股定价经历了“定价—竞价—询价”的演变过程，曾经使用市盈率倍数法、竞价确定法等，目前，首次公开发行股票推行询价制度，新股定价更趋理性。2005 年《证券法》第 34 条规定：股票发行采取溢价发行的，其发行价格由发行人与承销的证券公司协商确定。

现行《证券法》第32条沿袭了这一规定。随着机构投资者的定价分析能力、参与确定发行价格的意愿、其报价对新股发行价格的约束力不断增强，中国的市场询价法必将不断完善。

（二）发行方式

新股发行方式影响到何人获得新股，它经历了“网下—网上—网下和网上相结合”的演变过程，其间具体使用的方式包括：限量发售认购证；无限量发售认购证；无限量发售认购表，并与储蓄存款挂钩；全额预缴、比例配售；上网竞价发行；上网定价抽签方式；网下法人投资者询价配售与上网定价相结合方式；网下询价＋网上定价发行，网下、网上相同认购比例；确定发行底价，提供不具有约束力的指导价格，网下询价确定发行区间，然后上网询价发行，除战略投资者单独配售以外，网上、网下根据网上、网下的合计认购倍数确定一致的网上网下认购比例，对于大盘股还有单独战略配售；事先确定发行区间，然后网上、网下同时询价，除战略投资者单独配售以外，网上、网下根据网上、网下的合计认购倍数确定一致的网上网下认购比例，对于大盘股还有单独向战略投资者配售，战略投资者也参与询价；网上、网下同时询价确定发行价格，并有回拨机制；上网竞价发行方式；网上市值配售定价发行阶段；网下询价＋网上定价市值配售、全额资金申购发行方式；网下询价＋网上资金申购定价发行方式；网下配售＋网上市值配售＋回拨机制，信用申购，发行价格窗口指导发行方式；上网定价市值配售，信用申购方式等。[①] 现行《证券发行与承销管理办法》对证券公司在境内承销证券以及投资者认购境内发行证券的方式做了具体规范。中国证券业协会2023年《首次公开发行证券承销业务规则》对承销商路演推介、询价、定价、配售等业务活动和网下投资者报价行为做了具体规范。

七、证券非公开发行

（一）概述

证券非公开发行或私募发行是筹集资金的重要方式。在各国家和地区，非公开发行制度的主要目标是为投资者开辟新的投资渠道，便于企业利用非公开发行方式融资和发展，保护公众投资者的利益。

我国证券法律除了调整证券公开发行，还规范非公开发行。2005年《证券法》和现行《证券法》明确允许以非公开形式合法募集资金。

下面仅通过比较，介绍上市公司在主板非公开发行股票的规则。

（二）公开发行与非公开发行的差异

公开发行与非公开发行差异明显。

1. 发行条件不同。《证券法》第12条第2款规定：上市公司发行新股，应当符合经

---

① 这些年，我们见过的IPO新股发行方式 . http：//www. chinaipo. com/ipo/71067. htm.

国务院批准的国务院证券监督管理机构规定的条件。《上市公司证券发行注册管理办法》第 9 条到第 12 条规定了上市公司非公开发行股票的积极条件和消极条件。

2. 监管方式不同。公开发行涉及社会公众利益，须经证券监管机构注册或审核。非公开发行由于离社会大众的利益比较远，一般免于注册或审核。不过，在中国，上市公司非公开发行新股仍须适用《证券法》规定的公开发行审核规则。《证券法》第 12 条第 2 款规定：上市公司发行新股，具体管理办法由国务院证券监督管理机构规定。但这仅是《证券法》规范公开发行的一个例外，其针对的不是非公开发行，而是由于上市公司涉及众多股东，因而具有公共性。公开发行一般由《证券法》规定的具体规则强制调整，而非公开发行主要依赖合同规范当事人之间的关系。

3. 信息披露要求不同。公开发行必须按照法律的严格要求公开信息，非公开发行只需对特定对象公开有关信息。不过，上市公司非公开发行股票时，其控股股东、实际控制人和发行对象应当及时向上市公司提供相关信息，配合上市公司履行信息披露义务。上市公司非公开发行新股后，应当按中国证监会的要求编制并披露发行情况报告书。

4. 转售方式不同。公开发行的证券可以自由转售。非公开发行的证券不得在未经注册登记或取得其他豁免的情况下转售，以免非公开豁免被滥用或者成为变相公开发行。实践中，非公开发行人通常要求所有购买人签署保证函，保证在购买证券时没有向公众转售的意图。中国证监会发布的《上市公司证券发行注册管理办法》第 59 条对非公开发行股票的转让作了限制。由于非公开发行的证券的变现性差，因此其投资风险和发行利率较高。

此外，上市公司申请公开发行证券或者非公开发行新股，都应由保荐人保荐。上市公司发行证券，应当由证券公司承销；非公开发行股票，发行对象均属于原持股比例在前十名股东的，可以由上市公司自行销售。上市公司非公开发行股票未采用自行销售方式或者上市公司配股的，应当采用代销方式。

第二节　证券上市制度

一、证券上市概述

（一）证券上市的概念

证券上市，主要是指发行人已经发行的有价证券经核准，在证券交易所等公开挂牌买卖。随着多层次证券市场的建立，证券上市还包括在场外市场挂牌交易。证券上市后，可以更加便利、快捷、高效地转让，提高变现能力。有关证券上市的条件和程序、上市公司的监管、证券上市暂停或终止等规范构成证券上市法律制度。

（二）证券上市的种类

1. 场内市场上市和场外市场上市

场内市场上市，是指经发行人申请，证券交易所等核准，证券在证券交易所等挂牌上市。场外市场上市，是指证券在其他交易市场上市。场内交易市场和场外交易市场共同构成与证券发行市场相对应的二级市场。

（1）场内市场。

主板市场（Main Board），也就是证券交易所市场。美国纽约证券交易所、英国伦敦证券交易所、德国法兰克福证券交易所、日本东京证券交易所、中国上海证券交易所和中国深圳证券交易所都属于这种证券交易场所。这种场所构成证券交易市场的核心和主干。

中小企业板，主要面向已符合现有上市标准、成长性好、科技含量较高、行业覆盖面较广的各类公司。2004 年中国深圳证券交易所在主板市场内设立了中小企业板块。与主板市场相比，中小企业板块在信息披露和交易制度方面有所不同。中小企业板市场避免了直接推出创业板所带来的风险和不确定性，成为逐步向创业板市场过渡的市场形式。

创业板，即二板市场（Second Board）。2009 年 10 月，创业板市场在中国深圳证券交易所正式启动。创业板深入贯彻创新驱动发展战略，适应发展更多依靠创新、创造、创意的大趋势，主要服务于成长型创新创业企业，支持传统产业与新技术、新产业、新业态、新模式深度融合。

科创板于 2019 年 6 月在中国上海证券交易所正式开板。发行人申请首次公开发行股票并在科创板上市的，应当符合科创板定位，面向世界科技前沿、面向经济主战场、面向国家重大需求。科创板优先支持符合国家战略，拥有关键核心技术，科技创新能力突出，主要依靠核心技术开展生产经营，具有稳定的商业模式，市场认可度高，社会形象良好，具有较强成长性的企业。

全国中小企业股份转让系统（新三板）。全国股份转让系统是非上市股份公司股票公开转让和发行融资的市场。按照 2015 年中国证券业协会《场外证券业务备案管理办法》，场外证券业务是指在我国上海和深圳证券交易所、期货交易所、全国中小企业股份转让系统以外开展的证券业务。可见，全国中小企业股份转让系统属于场内市场。这跟美国的有所不同。

（2）场外市场。

场外市场，是最古老的证券市场。场外交易场所分散，主要有证券商营业柜台、证券报价系统、产权交易市场、证券登记结算公司结算系统等。场外上市极大地缓解了证券交易所等的扩容压力，为不能或不愿到证券交易所等上市的证券提供了流通的渠道，也为投资者提供了交易机会。现在，场外市场非常活跃并发挥着巨大的作用，中国的场外证券交易市场也是如此。

证券公司交易柜台，实即证券公司自己的业务经营场所。证券公司可在柜台直接与投资者买卖证券。在证券交易所出现之前，证券交易都是通过证券经纪公司柜台进行的。在上海证券交易所和深圳证券交易所设立前，中国就存在这种场外交易场所。

证券报价系统，是依托电话、电传、计算机网络等从事证券交易的综合性场外交易市场。美国于 20 世纪 70 年代创设了美国全美证券商自动报价系统（NASTAQ）。1992 年中国成立全国证券自动报价系统（STAQ）和中国证券交易系统有限公司（NET）。1997 年到 1998 年，国务院取缔所有未经国务院批准擅自设立的证券交易自动报价系统、产权交易所（中心）、证券交易所（中心）等。1998 年，中国证监会命令关闭了 STAQ 与 NET 这两个市场。

产权交易场所，是由地方政府组建的进行产权、技术和股权转让的市场，是提供交易设施和组织交易、提供各种服务的自律管理的场所。中国产权交易场所是随着企业兼并的增多而产生的。现行《证券法》第 98 条规定，按照国务院规定设立的区域性股权市场为非公开发行证券的发行、转让提供场所和设施，具体管理办法由国务院规定。2017 年，国务院办公厅印发《关于规范发展区域性股权市场的通知》，中国证监会发布《区域性股权市场监督管理试行办法》。2019 年证监会发布了《关于规范发展区域性股权市场的指导意见》。

另外，投资性众筹市场和银行间债券市场也属场外市场。投资性众筹主要包括股权众筹融资。2015 年 7 月，中国人民银行等十部委发布《关于促进互联网金融健康发展的指导意见》，其中指出，股权众筹融资主要是指通过互联网形式进行公开小额股权融资的活动。2015 年 7 月，中国证券业协会发布的《场外证券业务备案管理办法》所列举的场外证券业务包括“私募股权众筹”。8 月，中国证券业协会将其改称为“互联网非公开股权融资”。股权众筹融资业务由证监会负责监管。投资性众筹市场与银行间债券市场等构成多层次资本市场的第五层次。

2. 同步上市和非同步上市

同步上市，是指股票首次公开发行与股票上市几乎同步。目前我国股票上市主要采取同步上市模式。上海证券交易所和深圳证券交易所股票上市规则规定，发行人首次公开发行股票的申请获得证监会注册发行后，应当及时向交易所提出股票上市申请。

非同步上市，是指发行人在股票发行后的较长时间才申请并获准上市。

3. 授权上市和认可上市

授权上市，是指股份公司等证券发行人提出股票或公司债券的上市申请，证券交易所则依照规定的条件和程序决定是否核准其上市。中国《证券法》主要调整授权上市。

认可上市，是指无须证券交易所的审查，直接进入证券交易所上市交易。它主要适用于各种政府债券。对于政府债券，证券交易所通常无权拒绝或终止其上市。在中国，政府债券由证券交易所根据国务院授权的部门的决定安排上市交易。政府债券上市意义不大。

4. 境内上市和境外上市

境内上市，即境内直接上市，是指国内公司以自己名义申请发行，并向境内交易所申请上市。它可分为 A 股股票上市和 B 股股票上市。

境外上市，分为境外直接上市和境外间接上市。境外直接上市，是指境内公司以自己的名义向境外证券监管机构申请并在境外上市。境外直接上市程序复杂、时间长、成本高。境外间接上市，是指国内企业采取收购境外公司、到境外设立公司、向境外投资者发行存托凭证等方式上市。不论哪种境外上市均应遵守中国有关法规。《证券法》第 224 条规定：境内企业直接或者间接到境外发行证券或者将其证券在境外上市交易，应当符合国务院的有关规定。当然，境外上市自然应当遵守上市地国或地区的证券法律。

境外上市涉及境内监管和境外监管，因此需要加强各国和地区乃至国际监管合作。

二、证券交易所上市条件

合理的上市条件可以保证上市公司的质量，增强投资者的信心，提高交易所的竞争实力，更好地发挥证券市场配置资源的作用。

2006 年之前，中国基本上采取强制上市制度，公开发行股票的公司都会获得中国证监会的上市核准。2006 年之后，证券发行后不一定上市，它必须符合证券交易所规定的上市条件，并经过证券交易所核准才能上市。

2005 年《证券法》直接规定了上市条件，同时，证券交易所可以规定高于法律规定的上市条件。现行《证券法》在很大程度上改变了上市条件的法定化，进一步将规定证券上市条件的权力交给证券交易所，同时，上海、深圳两个交易所应当利用法律的授权，根据自己不同的定位，结合不同类型、不同规模公司对证券市场的不同需求，规定不同的上市条件，以构建多层次、多结构的证券市场。

（一）股票上市的条件

1. 普通股股票的上市条件

《证券法》第 47 条规定：申请证券上市交易，应当符合证券交易所上市规则规定的上市条件。证券交易所上市规则规定的上市条件，应当对发行人的经营年限、财务状况、最低公开发行比例和公司治理、诚信记录等提出要求。

《上海证券交易所股票上市规则》(2024 年修订)、《上海证券交易所科创板股票上市规则》(2024 年修订)、《深圳证券交易所股票上市规则》(2024 年修订)、《深圳证券交易所创业板股票上市规则》(2024 年修订) 等具体规定了相应的上市条件。

2. B 股股票的上市条件

依据国务院《关于股份有限公司境内上市外资股的规定》，以募集方式设立公司，申请发行境内上市外资股的，应当符合规定条件。

（二）存托凭证上市的条件

依据《存托凭证发行与交易管理办法（试行）》第 10 条的规定，境外基础证券发行人申请存托凭证上市的，应当符合证券交易所业务规则规定的上市条件。证券交易所应当依据《证券法》《关于开展创新企业境内发行股票或存托凭证试点的若干意见》以及证监会规定制定存托凭证上市的相关业务规则。

（三）债券上市的条件

申请债券上市交易，应当遵守《证券法》第 47 条的规定，应当符合证券交易所上市规则规定的上市条件。《上海证券交易所公司债券上市规则》(2023 年修订)、《深圳证券交易所公司债券上市规则》(2023 年修订) 等具体规定了相应的上市条件。可转换债券上市条件由两家证券交易所的股票上市规则规定。

三、证券交易所上市程序

证券上市应当遵守法定程序，主要包括申请、保荐、审核、签订协议、信息披露、挂牌交易等步骤。

（一）上市申请

证券到证券交易所上市，上市主体应向证券交易所提出申请，并提交证券交易所规则规定的文件。

（二）保荐机构保荐

上市公司发行可转换公司债券，应当聘请保荐机构履行保荐职责。

（三）审核与签订协议

中国证券上市审查经历过交易所审核制、监管机构审批制、监管机构核准制等一系列变化。现行《证券法》采取交易所审核制，其第46规定：申请证券上市交易，应当向证券交易所提出申请，由证券交易所依法审核同意，并由双方签订上市协议。证券交易所根据国务院授权的部门的决定安排政府债券上市交易。据此，除政府债券豁免上市申请、审核和收费，而由主管部门通知证券交易所上市以外，其他证券上市须经证券交易所审核。证券交易所应在合理期限内完成审核。现行《证券法》将证券发行审核与上市审核分离，赋予证券交易所独立、充分的上市审核权。发行人即使符合发行条件并经中国证监会核准发行，证券交易所也可基于自己的规则和自身的考虑拒绝接受证券上市，但是，证券交易所应当公平和诚实地考虑上市申请。

证券交易所同意上市申请后，与公司签订上市协议，明确双方的权利义务。这意味着证券发行人愿意接受证券交易所的上市规则，证券交易所也愿在此基础上接受证券上市。这表明证券发行人与证券交易所之间属于民商事法律关系。交易所与任何上市公司所签上市协议的内容与格式均应一致；确需与某些上市公司签署特殊条款时，报中国证监会批准。上市协议有助于完善上市公司治理，因为交易所通过上市协议，可以促使上市公司将上市条件或标准纳入公司章程，而无须经过股东之间复杂的谈判。上市协议还可促进上市公司的信息披露。

对证券交易所作出的不予上市的决定不服的，可以向证券交易所申请复核。《证券法》第49条规定：对证券交易所作出的不予上市交易、终止上市交易决定不服的，可以向证券交易所设立的复核机构申请复核。

（四）信息披露

证券上市后，上市公司应当依法履行信息披露义务。

（五）挂牌交易

在证券交易所同意接受股票上市并且上市公告书公开5日以后，上市公司股票即可在证券交易所挂牌交易。投资者可以根据证券交易所的业务规则，委托证券公司买卖该上市股票。

四、交易所上市的终止

（一）概述

终止上市即摘牌或退市，属于退市机制，是规范市场结构、优胜劣汰和保障投资者整体利益的机制。它和证券入市制度一样，有助于提高上市公司的整体质量，改善发行交易环境，从而从根本上保障广大投资者的利益。

2005年《证券法》对股票和公司债券的暂停和终止上市作出了明确规定。现行《证券法》取消了股票暂停上市制度，实施严格的终止上市制度。

终止上市，是指上市证券丧失在证券交易所挂牌交易的资格，不得在证券交易所挂牌上市。它一般分为三种：一是自动终止，如债券到期上市终止；二是出现法定事由而由监管机构或证券交易所决定终止证券上市，比如证券因不符合上市条件而被终止上市；三是上市公司基于自身利益的考虑申请终止上市。

（二）具体制度

关于证券交易所决定证券终止上市，《证券法》第48条规定，上市交易的证券，有证券交易所规定的终止上市情形的，由证券交易所按照业务规则终止其上市交易。证券交易所决定终止证券上市交易的，应当及时公告，并报国务院证券监督管理机构备案。

股票终止上市后，为了保护投资者利益，股票发行人可以委托有资格的证券公司代办股票转让，股票可以在全国股份转让系统中交易。上市证券被终止上市后，符合规定条件的，可以重新申请上市。

对于科创板上市公司，证监会《科创板上市公司持续监管办法（试行）》规定了严格的退市制度，包括完善退市标准、取消重新上市环节、从严执行退市指标、缩短退市周期。

五、全国股份转让系统挂牌制度

（一）概述

全国股份转让系统挂牌，是指中国境内符合条件的股份公司在全国中小企业股份转让系统挂牌，公开转让证券、筹资融资、重组资产。全国股份转让系统属于公开转让市场。非上市公众公司公开转让股票的，应当在全国股份转让系统进行。在该系统公开转让的非上市公众公司为挂牌公司。定向发行和定向转让的非上市公众公司可以不在该系统挂牌。全国股份转让系统挂牌与交易所上市既有相同点也有差异。一方面，挂牌公司与上市公司在公司治理、信息披露、法律责任等方面大体一致；另一方面，在全国股份转让系统挂牌不以公司公开发行股份为前提，挂牌公司可以定向发行股票，可以采取做市商交易、协议转让、竞价交易等方式转让股份。

为了规范全国中小企业股份转让系统运行，维护市场正常秩序，保护投资者合法权益，全国中小企业股份转让系统于2013年根据《公司法》《证券法》《关于全国中小企业股份转让系统有关问题的决定》《非上市公众公司监督管理办法》《全国中小企业股份转让系统有限责任公司管理暂行办法》等法律、行政法规、部门规章，制定了《全国中小企业股份转让系统业务规则（试行）》。该规则对股票挂牌、转让、终止和重新挂牌的条件、程序作了规定。

（二）挂牌条件和程序

依据《全国中小企业股份转让系统业务规则（试行）》的规定，股份有限公司申请股票在全国股份转让系统挂牌，不受股东所有制性质的限制，不限于高新技术企业，应当符合该规则规定的条件。

依据《非上市公众公司监督管理办法》的规定，股东人数超过200人的公司申请其股票挂牌公开转让，应当按照中国证监会有关规定制作公开转让的申请文件。公司持申请文件向中国证监会申请核准。股东人数未超过200人的公司申请其股票挂牌公开转让，中国证监会豁免核准，由全国股份转让系统进行审查。中国证监会受理申请文件后，依法对公司治理和信息披露进行审核，在20个工作日内作出核准、中止审核、终止审核、不予核准的决定。

（三）转板退板制度

依据2023年证监会发布的《全国中小企业股份转让系统分层管理办法》，全国股转系统设置基础层、创新层，符合不同条件的挂牌公司分别纳入不同市场层级管理。全国股转公司制定客观化、差异化的各层级进入和调整条件，并据此调整挂牌公司所属市场层级。此外，依据国务院《关于全国中小企业股份转让系统有关问题的决定》，在全国股份转让系统挂牌的公司，达到股票上市条件的，可以直接向证券交易所申请上市交易。2020年6月，证监会发布《关于全国中小企业股份转让系统挂牌公司转板上市的指导意见》。

依据《全国中小企业股份转让系统业务规则（试行）》，挂牌公司出现该规则规定情形的，全国股份转让系统公司终止其股票挂牌。

六、场外市场的规制

（一）国外的规制

场外证券交易市场数量多，种类多，较为分散，较难管理。但是，鉴于场外市场更容易发生投机、欺诈和操纵，各国仍努力对其加强监管。场外交易主要由证券商协会等自律组织予以监管，政府则对证券商协会进行监督指导。监管措施包括：规定场外上市公司的最低资产、盈利水平、股权分布程度；对证券商业务种类和地区加以限制；场外交易限于现货交易；防止欺诈和操纵，限制暴利；每天公布交易实际行情；对证券商实行定期检查；向监管机构提交年度报告等。

（二）中国的规制

鉴于存在市场发育程度不高、场外市场信息不对称、中国证券业协会监管功能不足、证券公司与投资者存在利益冲突等情况，对于场外市场不能实行完全的自律监管。现行《证券法》对一些问题做了回应。

第三节　证券交易制度

一、证券交易概述

（一）证券交易的概念和特征

证券交易，是指证券投资者在证券交易所、全国股转系统、证券公司柜台、电脑交易网络以及无形市场，依照规定的交易方式，对已经依法发行的证券进行买卖的行为。证券交易引发多种法律关系，它们可能发生在投资者之间、投资者与证券公司之间、作为自营者的证券公司与作为托管人的证券公司之间、投资者与证券交易所之间、证券公司与证券交易所之间。这些关系基本上属于买卖，同时也辅以代理与行纪等。证券交易不包括证券发行，也不包括因继承、赠与或划拨、合并等而转移证券权利。证券交易不同于证券持有和控制。例如，证券质押、冻结、托管、委托持股、征集表决权等属于证券持有和控制。

证券交易具有重要意义。证券交易是证券法律制度的逻辑起点，因此，《证券法》必须科学地规范证券交易，促进交易市场的建立和健全。

（二）证券交易的效力要件

证券法律关系必须符合法律法规和证券交易所规则才能发生法律效力。

1. 主体合格

证券交易主体可以分为社会投资者、证券公司、证券公司以外的法人投资者。特殊情况下，发行人可以充当交易主体。

2. 标的合法

证券交易的标的是证券，该标的必须合乎法律的规定。《证券法》第35条规定：证券交易当事人依法买卖的证券，必须是依法发行并交付的证券。非依法发行的证券，不得买卖。

3. 意思表示真实

证券交易作为合同行为，其意思表示必须真实，否则不能发生法律效力。特别是证券交易当事人不得进行欺诈。但应注意，认定证券交易成立，当事人的真实意思往往并不具有特别的意义，只要当事人履行了交易规则规定的全部交易程序，即视为证券交易完成。

4. 必须遵守交易规则

证券交易必须符合法律法规、证券交易所设置的交易规则，包括：(1) 交易场所和方式规则。《证券法》第 37 条规定：公开发行的证券，应当在依法设立的证券交易所上市交易或者在国务院批准的其他全国性证券交易场所交易。非公开发行的证券，可以在证券交易所、国务院批准的其他全国性证券交易场所、按照国务院规定设立的区域性股权市场转让。第 38 条规定：证券在证券交易所上市交易，应当采用公开的集中交易方式或者国务院证券监督管理机构批准的其他方式。(2) 期限规则。《证券法》第 36 条规定：依法发行的证券，《公司法》和其他法律对其转让期限有限制性规定的，在限定的期限内不得转让。上市公司持有 5%以上股份的股东、实际控制人、董事、监事、高级管理人员，以及其他持有发行人首次公开发行前发行的股份或者上市公司向特定对象发行的股份的股东，转让其持有的本公司股份的，不得违反法律、行政法规和国务院证券监督管理机构关于持有期限、卖出时间、卖出数量、卖出方式、信息披露等规定，并应当遵守证券交易所的业务规则。《证券法》第 40 条和第 42 条也规定了有关期限。此外，《证券法》第 44 条规定：上市公司、股票在国务院批准的其他全国性证券交易场所交易的公司持有 5%以上股份的股东、董事、监事、高级管理人员，将其持有的该公司的股票或者其他具有股权性质的证券在买入后 6 个月内卖出，或者在卖出后 6 个月内又买入，由此所得收益归该公司所有，公司董事会应当收回其所得收益。但是，证券公司因购入包销售后剩余股票而持有 5%以上股份，以及有国务院证券监督管理机构规定的其他情形的除外。第 161 条规定：证券投资咨询机构及其从业人员从事证券服务业务不得买卖本证券投资咨询机构提供服务的证券。(3) 账户规则。《证券法》第 58 条规定：任何单位和个人不得违反规定，出借自己的证券账户或者借用他人的证券账户从事证券交易。(4) 资金规则。关于银行资金入市，《证券法》第 59 条规定：依法拓宽资金入市渠道，禁止资金违规流入股市。禁止投资者违规利用财政资金、银行信贷资金买卖证券。(5) 交易结果不可改变规则。证券市场匿名交易、交易频繁、瞬息万变，交易结果必须确定，否则证券交易难以为继。因此，《证券法》第 117 条规定：按照依法制定的交易规则进行的交易，不得改变其交易结果，但本法第 111 条第 2 款规定的除外。对交易中违规交易者应负的民事责任不得免除；在违规交易中所获利益，依照有关规定处理。

二、证券交易分类

（一）按交易场所分

1. 场内交易

场内交易，是指在依法设立的集中统一的证券交易场所从事的交易。对于场内交易，场所经依法审批而设立，空间集中封闭，服务设施完善，交易规则健全，交易品种多是股票及其衍生品，普通投资者不得直接进入交易场所。在场内交易中，一种证券往往只有一个最佳的价格，不同于场外交易的存在多个价格。在我国，证券交易所和全国股份转让系统内进行的交易都属于场内交易。

2. 场外交易

场外交易，是指在证券交易所、全国股份转让系统以外的法定市场从事交易。场外交易主要有证券公司柜台交易。另外，证券拍卖、协议转让等实际上也是场外交易。场外交易可以通过一对一买卖、一个卖主对多个买主的拍卖或者一个买主对多个卖主的标购等方式进行。场外交易可以是协议买卖，也可以是挂牌交易。前者，是指双方通过协商完成证券交易。后者，是指证券出售者将卖价或证券购买者将买价列于显示板，发出要约，某人按此要约承诺的，即可成交。场外交易上市条件宽松，也无须履行强制的上市信息和持续信息披露义务，交易成本较低。

（二）按是否集中交易分

《证券法》第 38 条规定：证券在证券交易所上市交易，应当采用公开的集中交易方式或者国务院证券监督管理机构批准的其他方式。该条没有规定证券的非上市交易。实际上，非上市交易也可采用集中交易和其他交易方式。

1. 集中竞价交易

集中竞价，是指多个卖方与多个买方在同一集中市场，对同一交易标的竞争出价，出价最低的卖方与出价最高的买方达成交易。它可分为集合竞价和连续竞价。前者，指对一段时间内的买卖申报一次性集中撮合竞价。后者，指对买卖申报逐笔连续撮合竞价。集合竞价期间未成交的买卖申报自动进入连续竞价。证券交易所多采集中竞价交易方式。当然，场外市场也可利用网络等技术实现集中竞价交易。

集中竞价交易可以人工作出交易决策并下单，也可以通过计算机程序自动生成或者下达交易指令。比起人工交易，程序化交易更加迅捷，但风险也更大，因此需要加以规制。《证券法》第 45 条规定：通过计算机程序自动生成或者下达交易指令进行程序化交易的，应当符合国务院证券监督管理机构的规定，并向证券交易所报告，不得影响证券交易所系统安全或者正常交易秩序。

2. 非集中竞价交易

（1）协议转让。

协议转让，是指买卖双方一对一地通过协商交易价格等条件转让证券。协议转让可以降低交易成本，提高交易效率。

依据《证券法》第四章规定的上市公司收购制度，投资者可以采取协议收购的方式收购上市公司。另外，监管机构还可能批准其他协议转让。

（2）大宗交易。

大宗交易，是指证券单笔买卖申报达到证券交易所规定的某一数量或规模时，该笔买卖按照特殊方式成交。大宗交易采用场内或场外一对一协商定价，不占用正常交易时间，其交易不计入当日指数。大宗交易主要基于机构投资者比例的提高和并购市场的发达而产生，可以解决机构投资者的流动性问题，也可为证券市场上兼并、收购等提供安全快捷的通道。为了更好地适应和服务市场，在借鉴国外成熟市场经验的基础上，中国上海证券交易所和深圳证券交易所于2002年开始推行大宗交易方式，两交易所的交易规则对大宗交易都作了规定。

3. 回购交易

证券回购交易，是指证券买卖双方在成交的同时，约定于未来某一时间以某一价格再行反向成交的交易方式。其实质是以证券作为质押物进行的资金融通。在我国，证券回购交易包括债券买断式回购、债券质押式回购、股票质押式回购。回购交易可以采用集中交易方式和非集中交易方式。

4. 做市商交易

做市商交易，又称报价转让，是指投资者不直接配对成交，而是从做市商处按其报价买进证券，或者向做市商按其报价出售证券，其间差价为做市商的补偿。做市，是指证券商在证券交易所之外对某一证券不间断地两面报价，以致为该证券建立一个市场。国外场外交易广泛采用做市商制度。中国人民银行于2007年公布的《全国银行间债券市场做市商管理规定》(2020年被废止)，确立了银行间债券市场做市商制度的基本框架。2014年，全国中小企业股份转让系统有限责任公司发布《全国中小企业股份转让系统做市商做市业务管理规定（试行)》。该规定于2019年被修改。现行《证券法》第120条和第128条则明确了证券公司的证券做市交易，隐含了做市商制度。

5. 裁判转让

裁判转让，是指人民法院行使司法裁判权而引起的证券转让。裁判转让不完全适用证券交易所的规则。因此，最高人民法院于2001年公布了《关于冻结、拍卖上市公司国有股和社会法人股若干问题的规定》。2020年修正的最高人民法院《关于人民法院执行工作若干问题的规定（试行)》对股票执行做了规定。

（三）按是否现货交易分

1. 现货交易

现货交易，是指买卖双方以自己真正拥有的资金和证券进行交易，买卖成交后双方在很短的时间内进行交割，卖方交付证券，买方交付资金。在现货交易中，出让方转让的证券必须是实有的。现货交易不是一般的“一手交钱，一手交货”，成交与交割还是分离的，证券成交与交割可在同一日，也可在不同日。例如，当日交割，称为“T＋0”交割；次日交割，称为“T＋1”交割，即成交后的下一个营业日正午前办理完交割事宜，如遇法定假日，则顺延一天；还有“T＋3”交割，即成交后第三日进行交割。交割日期不能过长，否则影响交割的安全和效率，国际上规定一般不超过20日。现货交易需要通过清算机构及时划拨证券和资金。现货交易交割投机性小，风险较低，但是，现货交易只能采取先买后卖的单向交易模式，投资者只有在价格上涨时才有盈利机会，风险单方面积聚，常常导致证券市场一次大涨之后长期低迷。而且，由于缺乏做空机制约束，上市公司等往往各自采取手段拉升股价，从中渔利，严重损害广大投资者的利益。因此，我国交易制度必须作出根本变革。

2. 期货交易

证券期货是期货交易的一种。期货交易，是指交易双方成交后，在远期按协议数量、价格等条件进行证券交割和清算。期货交易在约定的期限交割，这一期限常以年、月计，在合约期限来临前，合约持有人可因合约转让而发生多次变动。

证券期货交易的标的不是证券本身，而是期货合约，即由期货交易所统一制定的、规定在将来某一特定的时间和地点交割一定数量证券的标准化合约。该合约价格独立于证券价格。证券期货交易不以持有足够的现金和证券为前提，只要交付规定的保证金即可。证券期货交易，主要是以股票指数为交易对象的股票指数期货交易。

期货交易具有套期保值的功能，投资者可以在现货市场和期货市场同时进行数量相同、方向相反的买卖，从而实现套期保值。期货交易具有投机功能，交易双方在达成合约时，通常无意等到指定日期到来时实际交割，而是在适当时机再行买卖，以赚取利益或减少损失，因此期货交易最后很少进行实物交割。期货交易还可以活跃交易，调动资金，发现价格。但是，期货交易也会给市场带来很大风险。对证券期货交易需要适用特别的规则。

3. 期权交易和权证交易

证券期权交易，是指当事人约定在一定时间内，以特定价格买进或卖出指定证券，或者放弃买进或卖出指定证券的交易。证券期权交易是证券期货交易发展到一定阶段的产物，因此又称证券期货选择权交易。证券期权交易的标的既不是证券，也不是合约，而是买进或不买进、卖出或不卖出证券的选择权。期权交易中权利由一方单方享有，义务由对方单方面承担。行使权利时，权利人既可以对冲交割，也可交收实物。在期权交易中，权利持有人可能取得的盈利是无限的，而潜在的损失则限于期权费。义务方可能的盈利限于收取的期权费。同时，期权可以转让。

与证券期权交易类似的是权证交易。权证，是指标的证券的发行人或其以外的第三人发行的，约定持有人在规定期间内或特定到期日，有权按约定价格向发行人购买或出售标的证券，或以现金结算方式收取结算差价的有价证券。根据发行人不同，权证可分为认股权证（Equity Warrants）和衍生权证（Derivative Warrants）。认股权证由上市公司发行，主要是用于增股、配股、股份减持或基金扩募。衍生权证一般由第三方（如投资银行）发行，目的在于为投资者提供一种升值无限但损失有限的杠杆产品。

4. 信用交易

信用交易，广义上是指现货交易之外的交易；狭义上则限于保证金交易或融资融券交易，即投资者向经纪人申请并提供保证金，在买进证券时由经纪人提供贷款，在卖出证券时由经纪人借给证券。融资融券交易的核心约束机制在于，根据合同约定在合同约定的期限到来时或市场发生波动时，融资融券的出借方可以对担保品强制平仓或处分，并且该出借方对投资方融资账户内的权益采取证券间接持有。

目前世界上大多数证券市场允许信用交易，同时通过立法对此严加管理。根据现行

《证券法》第120条，经证监会核准，取得经营证券业务许可证，证券公司可以经营证券融资融券业务。

与融资融券交易相关，存在所谓的场外配资。场外配资是指配资类公司向投资方提供民间贷款，而担保杠杆率可以高达10倍，同时配资公司通过不当手段进入投资方账户，在一定条件下可以对账户内证券进行强制平仓。场外配资往往产生助涨助跌效应，必然给市场带来巨大震荡。近年来，证监会加强了对场外配资的监管和查处。为进一步加强证券公司信息系统外部接入的风险管理，维护证券公司信息系统安全、稳定运行，有效防范风险，保护投资者合法权益，证监会于2015年发布《关于加强证券公司信息系统外部接入管理的通知》。2020年7月，最高人民法院、国家发改委联合发布《关于为新时代加快完善社会主义市场经济体制提供司法服务和保障的意见》，提出及时研究和制定针对网络借贷、场外配资等金融现象的司法应对举措。

三、交易程序

（一）证券交易所交易程序

1. 开立账户

开立账户，是指投资者在相关机构开设证券账户和资金账户的行为。《证券法》第106条规定：投资者应当与证券公司签订证券交易委托协议，并在证券公司实名开立证券交易账户，以书面、电话、自助终端、网络等方式，委托该证券公司代其买卖证券。

投资者完成开户手续后，就与证券登记结算公司形成证券账户关系，与证券公司形成资金账户关系。证券登记结算公司和证券公司都成为投资者的托管人。

开立资金账户时，投资者需要与证券公司签订指定交易协议书和委托交易协议书，授权证券公司买卖证券。

2. 发出指令

投资者拟买卖某种证券时，还须向证券公司发出具体的委托买卖指令。证券商接受委托后，与投资者建立证券买卖委托关系。

3. 申报指令

申报，是指证券公司根据投资者的委托，向证券交易所的主机发送证券买卖指令。依据《证券法》第108条的规定，证券公司根据投资者的委托，按照证券交易规则提出交易申报，参与证券交易所场内的集中交易。

4. 竞价成交

竞价成交，是指证券公司的申报通过集中竞价达成证券买卖。证券交易所主机收到申报后，将各方买卖申报按规则自动撮合成交。确定是否成交，以交易所指定的登记结算公司发送的结算数据为准。证券公司申报竞价成交后，买卖合同即告成立，任何一方不得反悔。对于违反证券交易所规则，严重破坏证券市场秩序的交易，交易所有权宣布撤销。对于因不可抗力、意外事件、交易系统被非法侵入等造成严重后果的交易，交易所可以采取适当措施或认定其无效。对显失公平的交易，经交易所认定，对其可以采取适当措施。

5. 清算交收

清算交收，是指证券买卖成交后，买卖双方对其交易进行清算，然后，根据清算结果，卖方向买方交付证券，买方向卖方交付资金。依据《证券法》第108条的规定，证券公司根据成交结果承担相应的清算交收责任。

6. 登记过户

登记过户，是指证券转让人向证券受让人转移证券所有权的过程。过户表现为证券账户内证券的增减。证券过户手续由证券交易所的电脑过户系统一次完成，投资者无须另行办理过户手续。

（二）全国股份转让系统交易程序

关于全国中小企业股份转让系统交易程序，《全国中小企业股份转让系统股票交易规则》规定，股票交易可以采取做市交易方式、竞价交易方式以及中国证监会批准的其他交易方式。该规则规定了股票交易一般规定、做市交易方式、竞价交易方式、大宗交易和其他交易事项等。

（三）场外交易程序

场外市场类型多样，不同类型的场外市场遵循的交易程序有所不同。

关于柜台交易程序，中国证券业协会于2012年发布了《证券公司柜台交易业务规范》。此外，中国证券业协会于2014年发布了《证券公司柜台市场管理办法（试行）》，规定开展柜台市场业务的证券公司可以为在其柜台市场发行、销售与转让的私募产品提供登记、托管与结算服务，并规定了关于账户、登记、托管与结算的具体规则。

关于区域性股权市场交易程序，国务院办公厅2017年《关于规范发展区域性股权市场的通知》、中国证监会2017年《区域性股权市场监督管理试行办法》、证监会清整办2019年《关于规范发展区域性股权市场的指导意见》有所涉及。

第四节　上市公司或挂牌公司收购制度

一、收购概述

（一）概念和特征

1. 概念

上市公司收购，是指投资者通过购买上市公司发行在外的有表决权的股份达到一定比例，意图实现对该公司的控股或兼并。公司并购最早出现在英国，后发展到西欧、美国、日本等发达国家和地区，并在19世纪末20世纪初形成声势。20世纪90年代，全球掀起兼并收购和资产重组浪潮。公司并购以公司收购为重要形式。在中国，随着现代企业制度的建立，上市公司收购行为开始产生并逐渐增多。1993 年发生的“宝延风波”开创了上市公司收购的先河，掀起了公司并购的浪潮。近年来，中国资产重组方兴未艾，上市公司买卖大宗股权的情况时有发生。一些公司通过股份收购实现“借壳上市”，分享上市公司的融资便利。国家也利用资产重组加快国有企业的改造。

2. 特征

(1) 收购目的。

上市公司收购的目的通常在于通过购买目标公司一定数量的有表决权的股份，实现对目标公司的控制。主观上，收购人的最终目的不是从上市公司获得股利分配，不是转售股票获取利润，而是追求对于目标公司的控制。控制是指掌控目标公司的决策。客观上，收购人必须实施一系列的购买行为，持有一定数量的目标公司股份。在资本多数决的原则下，收购人只有掌握了多数有表决权的股份，才能实现对公司的控制。关于获取控制权需要多少股份，各国家和地区立法不一。

(2) 收购人。

上市公司收购制度重在信息披露以及强制要约，进而公平对待目标公司股东，维护证券市场秩序。投资者持股达到一定比例自应适用相关规则，其他人如果和投资者一致行动持有目标公司一定比例股份，也须按此规则处理，否则收购制度的规制目的就不能实现。此即一致行动人制度。

关于一致行动人，美国、英国、日本等国的界定都比较宽松，范围非常广泛。一致行动人客观上共同实施了取得股份的行为，主观上具有一致行动的合意，这一合意可以是推定的。一致行动人包括关联人和非关联人。现行《证券法》以及《上市公司收购管理办法》对此作了具体规范。《证券法》使用了“投资者持有或者通过协议、其他安排与他人共同持有”的表述，实际上将一致行动人纳入调整范围。《上市公司收购管理办法》的规定则非常明确而具体。

有下列情形之一的，任何人不得收购上市公司：1）收购人负有数额较大债务，到期未清偿，且处于持续状态；2）收购人最近 3 年有重大违法行为或者涉嫌有重大违法行为；3）收购人最近 3 年有严重的证券市场失信行为；4）收购人为自然人的，存在《公司法》第 146 条（现行《公司法》第 178 条）规定的情形；5）法律、行政法规规定以及中国证监会认定的不得收购上市公司的其他情形。

(3) 目标公司的地位。

目标公司本身不是收购关系中的一方主体。收购人直接从目标公司股东手中购买股份，无须目标公司经营人同意。但是，为了使股东获得充分的信息，立法规定了目标公司的信息披露义务，也规定了目标公司董事的额外责任。

特殊情况下，目标公司可能成为一方主体。例如，目标公司专门向收购人定向增发股票，导致收购人成为目标公司的控股股东。此时，目标公司必须履行增发股票程序和相关的信息披露义务。

(4) 被收购证券。

控制权的典型表现是有表决权的股份在公司股东大会上的表决优势，因此收购就是购买目标公司一定数量的发行在外的具有表决权的股份。发行在外的股票是指投资者持有的公司股票，一般不包括公司库存股票和公司以自己名义持有的本公司股票。发行在外的股票不限于流通股股票和A股股票。由于公司债券没有表决权，因而通常不会成为收购对象，但可转换公司债券是个例外。

（5）借助证券交易所。

收购行为不是在证券发行市场认购发行人股份，而是通过证券交易所购买上市公司的股份。在证券交易所进行收购可以采用协议转让、集中竞价交易、要约收购、大宗交易等方式。其中，以集中竞价交易方式进行收购往往难以控制收购的时间和成本，一方面，它必须依赖于市场上出售的股票数量，另一方面，它必须按照规定不断披露信息，因此较少被采用。

（6）受证券法特别规制。

收购应当遵守《证券法》关于公司收购的规定。依据《上市公司收购管理办法》，中国证监会可设立专门委员会，就具体交易是否构成公司收购等提出意见。

案 例

梁某春等诉北京阳光禾田商贸有限公司纠纷案

争议焦点：被告禾田公司在未取得地铁商贸中心同意的情况下，与原告签订协议书，该协议是否发生法律效力？[①]

（二）分类

1. 法律分类

（1）直接收购与间接收购。

直接收购，是指间接收购以外的上市公司收购。

间接收购，是指收购人虽不是上市公司的股东，但通过投资关系、协议、其他安排导致其拥有权益的股份达到或者超过一个上市公司已发行股份的5%。例如，收购人通过获得甲公司的控制权间接控制受甲公司控制的乙公司。

（2）要约收购、协议收购、其他方式收购。

要约收购，是指收购人公开向目标公司的全体股东发出要约，收购该公司股份。要约收购适用专门的要约收购程序，必须在证券交易所场内进行，但不要求必须采取集中竞价的方式。要约收购减少了与分散的股东谈判进行协议收购的麻烦，也可以在确定的时间内得知是否成功，并且因为用固定的价格发出要约，所以控制了收购成本。同时，要约收购具有信息公开、程序公正、待遇公平的特点。在要约收购的情况下，广大中小股东拥有最充分的参与权和自主决策权。要约收购已经成为各国取得上市公司控制权的主要方式，并因此受到立法的规范。

① 参见北京市门头沟区人民法院（2005）门民初字第1820号民事判决书。

协议收购，是指收购人私下与目标公司的特定股东达成协议，收购该公司股份，包括已在证券交易所挂牌交易的股票和尚未上市流通的股票。在英美法系，美国、英国、澳大利亚等少数国家允许协议收购。在大陆法系，法国、德国、日本由于股权集中等，要约收购比较少见，上市公司控制权一般通过协议收购转移。中国《证券法》以强制要约为原则，但某些情形可以申请豁免要约，而采用协议收购等方式。

其他方式收购，是指通过公开市场收购、大宗交易、赠与、继承、行政划拨、法院裁决等方式使股份发生变动。其中，公开市场收购，是指收购方私下通过证券交易所利用集中竞价收购目标公司的股份。根据《上市公司收购管理办法》第86条的规定，投资者因行政划转、执行法院裁决、继承、赠与等方式取得上市公司控制权的，应当按照该办法第四章（协议收购）的规定履行报告、公告义务。

（3）强制收购与自愿收购。

强制收购，是指收购人持有目标公司的股份达到一定比例时，法律强制收购人向目标公司股东发出收购要约。强制要约收购体现了股东平等原则的要求，但在一定程度上也增加了收购人的成本和财务压力。

自愿收购，是收购人自主自愿进行的收购。收购方可以自行确定预计收购的股份比例，并在此范围内向上市公司所有股东发出收购要约。

（4）全面收购与部分收购。

全面收购，是指收购目标公司发行在外的全部股份。它包括强制全面要约收购，即在一定情形下收购人必须向目标公司全体股东发出要约，以收购人此前为取得控制权而曾经支付的最高价格购买目标公司的所有剩余股份。上市公司被全面收购之后，目标公司可以继续存续，也可不存续。如果不存续，则收购演变为公司合并或广义上的企业兼并。

部分收购，是指只收购目标公司发行在外一定数量或比例的股份。部分收购时，由于个别受要约人无法知道其他人是否会接受要约，为避免不利结果，自己只得接受要约。而且，通过部分收购控制目标公司后，收购人可能滥用其控制地位损害没有接受要约的股东的利益。美国、英国、澳大利亚、法国等承认部分收购。同时，法律规定部分要约购买的股份必须占目标公司股本总额的一定比例以上，而且，当受要约人承诺出售的股份数额超过要约人拟购买的股份数额时，要约人应当按比例接受受要约人的股份。中国《证券法》第65条认可部分收购，但收购上市公司部分股份的收购要约应当约定，被收购公司股东承诺出售的股份数额超过预定收购的股份数额的，收购人按比例进行收购。《上市公司收购管理办法》对部分收购作了细化规定。

2. 商业分类

（1）善意收购与恶意收购。

善意收购，是指符合目标公司股东或管理层利益的收购。善意收购不一定获得目标公司管理层的合作。

恶意收购，是指违背目标公司股东或管理层利益的收购。恶意收购不见得一定会遭遇目标公司管理层的对抗。

（2）友好收购与敌意收购。

友好收购，是指收购人在得到目标公司管理层合作的情况下实施的收购。协议收购往往是友好收购。由于中国上市公司的股权比较集中，绝大多数上市公司都存在控股股东，收购人通常必须和控股股东合作，因此收购只能是友好收购。

敌意收购，是指在目标公司管理层不知情甚至反对的情况下，收购人对目标公司强行收购。敌意收购中，目标公司管理层通常采取反收购措施阻挠收购。要约收购一般表现为敌意收购。

（三）上市公司收购的利弊

上市公司收购有其积极意义：宏观上，公司收购有利于加速资本积聚，促进规模经济的形成，同时对于优化资源配置、改善产业结构具有重要意义。微观上，通过收购，可以突破新行业在资金、技术、信息等方面的"进入壁垒"，收购人和目标公司可在财务和运营方面实现整合，产生协同效应。公司收购还可从外部对公司管理层进行约束和惩戒，增强企业活力，维护中小股东利益。

然而，上市公司收购也有消极影响：其一，收购的结果可能是控制市场，减少竞争，形成垄断，损害公共利益。其二，作为公司外部监督机制，公司收购成本极高。现实中，管理层为了收购别的企业，常常不将公司闲置资金分配给股东，导致很高的代理成本。更严重者，收购一家公司，收购者必须筹措庞大的资金，甚至大量举债。目标公司为了阻止收购也会动用大量资金，甚或增加债务。其结果必将损害股东利益。其三，公司管理层发起收购并不一定是为了提高目标公司的经营效率，可能是为了扩大公司规模，进而为管理层提供更高的经营报酬、在职消费、自我成就，更强的抵御收购的能力。类似地，收购者还可能是为了将购得的公司转手出售，牟取超额利润。其四，收购的威胁常常迫使公司的管理层将主要精力和公司财力放在保护自己免遭收购上，而妨碍公司促进研发、改进管理和开拓市场。其五，上市公司收购还可能导致欺诈、内幕交易，并产生对目标公司股东的逼迫和掠夺，不利于证券市场的健康、稳定。

（四）立法及其宗旨和原则

1. 立法概况

上市公司收购具有通常的证券交易的属性，但它又可能对证券市场价格、上市公司控制权和公司治理结构等产生重大影响。上市公司股东人数众多，股权分散，在上市公司被收购时，中小股东很难独立判断收购人的意图，难以作出是否出售股票的决定。而且，一般的证券立法不能将收购人纳入原有的内部知情人的范围，从而难以阻遏收购人对目标公司中小股东的侵害，也放纵了收购中的内幕交易。为了维护市场秩序，保障投资者利益，各国都通过特别立法对收购进行严格规范和管理。

英国主要通过自律机构收购与合并委员会制定的《伦敦城收购与合并守则》和《大宗股份买卖条例》等对上市公司收购进行规范。不同的是，美国主要通过制定法律对上市公司收购进行规制。美国联邦关于收购的法律主要是 1933 年《证券法》、1934 年《证券交易法》和 1968 年《威廉姆斯法》。此外，美国还有一系列反垄断法规对上市公司收购进行规范。

我国 2005 年《证券法》和现行《证券法》对上市公司收购进行了规范。此外，中国证监会于2006年发布《上市公司收购管理办法》（该办法历经2008年、2012年、2014年和2020年修改)。2018年国务院国有资产监督管理委员会、财政部、证监会联合发布《上市公司国有股权监督管理办法》。

2. 立法宗旨和原则

从立法思路看，美国对于上市公司收购没有规定严格的条件和程序，而将重点放在披露信息。它既不鼓励也不限制上市公司收购。它并不侧重保护目标公司中小股东或管理层的利益。它要求切实保护普通投资者利益，防止收购中的欺诈行为。其法案体现中立、自由和平等的精神，让社会公众和收购者站在相同的立场上评价公司的前途和股票价值，以自主的意思根据充分披露的信息作出合理的投资决策。①

不同的是，英国、澳大利亚、中国香港地区等法律都注意限制大股东的交易行为，增强对中小股东的保护，从而对收购的条件和程序作了严格规定。其理由在于大股东往往利用其在公司中的地位和其本身的资金优势，对股票价格直接施加影响，牟取暴利，损害中小股东的利益。②

中国目前对于上市公司收购采取积极鼓励的态度，以期活跃市场，提高上市公司的质量，优化资源配置。当然，收购活动仍须符合《证券法》保护投资者利益的宗旨，况且，上市公司收购需要经过中国证监会审批，中国证监会对于收购活动也可提出异议，目的在于控制收购行为，防止收购人在收购之后掠夺目标公司。

为了实现收购法律的宗旨，收购法律实行和贯彻如下原则。

（1）目标公司股东平等待遇原则。

目标公司股东公平待遇原则是各国上市公司收购立法的核心，是收购制度的根本原则。英国的《伦敦城收购与合并守则》规定了十项原则，该原则位居第一。目标公司股东平等待遇原则，是指在要约收购的情况下，目标公司的所有股票持有人必须获得公平待遇，同一类别的股东必须获得同等对待。它包含两个方面：其一，目标公司股东享有平等参与收购的权利；其二，目标公司股东有权获得平等的收购条件。具体地，公开收购要约应向该目标公司所有股东发出；收购要约提出的各项收购条件，适用于目标公司的所有股东；采取要约收购方式的，收购人在收购期限内，不得卖出目标公司的股票，也不得采取要约规定以外的形式和超出要约的条件买入目标公司的股票；收购上市公司部分股份的收购要约应当约定，目标公司股东承诺出售的股份数额超过预定收购的股份数额的，收购人按比例进行收购；收购人向任何股东提出的最高价格适用于其他所有受要约人，而不论其此前是否已经作出承诺；收购要约人支付对价所使用的手段应当是同样的。

（2）信息公开原则。

信息公开原则，是指与收购有关的重要信息应当及时、真实、准确、完整地向目标公司股东和其他投资者披露。这是信息公开原则在收购中的体现。信息公开是各国收购立法和规则的重要原则和制度，它对于保护目标公司中小股东利益具有积极作用。

---

① 官以德．上市公司收购的法律透视．北京：人民法院出版社，1999：33.

② 官以德．上市公司收购的法律透视．北京：人民法院出版社，1999：33.

（3）强制要约收购原则。

要约收购分为强制要约收购与非强制要约收购。强制要约收购起源于英国。强制要约收购避免了收购人与目标公司大股东协商，支付较高溢价取得其股份后，提出较低价格收购公司剩余股份。这就弥补了中小股东议价能力的不足，实现了控股股东与全体中小股东对控制权溢价的共享。但是，反对者指出，强制要约收购程序繁复、成本很高，抑制了协议收购以及收购制度发挥作用；收购人取得目标公司控制权，只是取代了原控股股东的地位，中小股东的利益可以通过目标公司管理层及控股股东诚信义务等中小股东权益保护制度得到保护。中国证券法规规定了强制要约收购，但没有具体规定收购价格。

（4）目标公司控制权人不得滥用权利损害公司或其他股东利益原则。

《上市公司收购管理办法》第7条规定：被收购公司的控股股东或者实际控制人不得滥用股东权利损害目标公司或者其他股东的合法权益。被收购公司的控股股东、实际控制人及其关联方有损害目标公司及其他股东合法权益的，上述控股股东、实际控制人在转让目标公司控制权之前，应当主动消除损害；未能消除损害的，应当就其出让相关股份所得收入用于消除全部损害作出安排，对不足以消除损害的部分应当提供充分、有效的履约担保或安排，并依照公司章程取得目标公司股东大会的批准。

（5）目标公司管理层不得滥用反收购措施原则。

在要约收购的情形中，目标公司管理层不得随意阻挠收购的进行，其基础是目标公司管理层对于公司股东的忠实义务。尽管收购人可以不经目标公司管理层而直接向公司股东要约收购，目标公司管理层并非收购的当事人，但是，公司收购直接危及目标公司管理层的地位、利益、声誉、前途，因此他们天生具有反收购的欲望，往往动用公司的资源，采取一定的反收购措施。但是，除非已有证据表明收购不利于公司股东，而且反收购措施并不损害公司股东以及公司本身的利益，目标公司的管理层不得采取反收购措施。为了防止公司管理层采取不合理的反收购措施，法律从实体方面禁止这种措施，并在程序上将采取反收购措施的权力赋予股东大会。这在内部治理机制不完善、董事义务和责任制度不健全的情形下，尤为重要。

二、持股尚未达到30%时的一般性购买

一般性购买，是指投资者持有或者通过协议、其他安排与他人共同持有一个上市公司已发行的股份达到或超过5%，而尚未达到30%时，在此区间以要约、协议等方式买卖该公司股份。

（一）持股达5%时的权益公开与慢走规则

《证券法》第63条第1款规定：通过证券交易所的证券交易，投资者持有或者通过协议、其他安排与他人共同持有一个上市公司已发行的有表决权股份达到5%时，应当在该事实发生之日起3日内，向国务院证券监督管理机构、证券交易所作出书面报告，通知该上市公司，并予公告；在上述期限内，不得再行买卖该上市公司的股票，但国务

院证券监督管理机构规定的情形除外。

《证券法》第 71 条第 2 款和第 3 款规定：以协议方式收购上市公司时，达成协议后，收购人必须在 3 日内将该收购协议向国务院证券监督管理机构及证券交易所作出书面报告，并予公告。在公告前不得履行收购协议。

根据上述规定，一旦投资者持有上市公司已发行股份达到 5%，就要履行持股信息公开义务。大量持股往往是公司收购的前兆，而信息披露可以引起投资大众足够的警觉，从而依据该信息作出投资决策。同时，实行慢走规则，其核心在于控制投资者大量买卖所持股票的节奏，防止其滥用特殊地位和优势操纵证券市场。

（二）持股每增减 5%时的权益公开与慢走规则

《证券法》第 63 条第 2 款规定：投资者持有或者通过协议、其他安排与他人共同持有一个上市公司已发行的有表决权股份达到 5%后，其所持该上市公司已发行的有表决权股份比例每增加或者减少 5%，应当依照前款规定进行报告和公告，在该事实发生之日起至公告后 3 日内，不得再行买卖该上市公司的股票，但国务院证券监督管理机构规定的情形除外。

根据上述规定，一旦投资者持股达到 5%，则每增减 5%也要进行权益披露并遵循慢走规则。

依据《证券法》第 63 条第 4 款的规定，违反第 1 款、第 2 款规定买入上市公司有表决权的股份的，在买入后的 36 个月内，对该超过规定比例部分的股份不得行使表决权。

（三）持股每增减 1%时的通知与公告

现行《证券法》第 63 条第 3 款规定：投资者持有或者通过协议、其他安排与他人共同持有一个上市公司已发行的有表决权股份达到 5%后，其所持该上市公司已发行的有表决权股份比例每增加或者减少 1%，应当在该事实发生的次日通知该上市公司，并予公告。这一规定虽未限制买卖，但增加了收购的成本和难度。

（四）报告和公告的内容

关于报告和公告的内容，《证券法》第 64 条规定，依照《证券法》第 63 条规定所作的公告，应当包括下列内容：(1) 持股人的名称、住所；(2) 持有的股票的名称、数额；(3) 持股达到法定比例或者持股增减变化达到法定比例的日期、增持股份的资金来源；(4) 在上市公司中拥有有表决权的股份变动的时间及方式。

《证券法》的规定没有要求披露持股意图。这与美国、日本等国要求披露持股意图的做法不同。事实上，持股意图是目标公司股东作出是否向收购人出售股份决策的重要依据。因此，《上市公司收购管理办法》第 16 条和第 17 条规定：权益变动报告书除了其他信息，还应包含持股目的，是否有意在未来 12 个月内继续增加其在上市公司中拥有的权益。未来 12 个月内对上市公司资产、业务、人员、组织结构、公司章程等进行调整的后续计划。

三、继续收购

（一）概述

继续收购，是指已持有上市公司上市股票30%的投资者继续收购该公司股票的行为。不论要约收购还是协议收购，在持股少于5%时，如果一次性要约收购超过30%，对于超过30%的部分，将不适用《证券法》上述一般性购买规则，而应直接适用《证券法》关于继续收购的规则。如是协议收购，对于超过30%的部分，也应适用继续收购规则。

《证券法》第65条规定：通过证券交易所的证券交易，投资者持有或者通过协议、其他安排与他人共同持有一个上市公司已发行的有表决权股份达到30%时，继续进行收购的，应当依法向该上市公司所有股东发出收购上市公司全部或者部分股份的要约。第73条规定：采取协议收购方式的，收购人收购或者通过协议、其他安排与他人共同收购一个上市公司已发行的有表决权股份达到30%时，继续进行收购的，应当依法向该上市公司所有股东发出收购上市公司全部或者部分股份的要约。但是，经国务院证券监督管理机构的规定免除发出要约的除外。

继续收购的起点是持有一个上市公司已发行的股份达到30%时。继续收购原则上采用要约收购，但被豁免发出要约的，仍可采用协议方式，或者集中竞价、大宗交易、赠与、继承、行政划拨、司法裁判等方式。

继续收购应当进行权益公开，但不再受类似慢走规则的约束。收购行为完成后，收购人应当在15日内将收购情况报告国务院证券监督管理机构和证券交易所，并予公告。

收购期限届满，其余仍持有目标公司股票的股东，有权向收购人以收购要约的同等条件出售其股票，收购人应当收购。《证券法》这一规定为中小股东提供了退出机制，使其免受控股股东的侵害，但它没有规定期限。《上市公司收购管理办法》第44条则增加了期限限制。

收购结束，目标公司的上市资格通常不受影响，因为收购人是为了取得对目标公司的控制权，而不是为了取消其上市资格。但是，收购期限届满，目标公司股权分布不符合上市条件的，该上市公司的股票应当由证券交易所依法终止上市交易。

收购行为完成后，目标公司不再具备股份有限公司条件的，应当依法变更企业形式。收购行为完成后，收购人与目标公司合并，并将该公司解散的，被解散公司的原有股票由收购人依法更换。这里明确规定只能换股，而不得支付现金。

即使目标公司作为上市公司继续存在，收购人取得对目标公司的控制权后，也可借以进行其他产权性交易，或者变更公司的组织及管理结构。

根据《证券法》第75条的规定，在上市公司收购中，收购人持有的被收购的上市公司的股票，在收购行为完成后的18个月内不得转让。另依《上市公司收购管理办法》第74条的规定，在上市公司收购中，收购人持有的被收购公司的股份，在收购完成后18个月内不得转让。收购人在被收购公司中拥有权益的股份在同一实际控制人控制的不同主体之间进行转让不受前述18个月的限制，但应当遵守该办法第六章的规定。

有的国家和地区规定了收购失败制度。所谓收购失败，是指收购人实际收购股份数量低于收购要约或者法律规定的股份数量，收购计划未能实现。收购失败后，承诺人有权撤销承诺，并要求收购人退还股份。同时，禁止收购人在一定时间内再次发起收购。1993年国务院《股票发行与交易管理暂行条例》规定：收购要约期满，收购要约人持有的普通股未达到该公司发行在外的普通股总数的50%的，为收购失败。但现行《证券法》和《上市公司收购管理办法》没有规定收购失败。

（二）要约收购

要约收购，是指收购人持有上市公司一定比例以上股份时，继续收购的，应当公开向目标公司全体股东发出收购要约。

1. 提交上市公司收购报告书

《证券法》第66条规定，依照该法第65条规定发出收购要约，收购人必须公告上市公司收购报告书，并载明下列事项：（1）收购人的名称、住所；（2）收购人关于收购的决定；（3）被收购的上市公司名称；（4）收购目的；（5）收购股份的详细名称和预定收购的股份数额；（6）收购期限、收购价格；（7）收购所需资金额及资金保证；（8）公告上市公司收购报告书时持有目标公司股份数占该公司已发行的股份总数的比例。《上市公司收购管理办法》要求披露收购人关于收购的决定及收购目的，以及是否拟在未来12个月内继续增持等信息。另外，《公开发行证券的公司信息披露内容与格式准则第16号——上市公司收购报告书》（2020年修正）还要求收购人披露其财务信息。

2. 公告收购要约

收购要约的发出并不以证券监管机构的审批为前提，这有利于提高收购的效率。而要约可以直接面向目标公司股东，有利于避免内幕交易，也可以发挥敌意收购的作用。

收购要约约定的收购期限不得少于30日，并不得超过60日，但是出现竞争要约的除外。要约自公告之日起生效，生效之日即收购期限开始之日。

收购人以要约方式收购一个上市公司股份的，其预定收购的股份比例均不得低于该上市公司已发行股份的5%。

《证券法》没有规定要约的价格，但《上市公司收购管理办法》第35条对此做了规定。该规定原则上将价格交由市场决定，维护了国家股、法人股等非流通股持有人的利益，但为保护中小股东利益，又在一定程度上吸收了价格法定主义。

《证券法》第69条规定：收购要约提出的各项收购条件，适用于目标公司的所有股东。“所有股东”包括持有上市股票的股东和持有非上市股票的股东。上市公司发行不同种类股份的，收购人可以针对不同种类股份提出不同的收购条件。

《证券法》第70条规定：采取要约收购方式的，收购人在收购期限内，不得卖出目标公司的股票，也不得采取要约规定以外的形式和超出要约的条件买入目标公司的股票。

3. 重大变化报告与公告

根据《上市公司收购管理办法》第41条的规定，要约收购报告书所披露的基本事实发生重大变化的，收购人应当在该重大变化发生之日起 2 个工作日内作出公告，并通知被收购公司。

4. 要约的撤回、变更与撤销

要约到达受要约人之前，可以撤回。《上市公司收购管理办法》第 31 条规定：收购人作出要约收购提示性公告后，在公告要约收购报告书之前，拟自行取消收购计划的，应当公告原因；自公告之日起 12 个月内，该收购人不得再次对同一上市公司进行收购。

收购要约不得随意变更，但是在出现竞争性要约等情形下，如不允许变更要约，则会使收购人处于不利的地位。为此，证券法律一般允许变更要约，同时在时间、内容和程序等方面对变更作出严格限制。从内容限制看，收购人只能提高收购价格、增加收购数量、延长收购期限。这既可满足收购人的竞争需要，又可避免收购人借以撤销要约，扰乱证券市场。依照《证券法》的规定，收购人需要变更收购要约的，应当及时公告。

《证券法》第 68 条规定：在收购要约确定的承诺期限内，收购人不得撤销其收购要约。收购人需要变更收购要约的，应当及时公告，载明具体变更事项，且不得存在下列情形：（1）降低收购价格；（2）减少预定收购股份数额；（3）缩短收购期限；（4）国务院证券监督管理机构规定的其他情形。各国和地区一般都规定：如有特殊情况，经主管机关同意，收购人可以撤销要约。

5. 目标公司董事会提交并公告报告书

目标公司管理层的态度和行动是公司股东的重要参考，但是，中国《证券法》没有规定目标公司董事会披露其意见及理由的义务，这不利于目标公司股东作出投资决策。不过，根据《上市公司收购管理办法》第 32 条的规定，被收购公司董事会应当对收购人的主体资格、资信情况及收购意图进行调查，对要约条件进行分析，对股东是否接受要约提出建议，并聘请独立财务顾问提出专业意见。收购人对收购要约条件作出重大变更的，被收购公司董事会应当在 3 个工作日内公告董事会及独立财务顾问就要约条件的变更情况所出具的补充意见。

6. 要约的预受

预受，是指目标公司股东同意接受要约的初步意思表示，它在要约收购期限内不可撤回之前不构成承诺。在要约收购期限届满 3 个交易日前，预受股东可以委托证券公司办理撤回预受要约的手续。但在要约收购期限届满前 3 个交易日内，预受股东不得撤回其对要约的接受。同意接受收购要约的股东，应当委托证券公司办理预受要约的相关手续。收购人应当委托证券公司向证券登记结算机构申请办理预受要约股票的临时保管。证券登记结算机构临时保管的预受要约的股票，在要约收购期间不得转让。出现竞争性要约时，接受初始要约的预受股东撤回全部或者部分预受的股份，并将撤回的股份售予竞争要约人的，应当委托证券公司办理撤回预受初始要约的手续和预受竞争性要约的相关手续。中国的预受制度与各国的承诺制度有所不同。

7. 预受的披露

根据《上市公司收购管理办法》的规定，在要约收购期限内，收购人应当每日在证券交易所网站上公告已预受收购要约的股份数量。

8. 受要约人承诺与转让股票

收购人以现金支付收购价款的，应当在作出要约收购提示性公告的同时，将不少于收购价款总额的20%作为履约保证金存入证券登记结算机构指定的银行。

收购期限届满，发出部分要约的收购人应当按照收购要约约定的条件购买目标公司股东预受的股份，预受要约股份的数量超过预定收购数量时，收购人应当按照同等比例收购预受要约的股份；以终止目标公司上市地位为目的的，收购人应当按照收购要约约定的条件购买目标公司股东预受的全部股份；因不符合《上市公司收购管理办法》第六章的规定而发出全面要约的收购人应当购买目标公司股东预受的全部股份。

收购期限届满后3个交易日内，接受委托的证券公司应当向证券登记结算机构申请办理股份转让结算和过户登记手续。

案　例

南钢股权要约收购案

2003年3月12日，南钢集团公司（南钢股份公司的股东）与复星集团公司、复星产业投资有限公司（复兴产业投资）和上海广信科技发展有限公司（广信科技）共同组建南京钢铁联合有限公司（联合公司）。“合资经营合同”约定：联合公司注册资本为27.5亿元。其中，南钢集团公司以其持有的南钢股份公司的国有股35 760万股（占总股本的70.95%）及其他部分资产、负债合计11亿元出资，占联合公司注册资本的40%；复星集团公司以现金8.25亿元出资，占注册资本的30%；复星产业投资以现金5.5亿元出资，占注册资本的20%；广信科技以现金2.75亿元出资，占注册资本的10%。

由于南钢集团公司以所持南钢股份公司的股权出资尚需取得财政部、中国证监会等有关部门的批准，“合资经营合同”约定：先行按前述出资比例设立注册资本为人民币10亿元的联合公司，其中南钢集团公司以需取得批准方可投入的资产以外的其他经营性资产合计净值人民币4亿元出资，而复星集团公司等另三方仍以现金出资；待联合公司成立且有关各方履行完相关审批手续后，再行由各方对联合公司进行同比例增资，使联合公司的注册资本达到27.5亿元，其中，南钢集团公司以其持有的南钢股份公司的国有股权及其他经营性资产（包括负债）出资，复星集团公司、复星产业投资、广信科技仍按前述出资比例以现金出资。

3月27日，财政部批准了南钢集团公司以其持有的南钢股份公司的股份出资联合公司。这相当于联合公司收购了南钢股份公司的股份，构成了上市公司收购行为，且收购的股份超过南钢股份公司已发行总股本的30%，触发了要约收购义务。由于联合公司此次收购不符合豁免要约收购的条件，所以联合公司将根据有关规定履行要约收购义务，向南钢股份公司法人股和流通股股东发出全面收购要约。2003年6月17日南钢股份公司签署公告“南钢股份要约收购至全体股东报告书”。[①]

---

① 中国上市公司收购50大案例．http：//qzs-zj. blog. hexun. com/4912667 _ d. html.（2008-05-07）[2010-03-01]. 这是中国证券市场第一例要约收购案。当时对于该案的处理与现行《证券法》规定相符。

（三）协议收购

协议收购，又称不公开收购，是指在证券交易所之外，收购人与上市公司特定股东一对一个别协商确定收购数量、价格及其他交易条件，签订、履行股份转让协议，购买其所持股份。协议收购的同时，可以通过公开要约以外的方式买卖目标公司股票。

协议收购程序简捷，交易成本较低。但是，协议收购在信息公开、机会平等、交易公正方面存在很大局限，不能有效地保护广大投资者，因而需要对其进行监管。在中国，协议收购除要遵守协议成立、信息公开等规则以外，其办理登记、过户需要经过证券交易所确认，尽管协议收购不是在证券交易所场内集中竞价，而是在场外私下协商进行的。

1. 协议成立

采取协议收购方式的，收购人可以依照法律、行政法规的规定同目标公司的股东以协议方式进行股份转让。收购协议的签订规则与一般合同订立的无异。

2. 要约的豁免

依据《上市公司收购管理办法》的规定，豁免是指特定情形下，收购人免于以要约收购方式增持股份或者免于向被收购公司的所有股东发出收购要约。

根据《证券法》第73条的规定，只有以协议收购方式已取得目标公司30％股份而继续收购的情形才发生豁免申请。《上市公司收购管理办法》补充规定：收购人拟通过协议方式收购一个上市公司的股份超过30％的，对超过30％的部分，可以申请豁免要约。

根据《上市公司收购管理办法》的规定，未取得豁免的，投资者及其一致行动人应当在30日内将其或者其控制的股东所持有的被收购公司股份减持到30％或者30％以下；拟以要约以外的方式继续增持股份的，应当发出全面要约。

3. 收购协议报告与公告

《证券法》第71条第2款规定：以协议方式收购上市公司时，达成协议后，收购人必须在3日内将该收购协议向国务院证券监督管理机构及证券交易所作出书面报告，并予公告。

根据《上市公司收购管理办法》第48条的规定，以协议方式收购上市公司股份超过30％，收购人拟依据本办法的规定免于发出要约的，应当在与上市公司股东达成收购协议之日起3日内编制上市公司收购报告书，通知被收购公司，并公告上市公司收购报告书摘要。

4. 协议履行

采取协议收购方式的，协议双方可以临时委托证券登记结算机构保管协议转让的股票，并将资金存放于指定的银行。

《证券法》规定：在公告前不得履行收购协议。反面观之，公开收购协议之后，即可履行收购协议。收购报告书公告后，相关当事人应当按照证券交易所和证券登记结算机构的业务规则，在证券交易所就本次股份转让予以确认后，凭全部转让款项存放于双方认可的银行账户的证明，向证券登记结算机构申请解除拟协议转让股票的临时保管，并办理过户登记手续。

5. 过渡期

以协议方式进行上市公司收购的，自签订收购协议起至相关股份完成过户的期间为上市公司收购过渡期。在过渡期内，收购人不得通过控股股东提议改选上市公司董事会，确有充分理由改选董事会的，来自收购人的董事不得超过董事会成员的 1/3；被收购公司不得为收购人及其关联方提供担保；被收购公司不得公开发行股份募集资金，不得进行重大购买、出售资产及重大投资行为或者与收购人及其关联方进行其他关联交易，但收购人为挽救陷入危机或者面临严重财务困难的上市公司的情形除外。

6. 出让股份的控股股东的义务

上市公司控股股东向收购人协议转让其所持有的上市公司股份的，应当对收购人的主体资格、诚信情况及收购意图进行调查，并在其权益变动报告书中披露有关调查情况。

控股股东及其关联方未清偿其对公司的负债，未解除公司为其负债提供的担保，或者存在损害公司利益的其他情形的，被收购公司董事会应当对前述情形及时予以披露，并采取有效措施维护公司利益。

7. 管理层收购

管理层收购可以激励公司管理层，减少监督成本，但也可能导致管理层违背对于股东的信义义务，损害股东利益。为此，《上市公司收购管理办法》关于协议收购的规定对其作了规范。

《上市公司收购管理办法》规定：上市公司董事、监事、高级管理人员、员工或者其所控制或者委托的法人或者其他组织，拟对本公司进行收购或者通过该办法规定的间接收购方式取得本公司控制权的，该上市公司应当具备健全且运行良好的组织机构以及有效的内部控制制度，公司董事会成员中独立董事的比例应当达到或者超过 1/2。公司应当聘请符合《证券法》规定的资产评估机构提供公司资产评估报告，本次收购应当经董事会非关联董事作出决议，且取得 2/3 以上的独立董事同意后，提交公司股东大会审议，经出席股东大会的非关联股东所持表决权过半数通过。独立董事发表意见前，应当聘请独立财务顾问就本次收购出具专业意见，独立董事及独立财务顾问的意见应当一并予以公告。上市公司董事、监事、高级管理人员存在《公司法》第 148 条（现行《公司法》第 181 条、第 182 条和第 183 条）规定情形，或者最近 3 年有证券市场不良诚信记录的，不得收购本公司。

四、间接收购

间接收购，是指通过协议或其他安排获得对目标公司的控制权。对于间接收购，《证券法》没有具体规定，《上市公司收购管理办法》作了补充。

（一）相关主体的披露义务

收购人虽不是上市公司的股东，但通过投资关系、协议、其他安排导致其拥有权益的股份达到或者超过一个上市公司已发行股份的 5%未超过 30%时，应当按照《上市公司收购管理办法》有关权益披露的规定办理。收购人拥有权益的股份超过该公司已发行股份的30%时，应当向该公司所有股东发出全面要约；收购人预计无法在事实发生之日起30日内发出全面要约的，应当在前述30日内促使其控制的股东将所持有的上市公司股份减持至30%或者30%以下，并自减持之日起2个工作日内予以公告；其后收购人或者其控制的股东拟继续增持的，应当采取要约方式；拟依据上述管理办法关于豁免的规定申请豁免的，应当按照该管理办法第48条的规定办理。

投资者虽不是上市公司的股东，但通过投资关系取得对上市公司股东的控制权，而受其支配的上市公司股东所持股份达到前述规定比例且对该股东的资产和利润构成重大影响的，应当按照前述规定履行报告、公告义务。

（二）违反披露义务的处理

上市公司实际控制人及受其支配的股东，负有配合上市公司真实、准确、完整披露有关实际控制人发生变化的信息的义务；实际控制人及受其支配的股东拒不履行上述配合义务，导致上市公司无法履行法定信息披露义务而承担民事、行政责任的，上市公司有权对其提起诉讼。实际控制人、控股股东指使上市公司及其有关人员不依法履行信息披露义务的，中国证监会依法进行查处。

上市公司实际控制人及受其支配的股东未履行报告、公告义务的，上市公司应当自知悉之日起立即作出报告和公告。上市公司就实际控制人发生变化的情况予以公告后，实际控制人仍未披露的，上市公司董事会应当向实际控制人和受其支配的股东查询，必要时可以聘请财务顾问进行查询，并将查询情况向中国证监会、派出机构和证券交易所报告；中国证监会依法对拒不履行报告、公告义务的实际控制人进行查处。上市公司知悉实际控制人发生较大变化而未能将有关实际控制人的变化情况及时予以报告和公告的，中国证监会责令改正，情节严重的，认定上市公司负有责任的董事为不适当人选。

依据《上市公司收购管理办法》第60条的规定，上市公司实际控制人及受其支配的股东未履行报告、公告义务，拒不履行该办法第58条规定的配合义务，或者实际控制人存在不得收购上市公司情形的，上市公司董事会应当拒绝接受受实际控制人支配的股东向董事会提交的提案或者临时议案，并向中国证监会、派出机构和证券交易所报告。中国证监会责令实际控制人改正，可以认定实际控制人通过受其支配的股东所提名的董事为不适当人选；改正前，受实际控制人支配的股东不得行使其持有股份的表决权。上市公司董事会未拒绝接受实际控制人及受其支配的股东所提出的提案的，中国证监会可以认定负有责任的董事为不适当人选。

五、反收购

（一）概述

反收购，是指目标公司管理层为了防止公司控制权转移而采取的行为，目的在于预防或者挫败收购人对本公司的收购。

常见的反收购措施主要有：（1）诉诸法律，即根据《证券法》《公司法》《反垄断法》等规定，请求法院认定某一收购不合法。一旦被起诉，收购人就必须暂停继续收购的攻势。这就为目标公司拟定进一步的反收购方案赢得了宝贵时间。（2）提高收购人的收购成本。例如，目标公司授予股东特定的优先权利，比如，以100元购买的优先股可以转换成目标公司200元的股票，或者该优先股可被目标公司以每股200元购入。又如，目标公司与其高管签订协议，约定后者在公司控制权发生变更时将获得巨额补偿。（3）降低目标公司收购价值。比如，就目标公司对收购人最有吸引力的资产，赋予第三方购买权或出售给第三方。（4）提高相关者的持股比例，增加收购难度。例如，采用回购股份方式提高每股市价；设计绝对的自我控股；推行管理层收购或者员工持股；密切公司之间相互持股。（5）制定策略性的公司章程，提高改组管理层的难度。例如，在公司章程中规定股东绝对多数同意条款、股东持股时间限制条款、累积投票条款、董事轮换条款或者董事资格限制条款。（6）其他措施。目标公司与特定收购人达成共识，使该收购人较其他收购者具有一定优势（寻找"白马王子"）；"贿赂"收购人，使其放弃收购；目标公司针对收购人发起收购要约。

（二）国外反收购立法

如前所述，公司收购有利有弊。反收购也是如此。目前各国的法律一般允许目标收购公司管理层对敌意收购进行反收购，同时对反收购措施以及管理层的行为进行不同程度的规范，确保反收购措施符合目标公司及其股东的最大利益。

在英国，《伦敦城收购与合并守则》以及有关判例均严格限制反收购措施。在收购发生之前，公司管理层可以为了公司利益而采取反收购措施。收购发生后，不论反收购的主观目的如何，非经股东大会批准，目标公司的董事不可采取任何反收购措施，但是，管理层可向股东阐述本次收购中公司的利害得失，请求股东拒绝接受要约，也可寻找收购竞争者。

在反收购方面，美国法规定得比较宽松。《威廉姆斯法案》将其规范重点放在有关反收购信息的公开，而未规制具体的反收购措施。但是，美国大多数州出于保护本州公司的目的，一般允许公司管理层实施反收购。在判例法上，美国承认董事会进行反收购，同时适用"董事忠实和注意义务规则"和"经营判断规则"限制反收购措施，在一定程度上维护公司和股东利益。①

（三）中国对反收购的规范

中国的规定考虑了本国实际需要，同时吸收了美国和英国的做法，力求既不压制上市公司收购，又要保护中小股东利益。中国《证券法》对于反收购未作规定，但是，《上市公司收购管理办法》第8条规定：被收购公司的董事、监事、高级管理人员对公司负有忠实义务和勤勉义务，应当公平对待收购本公司的所有收购人。被收购公司董事会针对收购所作出的决策及采取的措施，应当有利于维护公司及其股东的利益，不得滥用职权对收购设置不适当的障碍，不得利用公司资源向收购人提供任何形式的财务资助，不得损害公司及其股东的合法权益。而且，其第33条规定：收购人作出提示性公告后至要

① 李士萍．证券法前沿问题案例研究．北京：中国经济出版社，2001：147.

约收购完成前，被收购公司除继续从事正常的经营活动或者执行股东大会已经作出的决议外，未经股东大会批准，目标公司董事会不得通过处置公司资产、对外投资、调整公司主要业务、担保、贷款等方式，对公司的资产、负债、权益或者经营成果造成重大影响。

六、挂牌公司收购制度

挂牌公司收购，是指收购人通过一定方式取得挂牌公司控制权的行为。为了规范非上市公众公司的收购及相关股份权益变动活动，保护非上市公众公司和投资者的合法权益，维护证券市场秩序和社会公共利益，促进证券市场资源的优化配置，证监会于2014年发布了《非上市公众公司收购管理办法》。2020年3月，证监会对该办法做了修正。非上市公众公司并购重组的监管原则和目标与上市公司的一致，但非上市公众公司并购重组制度的标准低于上市公司。

（一）规制对象

股票在全国中小企业股份转让系统公开转让的非上市公众公司，其收购及相关股份权益变动活动应当遵守该办法的规定。股票不在全国股份转让系统公开转让的非上市公众公司收购及相关股份权益变动的信息披露内容比照该办法的相关规定执行。

（二）政策和法律原则

在政策上，对挂牌公司收购实行“鼓励收购、降低成本、强化信披、提供效率”的监管原则。在法律上，非上市公众公司的收购及相关股份权益变动活动，必须遵守法律、行政法规及证监会的规定，遵循公开、公平、公正的原则。当事人应当诚实守信，遵守社会公德、商业道德，自觉维护证券市场秩序，接受政府、社会公众的监督。

（三）权益披露

非上市公众公司股权相对简单且高度集中，流动性较差，为提高并购效率，活跃并购市场，投资者及其一致行动人拥有非上市公众公司的权益变动披露触发标准提高至10%。依据《非上市公众公司收购管理类办法》的规定，有下列情形之一的，投资者及其一致行动人应当在该事实发生之日起2日内编制并披露权益变动报告书，报送全国股份转让系统，同时通知该非上市公众公司；自该事实发生之日起至披露后2日内，不得再行买卖该非上市公众公司的股票：（1）通过全国股份转让系统的做市方式、竞价方式进行证券转让，投资者及其一致行动人拥有权益的股份达到非上市公众公司已发行股份的10%；（2）通过协议方式，投资者及其一致行动人在非上市公众公司中拥有权益的股份拟达到或者超过非上市公众公司已发行股份的10%。投资者及其一致行动人拥有权益的股份达到非上市公众公司已发行股份的10%后，其拥有权益的股份占该非上市公众公司已发行股份的比例每增加或者减少5%（其拥有权益的股份每达到5%的整数倍时），应当依照前述规定进行披露。自该事实发生之日起至披露后2日内，不得再行买卖该非上市公众公司的股票。

（四）投资者自主决定是否全面要约收购

投资者自愿选择以要约方式收购非上市公众公司股份的，可以向被收购公司所有股东发出收购其所持有的全部股份的要约，也可以向被收购公司所有股东发出收购其所持有的部分股份的要约。收购人自愿以要约方式收购非上市公众公司股份的，其预定收购的股份比例不得低于该非上市公众公司已发行股份的5%。非上市公众公司应当在公司章程中约定在公司被收购时收购人是否需要向公司全体股东发出全面要约收购，并明确全面要约收购的触发条件以及相应制度安排。收购人根据被收购公司章程规定需要向公司全体股东发出全面要约收购的，对同一种类股票的要约价格，不得低于要约收购报告书披露日前6个月内取得该种股票所支付的最高价格。

（五）全国股份转让系统自律监管

中国证监会依法对非上市公众公司的收购及相关股份权益变动活动进行监督管理。全国股份转让系统应当制定业务规则，为非上市公众公司的收购及相关股份权益变动活动提供服务，对相关证券转让活动进行实时监控，监督非上市公众公司的收购及相关股份权益变动活动的信息披露义务人切实履行信息披露义务。全国股份转让系统应当对收购人履行公开承诺行为进行监督和约束，对未能履行承诺的收购人及时采取自律监管措施。

深度阅读

郭文英．投资者：第7辑．北京：法律出版社，2019.

上海证券交易所资本市场研究所．证券交易实践．上海：上海人民出版社，2015.

沈朝晖，饭田秀总．中日公司新股发行制度的功能主义比较．清华法学，2019（2）.

汤欣，神田秀树．公开要约收购的法律规制：从中国到日本．清华法学，2019（2）.

刘诗瑶．各国股权众筹法律监管逻辑之比较研究．河北法学，2018（7）.

民生证券证券市场退市制度课题组．我国证券市场退市制度的潜在问题与完善路径研究．金融监管研究，2018（4）.

唐林垚．我国要约收购及触发点的保留与改进：兼析与欧美上市公司收购规则的比较．政法论丛，2018（3）.

刘燕．企业并购、法律生长与证券市场：美国早期并购潮的历史足印//黄红元，卢文道．证券法苑：第22卷．北京：法律出版社，2017.

李文莉，艾星星．上市公司反收购的权利配置与制度构建//黄红元，卢文道．证券法苑：第22卷．北京：法律出版社，2017.

思考与练习

1. 证券发行有哪些类型？界定公开发行的意义何在？

2. 发行股票或债券应当符合什么条件？

3. 如何完善证券发行体制？

4. 证券保荐制度有什么意义？

5. 证券交易所上市与非证券交易所上市有何区别？

6. 中国《证券法》为何修改证券上市条件和审核程序？

7. 证券退市制度有何作用？

8. 证券交易所场所有哪些？其中的变化及原因是什么？

9. 证券交易可以采用的方式是什么？有何区别？

10. 证券交易的类型分几种？如何看待证券期货交易和信用交易？

11. 上市公司收购的特征是什么？

12. 什么是“一致行动人”？

13. 为何需要制定专门的规则调整上市收购？

14. 违反信息披露义务对于收购行为的效力会产生什么影响？

15. 要约收购与协议收购有何区别？如何取舍？

16. 收购与反收购的关系如何协调？

17. 吉达公司是一家上市公司，公告称其已获得某地块的国有土地使用权。嘉豪公司资本雄厚，看中了该地块的潜在市场价值，经过细致财务分析后，拟在证券市场上对吉达公司进行收购。下列哪些说法是正确的？（　　）

A. 若收购成功，吉达公司即丧失上市资格

B. 若收购失败，嘉豪公司仍有权继续购买吉达公司的股份

C. 嘉豪公司若采用要约收购则不得再与吉达公司的大股东协议购买其股份

D. 待嘉豪公司持有吉达公司已发行股份30%时，应向其全体股东发出不得变更的收购要约

第二十九章
证券行为主体和市场设施

常考知识点

证券投资者保护　证券交易场所的概念和类型　证券公司经营规则　证券登记结算的概念和规则　证券交易服务机构的概念

第一节　证券投资者和证券发行人

一、证券投资者及其保护

（一）投资者概念和种类

1. 概念

证券投资者，是指以盈利为目的，根据证券发行人的要约，认购或购买证券的个人或组织。投资者依据其购买和持有的证券承担投资者风险，行使证券权利。

2. 种类

证券投资者可以分为政府、公司、非公司法人企业、机构投资者和个人投资者。

证券投资者可以分为境内投资者和境外投资者。境内投资者，是指具有中华人民共和国国籍或依照中国法律在中国境内注册登记的、以人民币认购或买卖专供其投资的证券的个人或组织。境外投资者，是指投资于中国证券市场的境外自然人或机构。

3. 专业投资者和普通投资者

《证券法》第 89 条第 1 款规定：根据财产状况、金融资产状况、投资知识和经验、专业能力等因素，投资者可以分为普通投资者和专业投资者。专业投资者的标准由国务院证券监督管理机构规定。证监会于 2016 年发布的《证券期货投资者适当性管理办法》（2022 年修正）第 8 条对专业投资者做了界定。

《证券法》第 89 条第 2 款规定：普通投资者与证券公司发生纠纷的，证券公司应当证明其行为符合法律、行政法规以及国务院证券监督管理机构的规定，不存在误导、欺诈等情形。证券公司不能证明的，应当承担相应的赔偿责任。

（二）证券投资者保护

各国证券法律都有一个重要的政策目标，即保护投资者。保护投资者是维护、发展有效资本市场的重要手段。英国 2012 年《金融服务法案》撤销金融服务局，将其职能拆分由金融行为局和审慎监管局两个机构承担。金融行为局负责对金融机构的行为进行监管，目标是保证金融市场良好运行、金融消费者获得公平待遇。2011 年欧盟《金融工具市场指令》设置专门章节集中规定投资者保护条款。美国 1933 年《证券法》和 1934 年《证券交易法》的目的之一就是确保投资者利益得到保护。1970 年美国专门制定《证券投资者保护法》保护投资者利益。2002 年《萨班斯-奥克斯利法案》出台，主要目的是"提高公司信息披露的准确性和可靠性，从而保护投资者及公众的利益"。2010 年《多德-弗兰克华尔街改革与消费者保护法法案》设立新的消费者金融保护局，赋予其超越目前监管机构的权力，全面保护消费者合法权益。我国证券法律也重视证券投资者保护。现行《证券法》在总结以往做法的基础上，对投资者保护作了专章规定。投资者保护的核心是实行投资者适当性原则，实质在于投资者可以理性地且基于所有投资者能够获得的充分信息进行决策。

1. 投资者适当性管理制度

投资者适当性管理是使证券公司销售、提供的证券、服务与投资者有关信息相匹配的制度。投资者适当性管理是一种预防性保护机制，它在交易发生前避免证券、服务与投资者的错配，降低给投资者带来损失的概率。

投资者适当性管理制度首次出现在 1939 年美国证券交易商协会的自律规则中，随后被多个国家和地区效仿。在我国，投资者适当性管理制度首次出现在 2008 年的《证券公司监督管理条例》（2014 年修订）中。2016 年证监会发布的《证券期货投资者适当性管理办法》（2022 年修正）、2013 年全国中小企业股份转让系统有限责任公司发布的《全国中小企业股份转让系统业务规则（试行）》、2021 年修改的《全国中小企业股份转让系统投资者适当性管理办法》等规定了投资者适当性管理制度。现行《证券法》确认和完善了这一制度。《证券法》第 88 条第 1 款规定：证券公司向投资者销售证券、提供服务时，应当按照规定充分了解投资者的基本情况、财产状况、金融资产状况、投资知识和经验、专业能力等相关信息；如实说明证券、服务的重要内容，充分揭示投资风险；销售、提供与投资者上述状况相匹配的证券、服务。第 2 款规定：投资者在购买证券或者接受服务时，应当按照证券公司明示的要求提供前款所列真实信息。拒绝提供或者未按照要求提供信息的，证券公司应当告知其后果，并按照规定拒绝向其销售证券、提供服务。第 3 款规定：证券公司违反第 1 款规定导致投资者损失的，应当承担相应的赔偿责任。

2. 上市公司股东权代理征集制度

上市公司股东权代理征集是指符合规定的个人或机构公开请求上市公司股东委托其代为出席股东大会，并代为行使提案权、表决权等股东权利。股东权代理征集与股东委托投票不同，在前者，符合规定的个人或机构可以采用广告、公开劝诱等方式吸引上市公司股东委托其行使表决权等权利，而后者，通常不利用此种公开方式。

证监会等于2002年发布的《上市公司治理准则》（2018年修订）首次规定表决权代理征集制度。证监会2016年修订的《上市公司股东大会规则》（2022年修订）明确禁止以有偿或者变相有偿方式征集股东投票权。现行《证券法》确认并发展了有关制度。《证券法》第90条第1款规定：上市公司董事会、独立董事、持有1%以上有表决权股份的股东或者依照法律、行政法规或者国务院证券监督管理机构的规定设立的投资者保护机构，可以作为征集人，自行或者委托证券公司、证券服务机构，公开请求上市公司股东委托其代为出席股东大会，并代为行使提案权、表决权等股东权利。第2款规定：依照前款规定征集股东权利的，征集人应当披露征集文件，上市公司应当予以配合。第3款规定：禁止以有偿或者变相有偿的方式公开征集股东权利。第4款规定：公开征集股东权利违反法律、行政法规或者国务院证券监督管理机构有关规定，导致上市公司或者其股东遭受损失的，应当依法承担赔偿责任。

3. 上市公司现金分红制度

获取分红是投资者购买公司股票的主要目的，我国证券法律制度一直非常重视投资者此种目的的实现。证监会2018年修订的《上市公司治理准则》规定：上市公司应当积极回报股东，在公司章程中明确利润分配办法尤其是现金分红政策。上市公司应当披露现金分红政策制定及执行情况，具备条件而不进行现金分红的，应当充分披露原因。现行《证券法》第91条则规定：上市公司应当在章程中明确分配现金股利的具体安排和决策程序，依法保障股东的资产收益权。上市公司当年税后利润，在弥补亏损及提取法定公积金后有盈余的，应当按照公司章程的规定分配现金股利。

4. 债券持有人保护制度

公司债券持有人的权利应当受到法律保护。在现行《证券法》颁布之前，国家发展和改革委员会2011年发布的《关于进一步加强企业债券存续期监管工作有关问题的通知》、2015年发布的《关于简化企业债券审报程序加强风险防范和改革监管方式的意见》和证监会于2015年发布的《公司债券发行与交易管理办法》（2021年、2023年修订）规定了债券持有人会议制度和受托管理人制度来保护债券持有人利益。现行《证券法》第92条则规定：公开发行公司债券的，应当设立债券持有人会议，并应当在募集说明书中说明债券持有人会议的召集程序、会议规则和其他重要事项。公开发行公司债券的，发行人应当为债券持有人聘请债券受托管理人，并订立债券受托管理协议。受托管理人应当由本次发行的承销机构或者其他经国务院证券监督管理机构认可的机构担任，债券持有人会议可以决议变更债券受托管理人。债券受托管理人应当勤勉尽责，公正履行受托管理职责，不得损害债券持有人利益。债券发行人未能按期兑付债券本息的，债券受托管理人可以接受全部或者部分债券持有人的委托，以自己名义代表债券持有人提起、参加民事诉讼或者清算程序。2020年7月，最高人民法院印发《全国法院审理债券纠纷案件座谈会纪要》，其对受托管理人诉讼主体资格、债券持有人权利保护以及债券欺诈发行、虚假陈述案件的审理等做了规定，有利于保护债券投资人的合法权益，促进债券市场健康发展。

5. 证券投资者保护基金

证券投资者保护基金，是指按照《证券投资者保护基金管理办法》筹集形成的、在防范和处置证券公司风险中用于保护证券投资者利益的资金。资本市场发达国家和地区普遍建立证券投资者保护基金制度。为了维护证券投资者信心，进一步加强对投资者的保护，参照国际上通行的做法，中国也建立了证券投资者保护基金。

《证券法》第 126 条规定：国家设立证券投资者保护基金。证券投资者保护基金由证券公司缴纳的资金及其他依法筹集的资金组成，其规模以及筹集、管理和使用的具体办法由国务院规定。

该基金的用途为：(1) 证券公司被撤销、被关闭、破产或被证监会实施行政接管、托管经营等强制性监管措施时，按照国家有关政策规定对债权人予以偿付；(2) 国务院批准的其他用途。但是，投资者在证券投资活动中因证券市场波动或投资产品价值本身发生变化所遭受的损失，由投资者自行负担。随着市场的发展，投资者保护基金以后可被用于投资者教育、代表受害投资者提起民事诉讼等。

6. 先行赔付制度

国务院于 2013 年发布的《关于进一步加强资本市场中小投资者合法权益保护工作的意见》开始探索先行赔付制度。《证券法》第 93 条则规定：发行人因欺诈发行、虚假陈述或者其他重大违法行为给投资者造成损失的，发行人的控股股东、实际控制人、相关的证券公司可以委托投资者保护机构，就赔偿事宜与受到损失的投资者达成协议，予以先行赔付。先行赔付后，可以依法向发行人以及其他连带责任人追偿。

7. 代表人诉讼制度

《证券法》第 95 条规定：投资者提起虚假陈述等证券民事赔偿诉讼时，诉讼标的是同一种类，且当事人一方人数众多的，可以依法推选代表人进行诉讼。对按照前款规定提起的诉讼，可能存在有相同诉讼请求的其他众多投资者的，人民法院可以发出公告，说明该诉讼请求的案件情况，通知投资者在一定期间向人民法院登记。人民法院作出的判决、裁定，对参加登记的投资者发生效力。投资者保护机构受 50 名以上投资者委托，可以作为代表人参加诉讼，并为经证券登记结算机构确认的权利人依照前款规定向人民法院登记，但投资者明确表示不愿意参加该诉讼的除外。为进一步完善证券集体诉讼制度，2020 年 7 月最高人民法院发布《关于证券纠纷代表人诉讼若干问题的规定》。

8. 投资者保护机构调解、支持诉讼、公益诉讼

《证券法》第 94 条规定：投资者与发行人、证券公司等发生纠纷的，双方可以向投资者保护机构申请调解。普通投资者与证券公司发生证券业务纠纷，普通投资者提出调解请求的，证券公司不得拒绝。投资者保护机构对损害投资者利益的行为，可以依法支持投资者向人民法院提起诉讼。发行人的董事、监事、高级管理人员执行公司职务时违反法律、行政法规或者公司章程的规定给公司造成损失，发行人的控股股东、实际控制人等侵犯公司合法权益给公司造成损失，投资者保护机构持有该公司股份的，可以为公司的利益以自己的名义向人民法院提起诉讼，持股比例和持股期限不受《公司法》规定的限制。

二、证券发行人

（一）概念

证券发行人，是为筹集资金或调整股权而发行证券的主体。发行人是资金的需求者和证券的发行者。发行证券主要是为了解决资金不足的问题，也可以是为了调整股本结构，如股份公司为了将公积金转为资本而发行新股等。证券法律规范证券发行，首先要限定证券发行人的主体资格，只有具备法定条件和资格的组织才能成为发行主体。同时，法律规定发行人因证券发行活动而承受相应的权利和义务。

（二）种类

发行人包括政府、金融机构、基金管理公司、股份公司、有限公司、非公司法人企业。

第二节　证券公司

一、证券公司概述

（一）证券公司的概念及特征

证券公司，有时被称为“证券商”，是指依照中国《公司法》和《证券法》规定设立的经营证券业务的有限责任公司或者股份有限公司。

证券公司经营证券业务，通常包括证券承销、保荐、经纪和自营，以及证券登记清算、证券保管、投资咨询和资产管理等。证券经营风险高，而且具有扩散性和放大性。1998 年《证券法》根据业务范围将证券公司分为综合类和经纪类。综合类证券公司可以从事证券经纪业务以及证券自营业务、证券承销业务或其他证券业务。而经纪类证券公司只能从事证券经纪即代理业务。但 2005 年《证券法》和现行《证券法》取消了此种证券公司分类管理的条款，规定证券公司业务种类，由证券公司选择经营，监管机构按业务类型进行监管，以适应证券公司业务创新的需要和混业经营的趋势。现行《证券法》延续了这种做法。同时，证监会以证券公司风险管理能力、持续合规状况为基础，结合公司业务发展状况，按照《证券公司分类监管规定》评价和确定证券公司的类别。

（二）证券公司的法律适用

在中国，证券公司主要受《公司法》、《证券法》和国务院于 2008 年颁布的《证券公司监督管理条例》（2014 年修订）调整。此外，中国证监会发布了大量的相关规则。证券公司应当遵守法律、行政法规和国务院证券监督管理机构的规定，审慎经营，履行对客户的诚信义务。

二、证券公司的设立、变更和终止

设立证券公司，应当具备《公司法》《证券法》《证券公司监督管理条例》等所规定的条件，并经国务院证券监督管理机构批准。证券公司作为有限公司或者股份公司，其设立、变更和终止自应符合《公司法》的规定。这里仅介绍《证券法》的相关规定。外资参股证券公司的设立、终止等则还须遵守中国证监会2018年颁布的《外商投资证券公司管理办法》(2020年修正)。

(一)设立条件和程序

1. 设立条件

依据《证券法》第118条，设立证券公司，应当具备规定条件，并经国务院证券监督管理机构批准。未经国务院证券监督管理机构批准，任何单位和个人不得以证券公司名义开展证券业务活动。

依据《证券法》第121条，证券公司的注册资本应当是实缴资本。国务院证券监督管理机构根据审慎监管原则和各项业务的风险程度，可以调整注册资本最低限额，但不得少于前款规定的限额。

2. 设立程序

(1)申请。申请设立证券公司，申请人应当向中国证监会提交筹建申请，以及设立证券公司的可行性报告、验资证明、组织章程、主要负责人的基本情况等材料。

(2)审批。《证券法》第118条规定：设立证券公司，应当经国务院证券监督管理机构审查批准。第119条第1款规定：国务院证券监督管理机构应当依照法定条件和法定程序并根据审慎监管原则进行审查。审慎监管的目标是确保证券公司业务稳健、客户资产安全。

(3)登记。《证券法》第119条第2款规定：证券公司设立申请获得批准的，申请人应当在规定的期限内向公司登记机关申请设立登记，领取营业执照。根据《证券公司监督管理条例》的规定，公司登记机关应当依照法律、行政法规的规定，凭国务院证券监督管理机构的批准文件，办理证券公司及其境内分支机构的设立、变更、注销登记。

(4)营业许可。《证券法》第119条第3款规定：证券公司应当自领取营业执照之日起15日内，向国务院证券监督管理机构申请经营证券业务许可证。未取得经营证券业务许可证，证券公司不得经营证券业务。

(二)证券公司的变更

证券公司的变更，是指证券公司名称、住所、业务范围、注册资本、组织形态产生变化，以及证券公司发生分立、合并。《证券法》第122条规定：证券公司变更证券业务范围，变更主要股东或者公司的实际控制人，合并、分立、停业、解散、破产，应当经国务院证券监督管理机构核准。

（三）证券公司的终止

证券公司的终止是指证券公司法人资格的消灭。证券公司终止的原因有自愿解散、破产和强制解散。

对于证券公司的强制解散，《证券法》作了一些规定。其第 143 条规定：证券公司违法经营或者出现重大风险，严重危害证券市场秩序、损害投资者利益的，国务院证券监督管理机构可以对该证券公司采取责令停业整顿、指定其他机构托管、接管或者撤销等监管措施。第 208 条规定：违反本法第 131 条的规定，将客户的资金和证券归入自有财产，或者挪用客户的资金和证券，情节严重的，撤销相关业务许可或者责令关闭。

关于自愿解散，《证券法》没有专门规定，似只能适用《公司法》。证券公司的破产似应适用《企业破产法》。但是，证券公司停业、自愿解散和破产，都需要经过国务院证券监督管理机构批准，并按照有关规定安置客户、处理未了结的业务。此即所谓行政处理前置。

为了控制和化解证券公司风险，保护投资者合法权益和社会公共利益，保障证券业健康发展，2008 年国务院公布《证券公司风险处置条例》。2016 年、2023 年国务院对此条例做了修订。该条例对停业整顿、托管、接管、行政重组、撤销、破产清算和重整、监督协调、法律责任等作了具体规定。

建立完善的证券公司退出机制，对于保护客户和债权人利益，对于维护证券市场秩序具有重要意义。

三、证券公司的组织、内部管控

为了确保证券公司资产状况良好，保护投资者利益，防范和化解市场风险，《证券法》完善了证券公司的风险管理与内部控制制度。

（一）组织机构

为了保障证券公司股东、客户及其他利益相关者的合法权益，维护证券公司资产的独立和完整，证券公司应当按照《公司法》等法律、行政法规的规定，明确股东会、董事会、监事会、经理层之间的职责划分。

证券公司应建立健全证券公司治理结构。证券公司治理结构包括科学的决策程序与议事规则，高效、严谨的业务运作系统，健全、有效的内部监督和反馈系统，以及有效的激励约束机制。证券公司监事会和独立董事应充分发挥监督职能，防范大股东操纵和内部人控制的风险。

（二）证券公司与客户关系的基本原则

证券公司对客户负有诚信义务，不得侵犯客户的财产权、选择权、公平交易权、知情权及其他合法权益。

证券公司不得挪用客户交易结算资金，不得挪用客户委托管理的资产，不得挪用客户托管在公司的证券。

证券公司对客户的资料负有保密义务。对客户的资料，证券公司有权拒绝任何单位或个人的查询，但法律、行政法规或中国证监会另有规定的除外。

证券公司在经营活动中应当履行法定的信息披露义务，保障客户在充分知情的基础上作出决定。证券公司向客户提供产品或服务应当遵守法律、行政法规和中国证监会的规定，并对有关产品或服务的内容及风险予以充分披露，不得有虚假陈述、误导及其他损害客户的行为。

证券公司应当设专职部门或岗位负责与客户进行沟通，处理客户的投诉等事宜。

证券公司应当按照规定向社会公众披露本公司经审计的年度财务报告及其他信息，并保证披露内容的真实、准确。证券公司还应披露董事、监事、高级管理人员薪酬管理信息。

（三）风险管理和内部控制

《证券法》第 130 条规定，证券公司应当依法审慎经营，勤勉尽责，诚实守信。证券公司的业务活动，应当与其治理结构、内部控制、合规管理、风险管理以及风险控制指标、从业人员构成等情况相适应，符合审慎监管和保护投资者合法权益的要求。实践中，证券公司风险不断暴露，主要表现为内控制度不严、大量挪用客户交易结算资金，这些严重损害了投资者利益，影响了证券市场的稳定。因此，证券公司应当按照审慎经营的原则，建立健全风险管理与内部控制制度，防范和控制风险。

1. 风险控制指标

《证券法》要求建立以净资本为核心的风险监管指标。其第 123 条第 1 款规定：国务院证券监督管理机构应当对证券公司的净资本和其他风险控制指标作出规定。为此，中国证监会于 2006 年发布了《证券公司风险控制指标管理办法》。该办法于 2020 年做了最新修订。这一制度针对证券公司风险的根源在于自营业务，在于资本与债务严重不对称，要求证券公司保持充足、易于变现的流动性资产，以抵御市场风险，或者用于终止清算。

2. 不得提供关联担保和融资

《证券法》第 123 条第 2 款规定：证券公司除依照规定为其客户提供融资融券外，不得为其股东或者股东的关联人提供融资或者担保。违反这一规定可能引发股东之间的矛盾和冲突，影响证券公司的正常经营管理。

《证券法》第 205 条规定：证券公司违反本法第 123 条第 2 款的规定，为其股东或者股东的关联人提供融资或者担保的，责令改正，给予警告，并处以 50 万元以上 500 万元以下的罚款。对直接负责的主管人员和其他直接责任人员给予警告，并处以 10 万元以上 100 万元以下的罚款。股东有过错的，在按照要求改正前，国务院证券监督管理机构可以限制其股东权利；拒不改正的，可以责令其转让所持证券公司股权。

3. 交易风险准备金

交易风险准备金，是由证券公司根据法定标准或比例，依照营业风险程度和概率标准提取缴纳的，以备其承担特定损失的资金。《证券法》第 127 条规定：证券公司从每年的业务收入中提取交易风险准备金，用于弥补证券交易的损失，其提取的具体比例由国务院证券监督管理机构会同国务院财政部门规定。

4. 内部隔离及禁止混合操作

内部隔离，是指从事多种证券业务的证券公司建立的、防范公司与客户之间、不同客户之间的利益冲突的制度和程序。《证券法》第 128 条第 1 款规定：证券公司应当建立健全内部控制制度，采取有效隔离措施，防范公司与客户之间、不同客户之间的利益冲突。这一制度试图防范的利益冲突主要有：证券公司因包销证券而持有大量证券，为了销售所持证券，通过内部其他部门劝诱投资者购买该种证券；利用内部信息，通过其他部门进行交易，谋取利益。

混合操作，主要是指证券公司一方面接受投资者的委托，另一方面又充当交易相对人。混合操作容易危及客户资金安全，并会加大证券公司运营风险。为此，《证券法》第 128 条第 2 款规定：证券公司必须将其证券经纪业务、证券承销业务、证券自营业务、证券做市业务和证券资产管理业务分开办理，不得混合操作。

5. 自营业务的名义和资金

根据《证券法》第 129 条，证券公司的自营业务必须以自己的名义进行，不得假借他人名义或者以个人名义进行。证券公司的自营业务必须使用自有资金和依法筹集的资金。证券公司不得将其自营账户借给他人使用。

6. 客户交易结算资金、证券、资产的存放和托管

为了防止证券公司挪用、侵占客户资金和财产，保护投资者的资金安全，证券法规作了相应规范。

《证券法》第 131 条规定：证券公司客户的交易结算资金应当存放在商业银行，以每个客户的名义单独立户管理。证券公司不得将客户的交易结算资金和证券归入其自有财产。禁止任何单位或者个人以任何形式挪用客户的交易结算资金和证券。证券公司破产或者清算时，客户的交易结算资金和证券不属于其破产财产或者清算财产。非因客户本身的债务或者法律规定的其他情形，不得查封、冻结、扣划或者强制执行客户的交易结算资金和证券。

另外，根据《证券公司监督管理条例》第 50 条、第 57 条、第 58 条的规定，证券公司从事融资融券业务，应以证券公司的名义在证券登记结算机构开立客户证券担保账户，在指定商业银行开立客户资金担保账户。证券公司从事证券经纪业务，其客户的交易结算资金应当存放在指定商业银行，以每个客户的名义单独立户管理。证券公司从事证券资产管理业务，应当将客户的委托资产交由指定商业银行或者国务院证券监督管理机构认可的其他资产托管机构托管。

《证券公司监督管理条例》第 59 条规定：客户的交易结算资金、证券资产管理客户的委托资产属于客户，应当与证券公司、指定商业银行、资产托管机构的自有资产相互独立、分别管理。非因客户本身的债务或者法律规定的其他情形，任何单位或者个人不得对客户的交易结算资金、委托资产申请查封、冻结或者强制执行。

关于客户交易结算资金，2001 年中国证监会发布《客户交易结算资金管理办法》

(2021 年修改)以及《关于执行〈客户交易结算资金管理办法〉若干意见的通知》,对客户交易结算资金的管理作了具体规定。

7. 说明合同条款、告知业务风险

《证券公司监督管理条例》第 30 条规定:证券公司与客户签订证券交易委托、证券资产管理、融资融券等业务合同,应当事先指定专人向客户讲解有关业务规则和合同内容,并将风险揭示书交由客户签字确认。

四、证券公司的业务及规则

依据《证券法》第 120 条,经国务院证券监督管理机构批准,证券公司可以经营下列部分或者全部业务:(1)证券经纪;(2)证券投资咨询;(3)与证券交易、证券投资活动有关的财务顾问;(4)证券承销与保荐;(5)证券融资融券;(6)证券做市交易;(7)证券自营;(8)其他证券业务。同时,《证券法》第 134 条第 2 款规定,证券公司不得允许他人以证券公司的名义直接参与证券的集中交易。

依据《证券公司监督管理条例》第 12 条的规定,证券公司设立时,其业务范围应当与其财务状况、内部控制制度、合规制度和人力资源状况相适应;证券公司在经营过程中,经其申请,国务院证券监督管理机构可以根据其财务状况、内部控制水平、合规程度、高级管理人员业务管理能力、专业人员数量,对其业务范围进行调整。

《证券公司监督管理条例》第 26 条第 3 款规定:2 个以上的证券公司受同一单位、个人控制或者相互之间存在控制关系的,不得经营相同的证券业务,但国务院证券监督管理机构另有规定的除外。

证券公司应当遵循必要的规则,规范证券公司的行为,保护投资者的权益,维护证券市场秩序。

(一)证券经纪

证券经纪业务,是指证券公司根据投资者的指令,以投资者的名义和账户买卖证券或进行其他证券投资活动。在此业务中,投资者与证券公司之间属于委托关系。投资者向证券公司发出证券交易指令,证券公司必须严格按照投资者的有效指令办理证券买卖业务,不得独立作出意思表示。证券公司收取必要的佣金和手续费,承担因违反指令而给投资者造成的损失。交易后果与其他风险由投资者承担。

依据《证券法》《证券公司监督管理条例》以及中国证监会 2009 年发布的《证券经纪人管理暂行规定》(2020 年修正),在证券经纪业务中,证券公司必须承担如下义务。

1. 善管义务

在证券经纪活动中,证券公司应当履行告知义务,揭示证券买卖风险;应当忠实于投资者,必须以投资者利益作为处理客户委托的唯一依据;应当具备与所从事的投资行为相应的技能;应当做到必要注意,即对投资对象的安全性与收益性进行调查,必要时应当征求专家意见;应当谨慎行事,尽量避免投机。证券公司对于在执行指令中的错误承担责任。证券公司因强行平仓而侵害客户证券所有权的，应当承担责任。证券公司应当置备和保存委托书。

2. 禁止违法受托

（1）证券公司不得全权受托。《证券法》第 134 条第 1 款规定：证券公司办理经纪业务，不得接受客户的全权委托而决定证券买卖、选择证券种类、决定买卖数量或者买卖价格。所谓全权委托，是指由证券公司而非投资者作出证券买卖的决定。在全权委托的情况下，证券公司拥有很大的自主权，能够凭借自身的优势，比较有效地创造成交机会。但是，证券公司也可能利用全权委托，与自己持有的证券进行对冲，损害投资者利益。证券公司还可能收集众多全权委托，利用持有大量资金或证券，操纵证券市场。由于全权委托风险和危害很大，因而受到法律禁止。不过，证券公司为客户管理资产的业务实际上是全权委托。证券投资基金也是一种全权委托。在此附带指出，投资者全权委托证券公司以外的人代为管理自己的证券交易账户也是合法的。当然这不受《证券法》调整。

（2）证券公司还不得进行利益承诺。《证券法》第 135 条规定：证券公司不得对客户证券买卖的收益或者赔偿证券买卖的损失作出承诺。利益承诺可能诱发投机，也给其他客户和证券公司带来不公，理应受到禁止。

（3）证券公司不得私下受托。《证券法》第 136 条第 2 款规定：证券公司的从业人员不得私下接受客户委托买卖证券。禁止私下受托是为了将证券买卖置于政府监管和自律监管之下，避免内幕交易等不当行为，确保落实公开、公平、公正原则。

（4）证券公司不得违反《证券法》第 57 条不得损害客户利益的规定。

（二）投资咨询

投资咨询，是指证券公司根据客户的要求或委托，向投资者提供证券投资的信息、分析、预测或建议，并向投资者收取费用。证券咨询公司应向财务顾问等业务方向转型。

（三）财务顾问

财务顾问，是指证券公司根据客户的委托，为其证券交易和证券投资提供方案设计等服务，并向其收取顾问费用。证券公司在此范围内从事财务顾问服务，受《证券法》调整。在此范围内，证券公司不能代替会计、审计等其他专业机构的专业活动。

（四）承销与保荐

证券公司可以从事承销和保荐业务。

（五）融资融券

融资融券业务，是指在证券交易所或者国务院批准的其他证券交易场所进行的证券交易中，证券公司向客户出借资金供其买入证券或者出借证券供其卖出，并由客户交存相应担保物的经营活动。

《证券法》第 120 条规定：经国务院证券监督管理机构核准，取得经营证券业务许可证，证券公司可以经营证券融资融券。证券公司从事证券融资融券业务，应当采取措施，严格防范和控制风险，不得违反规定向客户出借资金或者证券。《证券公司监督管理条例》第 49 条规定：证券公司经营融资融券业务，应当具备条例规定的条件。第 50 条规定：证券公司从事融资融券业务，应当与客户签订融资融券合同，并按照国务院证券监督管理机构的规定，以证券公司的名义在证券登记结算机构开立客户证券担保账户，在指定商业银行开立客户资金担保账户。第 51 条规定：证券公司向客户融资，应当使用自有资金或者依法筹集的资金；向客户融券，应当使用自有证券或者依法取得处分权的证券。第 52 条规定：证券公司向客户融资融券时，客户应当交存一定比例的保证金。保证金可以用证券充抵。客户交存的保证金以及通过融资融券交易买入的全部证券和卖出证券所得的全部资金，均为对证券公司的担保物，应当存入证券公司客户证券担保账户或者客户资金担保账户并记入该客户授信账户。第 53 条规定：客户证券担保账户内的证券和客户资金担保账户内的资金为信托财产。证券公司不得违背受托义务侵占客户担保账户内的证券或者资金。第 54 条规定：证券公司应当逐日计算客户担保物价值与其债务的比例。当该比例低于规定的最低维持担保比例时，证券公司应当通知客户在一定的期限内补交差额。客户未能按期交足差额，或者到期未偿还融资融券债务的，证券公司应当立即按照约定处分其担保物。

（六）证券做市交易

所谓做市，是指同一金融机构或“交易商”就证券买入和卖出双向报价，承诺以一定的价格买入一定数量的证券，同时也承诺以一定的价格卖出一定数量的证券。[①] 目前，科创板、全国股份转让系统、证券公司柜台市场等可以实行做市商制度。做市商通常由证券公司充当。

（七）证券自营

证券自营业务，是指证券公司作为投资者，以自有的资金和自己的名义买卖依法公开发行的股票、债券、权证、证券投资基金或者国务院证券监督管理机构认可的其他证券，自己享有全部利益，自己承担全部风险。

依据《证券公司监督管理条例》第 43 条的规定，证券公司从事证券自营业务，不得有下列行为：（1）违反规定购买本证券公司控股股东或者与本证券公司有其他重大利害关系的发行人发行的证券；（2）违反规定委托他人代为买卖证券；（3）利用内幕信息买卖证券或者操纵证券市场；（4）法律、行政法规或者国务院证券监督管理机构禁止的其他行为。

（八）证券资产管理

证券资产管理，又称委托理财，是指证券公司与客户签订合同，客户将其资金、证券等金融性资产委托给证券公司，由证券公司对资产进行管理，决定具体投资事项，并依约支付给客户一定比例收益。证券资产管理可能构成《证券法》第 134 条所禁止的全

---

① 朱伟一．证券法．北京：中国政法大学出版社，2018：285.

权委托，但《证券法》第120条又规定：证券公司经营证券资产管理业务的，应当符合《证券投资基金法》等法律、行政法规的规定。2008年《证券公司监督管理条例》确认证券公司有权从事证券资产管理业务。2014年修订后的条例也是如此。此外，2003年中国证监会颁布《证券公司客户资产管理业务试行办法》（已废止），2018年证监会发布《证券期货经营机构私募资产管理业务管理办法》（已被2023年新办法废止），以规范证券公司客户资产管理业务。

证券公司可以依照《证券法》和《证券公司监督管理条例》的规定，从事接受客户的委托、使用客户资产进行投资的证券资产管理业务。投资所产生的收益由客户享有，损失由客户承担，证券公司可以按照约定收取管理费用。证券公司从事证券资产管理业务，应当与客户签订证券资产管理合同，约定投资范围、投资比例、管理期限及管理费用等事项。

证券公司从事证券资产管理业务，不得有下列行为：（1）向客户作出保证其资产本金不受损失或者保证其取得最低收益的承诺；（2）接受一个客户的单笔委托资产价值，低于国务院证券监督管理机构规定的最低限额；（3）使用客户资产进行不必要的证券交易；（4）在证券自营账户与证券资产管理账户之间或者不同的证券资产管理账户之间进行交易，且无充分证据证明已依法实现有效隔离；（5）法律、行政法规或者国务院证券监督管理机构禁止的其他行为。

证券公司使用多个客户的资产进行集合投资，应当符合法律、行政法规和国务院证券监督管理机构的有关规定。

（九）其他业务

证券公司的证券业务应当不断创新，以改进盈利模式，提升竞争实力。《证券公司监督管理条例》第4条规定：国家鼓励证券公司在有效控制风险的前提下，依法开展经营方式创新、业务或者产品创新、组织创新和激励约束机制创新。国务院证券监督管理机构、国务院有关部门应当采取有效措施，促进证券公司的创新活动规范、有序进行。

第三节　证券服务机构

一、证券服务机构的法律地位

（一）证券服务机构的概念

证券交易服务机构，是指为证券发行、交易及其他相关活动提供专门服务的社会中介机构，主要包括专业的投资咨询机构、财务顾问机构、资信评级机构、资产评估机构、会计师事务所和律师事务所等。

证券服务机构是以营利为目的的公司或合伙组织，其宗旨在于谋取自身的商业利益。证券服务机构不同于证券交易所和证券登记结算机构，因为后二者为非营利法人；证券服务机构可以直接面向公众投资者，为其提供证券服务，由此也不同于证券交易所和证券登记结算机构，后二者并不直接与投资者发生法律关系。证券服务机构也不同于证券公司。依据《证券法》的规定，证券公司也可从事证券投资咨询业务，但证券公司业务范围的扩展并没有改变其证券承销、行纪和自营业务作为核心业务的地位。而证券投资咨询机构则以投资咨询为主要营业，其他证券服务机构也分别以其各自的专业服务作为主要业务，较少出现业务交叉的情况。

证券服务机构通过向发行人发行证券和向投资者提供各种规范化的专业服务，使整个证券市场能够正常运转，同时也为投资者、发行公司和上市公司等证券市场主体理性化、规范化的证券活动创造了条件。证券服务机构跟证券公司或投资银行一样，都是发行人或上市公司的信誉中介。证券服务机构对于证券信息的专业化调查、评估和保证，减少了信息处理、获得和证实的成本，便利了信息的广泛传播，有利于投资者获得信息、作出决策。服务机构的出现是证券市场专业化的需要和社会分工的结果。

（二）证券服务机构的种类

1. 证券投资咨询机构

证券投资咨询机构，是指向投资者或者客户提供证券投资分析、预测或者建议等咨询服务并直接或者间接收取一定费用的机构。其特点是，根据投资者的要求，运用基础分析和技术分析相结合的方法，通过收集大量信息资料并进行加工、整理，向投资者提供分析报告，为其投融资决策提供参考建议。

证券投资咨询机构的业务范围包括接受投资者或客户委托，提供证券投资咨询服务；举办有关证券投资咨询的讲座、报告会和分析会；在报刊上发表证券投资咨询的信息，以及在其他大众传媒上提供投资咨询服务；通过电讯设备系统提供投资咨询服务。

证券投资咨询公司面临一些风险，即由于影响市场行情和个股价格变动因素的多维性和不确定性，以及分析预测方法和手段的局限性带来的市场预测风险；由于信息提供者提供信息的渠道、方式和范围不当，投资者对信息产生误解或信息使用不当而造成投资损失的咨询意见发布的风险；由于从业人员道德品质、业务能力、利益冲突引发的人员风险。

证券投资咨询机构的产生是证券市场正常发展的必然要求。其根本原因在于证券筹资和证券投资是一种技术性非常强的业务活动，客观上需要一个专门从事证券事务咨询的机构来帮助筹资者和投资者作出相应的业务判断。而且，证券市场存在信息不对称，证券咨询机构的工作有助于纠正信息不对称的状况。

近年来，随着人工智能技术的发展和应用，智能投资顾问应运而生。智能投资顾问，又称机器人投资顾问或者自动化投资顾问。美国证券交易委员会（SEC）将智能投资顾问界定为通过在线算法系统向客户提供资产管理建议的投资顾问。中国证监会将其界定为“通过算法搭建数据模型，利用人工智能技术和网络平台提供理财顾问服务”的网络虚拟人工智能产品。智能投资顾问的核心是包含匹配顾客特征和市场产品特征的算法。智能投资顾问不是民事主体，只是使用智能投资顾问的个人和机构进行顾问活动的工具。智能投资顾问受到证监会《证券基金经营机构信息技术管理办法》（2019 年实施、2021

年修正）的规范。

2. 财务顾问

财务顾问，特指为企业资本运营提供战略和策略咨询的专业机构及其相关业务人员。他们以专业知识、行业经验和信息资源为基础，为客户提供在公司财务、项目融资、资本运作及其相关领域的专业咨询服务。财务顾问立足于企业长期的发展战略，以增强企业竞争力为核心，为企业制订长期的投融资计划、合理的资本结构与股利分配政策，并为企业进行兼并收购提供策划等。

按照2020年证监会《证券投资顾问业务暂行规定》，证券投资顾问业务，是证券投资咨询业务的一种基本形式，指证券公司、证券投资咨询机构接受客户委托，按照约定，向客户提供涉及证券及证券相关产品的投资建议服务，辅助客户作出投资决策，并直接或者间接获取经济利益的经营活动。投资建议服务内容包括投资的品种选择、投资组合以及理财规划建议等。

依据《上市公司收购管理办法》中对财务顾问的明确规定，凡是收购上市公司的，收购人必须聘请财务顾问；涉及要约收购的，目标公司董事会必须聘请财务顾问；涉及协议收购的，收购人也必须聘请独立财务顾问发表意见；甚至在涉及间接收购时，上市公司董事会也可以在“必要时聘请财务顾问”，对上市公司股东的实际控制人的变更进行查询。

3. 证券资信评估机构

证券资信评估是指对证券发行者的偿债能力和意愿及所发行的特定有价证券的质量和投资价值进行的综合评估，专门从事证券资信评估工作的机构即为证券资信评估机构。

建立资信评估制度的目的和作用在于揭示有关证券和企业信用程度与风险，方便投资者作出正确的投资判断和决策；促进发行证券的企业改善经营管理，提高自己的信誉；协助证券监管部门调控企业的投资范围，降低证券市场的投机成分，规定企业的资本充足率，监管企业的信息披露。

证券资信评估机构开展的业务有：对发行债券企业进行资信评估；评定和公布各种有价证券的信用等级；评定和公布证券公司的信用等级；对股票发行与上市公司的有关材料进行验查和评估。

4. 资产评估机构

资产评估机构，是为公司资产价格进行评定和估算的法定机构。中国从事资产评估业务的机构既有专业的资产评估事务所，又有具有资产评估资格的会计师事务所等。设立资产评估机构的目的通常是为特定资产经营提供价值依据，其职责是为国有企业股份制改造、公司上市、上市公司制作年度报告、公司收购兼并、资产重组等业务活动提供资产评估报告。

5. 会计师事务所

会计师事务所，是依法设立并从事注册会计师业务的机构。会计师事务所的证券业务是指证券、期货相关机构的财务报表审计、净资产验证、实收资本（股本）的审验、盈利预测审核、内部控制审计、前次募集资金使用情况专项审核等业务。

注册会计师在证券市场上发挥着十分重要的作用。证券发行人和上市公司可以利用注册会计师的审计增强企业信息的公信力，投资者可以根据会计师审计的公开信息作出合理的投资决策。监管机构可以根据这些会计信息对发行人和上市公司进行监管。注册会计师的审计活动有助于防范证券发行和交易中的欺诈，增强投资者的信心和安全感，促进证券市场的健康发展。

6. 律师事务所

律师事务所从事证券服务业务的，也属证券服务机构。证券法律业务是指律师事务所接受当事人委托，为其证券发行、上市和交易等证券业务活动，提供的制作、出具法律意见书等文件的法律服务。

二、对证券服务机构的管理

（一）概述

《证券法》第160条规定：会计师事务所、律师事务所以及从事证券投资咨询、资产评估、资信评级、财务顾问、信息技术系统服务的证券服务机构，应当勤勉尽责、恪尽职守，按照相关业务规则为证券的交易及相关活动提供服务。从事证券投资咨询服务业务，应当经国务院证券监督管理机构核准；未经核准，不得为证券的交易及相关活动提供服务。从事其他证券服务业务，应当报国务院证券监督管理机构和国务院有关主管部门备案。

与2005年《证券法》相比，现行《证券法》增加了财务顾问机构、信息技术系统服务机构作为证券服务机构；明确了证券服务机构的义务；除对证券投资咨询服务机构仍然维持核准制以外，对其他机构改采备案制。

（二）对各服务机构的管理

1. 证券投资咨询机构

为了稳定证券市场、保护投资者利益，必须依法规范证券投资咨询机构从业人员的从业行为。

一方面，国家通过《证券法》对其进行规范；另一方面，国家制定了一系列关于证券投资咨询的行政规章。1997年国务院证券委员会发布了《证券、期货投资咨询管理暂行办法》。1998年中国证监会发布了《证券、期货投资咨询管理暂行办法实施细则》（已废止）。2005年中国证监会又发布了《会员制证券投资咨询业务管理暂行规定》（已废止）。此外，中国证监会还于2001年发布了《关于规范面向公众开展的证券投资咨询业务行为若干问题的通知》（2020年修正），于2006年与国家广播电影电视总局发布了《关于规范证券投资咨询机构和广播电视证券节目的通知》。2010年证监会制定《发布证券研究报告暂行规定》(2020年修正)。

对于智能投资顾问，人民银行、银保监会、证监会、外汇局于2018年发布的《关于规范金融机构资产管理业务的指导意见》做了原则规定。

运用人工智能技术开展投资顾问业务应当取得投资顾问资质，非金融机构不得借助智能投资顾问超范围经营或者变相开展资产管理业务。

金融机构运用人工智能技术开展资产管理业务应当严格遵守该意见有关投资者适当性、投资范围、信息披露、风险隔离等一般性规定，不得借助人工智能业务夸大宣传资产管理产品或者误导投资者。金融机构应当向金融监督管理部门报备人工智能模型的主要参数以及资产配置的主要逻辑，为投资者单独设立智能管理账户，充分提示人工智能算法的固有缺陷和使用风险，明晰交易流程，强化留痕管理，严格监控智能管理账户的交易头寸、风险限额、交易种类、价格权限等。金融机构因违法违规或者管理不当造成投资者损失的，应当依法承担损害赔偿责任。

金融机构应当根据不同产品投资策略研发对应的人工智能算法或者程序化交易，避免算法同质化加剧投资行为的顺周期性，并针对由此可能引发的市场波动风险制定应对预案。算法同质化、编程设计错误、对数据利用深度不够等人工智能算法模型缺陷或者系统异常，导致羊群效应、影响金融市场稳定运行的，金融机构应当及时采取人工干预措施，强制调整或者终止人工智能业务。

2. 财务顾问

为了规范证券公司、证券投资咨询机构及其他财务顾问机构从事上市公司并购重组财务顾问业务活动，保护投资者的合法权益，促进上市公司规范运作，维护证券市场秩序，中国证监会于2008年制定了《上市公司并购重组财务顾问业务管理办法》，于2010年发布了《证券投资顾问业务暂行规定》（2020年修正）。按照《证券投资顾问业务暂行规定》，向客户提供证券投资顾问服务的人员，应当符合相关从业条件，并在中国证券业协会注册登记为证券投资顾问。证券投资顾问不得同时注册为证券分析师。

3. 证券资信评估机构

对于资信评估，2003年中国证监会发布了《资信评级机构出具证券公司券债信用评级报告准则》。为了促进证券市场资信评级业务规范发展，提高证券市场的效率和透明度，保护投资者的合法权益和社会公共利益，中国证监会于2007年制定了《证券市场资信评级业务管理暂行办法》（现已失效），于2015年制定了《证券市场资信评级机构评级业务实施细则（试行）》（2016年修订）。

4. 资产评估机构

对于资产评估机构，1991年国务院颁布了《国有资产评估管理办法》（2020年修订），1999年财政部发布了《资产评估报告基本内容与格式的暂行规定》（现已失效），2005年财政部出台了《资产评估机构审批管理办法》（现已失效），2011年财政部发布《资产评估机构审批和监督管理办法》（现已失效）。2008年，财政部、证监会发布《关于从事证券期货相关业务的资产评估机构有关管理问题的通知》（现已失效）。从事资产评估业务应遵守2016年颁行的《资产评估法》。

5. 会计师事务所

为了对会计师事务所相关活动进行规范，财政部和证监会于2007年印发了《关于会计师事务所从事证券期货相关业务有关问题的通知》（2012年修订）。

6. 律师事务所

为了净化证券法律服务市场，保护投资者的合法权益，中国证监会和司法部于 2007 年联合发布《律师事务所从事证券法律业务管理办法》（2023 年已发布新办法）。2010 年，证监会和司法部发布了《律师事务所证券法律业务执业规则（试行）》。

第四节　证券交易场所

一、多层次资本市场与证券交易场所

（一）多层次资本市场及其意义

完整的证券交易市场应当包括证券交易所集中市场（其中分为含中小企业板的主板市场、创业板和科创板）、半集中的股份转让市场、分散的交易市场（包括柜台市场、网上交易系统和产权交易市场等）。而且，各市场内部也可再做分层。建立多层次市场，可以满足不同层次的资金需求，拓展中小企业融资渠道，完善股权转让制度。

（二）《证券法》对多层次资本市场的规定

长期以来，中国证券交易市场缺乏必要的层次，限制了证券市场的发展，遏制了企业的合理融资，也不利于保护投资者的合法权益。2004 年国务院发布《关于推进资本市场改革开放和稳定发展的若干意见》（已废止），指出“逐步建立满足不同类型企业融资需求的多层次资本市场体系”。《证券法》为建立多层次市场预留了空间。2005 年《证券法》第 39 条规定：依法公开发行的股票、公司债券及其他证券，应当在依法设立的证券交易所上市交易或者在国务院批准的其他证券交易场所转让。现行《证券法》第 37 条则规定：公开发行的证券，应当在依法设立的证券交易所上市交易或者在国务院批准的其他全国性证券交易场所交易。非公开发行的证券，可以在证券交易所、国务院批准的其他全国性证券交易场所、按照国务院规定设立的区域性股权市场转让。第 97 条规定：证券交易所、国务院批准的其他全国性证券交易场所可以根据证券品种、行业特点、公司规模等因素设立不同的市场层次。

二、证券交易所概述

（一）证券交易所的概念、特征

按照中国《证券法》第 96 条和中国证监会发布的《证券交易所管理办法》（2021 年）第 2 条的规定，证券交易所是指经国务院决定设立的，为证券集中交易提供场所和设施，组织和监督证券交易，实行自律性管理的法人。

证券交易所是一个独立的民事主体。证券交易所不仅是一个交易场所，而且是一个社会组织。它不是契约型或合伙性的组织，而是具有法人资格的组织。

证券交易所可以是营利法人。现行《证券法》解除了对其营利性的限制。不过，《证券法》第101条规定："证券交易所可以自行支配的各项费用收入，应当首先用于保证其证券交易场所和设施的正常运行并逐步改善。实行会员制的证券交易所的财产积累归会员所有，其权益由会员共同享有，在其存续期间，不得将其财产积累分配给会员。"这又限制了交易所的营利性质。

证券交易所的设立主要是为集中和有组织的证券交易提供一定的空间、设施和辅助人员。证券交易所多实行集中竞价交易。

证券交易所应当履行国家有关法律、法规、规章、政策规定的职责，创造公开、公平、公正的市场环境，保证证券市场的正常运行。为此，交易所需要建立完善的交易规则，实行科学的管理制度。此外，证券交易所还应承担一定的管理和监督职责。

证券交易所实行自律管理。证券交易所对其成员（证券公司）、上市公司以及证券交易活动实行自律性管理。其管理权源于自愿授权，授权的方式是成立交易所的协议（一般表现为章程）、上市协议、对交易所规则的接受等。证券交易所不是政府职能部门。

证券交易所的设立通常需要经过政府机构特许，中国也是如此——在中国设立证券交易所应当经过证券监管机构的审核并经国务院批准。

（二）证券交易所的发展和作用

证券交易所的出现是证券发行的必然结果。目前，世界上有60多个国家和地区建立了证券交易所，比较大的有美国的纽约证券交易所、日本的东京证券交易所、英国的伦敦证券交易所以及中国香港地区的证券交易所。现在，中国内地有1990年成立的上海证券交易所、1991年成立的深圳证券交易所以及2021年成立的北京证券交易所。

证券交易所克服了"一对一"交易的弊端：它可以聚集买卖双方的意愿并提供集中撮合服务，减少搜寻交易对象的成本；它作为持续性的证券交易市场能够形成公开合理的证券交易价格作为未来交易的参考；它可以降低信息不对称以及交易违约带来的风险。总之，证券交易所满足了数量大、频率高的证券交易的要求，便利了证券的迅速和有效的转让流通。

三、证券交易所的设立、终止

（一）设立条件和程序

关于设立条件，中国证券法律法规没有集中明确规定。但是，结合《民法典》《证券法》《证券交易所管理办法》的规定来看，设立证券交易所应当有必要的财产或者经费，有自己的名称、组织机构和场所，制定必要的交易规则。证券交易所必须在其名称中标明"证券交易所"字样。证券交易所必须订立章程，并建立各部门的工作制度。证券交易所还要制定业务规则。

关于设立程序，《证券法》也没有具体规定。不过，证券交易所作为法人，其设立需要经过会员之间起草章程、拟定名称、筹集资金、准备场所、筹建组织机构、推选管理人员等。更为重要的是，按照《证券法》第 96 条第 2 款，证券交易所的设立由国务院决定。

（二）证券交易所的终止

证券交易所因解散等原因而终止。按照《证券法》第 96 条第 2 款，证券交易所的解散由国务院决定。

四、证券交易所的组织形式、内部结构、运行系统

（一）组织形式

1. 会员制证券交易所

会员制证券交易所是指由证券商作为会员共同出资设立的非营利性法人。其特点是，交易所由会员组成，交易所的财产由全体会员共同享有、共同使用；只有会员才能进入交易大厅，非会员利用交易所只能委托会员代理；交易所不以营利为目的，其收入主要来自会员分担的会员费、席位费，它也可向上市公司收取较低的上市费用，但不得向证券商收取交易佣金。另外，交易所不分派积累，也不承担交易中的一切风险和违约损失。

2. 公司制证券交易所

公司制证券交易所是指由股东出资按股份公司或有限公司的形式设立的证券交易所。公司制证券交易所实行交易所经营者与交易参与者分离原则，其股东原则上不是证券商，即使证券商成为股东，该证券商的股东、职员也不得担任证券交易所的高级职员。证券商根据与证券交易所的协议进入交易所进行交易，公司股东若非证券商而要进入证券交易所参与交易，必须另行缴纳席位费。公司制证券交易所多是营利性法人，但也有非营利性的。营利性交易所及其人员也不参与证券买卖，其利润主要源于因提供交易场所和设施而收取的手续费。公司制证券交易所必须设立赔偿基金，对在证券交易所内从事证券交易的任何一方的违约损失负责。

3. 中国证券交易所的组织形式

中国沪、深两个证券交易所当初是由政府拨款设立的，《证券法》以及《证券交易所管理办法》都没有明确规定证券交易所的具体组织形式，但其中许多提法符合会员制的特征。沪、深两个证券交易所的章程则明确规定：证券交易所是会员制法人。然而，交易所的非会员理事由中国证监会委派、总经理及副总经理由中国证监会任免、章程需要经中国证监会审批、专职监事由证监会委派。这些都使中国的证券交易所与真正的会员制存在一定差异。中国式证券交易所是政府创设、管理之下的承担证券市场组织、营运职能的“准公共组织”①。鉴于全球证券交易所改制的浪潮，以及公司制有利于改进内部治理结构、增强资本实力、促进证券交易场所市场化和国际化的优点，中国应当对证券交易所进行股份化改造。

---

① 邢会强．证券法学．北京：中国人民大学出版社，2019：86.

（二）内部结构

1. 会员制证券交易所

会员制证券交易所的组织结构一般包括会员大会、理事会、总经理和监事会。会员大会是证券交易所的最高权力机构，有权决定交易所的一切重大问题。理事会是交易所的决策机构。总经理是交易所日常事务的执行机构。监事会是交易所的监督机构。需要指出的是，中国的做法与会员制证券交易所通常的做法有所不同，特别是总经理不是由理事会聘任，而是由中国证监会任免。

成为证券交易所的会员应当符合规定的条件。《证券交易所管理办法》第 50 条第 1 款规定："证券交易所接纳的会员应当是经批准设立并具有法人地位的境内证券经营机构。"此外，交易所可以接纳特别会员。证券交易所的会员种类，会员资格及其权利、义务由证券交易所章程和业务规则规定。证券交易所会员的权利一般有进入交易所市场从事证券交易及接受交易所提供的服务、取得并转让会员席位等，义务则有履行对本所市场的交易及交收义务、按规定交纳各项经费和提供有关信息资料等。会员承担有限责任。

2. 公司制证券交易所

公司制证券交易所采用股份公司或有限公司的组织形式，其基本组织结构与普通公司的非常相似，通常也设有股东大会、董事会、监事会和经营管理机构。但其机构设置应当反映证券交易活动的特点和实际需要，应当采取有别于普通公司的特殊制衡机制。

（三）运行系统

证券交易所实行电子交易，其运行系统包括：（1）交易系统。它是接收指令、储存指令、达成交易的部分，由撮合主机、通讯网络和柜台终端三部分组成。（2）结算系统。它是对证券交易进行结算、交收和过户的系统。（3）信息系统。它负责对每日证券交易的行情信息和市场信息进行实时发布。（4）监察系统。它负责对行情信息、交易情况、证券结算和资金交收等进行实时监控。①

为了维护证券交易所秩序，证券交易所应当具有一套相关规则。《证券交易所管理办法》第 36 条规定：证券交易所应当制定具体的交易规则。

此外，证券交易所还应制定：（1）会员管理规则，通常包括取得会员资格的条件和程序、席位管理办法、会员的业务报告等。（2）关于证券交易从业人员的规则。

五、证券交易所的服务功能和法定义务

（一）服务功能

依据《证券交易所管理办法》第 7 条的规定，证券交易所的职能包括：（1）提供证券交易的场所、设施和服务；（2）制定和修改证券交易所的业务规则；（3）依法审核公开发

① 李东方．证券法．北京：清华大学出版社，2008：169.

行证券申请；(4) 审核、安排证券上市交易，决定证券终止上市和重新上市；(5) 提供非公开发行证券转让服务；(6) 组织和监督证券交易；(7) 对会员进行监管；(8) 对证券上市交易公司及相关信息披露义务人进行监管；(9) 对证券服务机构为证券上市、交易等提供服务的行为进行监管；(10) 管理和公布市场信息；(11) 开展投资者教育和保护；(12) 法律、行政法规规定的以及中国证监会许可、授权或者委托的其他职能。

上述职能归结为两大类：一是提供交易市场，即为证券交易提供服务；二是维护市场秩序，即对证券市场进行监管（参见本书第三十章“证券市场监管”）。

（二）法定义务和责任

证券交易所履行服务和监管职能时，必须承担如下义务和责任。

(1) 关于费用收入及积累。《证券法》第 101 条规定：证券交易所可以自行支配的各项费用收入，应当首先用于保证其证券交易场所和设施的正常运行并逐步改善。实行会员制的证券交易所的财产积累归会员所有，其权益由会员共同享有，在其存续期间，不得将其财产积累分配给会员。

(2) 设立风险基金。为了防止证券交易所本身的风险影响证券市场的健康运行，《证券法》第 114 条规定：证券交易所应当从其收取的交易费用和会员费、席位费中提取一定比例的金额设立风险基金。风险基金由证券交易所理事会管理。风险基金提取的具体比例和使用办法，由国务院证券监督管理机构会同国务院财政部门规定。依据《证券法》第 114 条的规定，证券交易所应当将收存的风险基金存入开户银行专门账户，不得擅自使用。

(3) 从业人员回避制度。为了保证证券交易所公开、公平和公正地组织和监管证券交易，《证券法》第 116 条规定：证券交易所的负责人和其他从业人员在执行与证券交易有关的职务时，与其本人或者其亲属有利害关系的，应当回避。

六、全国股份转让系统

（一）全国股份转让系统概述

全国股份转让系统由本质上属于局部柜台交易市场的代办股份转让系统发展而来。

2013 年 2 月，全国中小企业股份转让系统有限责任公司发布《全国中小企业股份转让系统业务规则（试行）》（2013 年 12 月修改）。2013 年 12 月，国务院发布《关于全国中小企业股份转让系统有关问题的决定》，明确全国股份转让系统主要为创新型、创业型、成长型中小微企业发展服务。境内符合条件的股份公司均可通过主办券商申请在全国股份转让系统挂牌，公开转让股份，进行股权融资、债权融资、资产重组等。

（二）全国股份转让系统的自律管理职能

依据《全国中小企业股份转让系统有限责任公司管理暂行办法》第 8 条的规定，全国股份转让系统公司的职能包括：(1) 建立、维护和完善股票转让相关技术系统和设施；

（2）制定和修改全国股份转让系统业务规则；（3）接受并审查股票挂牌及其他相关业务申请，安排符合条件的公司股票挂牌；（4）组织、监督股票转让及相关活动；（5）对主办券商等全国股份转让系统参与人进行监管；（6）对挂牌公司及其他信息披露义务人进行监管；（7）管理和公布全国股份转让系统相关信息；（8）中国证监会批准的其他职能。

（三）全国股份转让系统的若干特殊制度

全国股份转让系统内部实行分层。依据2023年证监会发布的《全国中小企业股份转让系统分层管理办法》，全国股转系统设置创新层和基础层，全国股转公司对挂牌公司实行分层管理。挂牌公司的分层管理包括公司申请挂牌同时进入创新层，基础层挂牌公司进入创新层，以及创新层挂牌公司调整至基础层。全国股转公司制定客观、差异化的创新层进层条件和降层调整情形。全国股转公司在各市场层级实行差异化的投资者适当性标准、股票交易方式、发行融资制度，以及不同的公司治理和信息披露等监督管理要求。全国股转公司针对各市场层级分别揭示证券交易行情、展示信息披露文件，为各市场层级挂牌公司提供差异化服务。

股份转让系统挂牌门槛较低。股份转让系统主要为创新型、创业型和成长型中小微企业提供资本市场服务。它不对企业设置财务门槛，企业可以是尚未盈利的。中小微企业具有业绩波动大、风险较高的特点，为此股份转让系统实行比交易所市场更为严格的投资者适当性管理制度，未来的发展方向是一个以机构投资者为主的市场。

股份转让系统交易制度多元化。全国股转系统设计了做市交易方式、竞价交易方式、大宗交易等交易方式。

第五节　证券登记结算机构

一、证券登记结算机构概述

（一）证券登记结算机构的概念

证券登记结算机构，是指为证券交易提供集中的登记、托管、存管和结算服务，不以营利为目的的法人。

证券登记结算机构具有特别目的，它将证券的登记、托管、存管和结算集于一体。登记，是指证券登记结算机构接受证券发行人的委托，通过设立和维护证券持有人名册确认证券持有人持有证券事实的行为。托管，是指证券公司接受客户委托，代其保管证券并提供代收红利等权益维护服务的行为。存管，是指证券登记结算机构接受证券公司委托，集中保管证券公司的客户证券和自有证券，并提供代收红利等权益维护服务的行为。结算，是指清算和交收。清算，是指按照确定的规则计算证券和资金的应收应付数额的行为。交收，是指根据确定的清算结果，通过转移证券和资金履行相关债权债务的行为。

证券登记结算机构不以营利为目的。证券登记结算机构的服务是有偿提供的，它有权根据国务院主管部门的核定标准收取服务费用，但它并不借此追求利润。这种定位有利于维护证券交易的正常秩序，确保金融稳定。

证券登记结算机构是一个独立存在的法人组织，能够独立享有权利和承担责任。但是，就证券交易结算而言，证券登记结算机构为了证券市场上所有参与方的利益而作为拟制的主体方参与交易，不因其参加的交易取得任何实质权利。就证券登记存管而言，证券的登记存管仅是出于交易过户的便捷和提供准确证券登记信息的目的，本身不使证券登记结算机构产生任何实质上的权利和义务。证券登记结算机构是一个在证券交易中为买卖双方履行交易责任提供服务的机构，它自己不参加交易，不是交易的任何一方当事人，既不是证券的买入者，也不是卖出者，它同时为买卖双方的交易提供服务，并且这种服务是连续的，贯穿于交易的整个过程，它通过这种服务来保证证券交易顺利地、有秩序地完成。

（二）证券登记结算机构的沿革和意义

1. 沿革

证券交易所出现后，交易激增，传统的结算方式显然不能适应需要，因此产生了面向交易所的清算机构。证券登记最初由发行人设立股东名册来进行。随着证券市场规模的扩大和专业分工的发展，证券登记逐渐由专门的登记机构完成，而且证券登记机构还提供股票发行、权益分派等其他服务。

中国于 2001 年 3 月成立了中国证券登记结算有限责任公司。同年 9 月，该公司设立了上海分公司和深圳分公司。2001 年 10 月，上海证券中央登记结算公司和深圳证券登记有限公司依法定程序注销。自此，中国建立了全国集中统一的登记结算系统。

2. 意义

建立证券登记结算机构和中央登记结算系统，其根本目的是提高证券交易效率、消除证券市场风险。现代证券交易必须努力提高交易效率，减少证券逐笔交割和重复交割，实现顺利和无障碍的证券交割过户。现代证券交易还须确保证券卖方是证券合法持有人，有能力按期交付所售出的证券，并避免证券清算交割中的其他信用风险。集中统一的证券登记结算系统适应了现代证券交易中交易量大增和证券无纸化的需要，有利于结算效率的提高，有利于防范风险。

通过登记结算机构和登记结算体系，可以减少证券交易中大量使用金钱和证券的实物交割，证券买卖双方可以安全、及时地获得购买的证券和买卖价款，避免或减少信用风险。通过证券清算系统，证券登记结算机构可以将交易当事人的证券买卖数量和金额分别予以抵消，计算应收应付证券和款项余额，有效地减少实物证券和款项的实际交割数量，避免过度频繁的实物证券转移，帮助各方在最短时间内完成证券及款项交割，减少证券交割的在途时间。通过证券登记，可以确认证券持有人和处分权人的资格。通过证券保管，证券登记结算机构可以采取有效措施帮助交易各方安全实现券款交易。这也可以避免证券转移中出现的毁损、遗失、伪造带来的危险。此外，证券登记结算体系还有助于降低交易成本，避免实物证券发行、转让和交付所发生的较高成本，避免因对实物证券点数、抄录和核对而花费的人力、财力、物力。证券登记结算系统有助于提高证券流通性。

证券登记结算机构担负着为投资者提供证券和资金交收服务的义务，是证券市场的重要基础设施，是支撑和保障证券市场安全、高效运行的后台中枢。从国际证券市场发展的经验来看，证券登记结算机构及其业务系统的安全性、效率性、前瞻性，不仅决定了证券交易市场的运作状况及发展潜力，也是衡量一个市场成熟、有效的重要标志。

（三）证券登记结算机构的法律调整

建立安全、有效和快捷的登记结算体系是现代证券交易的要求。中国1998年制定的《证券法》规定了结算机构的基本职能和运作模式，但没有明确一些重要原则和基本法律关系。2005年《证券法》在“证券登记结算机构”一章对此作了重要修改，在规定证券登记结算机构的性质及设立、职能与运营方式、结算风险基金等内容的基础上，增加了货银对付原则，引入了存管概念，加大了对处于清算交收中的证券、资金和担保物的保护等。2019年《证券法》对有关规则作了进一步完善。

为配合《证券法》的实施，中国证监会根据《证券法》《公司法》等法律、行政法规的规定，制定发布了《证券登记结算管理办法》，自2006年7月起施行。2009年、2017年、2018年和2022年，中国证监会修改了上述办法。2006年，中国证券登记结算公司发布了《货银对付业务实施方案》，自2006年5月起实施。2006年，中国证监会、财政部发布《证券结算风险基金管理办法》。

现行《证券法》第148条规定：在证券交易所和国务院批准的其他全国性证券交易场所交易的证券的登记结算，应当采取全国集中统一的运营方式。前款规定以外的证券，其登记、结算可以委托证券登记结算机构或者其他依法从事证券登记、结算业务的机构办理。

根据规定，在证券交易所上市的股票、债券、证券投资基金份额等证券及证券衍生品种的登记结算，适用《证券登记结算管理办法》。非上市证券的登记结算业务，参照该办法执行。境内上市外资股的登记结算业务，法律、行政法规、中国证监会另有规定的，从其规定。

证券登记结算活动必须实行公开、公平、公正、安全、高效的原则。《证券登记结算管理办法》确立了集中登记、开户实名制、分级结算、净额结算、货银对付、结算财产履约优先等六大先进制度，并提出建立证券互保金。该办法规定的证券账户的实名制开户制度、清算交收中的货银对付原则，证券登记结算机构建立各种风险控制措施等，都集中体现了保护投资者财产权益、证券登记结算机构及其业务安全的原则。同时，该办法明确的集中登记原则，结算公司作为共同对手方与结算参与人进行证券与资金的交收等安排，均体现了在保证安全的基础上追求效率最大化的原则。此外，该办法在提高登记结算效率的同时，基本不改变目前投资者的交易习惯，并尽可能降低交易成本。

证券登记结算机构实行行业自律管理。中国证监会依法对证券登记结算机构及证券登记结算活动进行监督管理。

二、证券登记结算机构的设立、职能、管理

证券登记结算关系到证券市场多方参与者利益，与证券市场正常运行有着密切联系，因此，必须严格规范证券登记结算机构的设立和解散、职能和业务范围、禁止的活动、需报批与报告的事项等。

（一）证券登记结算机构的设立

证券登记结算机构是具有法定职能的机构，必须具有与之相适应的设立条件。

此外，证券登记结算机构应当采取规定措施保证业务的正常进行。

（二）证券登记结算机构的职能

证券登记结算机构履行下列职能。

1. 证券账户、结算账户的设立和管理。证券账户用于记录投资者买卖、持有证券的情况，反映的是投资者的权益。结算账户的作用在于在证券交易中为买卖双方提供清算交收服务，表彰的是证券公司与证券登记结算机构的相互关系，反映的是证券公司的权益。

2. 证券的存管和过户。存管，是指证券登记结算机构接受证券公司委托，集中保管证券公司的客户证券和自有证券，并提供代收红利等权益维护服务的行为。过户就是将一个所有者账户上的证券转移到另一个所有者账户上，这是股权或债权的转移。过户包含交收和登记两层含义。交收是指根据确定的清算结果，履行相关债权债务。登记就是将转移的证券记载于合法持有人名下。

3. 证券持有人名册登记及权益登记。此即由证券登记结算机构根据证券交易中结算、交收、过户的结果进行股权或债权登记，这种登记确定了投资者的权利，并形成了证券持有人名册。当此名册与发行人编制的证券持有人名册发生冲突时，应当依此名册为准。

4. 证券和资金的清算交收及相关管理。这是实际履行交易双方的责任，完成一方交付证券、另一方支付价款的过程，这样，下一步的交易才能开始并继续，否则，就无法展开下一轮的交易。

5. 受发行人的委托派发证券权益。证券权益包括上市公司分配股息和红利、资本公积金转增股本，也包括向债券持有人派发债券利息等。一般来说，证券在发行并上市交易后，在投资者之间流动，发行人难以掌握哪些人持有证券。要向股东派发权益，或者向债权人支付利息，最好的办法就是委托证券登记结算机构依据证券持有人登记名册派发，这样既准确、便捷，又利于保护投资者利益。

6. 依法提供与证券登记结算业务有关的查询、信息、咨询和培训服务。这是相关业务的延伸。

7. 依法担任存托凭证存托人。根据《存托凭证发行与交易管理办法（试行）》，证券登记结算机构依法担任存托凭证存托人。

8. 中国证监会批准的其他业务。例如，股票锁定、上市证券质押登记、非上市证券登记结算、跨国结算等。

证券登记结算机构不得从事下列活动：（1）与证券登记结算业务无关的投资；（2）购置非自用不动产；（3）在《证券登记结算管理办法》第 70 条、第 71 条规定之外买卖证券；（4）法律、行政法规和中国证监会禁止的其他行为。

（三）证券登记结算机构的管理

证券登记结算机构的设立和解散，必须经中国证监会批准。

证券登记结算机构章程、业务规则的制定和修改以及董事长、副董事长、总经理和副总经理的任免等事项，应当报中国证监会批准。

证券登记结算机构应当妥善保存登记、存管和结算的原始凭证及有关文件和资料。其保存期限不得少于 20 年。

证券登记结算机构工作人员必须忠于职守、依法办事，不得利用职务便利谋取不正当利益，不得泄露所知悉的有关单位和个人的商业秘密。证券登记结算机构违反《证券法》及《证券登记结算管理办法》规定的，中国证监会依法予以行政处罚；对直接负责的主管人员和其他直接责任人员，依法给予行政处分。

三、账户及其运行

（一）证券账户分级与实名制

证券账户的管理包含证券账户的性质、功能、证券账户的开立和使用、对证券账户的开立和使用进行监督管理等内容。

1. 证券账户概念

证券账户，是记录证券持有及交易、交收活动的簿记册。证券账户用于记录投资者持有证券的余额及其变动情况。证券账户存在于交易的各个环节。

“证券账户”实际上是一个有多种内涵或功能的“集成账户”，出于简化手续的技术性考虑而集成在了一起：首先，它是一个“证券登记账户”，它记录购买的证券，对于证券公司和投资者而言都是如此，并无区别。其次，它是一个“证券托管账户”，基于投资者和证券公司的托管协议而存在。自动配对交易系统将账户作为集中撮合的对象。它需要记录交易双方发来的交易指令。它反映交易合同订立人、买卖证券的品种和数量。再次，它是一个“证券存管账户”，基于证券公司和登记结算机构的存管协议而成立和存在，并成为托管关系的实现渠道。最后，它是一个“证券结算账户”。结算账户专用于证券交易成交后的清算交收，具有结算履约担保作用。总之，证券账户具有登记功能、存管功能和结算功能。

证券账户，是证券交易合同的载体，反映了不同参与人之间的合同关系变化。例如，具有托管功能的证券账户就是证券公司和客户之间经纪合同的重要组成部分。

2. 账户开立

在中国，证券登记结算机构不仅为证券公司开立证券账户，还直接为投资者开立证券账户，同时，证券登记结算机构管理证券公司总账户及其下的投资者明细账户。

现行《证券法》第157条明确规定，投资者委托证券公司进行证券交易，应当通过证券公司申请在证券登记结算机构开立证券账户。证券登记结算机构应当按照规定为投资者开立证券账户。这一规定体现了严格禁止场外配资的态度。

证券公司应当掌握其客户的资料及资信状况，并对其客户的证券账户的使用情况进行监督。证券公司发现其客户在证券账户使用过程中存在违规行为的，应当按照证券登记结算机构的业务规则处理，并及时向证券登记结算机构和证券交易所报告。涉及法人以他人名义设立证券账户或者利用他人证券账户买卖证券的，还应当向中国证监会报告，由中国证监会依法予以处罚。

投资者在证券账户开立和使用过程中存在违规行为的，证券登记结算机构应当依法对违规证券账户采取限制使用、注销等处置措施。

3. 账户实名制

证券账户最基本的特点是必须保证持有人身份的准确。证券账户的记录是投资者持有证券的法定证明，应当由投资者本人开立和使用。法律明确规定了证券账户实名制原则。

同时，法律也对实名制作了例外规定。这主要是为了适应资本市场对外开放的需要。2005年《证券法》和现行《证券法》在1998年《证券法》条款的基础上增加了“国家另有规定的除外”。

（二）证券的登记

证券登记，是指记录证券的所有权并编制证券持有人名册，对证券持有人持有证券的事实加以确认。证券的登记涉及证券登记的性质、法律关系，证券登记的办理程序及要求，与登记有关的其他代理服务等。

证券持有分为直接持有和间接持有。投资者以自己的名义直接拥有实物证券或者记录于法定登记机构的证券持有人名册的，为证券的直接持有方式。而同其他投资者一起将证券集合以中介机构的名义登记，并通过在中介机构处的账户享有证券权益的，为证券的间接持有方式。有时，证券登记结算机构的记录中可能体现出最终投资者的名义，这就构成证券的直接、间接混合持有。中国目前的登记模式是以直接持有为主、以间接持有为辅。换言之，证券的实际持有人的名称直接登记在持有人名册上，但部分境外投资者持有的证券登记在名义持有人名下。

证券登记虽可由证券发行人自行办理，也即投资者所持有的证券，以实体投资者的名义直接登记在股东名册上，但更为常见的做法是由获得主管部门批准和注册的专门机构来进行登记。

证券登记实质上是对证券所有权带有一定强制性的认定。

此外，证券在证券交易所上市交易的，证券登记结算机构应当根据证券交易的交收结果办理证券持有人名册的变更登记。证券以协议转让、继承、捐赠、强制执行、行政划拨等方式转让的，证券登记结算机构根据业务规则变更相关证券账户的余额，并相应办理证券持有人名册的变更登记。因质押、锁定、冻结等，证券持有人权利受到限制的，证券登记结算机构应当在证券持有人名册上加以标记。

（三）证券的托管和存管

证券的托管和存管需要规范证券的托管和存管的关系、存管账户和托管协议、托管责任和存管责任等。

1. 托管、存管概念辨析

（1）托管与存管。

目前证券保管的运作是，先由证券持有人将其所持有的证券交给证券公司托管，再由各证券公司将收取的证券转委托证券登记结算机构存管。

证券的托管和存管导致投资者享有证券权利的方式发生了较大变化。证券被集中托管后，托管账户是证券所有权的唯一证据。通常，证券持有人是交管证券的合法权利人，证券登记结算机构为证券的托管人，对证券不享有所有权。

（2）存管与登记。

存管和登记是两种不同的行为。登记是法定的所有权认定和移转形式。存管则是一种契约行为，并不必然导致所有权的改变。在中央存管系统下，如果法律没有赋予中央存管机构以法定登记机构的职能，那么其记录就不具有证明证券所有权的功能。另外，登记结算机构有时将其参与人的客户的全部证券存管在该参与人名下的证券账户内，有时则在参与人名下的证券账户内开立投资者名义的分类账户。在后者，该分类账户不代表托管关系，而只可能具有登记职能。

在无纸化条件下，由于没有了实物证券的存在，如果中央存管系统的记录不能同法定登记记录很好地衔接，那么势必影响交易的顺利进行和投资者利益的确定。根据证券市场的集中程度和无纸化程度，其衔接方式大致有三种：其一，中央存管机构与法定登记机构实现联网，在中央存管机构完成账户划拨后，法定登记机构对其登记记录进行相应变更。其二，赋予中央存管机构的账簿记录以法定所有权记录的效力，同发行人登记簿一起共同组成完整的证券持有人名册。其三，规定中央存管机构同时也是唯一的法定登记机构，集登记和托管职能于一身，其簿记内容构成证券所有权的唯一法定依据。中国即是该方式的典型。

（3）证券存管与证券持有。

证券存管与证券持有是密切相关但又相互区别的两个概念。证券存管，是就证券投资者同证券登记结算机构的关系而言。证券持有，主要是就证券的最终投资者（或称受益所有人）同证券发行人的关系而言。比较存管和持有：一方面，分散托管或是集中存管，并非直接或间接持有的判断标准，持有方式的确定主要取决于证券的权属登记；另一方面，无论是在直接持有还是间接持有方式下，都存在证券存管的问题，只不过存管关系的具体内涵有所变化。

2. 分级保管

中国《证券法》没有明确规定证券分级保管，但是，《证券登记结算管理办法》确认了实务中采用的分级保管。

根据分级保管制度，证券投资者（通过证券公司）在证券登记结算机构开立的证券账户，在形式上是证券登记结算机构为证券公司开立的“客户证券总账”下挂的明细账户。它仅仅具有所有权登记的法律意义，而不表明证券登记结算机构与投资者建立了托管关系。证券登记结算机构虽然掌握每个投资者明细账户的信息，但仅具有统计意义，并不为此承担托管责任。证券登记结算机构对投资者证券账户内证券的划拨是基于证券公司的存管委托，证券公司又是根据托管协议事先获得投资者的概括授权。总之，投资者只能根据托管账户向证券公司主张权利，而不能根据证券账户向证券登记结算机构主张权利。

3. 托管和存管的其他规则

依据《证券登记结算管理办法》的规定，证券登记结算机构为证券公司设立客户证券总账和自有证券总账，用以统计证券公司交存的客户证券和自有证券。证券公司应当委托证券登记结算机构维护其客户及自有证券账户，但法律、行政法规和中国证监会另有规定的除外。

证券公司应当将其与客户之间建立、变更和终止证券托管关系的事项报送证券登记结算机构。证券登记结算机构应当对上述事项加以记录。

客户要求证券公司将其持有证券转由其他证券公司托管的，相关证券公司应当依据证券交易所及证券登记结算机构有关业务规则予以办理，不得拒绝，但有关法律、行政法规和中国证监会另有规定的除外。

证券公司应当采取有效措施，保证其托管的证券的安全，禁止挪用、盗卖。证券登记结算机构不得挪用客户的证券。证券登记结算机构应当采取有效措施，保证其存管的证券的安全，禁止挪用、盗卖。托管的证券其所有权属于客户，证券登记结算机构的托管只是代予保管的性质，不允许将这种证券用于质押或出借等，以免严重地侵害客户的合法权益，使客户的证券面临高风险性。

证券的质押、锁定、冻结或扣划，由托管证券的证券公司和证券登记结算机构按照证券登记结算机构的相关规定办理。

（四）证券和资金的清算交收

证券结算是指证券市场上的交易双方根据证券交易系统的成交结果确定和履行相应权利义务的过程。在中央结算法律关系中，参与人之间的债权债务关系概括转移至中央登记结算机构，中央结算机构按照净额交收的方式和货银对付的原则与其参与人进行结算。

证券交易环节是证券市场运行的表面，而证券清算和交收环节则是证券市场运行的深层内涵。证券和资金的清算交收的规制包含参与结算的主体及资格、证券分级结算的原则、证券交收账户安排、多边净额清算的方式、证券交收的流程等重要内容。

1. 分级结算

分级结算制度，即证券登记结算机构与证券公司等结算参与人进行一级结算，证券公司再与投资者进行二级结算。现行《证券法》规定：证券公司根据投资者的委托，按照证券交易规则提出交易申报，参与证券交易所场内的集中交易，并根据成交结果承担相应的清算交收责任。证券登记结算机构根据成交结果，按照清算交收规则，与证券公司进行证券和资金的清算交收，并为证券公司客户办理证券的登记过户手续。

在分级结算制度下，证券登记结算机构在结算环节只与证券公司发生法律关系，投资者与证券登记结算机构之间没有直接的法律关系。证券登记结算机构与证券公司之间的结算关系可以解释为投资者的转委托。转委托不明的，证券登记结算机构应当依法对投资者承担法律责任。投资者的资金账户、证券公司的结算账户不转移所有权。在中央结算关系上产生的债权优于参与人的债权，参与人不得因为其客户违约而对中央结算机构违约。在分级结算体系下，证券交易结算过程中的资金关系和证券交易结算过程之外的资金关系应当分离。

为实现证券结算效率和安全目标，必然选择分级结算制度，证券登记结算机构以结算参与人为单位组织多边净额结算，也必然要求分级结算制。《证券法》及有关办法厘清了各方在证券交易结算环节的法律关系，为落实结算参与人的交收责任和理顺证券结算业务关系提供了法律基础。

2. 多边净额结算、共同对手方、货银对付

在分级结算的基础上，《证券法》确立了证券交易多边净额结算和货银对付原则，提高了结算体系防范和化解风险的能力。《证券登记结算管理办法》本着增加证券登记结算业务中的规范性要求、防范结算风险的精神，明确了结算业务的基本要求和保证交收的基本原则、措施和手段。

（1）多边净额结算。

多边净额结算，是指证券登记结算机构将每个结算参与人所有达成交易的应收应付证券或资金予以冲抵轧差，计算出相对每个结算参与人的应收应付证券或资金的净额，再按照应收应付证券或资金的净额与每个结算参与人进行交收。

在适用净额结算的方式下，货银对付制度又可分为三类：证券和资金同时全额对付、证券逐笔全额与资金净额同时对付、证券净额与资金净额同时对付。中国不可能采用第一种或第二种方式，因为第一种方式要求结算系统同时持有证券账户和资金账户，而第二种方式要求商业银行对客户的资金结算提供担保。

（2）共同对手方。

共同对手方，是指在结算过程中，同时作为所有买方和所有卖方的交收对手并保证交收顺利完成的主体。共同对手方是为了适应现代证券交易不断增大的交易量和证券无纸化的需要而产生的，其目的在于减少中央结算层面资金和证券的流转。证券登记结算机构充当共同对手方，将保证对守约结算参与人的交收，使交易参与者无须担心原交易对手的信用风险，有利于增强投资信心和活跃市场交易。

实行多边净额结算制度，一般要求证券登记结算机构介入原证券交易合同，成为结算参与人的“共同对手方”。通过事先签订协议，结算参与人之间的债权债务关系概括转移（合同的权利义务一并转让）至中央证券登记结算机构，中央证券登记结算机构按照货银对付的原则和净额交收的方式（互负债务的抵销，只交付不足抵销部分），与其参与人进行结算。

中国证券市场的实践中，证券登记结算机构对大部分上市产品的交易实行多边净额结算并充当了共同对手方的角色。《证券法》第 158 条第 1 款规定，证券登记结算机构作为中央对手方提供证券结算服务的，是结算参与人共同的清算交收对手，进行净额结算，为证券交易提供集中履约保障。

（3）货银对付。

货银对付，俗称“一手交钱，一手交货”，是指证券登记结算机构与结算参与人在交收过程中，当且仅当资金交付时给付证券、证券交付时给付资金。按货银对付原则，结算参与人同时完成证券交收和资金交收，且不可撤销。

按照货银对付原则的要求，结算参与人必须根据清算结果，向证券登记结算机构足额交付其应付的证券和资金。根据货银对付的原则，结算参与人应当按照证券登记结算机构业务规则的规定，为其证券交易行为提供相应的交收担保。在交收完成之前，任何人（包括单位和组织）不得动用结算参与人用于交收的财产，包括证券、资金和担保物，如结算参与人存放于证券登记结算机构的用于交收的结算备付金、存放于银行指定账户的客户交易保证金等。在此机制下，一旦结算参与人发生资金或证券交收违约，证券登记结算机构可以暂不向违约参与人交付其买入的证券或应收的资金，证券登记结算机构按照业务规则有权处理有关交收财产，即在必要时对暂不交付的资金或证券进行处置。

2005 年《证券法》规定了货银对付原则、证券登记结算机构有权收取交收担保、有权处置违约参与人财产等内容。现行《证券法》第 158 条规定：证券登记结算机构为证券交易提供净额结算服务时，应当要求结算参与人按照货银对付的原则，足额交付证券和资金，并提供交收担保。在交收完成之前，任何人不得动用用于交收的证券、资金和担保物。结算参与人未按时履行交收义务的，证券登记结算机构有权按照业务规则处理前款所述财产。而《证券登记结算管理办法》对这些规定进一步细化，确立了包括分级结算原则、货银对付原则、结算财产履约优先原则、交收担保、证券结算互保金在内的证券结算风险防范机制。

四、风险防范和控制措施

本部分主要分析证券登记结算机构进行风险防范的原则、风险控制措施的内容、交收违约处理程序等，这些规则旨在确保证券登记结算活动的正常运行。

（一）证券登记结算风险

证券登记结算风险，是指证券结算过程中交易一方或各方，不能按照约定条件足额、及时履行交收义务，交收被迟延或交收失败导致结算对手资金损失和整个结算系统不能正常运转的可能性。随着市场交易品种的丰富、交易方式的创新、交易者数量的剧增，证券市场所蕴含的风险有不断扩大的趋势，任何市场参与者的行为都可能影响整个证券市场的稳定性。因此，必须强化证券结算体系的风险管理。

（二）防范和控制风险的措施

针对中国证券登记结算业务风险的实际，《证券法》和《证券登记结算管理办法》从三个层次对结算风险防范作出了安排。

1. 设立证券结算风险基金

证券结算风险基金，是指证券结算机构设立的一种专项资金，专门用于弥补证券结算机构因技术故障、操作失误、不可抗力所造成的重大经济损失及防范与证券结算业务有关的重大风险事件发生，以保障证券结算系统正常运行。

《证券法》第154条规定：证券登记结算机构应当设立证券结算风险基金，用于垫付或者弥补因违约交收、技术故障、操作失误、不可抗力造成的证券登记结算机构的损失。证券结算风险基金从证券登记结算机构的业务收入和收益中提取，并可以由结算参与人按照证券交易业务量的一定比例缴纳。证券结算风险基金的筹集、管理办法，由国务院证券监督管理机构会同国务院财政部门规定。

2. 结算参与人设立证券结算互保金，并提供交收担保

《证券登记结算管理办法》要求证券登记结算机构应当按照结算风险共担的原则，组织结算参与人建立证券结算互保金，用于在结算参与人交收违约时保障交收的连续进行。证券结算互保金的筹集、使用、管理和补缴办法，由证券登记结算机构在业务规则中规定。证券结算互保金，是指全体结算参与人缴纳的用以在发生交收违约时弥补流动性不足以及交收违约损失的资金。

另外，证券登记结算机构可以视结算参与人的风险状况，要求结算参与人提供交收担保。

3. 结算资金和证券不得被强制执行

《证券法》第159条规定：证券登记结算机构按照业务规则收取的各类结算资金和证券，必须存放于专门的清算交收账户，只能按业务规则用于已成交的证券交易的清算交收，不得被强制执行。根据现行《证券法》第158条和第159条的要求，《证券登记结算管理办法》明确了处于清算交收中的资金、证券和担保物不得被强制执行的具体内容。这些规定共同确立了结算财产履约优先原则，即证券交易达成后，履约义务人已进入清算交收程序的财产优先用于清偿证券交易清算交收债务。这一原则有助于维护证券交易和结算体系安全平稳运行。

另外，证券登记结算机构可以根据组织管理证券登记结算业务的需要，按照有关规定申请授信额度，或将专用清偿账户中的证券用于申请质押贷款，以保障证券登记结算活动的持续正常进行。

五、违约处理

（一）集中交收的违约处理

为了处理集中交收违约，《证券法》赋予证券登记结算机构一定权限。因为证券结算对时效性要求很高，一旦结算参与人不能履行交收义务，结算机构应当立即对违约结算参与人的有关财产进行处置，包括扣划、变卖等，以代替其履行交收义务，这样才能使证券市场平稳、连续地运转下去。但是，1998 年《证券法》中没有这样的规定，这使证券登记结算机构在处理结算参与人违约时有所顾虑。2005 年《证券法》和现行《证券法》规定，证券登记结算机构在结算参与人未按时履行义务时有权处理相关资产，这一规定大大提高了证券登记结算机构维护正常交收秩序的权威性，保证了业务规则的严肃性。《证券登记结算管理办法》进一步规定：证券登记结算机构应当设立专用清偿账户，用于在结算参与人发生违约时存放暂不交付或扣划的证券和资金。

（二）结算参与人与客户交收的违约处理

结算参与人可以根据证券登记结算机构的规定，向证券登记结算机构申请开立证券处置账户，用以存放待处置的客户证券。

结算参与人可以视客户的风险状况，采取包括要求客户提供交收担保在内的风险控制措施。客户提供交收担保的具体标准，由结算参与人与客户在证券交易、托管与结算协议中明确。

客户出现资金交收违约时，结算参与人可以发出指令，委托证券登记结算机构将客户净买入证券划付到其证券处置账户内，并要求客户在约定期限内补足资金。

客户出现证券交收违约时，结算参与人可以将相当于证券交收违约金额的资金暂不划付给该客户。

违约客户未在规定的期间内补足资金、证券的，结算参与人可以将证券处置账户内的相应证券卖出，或用暂不交付的资金补购相应证券。前述处置所得，用于补足违约客户欠付的资金、证券和支付相关费用；有剩余的，应当归还该客户；尚有不足的，结算参与人有权继续向客户追偿。

结算参与人未及时将客户应收资金支付给客户或未及时委托证券登记结算机构将客户应收证券从其证券交收账户划付到客户证券账户的，结算参与人应当对客户承担违约责任，给客户造成损失的，结算参与人应当承担对客户的赔偿责任。

深度阅读

刘冰．论中小投资者维权之证券支持诉讼//黄红元，卢文道．证券法苑：第 23 卷．北京：法律出版社，2017.

威廉·F. 夏普．投资者与市场．钱敏，译．上海：格致出版社，上海三联书店，上海人民出版社，2011.

侯东德．证券服务机构自律治理机制研究．法商研究，2020（1）.

李游．“买者自负”的适用逻辑与金融消费关系的“不平等”．北京社会科学，2019（7）.

高丝敏．智能投资顾问模式中的主体识别和义务设定．法学研究，2018（5）.

王宏宇，刘刊．证券公司行政备案监管的权责及边界研究．金融监管研究，2018（5）.

郭雳，李逸斯．IPO 中各中介机构的职责分配探析：从欣泰电气案议起//黄红元，卢文道．证券法苑：第 23 卷．北京：法律出版社，2017.

沈朝晖，刘江伟．证券分析师利益冲突防范机制比较研究//黄红元，卢文道．证券法苑：第 23 卷．北京：法律出版社，2017.

章武生．我国证券集团诉讼的模式选择与制度重构．中国法学，2017（2）.

冷静．法定自律组织还是法律法规授权组织：新形势下证券交易所及其一线监管性质辨//黄红元，卢文道．证券法苑：第 23 卷．北京：法律出版社，2017.

中泰证券股份有限公司．中国证券市场结算参与人及委托结算制度研究．中国证券，2016（10）.

丁鲁．我国证券公司法律风险防控体系研究．中国证券，2016（9）.

刘燕．场外配资纠纷处理的司法进路与突破：兼评深圳中院的《裁判指引》．法学，2016（4）.

谢贵春．论中央对手方机制的法理基础．西部法学评论，2016（3）.

华东政法大学课题组．证券公司与证券服务机构法律制度完善研究//黄红元，徐明．证券法苑：第 10 卷．北京：法律出版社，2014.

思考与练习

1. 如何理解证券投资者保护制度？
2. 证券公司的业务类型有哪些？
3. 为什么建立证券公司内部管控制度？
4. 证券公司从事资产管理业务时与客户关系如何界定？
5. 试述对证券服务机构的管理规则。
6. 公司制与会员制证券交易所差异何在？
7. 证券交易所有什么职能？
8. 如何理解证券登记结算的地位和作用？
9. 证券托管与存管有何不同？
10. 什么是分级结算？什么是多边净额结算、共同对手方、货银对付？
11. 如何防范和控制证券登记结算中的风险？

第三十章

证券市场监管

常考知识点

证券监管机构监管的规则　证券交易所监管的规则

第一节　国务院证券监管机构

一、概念和性质

（一）概念

国务院证券监督管理机构，是对中国证券市场实行集中统一监管的机构，是承担政府监管职责的重要机构。《证券法》第 168 条规定：国务院证券监督管理机构依法对证券市场实行监督管理，维护证券市场公开、公平、公正，防范系统性风险，维护投资者合法权益，促进证券市场健康发展。

（二）性质

根据中国证券监管体制的现状，尽管《证券法》没有指明，但是“国务院证券监督管理机构”主要是指中国证券监督管理委员会。证监会是国务院直属机构，依照法律、法规和国务院授权，统一监督管理全国证券期货市场，维护证券期货市场秩序，保障其合法运行。

二、设立和组织

（一）设立

1992 年，国务院设立国务院证券委员会和中国证券监督管理委员会。1998 年，国务院办公厅发布《中国证券监督管理委员会职能配置、内设机构和人员编制规定》（2023 年发布新规定），规定中国证监会为国务院直属事业单位，是全国证券、期货市场的主管部门。国务院原证券委员会的职能和中国人民银行履行的证券业监管职能划归中国证监会。

（二）组织

依据《中国证券监督管理委员会职能配置、内设机构和人员编制规定》，证监会设办公厅（党委办公室）、综合业务司、发行监管司、公众公司监管司、市场监管一司、市场监管二司、证券基金机构监管司、上市公司监管司、期货监管司、债券监管司、稽查局、科技监管司、法治司、行政处罚委员会办公室等。

三、职责、措施、保障和制约

（一）职责

中国证券监管部门的权力非常广泛。《证券法》第 169 条规定了国务院证券监督管理机构在对证券市场实施监督管理中应当履行的职责。另外，《中国证券监督管理委员会职能配置、内设机构和人员编制规定》也规定了证监会的职责。

（二）措施

有效的监管措施是证券监管机构实现有效监管的重要保证，为此，现行《证券法》第 170 条规定，国务院证券监督管理机构依法履行职责，有权采取下列措施：（1）对证券发行人、证券公司、证券服务机构、证券交易场所、证券登记结算机构进行现场检查。（2）进入涉嫌违法行为发生场所调查取证。（3）询问当事人和与被调查事件有关的单位和个人，要求其对与被调查事件有关的事项作出说明；或者要求其按照指定的方式报送与被调查事件有关的文件和资料。（4）查阅、复制与被调查事件有关的财产权登记、通讯记录等文件和资料。（5）查阅、复制当事人和与被调查事件有关的单位和个人的证券交易记录、登记过户记录、财务会计资料及其他相关文件和资料；对可能被转移、隐匿或者毁损的文件和资料，可以予以封存、扣押。（6）查询当事人和与被调查事件有关的单位和个人的资金账户、证券账户、银行账户以及其他具有支付、托管、结算等功能的账户信息，可以对有关文件和资料进行复制；对有证据证明已经或者可能转移或者隐匿违法资金、证券等涉案财产或者隐匿、伪造、毁损重要证据的，经国务院证券监督管理机构主要负责人或者其授权的其他负责人批准，可以冻结或者查封，期限为 6 个月；因特殊原因需要延长的，每次延长期限不得超过 3 个月，冻结、查封期限最长不得超过 2 年。（7）在调查操纵证券市场、内幕交易等重大证券违法行为时，经国务院证券监督管理机构主要负责人或者其授权的其他负责人批准，可以限制被调查的当事人的证券买卖，但限制的期限不得超过 3 个月；案情复杂的，可以延长 3 个月。（8）通知出境入境管理机关依法阻止涉嫌违法人员、涉嫌违法单位的主管人员和其他直接责任人员出境。为防范证券市场风险，维护市场秩序，国务院证券监督管理机构可以采取责令改正、监管谈话、出具警示函等措施。

2005 年，中国证监会经国务院批准发布了中国证券监督管理委员会《冻结、查封实施办法》（2011 年、2020 年修改）。

另依《证券法》第 221 条的规定，违反法律、行政法规或者国务院证券监督管理机构的有关规定，情节严重的，国务院证券监督管理机构可以对有关责任人员采取证券市场禁入的措施。前款所称证券市场禁入，是指在一定期限内直至终身不得从事证券业务、证券服务业务，不得担任证券发行人的董事、监事、高级管理人员，或者一定期限内不得在证券交易所、国务院批准的其他全国性证券交易场所交易证券的制度。2006 年中国证监会施行《证券市场禁入规定》（2015 年、2021 年做了修改）。禁入制度的建立施行，在证券市场产生了极强的震慑效应。

现行《证券法》新增了行政和解制度。第 171 条规定，国务院证券监督管理机构对涉嫌证券违法的单位或者个人进行调查期间，被调查的当事人书面申请，承诺在国务院证券监督管理机构认可的期限内纠正涉嫌违法行为，赔偿有关投资者损失，消除损害或者不良影响的，国务院证券监督管理机构可以决定中止调查。被调查的当事人履行承诺的，国务院证券监督管理机构可以决定终止调查；被调查的当事人未履行承诺或者有国务院规定的其他情形的，应当恢复调查。具体办法由国务院规定。国务院证券监督管理机构决定中止或者终止调查的，应当按照规定公开相关信息。

现行《证券法》还规定跨境合作机制。第 177 条规定：国务院证券监督管理机构可以和其他国家或者地区的证券监督管理机构建立监督管理合作机制，实施跨境监督管理。境外证券监督管理机构不得在中华人民共和国境内直接进行调查取证等活动。未经国务院证券监督管理机构和国务院有关主管部门同意，任何单位和个人不得擅自向境外提供与证券业务活动有关的文件和资料。

（三）保障

（1）被检查、调查的单位和个人应当配合。《证券法》第 173 条规定：国务院证券监督管理机构依法履行职责，被检查、调查的单位和个人应当配合，如实提供有关文件和资料，不得拒绝、阻碍和隐瞒。

（2）有关部门应当予以配合。《证券法》第 175 条规定：国务院证券监督管理机构应当与国务院其他金融监督管理机构建立监督管理信息共享机制。国务院证券监督管理机构依法履行职责，进行监督检查或者调查时，有关部门应当予以配合。

（四）制约

《证券法》在较大程度上充实了中国证监会的监管权力，并提供了相应的保障，但是中国证监会必须依法行事，绝不能任意行使这些权力。为此，法律规定了中国证监会及其工作人员的义务，促使其很好地履行监管职责，发挥监管职能。

（1）禁止从事有关营利活动。《证券法》第 179 条第 2 款规定：国务院证券监督管理机构工作人员在任职期间，或者离职后在《公务员法》规定的期限内，不得到与原工作业务直接相关的企业或者其他营利性组织任职，不得从事与原工作业务直接相关的营利性活动。

（2）监督检查、调查人员数目、证件。《证券法》第 172 条规定：国务院证券监督管理机构依法履行职责，进行监督检查或者调查，其监督检查、调查的人员不得少于 2 人，并应当出示合法证件和监督检查、调查通知书或者其他执法文书。监督检查、调查的人员少于 2 人或者未出示合法证件和监督检查、调查通知书或者其他执法文书的，被检查、调查的单位和个人有权拒绝

(3) 忠实和保密义务。《证券法》第 179 条第 1 款规定：国务院证券监督管理机构工作人员必须忠于职守，依法办事，公正廉洁，不得利用职务便利牟取不正当利益，不得泄露所知悉的有关单位和个人的商业秘密。

(4) 公开。《证券法》第 174 条规定：国务院证券监督管理机构制定的规章、规则和监督管理工作制度应当依法公开。国务院证券监督管理机构依据调查结果，对证券违法行为作出的处罚决定，应当公开。

(5) 移送。《证券法》第 178 条规定：国务院证券监督管理机构依法履行职责，发现证券违法行为涉嫌犯罪的，应当依法将案件移送司法机关处理；发现公职人员涉嫌职务违法或者职务犯罪的，应当依法移送监察机关处理。

四、证监会监管择要

（一）对信息公开的监督

监管者实施监管的主要方式并不在于判断证券的优劣，而在于尽可能平衡证券市场信息不对称的状况，使信息变得透明、充分和公开。在中国，中国证监会依法监督检查证券发行、上市和交易的信息公开情况。依据《证券法》第 87 条第 1 款的规定，国务院证券监督管理机构对信息披露义务人的信息披露行为进行监督管理。

（二）证券发行审核

1. 证券发行审核的概念和类型

证券发行审核制度，是证券监管机构依法对证券发行进行审查，决定是否同意发行的法律制度。发行审核旨在维护投资者利益，它主要审查信息披露形式上是否符合规定，内容是否真实，企业融资是否符合国家经济政策。证券发行审核制度有：审批制、核准制和注册制。

审批制，即发行人首先要通过政策性审查，然后还需满足证券发行实质条件，并依法履行信息公开义务。

核准制，是指法律规定证券发行的实质条件，证券发行人应当向证券监管机构申报证明其符合实质条件的文件，证券监管机构审核确认其具备实质条件后，发行人方可公开发行证券。

注册制又称形式审查制，是指法律不规定证券发行的实质条件或标准，证券发行人只需按照法律规定向证券监管机构申报应当公开的资料信息，而证券监管机构仅对申请文件作形式审查。在此机制下，证券监管机构不审查发行人及证券的价值等，无论绩优股还是垃圾股，只要发行人履行披露义务的，即可发行，接受市场选择。注册制降低发

行门槛，赋予发行人同等的筹资机会，有利于具有发展潜力的企业通过证券市场募得资金，获取发展机会。

归纳一些国家和地区实施注册制的实践，大致有四项基本特征：一是企业拥有发行股票筹集资本的天然权利，只要不违背国家利益和公众利益，企业能不能发行、何时发行、以什么价格发行，均应由企业和市场自主决定。二是实行以信息披露为中心的监管理念，要求企业必须向投资者披露充分和必要的投资决策信息，政府不对企业的资产质量和投资价值进行判断和“背书”，监管机构不对信息披露的真实性负责，但要对招股说明书的齐备性、一致性和可理解性负责。三是各市场参与主体归位尽责，发行人是信息披露第一责任人，中介机构承担对发行人信息披露的把关责任，投资者依据公开披露信息自行作出投资决策并自担投资风险。四是实行宽进严管，重在事中事后监管，严惩违法违规，保护投资者合法权益。[①] 在注册制下，股票依法发行后，发行人经营与收益的变化，由发行人自行负责；由此变化引致的投资风险，由投资者自行负责。[②]

2. 中国的证券发行审核制度

（1）审核制度的演变。

1999 年以前，中国证券监管体制属于审批制，其重要特征是政府对证券市场进行计划管理，通过下达年度或跨年度的证券发行额度或指标来控制证券发行总量。股份公司发行股票必须取得发行额度许可，必须取得行政管理机关和证券监管部门的批准。立法对股票发行的审批规定了严格的程序。发行审核部门对申请采取实质审查。

1999 年《证券法》实施后，中国开始采取核准制。按照该法第 11 条的规定，股票发行采取核准制，债券发行则仍采审批制。其后，股票发行审核市场化步伐加快。2001 年，中国股票发行正式实行核准制。在核准制初期，采用通道制，即授权证券公司辅导和推荐一定数量的企业申请股票发行和上市。证券公司一次推荐的企业数量由中国证券业协会依据其上一年度的承销家数及发行质量具体确定。具有主承销商资格的证券商拥有的通道最多为 8 条，最少为 2 条。推荐的企业发行一家，证券公司即可再报一家。证监会对证券公司的执业质量进行年度考核，依此确定其下年度的通道家数。通道制的特点是，改变了过去行政机制遴选和推荐发行人的做法。2003 年中国证监会发布《证券发行上市保荐制度暂行办法》（已废止），证券发行上市保荐制度正式实施。通道制与此并行了一段时间。

2005 年《证券法》改变了核准和审批并存的双轨制。其第 10 条取消了公司债券发行的审批制，实施核准制，企业可以根据运营需要确定发行股票的规模；取消了旨在初步落实股票发行额度的前置行政审批或预选程序，改由保荐人培育和推荐企业发行上市；赋予中国证监会发行审核委员会独立审核功能，并逐步转向信息披露和合规审核，改变由政府行政决定发行申请的情况；由承销商向投资者进行询价，改变由中国证监会核准发行价格的做法。不过，该法关于由发行审核委员会审核股票申请的规定尚未真正落实，

① 聚焦监管转型 提高监管效能：肖钢同志在 2015 年全国证券期货监管工作会议上的讲话 . http: //www. csrc. gov. cn/pub/newsite/zjhxwfb/xwdd/201501/t20150116 _ 266708. html.

② 参见《证券法》第 25 条。

实际授予发行许可的仍是中国证监会而非发行审核委员会。[①] 而且，证券发行核准机构在实践中往往过多关注发行人的发展前景、盈利能力等。

2013年11月，中共中央《关于全面深化改革若干重大问题的决定》提出：“健全多层次资本市场体系，推进股票发行注册制改革，多渠道推动股权融资，发展并规范债券市场，提高直接融资比重”。2018年11月，习近平在上海宣布，在上海证券交易所设立科创板并试点注册制。2019年3月，证监会发布《科创板首次公开发行股票注册管理办法（试行）》和《科创板上市公司持续监管办法（试行）》。2020年7月，证监会对《科创板首次公开发行股票注册管理办法（试行）》个别条款做了修改。2020年4月27日，习近平主持召开中央全面深化改革委员会第十三次会议，审议通过了《创业板改革并试点注册制总体实施方案》，正式启动了深交所创业板注册制改革。2020年6月，证监会公布施行《创业板首次公开发行股票注册管理办法（试行）》。自2020年3月1日起施行的现行《证券法》确立了证券发行注册制，并规定“证券发行注册制的具体范围、实施步骤，由国务院规定”。中共中央《关于制定国民经济和社会发展第十四个五年规划和二〇三五年远景目标的建议》提出，全面实行股票发行注册制，建立常态化退市机制，提高直接融资比重。2023年2月17日发布实施《首次公开发行股票注册管理办法》。

（2）审核机构和审核规则。

《证券法》第7条规定：国务院证券监督管理机构依法对全国证券市场实行集中统一监督管理。第9条规定：公开发行证券，必须符合法律、行政法规规定的条件，并依法报经国务院证券监督管理机构或者国务院授权的部门注册。未经依法注册，任何单位和个人不得公开发行证券。证券发行注册制的具体范围、实施步骤，由国务院规定。

证券发行审核机构在审核证券发行申请过程中，应当依据规则进行。依据《证券法》第21条和第22条的规定，国务院证券监督管理机构或者国务院授权的部门依照法定条件负责证券发行申请的注册。证券公开发行注册的具体办法由国务院规定。按照国务院的规定，证券交易所等可以审核公开发行证券申请，判断发行人是否符合发行条件、信息披露要求，督促发行人完善信息披露内容。依照前两款规定参与证券发行申请注册的人员，不得与发行申请人有利害关系，不得直接或者间接接受发行申请人的馈赠，不得持有所注册的发行申请的证券，不得私下与发行申请人进行接触。国务院证券监督管理机构或者国务院授权的部门应当自受理证券发行申请文件之日起3个月内，依照法定条件和法定程序作出予以注册或者不予注册的决定，发行人根据要求补充、修改发行申请文件的时间不计算在内。不予注册的，应当说明理由。

《证券法》规定了撤销发行制度。《证券法》第24条第1款规定：国务院证券监督管理机构或者国务院授权的部门对已作出的证券发行注册的决定，发现不符合法定条件或者法定程序，尚未发行证券的，应当予以撤销，停止发行。已经发行尚未上市的，撤销发行注册决定，发行人应当按照发行价并加算银行同期存款利息返还证券持有人；发行

① 从现行《证券法》的规定看，2005年《证券法》第22条关于发行审核委员会的规定被删除，发行审核委员会制度被废止。这一修订适应了推进和实施证券发行注册制的需要。

人的控股股东、实际控制人以及保荐人，应当与发行人承担连带责任，但是能够证明自己没有过错的除外。

现行《证券法》增设了责令回购制度。《证券法》第 24 条第 2 款规定：股票的发行人在招股说明书等证券发行文件中隐瞒重要事实或者编造重大虚假内容，已经发行并上市的，国务院证券监督管理机构可以责令发行人回购证券，或者责令负有责任的控股股东、实际控制人买回证券。

（三）对上市公司的监管

上市公司是资本市场发展的基石。2020 年 12 月中央经济工作会议提出，要提高上市公司质量。提高上市公司质量是提高资本市场投资价值的源泉，对于增强资本市场的吸引力和活力，充分发挥资本市场优化资源配置功能，保护投资者特别是中小投资者的合法权益，促进中国资本市场健康稳定发展，具有十分重要的意义。提高上市公司质量，就是要立足于全体股东利益的最大化，不断提高公司治理和经营管理水平，不断提高诚信度和透明度，不断提高公司盈利能力和持续发展能力。提高上市公司质量，关键在于公司董事会、监事会和经理层要诚实守信、勤勉尽责，努力提高公司竞争能力、盈利能力和规范运作水平。总之，要使上市公司法人治理结构更加完善，内部控制制度合理健全，激励约束机制规范有效，公司透明度、竞争力和盈利能力显著提高。

（四）对证券公司的监管

国务院证券监督管理机构依法履行对证券公司的监督管理职责。考虑到证券经营机构监管的特殊性，以及事后监管的不足，《证券法》补充和完善了监管措施，防患于未然，提高了监管效率。

1. 对信息和资料报送的监管

证券监管机构对证券公司实施有效监管，必须以充分掌握证券公司相关信息为基础。为此，《证券法》第 138 条规定：证券公司应当按照规定向国务院证券监督管理机构报送业务、财务等经营管理信息和资料。国务院证券监督管理机构有权要求证券公司及其主要股东、实际控制人在指定的期限内提供有关信息、资料。证券公司及其主要股东、实际控制人向国务院证券监督管理机构报送或者提供的信息、资料，必须真实、准确、完整。

2. 对风险控制的监管

依据《证券法》第 140 条的规定，证券公司的治理结构、合规管理、风险控制指标不符合规定的，国务院证券监督管理机构应当责令其限期改正；逾期未改正，或者其行为严重危及该证券公司的稳健运行、损害客户合法权益的，国务院证券监督管理机构可以区别情形，对其采取规定措施。

3. 限制证券公司股东的权利

《证券法》第 141 条规定：证券公司的股东有虚假出资、抽逃出资行为的，国务院证券监督管理机构应当责令其限期改正，并可责令其转让所持证券公司的股权。在前述规定的股东按照要求改正违法行为、转让所持证券公司的股权前，国务院证券监督管理机构可以限制其股东权利。

4. 对证券公司管理层的监管

证券公司出现危局，往往与证券公司管理层有关。为了促进证券公司健康发展，应当增强他们的责任心，加重其责任。为此，《证券法》第 142 条规定：证券公司的董事、监事、高级管理人员未能勤勉尽责，致使证券公司存在重大违法违规行为或者重大风险的，国务院证券监督管理机构可以责令证券公司予以更换。

5. 证券公司发生特殊情况时的特别措施

按照《证券法》第 143 条、第 208 条的规定，在法定情形，国务院证券监督管理机构可以对该证券公司采取责令停业整顿、指定其他机构托管、接管、撤销或者责令关闭等监管措施。

6. 对高级管理人员的特别措施

《证券法》第 144 条规定：在证券公司被责令停业整顿、被依法指定托管、接管或者清算期间，或者出现重大风险时，经国务院证券监督管理机构批准，可以对该证券公司直接负责的董事、监事、高级管理人员和其他直接责任人员采取以下措施：（1）通知出入境管理机关依法阻止其出境；（2）申请司法机关禁止其转移、转让或者以其他方式处分财产，或者在财产上设定其他权利。

（五）对交易所的监管

证券交易所由中国证监会监督管理。依据《证券法》的规定，设立证券交易所必须制定章程。证券交易所章程的制定和修改，必须经国务院证券监督管理机构批准。证券交易所设总经理一人，由国务院证券监督管理机构任免。证券交易所采取技术性停牌或者决定临时停市，必须及时报告国务院证券监督管理机构。证券交易所对证券交易实行实时监控，并按照国务院证券监督管理机构的要求，对异常的交易情况提出报告。证券交易所根据需要，可以对出现重大异常交易情况的证券账户的投资者限制交易，并及时报告国务院证券监督管理机构。证券交易所应当从其收取的交易费用和会员费、席位费中提取一定比例的金额设立风险基金。证券交易所依照法律、行政法规和国务院证券监督管理机构的规定，制定上市规则、交易规则、会员管理规则和其他有关业务规则，并报国务院证券监督管理机构批准。

（六）对证券业协会的监管

依据《证券法》第 169 条的规定，国务院证券监督管理机构依法对证券业协会的自律管理活动进行指导和监督。另据中国证券业协会章程规定，协会的非会员理事由中国证监会委派。会长、专职副会长由中国证监会提名。协会终止动议须经会员大会表决通过，并报中国证监会审查同意。协会终止前，须在中国证监会指导下成立清算组织，清理债权债务，处理善后事宜。

第二节　证券交易所及全国股份转让系统监管

一、证券交易所监管概述

（一）证券交易所监管及其必要性

证券交易所既是证券集中交易场所的提供者，又是证券市场的自律性监管机构。一般而言，证券交易所承担着证券公司等中介机构准入、公司挂牌上市核准、交易行为和标准的统一规范和监控、违规行为处罚四大监管职能。证券交易所作为市场组织者，比较接近市场，容易发现违法违规现象，监管成本低，监管效率高。而且，在来自其他交易所以及场外市场等竞争的压力下，证券交易所为了吸引更多投资者，往往会按照投资者的要求提高监管水平。充分发挥证券交易所的监管职能，有助于及时发现和化解市场风险，实现证券市场安全有效地运行。可见，证券交易所的监管可以作为政府监管的必要补充，成为监管机构的重要组成部分。当然，证券交易所进行监管主要还是为了实现提供证券集中交易场所的功能。证券交易所通过监控证券交易活动，协助打击违法违规行为，可以吸引更多公司到证券交易所申请上市，也可吸引更多投资者参与交易。

（二）证券交易所监管职权的来源

证券交易所的监管职权来自三个方面：其一，法律法规规定。中国《证券法》将证券交易所定性为自律管理的法人，而且明确规定了证券交易所对证券公司、上市公司和证券交易活动进行监管的规则。但对公司制交易所而言，其股东可能扩及社会投资者，从而其监管具有了民间监管或市场监管的性质。其二，政府监管部门授权。由于证券交易所监管存在优势，因此政府监管部门就将部分监管职权授予证券交易所行使，以达到更好的监管效果，但这并不改变交易所私力监管的性质。其三，与市场参与者之间的协议。证券交易所订立章程，将作为会员的证券公司纳入监管范围；与上市公司签订协议，可以根据协议对上市公司进行监管；通过自行制定和执行交易规则，实现对证券交易活动的监控。证券交易所还通过董事监事承诺书、上市推荐书等，拓宽监管领域。证券交易所根据协议和自己的规则对有关对象进行监管和处理，意味着交易所不是行政机关，其监管行为也非行政行为。证券交易所与证券公司、上市公司以及投资者之间的关系本质上是平等民事主体之间的关系。

（三）证券交易所监管的演变

1998 年《证券法》没有确认证券交易所自律监管组织的地位，其职权也受到相当的限制，通常是根据中国证监会授权履行职责。2005 年《证券法》和现行《证券法》完善和强化了证券交易所的自律监管。但是，证券交易所仍未实现对上市公司和交易所会员的有力监管，还须从法律上赋予其更多的自律监管职责，同时更新观念，改变依赖政府的习惯，从根本上解决自律监管乏力的问题。

二、证券交易所对上市公司的监管

证券交易所依据其上市规则以及与上市公司签订的上市协议对上市公司进行监管。证券交易所主要对上市公司进行如下监管。

（一）上市审核、终止上市

依据《证券法》等规定，证券交易所有权依据规定的条件、程序审核决定证券上市交易，可以依法决定证券终止上市。

（二）监督上市公司及其股东披露信息

《证券法》第87条规定，证券交易场所应当对其组织交易的证券的信息披露义务人的信息披露行为进行监督，督促其依法及时、准确地披露信息。《证券交易所管理办法》第67条规定：证券交易所应当按照章程、协议以及业务规则，对上市公司控股股东、持股5%以上股东、其他相关股东以及董事、监事、高级管理人员等持有本公司股票的变动及信息披露情况进行监管。

（三）监督上市保荐人

《证券交易所管理办法》第63条规定：证券交易所应当依法建立上市保荐制度。证券交易所应当监督保荐人及相关人员的业务行为，督促其切实履行法律、行政法规、部门规章以及业务规则中规定的相关职责。

三、证券交易所对证券交易的监管

（一）组织公平的集中竞价和提供公开交易信息

证券交易所应当保障投资者能够通过证券交易所平等地获得交易机会。而且，证券交易所必须依法公开有关信息。证券交易所公开的交易信息主要包括即时行情与非即时行情。即时行情，是与证券交易所集中交易市场所显示行情同步或基本同步且连续的市场行情。非即时行情，是指证券交易所按日制作的证券行情。

《证券法》第109条规定：证券交易所应当为组织公平的集中交易提供保障，实时公布证券交易即时行情，并按交易日制作证券市场行情表，予以公布。证券交易即时行情的权益由证券交易所依法享有。未经证券交易所许可，任何单位和个人不得发布证券交易即时行情。

（二）实行实时监控

证券交易所应当对交易所内的交易情况及交易秩序进行即时和全面的监控。《证券法》第 112 条第 1 款规定：证券交易所对证券交易实行实时监控，并按照国务院证券监督管理机构的要求，对异常的交易情况提出报告。

（三）限制交易

《证券法》第 112 条第 2 款规定：证券交易所根据需要，可以按照业务规则对出现重大异常交易情况的证券账户的投资者限制交易，并及时报告国务院证券监督管理机构。发生一般异常交易情况，不必限制交易，而只需通过信息公开、风险警示、监管提示以及一般纪律措施，防控风险。只有出现重大异常交易情况，才能限制交易。对于重大异常交易情况，证券交易所规则有具体规定。限制交易的措施可以是限制指定品种的单向或所有交易、限制办理转托管或撤销指定交易、限制进行交易的时间、限制指定品种交易量、提高交易的保证金比例等。

（四）技术性停牌、临时停市、取消交易、暂缓交收

停牌，是指停止某一特定证券的继续交易，包括例行停牌和技术性停牌。前者是根据交易所的交易规则，在上市公司发生特定情形，如公布中报、年报、召开股东大会、分红，暂时停止该种股票的交易。后者是发生某种突发事件（例如，证券交易所电脑系统发生故障，备用电脑系统无法替代原有系统继续使用；证券价格发生异常波动）影响证券交易时，暂时停止该种股票的交易。临时停市，是指在非常特殊的情况（例如，地震、罢工、电脑故障、恶性炒作）下采用的暂时停止整个交易所内全部交易活动。

《证券法》第 110 条规定，上市公司可以向证券交易所申请其上市交易股票的停牌或者复牌，但不得滥用停牌或者复牌损害投资者的合法权益。证券交易所可以按照业务规则的规定，决定上市交易股票的停牌或者复牌。第 111 条规定：因不可抗力、意外事件、重大技术故障、重大人为差错等突发性事件而影响证券交易正常进行时，为维护证券交易正常秩序和市场公平，证券交易所可以按照业务规则采取技术性停牌、临时停市等处置措施，并应当及时向国务院证券监督管理机构报告。因前述规定的突发性事件导致证券交易结果出现重大异常，按交易结果进行交收将对证券交易正常秩序和市场公平造成重大影响的，证券交易所按照业务规则可以采取取消交易、通知证券登记结算机构暂缓交收等措施，并应当及时向国务院证券监督管理机构报告并公告。证券交易所对其依照本条规定采取措施造成的损失，不承担民事赔偿责任，但存在重大过错的除外。

（五）加强风险监测

《证券法》第 113 条规定：证券交易所应当加强对证券交易的风险监测，出现重大异常波动的，证券交易所可以按照业务规则采取限制交易、强制停牌等处置措施，并向国务院证券监督管理机构报告；严重影响证券市场稳定的，证券交易所可以按照业务规则采取临时停市等处置措施并公告。

（六）制定交易规则

证券交易所应当制定和完善上市交易规则，维护证券市场的交易秩序。《证券法》第

115 条规定：证券交易所依照法律、行政法规和国务院证券监督管理机构的规定制定上市规则、交易规则、会员管理规则和其他有关规则，并报国务院证券监督管理机构批准。《证券交易所管理办法》第 36 条规定：证券交易所应当制定具体的交易规则。据此，沪、深两个证券交易所制定、公布了相应的交易规则。

四、证券交易所对证券公司的监管

证券交易所由作为其会员的证券公司组成，证券交易所不能片面维护会员利益，而应依法对其会员进行监管。依据《证券法》第 115 条的规定，证券交易所依照法律、行政法规和国务院证券监督管理机构的规定，制定会员管理规则，并报国务院证券监督管理机构批准。按照《证券法》第 99 条的规定，证券交易所履行自律管理职能，应当遵守社会公共利益优先原则，维护市场的公平、有序、透明。

（一）会员资格

《证券交易所管理办法》第 50 条规定：证券交易所接纳的会员应当是经批准设立并具有法人地位的境内证券经营机构。境外证券经营机构设立的驻华代表处，经申请可以成为证券交易所的特别会员。证券交易所的会员种类，会员资格及权利、义务由证券交易所章程和业务规则规定。

（二）席位

《证券交易所管理办法》第 52 条规定：证券交易所应当限定席位的数量。会员可以通过购买或者受让的方式取得席位。经证券交易所同意，席位可以转让，但不得用于出租和质押。第 53 条规定：证券交易所应当对交易单元实施严格管理，设定、调整和限制会员参与证券交易的品种及方式。会员参与证券交易的，应当向证券交易所申请设立交易单元。经证券交易所同意，会员将交易单元提供给他人使用的，会员应当对其进行管理。会员不得允许他人以其名义直接参与证券的集中交易。具体管理办法由证券交易所规定。

（三）财务账册、内控制度

《证券交易所管理办法》第 55 条规定：证券交易所应当按照章程、业务规则的规定，对会员遵守证券交易所章程和业务规则的情况进行检查，并将检查结果报告中国证监会。证券交易所可以根据章程、业务规则要求会员提供与证券交易活动有关的业务报表、账册、交易记录和其他文件资料。

（四）会员行为

依据《证券交易所管理办法》第 56 条的规定，证券交易所应当建立会员客户交易行为管理制度，要求会员了解客户并在协议中约定对委托交易指令的核查和对异常交易指令的拒绝等内容，指导和督促会员完善客户交易行为监控系统，并定期进行考核评价。

会员管理的客户出现严重异常交易行为或者在一定时期内多次出现异常交易行为的，证券交易所应当对会员客户交易行为管理情况进行现场或者非现场检查，并将检查结果报告中国证监会。会员未按规定履行客户管理职责的，证券交易所可以采取自律监管措施或者纪律处分。第57条规定，证券交易所应当按照章程、业务规则对会员通过证券自营及资产管理等业务进行的证券交易实施监管。证券交易所应当按照章程、业务规则要求会员报备其通过自营及资产管理账户开展产品业务创新的具体情况以及账户实际控制人的有关文件资料。

依据《证券公司融资融券业务管理办法》的规定，证监会及其派出机构依照法律、行政法规和本办法的规定，对证券公司融资融券业务活动进行监督管理。

（五）制裁

《证券法》第115条第2款规定：在证券交易所从事证券交易，应当遵守证券交易所依法制定的业务规则。违反业务规则的，由证券交易所给予纪律处分或者采取其他自律管理措施。

五、全国股转系统监管

（一）概述

全国股转系统由全国中小企业股份转让系统有限责任公司（以下简称“全国股转系统有限公司”）对挂牌公司及其他市场参与者实施自律监管。国务院《关于全国中小企业股份转让系统有关问题的决定》规定，全国股份转让系统要制定并完善业务规则体系，建立市场监控系统，完善风险管理制度和设施，保障技术系统和信息安全，切实履行自律监管职责。《全国中小企业股份转让系统业务规则（试行）》对监控与异常情况处理、终止与重新挂牌、主办券商、监管措施与违规处分等做了规定。2021年全国股转系统有限公司发布了修订后的《全国中小企业股份转让系统股票异常交易监控细则》。

（二）具体内容

1. 制定自律规则

全国股转系统有限公司应当就股票挂牌、股票转让、主办券商管理、挂牌公司管理、投资者适当性管理等依法制定基本业务规则。

2. 监管挂牌公司

全国股转系统有限公司对有关公司的申请进行审查，作出是否允许挂牌的决定。全国股转系统有限公司监督挂牌公司依法依规披露有关信息。全国股转系统有限公司按照法律法规监管挂牌公司完善公司治理。挂牌公司应当符合全国股份转让系统持续挂牌条件，不符合持续挂牌条件的，全国股转系统有限公司应当及时作出股票暂停或终止挂牌的决定，及时公告，并报中国证监会备案。

3. 监管证券交易

全国系统有限股转公司对全国股转系统股票交易和市场整体风险进行监控，并依法对监控中发现的异常情况及行为实施自律管理。在因突发性事件而影响股票转让的正常进行时，全国股转系统有限公司可以采取技术性停牌措施；因不可抗力的突发性事件或者为维护股票转让的正常秩序，可以决定临时停市。全国股转系统有限公司采取技术性停牌或者决定临时停市，应当及时报告中国证监会。

4. 监管主办券商

全国股份转让系统实行主办券商制度。在全国股份转让系统从事主办券商业务的证券公司称为主办券商。主办券商业务包括推荐股份公司股票挂牌，对挂牌公司进行持续督导，代理投资者买卖挂牌公司股票，为股票转让提供做市服务及其他全国股转系统有限公司规定的业务。

证券公司在全国股份转让系统开展相关业务前，应向全国股转系统有限公司申请备案。主办券商在全国股份转让系统开展业务，应当建立健全各项业务管理制度和业务操作流程，建立健全风险管理制度和合规管理制度，保障业务依法合规进行，严格防范和控制业务风险。全国股转系统有限公司对主办券商及其从业人员的执业行为进行持续管理，开展现场检查和非现场检查，记录其执业情况、违规行为等信息。

主办券商应持续督导所推荐挂牌公司诚实守信、规范履行信息披露义务、完善公司治理机制。主办券商应当建立健全投资者适当性管理工作制度和业务流程，严格执行全国股份转让系统投资者适当性管理各项要求。

5. 管理行情信息

全国股转系统有限公司应当为组织公平的股票转让提供保障，公布股票转让即时行情。未经全国股转系统有限公司许可，任何单位和个人不得发布、使用或传播股票转让即时行情。全国股转系统有限公司可以根据市场发展需要，编制综合指数、成份指数、分类指数等证券指数，随即时行情发布。

6. 违规处理

全国股转系统有限公司可以对监管对象采取下列自律监管措施：（1）要求申请挂牌公司、挂牌公司及其他信息披露义务人或者其董事（会）、监事（会）和高级管理人员、主办券商、证券服务机构及其相关人员对有关问题作出解释、说明和披露；（2）要求申请挂牌公司、挂牌公司聘请中介机构对公司存在的问题进行核查并发表意见；（3）约见谈话；（4）要求提交书面承诺；（5）出具警示函；（6）责令改正；（7）暂不受理相关主办券商、证券服务机构或其相关人员出具的文件；（8）暂停解除挂牌公司控股股东、实际控制人的股票限售；（9）限制证券账户交易；（10）向中国证监会报告有关违法违规行为；（11）其他自律监管措施。

全国股转系统有限公司可以对监管对象作出如下纪律处分：（1）通报批评；（2）公开谴责；（3）认定其不适合担任公司董事、监事、高级管理人员；（4）限制、暂停直至终止其从事相关业务。

深度阅读

禄正平．证券法学．北京：商务印书馆，2019.

李立新．证券市场监管研究．上海：立信会计出版社，2014.

国务院《关于进一步提高上市公司质量的意见》（国发〔2020〕14号）.

缪若冰．中国证监会的制度环境及法律影响组织社会学的分析．中外法学，2020（1）.

沈福俊，许海建．证券市场禁入制度合法性考察及其控制路径．上海财经大学学报，2019（5）.

洪艳蓉．证券监管的独立性与监管治理研究．金融监管研究，2017（12）.

徐文鸣，朱良玉．中美证券法公共执行机制比较研究：基于监管机构投入产出的实证分析．财经法学，2017（3）.

杨峰．我国实行股票发行注册制的困境与路径分析．政法论丛，2016（3）.

汤欣，魏俊．股票公开发行注册审核模式：比较与借鉴．证券市场导报，2016（1）.

冷静．注册制下发行审核监管的分权重整．法学评论，2016（1）.

熊伟等．金融监管权与金融行业协会自治权边界问题研究．金融监管研究，2014（11）.

思考与练习

1. 证券监管的目标是什么？
2. 请思考市场自由与证券监管的关系。
3. 证券监管机构的职责有哪些？
4. 如何理解中国证券注册制度？
5. 为什么应当发挥证券交易所的监管作用？
6. 证券交易所如何监管上市公司？

第三十一章
证券民事法律责任

常考知识点

虚假陈述民事责任　内幕交易民事责任　短线交易民事责任　操纵市场民事责任　证券公司损害客户民事责任

第一节　证券虚假陈述、未履行公开承诺的民事责任

一、虚假陈述的民事责任概述

证券虚假陈述赔偿责任，是指特定主体违反法律有关证券信息披露的规定，使证券投资者在不了解事实真相的情况下作出投资决定，责任人应当赔偿投资者因此遭受的损失。虚假陈述的责任主要是不诚实发行证券的责任。

（一）国外相关立法

为了维护投资者获取决策信息的权利，监管发行或上市公司，实现市场优化资源配置的功能，各国家和地区证券法律都将虚假陈述作为规制重点。美国《证券法》第 11 条规定：当注册上市申请表的任何部分在生效时有对重大事实的不真实陈述，或者遗漏了规定应该报告的为使该上市申请不至于被误解所必要的重大事实时，任何获得这种证券的人（除非被证明在获得证券时，他已经知道这种不真实或遗漏情况）都可以根据法律或衡平法在任何具有合法管辖权的法院起诉。

（二）中国相关法律规范

中国《证券法》第 19 条规定：发行人报送的证券发行申请文件，应当充分披露投资者作出价值判断和投资决策所必需的信息，内容应当真实、准确、完整。为证券发行出具有关文件的证券服务机构和人员，必须严格履行法定职责，保证其所出具文件的真实性、准确性和完整性。《证券法》第 85 条规定：信息披露义务人未按照规定披露信息，或者公告的证券发行文件、定期报告、临时报告及其他信息披露资料存在虚假记载、误导性陈述或者重大遗漏，致使投资者在证券交易中遭受损失的，信息披露义务人应当承

担赔偿责任；发行人的控股股东、实际控制人、董事、监事、高级管理人员和其他直接责任人员以及保荐人、承销的证券公司及其直接责任人员，应当与发行人承担连带赔偿责任，但是能够证明自己没有过错的除外。为正确审理证券市场虚假陈述侵权民事赔偿案件，规范证券发行和交易行为，保护投资者合法权益，维护公开、公平、公正的证券市场秩序，2022 年 1 月，最高人民法院公布并施行《关于审理证券市场虚假陈述侵权民事赔偿案件的若干规定》。

二、虚假陈述的民事责任的构成要件

（一）责任主体

理论上，违反证券法律关于信息披露的规定的，其行为都属违法，行为人都要承担相应的民事责任。

依据 2005 年《证券法》的规定，虚假陈述责任人可能是发行人、上市公司；发行人、上市公司的董事、监事、高级管理人员和其他直接责任人员；保荐人、承销的证券公司；发行人、上市公司的控股股东、实际控制人；证券服务机构。应当注意，2005 年《证券法》明确规定的虚假陈述赔偿责任主体较此前的法律和司法解释规定的有所减少。

现行《证券法》关于虚假陈述民事责任主体的规定与 2005 年《证券法》规定的略有不同，它采用"信息披露义务人"的概念，而信息披露义务人不限于发行人、上市公司；将"发行人、上市公司的控股股东、实际控制人"改为"发行人的控股股东、实际控制人"；还将保荐人、承销的证券公司的"直接责任人员"纳入民事责任主体范围。

（二）违法行为

证券市场虚假陈述，是指信息披露义务人违反证券法律规定，在证券发行或者交易过程中，对重大事件作出违背事实真相的虚假记载、误导性陈述，或者在披露信息时发生重大遗漏、不正当披露信息的行为。

虚假陈述是主要针对信息披露文件而言的，信息披露文件包括发行申请书、招股说明书、债券募集办法、上市报告、年度报告、中期报告、临时报告、收购报告，以及各专业机构出具的专业报告等。如果在其他文件或场合不实陈述的，虽不妨碍构成其他证券违法行为，但通常不构成虚假陈述。

虚假陈述情况复杂，形式多样，主要表现为虚假记载、遗漏、误导性陈述和不正当披露。（1）虚假记载。它是指不论故意或过失，信息披露义务人在披露信息时，将不存在的或无合理基础的事实在信息披露文件中予以记载的行为。例如，虚构主营业务收入或者利润。（2）遗漏。它是指信息披露义务人在信息披露文件中，未将应当记载的事项完全或者部分予以记载。例如，招股说明书中隐瞒发行人与控制股东之间存在实际发生过的关联交易；又如，对关键生产设备废品率上升，不能维持正常生产的重大事实不作任何披露。（3）误导性陈述。它是指出于故意或过失，信息披露义务人披露的事实在表达方式上存在模糊或歧义，足以导致投资者产生错误理解并据以作出决策。(4) 不正当披露。它是指信息披露义务人未在适当期限内或者未以法定方式公开披露应当披露的信息。

虚假陈述可分为诱多性的虚假陈述和诱空性的虚假陈述。前者是指虚假陈述者发布虚假的利多消息或隐瞒利空消息，使投资者在股价处于高位时买入股票遭受损失。后者是指虚假陈述者发布虚假的利空消息或隐瞒利好消息，使投资者在股价向下运行或相对低位时卖出股票遭受损失。

（三）归责原则

1. 无过错责任

依据《证券法》第 85 条的规定，信息披露义务人虚假陈述致使投资者在证券交易中遭受损失的，应当承担赔偿责任。这一条款没有规定信息披露义务人可以通过证明自己没有过错而免责，也没有要求投资者证明信息披露义务人存在过错，因此对信息披露义务人适用无过错责任原则。鉴于证券信息的风险主要是由于信息披露义务人的证券发行或上市引起的，而且信息披露义务人直接提供信息，熟悉其经营状况，具有控制信息的优势，而对于专业性、技术性很强的证券活动，投资者举证能力较弱，所以应当适用无过错原则，加重信息披露义务人的责任。

2. 过错推定

依照《证券法》第 85 条的规定，发行人的控股股东、实际控制人、监事、高级管理人员和其他直接责任人员以及保荐人、承销的证券公司及其直接责任人员，证券服务机构虚假陈述的，应当承担连带赔偿责任，但是能够证明自己没有过错的除外。对这些主体适用过错推定原则，是因为这些主体在证券的发行、上市和交易过程中，对于有关信息及其披露拥有接触、了解乃至支配的优势，或者负有调查、核查或审查义务，可以适当加重其责任。就发行人的控股股东、实际控制人、董事、监事、高级管理人员而言，其欲免责，必须证明自己已经勤勉尽责，而不能以自己看不懂有关披露文件为借口。保荐人、承销商也只有证明自己达到勤勉尽责标准才能免责。就律师事务所而言，可以依据《律师事务所从事证券法律业务管理办法》以及 2003 年中华全国律师协会发布的《律师从事证券法律业务规范（试行）》所确定的业务规则与行业规范，认定律师从事证券业务是否勤勉尽责，进而判断其是否存在过错。

（四）损害事实

确定赔偿范围和计算损失是民事赔偿案件的最实质的内容。确定赔偿范围的方法有很多，主要包括：(1) 差价法，又称直接损失法，即损失额＝买卖价差＋佣金损失＋税金损失＋利息损失－红利。其中，买卖价差是指原告买入证券和卖出证券的差额，或者买入证券后持有该证券未卖出时，买入该证券所支付金额与设定日（如起诉日）证券实际价值的差额。差价法没有考虑行为人违法行为以外的其他因素。(2) 实际价值法，即损失额为实际交易的价格和当时证券的实际价值的差额。关于证券交易时的实际价值，通常以证券侵权行为被揭露或公布后一段时间内该证券的平均价格为基准。实际价值法剥离了行为人违法行为以外的其他因素。(3) 实际诱因法，即损失额＝买卖价差－其他因素造成的价差。例如，甲虚假陈述导致股价升至每股 100 元，乙购买该股票。甲行为被揭露后，股价下跌至每股 60 元。其后由于市场投资者恐慌抛售，又致股价跌至每股 30 元。甲只需赔偿乙每股 40 元的差额。(4) 系统性风险法，即损失额＝综合价差－(综合价差 X 股指涨跌波动率)。按此方法，投资者的损失是证券违法行为的唯一结果，排除了市场、大盘、宏观经济等系统性风险。(5) 返还不当得利法。不论原告的实际损失有多大，被告应将由于违法行为所获得的全部额外利益返还原告。然而，证券市场情况复杂，瞬息万变，诸种方法各有利弊，因此很难找到一个普遍适用的方法。事实上，损失或赔偿的确定还要受到立法政策、利益平衡的影响，需要考虑违法行为后果是否严重、赔偿请求人的范围是否过于宽泛、被告的承受能力、被告因承担赔偿责任而破产引发的社会问题等因素。有时法律或法院会考虑将被告的赔偿金额限制在一定范围之内，例如，被告的非法所得。另外，无论如何，原告所获赔偿不能超过股票发行价格。①

(五)因果关系

行为人只应对自己行为引起的后果负责，因此后果与行为之间应当存在因果关系。因果关系的实质在于根据法律内在的公平正义的要求，合理限制赔偿范围，避免行为人对他人或其他因素引发的后果承担赔偿责任。

在证券虚假陈述赔偿案件中，需要证明交易因果关系和损失因果关系。前者是指如果没有虚假陈述，投资者不会购买或出售证券。后者是指对重要事实的虚假陈述是投资者损失的近因。然而，证明因果关系相当困难。在各种信息驳杂交织的证券市场，证明或区分系统性风险、真实信息、不同的虚假信息对于证券价格、投资决策、投资者利益影响的具体程度难度极大。况且，投资者是否信赖证券信息也是损失是否会产生的因素。为了减轻投资者的举证责任，必须变革传统的要求证明直接因果关系的做法，转而借助通行的“市场欺诈理论”或者实行“信赖推定”。据此，投资者只需证明虚假陈述的信息具有重大性，法院即可径行认定该虚假信息影响了证券市场的价格，进而影响了投资者的决策，而不要求投资者证明对于虚假信息直接的和主观的信赖。换言之，只要存在一定的事实基础，就推定虚假陈述和交易及损害之间具有关系，除非责任人能够证明不存在因果关系。不过，美国法院仍然要求投资者证明损失因果关系，尽管投资者已经无须证明交易因果关系。

考虑到证券纠纷的特殊性，中国法院对于交易因果关系和损失因果关系都采推定方式。

---

① 证券民事赔偿损失计算的七种方法 . finance. sina. com. cn/t/20020402/188471. html；顾肖荣 . 证券法教程 . 北京：法律出版社，2006：321－325.

案　例

金某美与华闻传媒投资集团股份有限公司纠纷案

争议焦点：(1)《检查结论和处理决定》针对华闻传媒公司的什么行为？(2) 若处罚的是信息披露行为，信息披露是否构成虚假陈述？(3) 被处罚的信息披露行为与金抗美投资华闻传媒公司股票的损失是否存在因果关系？(4) 若处罚的是信息披露行为且与投资损失存在因果关系，金某美的损失如何计算？①

案　例

方正科技集团股份有限公司与卢某保、杨某平、蔡某卿、潘某芬纠纷案

争议焦点：(1) 四被上诉人买入方正科技股票的行为与方正科技公司的虚假陈述行为之间是否具有交易上的因果关系？(2) 计算四被上诉人的投资差额损失时，应以何种方法确定系争股票的买入均价？(3) 证券市场系统风险因素应如何计算？(4) 计算损失时，是否需要扣除证券市场系统风险以外的其他因素？②

案　例

苏某福与南通科技投资集团公司纠纷案

争议焦点：(1) 如何判断证券市场系统风险是否存在？(2) 如何判断证券市场系统风险所致的损失数额？③

三、未履行公开承诺的民事责任

（一）概述

《证券法》第 84 条第 2 款规定：发行人及其控股股东、实际控制人、董事、监事、高级管理人员等作出公开承诺的，应当披露。不履行承诺给投资者造成损失的，应当依法承担赔偿责任。这是现行《证券法》新增的规定，旨在贯彻证券市场信息公开原则，预防和惩治失信行为，增强市场诚信，维护投资者利益。

（二）构成要件

1. 行为主体

行为主体是发行人及其控股股东、实际控制人、董事、监事、高级管理人员等。

---

① 参见海南省高级人民法院（2012）琼民二终字第 114 号民事判决书。

② 参见上海市高级人民法院（2019）沪民终 263 号民事判决书。

③ 参见江苏省高级人民法院（2007）苏民二终字第 0112 号民事判决书。

2. 违法行为

首先，行为人作出了公开承诺，即行为人对募集资金使用、股份限售、股份回购、股份增减、资产注入、资产重组、分红、股权激励、股东一致行动等作出公开承诺。其次，行为人违背了承诺，未能兑现这些承诺。不履行这些公开承诺可能构成虚假陈述、操纵市场或其他证券侵权行为。

3. 行为后果

行为人的违法行为影响到投资者的信心，引起了证券价格的波动，进而造成了投资者的损失。对此损失，行为人应当予以赔偿。

第二节　证券内幕交易、利用未公开信息交易、短线交易的民事责任

一、内幕交易的民事责任

（一）概述

内幕交易，是指内幕人员或其他非法获取内幕信息的人员，以获取额外利益或减少正常损失为目的，自己利用或建议他人利用该信息进行证券交易，或泄露内幕信息使他人从事证券交易的活动。内幕交易多发生在企业重组、公司收购等活动中，而且往往与虚假陈述和操纵证券市场交织在一起。

内幕交易是各国《证券法》的重要规制对象，但宽严程度有所不同。有的实行严格管制，不仅扩大内幕交易的范围，而且对内幕交易人员实施严厉制裁。有的则采取相对宽松的态度。在美国，规制内幕交易的立法主要有1934年《证券交易法》、1984年《内幕交易制裁法》、1988年《内幕交易与证券欺诈实施法》、1995年《内幕交易私人诉讼改革法》。中国在证券市场建立之初，就较为严格地规制内幕交易。2005年《证券法》明确禁止内幕交易，而且扩大了内幕交易的范围，增加了民事赔偿责任。现行《证券法》对有关制度做了完善。另外，2007年中国证监会发布《证券市场内幕交易行为认定指引（试行）》（于2020年废止）。

（二）构成要件

1. 内幕信息、内幕人员

（1）内幕信息。

内幕信息，是构成内幕交易的关键因素，它是指尚未公开的能够影响证券价格的信息。

通常认为，从《证券法》第80条的规定来看，凡未依照法定时间和方式公开的信息都属于内幕信息。在美国，司法实践中有两种观点：一种认为，只有当信息已经散布为

投资大众所公知时，才能构成公开信息；另一种认为，只要有足够数量的积极投资者已经知道该信息，并且已经反映到股价上，则该信息就成为公开信息。但是判断一般投资者和积极投资者缺乏可行的标准。因此，美国法院发展出一个准则，即以某一权威公布为信息公开的标志。

“能够影响证券价格”这一要件，将内幕信息限定在重大信息。中国《证券法》第52条第1款规定：证券交易活动中，涉及发行人的经营、财务或者对该发行人证券的市场价格有重大影响的尚未公开的信息，为内幕信息。依据《证券法》第52条第2款的规定，本法第80条第2款、第81条第2款所列重大事件属于内幕信息。关于重大信息，美国联邦最高法院认为，是指合理投资人有实质可能（Substantial Likelihood）因其隐匿而改变原投资决策的信息，其范围并不局限于影响股票价格。

我国《证券法》第52条将“内幕信息”限于跟发行人及其证券有关的信息。这跟欧盟、日本、我国香港地区的相同，而与美国、新加坡等的有异。在美国等法域，税制、利率、汇率等宏观政策信息也会成为内幕信息。

（2）内幕人员。

内幕人员，包括内幕信息的知情人以及非法获取内幕信息的人。判断内幕人员的实质标准是“知晓或者掌握内幕信息”。

中国《证券法》第51条规定，证券交易内幕信息的知情人包括：1）发行人及其董事、监事、高级管理人员；2）持有公司5%以上股份的股东及其董事、监事、高级管理人员，公司的实际控制人及其董事、监事、高级管理人员；3）发行人控股或者实际控制的公司及其董事、监事、高级管理人员；4）由于所任公司职务或者因与公司业务往来可以获取公司有关内幕信息的人员；5）上市公司收购人或者重大资产交易方及其控股股东、实际控制人、董事、监事和高级管理人员；6）因职务、工作可以获取内幕信息的证券交易场所、证券公司、证券登记结算机构、证券服务机构的有关人员；7）因职责、工作可以获取内幕信息的证券监督管理机构工作人员；8）因法定职责对证券的发行、交易或者对上市公司及其收购、重大资产交易进行管理可以获取内幕信息的有关主管部门、监管机构的工作人员；9）国务院证券监督管理机构规定的可以获取内幕信息的其他人员。

至于非法获取内幕信息的人，则是指以不合法的方式获取或接受内幕信息的人，或者说不是通过合法的公开方式获得内幕信息的人。这包括：窃取或骗取内幕信息的人，明知无权接触而接触内幕信息的人，以及由于其他不合法的原因而接受内幕信息的人，比如，因内幕信息的知情人或非法获取内幕信息的人故意泄露而获取内幕信息的人，直接从内幕信息的知情人或非法获取内幕信息的人偶尔谈论中获知内幕信息的人。

关于非法获取内幕信息者的认定，需要考察双方的主观心态。一方面，关于泄露者或建议者的主观状态，即必须明知是保密的内幕信息而泄露或向他人提出建议。如果是因不知该信息为内幕信息或误以为该信息已过保密期而过失泄露或提出建议的，则还须考察泄露者或建议者和接受者的关系。这里的关系包括双方是否存在利润分成协议，是否存在亲友关系，或者泄露者或建议者是否可能因此提高声誉等。另一方面，关于接受内幕信息者的主观状态，美国法院有的要求原告证明接受者确实知道泄露内幕信息者违反法律规定，有的要求接受者知道或应当知道信息来源非法，有的仅要求接受者存在疏忽。通常，美国法院将一些事实作为判断主观状态的间接证据。例如，在公司重大信息公布之前从事相关证券交易；试图撤销交易；试图将交易分散到多个账户；大量融资买卖证券；大量从事期权或卖空交易。如果接受者的主观状态仅为过失，则也须考察双方的关系。①

在美国，有的偶然接触内幕信息的人可能会被认定为局外人而非内幕人员。例如，美国有这样一个经典案例：某普通旅客在所乘飞机降落过程中，从窗口发现某上市公司的仓库着火，该旅客下飞机后立即据此入市交易。美国法院认为该人不是内幕人员，因此认为其行为不是内幕交易。

为了进一步贯彻落实《证券法》，国务院办公厅转发证监会等部门《关于依法打击和防控资本市场内幕交易意见的通知》，加强上市公司内幕信息的监督管理工作；证监会于2022年制定了《上市公司监管指引第5号——上市公司内幕信息知情人登记管理制度》。

2. 违法行为

有人主张，只有利用了内幕信息的，才构成内幕交易。但有人提出，内幕交易不一定以利用内幕信息为前提，只要当事人知道内幕信息，并且在交易过程中未向对方披露此信息，就构成内幕交易。

中国《证券法》第50条规定：禁止证券交易内幕信息的知情人和非法获取内幕信息的人利用内幕信息从事证券交易活动。但是，《证券法》第53条并未将“利用内幕信息”作为违法行为的要件。第53条中规定：证券交易内幕信息的知情人和非法获取内幕信息的人，在内幕信息公开前，不得买卖该公司的证券，或者泄露该信息，或者建议他人买卖该证券。持有或者通过协议、其他安排与他人共同持有公司5%以上股份的自然人、法人、非法人组织收购上市公司的股份，本法另有规定的，适用其规定。

实际上，对于是否利用内幕信息，应当实行举证责任倒置原则，以减轻受害人的举证责任。例如，公司董事、监事和高级管理人员等在任期内分次卖出所持股票，其是否基于内幕信息，就应实行举证责任倒置。又如，在美国和英国，综合性券商可以举证内部设置了“中国墙”，对内部信息做了隔离，特定部门买卖或建议他人买卖相关证券时不知道、没利用内幕信息。

3. 归责原则

内幕信息知情人利用内幕信息从事证券交易活动，或者在内幕信息公开前买卖证券，其主观方面一般是故意的。但是，对其过错应当实行推定原则。

内幕交易不以谋取私利为目的，内幕人员并不一定谋得实际利益。一方面，内幕人员可能出于逞能或者帮助他人等动机从事内幕交易，本身并未获利。另一方面，内幕交易可能由于判断失误、系统风险影响等并未获利，甚至遭受损失。即使内幕人员获利，

---

① 蔡奕．十字路口的中国证券法．北京：人民法院出版社，2009：150－152.

他也可能转移利润，制造假象。如果要求以牟利为目的，则会加重原告的举证责任，加大打击内幕交易的难度。

4. 受害者的损失及计算

中国《证券法》第 53 条第 3 款规定：内幕交易行为给投资者造成损失的，应当依法承担赔偿责任。但是，对于受损害的投资者如何确定，法律并未提供明确的规则。在美国，《证券法》以及《证券交易法》没有明确规定私人起诉权，不过 1988 年修订后的《证券交易法》第 20 条（a）款规定：任何人违反本款及其他规则、规章，在掌握重要未披露信息时买卖证券，应对任何与此同时购买或出售了同类证券的人在有管辖权的法院提起的诉讼承担责任。可见，受害者限于内幕交易行为发生期间，善意从事相反交易的人。这一规则值得借鉴。

美国司法实践中采用的差价法、实际价值法、实际诱因法可资借鉴。按差价法，损失额就是买卖价差等。依实际价值法，受害者的损失等于实际交易的价格和当时证券的实际价值的差额。例如，在内幕交易发生期间，投资者以 10 元一股买入某证券，但当时该证券的实际价值为 8 元，则差额为 2 元。按实际诱因法，则损失额是在买卖价差之中减去违法行为之外的因素引发的价格波动。例如，内幕交易时，投资者以 15 元一股买入某证券，内幕信息披露后，该证券的价格为 5 元，则差价为 10 元，其中 5 元是内幕行为引起的，则违法行为人只需赔偿 5 元。目前，较多的国家和地区采用差价法。此外，有的国家和地区对于严重的内幕交易实施惩罚性赔偿制度。[①]

但应注意，在内幕信息披露前买入而后卖出证券的人，即使是内幕交易行为人的交易对方，并且遭受了损失，也不能纳入受害者范围，不能获得赔偿，因为他们的交易并没有受到内幕信息的影响。

5. 因果关系

关于内幕交易与损害之间的因果关系问题，中国尚没有明确的法律规定、司法解释，也没有相关的实践经验。

在美国，如果根据《证券交易法》第 20 条起诉，由于法律明确规定推定因果关系，所以原告无须证明因果关系。如果根据联邦证券交易委员会制定的规则起诉，原告也只需证明被告负有披露信息的义务、未公开的信息属于重要信息。

考虑到证券市场上，影响证券价格的因素非常多，受害人难以区分内幕交易因素与其他风险因素，因此不能要求原告按照传统方法证明损失与内幕交易相关或者二者之间存在因果关系，而应借鉴美国的做法，规定投资者只要能够证明自己在一定时间内与内幕交易人“反向交易”即可，否则，投资者利益就得不到保护，规制内幕交易的目的也会落空。

6. 内幕交易的豁免

第一种情形：当事人自身的行为就构成重大信息的。例如，上市公司股东制定的收

---

① 证券民事赔偿损失计算的七种方法 . finance. sina. com. cn/t/20020402/188471. html；吴弘 . 证券法教程 . 北京：北京大学出版社，2007：419 - 420.

购计划和实施情况自然属于内幕信息，但法律并不禁止收购者在合理限度内利用这种信息从事收购，而只能要求收购者按照适当的程序和步骤公开收购计划。

第二种情形：内幕人员证明其行为与内幕信息没有关系。例如，中国香港地区《证券（内幕交易）条例》第10条规定，如果进行内幕交易的人证明：（1）交易目的是取得作为董事或未来董事所需的资格股；（2）交易是在真诚地履行与该宗交易有关的证券包销协议的过程中进行的；或者（3）交易是在真诚地执行其清盘人、破产管理人或破产受托人职能的过程中进行的，则不因该宗交易而被认定为内幕交易者。

案　例

股民诉黄某裕证券内幕交易纠纷案

争议焦点：内幕交易行为与投资者损失之间是否存在因果关系？①

案　例

光大证券“乌龙指”引发的证券内幕交易赔偿纠纷案

争议焦点：如何认定股民损失和内幕交易之间的因果关系？②

二、利用未公开信息交易的民事责任

（一）概述

《证券法》第54条规定：禁止证券交易场所、证券公司、证券登记结算机构、证券服务机构和其他金融机构的从业人员、有关监管部门或者行业协会的工作人员，利用因职务便利获取的内幕信息以外的其他未公开的信息，违反规定，从事与该信息相关的证券交易活动，或者明示、暗示他人从事相关交易活动。利用未公开信息进行交易给投资者造成损失的，应当依法承担赔偿责任。这是现行《证券法》新增的规定，目的是规制近年来比较突出的利用未公开信息进行交易的行为——俗称“老鼠仓”行为。

（二）构成要件

1. 行为主体

行为主体包括证券交易场所、证券公司、证券登记结算机构、证券服务机构和其他金融机构的从业人员、有关监管部门或者行业协会的工作人员。

2. 违法行为

首先，行为人利用因职务便利获取的内幕信息以外的其他未公开的信息。未公开信

---

① ［2021－01－29］. https：//www.chinacourt.org/index.php/article/detail/2012/12/id/804381.shtml.

② 参见上海市第二中级人民法院（2014）沪二中民六（商）初字第134号民事判决书。

息是内幕信息以外的其他未公开信息。二者区别在于，内幕消息早晚会公开，而未公开信息不必公开。这些信息包括证券、期货的投资决策、交易执行信息；证券持仓数量及变化、资金数量及变化、交易动向信息；其他可能影响证券、期货交易活动的信息。

其次，行为人违反规定，从事与该信息相关的证券交易活动，或者明示、暗示他人从事相关交易活动。

3. 行为后果

行为人利用未公开信息进行交易给投资者造成了损失。为此，行为人应当依法承担赔偿责任。

三、短线交易的民事责任

（一）概述

短线交易，是指上市公司董事、监事、高级管理人员、持有上市公司股份一定比例以上的股东等人士，将其持有的该公司的股票在买入后于法定期限内卖出，或者在卖出后于法定期限内又买入的行为。

各国和地区证券立法通常对短线交易进行规制，中国也如此。美国1934年《证券交易法》第16条（b）款开创了规制短线交易的先例。美国联邦证券交易委员会则围绕这一规定颁布了大量实施细则。联邦法院也有诸多相关判例。中国《证券法》第44条确立了短线交易归入权制度。

短线交易归入权制度与其他一些制度共同起到预防内幕交易的作用。例如，要求公司高级管理人员申报股权变动情况，限制公司高级管理人员以及其他具有获取信息优势地位的人员转让股票。

（二）构成要件

1. 短线交易主体

现行《证券法》规定的短线交易主体包括上市公司董事、监事、高级管理人员、持有上市公司股份5%以上的股东。对于这些主体，实践中通常依据公司章程、公司登记和公司决议认定。一方面，短线交易主体不再限于持有上市公司股份5%以上的股东。另一方面，不具有董事、监事、高级管理人员头衔却实际执行相关职务的人；实际控制公司事务，但持股少于5%的股东；持有一定比例股份的法人股东的董事、监事和高级管理人员；与股东共同生活的家属，都不被纳入短线交易主体范围，以免这一制度复杂化。《证券法》第44条第2款规定：前款所称董事、监事、高级管理人员、自然人股东持有的股票或者其他具有股权性质的证券，包括其配偶、父母、子女持有的及利用他人账户持有的股票或者其他具有股权性质的证券。

对于特定主体，是在买入和卖出时都须保持法定身份，还是只需在买入时或卖出时具有这种身份呢？在美国，对于股东采用两端说，对于董事、监事、高级管理人员则采取一端说。所谓两端说，是指买入和卖出时都须持有法定比例以上的股份。所谓一端说，是指只要买入时或卖出时具有特定身份，就成为短线交易主体。这样，即便是离职的董事、监事、高级管理人员也会成为短线交易规制对象。

2. 期间

为了便于识别短线交易，各国和地区通常将短线交易的买入或卖出的时间间隔规定为6个月。中国《证券法》也是如此。只有在此期间内的一组相向买卖才会构成短线交易。

3. 行为

美国和日本立法明确规定：构成短线交易必须包括一组买入和卖出。中国《证券法》也是如此。如果只有买入而没有卖出，或者只有卖出而没有买入，即使买入或卖出是连续的或持续的，也不构成短线交易。这里的买卖，既包括场内交易，也应包括场外交易。但是，买入及卖出的证券应当是同一种类，即买卖的都是股票。至于买入股票、卖出同一公司的可转换公司债，或者买入公司的可转换公司债、卖出同一公司的股票，不构成短线交易。

短线交易不以利用内幕信息为前提。公司董事、监事和高级管理人员利用内幕信息从事短线交易的，应当认定为内幕交易，而非仅仅按短线交易处理。

4. 主观方面

短线交易制度不考虑特定主体的主观故意或过失，更不考虑特定主体是否意图牟利。

（三）归入权及其行使

归入权是将短线交易主体实施的短线交易收益收归公司的权利。如果特定主体通过短线交易增加利益，则应适用利益归入权规则。但若特定主体通过短线交易仅仅减少了损失，则通常不适用短线交易归入权规则。

归入权的实现方式有三种：短线交易主体主动将所得利益交给公司；公司以自己的名义向短线交易主体提出请求，但实际上是由公司董事会依法代表公司行使这一权利；由股东代表公司向短线交易主体提出请求。

（四）短线交易的豁免

短线交易制度有其简捷高效的一面，但在某些情形下也可能产生不合理或者不公平的结果，为此，各国家和地区规定了一些豁免情形。例如，美国联邦证券交易委员会规定了机构投资者豁免、按比例获得证券的豁免以及其他豁免。中国《证券法》具体规定了一种豁免，即证券公司因购入包销售后剩余股票而持有5%以上股份的，卖出该股票不受6个月时间限制。因为，证券公司持有股份是因履行证券包销协议而引起的，证券公司并不想充当公司股东，有鉴于此，法律不限制证券公司在较短时间内将持有股份再行出售，以利于证券发行的展开和包销业务的发展。另外，如果国务院证券监管机构规定豁免的，按其规定处理。

案 例

王某超短线交易纠纷案

争议焦点：短线交易的认定。[①]

第三节 操纵证券市场、编造信息扰乱市场的民事责任

一、操纵证券市场概述

（一）概念

操纵证券市场，是指利用资金、证券或信息等优势或者滥用职权，故意实施建仓、洗盘、拉升、派发等行为，人为地制造行情，即抬高、拉低或者稳定证券价格，扰乱证券市场秩序。一般认为，行为干扰了供给和需求的自由形成，诱使投资者交易，或者人为影响股票价格达到虚假水平的，即可构成操纵证券市场。

证券市场应当是排除人为操作的自由市场，而操纵证券市场对证券市场危害极大，因此各国家和地区均以立法进行规制。在美国，其普通法可以规制除利用真实交易操纵证券市场以外的大部分操纵行为，包括对敲、洗售等，但美国仍制定专门立法禁止操纵证券市场行为。美国 1934 年《证券交易法》的核心就是反操纵证券市场。该法主要通过第 9 条、第 10 条（b）款以及第 15 条（c）款等对操纵证券市场行为进行规制。美国《证券法》第 17 条也可适用于操纵证券市场。《证券交易法》第 9 条只适用于应按《证券交易法》进行注册的证券和定期报告。第 9 条（e）款规定：任何人故意参与违反本条（a）（b）（c）款规定的活动或交易，其应对以受该行为影响的价格买卖该证券的人负责，受损失的人可向有管辖权的法院以普通法或衡平法提起诉讼，要求赔偿由于该行为导致的损失。第 10 条（b）款以及《证券法》第 17 条则可针对未注册证券的操纵。第 15 条（c）款禁止经纪人和交易商在柜台交易场所直至证券交易所的欺诈和操纵。另外，联邦证券交易委员会针对操纵证券市场和证券欺诈行为专门制定了规则 10b－5。

中国民法同大陆法系其他国家民法一样，对于民事欺诈规定得比较简单，难以涵盖操纵证券市场行为的大部分类别，对其需要通过专门立法进行规制。1998 年《证券法》规定了操纵证券市场行为人的行政和刑事责任，但没有规定民事责任。2005 年《证券法》列举了操纵证券市场行为，并增加了民事责任。现行《证券法》对有关制度做了完善。另外，2007 年中国证监会发布了《证券市场操纵行为认定指引（试行）》（于 2020 年废止）。

① 参见中国证监会行政处罚决定书〔2009〕34 号。

（二）成立条件

1. 客观表现

操纵证券市场行为有多种表现形式，各国和地区立法对此规定不尽相同。中国《证券法》第 55 条规定了八类操纵证券市场的行为。

（1）单独或合谋连续买卖。

连续买卖，是指单独或者通过合谋，集中资金优势、持股优势或者利用信息优势联合或者连续买卖，操纵证券交易价格或者证券交易量。它属于以真实交易手段扭曲交易价格和其他相关因素。

连续买卖通常利用某种优势。其中利用信息优势，是指行为人掌握着他人所没有掌握的信息，它可能与内幕交易产生交叉。关于如何认定“连续”，中国法律没有明确规定。理论上，行为人在营业日进行两次以上交易即可初步认定为连续交易。在美国，联邦证券交易委员会认为：每个交易日三次交易构成连续。所谓买卖，是指高价买入或者低价卖出证券。买卖，其含义比交易的要窄。市场操纵者只有通过价格波动才能达到操纵的目的，因此，连续买卖只有影响证券价格才能被认定为操纵证券市场。至于操纵交易量，最终也会影响证券价格。

（2）串通买卖。

串通买卖，又称对敲，是指与他人串通，以事先约定的时间、价格和方式相互进行证券交易，影响证券交易价格或者证券交易量。

串通相互买卖以两方以上的行为人明示或默示的通谋为要件。不过，证明事先存在串通比较困难。这种相互买卖客观上表现为行为人在卖出证券时，使他人于约定时间按约定价格买入该证券；或者，行为人在买入证券时，使他人于约定时间按约定价格卖出该证券。约定的时间并不要求完全同时，允许买卖之间存在一定的时间差。不过，在这一时间差中，交易申报必须依然有效。约定的价格也不要求完全相同，只要能够成交即可。比如，一方限价委托，他方市价委托，只要有成交机会，也合乎价格约定要件。串通买卖应当被用来控制股票价格，但实际上它多被用于在不同操纵者之间倒盘转手。

（3）自买自卖。

自买自卖，又称洗售、对倒，是指在自己实际控制的账户之间进行证券交易，影响证券交易价格或者证券交易量。这是实践中使用最多的操纵手段。

在中国，投资者从事证券交易必须以真实姓名或名称开立账户，同时投资者只能开立一个证券账户。因此，自买自卖必须在行为人自己的账户与控制的账户之间，或者控制的账户之间进行。行为人自己的账户自然属于行为人控制的账户，其他控制的账户可能是行为人依据信托合同管理的账户，行为人违法接受全权委托的账户，行为人的夫妻、家庭成员或者关联企业等关联人账户，行为人盗用的账户。可见，认定自买自卖的关键在于认定证券账户由行为人一人控制。证券所有权是否转移并不影响自买自卖的构成，只要该行为客观上影响了证券交易价格或证券交易量即可。

（4）虚假申报。

虚假申报是指行为人非以证券成交为目的而发出买卖指令，或者申报指令不具有成交的可能。有观点认为，并无成交目的的申报或者实际没有成交的申报，不应被认定为操纵证券市场。但在日本，买入申报或者卖出申报也会构成操纵证券市场行为，因为即使申报后来没有成交，申报本身也是价格信号，也会影响市场行情。我国《证券法》明确禁止不以成交为目的，频繁或者大量申报并撤销申报，操纵证券市场的行为。

（5）利用重大信息操纵。

它又称蛊惑交易操纵。这种操纵利用虚假或者不确定的重大信息，诱导投资者进行证券交易，具体是指对不特定的人散布不准确的或误导性信息，足以影响证券交易价格或者证券交易量，诱使投资者买卖某一证券，直到操纵者全部卖出或买入。将该行为归入操纵证券市场，并不在于规范信息披露和传播途径，而是惩戒利用不恰当传播信息的手段操纵证券市场的行为。该行为构成操纵证券市场行为，须以影响证券交易为目的，而不仅仅是服务融资需要。但它不以行为人实际进行证券交易、实际引起市场行情发生变化为必要。

应当注意，国家工作人员、传播媒介从业人员和有关人员编造、传播虚假信息等，不能认定为以其他手段操纵证券市场，因为《证券法》对此另行特别规定为按虚假陈述处理。

（6）反向证券交易操纵。

它又称抢帽子交易操纵。这种操纵对证券、发行人公开作出评价、预测或者投资建议，并进行反向证券交易。具体是指证券公司、证券咨询机构、专业中介机构及其工作人员，买卖或者持有相关证券，并对该证券或其发行人、上市公司公开作出评价、预测或者投资建议，以便通过期待的市场波动取得经济利益的行为。

（7）利用其他相关市场活动操纵市场。

利用其他相关市场活动操纵主要表现为联合操纵以及跨市场操纵。联合操纵，是指两个以上实力较强的人联合成为临时操纵组织，采取统一步骤，进行同向交易。联合操纵的手段有期权操纵、扎空。期权操纵，是指操纵组织获得某一股票期权后，操纵该股票价格上涨，然后行使期权高价抛售。扎空，是指操纵组织将证券市场上的证券吸纳集中，诱使他人融券卖空，最终导致卖空者除操纵组织外，已无其他来源补回证券。操纵组织借机控制价格，迫使卖空者扎空结账。[①] 跨市场操纵，是指行为人在现货市场与期货市场之间进行操纵。

（8）其他操纵市场的行为。

《证券法》第 55 条第 1 款第 8 项“操纵证券市场的其他手段”属于兜底条款，用以涵盖前 7 项以外的操纵证券市场行为以及将来可能出现的操纵证券市场行为。例如，利用职权操纵证券价格；明知他人操纵证券市场而提供账户、资金或其他条件；特定时间的价格或价值操纵（行为人在计算相关证券的参考价格或者结算价格或者参考价值的特定时间，通过拉抬、打压或锁定手段，影响相关证券的参考价格或者结算价格或者参考价值的行为）；尾市交易操纵（是指行为人在即将收市时，通过拉抬、打压或锁定手段，操纵证券收市价格的行为）；利用程序化交易（自动生成交易指令的决策型交易和执行交

① 杨志华．证券法律制度研究．北京：中国政法大学出版社，1995：283，287.

易指令的执行型交易）操纵证券市场。

2. 主观要件

操纵行为人是否意在诱使他人参与证券交易是判断行为是否构成操纵证券市场的关键。可是，由于操纵证券市场手段复杂，变化多端，而且技术性和隐蔽性越来越强，证明操纵证券市场行为的外在表现已属不易，证明行为人诱使他人买卖证券的动机更加困难，因此只应要求投资者证明行为人客观上从事了连续买卖等操纵行为，行为人则需反证自己没有操纵证券市场价格的意图。比如，如果某人证明自己购置一大批股票的目的只是投资，或者是占有相当的比例，即使他明知他的举动会影响市场价格，他的行为也不构成违法，否则就构成操纵证券市场。再以收购为例，如果收购人依法披露了收购信息，将会导致股价上涨，但由于收购人是为了持有目标公司一定比例的股份，因此不构成操纵证券市场。但是，如果假借收购，意在操纵证券市场价格，乘机出售股票，牟取暴利，这就构成操纵证券市场。

认定操纵证券市场更不以获利目的作为要件。不过，现行《证券法》规定，操纵市场应当具有影响证券交易价格或者证券交易量的意图。

3. 与类似行为的区别

（1）投机。

投机在证券市场普遍存在，它具有增强市场流动性、发现价格、回避风险和获取较高利润的作用。投机分为一般投机、过度投机和恶性投机。一般投机或过度投机都没有超出一定的限度，即投资者利用其知识、经验以及所掌握的信息，对市场走势作出预测或推断，并据以进行交易。这些行为并非操纵证券市场。但是在恶性投机或欺诈性的投机的情形，投机者主观上和客观上都导致证券价格朝自己期望的方向变化，诱使他人买卖证券，并因此而获得利益或减少损失。因此，恶性投机构成操纵证券市场。①

（2）安定操作。

安定操作，是指对某种证券连续进行买卖或者委托买卖，稳定证券价格，降低市场风险，以便发行、承销或者出售证券。美国联邦证券交易委员会将之界定为“在准备或公开销售期间，为了阻止或延缓市价下跌而力图将市价稳定或控制在一定水平之上的过程”。例如，证券公司在承销新发行的证券后，为了防止该种证券大量上市可能导致价格跌至承销价格以下，往往以特定价格买进所有低于承销价的该种证券，维持价格，避免损失，也保证发行人能够迅速得到所需资金。安定操作与操纵市场同属人为控制证券价格的手段，都会导致投资者的损失。但是，二者的重要区别在于，前者是为了筹集资金，而且做市商制度能够保证市场不被做市商人为操纵。后者是为了不正当地获取利益或转嫁风险。对于安定操作，各国家或地区立法规定不同。美国法律原则上允许安定市场操作行为，但须遵守主管机关有关的规章。日本、韩国证券立法基本上肯定安定操作的积极意义，但颁布特别规则加以规范以防其被滥用。中国香港地区则禁止安定操作。

---

① 彭真明，等．证券欺诈民事救济制度研究．北京：中国社会科学出版社，2008：142.

案　例

西南证券董事长、总经理张某、孙某被市场禁入案

争议焦点：操纵证券市场行为如何认定？[①]

二、操纵证券市场的民事责任构成要件

（一）责任主体

中国《证券法》禁止任何人操纵证券市场。操纵证券市场行为给投资者造成损失的，行为人应当依法承担赔偿责任。据此，任何人操纵证券市场给他人造成经济损失的，均应承担民事赔偿责任。这一规定与美国、日本的立法相同。

（二）客观行为

操纵证券市场者实施了连续买卖、串通买卖、自买自卖或者其他操纵证券市场的行为。

（三）归责原则

操纵证券市场主观应属直接故意或间接故意，即操纵行为人预见到操纵行为会影响证券交易价格从而吸引他人参与交易，导致他人损失的后果，但仍希望或放任该后果的发生。可是真正要求原告加以证明却并非易事，虽然它不及证明操纵行为人主观动机那样困难。因此为了减轻受害者举证责任，应当采取过错推定。只要证明存在操纵证券市场的事实，即可推断行为人具有故意。在美国，有操纵的动机，加上一系列的交易举动即可初步构成故意操纵。依照美国联邦证券交易委员会的立场，如果缺乏合理解释而不断购买证券，借以抬高证券价格，并在其他因素介入之前卖出证券，这一事实即可构成故意操纵。日本、中国香港地区等都有类似的规定。

（四）受害人及其损失

关于受害人的范围，由于集中竞价，电脑撮合，投资者众多，换手率极高，契约关系难以确定，而不恰当传播信息者与受害人之间则本来就无契约关系，因此目前通常采用“与买卖相关”标准。依据美国、日本、中国香港地区的规定，只要投资者在市场被操纵的情况下买卖了证券，即有权请求损害赔偿。依据中国《证券法》的规定，因市场操纵而遭受损失的证券买卖人可以请求损害赔偿。但是，如果行为人能够证明投资者明知行为人操纵证券市场仍然买卖证券，则行为人对于投资者的损失不承担赔偿责任。

关于损失的计算，大多数国家和地区规定为证券实际交易的价格和如果违法行为未发生本有的价格（当时证券的实际价值）之差。依据美国法，它不能超过投资者的购买

① 关于对张某等三人实施市场禁入的决定．证监禁入字（2007）8号．

价与出售价之差，也不能超过交易时的价格与信息公开后 90 天内该证券的平均价之差。也有的国家采取差价计算法。如新加坡《证券交易法》规定：赔偿额是受害者付出或接受的证券价格与如果违法者没有实施违法行为而应有的合理价格之差。至于赔偿额，在美国，根据 1934 年《证券交易法》第 9 条的规定，赔偿数额应当就是投资者的损失。但是，由于受害人数极多，行为人的赔偿责任极其沉重，因此，后来的立法将赔偿额限于行为人的非法所得。[①]

（五）因果关系

操纵行为应当与投资者的损失具有因果关系。一方面，投资者因为信赖被操纵的价格或交易而买卖证券；另一方面，投资者的损失就是操纵行为引起的。对于前者，只要证明操纵行为的确导致价格变化即可，换言之，只需证明操纵行为涉及的信息具有重要性。对于后者，应当实行因果关系推定，以达到阻遏操纵行为的立法目的。行为人以违法手段操纵市场，未能影响证券交易价格或者证券交易量，或者虽影响了证券交易价格或证券交易量但与投资者的买卖或损失之间没有因果关系的，行为人不承担民事赔偿责任。

三、编造信息扰乱市场的民事责任

（一）概述

《证券法》第 56 条规定：禁止任何单位和个人编造、传播虚假信息或者误导性信息，扰乱证券市场。编造、传播虚假信息或者误导性信息，扰乱证券市场，给投资者造成损失的，应当依法承担赔偿责任。信息披露是证券市场赖以生存的基础，任何单位和个人都不得编造信息、传播不当信息，破坏证券市场存续和发展，损害投资者的利益。

（二）构成要件

1. 行为主体

行为主体是任何单位和个人，而不限于国家工作人员、传播媒介从业人员和有关人员。

2. 违法行为

违法行为是编造、传播虚假信息或者误导性信息，扰乱证券市场。编造传播不当信息会破坏市场诚信环境，引发市场过度反应甚至诱发市场风险。

3. 行为后果

违法行为干扰了投资者决策，损害了投资者的合法权益，给其造成了损失。为此，行为人应当依法承担赔偿责任。

---

① 证券民事赔偿损失计算的七种方法 . finance. sina. com. cn/t/20020402/188471. html；顾肖荣 . 证券法教程 . 北京：法律出版社，2006：395－396.

第四节　证券公司、证券服务机构损害投资者的民事责任

一、证券公司损害投资者的民事责任

（一）概述

1. 概念

损害投资者，是指在证券发行、交易或相关活动中，证券公司利用职务便利，背离其与客户即投资者之间的服务和信赖关系，或者为其他欺诈行为，损害客户及其他投资者利益的行为。损害投资者是证券欺诈的一种。证券欺诈包括虚假陈述、内幕交易、操纵证券市场和损害投资者。

2. 性质

关于损害投资者民事责任的性质，有三种观点：违约责任、侵权责任、混合责任。实际上，行为的性质应当结合具体行为进行分析。一般而言，由于证券公司与投资者之间存在委托或服务合同，因而证券公司故意违法自然构成违约。但是，证券公司的违法行为还可能侵害投资者对于证券公司的信赖关系，甚至直接侵害客户的证券或资金，因此证券公司的违法行为可能构成侵权行为。有时则发生违约和侵权的竞合。

（二）构成要件

1. 行为人

损害投资者的行为人是证券公司及其从业人员。一般来说，从业人员虽是欺诈行为的直接实施者，但他们是在履行职务，是代表公司或机构，执行公司或机构的指令，因此其行为后果应由公司或机构承担。但是《证券法》特别将从业人员与有关公司或机构并列，表明法律要求他们独立承担法律责任。这有利于约束从业人员的行为，能够有效防止欺诈现象的发生。①

需要注意，发行人及其代理人在向投资者发售证券时违反披露义务，符合损害客户的构成要件的，只能适用虚假陈述规则，而不按损害客户处理。至于资产评估机构、会计师事务所和律师事务所等，其客户是发行人或上市公司而非投资者。它们损害客户，应当依照民法处理。如果它们欺诈客户之外的投资者，则应按虚假陈述等规则处理。

2. 损害行为

中国《证券法》第 57 条专门规定了证券公司损害客户利益的行为。该条规定，禁止证券公司及其从业人员从事下列损害客户利益的行为：（1）违背客户的委托为其买卖证

---

① 冯恺，段威．证券法教程．北京：中国人民大学出版社，2008：278.

券；（2）不在规定时间内向客户提供交易的确认文件；（3）未经客户的委托，擅自为客户买卖证券，或者假借客户的名义买卖证券；（4）为牟取佣金收入，诱使客户进行不必要的证券买卖；（5）其他违背客户真实意思表示，损害客户利益的行为。违反前款规定给客户造成损失的，应当依法承担赔偿责任。

此外，《证券法》第 88 条规定，证券公司应当履行投资者适当性管理义务，违反这一义务可能导致投资者损失。《证券法》第 128 条规定，证券公司应当建立健全内部控制制度，采取有效隔离措施，防范公司与客户之间、不同客户之间的利益冲突。证券公司必须将其证券经纪业务、证券承销业务、证券自营业务、证券做市业务、证券资产管理业务分开办理，不得混合操作。证券公司违反这一规定的，可能发生损害客户的行为。证券公司的自营业务也可能与其投资咨询业务混合，从而损害客户利益。《证券法》第 134 条规定：证券公司办理经纪业务，不得接受客户的全权委托而决定证券买卖、选择证券种类、决定买卖数量或者买卖价格。第 135 条规定：证券公司不得对客户证券买卖的收益或者赔偿证券买卖的损失作出承诺。违反这两条规定的，也会构成损害客户。最后，根据《证券法》的规定，证券公司不得承销或者销售擅自公开发行或者变相公开发行的债券。证券公司违反规定给投资者造成损失的，应当与发行人承担连带赔偿责任。

3. 主观要件

损害投资者应以故意为主观要件。如果出于过失，比如证券公司内部管理不严、操作程序不当或者遗漏客户委托而未予执行，则不构成欺诈，而只能认定为一般违约。① 至于主观故意，则可采用视为故意和推定故意两种方法认定。前者是指事实本身即可证明行为人存在故意。后者是指实行举证责任倒置。应当注意，尽管损害投资者的直接目的可能是引诱投资者进行有利于行为人的交易以获取差价或佣金，但是损害投资者民事责任的构成并不以此作为构成要件，受害投资者自然无须证明存在此种目的。

4. 损害后果

不论提起违约之诉还是侵权之诉，投资者因损害行为遭受的直接损失应当获得赔偿。直接损失包括：购买或出售证券价款与证券实际价格之差；投资者用于购买证券的价款的利息；交易费用，包括证券投资损失部分的佣金、印花税等。投资者也可请求可得利益赔偿，但须扣除相应的费用。

5. 因果关系

证券损害行为人只需对其损害行为引起的损失负责，对于投资者自己的过错导致的损失不负赔偿责任。至于因果关系，也可采视为和推定两种方法认定。在前者，行为人只有证明投资者的损失是由于难以归咎于行为人的事由造成的才能免责。在后者，行为人只要证明投资者的损失不是自己的行为造成的即可免责。

---

① 吴弘．证券法教程．北京：北京大学出版社，2007：401.

二、证券服务机构损害投资者的民事责任

（一）证券服务机构出具虚假文件的民事责任

《证券法》第163条规定：证券服务机构为证券的发行、上市、交易等证券业务活动制作、出具审计报告及其他鉴证报告、资产评估报告、财务顾问报告、资信评级报告或者法律意见书等文件，应当勤勉尽责，对所依据的文件资料内容的真实性、准确性、完整性进行核查和验证。其制作、出具的文件有虚假记载、误导性陈述或者重大遗漏，给他人造成损失的，应当与委托人承担连带赔偿责任，但是能够证明自己没有过错的除外。这一制度避免了规则不完备而造成难以追究责任的状况。而且，由证券服务机构举证证明自己没有过错，有利于追究虚假陈述人的法律责任，保护投资者的合法权益。

（二）证券投资咨询机构的民事责任

1. 概述

证券投资咨询机构违反禁止性规定，给投资者造成损失的，应当依法承担赔偿责任。《证券法》第161条规定，证券投资咨询机构及其从业人员从事证券服务业务不得有下列行为：（1）代理委托人从事证券投资；（2）与委托人约定分享证券投资收益或者分担证券投资损失；（3）买卖本证券投资咨询机构提供服务的证券；（4）法律、行政法规禁止的其他行为。有前款所列行为之一，给投资者造成损失的，应当依法承担赔偿责任。

2. 责任性质和构成要件

此种责任为违约责任或者侵权赔偿责任。对于面向特定投资者的投资咨询，由于双方订有咨询协议，因此可对咨询机构追究违约责任。而面向社会公众的投资咨询，由于咨询机构与社会公众之间往往没有咨询协议，因此只能追究咨询机构的侵权责任。追究违约责任的前提是咨询机构违反了协议约定的服务标准。追究侵权责任以咨询机构存在过错为要件，只要咨询机构违反了《证券法》的规定、中国证监会的规则或者证券业协会的标准，就可认定咨询机构存在过错。依照中国证监会的要求，投资咨询机构和人员提供咨询服务，应当持行业公认的谨慎、诚实和勤勉尽责的态度。此外，中国证券业协会发布的《证券分析师执业行为准则》也可供参考。咨询机构应当对客户或投资者的损失负责。但在面向社会公众的投资咨询中，要证明投资者的损失与咨询机构侵权行为之间的因果关系较为困难。如果实行推定，则可能导致索赔者大增，投资咨询机构不堪承受。这时需要责任保险的介入，以减轻咨询机构的负担。

3. 资信评级机构的民事责任

传统上，资信评级机构只被要求保证自身的独立性和评级的质量，而很少被要求就其评级结果承担法律责任，理由是，资信评级本身没有权威的规范作为准则，评级活动是基于各种技术、综合诸多因素展开的，评级结果是预测性的。但是，21世纪初，随着安然、世通、施乐等世界著名评级机构造假丑闻的曝光，人们意识到，评级机构的独立

性极易受到其与被评客户利害关系的侵蚀，而且，各评级机构使用的评级方法、程序不尽相同，评级所依据的资料只有评级机构自己知道，因此评级的透明度和可靠性存在问题。所以，人们越来越倾向于用法律责任约束评级机构。

深度阅读

朱伟一．证券法．北京：中国政法大学出版社，2018.

杨旭，何积华．证券虚假陈述民事案件裁判规则研究．北京：北京大学出版社，2018.

谢贵春，邹露，武俊桥．也论虚假陈述民事案件系统风险的认定与扣减：以因果关系证明的回归为讨论中心//蒋锋，卢文道．证券法苑：第 26 卷．北京：法律出版社，2019.

万国华，张崇胜．我国反证券欺诈机制的检视与完善．金融与经济，2018 (8)．

李有星，潘政．证券市场虚假陈述揭露日的再认识//郭文英．投资者：第 2 辑．北京：法律出版社，2018.

汤欣，陈旺．虚假陈述民事司法的实践：回顾与思考//郭文英．投资者：第 1 辑．北京：法律出版社，2018.

鲍彩慧．证券虚假陈述民事赔偿因果关系的规则再述：基于 806 份判决书的实证分析//黄红元，卢文道．证券法苑：第 23 卷．北京：法律出版社，2017.

张东昌．证券市场没收违法所得与民事赔偿责任的制度衔接//黄红元，卢文道．证券法苑：第 23 卷．北京：法律出版社，2017.

陈晨．证券市场信息型操纵认定难点及监管对策研究．证券市场导报，2017 (8).

杨城．论我国虚假陈述民事责任主体的困境与创新．证券市场导报，2017 (7).

徐文鸣．证券民事诉讼制度实施效果的实证研究：以虚假陈述案件为例．证券市场导报，2017 (4).

上海市第二中级人民法院课题组．证券市场内幕交易民事赔偿责任问题研究：以光大乌龙指引发的内幕交易案为视角//黄红元，卢文道．证券法苑：第 18 卷．北京：法律出版社，2016.

邢会强．证券期货市场高频交易的法律监管框架研究．中国法学，2016 (5).

思考与练习

1. 中国证券民事责任制度如何完善？
2. 虚假陈述行为主体与虚假陈述责任主体有何异同？
3. 如何认定虚假陈述行为与损害之间的因果关系？
4. 如何界定内幕人士的范围？
5. 短线交易责任制度与内幕交易责任制度的关系是什么？
6. 操纵证券市场民事责任的构成要件有哪些？
7. 试述证券公司损害客户的法律责任。
8. 为何区别对待证券咨询机构与证券资信评级机构的法律责任？

第五编

票据法

第三十二章
票据与票据法

常考知识点

票据的概念和性质

第一节　票　据

一、票据的概念

票据，是出票人依法签发的由自己或委托他人于见票时或在到期日无条件支付一定金额给收款人的一种有价证券。票据包括汇票、本票和支票。票据包括涉外票据，即在出票、背书、承兑、保证、付款等行为中，既有发生在中华人民共和国境内又有发生在中华人民共和国境外的票据。票据可以是人民币或外币票据。票据不包括商业活动中广义的根据，如提单、仓单、发票等，也不包括结算中的汇兑凭证、托收承付凭证、委托收款凭证等。

二、票据的性质

票据是设权证券，制作票据即创设权利，而且非依法律规定的方法，权利与票据不能分离。票据权利的发生以票据的作成为必要，票据权利的取得以票据的占有为必要，票据权利的转让以交付为必要，持票人行使票据权利应当出示票据。

票据是货币债权证券，票据实质上是存款货币的表现形式。

流通是票据的基本特征。流通是指票据多次转让。票据流通的快慢直接制约、影响着商品交易的效率和频率。

三、票据的功能

票据具有许多功能。汇兑是票据的最初功能，而其简单的功能是支付和结算，最重要的功能是信用。汇兑功能主要在于汇票，是指款项由此地送往彼地。汇兑功能克服了金钱支付在空间上的障碍。支付功能主要在于支票，是指以票据代替货币进行交易，清偿经济往来中双方的债权债务。结算功能，又称债务抵销功能。简单的结算就是互有债务的当事人各签发一张本票给对方，待两张本票都届到期日，即可抵销债务。若有差额，仅一方用现金支付。复杂的结算可通过票据交换制度完成。信用，是指得到或提供货物或服务后，并不立即而是允许在将来付给报酬。是否在将来付款同时支付利息由当事人决定。信用功能则克服了金钱支付在时间上的障碍。票据信用功能，是指票据当事人可以凭借某人的信用，就未来可取得的金钱作为现在的金钱来使用。通过信用功能，取得票据的人如果在到期日之前急需现金，可将未到期的票据送到银行贴现；持票人如在到期日前需要履行某一债务，也可通过背书将票据转让给其债权人。借助票据信用功能可以实现资金融通。票据融资成本低、速度快。在资金缺乏的情况下，企业倾向于票据融资。票据的信用和融资功能则会衍生出货币替代功能和货币创造功能。信用功能主要体现在汇票和本票上。远期支票、旅行支票也有很强的信用功能。信用功能是票据最本质的功能。没有信用就没有票据。票据具有信用，票据持有人的权利得到保障，人们才会对票据产生信任，才会乐于使用票据。只有票据具有一定的信用，票据才能在相当的时段内被转让，从而实现票据流通。

票据的汇兑、支付、结算、信用等各种功能应当竞相发挥出来。然而，迄今为止，从法律和实践看，我国的票据还只是一种支付结算工具。而且，我国的票据包括商业票据，其使用和流通基本上仍由中国人民银行和各商业银行主导。

第二节　票据法

一、票据法及其国际统一

票据法，是调整票据当事人之间的票据授受关系和货币支付关系的法律规范的总称。

早在中世纪，一些国家就开始发展本国的票据立法，而且最大限度地保护票据债权人利益的思想像根红线一样，贯穿在法律演化过程中。19 世纪后期，票据法形成了两大法系，即大陆法系或日内瓦法系和英美法系。

由于票据流通的发展，若不实行统一会给国际结算带来严重困难，因而，20 世纪初票据法开始了国际统一。20 世纪 30 年代初，《统一汇票本票法公约》和《统一支票法公约》（下文将二者合称为“日内瓦公约”）产生。日内瓦公约的基本附件《日内瓦统一汇票本票法》和《日内瓦统一支票法》（所谓“日内瓦统一票据法”）实际上已成为大多数大陆法国家票据立法的指导。日内瓦统一票据法主要在原德国法系票据法的基础上制定，吸收了原法国法系和英美法系票据法的长处，大大扩张了票据的功能，使票据法规则更趋于灵活和便利，可称较完善的立法例。

但是，日内瓦公约没有解决票据法的国家统一问题。日内瓦公约仅被大陆法系主要国家如德国、法国、瑞士和日本等所接受。而英美法系国家没有派代表参加日内瓦会议，也拒绝参加该公约。英国拒绝参加日内瓦公约的原因主要有：日内瓦公约主要是按照大陆法系特别是德国法的传统制定的；日内瓦公约的某些规定与英美法系的传统和实践矛盾，例如，普通法系的流通票据法比日内瓦公约和以该公约为基础的国家的法律更为灵活；如果参加日内瓦公约，将影响英美法系各国之间已经实现的统一。由于英美法系国家没有参加公约，因而国际上仍存在英美票据法体系与日内瓦票据法体系的对峙。票据法的多样性给国际贸易和国际结算带来很大困难。为了进一步推动各国票据法的统一，促进国际贸易的发展，在联合国的支持下，联合国国标贸易法委员会通过了《国际汇票和国际本票公约》与《国际支票公约草案》。两公约只适用于国际结算中的票据关系，而不能适用于缔约国国内的票据关系，因此它们并不是日内瓦统一票据法那样的完全的国际统一票据法。目前，这两个公约均因批准国不足而尚未生效。

为了规范票据行为，保障票据活动中当事人的合法权益，维护社会经济秩序，促进社会主义市场经济的发展，1995 年，第八届全国人民代表大会常务委员会第十三次会议通过了《中华人民共和国票据法》。2004 年 8 月 28 日，第十届全国人民代表大会常务委员会第十一次会议通过决定，修改《票据法》，删去其第 75 条。为了加强票据管理，规范票据支付结算行为，1997 年，中国人民银行制定了《票据管理实施办法》（2011 年修订）和《支付结算办法》（2024 年已修改）。为了正确适用票据法，公正、及时审理票据纠纷案件，保护票据当事人的合法权益，维护金融秩序和金融安全，2000 年，最高人民法院审判委员会第 1102 次会议通过了《关于审理票据纠纷案件若干问题的规定》。该规定于 2020 年经历了较大修改。

受制定时的经济环境制约，我国《票据法》侧重于管理票据行为，维护社会经济秩序，从而在一定程度上削弱了票据的流通性，忽视了票据的信用功能，而且有些规则的可操作性较差，这些都制约了票据业务的发展。2019 年 2 月，中共中央办公厅、国务院办公厅印发《关于加强金融服务民营企业的若干意见》，提出加大对民营企业票据融资支持力度，简化贴现业务流程，提高贴现融资效率，及时办理再贴现。为适应经济发展的需要，促进票据业务持续健康发展，亟须对《票据法》进行修改、完善，修改的重点是放宽对票据行为主体资格的限制；明确票据的无因性；解决融资性票据、电子票据、票据影像截留的法律地位等问题。还需指出，近年来，一些地方设立了票据交易所或票据交易中心，对此，迫切需要制定、完善相关规则，以维护交易秩序，促进市场发展。

二、票据法的本质

整个现代票据法律制度是建立在票据流通和信用基础之上的。票据法的根本任务一方面是促进票据流通，规范票据流通秩序，保障票据流通对经济发展的促进作用；另一方面是维护和促进票据的信用功能，维护和增强票据的生命力。票据法具有诸多特殊的规范，其根本原因就在于票据的流通性质和信用功能。可以说，没有票据的流通和信用就没有现代票据法律制度。

只有充分认识到票据的流通性质和信用功能，才能理解票据法的精髓，也才能从根本上掌握票据法及相关法律制度。例如，为了保障票据的正常使用和流通，人民法院一般不要轻易对票据采取保全措施，只能在少数情况下，为了防止当事人规避法律、钻票据无因性的空子，对于可能因恶意当事人、不正当持票人、与票据债务人有直接债权债务关系的票据当事人一方的行为或者其他原因，使判决不能执行或者难以执行的票据纠纷案件，人民法院可以作出财产保全的裁定。票据法以票据流通和信用为其基础和本质，也就形成了票据法律制度的双重性。它既要求票据流通简便、灵活、迅速，又要求确保流通的安全和票据权利人的利益。但是，在票据流通方面，我国票据法过于侧重维护票据流通的安全。另外，我国票据信用功能体现得很不充分，基本让位于票据的汇兑、支付、结算等几种功能，这突出地表现在大多数票据背书的次数很少，流通性不强，票据信用基本上局限在交易双方当事人、银行等。

深度阅读

刘心稳．票据法．4 版．北京：中国政法大学出版社，2018.

董安生．票据法．3 版．北京：中国人民大学出版社，2009.

谢怀栻．票据法概论．北京：法律出版社，2006.

王小能．票据法教程．2 版．北京：北京大学出版社，2006.

董惠江．中国票据法理念与立法技术的反思．环球法律评论，2020（5）.

赵慈拉．建立多层次多元化票据交易市场体系的构想：兼议电子商业本票创新的必要性．上海金融，2018（11）.

思考与练习

1. 什么是票据？
2. 票据的功能有哪些？
3. 票据法有什么作用？

第三十三章
票据法总则

常考知识点

票据行为的独立性、无因性、连带性　票据追索权　票据变造　票据丧失的救济

第一节　票据行为

一、票据行为的概念与分类

票据行为，是指以产生、变更、消灭票据法律关系为目的的票据法律行为和准票据法律行为。

1. 票据法律行为

它是承担票据责任的法律行为，它以意思表示为要素，包括出票、背书、承兑、保证、付款。票据法律行为可分为基本票据行为和附属票据行为。前者指出票行为，后者指其他票据行为。

2. 准票据法律行为

它是由法律直接规定其法律效力，而不以意思表示为要素的票据行为，包括付款、划线、涂销等。

二、票据行为的特征

1. 要式性

各种票据行为都必须按照法定要式（法定内容和格式）记载于票据上并签章，否则票据的法律效力就会受到影响。

2. 文义性

在票据上签章的人应依所记载的事项承担票据责任。票据权利义务严格依照票据上的文字记载而定，不受文字记载以外的事项影响。债务人不得以票据记载以外的事由对抗债权人，债权人不得向债务人主张票据记载以外的权利。

3. 独立性

票据上的各种行为独立发生法律效力，其中一个行为无效，不影响其他票据行为的效力。依据最高人民法院《关于审理票据纠纷案件若干问题的规定》（以下简称《规定》）第65条，具有下列情形之一的票据，未经背书转让的，票据债务人不承担票据责任；已经背书转让的，票据无效不影响其他真实签章的效力：（1）出票人签章不真实的；（2）出票人为无民事行为能力人的；（3）出票人为限制民事行为能力人的。依据《规定》第45条，票据的背书人、承兑人、保证人在票据上的签章不符合《票据法》以及《票据管理实施办法》规定的，或者无民事行为能力人、限制民事行为能力人在票据上签章的，其签章无效，但不影响人民法院对票据上其他签章效力的认定。

4. 无因性

票据关系都是基于一定的原因、资金、预约等基础关系而发生的。原因关系大多是一定金额支付关系，但设定质权和委任取款除外。资金关系是指汇票和支票的出票人与付款人之间的资金往来关系。预约关系是指当事人约定使用票据的关系。但是，票据关系成立后，即与其基础关系相分离。只要票据符合法定要式，并且依法取得，持票人就享有票据权利，在行使票据权利时，不需要向债务人证明其取得票据的原因。票据关系与票据原因关系是两种不同的法律关系。票据关系由票据法调整。至于签发票据是否有商品交易或者交易是否合法，应由其他有关的法律规范。我国票据法坚持票据的有因性。但是，最高人民法院的《规定》对此作了重大突破，确认了票据的无因性。

5. 连带性

在票据上进行各种票据行为都是负担同一票据债务的承诺，而且并不因流通而改变，因此，原有票据债务人应对票据债务连带负责。具体地，票据的出票人、承兑人、背书人、保证人、参加承兑人和参加付款人等，对票据债务承担连带责任。

三、票据行为的条件

（一）行为人的票据能力

行为人必须具备民法上的权利能力与行为能力，否则其在票据上的签章无效。

（二）票据的意思表示

票据行为的意思表示与民法的大致相同，但违反法律或者社会公共利益、以合法形式掩盖非法目的、显失公平、行为人本身的错误等，不属于票据法范畴。

（三）票据行为的形式要件

1. 必须采用书面形式

依据我国《票据法》，票据行为必须采用书面形式实施。

2. 记载事项符合规定

（1）应记载事项。应记载事项包括绝对应记载事项和相对应记载事项。前者指票据法规定必须记载的事项，如不记载，票据无效，例如票据金额。后者指票据法明文规定应当记载的事项，如不记载，法律另作补充规定的事项，例如未记载到期日，则认作见票即付。

（2）任意记载事项。此种事项记载与否由当事人选择。一旦记载，则发生票据法上的效力，如票据金额的利息与利率等。

（3）不发生票据法效力的事项。此即票据法规定记载后不发生票据法效力的事项。

（4）不得记载事项。此即票据法禁止记载的事项。它分为记载本身无效的事项和使票据无效的记载事项。前者指记载后视为无记载的事项。此时记载无效，但票据有效，例如背书附条件。后者指一经记载，票据无效的事项，例如票据金额附有条件。

3. 签章符合规定

签章即签名、盖章或者签名加盖章。票据上的签名应当为该当事人的本名。

依据最高人民法院《规定》第40条，票据出票人在票据上的签章上不符合票据法以及下述规定的，该签章不具有票据法上的效力：（1）商业汇票上的出票人的签章，为该法人或者该单位的财务专用章或者公章加其法定代表人、单位负责人或者其授权的代理人的签名或者盖章。（2）银行汇票上的出票人的签章和银行承兑汇票的承兑人的签章，为该银行汇票专用章加其法定代表人或者其授权的代理人的签名或者盖章。（3）银行本票上的出票人的签章，为该银行的本票专用章加其法定代表人或者其授权的代理人的签名或者盖章。（4）支票上的出票人的签章，出票人为单位的，为与该单位在银行预留签章一致的财务专用章或者公章加其法定代表人或者其授权的代理人的签名或者盖章；出票人为个人的，为与该个人在银行预留签章一致的签名或者盖章。

依据《规定》第41条，银行汇票、银行本票的出票人以及银行承兑汇票的承兑人在票据上未加盖规定的专用章而加盖该银行的公章，支票的出票人在票据上未加盖与该单位在银行预留签章一致的财务专用章而加盖该出票人公章的，签章人应当承担票据责任。

依据《规定》第42条，依照《票据法》第9条以及《票据管理实施办法》的规定，违反规定加盖银行部门印章代替专用章，付款人或者代理付款人对此类票据付款的，应当承担责任。

依据《规定》第75条，依照《票据法》第106条的规定，由于出票人制作票据，或者其他票据债务人未按照法定条件在票据上签章，给他人造成损失的，除应当按照所记载事项承担票据责任外，还应当承担相应的民事责任。持票人明知或者应当知道前款情形而接受的，可以适当减轻出票人或者票据债务人的责任。

4. 交付票据

交付即将票据交给相对人占有的行为。交付是票据行为成立有效的要件。

案　例

北京大基康明医疗设备有限公司与北京中航国运科贸有限公司、无锡大基医疗科技有限公司纠纷案

争议焦点：票据法律关系成立的条件。[①]

① 参见最高人民法院（2018）最高法民申568号民事裁定书。

第二节　票据更改和涂销

一、票据更改

（一）概念

更改，是指有更改权的人即原记载人在进行一定的票据行为后，因某种原因需要改写票据金额、日期、收款人名称以外的事项并签章的行为。我国《票据法》第9条规定："票据上的记载事项必须符合本法的规定。票据金额、日期、收款人名称不得更改，更改的票据无效。对票据上的其他记载事项，原记载人可以更改，更改时应当由原记载人签章证明。"

（二）要件

1. 票据更改应当由原记载人进行

票据只能由票据的原记载人进行更改。更改时应在更改处签章，以显示自己是有权更改之人，并表示其对票据更改负责。

2. 票据的原记载人应当在记载完毕后票据交付前进行更改

票据交付前，票据行为人可以自行更改自己书写的票据文句。票据交付后，票据行为人须经全体票据关系当事人同意才能更改自己书写的票据文句。

3. 票据法特别禁止的事项不得更改

关于不得更改的记载事项，各票据法规定并不相同。依据我国《票据法》第9条，票据金额、日期、收款人名称不得更改，更改的票据无效。此外，依据最高人民法院《规定》第43条，因更改银行汇票的实际结算金额引起纠纷而提起诉讼，当事人请求认定汇票效力的，人民法院应当认定该银行汇票无效。因此，如果法律特别禁止的记载事项确属记载错误或确实需要更改，只能由出票人重新签出票据。

（三）效力

1. 符合票据法规定的更改的法律后果

依照票据法规定的要件对票据上记载的事项进行更改后，原记载的内容因更改而无效，改写后的记载事项代替原记载事项发生票据法律效力，票据上的权利义务应据改写后的记载内容确定。

2. 不符合票据法规定的更改的法律后果

不按票据法规定的要件而对票据上记载事项进行更改，因违反的要件不同而有不同的法律后果。

对票据法特别禁止更改的记载事项进行更改，导致票据无效。

没有更改权的人对票据进行更改，或者有更改权的人在票据交付后进行更改，并且未取得全体票据当事人的同意，则视其更改对象不同，产生不同的法律后果。如果更改了票据上的签名，则构成票据伪造。如果更改了票据上签名以外的事项，则构成票据变造。

二、票据涂销

（一）概念

涂销是指原记载人涂抹或消除票据金额、日期、收款人名称以外事项并签章的行为。我国票据法对票据涂销未作规定。日内瓦统一票据法及大陆法系各国（地区）票据法对涂销未作集中规定，而是分别规定背书涂销、承兑涂销等。英美法系国家（地区）票据法则对涂销作了集中规定，并对其作了分类。

（二）要件

1. 应由涂销权人故意为之

票据涂销只能由有涂销权的人故意进行。无涂销权人的涂销，或有涂销权人的无意涂销，实非票据法上的涂销，不能发生票据涂销的法律效力。实践中，主张涂销是由无权利人进行的，或主张涂销是无意的，主张人应负举证责任。

2. 仅减少票据记载内容

票据涂销只涂抹或消除票据上记载内容，而不对票据记载内容予以增加或另行记载。

3. 其目的主要是消除被涂销部分的票据权利

根据各国票据法，涂销权人故意涂销的，其涂销部分的权利自然消灭。例如，涂销权人故意涂销背书的，被免除票据责任，持票人不得对其行使追索权。

4. 必须合法

票据涂销必须符合票据法的规定。票据特别禁止涂销的事项不得涂销。此外，涂销之后，从外观上尚可辨认票据，如若票据被截断或撕毁，使其法定记载内容欠缺，则票据无效。合法的票据涂销是票据法认可的行为，能够产生票据法规定的效力。

（三）效力

根据各票据法的规定，票据涂销一般产生如下法律后果。

1. 票据涂销的一般法律后果

关于票据涂销的一般法律后果，英美票据法作了明确规定。根据《英国汇票本票法》第 63 条的规定，票据权利人故意涂销的，为有效涂销，被涂销的票据关系人可因此而解除票据责任。例如，持票人 B 故意涂销背书人 A 的签章，A 的担保兑付责任即可解除，B 不得向 A 行使追索权。票据权利人非故意涂销的，为无效涂销，票据权利不受影响。这样规定是为了保障票据权利人的利益，确保票据制度的严肃性。非权利人所为的票据涂销，不得影响票据权利，而不论涂销人是否故意。

2. 票据具体涂销的法律后果

根据日内瓦统一票据法及大陆法系各国票据法的规定，票据涂销因其涂销的内容不同，而有不同的法律后果。

第一，票据背书的涂销。它是指票据持票人或背书人故意将背书抹去，使被涂销人免除其背书责任。背书涂销情形有：（1）持票人已预定向特定的人背书转让票据，但在交付票据之前改变主意，故将已经背书的内容涂销。（2）背书时对记载事项发生误记，为更正而涂销错误的背书记载。（3）直接涂销后手的背书以代替回头背书。即前背书人依回头背书受让汇票时，以涂销方式免除后手的责任。（4）背书人在受到追索后，履行了义务并取得了票据，可将自己的背书及自己后手的背书涂销，这是因为背书人及其后手因清偿而免除责任，其背书没有留存于票据上的必要。

《统一汇票本票法公约》第16条第2项规定："涂销之背书，对于背书之连续，视为无记载。"《德国票据法》《法国票据法》《日本票据法》都有类似的规定。例如，A发票后，将票据交给B，B背书转让给C，C背书转让给D，D再转让给B。如D采取背书的方式转让，B就是通过回头背书重新取得票据，此时，B可采取涂销自己后手背书的方式，代替回头背书而直接取得票据。此涂销之背书视为无记载，不影响背书的连续性。《英国票据法》第63条规定，持票人或其代理人有意涂销票据，并在票据上明确表示其涂销意图的，该被涂销的人即可解除票据责任；凡出于无意或由于错误或未经授权的涂销无效，但任何签名已被涂销的，应由主张该涂销是出于无意或错误或未经授权的关系人负举证责任。美国《统一商法典》也有相似规定。任何背书涂销均不影响票据背书的连续性。我国票据法没有规定背书涂销的效力。实践中，凡可辨识的背书涂销，则持票人必须证明其票据取得的合法性。凡不可辨识的背书涂销，则故意涂销的持票人事实上无法向被涂销的背书人及其后手主张追索权。

（1）持票人故意涂销发生如下效力：其一，被涂销的背书人，因持票人故意涂销其背书而免除了他票据上的义务。其二，涂销之前为背书，但名次在被涂销的背书人之后的背书人，也可免除票据上的责任。这是因其前手被涂销而免责，无从行使追索权，故其应随同被涂销的背书人免除责任。其三，若背书人名次在被涂销背书人之前的，其不因后手的背书的涂销而免责。这是因为持票人对他没有免责的意思。其四，在涂销后才成为背书人的，即使其名次在被涂销背书人之后，也不能免责。

例如，A—B—C—D—E—F—G。A出票给B，票据从B流通至E时，E涂销了C的背书，后票据又从E流通至G。这里，C和D的票据责任被免除。但A、B、E、F的票据责任仍然存在。

（2）背书人为清偿时故意涂销自己及其后手背书的，可使自己和后手免除担保责任。

例如，A—B—C—D—E—F—G。A出票给B，票据从B流通至G后，G因故向D进行追索，D清偿G后，涂销了自己及E和F的背书。这里，D的涂销意味着D、E、F不再负担票据上债务。如不为涂销，当票据又经转让落入善意第三人手中时，D仍得对其负背书人的责任。

（3）涂销代替回头背书。这是指汇票持有人欲将汇票转让给原票据债务人，他不以回头背书的方法进行，而是通过涂销背书以达转让目的。

（4）变更背书时进行涂销。这是指背书人作成背书后未交付与被背书人之前，又想将票据转让给他人，背书人也可将背书涂销。

以上涂销均属当事人故意所为。当事人过失涂销背书的，不产生涂销效力，也不影响票据效力。但该当事人应当证明其为非故意涂销。

第二，汇票承兑的涂销。这是指付款人将承兑记载完全去除从而表示撤销承兑。付款人涂销或撤回承兑产生拒绝承兑的效力。依日内瓦统一票据法和英国法，付款人只有在承兑行为尚未生效或未为承兑通知的前提下才能涂销撤回其承兑。付款人只能在接受持票人提示汇票之后，将签有承兑字样的票据交付提示人之前涂销承兑。如果承兑的票据已经交付，则不得涂销。除有相反证明，承兑的涂销视为付款人在交还票据之前所为。另外，涂销人已将承兑以书面形式通知持票人或票据上签名之人的，即使票据尚未交付，仍应对接到该通知的人承担票据承兑的责任。

3. 支票划线的涂销

这是指将支票上已有的划线及划线内记载的内容予以消除的行为。关于支票划线的涂销及其效力，我国票据法没有规定。在日内瓦统一票据法及大陆法系各国（地区）票据法中，支票划线的涂销不发生涂销的效力。《统一支票法公约》第 37 条规定，涂改划线或银行名称应视为未涂销。德国、法国、日本的票据法有相同的规定。《英国票据法》第 78 条将划线当作支票的实质部分，除法律许可外，任何人对划线所作的删除、增添或修改均属违法。

第三节　票据代理

一、票据代理的概念

票据当事人可以委托他人为一定的票据行为。票据代理人在代理权范围内，以被代理人的名义实施票据行为，行为后果由被代理人承担。这就是票据代理。

二、票据代理的要件

（一）形式要件

我国《票据法》第 5 条第 1 款规定："票据当事人可以委托其代理人在票据上签章，并应当在票据上表明其代理关系。"根据这一规定，票据行为代理的形式要件如下。

1. 必须在票据上明示本人的名义

所谓明示本人的名义，指必须在票据上表明本人即被代理人的姓名或名称。明示本人名义的方式，票据法没有特别规定。代理人在代理权限内以本人的名义签字或盖章或签字加盖章均可。如果票据上仅有代理人签名，缺乏被代理人名义和代理意旨的，因不明被代理人为何人，故由代理人自负票据责任。

2. 必须在票据上表明代理的意思

在票据上表明代理的意思，是为了表明代理关系的存在，避免代理人自己成为票据债务人，违反票据代理的本意。如果票据上仅有被代理人名义和代理人签章而缺乏代理意旨，且代理人不能充分证明代理关系，因不明其为代理，被代理人本人也未亲自签章于票据上，故应由代理人自负票据责任。不过，代理人在代理权限内，在票据上载明本人名义并自己签章的，只要依票据上记载的内容和一般的社会观念可以认定构成代理的，本人应负票据上责任，即使票据上没有记载代理意思。

3. 代理人必须在票据上签名或盖章

票据代理行为的成立以代理人的签章为要件。票据上缺乏代理人签章时，因不明何人所为代理行为，故代理行为无效，被代理人通常不承担票据责任。

（二）实质要件

票据代理的实质要件是票据代理人须有被代理人的明确授权。代理人如果在没有授权的情况下代本人为票据行为，本人对此不负责任，而应由代理人自负其责。但是，如果在背书中，前一背书的被背书人为 A，后一背书的背书人为 A 的代理人 B，一般来说，只要代理行为具备形式要件，且背书本身形式有效，则该背书应具有连续性。

票据代理中，授权行为不用记载于有关的票据。至于是否必须在票面之外采用书面形式，我国票据法也无明文规定，应当适用民法上有关代理权的规定。

三、票据代理的效力

（一）票据代理成立的效力

票据代理人所为的票据代理行为符合票据代理的形式要件和实质要件，票据代理合法成立，即能产生票据代理的法律后果，由本人即被代理人承担因该票据行为所生之票据责任。

（二）票据代理形式要件欠缺时的效力

1. 欠缺被代理人名称的效力

票据上有代理人签章，也表明了代理的意思，而没有被代理人名称的，属于隐名代理。票据法对票据代理实行严格的“显名主义”。据此，票据上欠缺被代理人名称时，由代理人自己承担票据责任。

2. 欠缺代理意思的效力

票据上没有表明代理的意思，而仅有代理人签章和被代理人名义时，依“在票据上签章者，应负票据责任”的原则，由于被代理人未在票据上亲自签章，所以被代理人无须承担票据责任，而且，代理人代为签章的后果因形式上欠缺代理意思而不能归属被代理人。这时，代理人应当承担票据责任，因为票据上有其亲自签章。

3. 欠缺代理人签章的效力

代理人直接以本人的名义在票据上签章，没有代理人的签章的，如未经本人授权，则构成票据伪造，被伪造人即本人不承担票据责任。如经本人授权，则构成票据代行或略式代理。在票据代行的情况下，对于票据行为的相对人及第三人而言，票据代行人所为的票据行为，即属票据行为人本人的行为，票据责任应由本人承担。这时不必考虑代理人是不关心票据上的记载事项而机械地记载本人名称，还是依代理人自己的意志为了本人的利益为一定票据行为而代表本人签名。

（三）票据代理实质要件欠缺时的效力

1. 无权代理

票据行为的无权代理，是指票据行为代理人没有代理权，而在票据上表明代理的意思，以本人即被代理人的名义，记载票据法定事项，并自己签章于票据上的行为。

无权代理应当具备以下构成要件：（1）票据上记载了被代理人的名称、代理的意思和代理人签章。（2）代理人没有代理权。（3）票据代理行为没有瑕疵，即票据格式和记载事项合法、无权代理人不是在违背自己真实意思的情况下进行签章、票据已经交付、无权代理人不是无民事行为能力或限民事行为能力人、无权代理人不是为了非法目的而为该代理行为。否则，无权代理不能成立，也即代理人不承担该行为的后果。但是，除非该无权代理行为存在形式上瑕疵，无权代理人不能对抗善意第三人。

关于票据无权代理的法律后果，我国《票据法》第5条第2款中规定：“没有代理权而以代理人名义在票据上签章的，应当由签章人承担票据责任”。这一规定与大陆法系国家的规定相同。据此，无权代理人应对善意持票人甚至明知其没有代理权的恶意持票人承担一切法律后果，包括损害赔偿。不过，无权代理人在依法履行票据和票据法上的责任后，应能取得与该有关代理关系中本人同样的票据和票据法上的权利。但有关票据债务人原来对本人或无权代理人本身享有债权，而得主张以该项债权与其被追索的票据债务相抵销时，对无权代理人都得主张该项债权的抵销。

与民法上无权代理的法律后果不同，票据法对无权代理行为直接规定由行为人承担票据责任，从而没有留下任何供被代理人追认的余地。这是因为，如果规定票据无权代理的后果取决于被代理人的意见，极不利于票据权利和票据安全。

应当说明，并非所有的票据法都否认本人对无权代理人行为的追认权，只是不像民法那样，规定责任的承担与否完全取决于追认权而已。

2. 越权代理

票据越权代理是指票据代理人虽有代理权，但其超越代理权的范围而进行了票据代理。

关于票据越权代理的法律后果，《票据法》第5条第2款中规定，票据代理人超越代理权限的，应当就其超越的部分承担票据责任。可见，超越权限所为的票据代理部分，应由代理人负责，而在授权范围内所为的票据代理部分，则由本人负责。

票据法的上述规定，只是越权代理责任效力的原则。实务中越权代理的表现形式有多种。例如，票据记载金额的越权、到期日的越权、未按被代理人的提示记载付款地等。在这些具体的越权代理中，如何适用票据法的原则?

下面仅以票据上记载金额的越权为例说明。票据金额的越权，主要表现为增加票据金额。例如，本人委托代理人签发一张 1 000 元的本票，但代理人签发了 10 000 万元的本票。适用票据越权代理原则，越权代理人应就越权部分自负票据责任。但关键是“超越权限的部分”如何确定。

我们认为，被代理人和代理人应对整个票据金额向善意持票人承担连带责任。理由在于：票据债务人的付款责任在付款时是不可分割的，也即不可能先由被代理人承担一部分的票据责任，然后由越权代理人承担越权部分的票据责任；本人对代理人代理权的限制，不得对抗善意第三人；善意第三人也不知道越权代理人的代理权限。因此，实务中，善意持票人有权选择被代理人或越权代理人进行追偿。其中一人承担票据责任后，可向对方追偿。

3. 表见代理

所谓表见代理，是指代理人虽没有代理权，但客观上有足以使第三人相信其有代理权的理由而为的票据代理行为。

表见代理，在形式方面，应当完全具备票据行为本身和票据代理行为所要求的一切形式要件；在实质方面，表见代理虽无本人的实际授权，但存在足以使第三人客观上相信存在代理权的事由。比如，A 和 B 关系密切，A 的印章和支票簿时常交给 B 保管，签发支票时也常由 B 填写，那么第三人可以信赖 B 以 A 的名义签发票据，是 B 代理 A 签发票据，尽管 A 并未授权 B 代为票据行为。表见代理中，被代理人只对善意第三人承担表见代理后果。例如，B 以 A 之代理人的名义签发一张本票给 C，C 背书转让给 D。如 C 信赖 B 有代理权，而 D 明知 B 没有代理权，则 A 不得以 B 实际上没有代理权对抗 C，却可以之对抗 D。

一旦成立表见代理，本人应当对持票人承担票据责任。但是，无权代理人不得以表见代理的成立为由主张免责。持票人可以根据票据法关于无权代理的规定直接向无代理权的行为人请求承担票据责任。因为表见代理制度不是为了保护无权代理人而是为了保护善意第三人。不过，持票人依法对其中任何一方主张票据责任并获得给付后，不得再向另一方追偿。

有人认为，在我国没有票据表见代理适用余地。其实不然。我国民法理论和司法实践已经承认表见代理，这有助于构建票据表见代理制度。尽管承认表见代理可能导致无权代理人与第三人串通为票据行为使被代理人遭受巨大损失的情形，但是，这种情形极少发生。因为，表见代理多发生在由于被代理人的某些行为使第三人产生合理信赖的场合。即使发生串通的情况，被代理人也不能举证证明，从而免除自己的责任。

第四节　票据的伪造与变造

一、票据伪造

（一）票据伪造概述

伪造，是指以行使票据上权利义务为目的，假冒或虚构他人名义为票据行为。它包括伪造票据上的签章和其他记载事项。实践中，较多的是伪造出票人或背书人签章。

《票据法》第 14 条第 2 款规定，票据上有伪造的签章的，不影响票据上其他真实签章的效力。依据最高人民法院《规定》第 66 条，依照《票据法》第 14 条、第 102 条、第 103 条的规定，伪造、变造票据者除应当依法承担刑事、行政责任外，给他人造成损失的，还应当承担民事赔偿责任。被伪造签章者不承担票据责任。英美票据法关于出票伪造效力的规定与日内瓦统一票据法的相近，即该票据无效，但在该票据上进行真正签名的人仍应承担票据责任或相应责任。① 关于伪造背书，英美票据法的原理与日内瓦统一票据法的原理截然不同。② 日内瓦统一票据法意在保护善意持票人，而且某种程度上有利于付款人。英美法则侧重于保护票据真正所有人。

（二）伪造出票的后果

1. 对伪造人的后果

由于票据是文义证券，伪造人没有在票据上签自己的真实姓名，因而不负票据上的责任。但是，他应当承担票据法以外的法律责任，包括民事责任、行政责任和刑事责任。

关于民事责任。我国《票据法》第 106 条规定，违反本法规定的行为，给他人造成损失的，应当依法承担民事责任。此外，依据最高人民法院《规定》第 66 条，依照《票据法》第 14 条、第 102 条、第 103 条的规定，伪造、变造票据者除应当依法承担刑事、行政责任外，给他人造成损失的，还应当承担民事赔偿责任。伪造票据往往给该伪造票据的持有人造成损害，因此，伪造人应就此承担侵权损害赔偿责任。

2. 对被伪造人的后果

票据伪造中，被伪造人实际上并未在票据上真正签章，故被伪造人对一切持票人包括善意持票人均不负任何票据上的责任。最高人民法院《规定》第 66 条规定，被伪造签章者不承担票据责任。

3. 对付款人的后果

付款人的付款应当基于出票人的委托。在出票伪造的情况下，被伪造人并未对付款人进行付款授权，因此付款人如对持票人付款，则是错误付款，被伪造人不应对此承担

① 姜建初．票据原理与票据法比较．北京：法律出版社，1994：133.

② 姜建初．票据原理与票据法比较．北京：法律出版社，1994：133.

责任。

按大陆法系国家票据法和英美法系国家票据法，在伪造出票的情形中，付款人对出票人的签名负有查证真实的责任，付款人付款时应负责验证出票人的签名与其预留的印章是否相符，如果票据上的印章与付款人处的预留印章不相符，付款人仍付款的，由付款人自担损失。如果付款人因其他情形明知票据系经伪造或因过失而未得知票据系经伪造，当然也应由付款人承担错误付款的责任。如果付款人对票据伪造一事属于善意，而且在审查出票人签章时已尽到必要的注意义务，则按照英美法系票据法和大陆法系票据法，这一错误付款的后果或风险也应由付款人承担。原因在于付款人在票据关系中处于较易判断和辨别出票据行为是否伪造的地位。而且，英美法系国家保险制度发达，付款人一般容易参加票据伪造保险分散其风险，而大陆法系国家则允许付款人与委托人在委托关系和资金关系中约定，票据原本保存人（被伪造人）必须妥善保存票据，如票据被他人伪造，保存人应及时向付款人发出止付通知，付款人在接到止付通知前付款，风险由票据原本保存人自负。这样，通过免责条款，付款人将一定情况下的付款风险转由被伪造人承担。即使在付款风险不能转由被伪造人承担的情况，付款人也可请求伪造人赔偿，或者请求对出票伪造知情的持票人赔偿。

对票据伪造对付款的影响，我国票据法没有明确规定。但《支付结算办法》第 17 条规定：“银行以善意且符合规定和正常操作程序审查，对伪造、变造的票据和结算凭证上的签章以及需要交验的个人有效身份证件，未发现异常而支付金额的，对出票人或付款人不再承担受委托付款的责任，对持票人或收款人不再承担付款的责任。”可见，在我国，付款人也对票据签章负有实质审查责任。如果付款人在付款时对签章真伪的审查有恶意或重大过失，付款人应当自行负担风险，即对真正票据权利人承担付款责任，然后向伪造人追偿。如果付款人进行适当审查后，没能识别票据上签章的真伪而予以付款，付款人也不得以票据上有虚假签章为由请求持票人退还。付款人对由此遭受的损失，只能寻求民法救济。不过，付款人的风险应由其他真正签章人分担一部分。

4. 对票据上其他真正签章人的后果

依照票据的文义和票据行为独立原则，各国票据法都规定，在票据上有伪造签名和真实签名时，伪造的签名不影响真实签名的效力，真实签名的人仍应对自己所为的票据行为承担责任。《统一汇票本票法公约》第 7 条规定，汇票上如有伪造之签名，所签之名不能约束该签名之人，其他在汇票上签名人所负之债务，仍然有效。大陆法系各国票据法的规定与之相同。我国《票据法》第 14 条第 2 款规定，票据上有伪造签章的，不影响票据上其他真实签章的效力。因此，真正签章人履行票据义务后，可向其前手追索，如此依次向前追索，直到从伪造者处取得票据的真正签章者，而真正签章者只能向伪造人追偿。

5. 对持票人的后果

票据的伪造行为，客观上既无被伪造人的签章，又无伪造人的签章，因此，正当持票人不能要求伪造人或被伪造人承担票据责任。如果所持票据上有真正签章人，持票人可向该签章人行使票据权利。如果正当持票人向真正签章的承兑人请求付款，承兑人辨认出票据上签章虚假而拒绝付款，且票据上没有其他真实签章的，持票人无从实现票据权利，只能从伪造人处获得民事赔偿。如票据上无真正签章人，持票人只能依民法向伪造票据的人请求损害赔偿。

如果持票人无对价取得票据，则债务人不受抗辩切断的限制，可以票据伪造为由对持票人进行抗辩。如果持票人系恶意取得票据，在向伪造人求偿时，法律也不支持。

案　例

招商银行股份有限公司上海创智天地支行与上海善革坊贸易有限公司、中十冶集团有限公司华东分公司等纠纷案

争议焦点：票据出票是否伪造？[①]

（三）伪造背书的后果

1. 对付款人的后果

根据大陆法系国家票据法，付款人对背书连续的有伪造签章的票据付款的，可以免除责任。在伪造背书情形，付款人的审查义务很轻，原则上只需对票据进行形式审查，即付款人只需审查是否具备法定条款，背书是否连续。对条款齐备、背书连续的票据，付款人即应付款。如果付款人付款时未尽审查义务而付款，应自负其责，不能请持票人退还，也不能请被伪造人补偿。

在英美法系国家票据法中，付款人对票据上所有的签名负有验证责任。因此，付款人对有伪造签名的票据付款无效，真正票据权利人仍可向付款人行使付款请求权。付款人只能向接受错误付款的人追回损失，接受错误付款的人则向其前手追回损失，一直追到伪造签名的人为止。

不过，应当注意，美国《统一商法典》第 3－417 条规定，持票人在付款提示票据时，其提示行为中包含了担保自己对票据瑕疵包括伪造签章的不知情。如果付款人对该有伪造签章的票据给予了错误付款，而持票人违反提示担保，则付款人可向持票人追回错误付款。这在一定程度上缩小了与日内瓦统一票据法的差距。《英国汇票和本票法》第 60 条对抬头即期汇票（英国法中的银行即期汇票实为支票）的付款有特别保护。它规定抬头即期汇票以银行为付款人的，付款银行善意并按业务常规兑付汇票的，银行无义务辨别收款人的背书，或其后任何有权背书人所为或经其授权所为的背书，即使其背书属伪造或未经授权仍应认为该银行已就该项汇票适当付款。这一规定使银行对有伪造背书的支票的付款原理与日内瓦统一票据法关于伪造签章的效力的原理基本一致。

关于伪造背书对付款人的影响，我国实从英美。一方面，我国并未明文规定付款人不负背书真伪的认定之责。另一方面，我国法律加重了付款人的责任，即要求审查提示付款人的合法身份证明或有效证件。实务中，如果提示付款人欠缺合法身份证明或有效证件，付款人为避免冒领所带来的业务风险，势必不予付款，这样就影响了该票据的信

① 参见上海市杨浦区人民法院（2016）沪 0110 民初 10206 号民事判决书。

誉。为此，应当借鉴大陆法系票据法和英国缓和性的规定，适当减轻付款人责任。

2. 对票据上其他真正签章人的后果

在背书签名被伪造的情况下，英美票据法与大陆法系各国票据法不同。按大陆法系各国票据法，持票人可对票据上真正签名的任何前手主张票据权利。而按英美票据法，持票人只能向伪造签名之后的真正签名人主张票据权利。对此，我国票据法没有明确规定，但从立法精神看，持票人应可向所有前手进行追索。

3. 对持票人的后果

大陆法系票据法理论认为，占有票据并能以票据上连续背书证明其权利的持票人，即被推定为票据的权利人，可以行使票据权利。就善意持票人或无过失的付款人而言，伪造背书视为有效，即使一个或一个以上的背书实属伪造。善意持票人票据权利的取得，并非源自让与人的票据权利，而是由于背书（伪造之背书）独立取得票据权利。即使被背书人前手伪造背书人仅为一个无处分权的人，只要被背书人没有恶意或重大过失，他将因背书及交付取得票据上的权利。付款人拒绝付款的，持票人可向票据上真实签章者追索。

但是，根据英美票据法，被背书人的票据权利来自前手真实票据权利的转让。既然伪造背书的权利来源非法，被背书人就不能因伪造背书而取得合法有效的票据权利。善意持票人如在提示兑付时遭到拒绝，他可向从背书伪造者取得票据的人及其后手行使追索权。不过，在伪造背书中，持票人多已获得付款。按英美法的规定，持票人应将票据金额返还给真正权利人。这样，背书伪造的风险由从伪造背书人处取得票据的人负担。理由是，从伪造背书人处取得票据的人如对背书人和其背书记载不加任何审查而受让票据，必定对伪造背书有过失，而且，他较真正权利人更适合于向伪造背书人请求赔偿。

依据我国《票据法》第 32 条第 1 款“以背书转让的汇票，后手应当对其直接前手背书的真实性负责”的规定，在我国，只要持票人未能确保其直接前手背书的真实性，持票人就不能享有票据权利。例如，A 开出一张以 C 为收款人、金额 100 万元的本票交 C，或 A 开出一张以 B 为付款人，以 C 为收款人的、金额 100 万元的汇票交 C。C 将票丢失，被 X 捡得。X 伪造 C 的签章，将票据转让给 D，D 到期提示付款。X 转让时，不得以自己的名义，否则会从形式上中断背书。X 只能以 C 的名义伪造背书。此时，被背书人应保证背书人就是真实的 C，否则不能受让票据。如果不能认定作背书人的是真实的，或明知作背书人是假的，而受让票据，则要对失票人负赔偿责任。这种规定非常合理、极易操作、极富效果，它以受让票据者作为伪造背书的否定者，可有效地抑制伪造背书。

这种做法与付款人对伪造背书的票据进行付款时的审查义务有一定关系。仍举上例，关于付款人审查义务有三种法律处理：其一，大陆法。依大陆法，D 提示付款时，付款人只有形式上的审查义务。其二，英美法。依英美法，D 提示付款时，付款人必须负背书连续的实质审查义务。其三，联合国《国际汇票和国际本票公约》与《国际支票公约草案》采大陆法例，但为保护失票人利益，赋予被背书人一种保证其背书人真实性的责任。我国吸收了公约和草案的成果。

尽管从伪造人处直接取得票据的人必须对其直接前手的签章的真实性负责，但是，其他善意持票人则没有这样的责任，因此，善意持票人的票据权利应当得到保障。

4. 对真正票据权利人的后果

关于伪造背书对真正票据权利人的影响，大陆法系票据法保护持票人，而英美法则保护真正票据权利人。根据大陆法，付款人付款之后，真正票据权利人因丧失票据占有，将无法取得票据上的金额。真正票据权利人只能依民法向伪造签章者追回损失。不同的是，按照英美票据法，真正票据权利人对取得票据的人不负担任何票据上责任，也不因丧失票据而丧失票据上的权利。如果持票人将所得票款返还真正票据权利人，则票据关系即告消灭，付款人对持票人的付款即可视为依出票人授权的适当付款。如真正权利人不能顺利地从持票人处请求返还票据金额，则可选择向付款人请求付款。因为按照规定，付款人或承兑人对从伪造背书者处取得票据之人及其后手不负付款责任。如承兑人或付款人对伪造背书人或因他而取得票据之后手付款的，承兑人或付款人对真正票据权利人的付款责任并不因之而免除。但付款人进行再次付款后，可向持票人要求返还票据金额。

对此，我国票据法没有明确规定。有人认为，应当借鉴英美票据法。理由是，记名票据的失主作为票据上的被背书人，他本享有票据权利；他本人并未在票据上签章转让票据权利；他的权利不应因丧失票据而丧失。这不无道理。但是，为了维护交易安全和票据信用，促进票据的流通和票据功能的发挥，只得牺牲真正票据权利人的利益，转而保护善意持票人的票据权利。

案　例

长沙鸿鸽化工有限公司与中信银行股份有限公司鞍山分行票据纠纷案

争议焦点：票据背书是否伪造？[①]

二、票据变造

变造，是指没有变更权限的人，以票据权利义务得以行使为目的，变更票据上记载的除签名以外的有关事项的行为。票据上有变造签章的，不影响票据上其他真实签章的效力。进行票据变造的，应当承担法律责任。票据上其他记载事项被变造的，在变造之前签章的人，对原记载事项负责；在变造之后签章的人，对变造之后的记载事项负责；不能辨别是在票据被变造之前或者之后签章的，视同在变造之前签章。

第五节　票据期间和时效

一、票据期间

我国票据法对于持票人的兑付请求权规定了相关的法定期间，如承兑提示期间、付

① 参见辽宁省鞍山市中级人民法院（2018）辽03民终591号民事判决书。

款提示期间等。依据《票据法》第40条，汇票未按照规定期限提示承兑的，持票人丧失对其前手的追索权。按《票据法》第53条，持票人应当按照规定期限提示付款。但是，持票人未按照规定期限提示付款的，在作出说明后，承兑人或者付款人仍应当继续对持票人承担付款责任。《票据法》第79条规定，本票的持票人未按照规定期限提示见票的，丧失对出票人以外的前手的追索权。依据《票据法》第91条，超过提示付款期限的，付款人可以不予付款；付款人不予付款的，支票出票人仍应当对持票人承担票据责任。

二、票据时效概述

（一）概述

为了促使票据权利人及时行使票据权利，使债务人及早解脱票据义务，避免票据上债权债务关系不能及时清结导致的一连串不良反应，避免时间经过导致的举证困难及争讼的复杂化，票据法规定了票据权利尤其是追索权的票据时效期间。依据《票据法》第17条，持票人不在票据时效期间内依法行使其票据权利的，其票据权利因不行使而消灭。票据时效经过，持票人丧失胜诉权，但不丧失实体上的票据权利，而且，持票人还可享有利益偿还请求权。

（二）关于时效的具体规定

《票据法》第17条规定，票据权利在下列期限内不行使而消灭：（1）持票人对票据的出票人和承兑人的权利，自票据到期日起2年。见票即付的汇票、本票，自出票日起2年。（2）持票人对支票出票人的权利，自出票日起6个月。（3）持票人对前手的追索权，自被拒绝承兑或者被拒绝付款之日起6个月。（4）持票人对前手的再追索权，自清偿日或者被提起诉讼之日起3个月。

1. 关于付款请求权的时效期间

（1）持票人对于汇票承兑人的付款请求权的时效期间，为票据到期日起2年。对于见票即付汇票付款人的付款请求权的时效期间，为自出票日起2年。（2）持票人对于本票出票人的付款请求权的时效期间，为自票据到期日起2年。

票据法没有规定对于支票付款人的付款请求权的时效期间，其应当适用民法关于诉讼时效的规定。票据法不规定对于支票付款人的付款请求权时效期间，主要是考虑到支票持票人对支票付款人并没有票据法上的直接请求权。

2. 关于追索权的时效期间

（1）持票人对前手的追索权的时效期间，自被拒绝承兑或者被拒绝付款之日起6个月。但是，持票人对于汇票或本票出票人的追索权的时效期间，自票据到期日起2年，见票即付的汇票、本票，自出票日起2年。持票人对支票出票人的追索权的时效期间，自出票日起6个月。（2）持票人对前手的再追索权，自清偿日或者被提起诉讼之日起3个月。依据最高人民法院《规定》第17条，《票据法》第17条第1款第3、4项规定的持票人对前手的追索权，不包括对票据出票人的追索权。

应当说明的是：(1) 如果持票人行使追索权的原因不是票据被拒绝兑付，而是法律规定的其他原因，如付款人或承兑人死亡、逃匿、被宣告破产、被责令终止业务活动等，时效期间如何起算？应从提示付款期限的最后一日起算。因为法律规定了各种票据的付款提示期限，而持票人只有在提示付款时，才能得知发生了法律规定的其他原因。(2) 与国际上的票据立法相比，我国加重了汇票出票人的责任。原因在于，我国票据实务中使用的远期汇票绝大多数是银行承兑汇票，而银行承兑又是应出票人的申请作出的。形式上，承兑银行应对承兑的票据无条件付款，实质上，银行是为弥补出票人商业信用的不足而参加到票据关系中的。

3. 时效中断

依据最高人民法院《规定》第 19 条，《票据法》第 17 条规定的票据权利时效发生中断的，只对发生时效中断事由的当事人有效。

第六节　票据法律关系及相关法律关系

一、票据法律关系

（一）主体

除票据法另有规定外，具备民事主体资格者均可充当票据关系主体即当事人。票据当事人可分为基本当事人和非基本当事人。前者是指出票时就参加票据法律关系的当事人，包括汇票和支票的出票人、付款人、收款人，本票的出票人和收款人。后者是指出票后基于各种票据行为加入票据法律关系的人，包括背书人、被背书人、保证人等。

票据当事人又可分为债权人与债务人。债权人即享有票据权利的人，它包括最初权利人即出票时的收款人和最后权利人即持票人。债务人即承担票据义务的人，它分为第一债务人和第二债务人。前者是承担付款义务的主债务人，包括汇票上的承兑人、付款人，本票的出票人，支票的付款人等。后者是担保付款的从债务人，包括汇票与支票的出票人、汇票与本票的背书人等。

（二）客体

票据法律关系的客体指票据金额。

（三）内容

票据法律关系的内容即票据权利和票据义务。

1. 票据权利

票据权利是指持票人向票据债务人请求支付票据金额和有关费用的权利，包括付款请求权和追索权。

付款请求权又称第一次票据权利，是指票据权利人向票据主债务人请求支付票据金额的权利。

追索权又称第二次票据权利，是指主债务人拒绝承兑、拒绝付款或发生其他法定原因时，持票人可向其前手及其他票据债务人请求偿付票据金额及其他法定款项的权利。

依据最高人民法院《规定》第 3 条，依照《票据法》第 36 条的规定，票据被拒绝承兑、被拒绝付款或者汇票、支票超过提示付款期限后，票据持有人背书转让的，被背书人以背书人为被告行使追索权而提起诉讼的，人民法院应当依法受理。

依据《规定》第 4 条的规定，持票人不先行使付款请求权而先行使追索权遭拒绝提起诉讼的，人民法院不予受理。除有《票据法》第 61 条第 2 款和《规定》第 3 条所列情形外，持票人只能在首先向付款人行使付款请求权而得不到付款时，才可以行使追索权。

2. 票据义务

票据义务是票据债务人向持票人支付票据金额和有关费用的责任。付款人负有无条件支付票款的义务；出票人、背书人等债务人有担保承兑和担保付款的义务；当付款人不履行付款义务时，票据的所有债务人负连带付款责任。票据债务人不依法履行付款义务而造成损失的，应当承担赔偿责任。

3. 票据抗辩

票据抗辩是指票据债务人根据票据法规定对票据债权人拒绝履行义务的行为。与其他民事法律相比，票据法对债权人保护得更充分、更全面、更完善。这一点集中表现在对抗辩权的切断和抗辩权的限制上。

依据《票据法》第 13 条，票据债务人不得以自己与出票人或者与持票人的前手之间的抗辩事由，对抗持票人。但是，持票人明知存在抗辩事由而取得票据的除外。票据债务人可以对不履行约定义务的与自己有直接债权债务关系的持票人，进行抗辩。

依据最高人民法院《规定》第 2 条，依照《票据法》第 10 条的规定，票据债务人（出票人）以在票据未转让时的基础关系违法、双方不具有真实的交易关系和债权债务关系、持票人应付对价而未付对价为由，要求返还票据而提起诉讼的，人民法院应当依法受理。

依据《规定》第 9 条，票据债务人依照《票据法》第 13 条的规定，对与其有直接债权债务关系的持票人提出抗辩，人民法院合并审理票据关系和基础关系的，持票人应当提供相应的证据证明已经履行了约定义务。

依据《规定》第 13 条，票据债务人以《票据法》第 10 条、第 21 条的规定为由，对业经背书转让票据的持票人进行抗辩的，人民法院不予支持。

依据《规定》第 14 条，票据债务人依照《票据法》第 12 条、第 13 条的规定，对持票人提出下列抗辩的，人民法院应予支持：（1）与票据债务人有直接债权债务关系并且不履行约定义务的；（2）以欺诈、偷盗或者胁迫等非法手段取得票据，或者明知有前列情形，出于恶意取得票据的；（3）明知票据债务人与出票人或者与持票人的前手之间存在抗辩事由而取得票据的；（4）因重大过失取得票据的；（5）其他依法不得享有票据权利的。

依据《规定》第 15 条，票据债务人依照《票据法》第 9 条、第 17 条、第 18 条、第 22 条和第 31 条的规定，对持票人提出下列抗辩的，人民法院应予支持：（1）欠缺法定必要记载事项或者不符合法定格式的；（2）超过票据权利时效的；（3）人民法院作出的除权判决已经发生法律效力的；（4）以背书方式取得但背书不连续的；（5）其他依法不得享有票据权利的。

案　例

甲签发汇票给乙，乙向丙购买商品后将票据背书给丙。若丙得票后不获兑现，丙有两个请求权可以行使。一个是基于票据关系，向甲和乙行使追索权。若甲给付了票款，丙不得再向乙追索票款或者请求买卖合同的价金。另一个是依据买卖合同请求乙给付价金。若丙从乙处获得买卖价金，仍可向甲进行追索，而基于票据行为的无因性，甲仍须给付票款，不过甲可向丙行使不当得利返还请求权。

案　例

某银行虹口支行诉某钢管有限公司、某实业有限公司票据付款请求权纠纷案

争议焦点：被告某钢管有限公司、某实业有限公司的抗辩是否具有事实和法律依据？①

（四）票据关系的取得、行使、保全和消灭

1. 票据权利的取得

票据权利的取得，是指因一定法律事实而取得票据。票据的取得，必须给付票据双方当事人认可的对价。因法定原因可以依法无偿取得票据的，不受给付对价的限制，但是，所享有的票据权利不得优于其前手的权利。以欺诈、偷窃或者胁迫等手段取得票据的，或者明知有前述情形，出于恶意取得票据的，不享有票据权利。持票人因重大过失取得不符合票据法规定的票据的，也不得享有票据权利。应当背书的票据背书不连续的，则持票人不能取得票据权利。

取得可分为原始取得和继受取得。前者是指从出票人处取得票据。后者是指通过转让，从持票人处取得票据，或因法定原因，如税收、继承、赠与、公司合并等，取得票据。另外，票据上的受让人，可依票据法所规定的转让方法，善意地从无权利人处取得票据，从而享有票据权利。

案　例

招商银行股份有限公司苏州吴中支行、四川省丰盈实业有限公司纠纷案

争议焦点：招商银行吴中支行在办理贴现业务过程中是否存在重大过失？是否应当赔偿丰盈公司的损失？②

① 参见上海市第二中级人民法院（2002）沪二中民三（商）初字第308号民事判决书。
② 参见四川省高级人民法院（2016）川民申2538号民事判决书。

2. 票据权利的行使与保全

票据权利的行使是指持票人在法定期限，在票据记载的特定地点或债务人所在地，向债务人出示票据，请求票据债务人履行票据债务。它包括行使承兑请求权、付款请求权和追索权。票据权利的保全是指持票人为防止票据权利丧失所作的行为，包括作成证明持票人已遭退票的拒绝证书、催告履行、起诉、向前手通知提起诉讼。

3. 票据权利的消灭

票据权利的消灭是指因一定的法律事实而使票据权利不复存在。票据权利消灭有绝对消灭与相对消灭。前者指因票据自身原因或票据法规定原因所致的消灭，如因票据上的记载、票据毁损、未进行权利保全而致消灭。后者指因民法上的原因而致消灭，如因付款、抵销、免除、提存、撤销等而致消灭。此外，票据权利还因于一定期限内不行使而消灭。

二、利益偿还关系

（一）利益偿还概念

利益偿还请求权是指票据权利因时效届满或手续欠缺而消灭时，取得票据时付有对价的持票人请求出票人或承兑人在其所受利益限度内予以偿还的权利。例如，A 为支付货款，向 B 签发一张 10 万元的支票，B 接受支票后如数交付了货物。后 B 将支票背书转让给 C，并接受 C 相当于支票金额的代价。但 C 在票据权利时效期间内未向 A 要求清偿。这里，出票人 A 得到了利益却未付出代价，持票人 C 付出了代价但未得到利益。持票人 C 有权要求出票人 A 返还所得利益。

票据利益偿还请求权既不是票据权利，也不是一般的民事权利，而是票据法规定唯一得到特殊保护的“票据法上的非票据权利”。规定利益偿还请求权制度，旨在谋求票据当事人利益平衡，维护法律的公正。票据权利丧失后，如果丧失票据权利持票人取得票据时支付了对价，则会损失该对价。而因对价签出票据或承兑票据的出票人或承兑人，便无偿取得相应的对价。这就造成利益上的不公平。为了纠正这一现象，并对丧失利益的持票人予以救济，利益偿还请求权制度产生了。

（二）利益偿还的构成要件

持票人仅在符合下述条件时，才得享有和行使利益偿还请求权。

（1）持票人的权利曾经有效存在。利益偿还请求权虽非票据上的权利，但该权利因票据而生，故持票人的票据权利应当曾经合法有效地存在过。如果票据自始无效，则不能成立利益偿还请求权。利益偿还请求权的成立不以票据现实存在或请求人现实持有票据为条件。

（2）持票人的票据权利因时效届满，或者手续欠缺而绝对消灭。所谓时效届满，是指持票人的票据权利按票据法规定的时效期间已到。时效届满后，持票人的票据权利消灭。这时，他只能转而行使利益偿还请求权这一民事权利以获得补救。所谓手续欠缺，是指持票人未按票据法规定的时间和方式行使或保全票据权利。例如，持票人未按时提示票据，或者在票据被拒绝兑付时，未作成拒绝证书。应当注意，我国《票据法》第18条中的“因票据记载事项欠缺”实应解释为“因手续欠缺”。出票时记载事项欠缺导致的是票据无效，而非丧失票据权利。而出票之外的其他票据行为欠缺记载事项，则不影响票据效力，也不导致持票人丧失票据权利。持票人须是出于上述原因丧失票据权利的，才能行使利益偿还请求权。出于其他原因，如因票据丧失而不能行使票据权利，或因恶意或重大过失取得票据而不享有票据权利等，不得以利益偿还请求权予以补救。但是，持票人对票据上的权利因时效超过或手续欠缺而消灭是否存有主观过错，不影响利益偿还请求权的行使。持票人必须绝对丧失票据权利，才能主张利益偿还请求权。

(3) 必须出票人或承兑人受有利益。所谓受有利益是指出票人或者承兑人因出票或承兑而实际上收到利益。这种利益是基于票据基础关系而取得的。例如，汇票的出票人在发行汇票时已取得了代价，但还未向付款人提供资金，由于票据权利消灭而使他免去了担保付款的义务；汇票承兑人已收到了出票人提供的资金，但因票据权利消灭而免去其付款的义务；本票的出票人在发行本票时已取得了代价，票据权利消灭使他免去了付款义务；支票的出票人因票据权利消灭而使支票金额仍保存在自己的银行账户下。

(4) 利益偿还请求权的行使人必须是持票人，行使对象必须是出票人或承兑人。这里的持票人必须是善意的、已付对价的正当持票人，包括清偿之后而取得票据的再追索权人。上述持票人应是实质上的权利人，即使是因背书不连续而欠缺票据权利形式要件的持票人，若能证明自己是实质权利人，也应是利益偿还请求权的权利人。反之，即使是形式上具有权利人资格，而实质上并非权利人（例如，从无票据权利的背书人处以恶意取得票据的被背书人）的，也不得成为利益偿还请求权的权利人。根据我国票据法，行使对象在汇票中是出票人、承兑人，在本票、支票中，只能是出票人。在理论上，背书人、出票人或者承兑人的保证人，在一定条件下也可成为行使对象。

（三）实现

持票人行使利益偿还请求权，无须出示票据，因为依据我国《票据法》第18条，利益偿还请求权不是票据权利，而是民事权利。

持票人所能请求的只能是被请求人所受利益，而不能是《票据法》第18条所谓“与未支付的票据金额相当的利益”。实际上，《票据法》第18条所谓“与未支付的票据金额相当的利益”应当被解释为被请求人“所获得的利益”。丧失票据的持票人行使利益偿还请求权时，原则上应当证明债务人在何种限度内受有利益。但是，如果债务人主张票据款项已经消灭、抵销，债务人应承担举证责任。

权利人行使利益偿还请求权时，债务人可以主张票据上的一切抗辩事由。但是，债务人的抗辩事由因票据背书转让而切断时，债务人不得援引被切断的抗辩。债务人也不得以权利人不能出示票据为由进行抗辩。

对于利益偿还请求权的诉讼时效，我国票据法未作明确规定。由于利益偿还请求权不是票据权利，而是一般民事权利，因而这种权利的时效不能适用票据法对票据权利的时效规定，而只能按普通债权适用民法上一般的时效规定。

案 例

广州嘉鹏房地产有限公司与广州智源科技有限公司纠纷案

争议焦点：(1) 被上诉人广州智源科技有限公司取得支票是否是合法、善意的？被上诉人是否享有票据权利？(2) 被上诉人与广东声威混凝土有限公司之间的债权转让是否对上诉人广州嘉鹏房地产有限公司有约束力？(3) 被上诉人是否享有票据利益返还请求权？①

案 例

北京信诚永泰商贸有限公司与北京比林通信科技发展中心纠纷案

争议焦点：比林科技中心是否因签发支票而受益？②

案 例

例如，A 签发支票给收款人 B，B 背书转让给 C，C 又转让给 D，D 因票据权利时效经过而丧失了票据权利，这时，D 可向 A 主张返还所受利益，而此所受利益在量上可能就等于“与票据金额相当的利益”。

又如，出票人 A 委托付款人 B 支付票款 60 万元，A 仅向 B 提供了 50 万元，但 B 仍然承兑了该汇票。后票据流通至 A 手中，A 因票据权利时效经过丧失了票据权利。这时，A 只能基于双方之间的资金关系，请求 B 返还 50 万元，而不是“与未支付的票据金额相当的利益”。

再如，出票人 A 签发金额为 80 万元的支票赠与 B，B 经背书转让给 C，C 又经背书转让给 D，D 因票据权利时效经过和未遵期提示，丧失了票据权利。D 不能向 A 请求返还“与未支付的票据金额相当的利益”，因为 A 实际上没有获得经济上利益，无从返还。

三、与票据有关的程序性规则

一旦丧失票据，失票人是否也同时丧失了票据权利？英美法系的票据法理论认为，失票人同时丧失了票据权利，因而采纳了另行诉讼的立法主张。大陆法系的票据法理论认为，失票人虽然丧失了票据但并非同时丧失了票据权利，因而采纳了公示催告除权判决的立法主张。我国票据法兼收并蓄，既重申了民事诉讼法的公示催告救济途径，又增加了另行诉讼的补救办法。依据最高人民法院《规定》第 23 条，票据丧失后，失票人直接向人民法院申请公示催告或者提起诉讼的，人民法院应当依法受理。此外，失票人还

① 参见广东省广州市中级人民法院（2007）穗中法民二终字第 1300 号民事判决书。

② 参见北京市第二中级人民法院（2009）二中民终字第 08821 号民事判决书。

有挂失止付的补救措施。

（一）挂失止付

挂失止付，是指失票人丧失票据后，及时通知付款人暂停支付票款。付款人获得通知后，应当暂停支付。在我国，挂失止付主要由承兑银行受理。挂失止付只发生付款人暂停付款的法律后果。在失票人没有办理公示催告或者提起诉讼的情况下，持票人善意取得已被挂失止付的票据，可以向出票人主张票据权利。

（二）公示催告

公示催告，是指失票人失票后，申请法院宣告票据权利与票据分离。公示催告不以挂失止付为前提。

（1）公示催告的票据必须符合法律的规定。《民事诉讼法》第 229 条规定：按照规定可以背书转让的票据持有人，因票据被盗、遗失或者灭失，可以向票据支付地的基层人民法院申请公示催告。另据最高人民法院《规定》第 24 条，出票人已经签章的授权补记的支票丧失后，失票人依法向人民法院申请公示催告的，人民法院应当依法受理。依据《规定》第 26 条，出票人已经签章但未记载代理付款人的银行汇票丧失后，失票人依法向付款人即出票银行所在地人民法院申请公示催告的，人民法院应当依法受理。依据《规定》第 27 条，超过付款提示期限的票据丧失以后，失票人申请公示催告的，人民法院应当依法受理。

（2）公示催告申请人应当适格。依据《规定》第 25 条，《票据法》第 15 条第 3 款规定的可以申请公示催告的失票人，是指按照规定可以背书转让的票据在丧失票据占有以前的最后合法持票人。

（3）法院于审查、受理后，发出止付通知、公示催告公告。《民事诉讼法》第 230 条规定：人民法院决定受理申请，应当同时通知支付人停止支付，并在 3 日内发出公告，催促利害关系人申报权利。依据最高人民法院《规定》第 29 条，人民法院决定受理公示催告申请，应当同时通知付款人及代理付款人停止支付，并自立案之日起 3 日内发出公告。

（4）公示催告期间。《民事诉讼法》第 230 条规定：公示催告的期间，由人民法院根据情况决定，但不得少于 60 日。依据最高人民法院《规定》第 32 条，公告期间不得少于 60 日，且公示催告期间届满日不得早于票据付款日后 15 日。

（5）止付通知和公示催告公告的效力。《民事诉讼法》第 231 条第 1 款规定：支付人收到人民法院停止支付的通知，应当停止支付，至公示催告程序终结。依据最高人民法院《规定》第 30 条，付款人或者代理付款人收到人民法院发出的止付通知，应当立即停止支付，直至公示催告程序终结。非经发出止付通知的人民法院许可擅自解付的，不得免除票据责任。依据《规定》第 22 条，代理付款人在人民法院公示催告公告发布以前按照规定程序善意付款后，承兑人或者付款人以已经公示催告为由拒付代理付款人已经垫付的款项的，人民法院不予支持。《民事诉讼法》第 231 条第 2 款规定：公示催告期间，转让票据权利的行为无效。依据《规定》第 33 条，在公示催告期间，以公示催告的票据质押、贴现，因质押、贴现而接受该票据的持票人主张票据权利的，人民法院不予支持，但公示催告期间届满以后人民法院作出除权判决以前取得该票据的除外。

（6）其他相关规定。利害关系人应当在公示催告期间向人民法院申报。人民法院收到利害关系人的申报后，应当裁定终结公示催告程序，并通知申请人和支付人。申请人或者申报人可以向人民法院起诉。没有人申报的，人民法院应当根据申请人的申请，作出判决，宣告票据无效。判决应当公告，并通知支付人。自判决公告之日起，申请人有权向支付人请求支付。利害关系人因正当理由不能在判决前向人民法院申报的，自知道或者应当知道判决公告之日起1年内，可以向作出判决的人民法院起诉。

案 例

建华建材（莱阳）有限公司、邯郸市团亿物资有限公司与罗某国等纠纷案

争议焦点：（1）团亿公司是否为案涉票据的最后合法持票人？（2）建华公司是否为合法持票人并享有票据权利？（3）建华公司在公示催告期间是否取得票据的效力？①

案 例

武钢集团国际经济贸易有限公司与武汉市金泉物资有限公司纠纷案

争议焦点：（1）金泉物资公司提起公示催告的理由是否成立？（2）武钢国贸公司能否提起撤销除权判决之诉？（3）武钢国贸公司是否拥有涉案票据权利？②

案 例

杭州翔盛纺织有限公司诉余姚市圣凯五金厂纠纷案

争议焦点：公示催告不当申请人损害赔偿责任如何？③

（三）失票诉讼

失票人可以向债务人提供担保，而直接请求其补发票据或付款。如债务人无理拒绝，失票人可以提起诉讼，请求法院保障其对付款人的权利。另外，失票人也可起诉要求非法持有者返还票据。失票诉讼不以挂失止付等为前提。

深度阅读

金锦花，于海斌，李微娜．票据法问题研究．长春：吉林人民出版社，2017.
董安生．票据法．3版．北京：中国人民大学出版社，2009.

① 参见河北省邯郸市中级人民法院（2019）冀04民再23号民事判决书。
② 参见湖北省武汉市中级人民法院（2015）鄂武汉中民商终字第01931号民事判决书。
③ 参见浙江省余姚市人民法院（2015）甬余商初字第23号民事判决书。

谢怀栻．票据法概论．北京：法律出版社，2006.

曾大鹏．《民法总则》“通谋虚伪表示”第一案的法理研判．法学，2018（9）.

邢海宝．票据公示催告的限缩与转向．法学，2018（5）.

董惠江．我国票据伪造、变造制度的设计：围绕《票据法》第14条展开．法商研究，2018（2）.

于莹，杨立．英美法系中融通票据制度初探．清华法学，2009（5）.

董惠江．票据表见代理适用及类推适用的边界．中国法学，2007（5）.

思考与练习

1. 试述票据行为的种类和特征?

2. 有效票据应当具备什么条件?

3. 什么是票据更改?它与票据涂销有什么异同?

4. 试比较伪造出票和伪造背书。

5. 票据变造有什么后果?

6. 票据权利是什么?

7. 试述票据抗辩。

8. 试述利益偿还请求权规则。

9. 票据丧失后如何补救?

10. 甲公司为履行与乙公司的箱包买卖合同，签发一张以乙公司为收款人、某银行为付款人的汇票，银行也予以了承兑。后乙公司将该汇票背书赠与给丙。此时，甲公司发现乙公司的箱包为假冒伪劣产品。关于本案，下列哪一选项是正确的?（　　）

A. 该票据无效

B. 甲公司不能拒绝乙公司的票据权利请求

C. 丙应享有票据权利

D. 银行应承担票据责任

11. 甲公司为清偿对乙公司的欠款，开出一张收款人是乙公司财务部长李某的汇票。李某不慎将汇票丢失，王某拾得后在汇票上伪造了李某的签章，并将汇票背书转让给外地的丙公司，用来支付购买丙公司电缆的货款，王某收到电缆后转卖得款，之后不知所踪。关于本案，下列哪些说法是正确的?（　　）

A. 甲公司应当承担票据责任

B. 李某不承担票据责任

C. 王某应当承担票据责任

D. 丙公司应当享有票据权利

12. 张某为支付货款向李某开具了一张票面金额为10万元的支票。李某担心张某的信用，于是张某让其朋友陈某在该支票上写上了“保证”字样，并签上了陈某的名字。李某接收该支票后，背书转让给了安某。下列哪些选项是正确的?（　　）

A. 如果张某的出票行为无效，则陈某的保证行为亦无效

B. 如果张某的出票行为无效，并不必然导致保证行为无效

C. 如果安某到银行要求付款被拒绝，其可以向李某、陈某、张某行使追索权

D. 如果陈某在签署保证时附加了承担保证责任的条件，则当该条件未成就时陈某不承担责任

13. 某年10月5日，甲、乙签订房屋买卖合同，约定年底前办理房屋过户登记。乙签发一张面额80万元的转账支票给甲以支付房款。一星期后，甲提示银行付款。次年1月中旬，甲到银行要求支付支票金额，但此时甲尚未将房屋登记过户给乙。对此，下列哪些说法是正确的？（　　）

A. 尽管甲尚未履行房屋过户登记义务，但银行无权拒绝支付票据金额

B. 如甲向乙主张票据权利，因甲尚未办理房屋的过户登记，乙可拒付票据金额

C. 如被银行拒付，甲可根据房屋买卖合同要求乙支付房款

D. 如该支票遗失，甲即丧失票据权利

第三十四章
汇　票

常考知识点

票据出票　背书　承兑　保证

第一节　汇票概述

一、汇票的概念和特征

汇票，是出票人签发的，委托付款人在见票时或者在指定日期无条件支付确定的金额给收款人或者持票人的票据。

按照许多国家的法律观念，汇票本质上是一种不附条件的书面支付命令，其作用在于确认和实现汇票出票人的商业信用。与支票和本票相比，汇票具有以下特征。

1. 汇票是典型的信用证券和票据类型。汇票关系包含了票据关系最一般的内容。汇票涉及出票人、付款人、收款人。汇票权利人依票据行为可以是收款人、经背书后的持票人或收款人指定的人。与汇票相比，本票和支票具有特殊性。在大陆法票据法理论上，本票可以被视为“已付汇票”。在英美法票据法理论上，支票则被认作“由银行见票即付的汇票”。

2. 汇票是出票人委托付款人无条件支付票款的命令。汇票属“委托证券”，其付款人通常是交易关系中的第三人。这与本票和支票不同。根据我国票据法，汇票的付款人可以是任何具有票据权利能力和票据行为能力的人。但在实践中，由于现金管理制度的存在，商业信用被统一集中于银行，我国的汇票付款人只有银行或其他金融机构，传统票据法中商业承兑人并无存在的余地。作为汇票关系基础的资金关系，在多数国家中，可以是出票人与银行间的账户合同关系或信用关系，可以是出票人与付款人之间的债权债务关系，或无因管理关系。这也与本票或支票不同。

3. 汇票主要是远期票据。汇票在我国票据法实践中具有广泛和重要的信用作用。这是因为，与多数国家的票据法和《统一汇票本票法公约》不同，按照我国目前的票据法体系，只有汇票可以是远期票据，本票和支票只能是即期票据。

二、汇票的种类

（一）银行汇票与商业汇票

银行汇票，是由银行签发给在本银行存有货币的收款人持往异地办理转账结算或支取现金的汇票。银行汇票的出票人是收款人所在地银行，付款人是收款人要到达的异地的银行，收款人则是前述在出票银行存有货币的人。

商业汇票，是收款人或付款人（或承兑申请人）签发的，由承兑人承兑，并于到期日向收款人或被背书人支付款项的汇票。商业汇票的出票人是交易中的卖方或买方，付款人是买方或买方的开户银行，收款人则是卖方。商业汇票又被分为银行承兑汇票和商业承兑汇票。银行承兑汇票，是指由收款人或承兑申请人签发，并由承兑申请人向开户银行申请，经银行审查同意承兑的票据。商业承兑汇票，是指由收款人签发，经付款人承兑，或由付款人签发并承兑的票据。它属已受汇票或已付汇票。目前，我国的商业汇票中银行承兑汇票占比过高、商业承兑汇票占比过低的结构性矛盾比较突出。

（二）即期汇票、板期汇票、计期汇票、注期汇票

即期汇票，是载明“见票即付”，或未记载任何到期日的汇票。

板期汇票，是载明具体的日期为到期日的汇票，如于×年×月×日付款的汇票。

计期汇票，是以载明的一段时间的末日为到期日的汇票，如于出票后×个月付款的汇票。

注期汇票，是载明从承兑提示之日起，经过出票人规定的一段时间的末日为到期日的汇票，如于见票后×个月付款的汇票。

第二节　出　票

一、出票的概念

出票是指出票人签发票据即按照法定要式作成票据，并将其交付给收款人的票据行为。

汇票的出票人必须与付款人具有真实的委托付款关系，并且具有支付汇票金额的可靠的资金来源。不得签发无对价的汇票用以骗取银行或者其他票据当事人的资金。

二、汇票的记载内容

（一）汇票绝对记载事项

具体包括：表明“汇票”的字样；无条件支付的委托；确定的金额；付款人名称；

收款人名称；出票日期；出票人签章。

（二）汇票相对记载事项

具体包括：其一，付款日期即汇票到期日。如未载明，则为见票即付。如作记载，则须载明见票即付、定日付款、出票后定期付款或见票后定期付款。其二，付款地。如无记载，则为付款人的营业场所、住所或经常居住地。如作记载，则是任何的最小行政区。其三，出票地。如无记载，则为出票人的营业场所、住所或者经营居住地。如作记载，则为真实的出票地或载明的出票地。

（三）其他事项

汇票上可载其他出票事项，但不发生汇票上的法律效力。

三、出票的法律效力

1. 对出票人的效力。出票后，出票人即须承担保证该汇票承兑和付款的责任。出票人在汇票得不到承兑或者付款时，应当向持票人清偿被拒付的汇票金额或已清偿的全部金额及有关利息和费用。

2. 对付款人的效力。出票后，付款人须承担承兑和付款义务。

3. 对收款人的效力。出票后，收款人取得付款请求权和追索权。

第三节 汇票背书

一、背书概述

（一）背书的概念与特点

背书是以转让票据权利或者将一定票据权利授予他人行使为目的的票据行为。背书必须按照法定要式在票据背面或者粘单上记载有关事项并签章。汇票的转让一般须通过背书和交付完成。以背书转让的汇票，后手应对其直接前手背书的真实性负责。

背书只需背书人单方意思表示即可生效，无须通知债务人。背书是要式行为。背书不得附条件。背书时附有条件的，所附条件不具有汇票上的效力。将汇票金额的一部分转让的背书或者将汇票金额分别转让给二人以上的背书无效。被背书人无限制，即使被背书人是前手，票据债权债务也不因混同而消灭。

（二）汇票的背书性与禁止背书

背书性是指一切票据，无论记名与否，都可背书转让。禁止背书，是指出票人、背书人记载“不得转让”或法律直接规定，取消票据的背书性。出票人禁止背书后，票据不得转让。背书人禁止背书后，票据仍可转让。背书人的后手再背书转让的，原背书人对后手的被背书人不承担保证责任。汇票被拒绝承兑、被拒绝付款或者超过付款提示期限的，不得背书转让。背书转让的，背书人应当承担汇票责任。

1. 出票人禁止背书。出票人记载票据不得背书，主要是出于以下目的：(1) 免于和收款人以外的人发生票据关系。(2) 防止票据追索金额的扩大。(3) 保留对收款人的抗辩权。如果出票人未限制票据转让，而收款人将票据转让给他人的，即使收款人未按约定履行与出票人之间基础关系中的义务，出票人也得对最后持票人承担票据责任。

依据最高人民法院《规定》第 47 条，依照《票据法》第 27 条的规定，票据的出票人在票据上记载“不得转让”字样，票据持有人背书转让的，背书行为无效。背书转让后的受让人不得享有票据权利，票据的出票人、承兑人对受让人不承担票据责任。依据《规定》第 52 条，依照《票据法》第 27 条的规定，出票人在票据上记载“不得转让”字样，其后手以此票据进行贴现、质押的，通过贴现、质押取得票据的持票人主张票据权利的，人民法院不予支持。

2. 背书人禁止背书。依据最高人民法院《规定》第 53 条，依照《票据法》第 34 条和第 35 条的规定，背书人在票据上记载“不得转让”字样，其后手以此票据进行贴现、质押的，原背书人对后手的被背书人不承担票据责任。

依据最高人民法院《规定》第 50 条，依照《票据法》第 34 条和第 35 条的规定，背书人在票据上记载“不得转让”“委托收款”“质押”字样，其后手再背书转让、委托收款或者质押的，原背书人对后手的被背书人不承担票据责任，但不影响出票人、承兑人以及原背书人之前手的票据责任。

二、一般转让背书

（一）一般转让背书的概念

一般转让背书，是指以转让票据权利为目的，并具有完全的权利转移和权利担保效力的背书。它分为完全背书和空白背书。前者是背书人记明自己和被背书人姓名的背书。我国只承认完全背书。后者是背书人仅记明自己的姓名，而不记载被背书人姓名的背书。依据最高人民法院《规定》第 48 条，依照《票据法》第 27 条和第 30 条的规定，背书人未记载被背书人名称即将票据交付他人的，持票人在票据被背书人栏内记载自己的名称与背书人记载具有同等法律效力。

（二）背书的记载事项

背书除须由背书人签章，完全背书还须记载被背书人姓名。此外，背书人可任意记载如下事项：背书的日期，如无记载则视为在汇票到期日前背书；禁止背书文句；预备付款人；免除担保承兑与付款文句，不过我国票据对此予以禁止；住所；免除追索通知的义务。

背书不得附条件，如附则条件，则不发生票据法上的效力。此外，依据我国《票据法》，如下事项不得记载，否则票据无效：将汇票金额的一部分背书转让；将汇票金额分别转让给二人甚至多人。

（三）背书的法律效力

1. 权利转移效力。汇票一经背书，汇票上的一切权利，包括付款请求权、对前手的追索权、对票据保证人的权利、转让票据的权利，都从背书人转移给被背书人。

2. 担保付款效力。背书人以背书转让汇票后，即承担保证其后手所持汇票承兑和付款的责任。在汇票得不到承兑或付款时，背书人应向持票人清偿被拒付的汇票金额或已清偿的全部金额及其他有关利息和费用。

3. 权利证明效力。持票人以背书的连续证明其汇票权利。连续背书是指在票据转让中，转让汇票的背书人与受让汇票的被背书人在汇票上的签章依次前后衔接。非经背书转让，而以其他合法方式取得汇票的，依法举证，证明其汇票权利。依据最高人民法院《规定》第 49 条，依照《票据法》第 31 条的规定，连续背书的第一背书人应当是在票据上记载的收款人，最后的票据持有人应当是最后一次背书的被背书人。

依据《规定》第 55 条，商业汇票的持票人向其非开户银行申请贴现，与向自己开立存款账户的银行申请贴现具有同等法律效力。但是，持票人有恶意或者与贴现银行恶意串通的除外。

案 例

银川利丰物资贸易有限公司与石嘴山瑞恒源商贸有限公司纠纷案

争议焦点：利丰公司请求瑞恒源公司返还本案诉争汇票或赔偿票面损失，并赔偿利息损失、经营损失，其主张是否有事实和法律依据？①

三、特殊转让背书

特殊转让背书，是指该种背书的权利转移效力和担保付款效力受到一定限制的背书。

1. 无担保背书。此即背书人记载了免除担保承兑和付款责任的背书。我国《票据法》不承认此种背书。

2. 禁止转让背书。此即背书人记载了“不得转让”字样的背书。

3. 回头背书。它是指以汇票上已有的债务人，如出票人、背书人、保证人等，为被背书人的背书。被背书人只能在到期日前依背书转让汇票，而且其追索权受到限制。

4. 期后背书。它是指在汇票上所载的到期日后所为的背书。它分为期日后背书和期限后背书。前者指到期日后作成拒绝证书以前所为的背书，后者指作成拒绝证书期限届满后所为的背书。在理论上，期后背书仅具有权利转移、权利证明效力，而不具有担保付款的效力，持票人不受抗辩切断及善意取得的保护。但是，依据最高人民法院《规定》

① 参见最高人民法院（2014）民二终字第 17 号民事判决书。

第 57 条，依照《票据法》第 36 条的规定，票据被拒绝承兑、被拒绝付款或者超过提示付款期限，票据持有人背书转让的，背书人应当承担票据责任。依据《规定》第 3 条，依照《票据法》第 36 条的规定，票据被拒绝承兑、被拒绝付款或者汇票、支票超过提示付款期限后，票据持有人背书转让的，被背书人以背书人为被告行使追索权而提起诉讼的，人民法院应当依法受理。

四、非转让背书

非转让背书是不以转让汇票为目的的背书。

（一）委任背书

委任背书即记载“委托收款”字样的背书。依据《票据法》第 35 条的规定，被背书人有权代背书人行使被委托的汇票权利。但是，被背书人不得再以背书转让汇票权利。

（二）设质背书

设质背书即记载“质押”字样的背书。按照《票据法》第 35 条的规定，被背书人依法实现其质权时，可以行使汇票权利。

设质背书必须符合法定格式。依据最高人民法院《规定》第 54 条，依照《票据法》第 35 条第 2 款的规定，以汇票设定质押时，出质人在汇票上只记载了“质押”字样未在票据上签章的，或者出质人未在汇票、粘单上记载“质押”字样而另行签订质押合同、质押条款的，不构成票据质押。

质权人的过错会影响票据质押的效力。依据《规定》第 51 条，依照《票据法》第 57 条第 2 款的规定，贷款人恶意或者有重大过失从事票据质押贷款的，人民法院应当认定质押行为无效。《票据法》第 57 条第 2 款规定：付款人及其代理付款人以恶意或者有重大过失付款的，应当自行承担责任。

质押票据的再背书要受到限制。依据最高人民法院《规定》第 46 条，因票据质权人以质押票据再行背书质押或者背书转让引起纠纷而提起诉讼的，人民法院应当认定背书行为无效。

主债务履行完毕，票据解除质押时，被背书人应以单纯交付的方式将质押票据退还背书人。质押票据所担保的债务到期后，背书人未能如期履行债务时，被背书人依法实现质权。汇票、支票、本票的兑现日期先于主债权到期的，依据《民法典》第 442 条的规定，质权人可以兑现，并与出质人协议将兑现的价款提前清偿债务或者提存。

第四节　汇票承兑

一、承兑概述

承兑，是指汇票付款人承诺在汇票到期日支付汇票金额的票据行为。承兑不得附有条件。承兑附有条件的，视为拒绝承兑。付款人收到付款请求时可以承兑或不承兑。付款人承兑汇票后，应当承担到期付款的责任。只有事先得到付款人承诺的，收款人才能在到期日获得付款。

二、提示承兑

提示承兑，是指持票人向付款人出示汇票，并要求付款人承诺付款的行为。汇票可以由持票人在汇票签发时或到期日前请求付款人承兑。定日付款或者出票后定期付款的汇票，持票人应在汇票到期日前提示。见票后定期付款的汇票，持票人应自出票日起 1 个月内提示。汇票未按照规定期限提示承兑的，持票人丧失对其前手的追索权。依据最高人民法院《规定》第 18 条，《票据法》第 40 条第 2 款和第 65 条规定的持票人丧失对其前手的追索权，不包括对票据出票人的追索权。见票即付的汇票无须提示承兑。

三、承兑成立的条件

付款人应自收到提示承兑的汇票之日起 3 日内决定承兑或拒绝承兑。付款人承兑汇票的，应在汇票正面记载“承兑”字样和承兑日期并签章。见票后定期付款的汇票，应当记载付款日期。汇票上未记载承兑日期的，以收到提示承兑的汇票之日起第 3 日为承兑日期。

第五节 汇票保证

一、汇票保证概述

汇票保证，是票据债务人以外的人担保票据债务履行的票据行为。票据保证必须记载下列事项：(1) 表明“保证”的字样。依据最高人民法院《规定》第 61 条，保证人未在票据或者粘单上记载“保证”字样而另行签订保证合同或者保证条款的，不属于票据保证，人民法院应当适用《民法典》的有关规定。(2) 保证人的名称和住所。(3) 被保证人的名称。如未记载，则已承兑的汇票以承兑人为被保证人；未承兑的汇票以出票人为被保证人。(4) 保证日期。如未记载的，则以出票日为保证日期。(5) 保证人签章。保证不得附条件，否则所附条件不影响保证责任。

二、汇票保证的法律效力

(1) 保证人的责任。除被保证人的债务因汇票记载事项欠缺而无效以外，保证人对合法持票人承担保证责任。而且，保证人和被保证人承担连带责任。

(2) 两个以上保证人的责任。保证人为二人以上的，保证人之间承担连带责任。

（3）保证人的追索权。保证人清偿票据债务后，可以行使持票人对被保证人及其前手的追索权。

（4）保证无效的后果。依据最高人民法院《规定》第 60 条，票据保证无效的，票据的保证人应当承担与其过错相应的民事责任。

第六节　汇票付款

一、付款概述

付款，是指汇票上的付款人在持票人提示付款后，向持票人支付汇票金额，以终止票据法律关系为目的的事实行为。

提示付款，是指持票人向付款人出示汇票，请求其支付汇票金额的行为。只有在提示后不付款的，付款人才构成债务不履行。见票即付的汇票，自出票日起 1 个月内向付款人提示付款。见票即付汇票的提示日期为到期日。定日付款、出票后定期付款、见票后定期付款的汇票，自到期日起 10 日内向承兑人提示付款。持票人未在法定期限内提示付款的，在作出说明后，承兑人或付款人仍应继续承担付款责任。依据最高人民法院《规定》第 58 条，承兑人或者付款人依照《票据法》第 53 条第 2 款的规定对逾期提示付款的持票人付款与按照规定的期限付款具有同等法律效力。另外，通过委托收款银行或者通过票据交换系统向付款人提示付款的，视同持票人提示付款。

二、付款行为及其效力

付款行为，是指付款人向按期提示的持票人支付票款的法律行为。

付款人付款时，应审查汇票背书的连续性和提示付款人的身份证明。如付款人为恶意或有重大过失付款的，应自行承担责任。

依据最高人民法院《规定》第 42 条，依照《票据法》第 9 条以及《票据管理实施办法》的规定，票据金额的中文大写与数码不一致，或者票据载明的金额、出票日期或者签发日期、收款人名称更改，或者违反规定加盖银行部门印章代替专用章，付款人或者代理付款人对此类票据付款的，应当承担责任。

依据《规定》第 68 条，付款人或者代理付款人未能识别出伪造、变造的票据或者身份证件而错误付款，属于《票据法》第 57 条规定的“重大过失”，给持票人造成损失的，应当依法承担民事责任。付款人或者代理付款人承担责任后有权向伪造者、变造者依法追偿。持票人有过错的，也应当承担相应的民事责任。

依据《规定》第 69 条，付款人及其代理付款人有下列情形之一的，应当自行承担责任：（1）未依照《票据法》第 57 条的规定对提示付款人的合法身份证明或者有效证件以及汇票背书的连续性履行审查义务而错误付款的；（2）公示催告期间对公示催告的票据付款的；（3）收到人民法院的止付通知后付款的；（4）其他以恶意或者重大过失付款的。

付款人在收到合法提示的票据，并经过审查后，对于应当付款的票据，必须在持票人提示付款当日足额付款。

付款人依法足额付款后，全体债务人的责任解除。

对定日付款、出票后定期付款、见票后定期付款的汇票，付款人在到期日前付款的，由付款人自行承担由此产生的责任。

第七节　汇票上的追索权

一、追索权概念

追索权，是指不获承兑或付款的持票人向汇票上的担保人进行追索的权利。追索权人可以是持票人、因清偿而取得汇票的人、背书人、保证人。但是，如持票人为出票人，则对其前手无追索权；如持票人是背书人，则对其后手无追索权。被追索人可以是背书人、出票人、承兑人和保证人等汇票债务人。被追索人清偿债务后，其责任解除。

二、行使追索权的条件

1. 持票人依法提示承兑和提示付款。

2. 不获承兑或付款。这包括汇票到期被拒绝付款；到期日前汇票被拒绝承兑；承兑人或者付款人死亡、逃匿；承兑人或者付款人依法被宣告破产或者因违法被责令终止业务活动。

3. 持票人提供有关证明。持票人行使追索权时，应当提供有关证明，包括拒绝证明、退票理由书、法院宣告破产的司法文书、行政机关的处罚决定或其他有关证明。依据最高人民法院《规定》第 10 条，付款人或者承兑人被人民法院依法宣告破产的，持票人因行使追索权而向人民法院提起诉讼时，应当向受理法院提供人民法院依法作出的宣告破产裁定书或者能够证明付款人或者承兑人破产的其他证据。依据《规定》第 70 条，《票据法》第 63 条所称“其他有关证明”是指：（1）人民法院出具的宣告承兑人、付款人失踪或者死亡的证明、法律文书；（2）公安机关出具的承兑人、付款人逃匿或者下落不明的证明；（3）医院或者有关单位出具的承兑人、付款人死亡的证明；（4）公证机构出具的具有拒绝证明效力的文书。承兑人自己作出并发布的表明其没有支付票款能力的公告，可以认定为拒绝证明。持票人未能依法提供有关证明的，丧失对其前手的追索权。但是，承兑人或者付款人仍应对持票人承担责任。

三、追索权的行使

持票人被拒绝后，应自收到有关拒绝证明之日起 3 日内通知其前手。其前手应依法通知其再前手。通知与否，不影响追索权的行使。但因迟延通知给前手或出票人造成损失的，由没有按照规定期限通知的汇票当事人，在汇票金额范围内承担赔偿责任。持票人行使追索权，可以请求被追索人支付被拒绝付款的汇票金额等。被追索人对持票人承担连带责任。被追索人收到通知后应当自动清偿债务。否则，持票人可对任何债务人行使追索权。

四、再追索权的行为

被追索人清偿债务后，与持票人享有同一权利，可以向其他汇票债务人行使再追索权，请求支付已清偿的全部金额等。

深度阅读

郑孟状，郭站红，姜煜洌．中国票据法专家建议稿及说明．北京：法律出版社，2014.

陈芳．票据法．厦门：厦门大学出版社，2012.

董安生．票据法．3 版．北京：中国人民大学出版社，2009.

谢怀栻．票据法概论．北京：法律出版社，2006.

王小能．票据法教程．2 版．北京：北京大学出版社，2006.

思考与练习

1. 出票应当记载哪些事项？
2. 试述一般背书的规则和效力。
3. 试比较出票人记载“不得背书”与背书人记载“不得背书”。
4. 什么是质押背书？
5. 汇票为何需要承兑？
6. 票据保证与担保法上的保证有何区别？
7. 50 万元的汇票，收款人为乙公司，付款人为丙银行。乙公司收到后将该汇票背书转让给丁公司。下列哪一说法是正确的？（　　）

A. 乙公司将票据背书转让给丁公司后即退出票据关系

B. 丁公司的票据债务人包括乙公司和丙银行，但不包括甲公司

C. 乙公司背书转让时不得附加任何条件

D. 如甲公司在出票时于汇票上记载有“不得转让”字样，则乙公司的背书转让行为依然有效，但持票人不得向甲行使追索权

第三十五章
本票和支票

常考知识点

支票付款

第一节　本　票

一、本票概述

本票，是出票人签发的，承诺自己在见票时无条件支付确定的金额给收款人或者持票人的票据。我国《票据法》所称本票为银行本票。本票的付款人就是出票人。本票没有承兑制度。可见，我国《票据法》将本票限于狭小的使用范围，强调本票的支付结算功能，缩小或限制其信用功能，进而使本票成为一种与支票相类似的付款工具。我国的银行本票主要用于同城结算。

二、本票法的主要内容

本票出票人的资格由中国人民银行审定。出票人必须具有支付本票金额的可靠资金来源，并保证支付。本票必须记载：表明“本票”的字样；无条件支付的承诺；确定的金额；收款人的名称；出票日期；出票人签章。本票应当记载付款地和出票地，如未记载，则付款地和出票地为出票人营业场所。本票可以记载其他事项。持票人提示见票时，出票人必须承担付款责任。本票的付款期限自出票之日起，最长不超过 2 个月。本票的持票人未按照规定期限提示见票的，丧失对出票人以外的前手的追索权。

本票的出票行为、背书、保证、付款行为和追索权的行使，可以适用汇票的有关规定。

第二节　支　票

一、支票概述

支票，是出票人签发的，委托办理支票存款业务的银行或者其他金融机构在见票时无条件支付确定金额给收款人或者持票人的票据。[①] 支票可以支取现金，也可转账。支票用于转账时，应在支票正面注明。专门的现金支票只能用于支取现金，不能用于转账。专门的转账支票只能用于转账，不能用于支取现金。支票出票行为、背书、付款行为和追索权的行使，可以适用汇票的有关规定。

二、支票法的主要内容

出票人在出票前必须以其本名开立存款账户，并预留其本名的签名式样和印鉴。开立账户和领用支票，应有可靠的资信并存入一定的资金。禁止签发金额超过其付款时在付款人处实有的存款金额的支票，即空头支票。不得签发与其预留本名的签名式样或者印鉴不符的支票。依据最高人民法院《规定》第 72 条，因出票人签发空头支票、与其预留本名的签名式样或者印鉴不符的支票给他人造成损失的，支票的出票人和背书人应当依法承担民事责任。

支票必须记载：(1) 表明“支票”的字样。(2) 无条件支付的委托。(3) 确定的金额。金额可由出票人授权补记，补记之前的支票不得使用。(4) 付款人名称。(5) 出票日期。(6) 出票人签章。出票人可将自己记载为收款人。支票上未记载收款人的，出票人可授权补记。支票上未记载付款地的，付款人的营业场所为付款地。支票上未记载出票地的，出票人的营业场所、住所或者经常居住地为出票地。支票限于见票即付，不得另行记载付款日期，否则记载无效。

票据行为人预先签名于票据上，并将票据上其他记载事项的一部分或全部授权持票人补全的票据属于空白票据。《票据法》第 85 条和第 86 条规定，支票上的金额可以由出票人授权补记，未补记前的支票，不得使用。支票上未记载收款人名称的，经出票人授权，可以补记。另据最高人民法院《规定》第 44 条，空白授权票据的持票人行使票据权利时未对票据必须记载事项补充完全，因付款人或者代理付款人拒绝接收该票据而提起诉讼的，人民法院不予支持。依据《规定》第 67 条，对票据未记载事项或者未完全记载事项作补充记载，补充事项超出授权范围的，出票人对补充后的票据应当承担票据责任。给他人造成损失的，出票人还应当承担相应的民事责任。

支票的持票人应自出票日起 10 日内提示付款；异地使用的支票，提示期限另行规定。超过提示付款期限的，付款人可不付款，但出票人仍应对持票人承担票据责任。出票人必须按照签发的支票金额承担保证向该持票人付款的责任。如出票人在付款人处的存款足以支付时，付款人应于当日足额付款。付款人依法支付支票金额的，对出票人不再承担委托付款的责任，对持票人不再承担付款的责任。但是，付款人恶意或重大过失付款的除外。另需注意，从《票据法》第 81 条的规定来看，支票的出票人为委托人，付款银行为受托人，双方发生的纠纷为委托付款纠纷，不属票据纠纷。

---

① 参见《票据法》第 81 条。

案 例

陈某飞诉邬某泉票据追索权纠纷案

争议焦点：原告是否享有票据权利？[①]

图 表

汇票、本票和支票共同构成票据体系，为票据法所调整。根据各国票据法和日内瓦统一票据法，三者之间的异同概括如下。[②]

	汇票	本票	支票
证券性质	委托证券、信用证券、预约证券	自付证券、信用证券、预约证券	支付证券、委托证券
基本当事人	出票人、收款人、付款人	出票人、收款人	与汇票同
付款人资格	付款人无限制	由出票人充任	为银行或其他法定金融机构
主债务人资格	为承兑人	为出票人	无主债务人，出票人负较重的担保支付责任
出票的前提	出票不以出票人与付款人之间有资金关系为前提	无资金关系	出票须以出票人与付款人之间有资金关系为前提
出票人责任	出票人负担承兑和担保付款责任	出票人负付款责任	出票人负担保支付责任（较汇票出票人的担保责任重）
背书人责任	背书人负担保承兑及担保付款责任	背书人负担保付款责任	与本票同
到期日种类	定日付款、出票后定期付款、见票后定期付款及见票即付	与汇票同	限于见票即付
承兑制度与参加制度	有承兑制度、参加承兑制度、参加付款制度	有参加付款制度，无承兑制度、参加承兑制度	无承兑制度、参加承兑制度、参加付款制度
预备付款人及担当付款人的记载	出票人、背书人可记载预备付款及担当付款人	与汇票同	出票人、背书人不可记载预备付款人及担当付款人
票据金额的提存	付款人在一定条件下可提存票面金额	与汇票同	付款人不得提存票面金额
追索权丧失对出票人的影响	持票人如欠缺必要的保全手续，丧失对前手的追索权（不包括出票人）	持票人如欠缺必要的保全手续，丧失对前手的追索权，但出票人仍负付款责任	与汇票同

① 参见广东省中山市第二人民法院（2014）中二法东民二初字第75号民事判决书。

② 王小能．票据法教程．北京：北京大学出版社，1994：442－444．

续表

	汇票	本票	支票
特殊票据行为或准票据行为	票面上可为承兑行为（必须承兑的汇票上必须为承兑行为）	票面上应为见票行为（限于见票后定期付款的本票）	票面上可为保付行为或划线行为
复本与誊本	可发行复本，也可发行誊本	不得发行复本，可发行誊本	可发行复本，不得发行誊本
拒绝证书种类	有拒绝承兑证书、拒绝付款证书、拒绝交还复本证书、拒绝交还原本证书	有拒绝付款证书、拒绝交还原本证书	有拒绝付款证书、拒绝交还复本证书
其他	无资金关系而出票的出票人不受制裁	与汇票同	滥发空头支票的出票人应受一定的制裁

深度阅读

施天佑．票据法新论．北京：法律出版社，2015.

铃木竹雄．票据法·支票法．赵新华，译．北京：法律出版社，2014.

陈芳．票据法．厦门：厦门大学出版社，2012.

董安生．票据法．3版．北京：中国人民大学出版社，2009.

谢怀栻．票据法概论．北京：法律出版社，2006.

思考与练习

1. 票据法对本票有什么特别规定？

2. 试述支票的付款规则。

3. 请比较汇票、本票和支票。

4. 甲公司于某年3月2日签发同城使用的支票1张给乙公司，金额为10万元人民币，付款人为丁银行。次日，乙公司将支票背书转让给丙公司。3月17日，丙公司请求丁银行付款时遭拒绝。丁银行拒绝付款的正当理由有哪些？（　　）

A. 丁银行不是该支票的债务人

B. 甲公司在丁银行账户上的存款仅有2万元人民币

C. 该支票的债务人应该是甲公司和乙公司

D. 丙公司未按期提示付款

第六编

保险法

第三十六章
保险概述

常考知识点

保险的概念和构成

第一节　保险及其构成

一、保险的概念

保险，是指投保人根据合同约定，向保险人支付保险费，保险人对于合同约定的可能发生的事故因其发生所造成的财产损失承担赔偿保险金责任，或者当被保险人死亡、伤残、疾病或者达到合同约定的年龄、期限时承担给保险金责任的商业保险行为。从社会角度看，保险将不幸而集中于个人的意外危险以及由该危险造成的损失分散于社会大众，是一种分散危险，补偿损失，以便被保险人迅速恢复正常的生产和生活的经济制度。

二、保险的构成

保险得以成立，必须具备以下要素。

（一）危险的存在是保险的前提

"无危险则无保险。"只有存在特定的危险，即自然灾害、人类事故等，才有必要建立保险制度。如果没有这种危险，保险制度就无的放矢。因此，危险的存在是保险的前提。

保险危险应当具备如下特征：（1）保险危险通常是将来的。保险所承保的应当是将来的危险。因此，对已经发生的危险不能进行所谓投保。（2）危险的发生及其后果具有不确定性。首先，将来不可能发生的危险不会成为保险的对象。其次，发生时间与后果确定的危险不能构成保险危险。肯定要发生但时间不确定的危险，例如，人的生、老、病、死，可以成为保险对象。发生时间虽然确定，但其造成的损失不能确定的危险，例如，季节性的台风，也可构成保险危险。（3）危险不是被保险人故意制造的。危险本来应当出于当事人的意料之外。如果被保险人故意制造危险，比如，自杀、纵火等，不能构成保险危险。（4）保险标的本身导致的危险，比如，保险标的自然损耗和本质缺陷，也不属于保险危险。

（二）多数人的互助共济是保险的基础

危险是客观存在的。微观上，它具有不确定性，但宏观上则是确定的。保险就是“分散危险，补偿损失”，也就是“人人为我，我为人人”。因此，它要求多数人参加保险，建立集中的保险基金。只有这样，才能将殃及特定被保险人的损失，分摊到全体参加者身上，使特定被保险人的损失限制在一定范围内。参加保险的人越多，每个人分摊的金额就越少，而保险基金却越雄厚，损失赔偿的能力就越强。相反，参加的人数少，就无法建立稳固的保险基金，就难以达到分散危险的目的。集合保险风险的工具是大数法则和概率理论。通过这些数理工具，保险人概括具有偶然性的个别危险，发现各类危险发生的规律，预测其可能造成的损失，进而确定保险的险种、保险费率和保险赔偿数额。

（三）保险以补偿危险事故所造成的损失为目的

“无损失，无保险。”保险的最终目的不是消灭危险，而是补偿危险事故造成的损失。这种损失必须是在经济上能够计算的。在财产保险中，保险事故造成的多是经济损失。在人身保险中，保险事故造成的损失包括经济损失和人身损失。对于人身损失无法用经济的方法进行计算。为此，人身保险往往采用定额保险的方法。

第二节　保险与相关概念的比较

一、保险与赌博

保险和赌博都带有偶然性，但是，二者具有本质的差异：（1）目的不同。保险的目的是分散风险，补偿损失，而且保险费与保险金之间具有一定的比例关系。赌博则是在未遭受任何损失的情况下，将他人的财产据为己有，而且赌注的大小与赌徒赢钱多少没有一定的比例关系。（2）对象或标的不同。保险以投保人或被保险人对保险标的具有保险利益为前提。赌博的对象则没有限制，它可以针对任何事物或现象。（3）当事人的心理状态不同。在保险中，投保人或被保险人只是希望自己的损失获得补偿，而不希望损失发生。在赌博中，赌徒们则希望有利于自己的结果发生。（4）保险是合法的，也是合乎道德的。相反，赌博在大多数国家和地区都是不道德的，而且受到法律的禁止。

二、保险与储蓄

保险尤其是生存保险与储蓄都有储存现有资金，以备将来之用的特征。不过，二者仍有较大区别：（1）保险旨在应付意外。储蓄既可应对意外，也可应付能够预测的事件。（2）依靠的力量不同。保险必须依靠多数人的互助共济才能实现。储蓄则是存款人的自助行为，它可以个别地进行。（3）对价和给付之间的关系不同。在保险中，保险费和保险给付之间不必建立个别的均等关系。储蓄则需在存款金额与所得利息之间确立个别的均等关系。（4）行使权利的时间和条件不同。在保险中，只有在保险事故发生后，被保险人才能请求保险给付。在储蓄中，存款人原则上可以随时提存。

三、保险与自保

自保是指经济单位自行积存准备金，应对意外事故或经营风险。二者在目的和准备金的提留方法上有相同之处。但是，二者也有如下差异：（1）资金来源不同。保险是由多数人共同参与展开的，其特点是特定被保险人通过保险人将危险转移分散给全体参加者承担。自保则是依靠自己的资金，其特点是自己保留危险，而不是转移与分散危险。（2）获得补偿的可靠性不同。在保险中，保险人依照保险合同履行给付义务，被保险人获得保障比较可靠。在自保中，如果资金储备不足而发生事故，补偿目的就不能充分实现。

四、保险与救济

保险和救济都具有补偿人们因意外事故所致损失的功能，但是，二者具有本质上的不同：（1）法律性质不同。保险是双方法律行为，保险当事人要受订立的保险合同的约束。救济是一种单方法律行为，被救济方对救济方没有给予的请求权。（2）资金不同。保险必须通过向保险参加者收取保险费来建立保险基金。救济则无须被救济者分摊救济资金。（3）获得保障的程度不同。在保险中，保险金额由保险合同规定。在救济中，救济数量则由救济者自由决定。

五、商业保险与社会保险

商业保险与社会保险都以集中和转移风险为目的，都是互助共济行为。但是，二者依然存在诸多差异：（1）商业保险旨在补偿特定被保险人遭受的保险合同约定的损失，它体现的是一种商品交换关系。社会保险目的在于为特定对象提供基本保障，进而实现公平正义，维护社会稳定。（2）法律性质不同。商业保险大多属于自愿保险。社会保险则具有强制性。（3）适用对象不同。商业保险的对象是保险合同约定的被保险人。社会保险的对象则是符合法律规定条件的职工、居民等。（4）基金来源不同。商业保险基金来源于投保人缴纳的保险费，而且它是根据危险事故发生的概率和社会公众对保险的需求来计算的。社会保险基金则一般由政府、雇主和雇员共同负担，而且保险费数额通常根据实际支出的保险给付来确定。（5）保险金额的确定方法不同。商业保险提供的保障水平取决于投保人交付的保险费，投保人交付的保险费越多，则保险人给付的保险金额越高。社会保险的保障水平根据被保险人的实际生活需要和社会经济发展水平来确定。

在我国，社会保险只能保障被保险人的基本生活需要。

深度阅读

贾林青．保险法．6 版．北京：中国人民大学出版社，2020.

李玉泉．保险法．3 版．北京：法律出版社，2019.

邹海林．保险法学的新发展．北京：中国社会科学出版社，2015.

樊启荣．保险法诸问题与新展望．北京：北京大学出版社，2015.

小罗伯特·H. 杰瑞，道格拉斯·R. 里士满．美国保险法精解．4 版．李之彦，译．北京：北京大学出版社，2009.

江朝国．保险法基础理论．北京：中国政法大学出版社，2002.

袁宗蔚．保险学：危险与保险．增订 34 版．北京：首都经济贸易大学出版社，2000.

魏华林．保险的本质、发展与监管．金融监管研究，2018 (8).

思考与练习

1. 试述保险及其构成。
2. 保险与赌博有何异同？
3. 商业保险与社会保险有何异同？

第三十七章

保险法及其基本原则

常考知识点

诚实信用原则　保险利益原则

第一节　保险法概述

一、保险法的概念

保险法，是调整保险活动中保险人与投保人、被保险人以及受益人之间法律关系的法律规范的总称。狭义的保险法是指保险私法，主要包括保险合同法和保险特别法。保险特别法是保险合同法以外的保险私法，例如，海上保险法等。广义的保险法除了保险私法，还包括保险公法，它主要是指保险业法和社会保险法。本教材探讨的保险法仅限于保险合同法。保险法通过维护保险合同关系的效力和稳定，充分发挥保险作为经济补偿制度的功能，分散危险、补偿损失，确保经济和社会的安定。保险法也应当赋予保险人管理风险和避免损失的权利，允许保险人对保单持有人的行为进行一定程度的干预和控制。

二、我国保险立法及其完善

为了规范保险活动，保护保险活动当事人的合法权益，加强对保险业的监督管理，促进保险事业的健康发展，1995 年，第八届全国人民代表大会常务委员会第十四次会议通过了《中华人民共和国保险法》。为了适应我国加入世界贸易组织的形势和需要，履行我国有关承诺，同时适应保险业内部结构和外部环境变化的实际情况，进一步加强对保险业的监督管理，2002 年，第九届全国人民代表大会常务委员会第三十次会议通过了《关于修改〈中华人民共和国保险法〉的决定》。2009 年 2 月，第十一届全国人民代表大会常务委员会第七次会议作出决定，修改《保险法》。此次对《保险法》保险合同部分的修改，旨在进一步明确保险活动当事人的权利、义务，加强对被保险人利益的保护，也即通过保护处于弱势地位的被保险人，平衡合同双方当事人利益，实现保险之目的。

2014 年 8 月，第十二届全国人民代表大会常务委员会第十次会议通过决定，对《保险法》作了修正。2015 年 4 月，第十二届全国人民代表大会常务委员会第十四次会议通过决定，对《保险法》作了又一次修正。

为了正确实施《保险法》，最高人民法院出台了《关于适用〈中华人民共和国保险法〉若干问题的解释（一）》《关于适用〈中华人民共和国保险法〉若干问题的解释（二）》《关于适用〈中华人民共和国保险法〉若干问题的解释（三）》《关于适用〈中华人民共和国保险法〉若干问题的解释（四）》。

案 例

福建伟杰投资有限公司等诉福州天策实业有限公司纠纷案

争议焦点：(1) 伟杰公司名下 4 亿股股份是否受天策公司的委托显名持有？(2) 天策公司、伟杰公司之间的“信托持股协议”效力应如何认定？(3) 天策公司要求将讼争 4 亿股股份过户至其名下的诉讼请求能否得到支持？①

第二节 保险法的基本原则

保险法的基本原则是：诚实信用原则、保险利益原则、近因原则、损失补偿原则。

一、诚实信用原则

保险合同本质上属最大诚实信用合同，因为法律对保险合同诚实信用的要求远大于其他民事活动的。其依据在于，保险合同中冒险因素很大，保险人一般无法预见保险风险能否发生，而主要是根据投保人等对保险标的的告知来决定是否承保和保险费的多少。因此，投保人等必须将足以影响所订合同条款的一切主要事实诚实相告，如果诈欺或隐瞒，就可能导致保险人判断失误和上当受骗。

最大诚实信用原则初期主要是保险人约束投保人的工具。因为无论是保险人关于保险风险的判断，还是保险人对订立合同的同意，都要依靠投保人提供的信息。至于保险人是否应履行同样的义务，许多国家立法通常没有具体规定。但是，英、德、瑞、日等各国都确认，在某些情况下，保险人不得以投保人违反告知义务为由解除合同。这些情况主要表现为弃权和禁止反言。

（一）投保人和被保险人的诚信义务

1. 投保人的如实告知义务

订立保险合同，保险人就保险标的或者被保险人的有关情况提出询问，投保人明知

① 参见最高人民法院（2017）最高法民终 529 号民事裁定书。

的，应当如实告知。投保人故意隐瞒事实，不履行如实告知义务的，或者因重大过失未履行如实告知义务，足以影响保险人决定是否同意承保或者提高保险费率的，保险人有权解除合同。投保人故意不履行如实告知义务的，保险人对于保险合同解除前发生的保险事故，不承担赔偿或者给付保险金的责任，并不退还保险费。投保人因重大过失未履行如实告知义务，对保险事故的发生有严重影响的，保险人对于保险合同解除前发生的保险事故，不承担赔偿或者给付保险金的责任，但应当退还保险费。合同解除权，自保险人知道有解除事由之日起，超过 30 日不行使而消灭。自合同成立之日起超过 2 年的，保险人不得解除合同；发生保险事故的，保险人应当承担赔偿或者给付保险金的责任。保险人在合同订立时已经知道投保人未如实告知的情况的，保险人不得解除合同；发生保险事故的，保险人应当承担赔偿或者给付保险金的责任。

案　例

2005 年，王女士与沈阳一家保险公司签订重大疾病保险合同。当时，保险公司对王女士有无重大疾病进行了询问，王女士在询问事项中均作了否定回答，保险公司同意承保。王女士交纳了保费，保险合同生效。2006 年，王女士因病就医，被医院确诊为患慢性粒细胞白血病。王女士要求保险公司支付保险金。保险公司拒绝理赔，称王女士违背了如实告知义务，故意隐瞒保险之前所患的冠心病。法院认为，保险公司虽然对王女士的身体状况进行了询问，但询问的内容并不详细，未逐项询问，导致王女士未履行如实告知义务，况且，王女士未告知的疾病（冠心病）与本次保险事故发生的疾病（白血病）并无因果关系，因此保险公司不承担保险责任的条件并不具备。[①]

案　例

欧阳某某诉甲保险公司人身保险合同纠纷案

争议焦点：如何认定投保人故意或重大过失未履行告知义务而使保险人有权解除合同。[②]

2. 投保人的保证义务

保证分为明示保证和默示保证。明示保证，是指投保人或被保险人在保险单或其附件中，对于某一特定事项明确表示担保其真实性。如家庭火灾保险单中约定被保险人不能在床上吸烟。默示保证，是指投保人或被保险人对于某一特定事项虽未明确表示担保其真实性，但该事项的真实存在是保险人决定承保的依据，并成为保险合同内容之一。默示保证与明示保证具有同等法律效力，主要限于海上保险方面的适航保证、不绕航保证和航程合法性保证。保证的目的在于控制危险。保证是保险合同的基础，必须严格遵守。被保险人违反保证，保险人就可解除合同，而不论被保险人有无过错，

① 小双．瞒旧疾得新病，保险公司该不该赔？．大庆晚报，2008－06－27.

② 参见上海市崇明区人民法院（2018）沪 0151 民初 8478 号民事判决书。

也不论是否给保险人造成损害。我国《保险法》第 51 条体现了保证制度，但不完整也不具体。

3. 被保方的其他诚信义务

投保人、被保险人故意制造保险事故的，保险人有权解除保险合同，不承担赔偿或者给付保险金的责任，且一般不退还保险费。被保险人或者受益人在未发生保险事故的情况下，谎称发生了保险事故，向保险人提出赔偿或者给付保险金请求的，保险人有权解除合同，并不退还保险费。

（二）保险人的诚信义务

1. 保险人的弃权

弃权，是指保险人自愿放弃根据保险合同可以主张的解除权与抗辩权。构成弃权必须具有两个条件：其一，保险人必须知道存在权利；其二，保险人须明示或默示地弃权。我国《保险法》第 16 条第 6 款“保险人在合同订立时已经知道投保人未如实告知的情况的，保险人不得解除合同；发生保险事故的，保险人应当承担赔偿或者给付保险金的责任”和第 32 条第 1 款“投保人申报的被保险人年龄不真实，并且其真实年龄不符合合同约定的年龄限制的，保险人可以解除合同，并按照合同约定退还保险单的现金价值。保险人行使合同解除权，适用本法第十六条第三款、第六款的规定”可以视为关于弃权制度的规定。另外，保险人知道被保险人的体检结果，仍以投保人未就相关情况履行如实告知义务为由要求解除合同的，人民法院不予支持。

2. 保险人的禁反言

禁反言，是指若合同一方当事人因另一方之陈述产生依赖，则另一方当事人不得否定其先前的陈述。由于保险合同以双方当事人的善意为基础，因而该原则也适用于保险合同。如果保险人明知有违背条件或其他抗辩事由存在，却以虚伪意思表示使被保险人相信保险合同有效，而被保险人不知有瑕疵，基于善意信赖为某种行为，以至于损害自己利益的，保险人即被禁止作出相应抗辩。例如，保险人在保险合同成立后知道或者应当知道投保人未履行如实告知义务，仍然收取保险费，又依照《保险法》第 16 条第 2 款的规定主张解除合同的，人民法院不予支持。

3. 保险人应当明确说明免责条款

依据我国《保险法》第 17 条，订立保险合同，采用保险人提供的格式条款的，保险人向投保人提供的投保单应当附格式条款，保险人应当向投保人说明合同的内容。对保险合同中免除保险人责任的条款，例如，责任免除条款、免赔额、免赔率、比例赔付或者给付等免除或者减轻保险人责任的条款，保险人在订立合同时应当在投保单、保险单或者其他保险凭证上作出足以引起投保人注意的提示，并对该条款的内容以书面或者口头形式向投保人作出明确说明，即常人能够理解的解释说明；未作提示或者明确说明的，该条款不产生效力。这一义务是法定义务，属于特别告知义务。

案 例

丁某某与泰康人寿保险股份有限公司江苏分公司纠纷案

争议焦点：(1) 保险条款约定的180天等待期是否为免责条款？(2) 保险人是否未尽明确说明义务？①

案 例

浙江登峰交通集团青松汽车修理有限公司诉
中国人民财产保险股份有限公司杭州市萧山支公司保险合同纠纷案

争议焦点：(1) 就原告登峰集团青松汽修公司对第三者造成的物质损失，被告萧山支公司应当依据萧山交警大队对事故认定的同等责任（即50%），还是按照（2005）萧民一初字第3989号民事判决书判令的赔偿比例（即65%），向原告进行理赔？(2) 精神损害赔偿是否属于被告应当理赔的范围？(3) 诉讼费是否属于被告应当理赔的范围？②

二、保险利益原则

保险利益，又称可保利益，是指投保人或被保险人对保险标的具有法律上承认的利益。保险利益分为财产保险的保险利益与人身保险的保险利益。财产保险的保险利益表现为物权利益、合同债权、股权、责任利益和信用利益等。人身保险中，投保人对下列人员具有保险利益：本人；配偶、子女、父母；前项以外与投保人有抚养、赡养或者扶养关系的家庭其他成员、近亲属；与投保人有劳动关系的劳动者。被保险人同意投保人为其订立合同的，视为投保人对被保险人具有保险利益。财产保险的被保险人在保险事故发生时，对保险标的应当具有保险利益。财产保险事故发生时，被保险人对保险标的不具有保险利益的，不得向保险人请求赔偿保险金。就人身保险订立合同时，投保人对被保险人不具有保险利益的，合同无效。保险合同订立后，因投保人丧失对被保险人的保险利益，当事人主张保险合同无效的，人民法院不予支持。

确立保险利益原则的原因和意义主要在于：财产保险合同属补偿合同，投保人只能是希望造成不利物质后果的一定事件不会发生的人；消除赌博的可能性，防止随便对他人财产和人身进行保险，一旦发生保险事故，不受损失而获得赔偿；防止道德危险的发生，避免投保人、被保险人或受益人，为诈取保险赔款而违反法律或合同，故意造成和扩大危险，从而维护社会安定和善良风俗；限制赔偿程度，以免投保人或被保险人可能获得超出保险利益而与其所受损失不相称的高额赔偿，损害保险人的合法利益。在人身保险中，确立保险利益原则的原因和意义还在于维护被保险人的人身安全。

① 参见江苏省高级人民法院（2017）苏民再353号民事判决书。
② 参见浙江省杭州市萧山区人民法院（2006）萧民二初字第900号民事判决书。

案 例

马某某与某某保险控股股份有限公司纠纷案

争议焦点：(1) 马某某以某公司名义与保险人签订的保险合同是否有效？(2) 马某某所应承担的责任比例和赔偿金额是多少？①

三、近因原则

所谓近因，并非指时间上最接近损失的原因，而是指直接促成结果的原因，效果上有支配力或有效的原因。尽管各国保险法都确立近因原则为保险法的重要原则，但对其解释却颇有分歧。英美的近因原则含有直接结果说的意义，主张保险人应当对由保险事故所引起的一切直接结果承担责任。对于非直接结果，保险事故仅是一种条件，而不是法律上的原因。非直接结果是与保险事故在时间上继起的行为或事件所造成的。关于近因，虽然各国立法含糊不清，但在各国的司法实践中，对近因却归纳出了一些有效的规则：单一原因造成损失的，如该原因属保险事故，则为近因；多种原因造成保险标的损失的，持续地起决定作用或支配作用的原因为近因。只有近因才是考虑的唯一因素，目的在于将承保的责任限制在一个合理的限度内。

四、损失补偿原则

损失补偿原则最直接地体现了保险的经济补偿功能，因而是保险法诸原则的基础，保险法的许多制度（如财产保险中的重复保险制度和代位求偿制度）都是由它派生出来的。

损失补偿是指当保险事故发生使投保人或被保险人遭受损失时，保险人必须在责任范围内对投保人或被保险人所受的实际损失进行补偿，使其恢复到损失前所处的经济状况。因此，在财产保险中，损失补偿只限于损失财产的实际价值，且最高不得超过保险金额。各国保险法基于损失补偿原则对保险金额超过保险财产实际价值的超额保险作了限制性规定：有的依投保人的善意与恶意，规定保险合同超额部分无效或全部无效；有的则不论善意与恶意，规定凡超额部分一律无效。在人身保险中，保险人的补偿数额就是保险金额。在人身保险中，保险人补偿的不是被保险人的生命或身体，而是因保险事故所失去的经济利益。应当注意，保险标的本身的损失应与施救费用、诉讼支出、受损标的的检验估价及出售等费用分别计算，但是，费用支出的最高赔偿额也不得超过保险金额。

---

① 参见浙江省宁波市中级人民法院（2012）浙甬商终字第57号民事判决书。

深度阅读

温世扬．保险法．3 版．北京：法律出版社，2016.

小罗伯特・H. 杰瑞，道格拉斯・R. 里士满．美国保险法精解．4 版．李之彦，译．北京：北京大学出版社，2009.

江朝国．保险法基础理论．北京：中国政法大学出版社，2002.

袁宗蔚．保险学：危险与保险．增订 34 版．北京：首都经济贸易大学出版社，2000.

中国银行保险监督管理委员会（已撤销）《互联网保险业务监管办法》（自 2021 年 2 月 1 日起施行）.

初北平．我国保险法因果关系判断路径与规则．中国法学，2020（5）.

任自力．保险损失补偿原则适用范围思考．中国法学，2019（5）.

武亦文，杨勇．保险法对价平衡原则论．华东政法大学学报，2018（2）.

国务院《关于加快发展现代保险服务业的若干意见》（国发〔2014〕29 号）.

樊启荣．保险损害补偿原则研究：兼论我国保险合同立法分类之重构．中国法学，2005（1）.

思考与练习

1. 如何评价我国保险法的修订？
2. 如何理解投保人与保险人的诚信义务？
3. 现行保险法对保险利益规则作了哪些完善？
4. 保险法是如何落实损害补偿原则的？
5. 根据《保险法》的规定，人身保险投保人对下列哪一类人员具有保险利益？（　　）

A. 与投保人关系密切的邻居

B. 与投保人已经离婚但仍一起生活的前妻

C. 与投保人有劳动关系的劳动者

D. 与投保人合伙经营的合伙人

第三十八章
保险合同总论

常考知识点

保险合同受益人　保险合同的生效　保险合同解除规则

第一节　保险合同的概念和种类

一、保险合同概念和特征

保险合同是投保人和保险人约定保险权利义务关系的协议。保险合同的基本内容是投保人一方交付保险费，而保险人在某种不能确定日期的意外事故发生时或者合同约定的条件成就时，给予赔偿或者给付约定保险金。

保险合同是诺成性合同。诺成性合同是指当事人意思表示一致即可成立并生效的合同。依据我国《保险法》第13条和第14条的规定，投保人提出保险要求，经保险人同意承保，保险合同成立。保险合同成立后，投保人按照约定交付保险费。因此，保险合同的成立取决于当事人的合意，它不以投保人交付保险费为条件。投保人交付保险费是履行已经有效成立的合同规定的义务。

保险合同是非要式合同。非要式合同是不需要特定方式即可成立的合同。我国《保险法》第13条中规定："投保人提出保险要求，经保险人同意承保，保险合同成立。保险人应当及时向投保人签发保险单或者其他保险凭证。保险单或者其他保险凭证应当载明当事人双方约定的合同内容。当事人也可以约定采用其他书面形式载明合同内容。"根据这一规定，载明合同内容的"书面形式"是在保险合同成立后签发或出具的，因此"书面形式"不是保险合同成立的条件。在签发或出具"书面形式"之前，保险合同已经成立，而它可能采用的是口头形式。

二、保险合同分类

我国保险法将保险分为财产保险和人身保险。

以保险合同的订立是否出于当事人的自愿为标准，保险合同可以分为自愿保险合同与强制保险合同。自愿保险合同是基于投保人与保险人的自愿订立的保险合同。依据我国《保险法》第11条的规定，除法律、行政法规规定必须保险的外，保险合同自愿订立。所谓自愿，包括投保人投保自愿、选择险种自愿、退保自愿，也包括保险人的承保自愿。多数保险合同是出于当事人的自愿订立的。我国《农业保险条例》规定的农业保险也属于自愿保险，因为农业保险实行政府引导、市场运作、自主自愿和协同推进的原则。强制保险合同是基于法律、行政法规的规定必须订立的保险合同。强制保险合同的订立、内容等不取决于当事人的意志。法律、行政法规规定的社会成员必须投保强制保险，而保险公司则必须予以承保。开展强制保险，旨在积累保险基金，保护受害者的合法权益，实现社会公共政策。我国的强制保险有机动车交通事故责任强制保险等。《机动车交通事故责任强制保险条例》第2条第1款规定：在中华人民共和国境内道路上行驶的机动车的所有人或者管理人，应当依照《道路交通安全法》的规定投保机动车交通事故责任强制保险。最高人民法院《关于审理道路交通事故损害赔偿案件适用法律若干问题的解释》第16条第1款规定：未依法投保交强险的机动车发生交通事故造成损害，当事人请求投保义务人在交强险责任限额范围内予以赔偿的，人民法院应予支持。第17条规定：具有从事交强险业务资格的保险公司违法拒绝承保、拖延承保或者违法解除交强险合同，投保义务人在向第三人承担赔偿责任后，请求该保险公司在交强险责任限额范围内承担相应赔偿责任的，人民法院应予支持。

第二节 保险合同的主体、内容

一、保险合同主体

（一）当事人

当事人包括保险人、投保人和被保险人。保险人是指与投保人订立保险合同，并承担赔偿或者给付保险金责任的保险公司。投保人是指与保险人订立保险合同，并按照保险合同负有支付保险费义务的人。被保险人是指其财产或人身受保险合同保障，享有保险金请求权的人，投保人可以为被保险人。财产保险中的被保险人与投保人必须同一，人身保险中则不必同一。人身保险中，被保险人是自然人。无民事行为能力的人不能成为以死亡为给付保险金条件的人身保险合同的被保险人。以死亡为保险事故的保险合同，应当经被保险人书面同意并认可保险金额。以死亡为保险事故的保险合同，未经被保险人同意，不得转让和质押。

案 例

马某某诉中国某保险股份有限公司某分公司等纠纷案

争议焦点：被保险人是否能够转化成为保险合同的投保人？[①]

---

① 参见新疆维吾尔自治区石河子市人民法院（2008）石民初字第871号民事判决书。

（二）关系人

关系人主要是受益人。受益人是指人身保险合同中由被保险人或者投保人指定享有保险金请求权的人。

受益人可以是投保人、被保险人自己，也可以是被保险人或者投保人指定的人。有行为能力的投保人或被保险人可以指定受益人。投保人指定受益人时须经被保险人同意。投保人指定受益人未经被保险人同意的，人民法院应认定指定行为无效。投保人为与其有劳动关系的劳动者投保人身保险，不得指定被保险人及其近亲属以外的人为受益人。这是针对雇主保险的特别规定。雇主保险的保险金通常用于雇员的福利安排，包括退休或婚丧之类的情况。因此受益人应当是雇员本人或其近亲属。如果将其他人指定为受益人，其领取保险金后，可能仅将很小部分用于雇员或其家属，甚至全部为自己使用。这就违背了法律设定雇主保险的初衷，会引发被保险雇员及其家属的不满，导致纠纷。为了防止这种情况，保险法作出一定限制是完全必要的。

受益人可以变更，受益人的变更可以实现受益权的转让。投保人更改受益人时，须经被保险人同意。投保人变更受益人未经被保险人同意的，人民法院应认定变更行为无效。投保人或者被保险人在保险事故发生后变更受益人，变更后的受益人请求保险人给付保险金的，人民法院不予支持。

受益人故意造成被保险人死亡、伤残、疾病的，或者故意杀害被保险人未遂的，该受益人丧失受益权。

被保险人死亡后，有下列情形之一的，保险金作为被保险人的遗产，由保险人依照《民法典》的规定履行给付保险金的义务：没有指定受益人，或者受益人指定不明无法确定的；受益人先于被保险人死亡，没有其他受益人的；受益人依法丧失受益权或者放弃受益权，没有其他受益人的。受益人与被保险人在同一事件中死亡，且不能确定死亡先后顺序的，推定受益人死亡在先。

二、保险合同内容

保险合同应当包括下列事项：（1）保险人的名称和住所；（2）投保人、被保险人的姓名或者名称、住所，以及人身保险的受益人的姓名或者名称、住所；（3）保险标的；（4）保险责任和责任免除；（5）保险期间和保险责任开始时间；（6）保险金额；（7）保险费以及支付办法；（8）保险金赔偿或者给付办法；（9）违约责任和争议处理；（10）订立合同的年、月、日。投保人和保险人可以约定与保险有关的其他事项。保险合同的内容原则上以保险单记载为准。但是，如果保险单与投保单等记载不一，保险公司应当提醒投保人，投保人可以选择接受、修改或拒绝这种保险单。

案　例

陈某某与中国人寿保险股份有限公司东安分公司纠纷案

争议焦点：陈某某医疗事故死亡是否属于承保范围？[①]

① 参见湖南省永州市中级人民法院（2009）永中法民一终字第225号民事判决书。

第三节　保险合同的订立、生效和解释

一、保险合同的订立

一般而言，投保人提出保险要求，经保险人同意承保，保险合同成立。按保险行业的实际情况和惯常做法，投保人提交投保单构成要约，表明向保险人投保某种保险的意思表示，保险人予以承诺后合同成立。司法实践中，保险人接受了投保人提交的投保单并收取了保险费，尚未作出是否承保的意思表示，发生保险事故，被保险人或者受益人请求保险人按照保险合同承担赔偿或者给付保险金责任，符合承保条件的，人民法院予以支持。

保险合同可以书面形式订立。保险合同订立过程中，可能使用投保单、保险单、小保单和暂保单。投保单是标准的投保人要约，一经保险人承诺，保险合同成立。保险单是保险合同成立后，由保险人签发给投保人的书面凭证。① 小保单与保险单相似，只是其上一般不记载当事人权利义务条款，而以保险单内容为准。暂保单是保险人、保险代理人或保险经纪人在正式保单签发之前出具给投保人的临时保险合同。其效力与保险单的相同，但其效力期限一般为 30 日，且当保险单签发给投保人时，暂保单自动失效。当事人也可以约定采用其他书面形式载明合同内容。投保单与保险单或者其他保险凭证不一致的，以投保单为准。但不一致的情形系经保险人说明并经投保人同意的，以投保人签收的保险单或者其他保险凭证载明的内容为准。

案　例

在汤某诉保险公司案中，投保人未在投保单上签字，但缴纳了保费。法院认为，投保人交费表明他提出了投保要求；保险公司在明知投保人未于投保单签字的情况下收取了保费，并签发了加盖公司团险部印章的保险凭证，足以表明同意了投保人的投保要求。②

二、保险合同的效力

依法成立的保险合同，自成立时生效。投保人和保险人可以对合同的效力约定附条件或者附期限。

保险合同中显失公平的条款无效。《保险法》第 19 条规定，采用保险人提供的格式条款订立的保险合同中的下列条款无效：免除保险人依法应承担的义务或者加重投保人、被保险人责任的；排除投保人、被保险人或者受益人依法享有的权利的。

---

① 财产保险单是保险人与被保险人订立保险合同的书面证明，并不是有价证券，也不是可以折价或者变卖的财产，不能用于质押。参见最高人民法院《关于财产保险单能否用于抵押的复函》（法函〔1992〕47 号）。

② 参见江西省瑞昌市人民法院（2010）瑞民初字第 635 号民事判决书。中国保险行业协会组织．保险诉讼典型案例年度报告：第三辑．北京：法律出版社，2011：150.

案　例

王某国诉中国人寿保险公司淮安市楚州支公司纠纷案

争议焦点：(1) 人寿保险楚州支公司应否赔付王某国保险金？(2) 江苏省人民医院司法鉴定结论能否作为本案定案依据？[①]

三、保险合同的解释

采用保险人提供的格式条款订立的保险合同，保险人与投保人、被保险人或者受益人对合同条款有争议的，应当按照通常理解予以解释。对合同条款有两种以上解释的，人民法院或者仲裁机构应当作出有利于被保险人和受益人的解释。

案　例

曹某成、胡某兰、曹某建、曹某忠诉
民生人寿保险股份有限公司江苏分公司纠纷案

争议焦点：案涉被保险人驾驶的车辆能否解释为保险人免责条款中所规定的机动车？[②]

第四节　保险合同的履行

一、投保人、被保险人、受益人履行合同

按照《保险法》第 14 条的规定，保险合同成立后，投保人按照约定交付保险费。因此，不论为自己利益还是他人利益订立保险合同，在保险合同成立后，投保人应当按照保险合同约定的数额、时间、地点、方式，一次性或者分期向保险人缴纳保险费。保险费是保险保障的对价，交付保险费是投保人的基本义务。保险人对人寿保险的保险费，不得用诉讼方式要求投保人支付。

保险事故发生后，投保人等应当及时通知保险人，以便保险人及时调查事故发生的原因、损失范围，以免因拖延时日而丧失证据，影响对事故的核查和责任的确定。我国《保险法》第 21 条规定，投保人、被保险人或者受益人知道保险事故发生后，应当及时通知保险人。故意或者因重大过失未及时通知，致使保险事故的性质、原因、损失程度等难以确定的，保险人对无法确定的部分，不承担赔偿或者给付保险金的责任，但保险

① 参见江苏省淮安市中级人民法院（2012）淮中商终字第 0244 号民事判决书。
② 最高人民法院公报，2014（10）.

人通过其他途径已经及时知道或者应当及时知道保险事故发生的除外。

保险事故发生后，依照保险合同请求保险人赔偿或者给付保险金时，投保人、被保险人或者受益人应当向保险人提供其所能提供的与确认保险事故的性质、原因、损失程度等有关的证明和资料。保险人按照合同的约定，认为有关的证明和资料不完整的，应当及时一次性通知投保人、被保险人或者受益人补充提供。

案 例

马某某与甲保险公司财产保险纠纷上诉案

争议焦点：被保险车辆的修理费甲保险公司是否应予赔偿。①

二、保险人履行合同

保险人按照约定的时间开始承担保险责任。保险事故发生并造成保险标的损失或者保险合同约定的期限届满，保险人收到被保险人的通知后，应当依据法律法规和保险合同，对有关事实调查核实，核定保险责任，并向被保险人或者受益人支付保险赔偿金或者人身保险金。

根据我国《保险法》，保险人收到被保险人或者受益人的赔偿或者给付保险金请求后，应当及时作出核定，并将核定结果通知被保险人或者受益人。对属于保险责任的，在与被保险人或者受益人达成有关赔偿或者给付保险金额协议后10日内，履行赔偿或者给付保险金义务。保险合同对保险金额及赔偿或者给付期限有约定的，保险人应当依照约定，履行赔偿或者给付保险金义务。否则，保险人除支付保险金外，应当赔偿被保险人或者受益人因此受到的损失。保险金额是指保险人承担赔偿或者给付保险金责任的最高限额。对不属于保险责任的，应当自作出核定之日起3日内向被保险人或者受益人发出拒绝赔偿或者拒绝给付保险金通知书，并说明理由。保险人自收到赔偿或者给付保险金的请求和有关证明、资料之日起60日内，对其赔偿或者给付保险金的数额不能确定的，应当根据已有证明和资料可以确定的数额先予支付；保险人最终确定赔偿或者给付保险金的数额后，应当支付相应的差额。

案 例

在东兴建材厂诉保险公司案中，北京市第一中级人民法院认为，在东兴建材厂对定损金额提出异议后，保险公司应主动向修理厂提供其定损的依据并提供证据证明其合理性。修理后，保险公司认为修理费用过高，作为专业从事保险业务的保险公司，也应提供证据证明修理费存在明显不合理的部分。由于保险公司未能举证证明，所以法院作出了保险公司赔偿修理费和拖车费的判决。②

① 参见上海市第一中级人民法院（2010）沪一中民六（商）终字第200号民事判决书。

② 张印龙．车辆定损10.5万法院判赔26万保险公司特权被推翻．北京青年报，2007-12-26.

第五节　保险合同的变更、解除和终止

一、保险合同的变更和解除

在保险合同有效期内，投保人和保险人经协商同意，可以变更保险合同的有关内容。变更保险合同的，应当由保险人在原始保险单或者其他保险凭证上批注或者附贴批单，或者由投保人和保险人订立变更的书面协议。

投保人故意或者因重大过失未履行规定的如实告知义务，足以影响保险人决定是否同意承保或者提高保险费率的，保险人有权解除合同。投保人申报的被保险人年龄不真实，并且其真实年龄不符合合同约定的年龄限制的，保险人可以解除合同。

投保人、被保险人未依约对保险标的安全尽责的，保险人有权要求增加保险费或解除合同。对于货物运输保险合同和运输工具航程保险合同，在保险责任开始后，合同当事人不得解除合同。

据以确定保险费率的有关情况发生变化，保险标的危险程度明显减少或标的的价值明显减少时，除非合同另有约定，保险人应当降低保险费，并按日计算退还相应的保险费。

在合同有效期内，保险标的的危险程度显著增加的，被保险人应当按照合同约定及时通知保险人，保险人可以按照合同约定增加保险费或者解除合同。保险人解除合同的，应当将已收取的保险费，按照合同约定扣除自保险责任开始之日起至合同解除之日止应收的部分后，退还投保人。被保险人未履行前述规定的通知义务的，因保险标的的危险程度显著增加而发生的保险事故，保险人不承担赔偿保险金的责任。但是，依据《农业保险条例》第 11 条，在农业保险合同有效期内，合同当事人不得因保险标的的危险程度发生变化增加保险费或者解除农业保险合同。

保险标的转让的，保险标的的受让人承继被保险人的权利和义务。保险标的转让的，被保险人或者受让人应当及时通知保险人，但货物运输保险合同和另有约定的合同除外。因保险标的转让导致危险程度显著增加的，保险人自收到前述规定的通知之日起 30 日内，可以按照合同约定增加保险费或者解除合同。保险人解除合同的，应当将已收取的保险费，按照合同约定扣除自保险责任开始之日起至合同解除之日止应收的部分后，退还投保人。被保险人、受让人未履行上述通知义务的，因转让导致保险标的危险程度显著增加而发生的保险事故，保险人不承担赔偿保险金的责任。

对与危险增加相关的常见因素，最高人民法院《关于适用〈中华人民共和国保险法〉若干问题的解释（四）》第 4 条第 1 款做了列举。

未发生保险事故，被保险人或者受益人谎称发生了保险事故，向保险人提出赔偿或者给付保险金请求的，保险人有权解除合同。投保人、被保险人故意制造保险事故的，保险人有权解除合同。

保险责任开始前，投保人要求解除合同的，应当按照合同约定向保险人支付手续费，保险人应当退还保险费。保险责任开始后，投保人要求解除合同的，保险人应当将已收取的保险费，按照合同约定扣除自保险责任开始之日起至合同解除之日止应收的部分后，退还投保人。投保人解除人身保险合同的，保险人应当自收到解除合同通知之日起30日内，按照合同约定退还保险单的现金价值。

案　例

郑某诉甲财产保险公司财产保险合同纠纷案

争议焦点：(1) 被保险车辆的用途是否改变？(2) 被保险车辆用途改变是否导致危险程度显著增加？(3) 保险人是否预见或应当预见危险程度增加？[①]

案　例

太平人寿保险有限公司周口中心支公司与刘某某纠纷案

争议焦点：保险合同解除的法律后果是退还已交保费还是仅退还保险单的现金价值？[②]

二、保险合同的终止

（1）因期限届满而终止。

（2）因履行而终止。保险人赔偿或支付了全部保险金，即使保险合同消灭期限未满。保险标的发生部分损失的，在保险人赔偿后30日内，投保人可以终止合同；除合同约定不得终止合同的以外，保险人也可以终止合同。保险人终止合同的，应当提前15日通知投保人，并将保险标的未受损失部分的保险费，扣除自保险责任开始之日起至终止之日期间的应收部分后，退还投保人。

（3）因协议而终止。

（4）因合法解除而终止。

深度阅读

樊启荣．保险学．北京：北京大学出版社，2020.

邢海宝．中国保险合同法立法建议及说明．北京：中国法制出版社，2009.

小罗伯特·H. 杰瑞，道格拉斯·R. 里士满．美国保险法精解．4版．李之彦，译．北京：北京大学出版社，2009.

江朝国．保险法基础理论．北京：中国政法大学出版社，2002.

① 参见上海市闵行区人民法院（2019）沪0112民初18496号民事判决书。
② 参见河南省高级人民法院（2018）豫民再1517号民事判决书。

袁宗蔚．保险学：危险与保险．增订 34 版．北京：首都经济贸易大学出版社，2000.

曹兴权．被保险人安全维护法定义务的契约化：评《保险法》第 51 条．社会科学研究，2019 (3).

思考与练习

1. 保险合同有何特征？

2. 试述保险法上的受益人制度。

3. 如何理解我国《保险法》第 19 条？

4. 保险人如何履行其赔付义务？

5. 试述风险增加规则。

6. 投保人、被保险人为何应当保障保险标的的安全？

7. 被保险人欺诈索赔的后果是什么？

8. 甲为其妻乙投保意外伤害保险，指定其子丙为受益人。对此，下列哪些选项是正确的？（　　）

A. 甲指定受益人时须经乙同意

B. 如因第三人导致乙死亡，保险公司承担保险金赔付责任后有权向该第三人代位求偿

C. 如乙变更受益人无须甲同意

D. 如丙先于乙死亡，则出现保险事故时保险金作为乙的遗产由甲继承

第三十九章

财产保险合同

常考知识点

保险人对保险标的的权利保险人代位权　第三人对保险人的直接请求权

第一节　财产保险合同概述

一、财产保险合同的概念

财产保险合同是以财产及其有关利益为保险标的的保险合同。财产保险属于非定额保险、赔偿保险、损害保险或损失保险。根据财产保险合同，保险人有义务赔偿保险事故造成的损失，但是赔偿额不得超出被保险人的实际损失，也不得超过保险价值和保险金额。基于财产保险的这一特征，形成了重复保险、保险代位和保险委付等制度，目的是防止被保险人通过财产保险获得额外利益。另外，财产保险合同一般具有短期性，保险期限通常是一年。

二、财产保险合同的分类

财产保险包括火灾保险、海上保险、陆上空中保险等损失保险，还包括责任保险和信用保险等。损失保险是指以补偿财产损失为目的的保险合同。责任保险是指以被保险人对第三者依法应承担民事赔偿责任为标的的保险。信用保险是以债务人信用风险为保险标的的保险。

财产保险合同可以是定值保险合同与不定值保险合同。前者指当事人双方在订立保险合同时约定了保险标的价值并记载于保险单中的合同。投保人和保险人约定保险标的的保险价值并在合同中载明的，保险标的发生损失时，以约定的保险价值为赔偿计算标准。后者指在保险合同订立时，不载明保险标的价值，只载明保险金额，作为保险人承担保险责任的最高限额。投保人和保险人未约定保险标的的保险价值的，保险标的发生损失时，以保险事故发生时保险标的的实际价值为赔偿计算标准（《保险法》第55条）。

财产保险合同可分为足额保险合同、不足额保险合同与超额保险合同。足额保险合同，是指保险金额与保险价值相等的保险合同。此合同中，被保险人可获得足额赔偿。不足额保险合同，是指保险金额小于保险价值的保险合同。此合同中，如发生全损，保险人按投保的保险金额赔偿。如部分损失，保险人一般按约定的保险金额与保险价值的比例承担赔偿责任，也可约定损失多少，赔偿多少。超额保险合同，是指保险金额大于保险价值的保险合同。保险金额不得超过保险价值。超过保险价值的，超过部分无效，保险人应当退还相应的保险费。

财产保险可能发生重复保险。重复保险的投保人应当将重复保险的有关情况通知各保险人。重复保险的各保险人赔偿保险金的总和不得超过保险价值。除合同另有约定外，各保险人按照其保险金额与保险金额总和的比例承担赔偿保险金的责任。重复保险的投保人可以就保险金额总和超过保险价值的部分，请求各保险人按比例返还保险费。重复保险是指投保人对同一保险标的、同一保险利益、同一保险事故分别与两个以上保险人订立保险合同，且保险金额总和超过保险价值的保险。

案 例

葡萄牙忠诚保险有限公司与史带财产保险股份有限公司纠纷案

争议焦点：(1) 原告的重复保险分摊请求权是否成立？(2) 原告行使代位求偿权的情况对其分摊请求权的影响如何？[①]

第二节 财产保险合同的主要内容

一、保险标的

财产保险合同的保险标的，是投保人予以投保、保险人同意承保的财产或与财产有关的利益。财产保险中，不同投保人可就同一保险标的分别投保。

案 例

南通市申海工业技术科技有限公司与天安财产保险股份有限公司纠纷案

争议焦点：(1) 本案保险标的及其损失如何确定？(2) 天安保险公司是否应当以及如何承担保险责任？(3) 天安保险公司是否未依约及时赔付，以及是否应当因此承担相应赔偿责任？[②]

① 参见上海海事法院（2015）沪海法商初字第3049号民事判决书。
② 参见最高人民法院（2015）民二终字第15号民事判决书。

二、保险金额

保险金额，是投保人对保险标的实际投保金额，也是保险人计算保险费的依据和将来承担赔偿责任的最高限额。财产保险合同的保险金额是按保险标的的实际价值确定的，一般不得高于保险财产的实际价值。

三、保险责任

保险人应承担的责任主要包括自然灾害所造成的损失，意外事件所造成的损失，以及停电、停水、停气等造成的损失。

四、除外责任

除外责任是指在保险合同中列明的保险人对其不承保的危险事故所引起的损失所不担负责任的范围，包括：投保人或者被保险人故意制造保险事故的；战争、军事行动或者暴力行为所引起的财产损失；核辐射和污染所造成的财产损失；堆放在露天或仓储在不具备必要防护功能的场所或罩棚的保险财产，由于暴风雨所遭受的损失；财产本身缺陷、保管不善而致的损失以及变质、霉烂、受潮、虫咬和自然磨损与按制度规定的正常消耗；因遭受保险责任内的灾害或事故造成停工、停业等一切间接损失。

第三节　财产保险合同的效力

一、被保方的义务

（1）维护标的的安全。被保险人应当遵守国家有关消防、安全、生产、操作、劳动保护等方面的规定，维护保险标的的安全。根据合同的约定，保险人可以对保险标的的安全状况进行检查，及时向投保人、被保险人提出消除不安全因素和隐患的书面建议。

（2）保险标的危险程度增加时，及时通知保险人。有下列几种情况的，被保险人不负通知义务：危险的增加不影响保险人的负担；为保险人的利益而导致的危险程度增加；履行道德上的义务而导致的保险程度增加；保险人已经知道及应当知道的危险程度增加；保险人向被保险人声明不必通知的。

（3）保险事故发生时，被保险人应当尽力采取必要的措施，防止或者减少损失。保险事故发生后，被保险人为防止或者减少保险标的的损失所支付的必要的、合理的费用，由保险人承担；保险人所承担的费用数额在保险标的损失赔偿金额以外另行计算，最高不超过保险金额的数额。

二、保险人对保险标的的权利与代位求偿

对保险标的的权利，是指保险事故发生后，保险人已支付了全部保险金额，并且保险金额等于保险价值的，受损保险标的的全部权利归于保险人；保险金额低于保险价值的，保险人按照保险金额与保险价值的比例取得受损保险标的的部分权利。

案 例

美亚财产保险有限公司广东分公司诉安得物流股份有限公司、
中国太平洋财产保险股份有限公司佛山分公司纠纷案

争议焦点：美亚保险公司是否有权行使代位求偿权?[①]

代位求偿，是指在财产保险中，保险人向被保险人赔付保险金后，以自己的名义向第三人请求赔偿的行为。代位求偿的前提是，在保险事故发生后，保险人未赔偿保险金之前，被保险人没有放弃对第三人请求赔偿的权利。保险人行使代位求偿的范围应以保险人向被保险人实际支出的赔偿金数额为限。保险人行使代位请求赔偿的权利，不影响被保险人就未取得赔偿的部分向第三者请求赔偿的权利。

保险人向被保险人赔偿保险金后，被保险人未经保险人同意放弃对第三者请求赔偿的权利的，该行为无效。被保险人故意或者因重大过失致使保险人不能行使代位请求赔偿的权利的，保险人可以扣减或者要求返还相应的保险金。

除被保险人的家庭成员或者其组成人员故意造成对保险标的的损害外，保险人不得对被保险人的家庭成员或者其组成人员行使代位请求赔偿的权利。

三、第三人的直接请求权

依据《保险法》第 65 条规定，保险人对责任保险的被保险人给第三者造成的损害，可以依照法律的规定或者合同的约定，直接向该第三者赔偿保险金。责任保险的被保险人给第三者造成损害，被保险人对第三者应负的赔偿责任确定的，根据被保险人的请求，保险人应当直接向该第三者赔偿保险金。被保险人怠于请求的，第三者有权就其应获赔偿部分直接向保险人请求赔偿保险金。[②] 责任保险的被保险人给第三者造成损害，被保险人未向该第三者赔偿的，保险人不得向被保险人赔偿保险金。《机动车交通事故责任强制保险条例》第 31 条规定，保险公司可以向被保险人赔偿保险金，也可以直接向受害人赔偿保险金。

---

① 参见广东省广州市中级人民法院（2016）粤 01 民终 19279 号民事判决书。

② 最高人民法院《关于适用〈中华人民共和国保险法〉若干问题的解释（四）》第 15 条对“被保险人怠于请求”的情形作了规定。

深度阅读

贾林青．保险法．6版．北京：中国人民大学出版社，2020.

邹海林．保险法．北京：社会科学文献出版社，2017.

小罗伯特·H. 杰瑞，道格拉斯·R. 里士满．美国保险法精解．4版．李之彦，译．北京：北京大学出版社，2009.

江朝国．保险法基础理论．北京：中国政法大学出版社，2002.

袁宗蔚．保险学：危险与保险．增订34版．北京：首都经济贸易大学出版社，2000.

李利，许崇苗．对保证保险合同性质及相关法律问题的再探讨．保险研究，2020(11).

思考与练习

1. 试述财产保险合同的概念和分类。

2. 如何理解保险人的代位求偿权?

3. 试析第三人对保险人的直接请求权。

4. 甲参加乙旅行社组织的沙漠一日游，乙旅行社为此向红星保险公司购买了旅行社责任保险。丙客运公司受乙旅行社之托，将甲运送至沙漠，丙公司为此向白云保险公司购买了承运人责任保险。丙公司在运送过程中发生交通事故，致甲死亡，丙公司负事故全责。甲的继承人为丁。在通常情形下，下列哪些表述是正确的？(　　)

A. 乙旅行社有权要求红星保险公司直接对丁支付保险金

B. 丙公司有权要求白云保险公司直接对丁支付保险金

C. 丁有权直接要求红星保险公司支付保险金

D. 丁有权直接要求白云保险公司支付保险金

第四十章

人身保险合同

常考知识点

不可抗辩条款　年龄误报条款　宽限期条款

第一节　人身保险合同概述

一、人身保险合同的概念

人身保险合同是以人的寿命或身体为保险标的的保险合同。人身保险合同中的保险金额具有固定性。人身保险合同的保险期限具有长期性。人身保险合同的订立和履行具有一定的储蓄性。人身保险合同不存在代位求偿权。人身保险的被保险人因第三者的行为而发生死亡、伤残或者疾病等保险事故的，保险人向被保险人或者受益人给付保险金后，不得享有向第三者追偿的权利。但被保险人或者受益人仍有权向第三者请求赔偿。

二、人身保险合同的分类

人身保险可分为人寿保险、年金保险、健康保险、意外伤害保险。人寿保险是指以人的寿命为保险标的的人身保险。年金保险是指以被保险人生存为给付保险金条件，并按约定的时间间隔分期给付生存保险金的人身保险。其中，养老年金保险是指以养老保障为目的的年金保险。健康保险是指以健康原因导致损失为给付保险金条件的人身保险。健康保险分为疾病保险、医疗保险、失能收入损失保险、护理保险等。意外伤害保险是指以被保险人因意外事故而遭致身故、残疾或者发生保险合同约定的其他事故为给付保险金条件的人身保险。人寿保险和健康保险可以包含全残责任。健康保险包含两种以上健康保障责任的，应当按照一般精算原理判断主要责任，并根据主要责任确定险种类别。长期健康保险中的疾病保险，可以包含死亡保险责任，但死亡给付金额不得高于疾病最高给付金额。其他健康保险不得包含死亡保险责任，但因疾病引发的死亡保险责任除外。医疗保险和疾病保险不得包含生存保险责任。意外伤害保险可以包含由意外伤害导致的医疗保险责任。仅包含由意外伤害导致的医疗保险责任的保险应当确定为医疗保险。人身保险的设计类型分为普通型、分红型、投资联结型、万能型等。

第二节　人身保险合同的常见条款

一、不可抗辩条款

不可抗辩条款，是指保险合同约定的，当保险合同生效或复效超过一定时间后，保险人不得以投保人在订立合同时违反告知义务为由而解除合同的条款。依据我国《保险法》第 16 条第 3 款的规定，尽管投保人故意或者因重大过失未履行前款规定的如实告知义务，足以影响保险人决定是否同意承保或者提高保险费率的，保险人有权解除合同，但是，保险人的合同解除权，自保险人知道有解除事由之日起，超过 30 日不行使而消灭。自合同成立之日起超过 2 年的，保险人不得解除合同；发生保险事故的，保险人应当承担赔偿或者给付保险金的责任。

二、年龄误报条款

在订立保险合同时，如出现年龄误报或年龄不实的，在履行保险合同时一经发现，保险人一般不得主张保险合同无效，但应按实付保险费与真实应付保险费的比例，调整保险金额。依据《保险法》第 32 条，投保人申报的被保险人年龄不真实，并且其真实年龄不符合合同约定的年龄限制的，保险人可以解除合同，并按照合同约定退还保险单的现金价值。保险人行使合同解除权，适用《保险法》第 16 条第 3 款、第 6 款的规定。

三、战争条款

战争死亡一般为除外条款，但前提是战争与被保险人的死亡存在直接因果关系。

四、宽限期条款

它是投保人未按约定时间交付保险费时，合同约定的宽限或优惠期间。投保人只要在宽限期间内交付保险费，保险合同继续有效。在宽限期间内发生保险事故的，保险人可以在应给付的保险金中扣除投保人欠缴的保险费。依据《保险法》第 36 条，合同约定分期支付保险费，投保人支付首期保险费后，除合同另有约定外，投保人自保险人催告之日起超过 30 日未支付当期保险费，或者超过约定的期限 60 日未支付当期保险费的，合同效力中止，或者由保险人按照合同约定的条件减少保险金额。被保险人在前款规定期限内发生保险事故的，保险人应当按照合同约定给付保险金，但可以扣减欠交的保险费。

五、复效条款

保险合同因投保人未如期交付保险费而中止或失效后，投保人可以在一定条件下，要求恢复原保险合同的效力。按照最高人民法院《关于适用〈中华人民共和国保险法〉若干问题的解释（三）》第 8 条，保险合同效力依照《保险法》第 36 条规定中止，投保人提出恢复效力申请并同意补交保险费的，除被保险人的危险程度在中止期间显著增加外，保险人拒绝恢复效力的，人民法院不予支持。

六、质押贷款条款

在长期性人寿保险的情况下，投保人可以凭保险单质押，向保险人申请贷款，在约定时间内偿还本利。如果在偿还前发生保险事故，保险人可以在应给付的保险金中扣除借款本息，累计借款本息超过责任准备金时，保险单效力即行终止。

七、保险单转让条款

人身保险合同不能变更被保险人，但保险单可以转让。保险单转让须经不可变更受益人同意。另外，保险事故发生后，受益人将与本次保险事故相对应的全部或者部分保险金请求权转让给第三人，当事人主张该转让行为有效的，人民法院应予支持，但根据合同性质、当事人约定或者法律规定不得转让的除外。

八、他伤亡、自杀、自伤亡条款

投保人故意造成被保险人死亡、伤残或者疾病的，保险人不承担给付保险金的责任。投保人已交足 2 年以上保险费的，保险人应当按照合同约定向其他权利人退还保险单的现金价值。以被保险人死亡为给付保险金条件的合同，自合同成立或者合同效力恢复之日起 2 年内，被保险人自杀的，保险人不承担给付保险金的责任，但被保险人自杀时为无民事行为能力人的除外。保险人依照前述规定不承担给付保险金责任的，应当按照合同约定退还保险单的现金价值。保险人以被保险人自杀为由拒绝给付保险金的，由保险人承担举证责任。因被保险人故意犯罪或者抗拒依法采取的刑事强制措施导致其伤残或者死亡的，保险人不承担给付保险金的责任。投保人已交足 2 年以上保险费的，保险人应当按照合同约定退还保险单的现金价值。

案　例

肖某某与中国平安人寿保险股份有限公司益阳中心支公司纠纷案

争议焦点：崔某是否为“畏罪自杀”①？

九、不丧失价值任选条款

在投保人交付保险费后逐年积存了相当数额的责任准备金，这部分积存的准备金不因保险效力的变化而丧失其价值，投保人有权任意选择有利的方式处理。在保险事故发生前，投保人可以利用这部分现金价值。在保险事故发生后，投保人可以取回全部保险金。如果投保人不继续投保而使保险合同无效的，不可剥夺投保人对这部分现金价值的权利。

深度阅读

贾林青．保险法．6版．北京：中国人民大学出版社，2020.

范健，王建文．保险法．北京：法律出版社，2017.

徐卫东．保险法学．2版．北京：科学出版社，2015.

小罗伯特·H. 杰瑞，道格拉斯·R. 里士满．美国保险法精解．4版．李之彦，译．北京：北京大学出版社，2009.

江朝国．保险法基础理论．北京：中国政法大学出版社，2002.

袁宗蔚．保险学：危险与保险．增订34版．北京：首都经济贸易大学出版社，2000.

武亦文．保单贴现的法律规制路径．法学家，2020（2）.

李克强主持召开国务院常务会议 部署促进人身保险扩面提质稳健发展的措施等．http：//www.gov.cn/guowuyuan/cwhy/20201209c41/index.htm

思考与练习

1. 试比较财产保险与人身保险的区别。
2. 什么是不可抗辩条款？
3. 如何理解人身保险合同的停效、复效制度？

① 参见湖南省益阳市中级人民法院（2005）益民二终字第72号民事判决书。

第七编

海商法

第四十一章
海商法概述

常考知识点

海商法的概念和特点

第一节 海商法的概念和特点

一、海商法的概念

海商法是调整海上运输关系、船舶关系的法律规范的总称。"海上运输关系"，主要是指承运人、实际承运人同托运人、收货人或者同旅客之间，包括航次租船中出租人和承租人之间，承拖方同被拖方之间的关系。"船舶关系"，主要是指船舶所有人、经营人、出租人、承租人之间，抵押权人与抵押人之间，救助方与被救助方之间的关系，还包括船舶登记和管理关系等。另外，海商法还调整虽非典型的海上运输关系和船舶关系但与之紧密关联，即产生于其中或为之服务的某些法律关系，如船舶碰撞、海上油污事故、共同海损、海上保险（例如，因海上事故引起的港口设施或者码头作为保险标的的保险合同纠纷案件）等关系。

二、海商法的特点

海上运输及其他海上业务活动具有很大的冒险性，特别是在航运初期。其主要表现在海上存在特殊风险，同时需要巨额投资。为了鼓励航运业的发展，针对这种特殊风险，逐步形成了一系列的特殊法律制度，如船舶抵押制度、保证船员待遇的特别规定、海事请求保全制度、船舶优先权制度、海难救助制度、共同海损制度和海事赔偿责任限制。这些特殊的法律制度是其他法律部门所不具有的。

海商法是国内法，但由于海上运输具有较强的国际性，因而各国在制定海商法时不得不参照国际立法和国际惯例，以求得国际海上运输法律规则的相对统一。《中华人民共和国海商法》（以下简称《海商法》）是第一部大量将国际公约的规定引入国内立法的法律。其中，有些部分将公约的实质性条款全部引入，有些部分有选择地吸收。海商法还引入了国际惯例，诸如共同海损的确定、分摊和理算，均采用了国际惯例。由于《海商法》吸收了当时国际立法、国际惯例和国际海运实践的最新成就，因而受到国际海商法学界和实务界的好评，被人们认为是同国际社会接轨最好的一部法律。

第二节　我国海商法律制度

一、我国海商法及其完善

为了维护当事人各方面的合法权益，促进海上运输和经济贸易的发展，1992 年 11 月 7 日，第七届全国人民代表大会常务委员会第二十八次会议通过了《海商法》。为了正确适用法律，及时审理海事案件，1999 年 12 月 25 日，第九届全国人民代表大会常务委员会第十三次会议通过了《中华人民共和国海事诉讼特别程序法》。

为了正确审理海事案件，最高人民法院制定了一系列司法解释，包括《关于审理涉船员纠纷案件若干问题的规定》《关于审理海上货运代理纠纷案件若干问题的规定》《关于审理无正本提单交付货物案件适用法律若干问题的规定》《关于审理船舶碰撞和触碰案件财产损害赔偿的规定》《关于审理船舶碰撞纠纷案件若干问题的规定》《关于审理船舶油污损害赔偿纠纷案件若干问题的规定》《关于审理海事赔偿责任限制相关纠纷案件的若干规定》《关于审理海上保险纠纷案件若干问题的规定》《关于适用〈中华人民共和国海事诉讼特别程序法〉若干问题的解释》。目前，海商法正在酝酿修改之中。

二、国际公约等与我国海商法

我国海商法主要以国内立法为其渊源，但国际公约、国际惯例等也是其重要渊源。

国际海事条约是指国家间缔结的有关海运的双边或多边条约、协定、议定书及换文。例如，《1924 年统一提单的若干法律规定的国际公约》《1968 年修改统一提单若干法律规定的国际公约议定书》《1978 年联合国海上货物运输公约》《2008 年联合国全程或者部分国际海上货物运输合同公约》《1974 年海上旅客及其行李运输雅典公约》《1910 年统一船舶碰撞若干法律规定的国际公约》《1989 年国际救助公约》《1976 年海事赔偿责任限制公约》等。国际海事条约是海商法的重要表现形式。国际条约的目的是统一各国的海商法，所以其极大部分的规定必然是强制性的。当然，并非每个国际条约都无条件地在任何国家生效，它需要各国在其管辖领域内以一定方式予以实施。我国实行国际条约优先于国内法适用的原则。例如，《海商法》第 268 条第 1 款规定："中华人民共和国缔结或者参加的国际条约同本法有不同规定的，适用国际条约的规定；但是，中华人民共和国声明保留的条款除外。"这种方式有利于解决国际海事条约与国内海商立法的冲突。我国加入的国际条约及其议定书已有几十个。但须指出，我国司法实践中国际条约仅适用于涉外案件。这种做法导致内外有别，适用法律不统一，实际上违背了我国缔结或参加国际条约时所作的承诺，不符合国际条约统一各国立法的目的，也不符合我国加入世界贸易组织的要求。

国际惯例是指在国际上经反复实践逐渐形成，并为大多数国家所接受的成文或不成文的行为规则，例如，国际上广泛使用的船舶租赁格式合同、海上拖航格式合同、约克—安特卫普规则、英国海上保险法等。国际海事惯例可以作为我国的法律渊源。《海商法》第268条第2款规定："中华人民共和国法律和中华人民共和国缔结或者参加的国际条约没有规定的，可以适用国际惯例。"国际惯例本身并不具有拘束力，要对当事人产生拘束力还要经过当事人约定接受。例如，《海商法》第203条规定："共同海损理算，适用合同约定的理算规则；合同未约定的，适用本章的规定。"

深度阅读

司玉琢．海商法．4版．北京：法律出版社，2018.

邢海宝．海商法教程．北京：中国人民大学出版社，2008.

威廉·泰特雷．国际海商法．张永坚，等译．北京：法律出版社，2005.

张新平．海商法．北京：中国政法大学出版社，2002.

初北平，方阁．北欧海商事法律的流变与对我国《海商法》修改的启示．法学杂志，2019 (12).

思考与练习

1. 什么是海商法？
2. 海商法有哪些特点？
3. 我国海商法的特点是什么？

第四十二章
船舶和船员

常考知识点

船舶担保物权的类型和效力

第一节　船　舶

一、船舶概述

1. 船舶概念及构成。海商法调整的船舶，是指海船和其他海上移动式装置。用于军事的、政府公务的船舶不适用海商法。20 总吨以下的小型船艇，只有在船舶碰撞和海难救助中，才适用海商法。

船舶须由船体和器械两大部分组成，并具有转运力。船舶须供航海营运。船舶须在海上及与海相通可航水域的水面或水中航行。

2. 船舶的性质。船舶为合成物。船舶是由主物船体与从物属具等独立物结合而成的。船体是指船壳、甲板、龙骨及轮机等材料与结构。属具是指船上设备、救生小艇、锚、链、罗盘、绞盘、桌椅等，不包括给养品、货载（即使是船东所有）。船舶是动产，但又具有不动产的特性。船舶具有移动性，是动产。但是，各国法律通常对船舶的某些关系按不动产处理。如船舶所有权的取得、变更和消灭，抵押权的设立，光船租赁等均需办理登记。船舶作拟人化处理。物作为法律关系的客体或标的，本不具法律人格，但是，船舶在某些方面具有法律人格。船舶有名称、国籍、船籍等。

二、船舶所有权

船舶所有权，是指船舶所有人依法对其船舶享有的占有、使用、收益和处分的权利。船舶可以由两个以上的人共同拥有。船舶所有权的取得、转让和消灭，非经登记，不得对抗第三人。船舶共有，非经登记，不得对抗第三人。

船舶可因捕获、没收、征用等公法上原因与造船、买卖、赠与、继承、公司合并、免责委付、保险委付等私法原因而取得。船舶所有权通常可以通过买卖合同进行转让。

船舶所有权可因他人取得所有权而消灭，此外，抛弃、沉没、拆船等也会导致船舶所有权消灭。

三、船舶担保物权

1. 抵押权。船舶抵押权，是指抵押权人对于抵押人提供的作为债务担保的船舶（包括建造中船舶），在抵押人不履行债务时，可以依法拍卖，从卖得价款中优先受偿的权利。

船舶所有人或者船舶所有人授权的人可以设定船舶抵押权。除非共有人另有约定，船舶共有人就共有船舶设定抵押权，应当取得持有 2/3 以上份额的共有人的同意。设定船舶抵押权，非经登记，不得对抗第三人。除合同另有规定外，抵押人应当对被抵押船舶进行保险。

船舶共有人设定的抵押权，不因船舶的共有权的分割而受影响。船舶抵押权设定后，未经抵押权人同意，抵押人不得将被抵押船舶转让给他人。经抵押权人同意的转让，不影响抵押权的存在。抵押权人将被抵押船舶所担保的债权全部或者部分转让他人的，抵押权随之转移。同一船舶上可设定两个以上的抵押权，其顺序以登记的先后为准。抵押权设立后，抵押权人享有优先受偿权。被抵押船舶灭失，抵押权随之消灭。由于船舶灭失得到的保险赔偿，抵押权人有权优先于其他债权人受偿。

2. 船舶留置权。船舶留置权，是指造船人、修船人在合同另一方未履行合同时，可以留置所占有的船舶，以保证造船费用或者修船费用得以偿还的权利。船舶留置权在造船人、修船人不再占有所造或者所修船舶时消灭。船舶留置权主要适用民法关于留置权的一般规定。

3. 船舶优先权。船舶优先权，是指海事请求人依照海商法规定，向船舶所有人、光船承租人、船舶经营人提出海事请求，并对产生该海事请求的船舶具有优先受偿权利。

船舶优先权具有法定性，因为船舶优先权不能由当事人设定，而且船舶优先权所担保的债权也是由法律直接规定的。船舶优先权具有隐蔽性，它无须通过船舶占有和船舶优先权登记进行公示。船舶优先权具有优先性，船舶优先权不仅优先于债权，而且优先于船舶留置权，而船舶留置权优先于船舶抵押权。海商法关于船舶优先权的规定，不影响海事赔偿责任限制规定的实施。

（1）具有船舶优先权的债权。《海商法》第 22 条规定，享有船舶优先权的债权依次如下：其一，船长、船员和在船上工作的其他在编人员根据劳动法律、行政法规或劳动合同所产生的工资、其他劳动报酬、船员遣返费用和社会保险费用的给付请求；其二，在船舶营运中发生的人身伤亡的赔偿请求；其三，船舶吨税、引航费、港务费和其他港口规费的缴付请求；其四，海难救助的救助款项的给付请求；其五，船舶在营运中因侵权行为产生的财产赔偿请求。载运 2 000 吨以上的散装货油的船舶，持有有效的证书，证明已经进行油污损害民事责任保险或者具有相应的财务保证的，对其造成的油污损害的赔偿请求、不属于前述第 5 项规定的范围。

（2）船舶优先权的受偿顺序。依据《海商法》第 23 条的规定，各项海事请求，依照前述顺序受偿。但是，第 4 项海事请求，后于第 1 项至第 3 项发生的，应当先于第 1 项至第3项受偿。第1、2、3、5项中有两个以上海事请求的，不分先后，同时受偿；不足受偿的，按照比例受偿。第4项中有两个以上海事请求的，后发生的先受偿。这里体现了对海难救助的鼓励。有关费用应从船舶拍卖所得价款中先行拨付。

（3）船舶优先权的转移和消灭。船舶优先权不因船舶所有权的转让而消灭。具有船舶优先权的海事请求转移的，其船舶优先权转移。船舶优先权应当通过法院扣押产生优先权的船舶行使。船舶优先权的消灭原因主要有：船舶转让时，船舶优先权人自法院应受让人申请予以公告之日起满60日不行使；具有船舶优先权的海事请求，自优先权产生之日起满1年不行使；船舶经法院强制出售；船舶灭失。

第二节　船员及船长

一、船员

按我国《船员条例》的规定，船员，是指依照本条例的规定取得船员适任证书的人员，包括船长、高级船员、普通船员。船舶应当配备适当数量的船员。船员应当依法取得相应的船员适任证书。参加航行和轮机值班的船员还应当经过相应的船员适任培训、特殊培训，具备相应的船员任职资历，并且任职表现和安全记录良好。国际航行船舶的船员申请适任证书的，还应当通过船员专业外语考试。

二、船长及其职责

船长，是指依照《船员条例》的规定取得船长任职资格，负责管理和指挥船舶的人员。船长在保障水上人身与财产安全、船舶保安、防治船舶污染水域方面，具有独立决定权，并负有最终责任。船长为履行职责，可以行使下列权力：（1）决定船舶的航次计划，对不具备船舶安全航行条件的，可以拒绝开航或者续航；（2）对船员用人单位或者船舶所有人下达的违法指令，或者可能危及有关人员、财产和船舶安全或者可能造成水域环境污染的指令，可以拒绝执行；（3）发现引航员的操纵指令可能对船舶航行安全构成威胁或者可能造成水域环境污染时，应当及时纠正、制止，必要时可以要求更换引航员；（4）当船舶遇险并严重危及船舶上人员的生命安全时，船长可以决定撤离船舶；（5）在船舶的沉没、毁灭不可避免的情况下，船长可以决定弃船，但是，除紧急情况外，应当报经船舶所有人同意；（6）对不称职的船员，可以责令其离岗。船舶在海上航行时，船长为保障船舶上人员和船舶的安全，可以依照法律的规定对在船舶上进行违法、犯罪活动的人采取禁闭或者其他必要措施。

《深度阅读》

司玉琢．海商法．4版．北京：法律出版社，2018.

邢海宝．海商法教程．北京：中国人民大学出版社，2008.

李海．船舶物权之研究．北京：法律出版社，2002.

曹艳春，王玉宝．海洋强国背景下船员劳动权益的保护：兼论《海商法》“船员章”之修改．求是学刊，2020（6）.

曾江波，等．海事优先权项目与效力问题之比较研究//北京大学法学院海商法研究中心主办．海商法研究．总第10辑，2004.

思考与练习

1. 如何理解船舶的法律地位？

2. 船舶优先权和其他船舶物权的关系如何？

3. 船员的内涵和外延是什么？

4. 如何理解船长的地位和职责？

5. 南岳公司委托江北造船公司建造船舶一艘。船舶交付使用时南岳公司尚欠江北公司费用200万元。南岳公司以该船舶抵押向银行贷款500万元。后该船舶不慎触礁，需修理费50万元，有多名船员受伤，需医药费等40万元。如以该船舶的价值清偿上述债务，下列哪些表述是正确的？（　　）

A. 修船厂的留置权优先于银行的抵押权

B. 船员的赔偿请求权优先于修船厂的留置权

C. 造船公司的造船费用请求权优先于银行的抵押权

D. 银行的抵押权优先于修船厂的留置权

第四十三章

海上运输合同

常考知识点

提单的概念和功能　航次租船　承运人的责任和免责

海上运输，是指海上货物运输和海上旅客运输，包括海江之间、江海之间的直达运输。江河内的运输不在其调整范围内。另外，《海商法》第四章“海上货物运输合同”的规定，不适用于中华人民共和国港口之间的海上货物运输。

第一节　海上货物运输合同

一、海上货物运输合同的概念和特征

海上货物运输合同，是指承运人收取运费，负责将托运人托运的货物经海路由一港运至另一港的合同。它属于承揽性质的不要式诺成合同。海上货物运输合同中的货物包括活动物和由托运人提供的用于集装货物的集装箱、货盘或者类似的装运器具。

海上货物运输合同当事人是承运人和托运人。但是，海上货物运输的承运人往往委托或转委托实际承运人从事货物运输。海商法对承运人责任的规定，适用于实际承运人。再者，海上货物运输合同的效力往往及于收货人、提单持有人。托运人与承运人约定且在运输单证中载明的，运费可由收货人支付。收货人、提单持有人不承担在装货港发生的滞期费、亏舱费和其他与装货有关的费用，但是提单中明确载明上述费用由收货人、提单持有人承担的除外。

二、海上货物运输合同的种类

1. 班轮运输。班轮运输是接受众多托运人托运的件杂货或散货，实行定船、定费、定线、定港的运输。它以提单作为合同成立的证明，又叫提单运输。班轮运输包括货物联运和多式联运。货物联运，是指两个以上承运人以同一运输方式完成运输。多式联运，是指多式联运经营人以两种以上不同的运输方式，其中一种是海上运输方式，负责将货物从接受地运至目的地交付收货人，并收取全程运费的运输。多式联运实行一次托运、

一张单证、一次计费、一次保险。

2. 航次租船。它是指船舶出租人向承租人提供船舶或者船舶的部分舱位，装运约定的货物，从一港运至承租人指定的另一港，由承租人按照单位货物运费或者包干费支付约定运费的合同。出租人自行经营，就完成合同约定的航次对承租人负责，并根据装卸期限执行情况计算滞期费或者速遣费。它包括包运合同。包运合同是大量或整批货物的若干航次运输合同。包运合同中货物批交或航次数及船舶未定。

案　例

泰州金鑫船务有限公司诉
大连泰华国际物流有限公司航次租船合同纠纷案

争议焦点：被告大连泰华国际物流有限公司应否支付滞期费?①

三、海上货物运输合同的订立、变更和解除

1. 订立。海上货物运输合同可以口头形式订立。承运人或者托运人可以要求书面确认海上货物运输合同的成立。航次租船合同必须书面订立。

2. 变更。在航次租船合同中，经出租人与承租人协商同意，可以更换船舶或者更换货物。但更换的船舶应当符合合同约定，不符合合同约定的，承租人有权拒绝或解除合同；若更换的货物对出租人不利的，出租人有权拒绝或解除合同。

3. 解除。船舶在装货港开航前，托运人可以要求解除合同。但是，除合同另有约定外，托运人应当向承运人支付约定运费的一半；货物已经装船的，并应当负担装货卸货和其他与此有关的费用。

船舶在装货港开航前，因不可抗力或其他不能归责于承运人和托运人的原因致使合同不能履行的，双方均可解除合同，并互相不负赔偿责任。因不可抗力或者其他不能归责于承运人和托运人的原因致使船舶不能在合同约定的目的港卸货的，除合同另有规定外，船长有权将货物卸载于目的港邻近的安全港口或地点，视为履行合同。

航次租船出租人提供的船舶或者更换的船舶不符合合同规定的，承租人有权解除合同；出租人在约定的受载期限内未能提供船舶的，承租人有权解除合同。承租人更换的货物对出租人不利的，出租人有权解除合同。

四、承运人与托运人的权利和义务

承运人及托运人应当根据海商法关于海上货物运输合同的规定订立合同条款，确定权利和义务。海上货物运输合同和作为合同凭证的提单或者其他运输单证中的条款，违反海商法关于海上货物运输合同规定的无效。此类条款的无效，不影响该合同和提单或

① 参见武汉海事法院（2016）鄂72民初1277号民事判决书。

者其他运输单证中其他条款的效力。将货物的保险利益转让给承运人的条款或者类似条款无效。承运人可以在海商法关于海上货物运输合同规定的承运人责任和义务之外，增加承运人责任和义务。

1. 承运人的义务。第一，适航义务。承运人和航次租船的出租人在船舶开航前和开航当时，应当谨慎处理，使船舶处于适航状态，妥善配备船员、装备船舶和配备供应品，并使货舱、冷藏舱、冷气舱和其他载货处所适于并能安全收受、载运和保管货物。总之，船舶应当能够抵御本航次特定海上风险。

第二，管货义务。承运人和航次租船的出租人应当妥善、谨慎地装载、搬移、积载、运输、保管、照料和卸载所运货物，实现货物的安全运送。

第三，不得进行不合理绕航义务。承运人应当按照约定的或习惯的或地理上的航线将货物运往卸货港。船舶可在海上为救助或企图救助人命或者财产或作其他合理绕航。此外的绕航都属不合理绕航。

第四，不得迟延交付义务。货物未能在明确约定的时间内，在约定的卸货港交付的，为迟延交付。

2. 承运人的责任。承运人运输活动物的，应当履行托运人有关特别要求。承运人在舱面上装载货物，应当同托运人达成协议，或者符合航运惯例，或者符合有关法律、行政法规的规定。在承运人的责任期间内，货物发生灭失或者损坏，除法律规定的免责情况外，承运人应当负赔偿责任。

3. 承运人的基本权利。第一，收取运费及其他费用和留置权。承运人有权依照合同约定取得运费及其他费用。应当向承运人支付的运费、共同海损分摊、滞期费和承运人为货物垫付的必要费用及应当向承运人支付的其他费用没有付清，又没有提供适当担保的，承运人可以在合理的限度内留置其货物。

第二，享受免责或赔偿限额的权利。在责任期间货物发生的灭失或者损坏是由海商法规定的免责事由造成的，承运人不负赔偿责任。货物的灭失或损坏或者迟延交付是承运人或者承运人的受雇人、代理人的不能免除赔偿责任的原因和其他原因共同造成的，承运人仅在其不能免责的范围内负赔偿责任。除非故意或明知，承运人或者其受雇人或代理人还可根据海商法的规定，将其责任限制于单位责任限额和海事赔偿责任限额之内。

4. 托运人的基本义务。第一，及时交费。托运人应当按照约定向承运人支付运费。

第二，提供约定货物。货物品种、数量、包装不得任意变更。

第三，妥善包装和如实申报。托运人托运货物，应当妥善包装，并向承运人保证货物装船时所提供的货物的品名、标志、包数或者件数、重量或者体积的正确性。托运人托运危险货物，应当依照有关海上危险货物运输的规定，妥善包装，作出危险品标志和标签，并将其正式名称和性质以及应当采取的预防危害的措施书面通知承运人。

第四，手续及单证。托运人应当及时向港口、海关等主管机关办理货物运输所需的各项手续，并将已办理各项手续的单证送交承运人。

第五，指定卸货港。航次租船合同订有承租人选择卸货港条款的，承租人应当按照合同约定及时通知确定的卸货港。承租人未及时通知确定的卸货港，致使出租人遭受损失的，应当负赔偿责任。

5. 托运人的权利。托运人有权按照合同约定取得船舶或舱位；有权请求承运人签发提单；有权在目的港取得货物；有权依法对货物状况进行检验；对承运人在其责任期间应负责任的原因造成的货物损失或者迟延交付所造成的经济损失在法定期间提出并要求赔偿。除非具有过失，托运人或者其受雇人、代理人对承运人、实际承运人所遭受的损失或者船舶所遭受的损坏，不负赔偿责任。

五、提单

（一）提单的概念

提单，是指用以证明海上货物运输合同和货物已经由承运人接收或者装船，以及承运人据以交付货物的单证。

提单是海上货物运输合同的证明，在托运人与承运人之间，它是证明之一。在收货人、提单持有人与承运人之间，它是唯一证明。对按照航次租船合同运输的货物签发的提单，提单持有人是承租人的，承运人与该提单持有人之间的权利义务关系适用航次租船合同的规定。提单持有人不是承租人的，则适用提单的约定。但是，提单中载明适用航次租船合同条款的，适用该航次租船合同的条款。

提单货物收据，在托运人与承运人之间，它是证明之一。在善意第三人与承运人之间，它是唯一证明。

提单是物权凭证，转让提单，可以转移货物占有甚至所有权。如果签发的是指示提单或无记名提单，则承运人放货、收货人提货必须依凭提单进行，否则承运人或无单提货人应对提单持有人承担违约或侵权责任。不过，最高人民法院认为，一定条件下，例如，提单持有人通过与提货人、托运人签订补充协议重新取得了提单项下货物的占有权，并从中收取了部分款项，则提单丧失物权凭证效力，从而，承运人或收货人无单放货或提货的责任得以免除。①

案　例

中国建设银行股份有限公司广州荔湾支行诉
广东蓝粤能源发展有限公司等纠纷案

争议焦点：(1) 提单持有人是否因受领提单的交付而取得物权以及取得何种类型的物权？(2) 开证行行使提单质权的方式是否与行使提单项下货物动产质权的方式相同？②

---

① 参见最高人民法院《关于提单持有人向收货人实际取得货物后能否再向承运人主张提单项下货物物权的复函》(〔2000〕交他字第1号)。

② 参见最高人民法院 (2015) 民提字第126号民事判决书。

案 例

**海宁富兴塑胶有限公司诉宁波达源国际货运代理有限公司、
顺翔船务代理（深圳）有限公司、太平船务（英国）有限公司纠纷案**

争议焦点：承运人无单交货免责抗辩。①

（二）提单的种类

提单有记名提单、指示提单和不记名提单。记名提单，是收货人栏内载明具体收货人的不得转让的提单。指示提单，是收货人栏内记载“凭指示”的可以背书转让的提单。不记名提单，是收货人栏内空白的无须背书即可转让的提单。提单有已装船提单和待装船提单。前者是货物装船后签发的提单，后者是货物已处于承运人掌管之下但未装船时签发的提单。提单还有清洁提单和不清洁提单。前者指承运人未在提单正面批注货物表面状况的提单，后者为在提单正面进行批注的提单。

（三）提单的签发和留置

提单应当签发给谁？合同托运人有权请求海运承运人交付提单等运输单证。依据《海商法》第 72 条的规定，实际托运人亦有权请求承运人签发提单。在 FOB 贸易条件下，可以认为买卖双方已经约定应由卖方取得运输单证以保证贸易合同的履行。因此，实际托运人有优先于契约托运人向货运代理企业主张交付单证的权利。这一结论突破了合同相对性原则。这并未损害合同托运人的利益，却能有效地保护实际托运人的合法权益。

对于 FOB 贸易条件下，货运代理企业面对国内卖方和国外买方交付提单的请求时应向哪一方交付是实践中争议较大的问题，对此司法解释采取了保护货物所有人利益的司法政策，明确货运代理企业应向实际交付货物的卖方交付提单。最高人民法院《关于审理海上货运代理纠纷案件若干问题的规定》第 8 条第 1 款规定：货运代理企业接受契约托运人的委托办理订舱事务，同时接受实际托运人的委托向承运人交付货物，实际托运人请求货运代理企业交付其取得的提单、海运单或者其他运输单证的，人民法院应予支持。

此外，在货运代理业务中，关于货运代理企业能否扣留单证的问题一直存在很大争议。为此，上述规定第 7 条规定：海上货运代理合同约定货运代理企业交付处理海上货运代理事务取得的单证以委托人支付相关费用为条件，货运代理企业以委托人未支付相关费用为由拒绝交付单证的，人民法院应予支持。合同未约定或约定不明确，货运代理企业以委托人未支付相关费用为由拒绝交付单证的，人民法院应予支持，但提单、海运单或者其他运输单证除外。

---

① 参见浙江省高级人民法院（2019）浙民终 422 号民事判决书。

第二节 海上旅客运输合同

一、海上旅客运输合同概述

海上旅客运输合同，是指承运人以适合运送旅客的船舶经海路将旅客及其行李从一港运至另一港，由旅客支付票款的合同。

旅客客票是海上旅客运输合同成立的凭证。海上旅客运输合同不得免除承运人对旅客应当承担的法定责任；不得降低海商法所规定的承运人的赔偿责任限额；不得对海商法规定的举证责任作出相反的约定；不得限制旅客提出赔偿请求的权利。

二、当事人的权利和义务

1. 承运人的权利和义务。承运人有权依合同约定取得票款；有权处置旅客违章携带的物品；对旅客自带的货币、珠宝、金银、有价证券或其他贵重物品的毁损灭失不承担责任；有权享受法定免责和责任限额。

承运人对其责任期间内过失造成的损害应当承担赔偿责任。承运人应对全程运输负责。承运人将旅客运送委托实际承运人履行的亦然。实际承运人适用关于承运人责任的规定。

2. 旅客的权利和义务。旅客有权凭客票乘船并享受相应服务；对承运人或其受雇人、代理人在其责任期间过失造成的人身伤亡或行李损失，有权请求赔偿。

旅客不得无票乘船、越级乘船或超程乘船；不得携带、夹带违禁品或危险品上船；对行李损失的，旅客应在法定期间提出书面通知；旅客索赔时负有举证责任。

深度阅读

司玉琢．海商法．4 版．北京：法律出版社，2018.

邢海宝．提单权利之变动．北京：中国法制出版社，2007.

杨良宜．提单及其付运单证．北京：中国政法大学出版社，2001.

John Schofield. 装卸时间与滞期．3 版．张永坚，等译．大连：大连海事大学出版社，1998.

郭萍．《海商法》“海上旅客运输合同”章修改：现实困惑与价值选择．地方立法研究，2020 (3).

林源民．海上货物运输合同再议：兼评《海商法》的修改．中国海商法研究，2020 (2).

朱曾杰．再评《鹿特丹规则》．中国海商法研究，2012 (1).

《 思考与练习 》

1. 什么是海上货物运输合同？

2. 什么是提单？

3. 班轮运输的当事人的义务和责任是什么？

4. 简述海上旅客运输合同的概念和特点。

5. 如何理解海上旅客运输承运人的责任？

6. 航次租船合同有何特点？

7. 简述航次租船合同当事人的权利和义务。

8. 甲公司委托乙海运公司运送一批食品和一台大型设备到欧洲，并约定设备可装载于舱面。甲公司要求乙海运公司即日起航，乙海运公司告知：可以起航，但来不及进行适航检查。随即便起航出海。乙海运公司应对本次航行中产生的哪一项损失承担责任？（　　）

A. 因遭受暴风雨致使装载于舱面的大型设备跌落大海

B. 因途中救助人命耽误了航行，迟延交货致使甲公司受损

C. 海运公司的工作人员在卸载货物时因操作不慎，使两箱食品落水

D. 因船舱螺丝松动，在遭遇暴风雨时货舱进水淹没了 2/3 的食品

第四十四章
船舶租用合同

常考知识点

定期租船合同概念　当事人的权利和义务

第一节　定期租船合同

一、定期租船合同的概念与特征

定期租船合同，是指船舶出租人向承租人提供约定的由出租人配备船员的船舶，由承租人在约定的期间内按照约定的用途使用，并按租用时间和租金率支付租金的合同。定期租船合同的内容，主要包括出租人和承租人的名称、船名、船籍、船级、吨位、容积、船速、燃料消耗、航区、用途、租船期间、交和还船的时间和地点以及条件、租金及其支付，以及其他有关事项。在定期租船合同中，承租人而非出租人负责船舶的调度和营运。定期租船合同体现的是财产租赁关系，而非运输关系，故出租人收取的是租金而非运费。海商法关于定期租船合同当事人权利和义务的规定属于任意性规范，只有当合同未作约定或没有不同约定时，才予适用。定期租船合同可不记载海商法规定的内容。实践中，定期租船合同多用格式合同。

二、当事人的权利和义务

（一）出租人的权利和义务

出租人有权按照约定取得租金；当承租人未能按照约定支付租金或者其他款项的，出租人对船上属于承租人的财产及转租收入享有留置权；当承租人违反约定用途及约定航区从事海上运输时，有权解除合同；有权在租期内转让船舶所有权。

出租人应当按期交船；应在交船时使船舶适航；应在租期内使船舶恢复约定的适航状态；听从承租人按合同约定发出的营运指示。

（二）承租人的权利和义务

当出租人未按合同约定时间交船或交付的船舶不适航或不适于约定用途的，承租人有权解除合同；出租人过错致使船舶在租期内出现不适航状态不能正常营运连续满 24 小时的，承租人有权对损失的营运时间不支付租金；有权在遵守租船合同的前提下对船舶营运发出指示；有权转租船舶；有权取得部分海难救助款项；有权合理超期使用船舶。

承租人应按合同约定支付租金；应在约定航区内安全营运；应运送合法的、安全的货物；应完好交还船舶。

案　例

黄某坤与陈某景定期租船合同纠纷案

争议焦点：合同是否已履行？谁应承担违约责任？①

第二节　光船租赁合同

一、光船租赁合同概述

光船租赁合同，是指船舶出租人向承租人提供不配备船员的船舶，在约定的期间内由承租人占有、使用和营运，并向出租人支付租金的合同。光船承租人有权自己雇用船员，享有较大的权利，承担较重的义务和风险。光船租赁合同可以不记载海商法规定的条款，而以格式合同另定有关条款。

二、当事人的权利和义务

（一）出租人的权利和义务

出租人有权依照合同取得租金；承租人不支付租金的，出租人有权解除合同；由于承租人对船舶占有、使用和营运使出租人的利益受到影响或损失的，出租人有权要求消除影响或赔偿损失。

出租人应当按照约定交付适航且适于约定用途的船舶；应当保证承租人在租期内对船舶的占有、使用和营运权的行使；不得任意设定船舶抵押权。

（二）承租人的权利和义务

承租人有权依合同约定接受船舶；船舶发生灭失或者失踪的，租金应当自船舶灭失或者得知其最终消息之日起停止支付，预付租金应当按照约定比例退还；有权合理使用船舶；因船舶所有权争议或出租人所负的债务致使船舶被扣押，而影响或损害承租人利益的，承租人有权要求承担责任。

---

① 参见广州海事法院（2017）粤 72 民初 96 号民事判决书。

承租人应依合同约定支付租金；应对船舶进行维修保养；应当按照合同约定的船舶价值，以出租人同意的保险方式为船舶进行保险，并负担保险费用；不得擅自转让合同权利义务或者光船转租。

深度阅读

郭萍，吕方圆．租船实务与法律．北京：高等教育出版社，2017.

于诗卉．租船合同：英国法和中国法．大连：大连海事大学出版社，2014.

杨良宜．期租合约．大连：大连海事大学出版社，2000.

司玉琢．航次租船合同的立法反思：以《海商法》修改为契机．中国海商法研究，2019 (4).

王肖卿．船舶航次租用的本质是“租”不是“运”．中国海商法研究，2019 (4).

周成杰，等．略论定期租船合同中承租人的指令//北京大学法学院海商法研究中心主办．海商法研究：总第 10 辑，2004.

万晴雪，等．燃油争议热点问题分析及最新案例介绍//中国海商法协会主办．中国海商法年刊，2003.

思考与练习

1. 试述定期租船合同的特点。
2. 什么是光船租船合同？
3. 简述定期租船合同当事人的权利和义务。
4. 简述光船租船合同当事人的权利和义务。

第四十五章 海上拖航合同

常考知识点

海上拖航合同的概念和特征

第一节　海上拖航合同的概念和特征

一、海上拖航合同的概念

海上拖航合同，是指承拖方用拖轮将被拖物经海路从一地拖至另一地，而由被拖方支付拖航费的合同。

海上拖航，是指一船利用其动力和设备将他船或他物经海路由一地拖至另一地，或者协助他船靠岸、离岸、移泊、掉头等。当某些船舶或者其他漂浮物体没有自航能力，或者虽有自航能力，但由于某种故障或意外事故丧失了自航能力时，需要由拖轮予以拖航。

目前，各国海商法对海上拖航进行专门调整的具体规范并不多见，调整拖航业务的主要是各拖轮公司制定的拖航合同。在我国，调整拖航法律关系的主要是《海商法》中关于拖航合同的规定以及中国拖轮公司制定的标准拖航合同。

二、海上拖航合同的特征

海上拖航合同是一种独立的合同，性质比较特殊，由海事法专门调整。海上拖航合同不适用雇用合同或承揽合同法律规则。[①] 日本拖航合同标准格式中就规定："本合同为拖航合同，不得解释为租用合同或个人服务合同。"海上拖航合同既不同于海上运送拖带（运输）合同，又不同于海上救助合同。

---

① 理论上，按拖轮义务的大小，海上拖航合同可分为雇用型拖航合同与承揽型拖航合同。前者，拖轮仅负有尽其努力拖航的义务，不负担将被拖物从一地拖至另一地的保证义务。后者，承拖方则负有此项保证义务。这两种拖航合同表面上带有雇用合同或承揽合同的特征。由于承拖方往往加入大量免责条款，因而绝对的承揽型拖航合同是不存在的。

（一）海上拖航合同不同于海上货物运送拖带合同

海上拖航合同与海上货物运送拖带合同相比，它们的区别在于：（1）海上货物运送拖带合同适用海上货物运输法；而海上拖航合同主要适用海上拖航法。（2）在货物运送拖带中，拖带方向另一方提供具有动力的拖轮以及适货的被拖船舶将另一方的货物安全地送至目的地；而拖航中拖带方单纯地提供拖轮的动力及其设备，使被拖船或物取得或加快船速，或协助被拖船物完成某项特定任务。（3）海上货物运送拖带合同的标的是货物运输，货物装于作为运输工具的船舶上；但在海上拖航合同情况下，被拖物并未装载于拖轮之上，而是通过拖绳及索具与拖轮联系在一起，保持一定距离以避免碰撞。（4）海上拖轮由于不易控制、看管被拖物，同时拖轮与被拖物又极易相撞，危及拖轮安全，因此，海上拖航合同风险远远大于海上运送拖带合同的。（5）海上货物运送拖带中，承拖方除了保证拖轮的适航性外，还须对被拖船舶的适拖性和适货性负责；海上拖航中，被拖物的适拖性应由被拖方负责，如果被拖物装有货物，被拖物的适货性也由被拖方负责。（6）在海上货物运送拖带情况下，承运人要负责货物的装船、搬移、积载、运输、照料、保管与卸船；但在海上拖航情况下，承拖方只负责提供拖力，而不负责被拖物及其上财产的装卸、保管与照料等事项。（7）海上货物运送拖带中，如果货物抵达目的地时处于损失状态，则拖带方应当证明该项损失是由于可以免责的原因造成的，否则将承担赔偿责任；海上拖航中，承拖方只有在被拖方证明其有过错的情况下才承担责任。

但是，海上拖航合同与海上货物运送拖带合同也有相联系之处：如果拖轮所有人拖带其自己所有或取得使用权的驳船，驳船上装载他人的货物，则在拖轮所有人与货物所有人之间构成海上货物运输关系，这时拖轮所有人与货主之间的合同称为拖驳运输合同。我国《海商法》第164条规定，拖轮所有人拖带其所有的或者经营的驳船载运货物，经海路由一港运至另一港的，视为海上货物运输。这里拖轮所有人扩展为拖轮所有人、经营人或承租人。而当拖轮和被拖的驳船属于不同的所有人、经营人或承租人时，拖轮与驳船之间属于拖航合同关系，而驳船的所有人（或经营人）与第三者驳船所载货物的所有人之间，属于运输合同关系。在拖航过程中发生货损事故时，如被拖方能够证明承拖方负有过失时，则承拖方不仅要对被拖方负责，还应承担对货主的赔偿责任。但是，如依拖带合同，承拖方可以免责，则一般由被拖方赔偿货主损失。

（二）海上拖航合同不同于海上救助合同

在海难救助过程中，救助人常常采用拖航的方式。但两者有着明显的区别：（1）两者的对象不同。海上拖航合同的对象是没有处于危险中的船舶或物体。被拖物应处于适拖的状态而不面临具体的风险威胁。海难拖航救助合同的对象是处于危险中的船舶或物体。就船舶而言，海上拖航的被拖船舶已非海商法意义上的船舶。相反，海难拖航的被拖船舶是海商法意义上的船舶。（2）两者的目的不同。海上拖航合同的目的是拖航，承拖方通过提供拖力服务来使被拖物的空间位置发生改变或完成约定工作；而海难拖航救助合同的目的在于救助，通过救助方提供拖航服务而使被救助物脱离险境。（3）两者的报酬不同。海上拖航合同的承拖方在完成合同后，被拖方按照合同的规定向承拖方支付拖航费；而海难拖航救助合同，除了雇用救助，通常采取无效果、无报酬的计酬方式，而且报酬通常比海上拖航合同的拖航费要高。

海上拖航合同与海难拖航救助合同也有相同之处，即它们都具有海上服务的性质。而且，在特定的条件下，海上拖航合同与海难拖航救助合同可以相互转化。在海上拖航过程中，被拖物遭遇了不能归责于承拖方的不可预见和非同寻常的风险，而非仅仅是影响或阻碍拖航的困难，并处于危险状态，承拖方对被拖物进行了救助，该救助超过了承拖方根据拖航合同应尽的职责，如拖轮上的船员扑灭被拖船上的大火，则承拖方有权请求救助报酬。

在海难拖航救助过程中，救助方使被救助物脱离了危险进入安全的地点或处于安全的状态，但被救助物仍需要拖力，则此时拖航救助就转化成一般的海上拖航关系。例如，拖轮将搁浅的船舶起浮并拖至港口锚地等待入港之前为救助，之后的拖带则为拖航行为。

第二节　海上拖航合同的订立和解除

一、海上拖航合同的订立

海上拖航合同通常由承拖方和被拖方双方当事人就拖航事宜主要条件达成一致，即告成立。但在有些国家，则需经过经纪人签订合同。拖航合同是否必须采取书面形式，不同国家有不同的要求。我国《海商法》第156条规定：“海上拖航合同应当书面订立。”实务中，由于承拖方通常是专营或兼营拖航业务的公司，大都有各自的标准合同格式，或采纳航运组织拟定的拖航合同格式，因而海上拖航合同一般是在事先准备好的标准合同基础上达成的，即以书面形式订立。

根据《海商法》第156条，海上拖航合同的内容，主要包括承拖方和被拖方的名称和住所、拖轮和被拖物的名称和主要尺度、拖轮马力、起拖地和目的地、起拖日期、拖航费及其支付方式，以及其他有关事项。按照解释，其他有关事项通常包括：解约日，预计到达目的地的日期，拖船和被拖物的适航性和适拖性，拖船的替换，随船船员，安全港口，承托方的留置权，绕航，救助，共同海损以及港口费用等，责任与免责，合同的解除，索赔、仲裁，法律适用和经纪人佣金等。

二、海上拖航合同的解除

当事人可以自行约定合同解除事由。另依海商法，起拖前或起拖后，因不可抗力或者其他不能归责于双方的原因致使合同不能履行或不能继续的，双方均可解除合同，并互不负赔偿责任。除合同另有约定外，拖航费已经支付的，承拖方应当退还被拖方。因不可抗力或者其他不能归责于双方的原因致使被拖物不能拖至目的地的，除合同另有约定外，承拖方可在目的地邻近地点或者拖轮船长选定的安全港口或者锚泊地，将被拖物移交给被拖方或者其代理人，视为履行合同。

第三节　当事人的权利和义务

海上拖航风险很大，责任制度是其要害。对于拖航责任，我国不是规定承拖方对一切损失概不负责，完全由被拖方负责，或者拖航过程谁指挥、谁负责，而是规定了如下制度。

一、承拖方的权利和义务

承拖方有权依照合同约定收取拖航费；若被拖方未按约定支付拖航费和其他合理费用的，承拖方有权留置被拖物。

承拖方应使拖轮适航、适拖；如无另外约定，在拖航中，承拖方应对自己过失造成被拖方的损失进行赔偿，并依法对被拖方过失造成第三人的损害承担连带赔偿责任。但拖轮船长、船员、引航员或者承拖方的其他受雇人、代理人在驾驶拖轮或者管理拖轮中的过失，或者拖轮在海上救助或企图救助人命或财产的过失造成的损失，承拖方不承担责任。

二、被拖方的权利和义务

被拖方有权对承拖方在拖航过程中依法不能免责的过失造成的被拖方的损失索赔。

被拖方应当使被拖物处于适拖状态，并向承拖方提供有关资料；按照约定支付拖航费及其他合理费用；如无另外约定，在拖航中，被拖方应对自己过失造成承拖方的损失进行赔偿；依法对承拖方过失造成第三人的损害承担连带责任。

《深度阅读》

司玉琢．海商法．4版．北京：法律出版社，2018.

司玉琢．海商法专论．4版．北京：中国人民大学出版社，2018.

李爱华．海商法．北京：清华大学出版社，2014.

邢海宝．海商法教程．北京：中国人民大学出版社，2008.

於世成，等．海商法．北京：法律出版社，2002.

《思考与练习》

1. 试述拖航合同的性质和特点。
2. 拖航合同当事人的权利和义务有哪些?
3. 比较普通拖航与救助拖航。

第四十六章
船舶碰撞

常考知识点

船舶碰撞的概念和类型

第一节　船舶碰撞的概念和构成

一、船舶碰撞的概念

传统上，广义的船舶碰撞，是指船舶之间在海上或与海相通的可航水域发生实际接触造成一方或多方损害的事故。狭义的船舶碰撞，就是海商法上的船舶碰撞。它通常是指海船与海船之间、海船与内河船舶之间发生碰撞导致有关船舶及船上财产、人员损害。

传统的船舶碰撞概念已延续一百多年，它随着航海事业的发展及海上侵权行为的多样化，已不适应现代法律的需要。因此，出现了船舶碰撞的新概念。这一新概念最早出现于《里斯本规则草案》。该公约草案规定了两个船舶碰撞定义。其一，船舶碰撞，是指船舶间发生的导致灭失或损害的任何事故，即使船舶没有发生实际接触。其二，船舶碰撞，是指一船或多船的过失造成的两船或多船间的相互作用所引起的灭失或损害，而不论船舶间是否发生接触。该公约草案同时规定，船舶，是指碰撞中所涉及的不论是否可航的任何船只、航艇、机器、井架或平台。船舶碰撞新概念突破了传统概念。应当指出，《里斯本规则草案》提出的船舶碰撞新概念，旨在统一海上一切侵权行为所引起的损害赔偿，包括船舶之间、船舶与非船舶之间、非船舶之间的油污损害、碰撞、触碰、间接碰撞、浪损、火灾、爆炸、油污、核伤害等。但新概念仅适用于《里斯本规则草案》提出的损害赔偿的原则和计算方法，其目的在于，如果所有的利害关系人能接受该规则，那么对因船舶碰撞引起的索赔就能在一个同样的基础上进行处理，这将减少费用。但确定碰撞责任不适用该草案。

我国《海商法》第 165 条给船舶碰撞下了这样的定义："船舶碰撞，是指船舶在海上或者与海相通的可航水域发生接触造成损害的事故。前款所称船舶，包括与本法第三条所指船舶碰撞的任何其他非用于军事的或者政府公务的船艇。"《海商法》第 3 条第 1 款规定："本法所称船舶，是指海船和其他海上移动式装置，但是用于军事的、政府公务的船舶和 20 总吨以下的小型船艇除外。”《海商法》第 170 条规定：“船舶因操纵不当或者不遵守航行规章，虽然实际上没有同其他船舶发生碰撞，但是使其他船舶以及船上的人员、货物或者其他财产遭受损失的，适用本章的规定。”

二、船舶碰撞的构成

我国《海商法》规定的船舶碰撞的构成要件如下。

1. 碰撞一般必须发生在船舶之间。碰撞的船舶，一方必须是除用于军事的或政府公务的船舶和 20 总吨以下的小型船艇以外的海船和其他移动式装置，他方必须是除用于军事的或政府公务的船舶以外的任何船艇，包括海船、内河船、20 总吨以下的小型船艇。《海商法》第 165 条所指的船舶碰撞，不包括内河船舶之间的碰撞（最高人民法院《关于审理船舶碰撞纠纷案件若干问题的规定》第 1 条）。另外，《海商法》第 170 条规定了间接碰撞：“船舶因操纵不当或者不遵守航行规章，虽然实际上没有同其他船舶发生碰撞，但是使其他船舶以及船上的人员、货物或者其他财产遭受损失的，适用本章的规定。”非因船舶碰撞导致船舶触碰引起的侵权纠纷依照《民法典》的规定确定触碰船舶的赔偿责任，但不影响《海商法》第八章之外其他规定的适用。

2. 碰撞必须发生在海上或与海相通的可航水域。“与海相通的可航水域”应指可供 20 总吨以上海船自由航行的通海水域。任何与海相通但不可航行水域发生的船舶碰撞，都不适用海商法关于船舶碰撞的规定。

3. 碰撞须有损害结果。船舶碰撞没有造成船舶及船上人员、货物或者其他财产损失的，不构成船舶碰撞。

4. 直接碰撞不以过失为要件。间接碰撞须以过失即操纵不当或者不遵守航行规章为要件。

第二节 船舶碰撞种类

依碰撞的过错划分，船舶碰撞可分为两大类。

一、有过错的船舶碰撞

有过错的船舶碰撞，包括过失碰撞和故意碰撞。故意碰撞极为罕见。过失碰撞则是船舶碰撞的主要原因。因此，我们只讨论过失碰撞。过失碰撞又可作如下划分。

1. 单方过失而引起的船舶碰撞。它是指船舶碰撞事故因一方的过失所致。单方过失碰撞多为在航船舶在港内航行时碰撞停泊船舶。

2. 双方或多方过失引起的船舶碰撞。它是指船舶碰撞事故由双方或多方的过失所致。依据《海商法》第 169 条第 1 款，过失可以分为：互有过失，各有主次；互有过失，程度相当；互有过失，比例无法判定。

在船舶碰撞法律中，判断过失一般适用客观标准，即有关人员是否运用了通常的技术和尽到了合理的谨慎。驾驶船舶过失的尺度是合格船员的良好船艺或航行规则。船员的管船过失的尺度是合格船员是否已经合理谨慎行事和发挥应有技能。船东管船过失的范围较广，包括是否提供适航船舶并保持其良好状态，其尺度是国际公约或国内法。

船舶碰撞的过失比例一般结合导致碰撞的各种因素确定。构成主要因素的为主要过失，构成次要因素的为次要过失。主要因素，是指构成碰撞紧迫局面的因素。次要因素，是指当紧迫局面已经形成，碰撞难以避免时，采取应急措施欠当。理由是构成紧迫局面一方有足够的时间进行观察、分析和判断，可以主动避让，而另一方没有机会反复考虑以作出正确的反应动作。

二、无过错的船舶碰撞

依据我国《海商法》第 167 条的规定，无过错的船舶碰撞，包括由于不可抗力、其他不能归责于任何一方的原因或无法查明的原因造成的船舶碰撞。

1. 不可抗力造成的船舶碰撞。它是指无法预见、无法避免和无法克服的自然外力和社会因素，如台风、海啸、战争、暴乱等，导致船舶碰撞他船。

2. 其他不能归责于任何一方的原因造成的碰撞，又称意外原因造成的碰撞。此即除不可抗力以外的其他不能归责于任何一方的原因造成的船舶碰撞，也即自危险局面形成之前直至碰撞发生或行将发生为止的整个期间，船员已恪尽职责，运用了良好船艺，未违反航行规则，但仍不能预见而避免潜在事件造成的碰撞。

3. 无法查明的原因造成的碰撞。对于船舶碰撞的真实原因，当事船舶双方不能举证证明，主管机关的调查和专家的鉴定也不能确定。这种情况下的碰撞极其罕见。

第三节　船舶碰撞责任

一、过失碰撞责任

（一）单方过失碰撞责任

《海商法》第 168 条规定：“船舶发生碰撞，是由于一船的过失造成的，由有过失的船舶负赔偿责任。”如果船舶碰撞损害是由一船的过失造成的，依法由该有过失的船舶单独承担一切损害责任。

（二）互有过失碰撞责任

《海商法》第 169 条第 1 款规定：“船舶发生碰撞，碰撞的船舶互有过失的，各船按照过失程度的比例负赔偿责任；过失程度相当或者过失程度的比例无法判定的，平均负赔偿责任。”

此外，《海商法》还针对财产损失和人身伤亡规定了不同的赔偿责任。《海商法》第169条第2款规定："互有过失的船舶，对碰撞造成的船舶以及船上货物和其他财产的损失，依照前款规定的比例负赔偿责任。碰撞造成第三人财产损失的，各船的赔偿责任均不超过其应当承担的比例。"《海商法》第169条第3款规定："互有过失的船舶，对造成的第三人的人身伤亡，负连带赔偿责任。一船连带支付的赔偿超过本条第一款规定的比例的，有权向其他有过失的船舶追偿。"

二、无过失碰撞责任

《海商法》第167条规定："船舶发生碰撞，是由于不可抗力或者其他不能归责于任何一方的原因或者无法查明的原因造成的，碰撞各方互相不负赔偿责任。"据此，在无过失碰撞中，各船对碰撞损失互不负赔偿责任，由各受害方自行承担。

应当指出，原因无法查明与过失程度无法判定不同。于前者，无法判断各方是否有过失，是一方责任还是多方责任，即碰撞原因无从查起，属加害船舶免责。于后者，则在肯定各船均有过失有责任的前提下，无法判断各自过失的大小或比例，属于过失比例责任。

三、过失程度的证明

碰撞船舶船载货物权利人或者第三人向碰撞船舶一方或者双方就货物或其他财产损失提出赔偿请求的，由碰撞船舶方提供证据证明过失程度的比例。无正当理由拒不提供证据的，由碰撞船舶一方承担全部赔偿责任或者由双方承担连带赔偿责任。

四、船舶碰撞损害赔偿

船舶碰撞事故发生后，最终要确定过失方损害赔偿问题，即过失方赔偿金额。由于《海商法》未明确规定赔偿的原则、范围和计算等，故应适用民法及其海事法规的规定。

（一）船舶碰撞损害赔偿原则

1. 恢复原状原则

恢复原状，就是损害赔偿应使受害方尽量接近受害事故发生前的状况。但是，对于碰撞造成的人身伤亡，不适用该原则。

2. 直接损失赔偿原则

据此原则，受害方只能追偿碰撞的立即的直接损害，包括可得利益损失，如本可赚得的运费等。但是，受害方不能追偿信赖利益损失，如船舶碰撞后不能履行与他人的合同而导致的违约损失。

3. 受害方尽力减少损失原则

当船舶发生碰撞后，受害船舶作为一个谨慎的船舶所有人，应尽力采取合理措施，将损失控制在最小范围内。受害方不得索赔未合理减少而扩大的损失。

（二）船舶碰撞损害赔偿范围与计算标准

船舶碰撞的损害赔偿，不仅包括船舶本身的损害赔偿，还包括船上所载货物、财产的损害赔偿，以及船上旅客和船员的人身伤亡损害。

1. 船舶的损害赔偿

船舶损害赔偿分全损赔偿与部分损害赔偿。船舶实际全损的赔偿范围为：船舶价值、船期损失、支付给第三人的赔偿、船员工资和遣返费用、利息、杂费。船舶推定全损的损害计算与实际全损的基本相同，但在判定推定全损、残骸的打捞与检查、残骸的法律地位等方面有所差异。船舶部分损害的赔偿范围为：修理费及附带费和支付第三人的费用、净营利损失和维持费用。

2. 货物等船上财产的损害赔偿

船上财产损害赔偿范围包括：船上财产的灭失或者部分损坏引起的贬值损失；货物迟延交付所致损失；合理的修复费或处理费；合理的财产救助、打捞和清除费用、共同海损分摊；其他合理的费用；利息损失；期租承租人的燃油损失。

3. 人身伤亡的损害赔偿

在人身伤亡损害赔偿中，应贯彻财产损失包括医疗费、生活补助费、抚恤费和因伤害丧失的工资等全部赔偿的原则。同时，必须赔偿因碰撞导致的精神损失。而且，社会保险不能代替损害赔偿。伤亡者所在单位在处理事故中支出的有关费用，应纳入整个赔偿范围，由加害方赔偿。

五、责任主体

船舶碰撞产生的赔偿责任由船舶所有人承担，碰撞船舶在光船租赁期间并经依法登记的，由光船承租人承担。

六、船舶碰撞中船长的责任

《海商法》第166条规定：“船舶发生碰撞，当事船舶的船长在不严重危及本船和船上人员安全的情况下，对于相碰的船舶和船上人员必须尽力施救。碰撞船舶的船长应当尽可能将其船舶名称、船籍港、出发港和目的港通知对方。”

深度阅读

屈广清．海商法．4版．大连：东北财经大学出版社，2018.

司玉琢．海商法．4版．北京：法律出版社，2018.

曲涛．船舶碰撞损害赔偿责任研究．北京：法律出版社，2015.

赵劲松，等编译．海事法律实务译文选：第1卷．北京：人民交通出版社，2001.
沈木珠．海商法比较研究．北京：中国政法大学出版社，1998.
司玉琢，吴兆麟．船舶碰撞法．大连：大连海事大学出版社，1991.

《思考与练习》

1. 什么是船舶碰撞？
2. 如何认识船舶碰撞中的过错？

第四十七章

船舶污染损害赔偿

常考知识点

船舶污染损害赔偿责任的构成及承担

第一节　船舶污染损害的概念和种类

一、船舶污染的概念

船舶污染，是指船舶或者其他海上装置在正常营运或者发生事故时，逸出或者排放油类货物、燃料油或者其他有毒有害物质，对海洋环境产生的污染。这些污染，严重影响了海洋生物的生长与繁殖，妨碍包括渔业在内的海上活动，减损海水的使用价值，影响了风对海面的作用，阻碍了海水的蒸发及大气与海洋之间的热量交换和气体交换，甚至对局部地区的气候也产生不利的影响，危害人类健康与生存。随着石油、化学品、有毒有害物质海运量的增加和运输船舶的巨型化，船舶污染日益严重，海洋环境受到严重威胁。

二、船舶污染的种类

（一）依引起污染的物质分类

1. 运输的货油。船舶污染中，油类货物的污染最为突出。近年来，船舶油污事件数量呈增加趋势。

2. 船舶燃油。当今，船用燃油造成的海洋环境污染事故无论在数量上，还是在污染范围和程度上都在增加和加重。

3. 运输的有毒有害物质。尽管有毒有害物质的海上运输量要比油类货物的少得多，但其危险性比油类物质的大得多。可以设想，核污染一旦造成，其带来的损害将难以预测。

（二）依引起污染的行为分类①

1. 因船舶发生事故。世界上绝大多数开发或进行加工的石油都通过船舶运输，由此，油轮的数量日益增多，且吨位越来越大。船舶在航行中难免发生事故，而油轮一旦发生事故，所造成的油污后果十分严重。船舶事故也会导致运输的有毒有害物质和船舶燃油的泄漏，造成污染后果。

2. 因船舶排放。船舶在正常航行中也会引起油污，例如，油轮因排放压舱水和洗舱水，船舶因排放机舱各管系和阀门中的污油，船舶因装卸不慎等造成油货或燃油的跑、冒、滴、漏等导致油污。船舶排放有时也会造成运输的有毒有害物质对海洋的污染。

第二节　有关船舶污染损害的国际公约和国内立法

海域污染问题已经受到国际航运界和法律界的重视。国际海事组织将“让海洋更清洁，让航行更安全”作为自己的行动纲领。一些航运国家、国际组织，甚至某些民间团体都纷纷制定法律、缔结国际公约、签订协议等，试图防止和控制海域污染并追究污染者的法律责任。

一、1969 年《国际油污损害民事责任公约》及其修订

（一）1969 年《国际油污损害民事责任公约》

1969 年《国际油污损害民事责任公约》（以下简称 1969 年《责任公约》）于 1975 年生效。1980 年，我国参加了该公约。该责任公约建立了第一层赔偿主体（航运业）机制，它在传统侵权法框架内，确定责任构成和责任主体，并借助强制的责任保险和其他保证形式，确保赔偿责任的履行。

（二）1976 年议定书

该议定书于 1981 年生效。我国于 1986 年 9 月加入该议定书，1986 年 12 月退出。该议定书将 1969 年《责任公约》规定的金法郎改为特别提款权，按 1 特别提款权等于 15 金法郎计算。相应地，议定书将赔偿责任限额改为每一船舶吨位 133 特别提款权，但总额不得超过 1 400 万特别提款权。

---

① 勘探开发引起的油污：（1）因发生井喷或溢油事故。在勘探和开发石油过程中，由于油气层压力过大，钻井中操作不慎，或油井控制装置发生故障而导致井喷或溢油事故，大量石油流入海洋。例如，1978 年，我国渤海 18 号油井发生了持续一周的井喷，严重污染了渤海海域。（2）因钻井船和钻井平台的排放。钻井船、平台机舱和机器在作业中不断排放出的含油污水、含油泥浆以及管道运送中的漏油等，都会造成污染。

（三）1992 年《国际油污损害民事责任公约》

修正 1969 年《责任公约》的议定书于 1984 年订立。该议定书存在不足。1984 年议定书存在的问题导致 1992 年《国际油污损害民事责任公约》（以下简称 1992 年《责任公约》）的出台。该公约已于 1996 年 5 月生效。我国于 1999 年 1 月加入该公约。该公约于 2000 年 1 月对我国生效。同时，1969 年《责任公约》对我国失效。

1992 年《责任公约》将 1984 年议定书“包括 6 个拥有 100 万吨油轮的 10 个国家加入，12 个月后生效”中的“6”改为“4”。此外，1992 年《责任公约》保留了 1984 年议定书的实质内容。与 1969 年《责任公约》比较，1992 年《责任公约》大幅地提高了船舶所有人的赔偿责任限额，简化了修改责任限额的程序，扩大了有关船舶、地理和预防措施的适用范围，适应了当前造船技术、通讯技术、航海技术以及其他有关科学技术的发展水平。

（四）2000 年修正案

国际海事组织在 2000 年 10 月通过了对 1992 年《责任公约》的修正案。修正案于 2003 年 11 月 1 日生效，并于该日对我国生效。

2000 年修正案提高了船舶所有人的油污损害责任限额。它规定，“1992 年民事责任公约议定书”第 6（1）条修改如下：提到的“3 000 000 计算单位”应读作“4 510 000 计算单位”；提到的“420 计算单位”应读作“631 计算单位”；提到的“59 700 000 计算单位”应读作“89 770 000 计算单位”。修正案规定的限额比 1992 年《责任公约》规定的限额提高了 50.37%。

二、1971 年《设立国际油污损害赔偿基金公约》及其修订

（一）1971 年《设立国际油污损害赔偿基金公约》

虽然 1969 年《责任公约》为确保支付污染损害赔偿提供了一个有用的机制，但是它并没有令人满意地解决人们在审议和通过公约时提出的问题，导致了 1971 年《设立国际油污损害赔偿基金公约》（以下简称 1971 年《基金公约》）的出台。

1971 年《基金公约》是对 1969 年《责任公约》的补充，其目的在于减轻油污责任公约给船舶所有人带来的额外财政负担，同时弥补油污责任公约不足赔偿的部分。《基金公约》的中心内容为两部分：一是对污染受害人的赔偿以及对船舶所有人的补贴；二是关于赔偿基金的设立与分摊。公约在 1969 年《责任公约》第一层赔偿主体的基础上，建立了第二层赔偿主体即赔偿基金，而赔偿基金的资金来自石油行业的摊款或税款。1971 年《基金公约》于 1978 年生效。我国至今未加入该公约。

（二）1976 年议定书

该议定书与油污责任公约 1976 年议定书同时通过。其内容部分相同，即将赔偿责任

限额的计算单位由金法郎改为特别提款权，同时，将每一事件的最高赔偿限额由 4.5 亿金法郎改为 3 000 万特别提款权，将每吨 2 000 金法郎和总额 21 000 万金法郎改为每吨 133 特别提款权和总额 1 400 万特别提款权。

（三）1992 年《设立国际油污损害赔偿基金公约》

为修订 1971 年《基金公约》，1992 年《设立国际油污损害赔偿基金公约》（以下简称 1992 年《基金公约》）订立。该公约除修改了 1984 年议定书的生效条件外，对其他实质性内容均未作改动。它与 1992 年《责任公约》同时生效。我国因顾及摊款较高尚未加入，但我国香港地区适用该基金公约。

（四）2000 年修正案

国际海事组织于 2000 年 10 月通过了对 1992 年《基金公约》的修正案。修正案于 2003 年 11 月 1 日生效。

2000 年修正案提高了船舶所有人的油污损害责任基金的赔偿限额，它规定，1992 年《基金公约》第 6（3）条修改如下：第 4（a）段中提到的“135 000 000 计算单位”应读作“203 000 000 计算单位”；第 4（b）段中提到的“135 000 000 计算单位”应读作“203 000 000 计算单位”；第 4（c）段中提到的“200 000 000 计算单位”应读作“300 740 000 计算单位”。修正案规定的限额比 1992 年《责任公约》规定的限额提高了 50.37%。

（五）2003 年补充议定书

1992 年《基金公约》所提供的最高赔偿可能并不能满足该公约的某些缔约国的赔偿要求，创建一项便利的附加赔偿基金是一项重要而迫切工作。于是，1992 年《基金公约》的 2003 年《补充基金议定书》出台。2005 年 3 月，该补充议定书对法国、德国、日本、西班牙、丹麦、芬兰、挪威和爱尔兰生效。

2003 年补充议定书提供了除责任公约和基金公约之外的第三重赔偿选择。其最高补偿限额为 7.5 亿特别提款权。如此之高的赔偿限额，对油污受害人非常有利，但同时加大了石油货主摊款的负担。

三、1994 年国际海事委员会《油污损害指南》和《国际油污赔偿基金索赔手册》

为了统一油污损害赔偿责任方面的国际法律，尤其是油污损害范围及计算方法，保护海洋环境，国际海事委员会于 1994 年通过了《油污损害指南》（以下简称《指南》）。国际油污损害赔偿基金组织则根据指南制定了《国际油污赔偿基金索赔手册》（以下简称《手册》）。《指南》和《手册》根据 1992 年《责任公约》和 1992 年《基金公约》的精神，不仅规定了一般原则，更具体规定了损害赔偿范围，包括经济损失、预防措施费用、恢复费用等。它们不改变公约的任何规定，但使公约更具可操作性。

（一）《指南》

《指南》具体规定了除人身伤亡以外的油污损害的请求范围和计算方法。

《指南》包括三部分：(1) 总则。它要求受害人采取合理措施避免或减少损失。(2) 经济损失。它包括相继经济损失和纯经济损失。(3) 预防措施、清除及复原费用。下列费用可以得到赔偿：一是预防措施（包括清除和处理）的费用，只要措施本身和支付的费用在当时情况下都是合理的。二是采取措施使用的设备（包括使用请求权人的设备和合理购置的设备和材料）费用。三是政府机构或其他公共当局参与清污措施，给予从事执行措施的受雇人单位在作业期间的工资。四是清洗受油污的鸟类、哺乳动物或爬行动物的合理费用。

（二）《手册》

《手册》在上述两个公约的法律框架下，参考大多数缔约国法律认可的请求范围和各国司法实践，对污染损害赔偿范围和计算方法作出了明确、具体的规定和解释，对各缔约国具有普遍的约束力。

由于"污染损害"的概念在 1992 年《责任公约》和 1992 年《基金公约》中是相同的，所以《指南》和《手册》对于污染损害的赔偿范围也是一致的。

"预防措施"，是指岸上和海上的清污工作。它包括防止或减少污染损失的措施；清污工作的赔偿请求，包括人员费用及租用或购买设备和材料的费用；清洗剂修理清洗设备或在作业期间购买替代物的费用可以得到赔偿；为特定泄漏事故购买使用的设备，在评估赔偿金额时应扣除设备的残值；如果公共当局已购买及维护设备、材料以便在事故发生时能立即使用，对实际使用的材料和设备的购买价值的合理部分给予赔偿。

关于合理恢复措施是否合理，《手册》提出应当满足如下条件：(1) 恢复措施应有可能在很大程度上加速环境恢复的进程。(2) 恢复措施应设法预防因事故引起的进一步损害。(3) 恢复措施应尽可能不导致其他生物栖息的恶化或对其他天然或经济资源产生不利的后果。(4) 恢复措施应具有技术可行性。(5) 恢复措施不应超过受损程度和受损期间及可能达到的利益的比例。

《手册》就污染损害赔偿范围提出了几个原则：(1) 任何费用或损失必须是已实际发生的。这意味着渔业资源的中、长期损失不在其中。(2) 任何费用或损失必须与被认为是合理的和公正的措施有关。(3) 索赔人的费用、损失或损害必须与泄漏造成的污染存在因果关系。(4) 索赔人只有在其遭受了可量化的经济损失时才有权要求赔偿。这也说明渔业资源的中、长期损失不在其中。(5) 索赔人必须提交适当的单证或其他证据，证明其损失或损害的数额。这意味着索赔方不得简单地用数学模式计算损失或损害。[①]

---

① 这些原则同样适用于《指南》。

四、有关油污损害赔偿的行业协定

1967 年“托利·康宁”号事件引起了国际社会的强烈反响。此后，油轮船舶所有人和石油企业迫于压力，不得不制订计划，表示愿意主动承担油污损害责任。这项计划通过一系列自愿赔偿协议得以实施。

至 21 世纪，为了使 1992 年《责任公约》、1992 年《基金公约》和 2003 年补充议定书建立的三层保障机制的全部费用能够在船舶所有人和作为基金摊款的货主之间得到合理的均摊，国际保赔协会集团与基金秘书处和石油公司国际海事论坛几经努力，最终形成了两个协议：2006 年《小型油轮油污赔偿协议》和 2006 年《油轮油污赔偿协议》。2006 年 2 月底，国际油污基金大会通过了这两个协议。

按照国际保赔协会集团现行条款以及集团与其成员达成的保险承保条件，运输持久性油类货物且吨位不超过 29 548 总吨的油轮船舶所有人将参加 2006 年《小型油轮油污赔偿协议》，而其他运输持久性油类货物的油轮将参加 2006 年《油轮油污赔偿协议》。这些协会将根据其条款以及协会与会员达成的保险方案承保会员按照 2006 年《小型油轮油污赔偿协议》对 1992 年基金的补充赔偿、按照 2006 年《油轮油污赔偿协议》对 2003 年补充基金的补充责任。

五、2001 年《国际燃油污染损害民事责任公约》

1992 年《责任公约》和 1992 年《基金公约》不适用于油轮以外的船舶燃料舱燃油溢出所造成的油污损害。然而，在世界范围内，较大的燃油污染损害事件接连发生，建立有效的赔偿机制十分紧迫。对于燃油损害赔偿制度的表现形式，曾有主张制定一个议定书作为 1992 年《责任公约》的附件，但最终决定采取独立公约的形式。2001 年 3 月，国际海事组织通过了该公约。

燃油公约在很大程度上参照了 1992 年《责任公约》和 1996 年《国际海上运输有毒有害物质损害责任及赔偿公约》，一些主要条款更是照搬了这两个公约的内容。但是，燃油公约也有许多新的内容和特点：（1）适用的船舶范围扩大到所有的船舶。（2）公约本身没有规定责任限额，而是在船舶所有人责任限制上适用海事赔偿责任限制公约或缔约国的国内法。（3）责任主体扩大到登记船舶所有人、光船承租人、船舶管理人和经营人。（4）没有固定的强制保险数额。（5）没有规定货主第二次分担赔偿机制作为补充。因为燃油不是货物，而是船舶营运所需的物料，由燃油造成的污染损害不存在由货主承担责任的问题，故其赔偿主体仅涉及船舶所有人及其责任保险人。（6）燃油公约在许多方面都借鉴了 1992 年《责任公约》关于责任和赔偿的规定，尤其是在损害赔偿和强制保险方面。

六、1996 年《国际海上运输有毒有害物质损害责任及赔偿公约》

1969 年，政府间海事协商组织（现名为国际海事组织）在协调解决散装货油所致污染的问题之后，又将注意力转向制定有毒有害物质所致污染损害的国际公约。1984 年有关草案未获通过，因为各方在是否采用船舶所有人与托运人责任分摊原则，是否应与《1976 年海事赔偿责任限制公约》挂钩，是否适用包装货物及空载油船的火灾、爆炸事故等问题上存在较大分歧。1996 年 5 月 3 日，《国际海上运输有毒有害物质损害责任及赔偿公约》（《HNS 公约》）获得通过。该公约目前尚未生效。国际上对该公约还处在观望之中。2010 年《国际海上运输有毒有害物质损害责任和赔偿公约》对 1996 年公约存在的问题作出了回应，但目前没有生效。

七、美国 1990 年《油污法》

1969 年《责任公约》和 1971 年《基金公约》确立了普遍接受的国际油污损害赔偿制度。但是，美国以公约规定的赔偿责任限额过低、责任主体局限于船舶所有人、“污染损害”定义存在问题等为由拒绝参加以上公约。1990 年，美国通过了《油污法》。美国《油污法》规定的抗辩事由限于天灾、战争、第三方的作为或不作为（但不包括责任人的雇员或代理人，或者与责任人之间存在合同关系、其作为或不作为与合同相关的第三方）；大幅提高责任限额，且责任限制权利极易丧失；规定的清污费用及油污损害的范围非常广泛；规定液体货轮应为双层船壳结构；对船员要求更为严格。该法提出的赔偿框架与上述公约及其议定书的明显不同。因此，美国也就不可能再加入其后的 1992 年《责任公约》和 1992 年《基金公约》了。

美国《油污法》在全球产生了深远影响，代表了油污损害赔偿的发展趋势。船舶所有人，尤其是往美国水域运载油类的油轮船舶所有人或经营人对此望而生畏，又不得回避。因此，必须掌握美国油污法规，并积极采取各项有效措施和对策，以避免发生油污事件。

第三节 我国防污立法

一、参加公约现状

目前，我国参加了 1992 年《责任公约》，但尚未加入 1971 年《基金公约》或 1992 年《基金公约》。1992 年《基金公约》仅适用于我国香港地区，而不适用于内地。2008 年，我国加入 2001 年《国际燃油污染损害民事责任公约》（该公约于 2009 年对我国生效）。至于 1996 年《HNS 公约》，我国还没有参加。

（一）油污责任公约对我国的适用

《防治船舶污染海洋环境管理条例》第 73 条规定：“中华人民共和国缔结或者参加的国际条约对防治船舶及其有关作业活动污染海洋环境有规定的，适用国际条约的规定。但是，中华人民共和国声明保留的条款除外。”

我国加入1969年《责任公约》和1992年《责任公约》未就公约在我国的效力范围声明保留。

中国海事局《关于我国国际航线油轮执行〈1992年国际油污损害民事责任公约〉的通知》规定，凡在中华人民共和国登记的、载运2 000吨以上散装持久性油类的船舶（包括油驳和油囊等），必须按照1992年《责任公约》的规定参加船舶油污保险或取得其他财务保证（如银行保证或国际基金出具的证明等）。

（二）应否加入1992年《基金公约》和1996年《HNS公约》

我国尚未加入任何油污基金公约，这给调整油污损害赔偿带来一些不利影响。例如，不能直接利用1992年《基金公约》及《手册》的索赔标准。又如，不能提供第二层赔偿主体，许多损害只能由受害人承担。我国应否加入1992年《基金公约》呢？目前，我国参加1992年《基金公约》的条件尚不成熟，因为我国油污损害程度及索赔水平与该公约提供的赔偿水平差距很大，如果加入该公约，不但不能充分利用公约的赔偿机制，反而要承担沉重的摊款义务。① 应当等待我国国内油污损害赔偿水平达到或接近1992年《责任公约》和1992年《基金公约》的时，再考虑加入1992年《基金公约》。

我国目前也不宜加入1996年《HNS公约》，原因在于，迄今参加该公约的国家较少，公约尚未生效，况且其中也涉及类似1992年《基金公约》的享受公约的益处与承担摊款义务的问题。②

二、国内立法

改革开放以来，我国对外经济与贸易往来日益频繁，越来越多的外国船舶和石油钻井平台进入我国海域从事运输和石油开发活动，使我国管辖的海域受到了严重污染。为了加强海洋环境管理，维护我国的合法利益，我国制定了一系列相关法律法规，包括《民法典》《海商法》《环境保护法》《海洋环境保护法》《防治船舶污染海洋环境管理条例》等。另外，为正确审理船舶油污损害赔偿纠纷案件，最高人民法院公布施行了《关于审理船舶油污损害赔偿纠纷案件若干问题的规定》。

三、国内立法对于船舶污染的适用

（一）适用范围

1. 地域。依据《海洋环境保护法》第2条，本法适用于中华人民共和国管辖海域。在中华人民共和国管辖海域以外，造成中华人民共和国管辖海域环境污染、生态破坏的，

---

① 徐国平．船舶油污损害赔偿法律制度研究．北京：北京大学出版社，2006：161；司玉琢．国际海事立法趋势及对策研究．北京：法律出版社，2002：240.

② 司玉琢．国际海事立法趋势及对策研究．北京：法律出版社，2002：261.

适用本法相关规定。

2. 船舶。依据《海洋环境保护法》第79条第1款，该法适用于任何船舶。

3. 有害和有毒物质。最高人民法院《关于审理船舶油污损害赔偿纠纷案件若干问题的规定》适用于持久性货油海上污染。对于非持久性货油等其他海上油类以及非油类海上污染损害赔偿纠纷，应适用《民法典》《海洋环境保护法》等相关法律的规定；对于船舶造成的上述污染损害，同样应当适用《海商法》。依据《海洋环境保护法》第79条第1款，该法适用于污染物、废弃物、压载水、沉积物及其他有害物质。

4. 事故。从《海洋环境保护法》第90条看，事故包括造成或者可能造成海洋环境重大污染损害的事故。

（二）责任基础

关于归责原则，船舶污染损害可以适用《民法典》。《民法典》第1229条规定：因污染环境、破坏生态造成他人损害的，侵权人应当承担侵权责任。该条体现的是无过错责任原则。

（三）免责

关于免责，应当适用《海洋环境保护法》第89条和第91条。但是，它不同于《民法典》第180条（不可抗力免责）。而且，第91条也将“第三者过失”作为免责事由，使严格责任原则变成了过失责任原则。这也不同于1969年《责任公约》和1992年《责任公约》不能以“第三者过失”为免责事由的做法。

关于免责事由及船舶污染与损害之间不存在因果关系的举证，应当注意：首先，如果加害人的行为与损害结果之间存在因果关系，加害人就有侵权责任，即使加害人的行为不存在过错。例如，两船相碰，完全是对方的过失，但本船漏油造成了污染，漏油船也要承担责任。其次，如果漏油方能够证明漏油乃是不可抗力引起，或完全由第三人故意或主管当局的过失引起，则漏油方可以免责。最后，如果漏油方能够证明损害并非漏油污染造成的，漏油方也不予赔偿。

（四）因果关系

《民法典》第1230条规定：因污染环境、破坏生态发生纠纷，行为人应当就法律规定的不承担责任或者减轻责任的情形及其行为与损害之间不存在因果关系承担举证责任。

（五）赔偿范围

关于船舶污染损害赔偿范围，我国现行法律尚无明确具体的规定。最高人民法院《关于审理船舶油污损害赔偿纠纷案件若干问题的规定》第9条规定，船舶油污损害赔偿范围包括：（1）为防止或者减轻船舶油污损害采取预防措施所发生的费用，以及预防措施造成的进一步灭失或者损害；（2）船舶油污事故造成该船舶之外的财产损害以及由此引起的收入损失；（3）因油污造成环境损害所引起的收入损失；（4）对受污染的环境已采取或将要采取合理恢复措施的费用。

自然环境和生态平衡遭到破坏，渔业和旅游业等收益减少的损失，不仅难以证明，而且难以计算，一般认为属于推测的损失，不引起损害赔偿责任。如英国法明确规定不赔偿养殖业、旅游业营业收入的减少。我国司法实践则采取间接损失均予赔偿的原则。最高人民法院《关于审理船舶油污损害赔偿纠纷案件若干问题的规定》第 14 条规定，海洋渔业、滨海旅游业及其他用海、临海经营单位或者个人请求因环境污染所遭受的收入损失，具备下列全部条件，由此证明收入损失与环境污染之间具有直接因果关系的，人民法院应予支持：（1）请求人的生产经营活动位于或者接近污染区域；（2）请求人的生产经营活动主要依赖受污染资源或者海岸线；（3）请求人难以找到其他替代资源或者商业机会；（4）请求人的生产经营业务属于当地相对稳定的产业。

最高人民法院《关于审理船舶油污损害赔偿纠纷案件若干问题的规定》第 17 条规定：船舶油污事故造成环境损害的，对环境损害的赔偿应限于已实际采取或者将要采取的合理恢复措施的费用。恢复措施的费用包括合理的监测、评估、研究费用。

（六）责任限额

最高人民法院《关于审理船舶油污损害赔偿纠纷案件若干问题的规定》第 5 条规定：油轮装载的持久性油类造成油污损害的，应依照《防治船舶污染海洋环境管理条例》1992 年《责任公约》的规定确定赔偿限额。油轮装载的非持久性燃油或者非油轮装载的燃油造成油污损害的，应依照《海商法》关于海事赔偿责任限制的规定确定赔偿限额。第 19 条规定：对油轮装载的非持久性燃油、非油轮装载的燃油造成油污损害的赔偿请求，适用《海商法》关于海事赔偿责任限制的规定。

《海商法》第 11 章“海事赔偿责任限制”提到了油污损害赔偿的责任限制问题。其第 207 条规定了限制性债权。第 208 条则是不适用第 11 章的各项债权，其中第 2 项为“中华人民共和国参加的国际油污损害民事责任公约规定的油污损害的赔偿请求”。据此，适用中华人民共和国参加的国际油污损害民事责任公约的油污损害的赔偿请求，其责任限制按该公约处理。其他的油污损害一般适用《海商法》第 11 章。

但是，《海商法》第 210 条第 2 款规定：“总吨位不满 300 吨的船舶，从事中华人民共和国港口之间的运输的船舶，以及从事沿海作业的船舶，其赔偿限额由国务院交通主管部门制定，报国务院批准后施行。”为此，交通部于 1994 年施行了《关于不满 300 总吨船舶及沿海运输、沿海作业船舶海事赔偿限额的规定》。司法实务认定，“从事中华人民共和国港口之间的运输的船舶”，应理解为发生海事事故航次正在从事中华人民共和国港口之间运输的船舶。

据此：（1）装运散装持久性货油的船舶发生具有涉外因素的油污损害事故时，依据我国参加的 1992 年《责任公约》及其 2000 年修正案确定赔偿限额。（2）300 总吨以上非航行于国际航线的我国船舶在我国海域造成的油污损害赔偿纠纷，依据我国《海商法》第 11 章确定责任限额。（3）300 总吨以下从事沿海运输及沿海作业的我国船舶发生油污，应当依据交通部 1994 年的规定确定责任限额。

这里的问题是，尽管我国沿海油船大部分是 1 000 总吨以下，约占沿海油船总数的 71%，其中一半为 500 总吨以下的小船，难以承受公约的巨大限额，需要规定较低限额给予一定的保护，但是，无涉外因素的油污赔偿没有在我国海商法的责任限额之外另行规定低于公约限额但高于海商法的限额，无法体现保护海洋环境的宗旨。因此，有必要制定专门的立法，提供与我国油污损害现状和保险市场容量相一致的赔偿。[①]

就有毒有害物质污染而言，由于国际公约尚未生效，我国也没有加入，因此其污染损害仍属我国《海商法》第 207 条规定的限制性债权，可适用《海商法》的有关规定。这样船舶所有人承担的赔偿责任限额也是较低的。

（七）丧失限制

对不受 1992 年《责任公约》调整的船舶油污损害赔偿纠纷，责任丧失限制应当依据《海商法》第 209 条处理。最高人民法院《关于审理船舶油污损害赔偿纠纷案件若干问题的规定》第 6 条规定：经证明油污损害是由于船舶所有人的故意或者明知可能造成此种损害而轻率地作为或者不作为造成的，船舶所有人主张限制赔偿责任，人民法院不予支持。

（八）责任主体

在适用我国参加的 1992 年《责任公约》的情形，悬挂外国旗的船舶被碰撞而漏油造成我国沿海油污，油污的受害方应根据该公约第 4 条第 1 款向被碰船舶索赔全部损失。然后，被碰船舶依据海商法有关碰撞的规定向致碰船舶追偿。但是，如果漏油完全由致碰方的故意所致，油污受害方可向致碰方直接索赔全部损失。

有的海上污染案件不适用我国参加的油污民事责任公约，则应当适用我国法律。关于责任主体，一般认为，仅仅指造成海洋环境污染损害的漏油船舶、载运有毒有害物质或核材料的船舶、排放或泄漏污染物的船舶，而不应包括致碰船舶等。污染受害方只能向这些责任者索赔。责任者赔偿后可向致碰船舶等追偿。[②] 这种理解有助于避免溢油事故的发生，也可促使责任方迅速采取清污措施。

但是，如果污染完全由非漏油的第三人故意或过失造成，则第三人为责任者。这与油污责任公约的规定有所不同。在后者，只有漏油者证明油污完全由第三人的故意造成时，责任主体才发生变化。但是，《民法典》第 1233 条规定：因第三人的过错污染环境、破坏生态的，被侵权人可以向侵权人请求赔偿，也可以向第三人请求赔偿。侵权人赔偿后，有权向第三人追偿。

另应注意，1992 年《责任公约》、2001 年燃油公约及 1996 年《HNS 公约》所规定的船舶所有人比我国海商法的规定更明确，更具可操作性。

---

① 徐国平．船舶油污损害赔偿法律制度研究．北京：北京大学出版社，2006：159.

② 参考美国《油污法》和 2001 年《国际燃油污染损害民事责任公约》。

案 例

交通运输部上海打捞局与普罗旺斯船东 2008－1 有限公司、法国达飞轮船有限公司、罗克韦尔航运有限公司纠纷案

争议焦点：(1) 区分海难救助与防污清污作业的标准是什么？(2) 非漏油船舶一方的污染损害赔偿责任承担是什么？(3) 事故船舶双方海事赔偿责任限制的权利是什么？①

（九）连带责任

《民法典》第 1231 条规定：两个以上侵权人污染环境、破坏生态的，承担责任的大小，根据污染物的种类、浓度、排放量，破坏生态的方式、范围、程度，以及行为对损害后果所起的作用等因素确定。最高人民法院《关于审理船舶油污损害赔偿纠纷案件若干问题的规定》第 3 条规定：两艘或者两艘以上船舶泄漏油类造成油污损害，受损害人请求各泄漏油船舶所有人承担赔偿责任，按照泄漏油数量及泄漏油类对环境的危害性等因素能够合理分开各自造成的损害，由各泄漏油船舶所有人分别承担责任；不能合理分开各自造成的损害，各泄漏油船舶所有人承担连带责任。但泄漏油船舶所有人依法免予承担责任的除外。各泄漏油船舶所有人对受损害人承担连带责任的，相互之间根据各自责任大小确定相应的赔偿数额；难以确定责任大小的，平均承担赔偿责任。泄漏油船舶所有人支付超出自己应赔偿的数额，有权向其他泄漏油船舶所有人追偿。

如因两船碰撞导致油污，各船之间如何承担油污责任？依据最高人民法院《关于审理船舶油污损害赔偿纠纷案件若干问题的规定》第 4 条规定：船舶互有过失碰撞引起油类泄漏造成油污损害的，受损害人可以请求泄漏油船舶所有人承担全部赔偿责任。依此规定，只要船舶有过失，船舶所有人就要承担相应责任。

（十）强制保险

我国已于 2010 年 3 月建立了船舶油污责任强制保险制度。

最高人民法院《关于审理船舶油污损害赔偿纠纷案件若干问题的规定》第 7 条规定：油污损害是由于船舶所有人故意造成的，受损害人请求船舶油污损害责任保险人或者财务保证人赔偿，人民法院不予支持。

（十一）直接诉讼

如果存在担保法上的连带保证的，受害人可以直接起诉保证人。另外，我国海事诉讼特别程序法对直诉责任保险人作了明确规定。

（十二）油污基金制度

设立基金涉及的问题复杂，包括哪些油类货物的所有人应当缴纳摊款，依据什么标准计算摊款，向哪一机构缴纳摊款，基金由哪一部门管理，基金如何对油污损害进行赔偿，基金

① 参见最高人民法院（2018）最高法民再 368 号民事判决书。

的赔偿限额等。《海洋环境保护法》第 82 条提出，建立油污损害赔偿基金制度，实施油污损害赔偿基金制度的具体办法由国务院规定。2012 年 5 月财政部、交通运输部印发《船舶油污损害赔偿基金征收使用管理办法》。最高人民法院《关于审理船舶油污损害赔偿纠纷案件若干问题的规定》第 21 条规定：对油轮装载持久性油类造成的油污损害，船舶所有人，或者船舶油污责任保险人、财务保证人主张责任限制的，应当设立油污损害赔偿责任限制基金。

油污基金设立后，污染损害的索赔人不得对责任人的任何财产行使任何权利；已设立责任限制基金的责任人的船舶或其他财产因污染损害赔偿请求已经被扣押，或为避免此种扣押已经提供保证金或其他担保的，法院应当及时下令释放或责令退还。

案　例

上海鑫安船务有限公司因与普罗旺斯船东 2008－1 有限公司、法国达飞轮船有限公司、罗克韦尔航运有限公司纠纷案

争议焦点：(1) 鑫安公司主张的各项防污清污费是否真实合理？(2) 案涉防污清污费请求是否属于限制性海事赔偿请求？(3) 罗克韦尔公司是否应对案涉防污清污费与普罗旺斯公司和达飞公司承担连带赔偿责任或者承担 50%赔偿责任？(4) 对鑫安公司诉请的利息损失是否应予支持？[①]

深度阅读

司玉琢．海商法专论．4 版．北京：中国人民大学出版社，2018.

司玉琢．海商法．4 版．北京：法律出版社，2018.

徐国平．船舶油污损害赔偿法律制度研究．北京：北京大学出版社，2006.

许卉．《国际油污损害民事责任公约》在非涉外船舶油污损害赔偿中的适用问题．大连海事大学学报（社会科学版），2020 (1).

郝会娟，ZENG Yan，XIE Hongyue. 中国加入《1992 年设立国际油污损害赔偿基金国际公约》的前景分析．中华海洋法学评论，2019 (2).

徐国平．美国近三十年船舶油污损害赔偿法律适用及借鉴意义．浙江海洋大学学报（人文科学版），2019 (1).

思考与练习

1. 试述船舶污染损害民事责任的构成。
2. 试述船舶污染损害赔偿机制。
3. 确定油污损害赔偿责任的原则是什么？
4. 我国应当如何建立健全船舶污染损害赔偿制度？

---

① 参见最高人民法院（2018）最高法民再 367 号民事判决书。

第四十八章
海难救助

常考知识点

海难救助的概念和构成　救助报酬和费用

第一节　海难救助概述

一、海难救助的概念

海难救助，又称海上救助，是海商法所特有的法律制度。依据我国《海商法》第171条的规定，海难救助，是指在海上或者与海相通的可航水域，对遇险的船舶和其他财产进行救助的行为。海难救助是海商法所特有的法律制度，它是基于海上特殊风险而形成的。海难救助法律制度基于公平原则，合理配置了海上救助关系当事人的权利和义务，有效地鼓励了人们积极从事海难救助，进而促进了航海事业的发展。

二、海难救助的构成

依据我国《海商法》和其他有关规定，海难救助法律关系的成立，必须具备以下要件。

（一）救助发生在海上或者与海相通的可航水域

救助行为必须直接发生于海上或与海相通的可航水域，或者直接及于在海上或与海相通的可航水域中的救助标的。但是，在岸上用水枪扑灭船上火灾，或用直升机在空中吊起船上货物，可以构成海难救助。

（二）救助标的必须经法律确认

我国《海商法》所承认的救助标的是船舶和其他财产。依据《海商法》第172条，船舶，是指《海商法》第3条所称的船舶和与其发生救助关系的任何其他非用于军事的或者政府公务的船舶。财产，是指非永久地和非有意地依附于岸线的任何财产，包括有风险的运费。

依据《海商法》第173条，海上已经就位的从事海底矿物资源的勘探、开发或者生产的固定式、浮动式平台和移动式近海钻井装置，不适用《海商法》有关海难救助的规定。有风险的运费是指到付运费。

（三）救助标的应当处于危险之中

海难救助以救助标的实际处于危险之中为前提。实际危险的判断标准有二：一是船货或其他海上财产和人员合理地丧失自行脱离危险的能力，且危险已经发生，或尚在继续，或正在或即将发生。二是合格的船长在当时的情况下，能合理断定，如不施救，船货就有可能发生重大损失或继续发生损失，人命将丧失。危险必须真实存在，但并不一定紧迫。

（四）救助必须是自愿的

所谓自愿，是指双方自愿，即救助方自愿提供救助服务，被救方自愿接受救助服务。依据我国《海商法》第186条的规定，不顾遇险的船舶的船长、船舶所有人或者其他财产所有人明确的和合理的拒绝，仍然进行救助的，无权获得救助款项。

（五）救助一般必须有效果

依据该原则，救助作业未取得效果的，救助方即无权请求救助报酬。所谓救助取得效果，是指由于救助方实施的救助行为使遇险船舶或者其他财产免于遭难，而得以安全保存。效果与救助行为之间具有因果关系。我国《海商法》第179条规定：“救助方对遇险的船舶和其他财产的救助，取得效果的，有权获得救助报酬；救助未取得效果的，除本法第一百八十二条或者其他法律另有规定或者合同另有约定外，无权获得救助款项。”

案　例

交通运输部南海救助局诉阿昌格罗斯投资公司、
香港安达欧森有限公司上海代表处纠纷案

争议焦点：涉案合同是雇佣救助合同还是国际公约和我国海商法规定的救助合同？①

第二节　救助合同

一、救助合同的概念

海难救助合同是指救助人与被救助人在救助开始前或进行中达成的由救助方对被救

① 参见最高人民法院（2016）最高法民再61号民事判决书。

助方遇难的船舶或其他财产进行救助，而由被救助方支付救助报酬或救助费用的协议。

二、救助合同的订立

《海商法》第175条第1款规定："救助方与被救助方就海难救助达成协议，救助合同成立。"海难救助合同可以在救助过程中成立；可以采用口头形式订立；合同内容可以由当事人自由约定。

《海商法》第175条第2款规定："遇险船舶的船长有权代表船舶所有人订立救助合同。遇险船舶的船长或者船舶所有人有权代表船上财产所有人订立救助合同。"这里，遇难船舶的所有人包括船舶所有人、船舶经营人、光船承租人。

另外，船长负有救助遇难船舶和人员的法定义务，从而救助船舶的船长有权代表救助船舶的所有人与救助方订立救助合同。

三、救助合同的变更

救助合同一经订立，对救助方和被救助方具有约束力。但是，考虑到订约时双方的特殊地位、救助作业的难易、耗资的不可预见性，《海商法》第176条规定："有下列情形之一，经一方当事人起诉或者双方当事人协议仲裁的，受理争议的法院或者仲裁机构可以判决或者裁决变更救助合同：（一）合同在不正当的或者危险情况的影响下订立，合同条款显失公平的；（二）根据合同支付的救助款项明显过高或者过低于实际提供的救助服务的。"

第三节　海难救助当事人的主要义务

一、救助方对被救助方的主要义务

1. 以应有的谨慎进行救助。救助方在救助作业中须以应有谨慎和责任心，以最大努力，发挥通常合理的技术与技能，采取一切通常的或者当时情形允许的合理措施进行救助，尽量挽救和减少遇险财产的损失，避免造成第三人损失。同时，应采取合理措施尽最大努力减少或防止被救财产造成环境污染损害。在救助中，因救助方的过失造成救助作业成为必要或更加困难，或造成被救方更大损失，则丧失或减少救助报酬。救助方的过失行为造成被救助方更大损失的，被救助方可以要求承担侵权责任，但救助方依据1976年《海事赔偿责任限制公约》可以享受责任限制。[①] 救助方在救助作业中的过失导

---

① 参见"东城丸"号油轮案。该案中，油轮在波斯湾沉没，其所有人与救助公司签订了劳氏救助合同。救助过程中，潜水员用电光枪将铆钉打入船壳时，因油轮内的可燃气体尚未排净，发生爆炸，损失达33万英镑。英国贵族院判决救助方赔偿损失。

致与被救船舶碰撞，救助方要赔偿被救助方的损失。不过这种碰撞比较少见。

2. 以应有的谨慎防止或者减少环境污染。救助方在救助遇险船舶和其他财产的同时，应采取一切通常、合理的措施，防止或者减少被救船舶和其他财产造成环境污染损害。

3. 在合理需要的情况下，寻求其他救助方援助。在救助作业中，救助方根据当时情形，判定不能使遇险财产获救或在合理时间内获救，或为避免遇难财产遭受更大损失，需要增加救助方时，应主动寻找其他救助方参加或协助救助。在自己无力救助时，交由其他救助方救助。被救方依当时情形判定需要增加救助方而提出合理要求时，救助方应接受此项要求，并配合其他救助方救助。

4. 接受被救助方合理的增加其他救助方的要求。当被救助方合理地要求其他救助方参与救助作业时，原救助方应当接受此种要求，但是要求不合理的，原救助方的救助报酬金额不受影响。

5. 在安全地点如实移交获救财产。救助方应将已获救的财产送至安全地点，并如实向被救助方交付已获救的财产。否则，丧失或减少其救助报酬。

二、被救助方的主要义务

1. 与救助方通力合作。被救助方在救助方实施救助过程中应采取一切合理可能的措施，尽力协助救助方进行救助：（1）向救助方如实告知被救助标的的真实情况；（2）允许救助方合理无偿地使用被救标的上的设备等；（3）无偿提供船员及其他必要的人员参加救助方的救助；（4）被救助方的人员听从救助方的指挥和安排。

2. 以应有的谨慎防止或者减少环境污染损害。被救助方应当采取当时情况所许可的一切通常合理的措施防止和减少被救船舶和财产造成环境污染损害。

3. 及时接受获救财产。当获救的船舶或者其他财产已经被送至安全地点时，及时接受救助方提出的合理的移交要求。被救助方不得不合理地迟延接受获救财产。因不合理迟延致使获救财产损坏丢失或其他进一步损失的，由被救方负责，而不影响救助方获取救助报酬。

4. 担保与支付救助款项。被救助方在救助作业结束后，应当根据救助方的要求，对救助款项提供满意的担保。在不影响前述担保义务的情况下，获救船舶的船舶所有人应当在获救的货物交还前，尽力使货物的所有人对其应当承担的救助款项提供满意的担保。满意的担保是指救助标的的所有人提供担保的金额不应低于他应向救助方支付的救助款项。担保的形式应当使担保能够顺利实现。在未根据救助方的要求对获救的船舶或者其他财产提供满意的担保以前，未经救助方同意，不得将获救的船舶和其他财产从救助作业完成后最初到达的港口或地点移走（《海商法》第 188 条）。当然，主管机关或司法机关在必要时可依法转移获救的船舶或其他财产。

受理救助款项请求的法院或者仲裁机构，根据具体情况，在合理的条件下，可以裁定或者裁决被救助方向救助方先行支付适当的金额。被救助方先行支付金额后，其提供的担保金额应当相应扣减（《海商法》第 189 条）。

对于获救满90日的船舶和其他财产，如果被救助方不支付救助款项也不提供满意的担保，救助方可以申请法院裁定强制拍卖；对于无法保管、不易保管或者保管费用可能超过其价值的获救的船舶和其他财产，可以申请提前拍卖。拍卖所得价款，在扣除保管和拍卖过程中的一切费用后，依法支付救助款项；剩余的金额，退还被救助方；无法退还、自拍卖之日起满一年又无人认领的，上缴国库；不足的金额，救助方有权向被救助方追偿（《海商法》第190条）。这里，拍卖过程中的一切费用还应包括有关税款和海关、检疫、检验等规费。所谓“不足的金额，救助方有权向被救助方追偿”，是指特别补偿不足的金额，救助方有权向被救助的船舶或货物所在的船舶所有人追偿。因为救助报酬金额不可能超过获救财产价值，而且船舶以外的其他财产的所有人没有支付特别补偿的义务。

第四节　救助款项

救助款项，是指被救助方依照法律规定或合同约定，应当向救助方支付的任何救助报酬、酬金和补偿金。

一、海难救助报酬

《海商法》第180条规定，确定救助报酬，应当体现对救助作业的鼓励，并综合考虑下列各项因素：船舶和其他财产获救的价值；救助方在防止或者减少环境污染损害方面的技能和努力；救助方的救助成效；危险的性质和程度；救助方在救助船舶、其他财产和人命方面的技能和努力；救助方所用的时间、支出的费用和遭受的损失；救助方或者救助设备所冒的责任风险和其他风险；救助方提供救助服务的及时性；用于救助作业的船舶和其他设备的可用性和使用情况；救助设备的备用状况、效能和设备的价值。救助报酬不得超过船舶和其他财产的获救价值。

在救助作业中救助人命的救助方，对获救人员不得请求酬金，但是有权从救助船舶或者其他财产、防止或者减少环境污染损害的救助方获得的救助款项中，获得合理的份额。

二、特别补偿

特别补偿，是对构成环境污染损害危险的船舶和其他财产进行救助而言的。支付特别补偿，必须考虑救助费用或救助成本，即救助方在救助作业中直接支付的合理费用以及实际使用救助设备、投入救助人员的合理费用。确定救助费用应当考虑救助方提供救助服务的及时性；用于救助作业的船舶和其他设备的可用性和使用情况；救助设备的备用状况、交通和设备的价值。

《海商法》第182条规定了对救助方的特别补偿。在任何情况下，全部特别补偿，只有在超过救助方依法能够获得的救助报酬时，方可支付，支付金额为特别补偿超过救助报酬的差额部分。由于救助方的过失未能防止或者减少环境污染损害的，可以全部或者部分地剥夺救助方获得特别补偿的权利。

下列救助行为无权获得救助款项，包括救助报酬和特别补偿：（1）正常履行拖航合同或者其他服务合同的义务进行救助的，但是提供不属于履行上述义务的特殊劳务的除外；（2）不顾遇险的船舶的船长、船舶所有人或者其他财产所有人明确的和合理的拒绝，仍然进行救助的。

救助方的过失致使救助作业成为必需或者更加困难的，或者救助方有欺诈或者其他不诚实行为的，应当取消或者减少向救助方支付的救助款项。

同一船舶所有人的船舶之间进行的救助，救助方获得救助款项的权利适用《海商法》有关海难救助的规定。国家有关主管机关从事或者控制的救助作业，救助方有权享有《海商法》规定的关于救助作业的权利和补偿。

深度阅读

司玉琢．海商法．4 版．北京：法律出版社，2018.

何丽新．海商法：案例与材料．北京：法律出版社，2016.

刘刚仿．海难救助法初论．北京：对外经济贸易大学出版社，2014.

邢海宝．海商法教程．北京：中国人民大学出版社，2008.

杨良宜．海事法．大连：大连海事大学出版社，1999.

沈木珠．海商法比较研究．北京：中国政法大学出版社，1998.

初北平．《海商法》下海难救助制度的架构完善．环球法律评论，2019（3）.

思考与练习

1. 什么是海难救助？它的成立要件有哪些？

2. 什么是海难救助合同？它有哪些种类？

3. 如何确定海难救助报酬？海难救助报酬请求权的行使条件有哪些？

4. 一艘油轮在进入我国某海港时因受海浪影响而触礁，部分原油泄漏，我国某救助公司立即对其进行了救助，将其安全拖带到港口并防止了原油的进一步泄漏。关于此次海难救助，下列说法哪些是正确的？（　　）

A. 救助报酬不得超过船舶和其他财产的获救价值

B. 获救船舶的船舶所有人和船上所载原油的所有人应就救助报酬承担连带责任

C. 救助费用可作为共同海损费用由利益各方分担

D. 有关救助报酬的请求权时效期间是 2 年，自救助作业终止之日起计算

第四十九章
共同海损

常考知识点

共同海损概念和构成　共同海损的牺牲和费用

第一节　共同海损概述

一、共同海损的概念

共同海损，是指船舶遇到自然灾害、意外事故或其他特殊情况，为了解除船舶、货物等财产的共同危险，有意地、合理地采取措施而造成的损失或支付的费用。我国《海商法》第 193 条第 1 款规定："共同海损，是指在同一海上航程中，船舶、货物和其他财产遭遇共同危险，为了共同安全，有意地合理地采取措施所直接造成的特殊牺牲、支付的特殊费用。"共同海损是海商法中最古老的制度。两千多年前，共同海损就已存在。共同海损制度自产生以来，对海运事业的发展起到了巨大的作用。但是，随着海运的发展，共同海损制度也需要简化和完善。

二、共同海损的构成

共同海损行为可以由船舶所有人、船长或其他高级船员决定作出。但是，共同海损必须具备一定条件，以排除应由船方或货方单独承担损失，认定确需获益各方分摊的损失和牺牲。

（一）海上危险必须是共同的、真实的

海上危险应是船舶从起运港码头装货时开始至目的港卸货完毕时止的海上运输全程面临的危险。共同海损必须涉及船舶载货或者船舶在出租期间的航行。危及船、货和其他财产安全的危险须客观存在。主观推测的危险不是共同海损的危险。

（二）共同海损的措施必须是有意的、合理的、有效的

仅解除船舶或货物一方危险的行为，不是共同海损措施。有意，是指明知会造成船

船或货物的损失或费用，但为解除共同危险防止船货遭受更大损失，不得不主动采取措施。合理，是指采取的措施不得超过实际需要，即行为人应尽可能以最小的损失换取船、货的共同安全。有效，是指采取措施后，船、货所面临的危险确实得到了解除或缓和。

（三）共同海损的损失必须是共同海损措施直接造成的特殊损失

采取共同海损措施时，所有被合理地认为是船长可以预料的损失或者措施的必然结果，都作为措施的直接后果，而不论是否出乎船长预料。我国《海商法》第 193 条第 2 款规定："无论在航程中或者在航程结束后发生的船舶或者货物因迟延所造成的损失，包括船期损失和行市损失以及其他间接损失，均不得列入共同海损。"

共同海损不是由于海上危险造成的损失，相反，它是为了解除这种危险而人为造成的一种特殊损失。因此，船长在正常情况下依其职责采取的措施所造成的损失和支付的费用，不属共同海损。船舶营运核算之内的费用也不是共同海损。

第二节　共同海损的理算

共同海损的理算，是指具有一定资格的专业机构和人员，对共同海损的牺牲和费用、各受益方的分摊价值、各方应分摊共同海损的数额，按照理算规则进行的审核和计算工作。

一、共同海损牺牲和共同海损费用

（一）共同海损牺牲

共同海损牺牲，又称共同海损损失，是指共同海损行为造成的船舶、货物等财产本身的损失。它包括船舶、货物、运费及船舶所载其他财产的牺牲。

1. 船舶牺牲

船舶牺牲是指船舶或船用材料在抢救船舶和货物的过程中，遭受的部分损失，通常包括以下几项内容：扑灭船上火灾所致损失；割弃残损物所造成的损失；有意搁浅所致损害；起浮脱浅造成机器、锅炉及船底和船壳的损害；船用材料和物料用作燃料；船舶在避难港地卸载、储存、重装或搬移货物、燃料或物料等所致损失；船舶临时修理费用。

2. 货物牺牲

货物牺牲是指由于采取共同海损措施所致船载货物的灭失或损害，包括：抛弃货物；货物的湿损；船舶在避难港地卸载、储存、重装或搬移货物、燃料或物料等所致损失；其他共同海损措施所引起货物的损失。

3. 运费牺牲

运费牺牲是指货物因共同海损措施受损时，船方随之遭受的到付运费等风险运费的损失。如果货物的损失是共同海损行为造成的，或者已经作为共同海损受到补偿，则由于货物损失所引起的运费损失，也应作为共同海损受到补偿。

（二）共同海损费用

共同海损费用是指采取共同海损措施而支付的额外费用，它不涉及船舶或货物的物质损失。

1. 救助费用

船货陷入共同危险，不得不求助他船而支出的救助费用，不论是否依合同发生，都应列入共同海损，但以使同一航程中的财产脱离危险而进行的救助为限。另外，鉴于救助人在防止或减轻环境损害中的技艺和努力而付给救助人的任何救助报酬，也属共同海损费用。我国《海商法》对于救助费用的共同海损未作规定，但只要救助费用的支出符合《海商法》第193条，仍应认作共同海损。

2. 避难港地费用

船舶遭遇海上危险，为了船货共同安全，驶入避难港口、避难地点或者驶回装货港口、装货地点而发生的费用。它们主要包括：驶往、驶离避难港口的费用；避难港口的费用；卸载、储存、重装或者搬移货物、燃料或物料以及其他财产的费用；防止或减轻环境损害采取措施支付的费用。

3. 在避难港发生的额外费用

船舶因发生意外、牺牲或者其他特殊情况而损坏时，为了安全完成本航程，驶入避难港口、避难地点或者驶回装货港口、装货地点进行必要的修理，在该港口或地点额外停留期间包括航程延长期间所支付的费用，应当列入共同海损，尽管它们属于船舶驶往避难港这一共同海损措施的间接后果。

4. 代替费用

《海商法》第195条规定："为代替可以列为共同海损的特殊费用而支付的额外费用，可以作为代替费用列入共同海损；但是，列入共同海损的代替费用的金额，不得超过被代替的共同海损的特殊费用。"

代替费用，是指为了节省原应列入共同海损的费用而采取的临时性措施所支付的另一笔较小的费用。代替费用包括：拖轮拖带费、雇用驳船费、船舶临时修理费、转运货物的费用、修理船舶的工人加班费、船舶带货入坞附加费。

5. 杂项费用

杂项费用是指处理与共同海损事项有关的其他费用。

二、共同海损牺牲和费用补偿金额的确定

（一）船舶共同海损牺牲金额的确定

船舶进行修理的，按照实际支付的修理费，减除合理的以新换旧的扣减额计算。船舶

尚未修理的，按照牺牲造成的合理贬值计算，但是不得超过估计的修理费。船舶发生实际全损或者修理费超过修复后的船舶价值的，共同海损牺牲金额按照该船舶在完好状态的估计价值，减去不属于共同海损损坏的估计的修理费和该船舶受损后的价值的余额计算。

“以新换旧”的扣减，是指船舶进行永久性修理的，因使用新材料替换旧材料，超过恢复原状程度，使船方得到好处，从而要求在确定船舶损失金额时需从修理费中按一定比例扣减。

（二）货物共同海损牺牲金额的确定

货物共同海损牺牲和补偿的计算办法与船舶的不同。我国《海商法》第 198 条规定，货物共同海损牺牲的金额，货物灭失的，按照货物在装船时的价值加保险费加运费，减除由于牺牲无须支付的运费计算。货物损坏，在就损坏程度达成协议前售出的，按照货物在装船时的价值加保险费加运费，与出售货物净得的差额计算。

据此，货物损失一般依货物在卸货时的价值计算。货物在卸货时的价值包括保险费和运费，但不由货方承担的运费除外。如上述规定不适用，则以装船时货物价值为基础。

《海商法》第 200 条规定：“未申报的货物或者谎报的货物，应当参加共同海损分摊；其遭受的特殊牺牲，不得列入共同海损。不正当地以低于货物实际价值作为申报价值的，按照实际价值分摊共同海损；在发生共同海损牺牲时，按照申报价值计算牺牲金额。”

（三）运费损失的确定

确定因货物损失而给承运人带来的运费损失的方法是货物遭受牺牲造成的运费的损失金额，减除为取得这笔运费本应支付但是由于牺牲无须支付的营运费用。

（四）其他财产共同海损损失金额的确定

其他财产通常是指船上材料与物料，其共同海损损失金额按照财产的价值计算。

三、共同海损分摊价值的确定

共同海损应当由受益方按照各自的分摊价值的比例分摊。共同海损分摊价值，是指由于共同海损措施而受益的财产价值（包括船舶、货物、运费等）与因遭受共同海损损失而获得补偿的财产金额的总和。共同海损分摊价值应以全部受益财产抵达目的港或航程终止港时的实际净值为基础，再加上共同海损的补偿额。凡因共同海损措施而受益的财产，都须参加损失分摊。某些财产因共同海损措施而牺牲，但其中有一部分将从其他受益方得到补偿，这种补偿也应计算在分摊价值之中。

船舶分摊价值，是指可以参加共同海损分摊的船舶的价值。船舶分摊价值，按照船舶在航程终止时的完好价值，减除不属于共同海损的损失金额计算，或者按照船舶在航程终止时的实际价值，加上共同海损牺牲的金额计算。

货物分摊价值，是指可以参加共同海损分摊的货物的价值。货物分摊价值，按照货物在装船时的价值加保险费加运费，减除不属于共同海损的损失金额和承运人承担风险的运费计算。货物到达目的港以前出售的，按照出售净得金额，加上共同海损牺牲的金额计算。

运费分摊价值，它应按照承运人承担风险并于航程终止时有权收取的运费，减除为取得该项运费而在共同海损事故发生后，为完成本航程所支付的营运费用，加上共同海损牺牲的金额计算。

免除分摊义务的财产。旅客的行李和私人物品，包括未签发提单而装运的旅客行李和私人物品，船长或船员随身携带的私人物品、邮件，船货抵押贷款，船长或船员的工资等，不分摊共同海损。

四、共同海损分摊

共同海损分摊，是指由理算人，按照理算规则，确定各受益方的分摊价值以及应分摊的共同海损数额。共同海损分摊金额是指由于共同海损措施而受益的船舶、货物和运费等应予分摊的共同海损数额。《海商法》规定，共同海损应当由受益方按照各自的分摊价值的比例分摊。在共同海损理算中，首先以共同海损损失总额除以共同海损分摊价值的总额，再乘以百分之百，得出共同海损百分比，然后分别乘以船舶、货物、运费等分摊价值，即可算出各自的分摊金额。

五、共同海损时限与担保

共同海损时限是指共同海损发生后，宣布共同海损和提供有关材料的期限。《北京理算规则》规定，船舶在海上发生事故，如无特殊情况，应不迟于到达第一个港口后 48 小时；在港内发生事故，不迟于事故发生后 48 小时宣布共同海损。共同海损宣布应尽可能地通知货物有关方。共同海损事故和损失的证明材料，有关方收到后应尽速提交海损理算机构，全部材料应在航程结束后一年内提交。违反前述规定，则海损理算机构可以根据所掌握的材料估算补偿数额或分摊价值。除非新材料证明估算明显不正确，否则不得提出异议。我国《海商法》对提供有关材料的期限未作任何规定。

为确保共同海损分摊，经利益关系人要求，各分摊方应当提供共同海损担保。理论上，提供担保的可能是船方或货方，但通常由货方提供担保。因为，共同海损往往在卸货港宣布，如果不采取一定的保证措施，待船方放行货物以后，一旦货方拒绝分摊共同海损，则船方的利益就得不到保障。

六、共同海损与过失的关系

我国《海商法》第 197 条规定：“引起共同海损特殊牺牲、特殊费用的事故，可能是由航程中一方的过失造成的，不影响该方要求分摊共同海损的权利；但是，非过失方或者过失方可以就此项过失提出赔偿请求或者进行抗辩。”

深度阅读

司玉琢．海商法．4版．北京：法律出版社，2018.
邢海宝．海商法教程．北京：中国人民大学出版社，2008.
於世成，等．海商法．北京：法律出版社，2002.
杨良宜．海事法．大连：大连海事大学出版社，1999.
沈木珠．海商法比较研究．北京：中国政法大学出版社，1998.
王恩韶，许履刚．共同海损．大连：大连海事大学出版社，1996.
张永坚．共同海损的成立基础．地方立法研究，2018（5）.

思考与练习

1. 什么是共同海损？它有哪些特征？

2. 共同海损的成立条件有哪些？

3. 如何确定共同海损的牺牲和费用？

4. “大鱼”号货轮在航行中遇雷暴天气，船上部分货物失火燃烧，大火蔓延到机舱。船长为灭火，命令船员向舱中灌水。因船舶主机受损，不能继续航行，船长求助拖轮将“大鱼”号拖到避难港。下列哪些损失应列入共同海损？（　　）

A. 为灭火而湿损的货物

B. 为将“大鱼”号拖至避难港而发生的拖航费用

C. 失火烧毁的货物

D. 在避难港发生的港口费

第五十章

海事赔偿责任限制

常考知识点

海事赔偿责任限制的概念和特征　限制性债权和非限制性债权

第一节　海事赔偿责任限制的概念和特征

一、海事赔偿责任限制的概念

海事赔偿责任限制，是指发生重大海损事故时，对事故负有责任的船舶所有人、经营人、承租人、救助人或其他人依据法律规定，请求将自己对受害人的损害赔偿，限制在一定赔偿范围内的法律制度。

由于各国立法原则的不同，历史上出现了不同形式的海事赔偿责任限制制度。大体上有如下几种：（1）委付制。属航次主义和物的有限责任制。根据这一制度，船舶所有人在本身无过错而要对其代理人或雇员负担无限责任的情况下，可以将船舶及本航次运费委付给债权人而获得免责。（2）执行制。属航次主义和物的有限责任制。根据这一制度，船舶发生债务，船舶所有人仅以海上财产清偿，债权人只能对海上财产请求强制执行，对除此以外的财产不能请求强制执行。（3）船价制。属航次主义和量的有限责任制。根据这一制度，船舶所有人的赔偿责任以发生海损事故的航次终了时的船舶价值和运费为限，超出船舶价值和运费的数额，不负赔偿责任。（4）金额制。属事故制或吨位制和量的有限责任制。根据这一制度，船舶所有人及其他责任人因船舶一次事故而产生的责任以一定的赔偿限额为限，即以船舶的登记吨数乘以法定的每一登记吨数的限制赔偿额为责任人的最高赔偿额。（5）并用制，即船价制和金额制并用。（6）选择制度，即委付制、船价制和金额制择一。《1957 年船舶所有人责任限制公约》（以下简称《1957 年公约》）和《1976 年海事赔偿责任限制公约》（以下简称《1976 年公约》）均规定了金额制。

海事赔偿责任限制制度是随着海运事业的发展而产生的。海事赔偿责任限制的形成和发展具有重要的意义：（1）保障海上运输业的稳步发展。海运业不但需要巨额的投资，而且承担着独特而巨大的风险。一旦发生海难事故如船舶碰撞、油污等，损失惨重，甚至往往超过船舶本身的价值。倘若要求船舶责任方全额赔偿，势必导致船舶所有人因偶然一次海难事故而处于破产边缘，不利于海运业的健康发展。海运业的生存和发展要求将船舶责任方的赔偿限定在一定范围内。(2) 适应“公平原则”的要求。起初船长被赋予很大的代理权，加上过去电信通讯设备落后，船舶所有人无法控制远离船籍港的船长在一定情况下的所作所为，对船员的监督指挥存在一定的困难。由于船长和船员疏忽过失而致第三人损害时，要求船舶所有人负全部赔偿责任，显然过于苛刻，不符合公平原则。诚如格劳秀斯所言：如果人们一直处于担心由于其雇用的船长的行为而承担无限责任的恐怖之中，那么就无人敢经营船舶了。(3) 船舶人格化的理论认为，在特定情况下，船长及船员的所作所为被法律拟制为“船舶”所为，由“船舶”自身负责，与责任人的其他财产无关。英国最先将船舶所有人的责任限制在船价基础上即源于此理论。(4) 海运业与国家的政治经济密切相关。如果船舶在风险巨大的海洋上营运所发生的海事责任得不到合理的限制，则势必钳制和窒息海运业的发展，从而阻碍国内经济和国际经济的发展，影响在战时作为海军力量的一个重要部分的商船队的生存和发展。(5) 有利于鼓励海上救助。将救助方纳入海事赔偿责任限制的保护范围，使救助方在救助作业中给被救助方造成的损害，也可以限制其赔偿责任。这样，对于救助现代社会中对环境构成威胁的油轮、运载化学品的船舶时，无疑起着积极的促进作用。(6) 适应了海上保险业务发展的要求。海上保险业是因海运业的产生而形成的，如取消责任限制，整个海运机制将受到冲击，而首先受到影响的是保险业，保险业无法承受责任的扩大而难以生存。责任保险方作为海事赔偿责任限制的主体，对受害人实现其索赔提供可靠的保障，这一点对保险业和受害方两者都有益。

但是，随着时代的不断进步，海事赔偿责任限制制度的立法理由受到挑战。尤其是到了现代社会，海运业的特殊风险有所减少；船舶所有人对船长的监督和指挥得以加强，船长的代理权日趋缩小；保险制度完善，使船舶所有人可将责任转嫁给保险人。然而，海事赔偿责任限制制度依然具有存在的合理性和必要性。国际社会的主流是，跟上时代步伐，完善海事赔偿责任限制制度，在保护船舶所有人等责任人与合理分摊海上特殊风险之间保持平衡，努力统一各国有关海事赔偿责任限制的实体法。

二、海事赔偿责任限制的特征

（一）海事赔偿责任限制与按实际损失赔偿制度的关系

海事赔偿责任限制以实际损失为基础，在实际损失额未超出责任主体所享受的最高赔偿限额情况下，或者责任主体因故意或重大过失等丧失责任限制的情况下，责任主体按实际损失赔偿。相反，在符合条件时，对于超出赔偿限额的损失金额不予赔偿。海事赔偿责任限制是特殊的民事损害赔偿责任形式，是按实际损失赔偿制度的一种例外。

（二）海事赔偿责任限制与单位责任限制的关系

海事赔偿责任限制与单位责任限制是两种既有区别又有联系的赔偿制度。单位责任限制，是单一的赔偿限制、第一次的限制，指承运人对提单所记载的货物在责任期间造成损害，又不能免除责任时，对每件或每个其他货运单位货物的最高赔偿额。

海事赔偿责任限制，是总的赔偿责任限制、第二次的限制，主要用于船舶碰撞、船舶碰撞固定物体的赔偿，因为这类事故往往导致严重的财产损失和人身伤亡，责任方需支付巨额赔款，从而责任人有必要将其赔偿责任限制在法律规定的范围内。

海事赔偿责任限制与单位责任限制的法律依据、适用的主体、限额、丧失责任限制的条件、责任限制的程序等方面也存在差异。例如，船舶所有人有故意或重大过失的，根据《1976 年公约》应丧失海事赔偿责任限制，根据《海牙规则》却可享受单位责任限制。或者，船舶所有人存在一般过失，根据《1957 年公约》丧失海事赔偿责任限制，而根据《维斯比规则》或《汉堡规则》，可享受单位责任限制。又如，托运人在货物装运前已将货物的价值加以说明并在提单上注明或者承、托双方订立高于责任限额的赔偿数额的协议，这时，承运人不适用单位责任限制，但仍可享受海事赔偿责任限制。再如，海事赔偿责任限制是一种抗辩权，它的行使以申请为条件，责任方须向法院申请，经批准后提供限制基金，方可享受责任限制。而单位责任限制是一种实体法上的补偿，它的行使不以申请为条件，法院根据事实确定责任后会自动适用，承运人无须再提出单位责任限制，更不必提供限制基金。

海事赔偿责任限制与单位责任限制又是相互联系的。因为在特殊场合，承运人对提单所记载的每件货物的赔偿之和连同承运人所造成的其他损害赔偿责任，可能超出法律规定的责任人总的责任限制。这时，承运人可以援引总的责任限制来保护自己。当然，在提单运输中，出现上述现象的机会很少，通常货损不会严重到需要援引总的责任限制的程度。

（三）海事赔偿责任限制与油污损害赔偿责任限制的关系

1.《1957 年公约》适用油污损害的情况

《1957 年公约》适用于因违法或侵权行为引起的船舶所有人的赔偿责任，并在第 1 条第 1 款中规定船舶所有人对任何权利的侵害都可以限制其责任，而且油污索赔未被列为非限制性债权。因此，《1957 年公约》可以适用油污损害赔偿。但是，《1957 年公约》规定船舶所有人有权限制赔偿责任，而油污损害赔偿的严格责任制却往往无法使船舶所有人真正实现该权利。再者，《1957 年公约》没有把油污损害和其他财产损害相区分，这导致该公约所规定的限额过低，无法满足油污损害的索赔请求。

2.《1976 年公约》适用油污损害的情况

《1976 年公约》第 3 条规定了非限制性债权，“本公约不适用于有关 1969 年《国际油污损害赔偿民事责任公约》或实施中对该公约的修正案或议定书中所规定的油污损害的债权”。可见，《1976 年公约》对油污损害责任持不适用的态度。但是，由于《1976 年公约》所不适用的油污损害仅仅局限于《1969 年国际油污损害民事责任公约》所规定的索赔，对于其他油污损害责任，可以说，《1976 年公约》仍存在适用的可能性。

第二节 海事赔偿责任限制制度的主要内容

一、责任主体及其权利的丧失

（一）主体

海事赔偿责任限制的责任主体是船舶所有人、船舶承租人、船舶经营人、救助人、对重大责任事故负有直接责任的船舶所有人或救助人的受雇人或代理人、对可享有海事赔偿责任限制的被保险人的投保予以承保的保险人。依据最高人民法院《关于审理海事赔偿责任限制相关纠纷案件的若干规定》第12条的规定，《海商法》第204条规定的船舶经营人是指登记的船舶经营人，或者接受船舶所有人委托实际使用和控制船舶并应当承担船舶责任的人，但不包括无船承运业务经营者。

（二）权利的丧失

经证明，引起赔偿请求的损失是由于责任人的故意或者明知可能造成损失而轻率地作为或不作为造成的，责任人无权限制赔偿责任。最高人民法院《关于审理海事赔偿责任限制相关纠纷案件的若干规定》第18条规定：《海商法》第209条规定的“责任人”是指海事事故的责任人本人。第19条规定：海事请求人以发生海事事故的船舶不适航为由主张责任人无权限制赔偿责任，但不能证明引起赔偿请求的损失是由于责任人本人的故意或者明知可能造成损失而轻率地作为或者不作为造成的，人民法院不予支持。

案 例

毛某某诉陈某、嵊泗县江山海运有限公司纠纷案

争议焦点：(1) 本案的碰撞责任比例是多少？(2) 陈某是否能主张适用海事赔偿责任限制？(3) 碰撞导致的损失金额如何计算？[①]

二、责任限制的客体

（一）限制性债权

限制性债权包括：(1) 在船上发生的或者与船舶营运、救助作业直接相关的人身伤亡或者财产的灭失、损坏以及由此引起的相应损失的赔偿请求；(2) 海上货物运输因迟延交付或者旅客及其行李运输因迟延到达造成损失的赔偿请求；(3) 与船舶营运或者救助作业直接相关的侵犯非合同权利的行为造成其他损失的赔偿请求；(4) 责任人以外的

① 参见上海市高级人民法院（2016）沪民终24号民事判决书。

其他人，为避免或者减少责任人依法可以限制赔偿责任的损失而采取措施的赔偿请求，以及因此项措施造成进一步损失的赔偿请求。

另外，最高人民法院《关于审理海事赔偿责任限制相关纠纷案件的若干规定》第17条规定：《海商法》第207条规定的可以限制赔偿责任的海事赔偿请求不包括因沉没、遇难、搁浅或者被弃船舶的起浮、清除、拆毁或者使之无害提起的索赔，或者因船上货物的清除、拆毁或者使之无害提起的索赔。由于船舶碰撞致使责任人遭受前款规定的索赔，责任人就因此产生的损失向对方船舶追偿时，被请求人主张依据《海商法》第207条的规定限制赔偿责任的，人民法院应予支持。司法实务中，在船舶触碰码头责任事故中就码头限期清障的费用向船舶追偿，要求船舶所有人承担触碰损害赔偿责任的，也认定为限制性海事赔偿请求。

（二）非限制性债权

非限制性债权包括：（1）对救助款项或者共同海损的分摊请求；（2）中华人民共和国参加的国际油污损害民事责任公约规定的油污损害的赔偿请求；（3）中华人民共和国参加的国际核能损害责任限制公约规定的核能损害的赔偿请求；（4）核动力船舶造成的核能损害的赔偿请求；（5）船舶所有人或者救助人的受雇人提出的赔偿请求。

出于对我国基本国情的考虑，为确保资金到位从而有效打捞清除沉船沉物，保护航道安全，《海商法》第207条在参照《1976年公约》规定的同时，没有采纳公约“有关沉没、遇难、搁浅或者被弃船舶的起浮、清除、拆毁或者使之无害提起的索赔”“有关船上货物的清除、拆毁或者使之无害提起的索赔”这两项海事赔偿请求，故对这两项请求，责任人不能限制赔偿责任。对此，最高人民法院《关于审理海事赔偿责任限制相关纠纷案件的若干规定》第17条第1款规定予以明确。

三、确定海事赔偿责任限额的基本原则

1. 金额制。此即按船舶的总吨位确定或划定赔偿责任限额。

2. 事故制。赔偿限额适用于特定场合发生的事故引起的，向船舶所有人、救助人本人和他们对其行为、过失负有责任的人员提出的请求总额。因此，责任人的赔偿责任限制，按每一独立的海损事故单独计算。一航次中发生几次海损事故，就计算几个限额。

3. 互抵原则。此即先就双方的请求金额相互抵消，而后就两个请求金额之间的差额适用于赔偿限额的规定。

案　例

阿斯特克有限公司申请设立海事赔偿责任限制基金案

争议焦点：如何区分一次事故与多次事故？[①]

---

① 最高人民法院发布第21批指导性案例．人民法院报，2019-02-26.

四、海事赔偿责任限制基金

海事赔偿责任限制基金，是指责任人依法要求限制其赔偿责任的，可向有管辖权的法院提供的，相当于赔偿限额的款项加之自责任产生之日起至基金设立之日止的相应利息，作为偿付给所有限制性债权人的保证金。

基金一般由法院以保管人的名义存入银行，待责任明确后，基金连同利息在债权人之间分配。责任基金的设立，并不构成对赔偿责任的认可。若审理结果表明，基金设立人对赔偿请求不负责任或基金数额超出其应负的赔偿数额，则基金或余额及其利息应予退还。

基金一旦设立，向责任人提出请求的任何人，不得对责任人的任何财产行使任何权利。已设立责任基金的责任人的船舶或者其他财产已经被扣押，或者基金设立人已经提交抵押物的，法院应当及时下令释放或者责令退还。

深度阅读

司玉琢．海商法．4 版．北京：法律出版社，2018.

陈小曼．海事赔偿责任限制研究．武汉：华中科技大学出版社，2018.

张湘兰．海商法．2 版．武汉：武汉大学出版社，2014.

邢海宝．海商法教程．北京：中国人民大学出版社，2008.

杨良宜．海事法．大连：大连海事大学出版社，1999.

何丽新，王沛锐．论“海事赔偿责任限制”章节修订中的三大问题．中国海商法研究，2019 (1).

刘寿杰．海事赔偿责任限制及海事赔偿责任限制程序//万鄂湘．中国涉外商事海事审判指导与研究：总第 6 卷．北京：法律出版社，2004.

思考与练习

1. 什么是海事赔偿责任限制？
2. 比较海事赔偿责任限制与民事赔偿责任制度。
3. 简述海事赔偿责任限制的内容。

第五十一章

海上保险

常考知识点

海上保险人的义务　保险委付

第一节　海上保险的概念和法律

一、海上保险的概念

海上保险合同，是指保险人按照约定，对被保险人遭受保险事故造成保险标的损失和产生的责任负责赔偿，而由被保险人支付保险费用的合同。它体现了直接原因原则。

保险事故，是指保险人与被保险人约定的任何海上事故，包括与海上航行有关的发生于内河或者陆上的事故。按照最高人民法院《关于审理海上保险纠纷案件若干问题的规定》，海上货物运输中因承运人无正本提单交付货物造成的损失不属于保险人的保险责任范围。保险合同当事人另有约定的，依约定。

保险标的包括船舶、货物、船舶营运收入、货物预期利润、船员工资和其他报酬、对第三人的责任、由于发生保险事故可能受到损失的其他财产和产生的责任或费用。

被保险人对于保险标的应当具有可保利益。按照最高人民法院《关于审理海上保险纠纷案件若干问题的规定》，保险人与被保险人在订立保险合同时均不知道保险标的已经发生保险事故而遭受损失，或者保险标的已经不可能因发生保险事故而遭受损失的，不影响保险合同的效力。

保险标的的保险价值依约或依法确定。保险金额由保险人与被保险人约定。保险金额不得超过保险价值，超过部分无效。

二、海上保险的法律

海上保险是一切保险的鼻祖，但海上保险的起源，今天已无从确切考证，主要观点有：（1）共同海损说。出现在古希腊法律、后被编入《罗德海法》的共同海损制度，包含着共同分担损失的思想，是保险制度的源头。然而，它们毕竟是两种制度。[①]（2）冒险

① 据统计，现代的共同海损分摊 90%以上是通过海上保险获得补偿的。UNCTAD. The Place of General Averagein Maritime Insurance Today，8 March 1994：7.

借贷说。古巴比伦时代出现的冒险借贷是海上保险的起源。但是，按冒险借贷，如果冒险失败，借款人对本息皆不负责。（3）海上冒险借贷及假借贷说。海上冒险借贷是公元前7世纪希腊人发明的。海上冒险失败，借款人无须支付本金，但要支付高额利息。高利贷遭到禁止后，海上冒险借贷就以假借贷的形式出现。例如，1347年10月23日，热那亚的贷款者乔治·勒克维伦向即将出海驶向马乔卡的“圣·克勒拉”号船商签发的借款单写道：“乔治·勒克维伦向圣·克勒拉号船舶所有人借了一笔钱，在船舶安全抵达马乔卡前，他必须承担风险并负责还款；如果船舶在6个月内安全抵达马乔卡，借款合同即告失效。”这里所谓的款项相当于保险赔偿金，而相当于保险费的高额利息在出海前就由船主付给了乔治·勒克维伦，但借款单未予反映。这种借贷已经具有现代海上保险的意味。当然，由于它采用假借贷的形式，而且没有注明保险人承保的具体风险或危险，故与现代海上保险尚有距离。

保险业的发展推动了保险立法。1601年英国颁布了第一部保险立法——《涉及保险单的立法》。1774年，专营海上保险的劳合社诞生了。1906年，英国公布并实施了《海上保险法》。该法是对此前英国普通法的全面总结，成为世界各国海上保险法的范本或者处理海上保险问题的惯例。[①] 该法所附劳合氏S.G.保险单作为标准的保险单也得以广泛使用。[②]

我国现代意义的保险出现在19世纪初。中华人民共和国成立初期，人民政府对保险市场进行了整顿和改造。1993年7月1日《海商法》生效，1995年10月1日《保险法》生效，这为规范海上保险提供了法律依据。为正确审理海上保险纠纷案件，最高人民法院制定了《关于审理海上保险纠纷案件若干问题的规定》。我国海上保险法不断走向完善。

案　例

蔡某诉广东省渔业互保协会海上保赔合同纠纷案

争议焦点：事故发生时，原告蔡某工作的渔船是否属于作为会员投保且由被告广东省渔业互保协会承保的入会渔船？[③]

第二节　海上保险的订立、解除和转让

一、海上保险的订立

被保险人提出保险要求，经保险人同意承保，并就海上保险合同的条款达成协议后，合同成立。保险人应当及时向被保险人签发保险单或者其他保险单证，并在保险单或者

① 目前，国际海事委员会正在致力统一国际海上保险立法。

② 目前，世界上有船舶保险和货物运输保险的国家中几乎有2/3的保单内容采用英国保险条款。如以发展中国家分析，使用英国条款的保单约为3/4。

③ 渔业互助保险海上保赔合同纠纷案入选广东2019年度十大典型案件．[2021-01-27]．https://www.zfmi.com/zfmi/news/912fd9a2-5ea9-45b8-9b6e-5f130ff2aec0.html.

其他保险单证中载明当事人双方约定的合同内容。

二、海上保险的解除

因被保险人于合同订立前故意不告知重要情况的，保险人有权解除合同并不退还保险费，对合同解除前发生的保险事故损失，也不负赔偿责任。非因被保险人故意未能告知的，保险人有权解除合同或者要求相应增加保险费。保险人解除合同的，对合同解除前发生的保险事故损失，应负赔偿责任。但是，未告知或错误告知的重要情况对保险事故的发生有影响的除外。这体现了如实告知原则。按照最高人民法院关于《审理海上保险纠纷案件若干问题的规定》，保险人知道被保险人未如实告知《海商法》第 222 条第 1 款规定的重要情况，仍收取保险费或者支付保险赔偿，保险人又以被保险人未如实告知重要情况为由请求解除合同的，人民法院不予支持。

保险责任开始前，被保险人可以要求解除合同，但是应当向保险人支付手续费，保险人应当退还保险费。

保险责任开始后，除合同另有约定外，被保险人和保险人均不得解除合同。根据合同约定在保险责任开始后可以解除合同的，被保险人要求解除合同，保险人有权收取自保险责任开始之日起至合同解除之日止的保险费，剩余部分予以退还；保险人要求解除合同的，应当将自解除之日起至保险期间届满之日止的保险费退还被保险人。货物运输和船舶的航次保险，保险责任开始后，被保险人不得要求解除合同。

三、海上保险的转让

海上货物运输保险合同可以由被保险人背书或以其他方式转让。合同转让时尚未支付保险费的，被保险人和合同受让人负连带支付责任。

在取得保险人同意后，被保险人可因船舶转让而转让船舶保险合同，但是，未经保险人同意的，船舶保险合同从船舶转让时起解除；船舶转让发生在航次之中的，船舶保险合同至航次终了时解除。按照最高人民法院《关于审理海上保险纠纷案件若干问题的规定》，在航次之中发生船舶转让的，未经保险人同意转让的船舶保险合同至航次终了时解除。船舶转让时起至航次终了时止的船舶保险合同的权利、义务由船舶出让人享有、承担，也可以由船舶受让人继受。船舶受让人根据规定向保险人请求赔偿时，应当提交有效的保险单证及船舶转让合同的证明。合同解除后，保险人应当将自合同解除之日起至保险期间届满之日止的保险费退还被保险人。

第三节　当事人义务或责任

一、被保险人的义务

被保险人应当在合同订立后立即支付保险费。按照最高人民法院《关于审理海上保险纠纷案件若干问题的规定》，被保险人未按照《海商法》第 234 条的规定向保险人支付约定的保险费的，保险责任开始前，保险人有权解除保险合同，但保险人已经签发保险单证的除外；保险责任开始后，保险人以被保险人未支付保险费请求解除合同的，人民法院不予支持。被保险人应当立即书面通知保险人被保险人违反合同约定的保证条款，以使保险人决定解除合同或要求修改承保条件、增加保险费。按照最高人民法院《关于审理海上保险纠纷案件若干问题的规定》，保险人以被保险人违反合同约定的保证条款未立即书面通知保险人为由，要求从违反保证条款之日起解除保险合同的，人民法院应予支持。保险人收到被保险人违反合同约定的保证条款书面通知后仍支付保险赔偿，又以被保险人违反合同约定的保证条款为由请求解除合同的，人民法院不予支持。保险人收到被保险人违反合同约定的保证条款的书面通知后，就修改承保条件、增加保险费等事项与被保险人协商未能达成一致的，保险合同于违反保证条款之日解除。保险事故发生后，被保险人应立即通知保险人，并采取必要的合理措施，防止或者减少损失。被保险人收到保险人发出的有关采取防止或减少损失的合理措施的特别通知的，应当按照保险人通知的要求处理。

二、保险人的责任

发生保险事故造成损失后，保险人应当及时向被保险人支付保险赔偿；保险人赔偿保险事故造成的损失，以保险金额为限。保险金额低于保险价值的，在保险标的发生部分损失时，保险人按照保险金额与保险价值的比例负赔偿责任；保险标的在保险期间发生几次保险事故所造成的损失，即使损失金额的总和超过保险金额，保险人也应赔偿。但对发生部分损失后未经修复又发生全部损失的，保险人按照全部损失赔偿。被保险人为防止或者减少根据合同可以得到赔偿的损失而支出的必要的合理费用，为执行保险人的特别通知而支出的费用，以及为确定保险事故的性质、程序而支出的合理费用，应由保险人在保险标的损失赔偿之外，在相当于保险金额的数额限度内另行支付。按照最高人民法院《关于审理海上保险纠纷案件若干问题的规定》，发生保险事故后，被保险人为防止或者减少损失而采取的合理措施没有效果，要求保险人支付由此产生的合理费用的，人民法院应予支持。保险金额低于共同海损分摊价值的，保险人按照保险金额同分摊价值的比例赔偿共同海损分摊。

对于下列损失，保险人不予赔偿：其一，被保险人故意造成的损失；其二，航行迟延、交货迟延或者行市变化，货物的自然损耗、本身的缺陷和自然特性及包装不当造成的货物损失；其三，因船舶开航时不适航、船舶自然磨损或锈蚀所造成的船舶损失或运费损失；其四，被保险人违反规定所造成的扩大的损失。

第四节　保险标的的损失和委付

一、实际全损

保险标的发生保险事故后灭失或者受到严重损坏完全失去原有形体、效用，或者不能再归保险人所拥有的，为实际全损。船舶在合理时间内未从被获知最后消息的地点到达目的地，除合同另有约定外，满 2 个月后仍未获知其消息的，为船舶失踪。船舶失踪视为实际全损。

二、推定全损

船舶发生保险事故后，认为实际全损已经不可避免，或者为避免发生实际全损所需支付的费用超过保险价值的，为推定全损。货物发生保险事故后，认为实际全损已经不可避免或者为避免发生实际全损所需支付的费用与继续将货物运抵目的地的费用之和超过保险价值的，为推定全损。

保险标的发生推定全损，被保险人要求保险人按照全部损失赔偿的，应向保险人委付保险标的。保险人可以接受委付，也可以不接受委付，但应在合理时间内将接受委付或者不接受委付的决定通知被保险人。委付不得附带任何条件。委付一经保险人接受，不得撤回。保险人接受委付的，被保险人对委付财产的全部权利和义务转移给被保险人。

案　例

“Renos”轮委付案

争议焦点：(1) 船东是否在合理时间内提交了委付通知？(2) 船舶修理费用包含哪些内容？[①]

三、部分损失

不属于实际全损和推定全损的损失，为部分损失。

第五节　保险赔偿的支付

一、保险人对第三人的代位权

保险标的发生保险责任范围内的损失是由第三人造成的，被保险人向第三人要求赔偿的权利，自保险人支付赔偿之日起，相应转移给保险人。被保险人未经保险人同意放弃向第三人要求赔偿的权利，或者由于过失致使保险人不能行使追偿权利的，保险人可以相应扣减保险赔偿。保险人支付保险赔偿时，可以从应支付的赔偿额中相应扣减被保险人已从第三人取得的赔偿。保险人从第三人取得的赔偿，超过其支付的保

---

① 参见英国最高法院判决 The Renos [2019] UKSC 29。

险赔偿的，超过部分应当退还给被保险人。按照最高人民法院《关于审理海上保险纠纷案件若干问题的规定》，保险人在行使代位请求赔偿权利时，未依照海事诉讼特别程序法的规定，向人民法院提交其已经向被保险人实际支付保险赔偿凭证的，人民法院不予受理；已经受理的，裁定驳回起诉。受理保险人行使代位请求赔偿权利纠纷案件的人民法院应当仅就造成保险事故的第三人与被保险人之间的法律关系进行审理。据此，只要保险人依照海事诉讼特别程序法的相关规定提交了支付保险赔偿的凭证，人民法院就不应审理保险人与被保险人之间保险合同的效力以及保险人是否应当作出保险赔付的问题。保险人取得代位请求赔偿权利后，主张享有被保险人因申请扣押船舶取得的担保权利的，人民法院应予支持。审理保险人因发生船舶触碰港口设施或者码头等保险事故，行使代位请求赔偿权利向造成保险事故的第三人追偿的案件，适用海商法的规定。

二、保险人对保险标的的权利

发生保险事故后，保险标的发生全损，保险人支付全部保险金额的，取得对保险标的的全部权利。在不足额保险的情况下，保险人按照保险金额与保险价值的比例取得对保险标的的部分权利。但是，保险人有权放弃对保险标的的权利，全额支付合同约定的保险赔偿，以解除对保险标的的义务。

思考与练习

初北平．海上保险法．北京：法律出版社，2020.

司玉琢．海商法．4版．北京：法律出版社，2018.

张丽英．海商法学．3版．北京：高等教育出版社，2016.

汪鹏南．海上保险合同法详论．大连：大连海事大学出版社，2011.

邢海宝．海商法教程．北京：中国人民大学出版社，2008.

薛龙玉．海上保险业必须跟上世界发展变化的节奏：访国际海上保险联盟主席 Richard Turner 先生．中国船检，2020（6）.

思考与练习

1. 什么是海上保险？其特点有哪些？
2. 试述保险合同的构成。
3. 简述保险标的的损失和分类。
4. 简述保险委付制度。
5. 试述保险代位制度。
6. 中国甲公司与法国乙公司订立了服装进口合同，信用证付款，丙银行保兑。货物由“铂丽”号承运，投保了平安险。甲公司知悉货物途中遇台风全损后，即通知开证行

停止付款。依《海牙规则》、UCP600及相关规则，下列哪一选项是正确的？（　　）

A. 承运人应承担赔偿甲公司货损的责任

B. 开证行可拒付，因货已全损

C. 保险公司应赔偿甲公司货物的损失

D. 丙银行可因开证行拒付而撤销其保兑

《　　　　　　》※ 任课教师调查问卷

为了能更好地为您提供优秀的教材及良好的服务，也为了进一步提高我社法学教材出版的质量，希望您能协助我们完成本次小问卷，完成后您可以在我社网站中选择与您教学相关的 1 本教材作为今后的备选教材，我们会及时为您邮寄送达！如果您不方便邮寄，也可以申请加入我社的**法学教师 QQ 群：436438859（申请时请注明法学教师）**，然后下载本问卷填写，并发往我们指定的邮箱（cruplaw@163. com）。

邮寄地址：北京市海淀区中关村大街 59 号中国人民大学出版社 1202 室收

邮　　编：100080

再次感谢您在百忙中抽出时间为我们填写这份调查问卷，您的举手之劳，将使我们获益匪浅！

基本信息及联系方式※：

姓名：＿＿＿＿＿＿ 性别：＿＿＿＿＿＿ 课程：＿＿＿＿＿＿＿＿＿＿

任教学校：＿＿＿＿＿＿＿＿＿＿＿＿＿＿ 院系（所）：＿＿＿＿＿＿＿＿

邮寄地址：＿＿＿＿＿＿＿＿＿＿＿＿＿＿ 邮编：＿＿＿＿＿＿＿＿＿＿

电话（办公）：＿＿＿＿＿＿ 手机：＿＿＿＿＿＿ 电子邮件：＿＿＿＿＿＿

调查问卷※：

1. 您认为图书的哪类特性对您使用教材最有影响力？（　　）（可多选，按重要性排序）

   A. 各级规划教材、获奖教材　　B. 知名作者教材

   C. 完善的配套资源　　D. 自编教材

   E. 行政命令

2. 在教材配套资源中，您最需要哪些？（　　）（可多选，按重要性排序）

   A. 电子教案　　B. 教学案例

   C. 教学视频　　D. 配套习题、模拟试卷

3. 您对于本书的评价如何？（　　）

   A. 该书目前仍符合教学要求，表现不错将继续采用。

   B. 该书的配套资源需要改进，才会继续使用。

   C. 该书需要在内容或实例更新再版后才能满足我的教学，才会继续使用。

   D. 该书与同类教材差距很大，不准备继续采用了。

4. 从您的教学出发，谈谈对本书的改进建议：＿＿＿＿＿＿＿＿＿＿＿＿＿＿

＿＿＿＿＿＿＿＿＿＿＿＿＿＿＿＿＿＿＿＿＿＿＿＿＿＿＿＿＿＿＿＿＿＿

选题征集：如果您有好的选题或出版需求，欢迎您联系我们：

联系人：黄　强　联系电话：010-62515955

索取样书：书名：＿＿＿＿＿＿＿＿＿＿＿＿＿＿＿＿＿＿＿＿＿＿＿＿

书号：＿＿＿＿＿＿＿＿＿＿＿＿＿＿＿＿＿＿＿＿＿＿＿＿＿＿＿＿＿＿

备注：※ 为必填项。